D1128319

MonLab | L'apprentissage optimisé

MonLab, c'est l'environnement numérique de votre manuel. Il vous connecte aux exercices interactifs ainsi qu'aux documents complémentaires de l'ouvrage. De plus, grâce à son tableau de bord, il vous permet de suivre la progression de vos résultats ainsi que le calendrier des activités à venir. **MonLab** vous accompagne vers l'atteinte de vos objectifs, tout simplement !

Vous avez égalememt accès à l'**Édition en ligne**.

INSCRIPTION de l'étudiant

❶ Rendez-vous à l'adresse de connexion **mabiblio.pearsonerpi.com**

❷ Suivez les instructions à l'écran. Lorsqu'on vous demandera votre code d'accès, utilisez le code fourni sous l'étiquette bleue.

❸ Vous pouvez retourner en tout temps à l'adresse de connexion pour consulter MonLab.

L'accès est valide pendant 12 MOIS à compter de la date de votre inscription.

AVERTISSEMENT : Ce livre NE PEUT ÊTRE RETOURNÉ si la case ci-dessus est découverte.

ACCÈS de l'enseignant

Du matériel complémentaire à l'usage exclusif de l'enseignant est offert sur adoption de l'ouvrage. Certaines conditions s'appliquent. **Demandez votre code d'accès à information@pearsonerpi.com**

I 800 263-3678
pearsonerpi.com/aide

1695

20661W (A36444)

JOSEPH A. DEVITO   GILLES CHASSÉ   CAROLE VEZEAU

LA COM MU NI CA TION

INTERPERSONNELLE

Sophie, Martin, Paul
et les autres

3e édition

ERPI SCIENCES HUMAINES

JOSEPH A. DEVITO   GILLES CHASSÉ   CAROLE VEZEAU

LA COMMUNICATION INTERPERSONNELLE

Sophie, Martin, Paul et les autres

3e édition

PEARSON

Montréal   Toronto   Boston   Columbus   Indianapolis   New York   San Francisco   Upper Saddle River
Amsterdam   Le Cap   Dubaï   Londres   Madrid   Milan   Munich   Paris
Delhi   México   São Paulo   Sydney   Hong-Kong   Séoul   Singapour   Taipei   Tōkyō

Développement de produits
Pierre Desautels

Supervision éditoriale
Yasmine Mazani

Révision linguistique
Claire St-Onge

Correction d'épreuves
Marie-Claude Rochon (Scribe Atout)

Recherche iconographique
Chantal Bordeleau

Direction artistique
Hélène Cousineau

Coordination de la production
Muriel Normand

Conception graphique de l'intérieur et de la couverture
Benoit Pitre

Édition électronique
Interscript

© ÉDITIONS DU RENOUVEAU PÉDAGOGIQUE INC. (ERPI), 2014
Membre du groupe Pearson Education depuis 1989

1611, boulevard Crémazie Est, 10e étage
Montréal (Québec) H2M 2P2
Canada
Téléphone : 514 334-2690
Télécopieur : 514 334-4720
information@pearsonerpi.com
pearsonerpi.com

Dépôt légal – Bibliothèque et Archives nationales du Québec, 2014
Dépôt légal – Bibliothèque et Archives Canada, 2014

Imprimé au Canada   456789   SO   21 20 19 18
ISBN 978-2-7613-5287-1   20661 ABCD   SM9

Peu de gens lisent les avant-propos.

Qu'avez-vous fait en prenant ce livre? Vous l'avez tout d'abord soupesé, puis vous en avez examiné la couverture. Ensuite, vous l'avez ouvert et vous avez alors constaté la couleur et la mise en page diversifiée. Comme tout le monde, vous avez été attiré par les images, soit des photographies ou des caricatures. Vous vous êtes également attardé ici et là sur les bandes dessinées, ce qui vous a amené à feuilleter le livre. Par la même occasion, vous avez remarqué les différents procédés de présentation utilisés.

Les *tableaux* classent l'information d'une façon efficace.

Tableau 6.3 Messages affirmés et messages agressifs	
Messages affirmés	**Messages agressifs**
Les messages au «je» dans lesquels nous assumons la responsabilité de nos sentiments («Je suis en colère quand tu...»).	Les messages au «tu» ou au «vous» dans lesquels nous rejetons sur autrui la responsabilité de nos sentiments («Tu me mets en colère quand tu...»).
Les formulations factuelles («Samedi dernier, quand vous...»).	Les formulations absolues basées sur des généralisations excessives («Tu ne fais jamais...», «Tu fais toujours...»).
Les messages qui reconnaissent l'égalité fondamentale entre soi et autrui («Nous devons...»).	Les messages insultants, condescendants ou menaçants («Tu n'y connais rien...»).
Une posture droite, mais détendue.	Une posture tendue ou trop rigide.
Des expressions faciales authentiques, axées sur un contact visuel non menaçant.	Un visage inexpressif ou des expressions exagérément hostiles; un contact visuel trop intense ou l'évitement du contact visuel.
Un ton et un débit de voix démontrant de l'assurance.	Une voix trop douce ou trop forte, un ton accusateur.

En lisant ce tableau, questionnez-vous sur vos façons de communiquer, surtout quand vous êtes en colère ou que vous vous sentez menacé. Vos messages sont-ils affirmés ou agressifs?

Exercice 2.2 Les croyances culturelles

Lisez les maximes suivantes. Choisissez celles qui vous semblent particulièrement intéressantes et précisez:

a) le sens de chaque maxime,

b) les valeurs culturelles que chacune d'elles traduit ou évoque pour vous,

c) les ressemblances ou les différences par rapport à votre propre culture.

1. Tout vient à point à qui sait attendre.
2. Heureux les humbles.
3. La voix du sang est la plus forte.
4. Ne fais pas aux autres ce que tu ne veux pas qu'on te fasse à toi-même.
5. Ne remets pas à demain ce que tu peux faire aujourd'hui.
6. Dieu est juste.
7. On n'est jamais si bien servi que par soi-même.
8. Aime ton prochain comme toi-même.
9. La patience est la mère des vertus.
10. Les vrais hommes ne pleurent pas.
11. En conseil écoute le vieil.
12. L'attaque est la meilleure défense.
13. Qui ne risque rien n'a rien.
14. Le temps, c'est de l'argent.
15. Ne vous inquiétez donc pas du lendemain: demain s'inquiétera de lui-même.

Discutez de vos réponses avec d'autres personnes, en particulier avec des personnes de cultures différentes. Ces maximes ont-elles la même signification pour elles que pour vous? Certaines heurtent-elles vos propres valeurs ou vos croyances? Peut-être avez-vous de la difficulté à les accepter, en particulier si elles prônent des valeurs qui peuvent faire obstacle à la réalisation de vos objectifs.

Les *exercices* visent à faire découvrir diverses habiletés et à les développer.

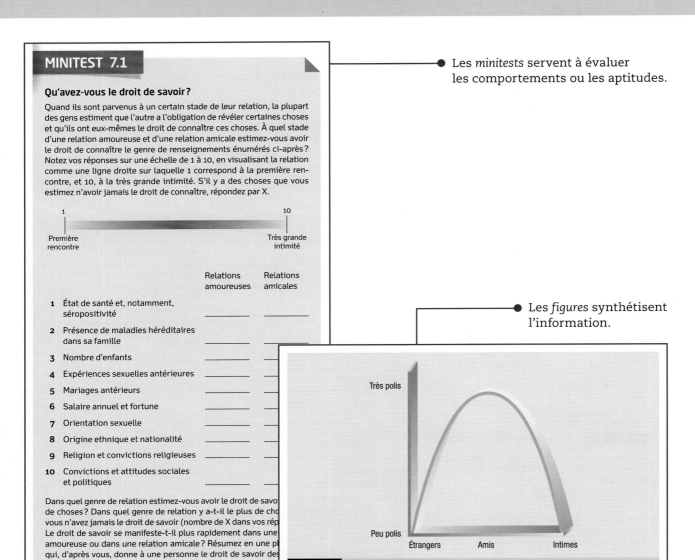

MINITEST 7.1

Qu'avez-vous le droit de savoir?

Quand ils sont parvenus à un certain stade de leur relation, la plupart des gens estiment que l'autre a l'obligation de révéler certaines choses et qu'ils ont eux-mêmes le droit de connaître ces choses. À quel stade d'une relation amoureuse et d'une relation amicale estimez-vous avoir le droit de connaître le genre de renseignements énumérés ci-après? Notez vos réponses sur une échelle de 1 à 10, en visualisant la relation comme une ligne droite sur laquelle 1 correspond à la première rencontre, et 10, à la très grande intimité. S'il y a des choses que vous estimez n'avoir jamais le droit de connaître, répondez par X.

1   10

Première   Très grande
rencontre   intimité

		Relations amoureuses	Relations amicales
1	État de santé et, notamment, séropositivité		
2	Présence de maladies héréditaires dans sa famille		
3	Nombre d'enfants		
4	Expériences sexuelles antérieures		
5	Mariages antérieurs		
6	Salaire annuel et fortune		
7	Orientation sexuelle		
8	Origine ethnique et nationalité		
9	Religion et convictions religieuses		
10	Convictions et attitudes sociales et politiques		

Dans quel genre de relation estimez-vous avoir le droit de savoir [...] de choses? Dans quel genre de relation y a-t-il plus de cho[...] vous n'avez jamais le droit de savoir (nombre de X dans vos rép[...] Le droit de savoir se manifeste-t-il plus rapidement dans une [...] amoureuse ou dans une relation amicale? Résumez en une p[...] qui, d'après vous, donne à une personne le droit de savoir des [...] sur une autre.

Très polis

Peu polis

Étrangers   Amis   Intimes

Figure 3.1   La courbe de politesse de Wolfson

Ce modèle illustre-t-il bien votre degré de politesse dans différents types de relations? Pourriez-vous défendre le modèle contraire, dans lequel le U serait inversé – un modèle selon lequel nous serions très polis avec les étrangers et les intimes, et peu polis avec nos amis?

Les *minitests* servent à évaluer les comportements ou les aptitudes.

Les *figures* synthétisent l'information.

Évaluer les possibilités

Après avoir pris la décision d'exprimer vos émotions, vous devez vous demander comment y parvenir: évaluez les possibilités qui s'offrent à vous, tant sur le plan de l'efficacité (qu'est-ce qui sera le plus utile pour atteindre mon objectif?) que sur le plan de l'éthique (qu'est-ce qui est juste ou moralement justifiable?).

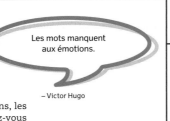

Les mots manquent aux émotions.

– Victor Hugo

Sur le plan de l'efficacité, vous devrez choisir le moment et l'endroit opportuns, les personnes à qui révéler vos émotions ainsi que les moyens de le faire. Allez-vous demander un rendez-vous à votre professeur pour lui exprimer votre mécontentement pour la note obtenue lors du premier travail? Si le fait d'avoir un échec vous a fait perdre confiance en vous, auriez-vous intérêt à en parler à votre conjoint, à vos parents, à votre meilleur ami? Si vous voulez inviter quelqu'un à sortir, faire une déclaration d'amour ou une demande de divorce, auriez-vous recours au téléphone, à la lettre ou le feriez-vous en personne? Pour répondre à cette question, il serait utile que vous vous reportiez à la section du chapitre 2 qui traite de l'emploi des nombreux canaux de communication.

Les *citations* enrichissent le texte.

Les *définitions* vous aident à mémoriser les concepts clés, typographiés en couleur dans le texte. Vous les trouverez en marge ainsi que dans le glossaire, à la fin du manuel.

Les exagérations

À l'inverse des euphémismes, les **exagérations** amplifient le sens d'une phrase de façon à lui donner un plus grand effet. Les exagérations représentent une variante de la tendance à la polarisation. Exagérer équivaut souvent à ramener la réalité aux cas extrêmes. Les «quelquefois» deviennent des «jamais», et les «souvent», des «toujours». Certaines exagérations représentent parfois une forme subtile de distorsion de la réalité. Les politiciens usent avec habileté de l'exagération pour déformer le sens des propos de leurs adversaires. Par exemple, un parti d'opposition dira de tel ministre qui avoue ne pas être au courant d'un dossier traité par son ministère qu'il se désintéresse de la question. Il y a une différence entre ne pas être au courant et se désinté-

EXAGÉRATION
Mot ou expression qui amplifie le sens d'une phrase de façon à lui donner un effet plus grand.

Encadré 4.2   Les transformations corporelles

Depuis longtemps, l'humain cherche à modifier son apparence. S'il est facile de changer sa coupe de cheveux, d'arborer ou non une moustache pour lui ou de se maquiller pour elle, bien des gens vont beaucoup plus loin dans ce processus de transformation corporelle. Une étude de l'Organisation mondiale de la Santé (2001) rapporte que plus de 5 % de la population du globe a un tatouage ou un perçage corporel (*body piercing*). Au Canada, un sondage de la firme Léger Marketing (2002) montre que 6 % des Canadiens arborent un tatouage et 7 %, un perçage (excluant le lobe de l'oreille pour des boucles d'oreilles classiques). Certains vont plus loin encore et recourent à la scarification (incisions), à la lacération, au *stretching* (agrandissement des trous du perçage) et à la pose d'implants sous-cutanés purement décoratifs. Si ces marques sur le corps ont longtemps été associées à l'appartenance à un groupe social bien défini ou, dans certaines sociétés traditionnelles, à un rite de passage obligé, elles sont davantage aujourd'hui, dans nos sociétés contemporaines, l'expression de choix individuels qui sont principalement esthétiques. Selon le sondage Léger, parmi les raisons les plus fréquentes évoquées par les gens qui se font tatouer ou percer, on note la recherche de la fantaisie, l'embellissement du corps et la volonté d'être plus *sexy*. Chez les adolescents, les tatouages et les perçages corporels constituent d'abord une façon d'affirmer leur identité. Chez les *hippies* des années 1960 ou encore les punks des années 1970, les marques sur le corps avaient une signification commune (*peace and love* pour les uns et *no future* pour les autres) et elles étaient un moyen d'affirmer leur appartenance à un mouvement précis. De nos jours, ces marques ont perdu cette valeur d'intégration au groupe et sont davantage un signe d'individualité (Le Breton, 2002). On les adopte pour être plus beau, pour se sentir mieux dans sa peau.

Et vous, qu'en pensez-vous ?

Source: Le Breton, D. (2008). *Signes d'identité: tatouages, piercings et autres marques corporelles*. Paris: Métailié.

Les *encadrés* traitent de sujets connexes au texte principal.

Les rubriques «Pour s'améliorer»:
Dans le contexte d'un enseignement orienté vers l'atteinte de compétences, il apparaît important d'insister sur le développement d'habiletés en rapport avec la communication interpersonnelle. Une cinquantaine de rubriques servent cette intention en indiquant, ici et là, ce qu'il est possible non seulement de savoir, mais aussi de faire «Pour s'améliorer».

Par contre, certaines personnes abusent de l'*et cetera*. Elles s'en servent non pas pour rappeler que chaque énoncé est nécessairement incomplet, mais pour s'abstenir de préciser. Cela ne fait qu'ajouter à la confusion.

Pour éviter d'adopter une attitude globalisante, il faut admettre que les mots ne représentent qu'une partie de la réalité. Par exemple, une personne ne nous raconte jamais un événement en entier, elle insiste plutôt sur certains détails qui l'ont particulièrement impressionnée. Rappelez-vous combien étaient

POUR S'AMÉLIORER

Il faut se rappeler que les mots servent à étiqueter les objets et les personnes et qu'il ne faut jamais leur accorder plus d'importance qu'aux objets qu'ils désignent; mieux vaut s'intéresser aux personnes, aux choses et aux événements comme ils se présentent à soi, et non tels que les mots les présentent.

Nouveauté de la présente édition, la rubrique intitulée « En ligne » tient compte de l'omniprésence de nos jours des échanges effectués par l'intermédiaire des supports numériques et traite en profondeur des différents aspects de cette forme de communication, en soulignant ses avantages et ses limites.

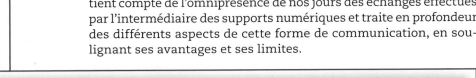
08:45 AM

EN LIGNE

Narcissisme et estime de soi sur les sites de réseaux sociaux

Jusqu'à tout récemment, faire la promotion de soi en personne était réservé à certaines situations particulières, par exemple lors d'un entretien d'embauche, où il est acceptable de se valoriser et de montrer sa compétence en vue de l'obtention d'un emploi. En d'autres circonstances de la vie courante, une personne qui parle d'elle-même en termes flatteurs prend le risque d'être considérée comme vantarde et peut-être narcissique.

L'avènement des médias sociaux, et plus particulièrement des sites de réseaux sociaux comme Facebook, a passablement changé cette convention. Alors que dans une situation face à face la promotion de soi peut être brimée par le regard direct et la critique d'autrui, les sites des réseaux sociaux offrent à chacun l'occasion de se présenter sans contrainte en filtrant et en modifiant à son avantage les informations sur soi. Véritables vitrines virtuelles, les sites des réseaux sociaux et les blogues représentent un terreau fertile pour les activités narcissiques.

Plusieurs recherches ont montré un lien entre le narcissisme et la fréquence d'utilisation des sites des réseaux sociaux comme Facebook (Buffardi et Campbell, 2008 ; Mehdizadeh, 2010 ; Ong et coll., 2011 ; Carpenter, 2012). L'étude de Mehdizadeh (2010) en particulier montre que les personnalités narcissiques passent plus de temps sur le site et peaufinent davantage leur profil par des activités d'autopromotion (afficher des photos de soi avantageuses et parfois retouchées, écrire des textes les mettant en valeur, afficher des liens avec des personnes attirantes ou célèbres sur leur mur, etc.). À l'opposé, les personnes qui ont une faible estime de soi passent aussi beaucoup de temps sur Facebook, sans toutefois manifester davantage d'activités d'autopromotion, peut-être parce qu'elles n'osent pas afficher leur soi idéal, sachant qu'elles ne sont pas sous le couvert de l'anonymat. L'étude de Mehdizadeh a le mérite de distinguer le narcissisme et l'estime de soi. Une bonne estime de soi-même n'équivaut pas au narcissisme. Les recherches ne démontrent pas non plus que l'utilisation des sites de réseaux sociaux rend davantage narcissique.

À partir de votre expérience avec les réseaux sociaux, pouvez-vous distinguer ceux et celles parmi vos amis virtuels qui ont davantage tendance à faire leur autopromotion en cherchant constamment à se valoriser ? Comment réagissez-vous ?

Le narcissisme est un trait de personnalité qui caractérise les gens habités par un désir constant de grandeur, qui recherchent de façon excessive l'admiration des autres et qui manifestent un sentiment exagéré de suffisance, accompagné d'un manque d'empathie pour autrui (Oltmanns, Emery et Taylor, 2006). Les personnalités narcissiques sont obsédées par leur soi idéal, qui prend toute la place dans leur vie. Les narcissiques sont à la recherche de ceux qui vont nourrir l'image idéale qu'ils ont d'eux-mêmes et qu'ils tentent de projeter. Réciproquement, ils vont éviter ceux qui pourraient les critiquer. En relation avec les autres, les narcissiques sont très vulnérables aux critiques négatives. Selon plusieurs psychologues, le narcissisme serait une manière de masquer cette fragilité face aux autres, une forme de déni de ses limites et une façon d'éviter les relations dévalorisantes. Dans leurs relations interpersonnelles, les narcissiques évitent ainsi les rapports trop intimes et chaleureux en faveur des contacts plus superficiels qui font croître leur popularité et leur succès. Ils vont aussi rechercher la compagnie de personnes attirantes qui les mettent en valeur.

« Ce livre est truffé de conseils pratiques, avez-vous pensé, mais quelle est sa valeur théorique ? Est-ce un livre sérieux ? »

L'examen des *références*, du *glossaire* et de l'*index* vous a rassuré ; celui de la *table des matières* aussi : 12 chapitres qui semblent couvrir une matière assez étendue.

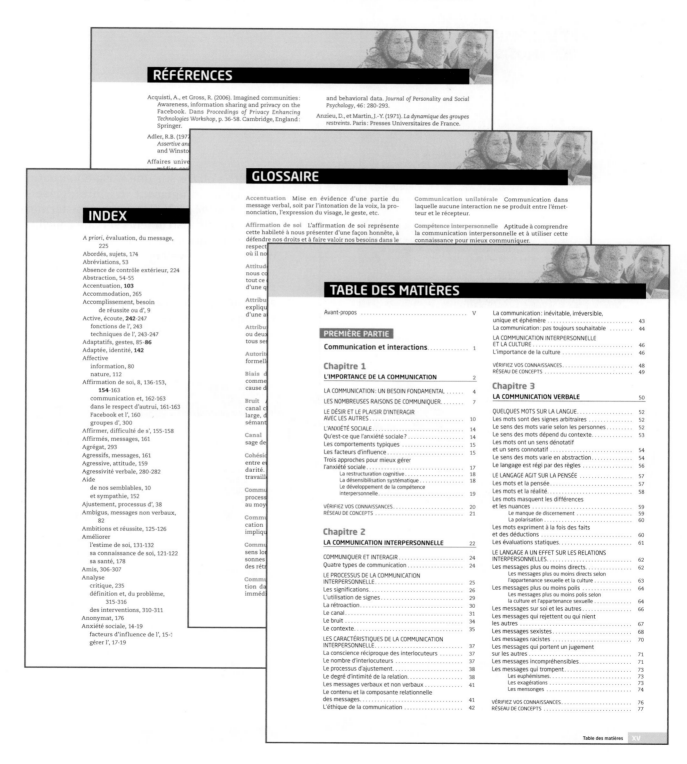

RÉFÉRENCES

Acquisti, A., et Gross, R. (2006). Imagined communities : Awareness, information sharing and privacy on the Facebook. Dans *Proceedings of Privacy Enhancing Technologies Workshop*, p. 36-58. Cambridge, England : Springer.

Adler, R.B. (197... *Assertive an... and Winsto...

Affaires unive... médic...

and behavioral data. *Journal of Personality and Social Psychology*, 46 : 280-293.

Anzieu, D., et Martin, J.-Y. (1971). *La dynamique des groupes restreints*. Paris : Presses Universitaires de France.

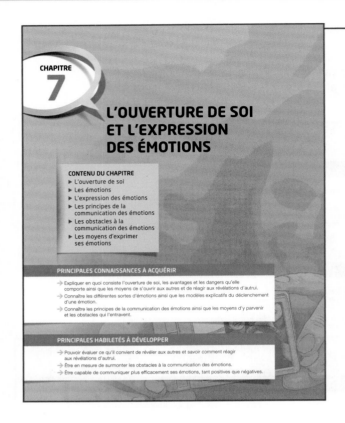

En feuilletant l'ouvrage, vous vous êtes rendu compte également que chaque chapitre débute par une page titre qui présente le contenu du chapitre (les *principales sections*), les *principales connaissances à acquérir* et les *principales habiletés à développer*.

Le texte s'ouvre sur une mise en situation dans laquelle agissent (ou interagissent) *Sophie, Martin, Paul et les autres*, et se termine par différents instruments servant à faciliter votre apprentissage: des questions à choix multiple et à développement pour vous permettre d'*éprouver vos connaissances* et votre compréhension, ainsi qu'un schéma exposant dans un *réseau de concepts* les principales notions du chapitre.

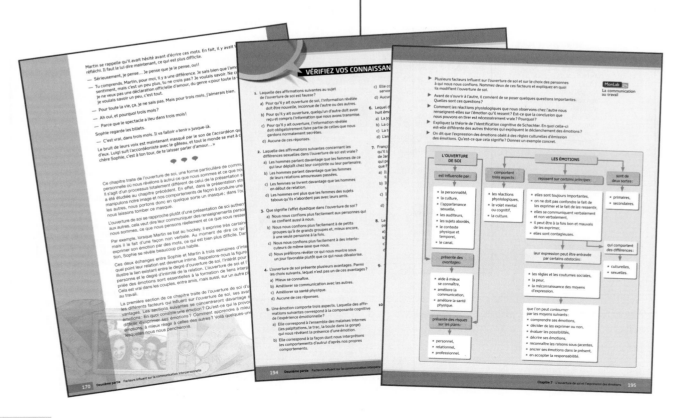

Après avoir exploré le manuel comme vous venez de le faire, vous vous demandez certainement: pourquoi lire cet avant-propos? Eh bien, puisque manifestement vous en avez commencé la lecture, permettez-nous d'ajouter rapidement quelques renseignements relatifs aux objectifs que nous avons visés dans cette troisième édition, et qu'une simple exploration visuelle ne peut révéler.

L'objectif premier est évidemment de présenter les connaissances actuelles sur la communication interpersonnelle, connaissances qui permettent de mieux définir ce type de communication et de mieux la comprendre, mais aussi d'appréhender les facteurs qui influent sur elle dans différents contextes.

Le second objectif est de permettre l'amélioration des habiletés requises dans les relations interpersonnelles, ce qu'il est convenu d'appeler la *compétence interpersonnelle*. En elle-même, l'acquisition de connaissances sur les principes théoriques qui gouvernent les échanges avec les autres ne suffit pas pour acquérir la compétence interpersonnelle. Il est aussi très important de développer des habiletés de communication interpersonnelle. Le présent ouvrage repose sur l'idée que les connaissances théoriques aident à mieux comprendre les habiletés et que la connaissance des habiletés aide à mieux comprendre la théorie.

Nous devons à Joseph A. DeVito de nous avoir fourni de nombreux outils pédagogiques pour le développement explicite des habiletés interpersonnelles. À tout moment, le lecteur est interpellé, questionné sur lui-même, sur ses expériences personnelles et sur celles de ses proches. Les nombreux exemples dans le livre, les rubriques, les minitests et les exercices rappellent qu'il ne faut jamais cesser d'améliorer ses habiletés à communiquer.

Un livre peut être un moyen de satisfaire un besoin: un roman, par exemple, permet de se divertir, d'observer mentalement ses semblables et de vivre avec eux des situations qu'on ne peut vivre réellement; un manuel scolaire vise à instruire, à éduquer. Parce qu'il est associé à une somme de travail à venir, le manuel n'attire sans doute pas aussi irrésistiblement qu'un roman. Malgré tout, notre souhait le plus cher est qu'il en soit autrement. Certes, apprendre, réfléchir et remettre en question ses idées et ses croyances réclame et réclamera toujours des efforts, mais il n'est pas dit que ceux-ci doivent être douloureux. Nous avons rédigé ce manuel avec l'idée d'en faire un outil de développement de la compétence interpersonnelle qui soit convivial et stimulant. Certaines sections se lisent comme un roman, et nous avons bon espoir que vous aimerez les activités d'apprentissage et de développement des habiletés proposées dans les nombreux encadrés du livre. Enfin, nous espérons que vous apprécierez ce manuel non seulement pour sa présentation ou la possibilité de divertissement qu'il vous offre, mais aussi pour sa valeur pédagogique.

CARACTÉRISTIQUES DE LA TROISIÈME ÉDITION

Le présent manuel a été conçu pour soutenir l'enseignement et l'apprentissage dans les cours ayant comme objectif le développement de la compétence interpersonnelle. Lors de la rédaction de la deuxième édition, nous avions consulté plusieurs enseignants de diverses disciplines. Les résultats de l'enquête avaient entraîné des modifications importantes au plan de la présentation des chapitres. Ces changements ont été reportés tels quels dans cette troisième édition. Cependant, tous les chapitres ont été révisés afin d'en améliorer la présentation et de rafraîchir certains contenus.

En ce sens – et compte tenu de l'évolution fulgurante des nouveaux moyens de communication numérique – , il est apparu évident qu'il fallait réexaminer plus en profondeur l'impact de tous ces nouveaux modes de communication sur les relations interpersonnelles.

Au cours des dernières années, l'usage des appareils de communication tels les téléphones mobiles plus ou moins «intelligents», les tablettes et les ordinateurs portables s'est généralisé à une vitesse incroyable. Le plus petit de ces appareils, qui tient dans le creux de notre main, permet aujourd'hui d'écrire, d'imprimer, de calculer, de «géolocaliser», de savoir l'heure exacte et de gérer un agenda, de téléphoner et même de voir la personne contactée, de lui envoyer un message écrit et de lire sa réponse sur-le-champ ou plus tard, de nous informer sur tout, de consulter des encyclopédies, des articles scientifiques ou simplement l'opinion des uns ou des autres, de magasiner et d'acheter en ligne, d'écouter la radio ou de regarder la télé ou des films, et bien plus encore. Il est possible de distinguer deux sortes d'activités effectuées par l'intermédiaire de ces appareils (Tufekci, 2008): un usage *instrumental* ou utilitaire (p. ex., rechercher des informations, faire un achat ou une transaction bancaire, etc.) et un usage plus *expressif* ou relationnel (communiquer avec d'autres personnes, directement ou comme on le fait en clavardant, en écrivant ou en lisant des textos ou des courriels, en commentant un blogue, en modifiant sa page et en consultant celles des autres dans les réseaux sociaux, etc.). Plus que le besoin de s'informer, c'est la possibilité de communiquer avec ses semblables qui a provoqué cet engouement général pour les nouvelles technologies.

Comme nous allons le constater dès le premier chapitre de ce livre, la grande majorité des gens se servent des nouveaux canaux de communication dans des contextes sociaux réels et préexistants, pour entretenir des liens établis avec différents groupes de personnes, leurs familles, leurs amis, leurs collègues, leurs connaissances. C'est dans cette intention qu'ils relèvent leurs courriels chaque jour et c'est pour cette même raison qu'ils se connectent à des réseaux sociaux. Les communications numériques ne s'opposent pas aux interactions en personne (ou en face à face): elles les articulent plutôt et les complètent. On s'en sert pour prendre un rendez-vous, transmettre une nouvelle, envoyer un petit mot gentil. Les communications numériques (courriers électroniques, textos, forums en ligne, etc.) ne remplacent pas non plus les rencontres en personne: elles s'y ajoutent en augmentant le volume total des contacts (Casilli, 2010 ; Wellman, 2004).

Il nous est apparu évident qu'il fallait traiter de l'impact de ces nouvelles technologies sur les relations interpersonnelles. Nous avons tenté de présenter les résultats les plus récents de la recherche sur le sujet et de répondre aux questions que beaucoup se posent actuellement sur les possibles effets de l'usage, parfois intensif, de ces nouveaux médias sur les relations humaines. Les résultats de nos recherches augmentent d'une quarantaine de pages la présente édition. Ces pages auraient pu faire l'objet d'un chapitre entier, mais nous avons préféré les intégrer au contenu des chapitres existants. C'est donc sous la forme d'une rubrique, intitulée «En ligne», facilement repérable, que nous avons traité des nombreux aspects de la communication numérique telle qu'elle s'effectue actuellement.

MonLab | L'apprentissage optimisé

MonLab ✐

MonLab | Exercices, c'est l'environnement numérique qui vous connecte aux exercices interactifs de votre manuel. De plus, grâce à son tableau de bord, il vous permet de suivre la progression de vos résultats ainsi que le calendrier des activités à venir. MonLab vous accompagne vers l'atteinte de vos objectifs, tout simplement !

MonLab ▱

La section **La communication au travail** vous offre une série d'études de cas, d'exercices et de textes vous permettant de vous plonger de façon concrète dans la communication particulière au monde du travail.

REMERCIEMENTS

Cette troisième édition de *La communication interpersonnelle* n'aurait pas été possible sans la collaboration de plusieurs personnes. Nous remercions Pierre Desautels, directeur – développement de produits pour son très sympathique soutien tout au long de ce projet, et Yasmine Mazani, éditrice, pour sa patience et les soins méticuleux qu'elle et son équipe (en particulier Marie-Claude Rochon, la correctrice d'épreuves) ont su apporter à la fabrication de ce manuel.

Nous remercions également la soixantaine d'enseignants qui ont répondu à l'enquête sur laquelle repose grandement l'écriture de cette troisième édition : n'eût été leur grande générosité au moment de donner leur avis sur la matière des cours de communication interpersonnelle, cette édition ne serait pas ce qu'elle est actuellement.

Un dernier clin d'œil à Jean-Pierre Albert, vice-président responsable du niveau collégial, qui, rappelons-le, nous avait incités à joindre nos textes à ceux de J. A. DeVito pour la rédaction de la première édition.

Gilles Chassé et *Carole Vezeau*
Cégep régional de Lanaudière

TABLE DES MATIÈRES

Chapitre 7

L'OUVERTURE DE SOI ET L'EXPRESSION DES ÉMOTIONS

Chapitre 8

LA PERCEPTION D'AUTRUI

Chapitre 9

L'ÉCOUTE

TROISIÈME PARTIE

La communication interpersonnelle dans différents contextes

Chapitre 10
LA RÉSOLUTION DES CONFLITS

Chapitre 11

LA COMMUNICATION DANS LES GROUPES   290

Chapitre 12

LE POUVOIR DANS LES RELATIONS INTERPERSONNELLES   320

COMMUNICATION ET INTERACTIONS

L'IMPORTANCE DE LA COMMUNICATION

CONTENU DU CHAPITRE

▶ La communication :
un besoin fondamental

▶ Les nombreuses raisons
de communiquer

▶ Le désir et le plaisir
d'interagir avec les autres

▶ L'anxiété sociale

PRINCIPALES CONNAISSANCES À ACQUÉRIR

→ Comprendre de quelle façon, en tant qu'êtres sociaux, nous sommes prédisposés dès la naissance à communiquer et à développer des habiletés pour le faire.

→ Reconnaître les différentes raisons qui nous incitent à communiquer.

→ Comprendre les motivations sociales.

→ Définir et reconnaître les facteurs à l'origine de l'anxiété sociale.

→ Connaître trois théories sur la gestion de l'anxiété sociale.

PRINCIPALES HABILETÉS À DÉVELOPPER

→ Reconnaître les motifs qui nous poussent à communiquer.

→ Évaluer le désir que nous avons de communiquer.

→ Déterminer le type de relations que nous aimons établir avec les autres.

→ Utiliser diverses techniques pour maîtriser et gérer plus efficacement l'anxiété sociale.

Le matin, Sophie traîne un peu au lit en écoutant la radio tout en consultant sa page Facebook pour voir qui, parmi ses 118 amis, a ajouté des informations sur son profil. Au petit-déjeuner, elle lit le journal tout en discutant avec ses parents. Sur le chemin du collège, elle remarque les panneaux publicitaires installés récemment. Elle reçoit et envoie quelques « textos » et micromessages (« tweets ») sur son téléphone intelligent. En arrivant au cégep, elle discute avec ses amis, puis assiste au cours magistral donné par son prof d'histoire. Elle participe ensuite à un débat dans son cours de sciences politiques et poursuit la discussion en mangeant à la cafétéria avec d'autres étudiants. Plus tard, elle va rejoindre ses coéquipiers à la bibliothèque pour un travail. De retour à la maison, elle parle avec sa mère tout en l'aidant à préparer le repas. Pendant le souper, la famille discute de l'achat d'un nouveau téléviseur (devrait-on ou non acheter un modèle 3D ?). Sur l'ordinateur familial, on consulte sur Internet les offres de nombreux marchands. En fin de soirée, Sophie regarde son émission de télé favorite et s'endort au son de la radio, après avoir jeté un dernier coup d'œil à sa page Facebook.

Comme Sophie, nous passons beaucoup de temps à communiquer, soit en bavardant, en discutant, en lisant, en échangeant des textos ou des photos, en téléphonant, ou simplement en faisant un signe de la main à quelqu'un. Nous pouvons parler de « la pluie et du beau temps », discuter de sujets philosophiques ou encore nous interroger les uns les autres. Il existe mille et une façons de communiquer. Pouvez-vous vous imaginer une journée sans communiquer ? Combien de temps passez-vous à communiquer ? Quelles raisons vous incitent à le faire ? Avez-vous de la facilité à communiquer avec les autres ? Que vous apportent ces activités de communication ? Voilà quelques-unes des questions qui seront abordées dans ce chapitre.

LA COMMUNICATION :
UN BESOIN FONDAMENTAL

COMMUNICATION
Fait de communiquer ; ensemble des processus permettant de transmettre une signification au moyen d'un message.

La première action que nous faisons en ce monde a trait à la **communication**. Le premier cri de l'enfant est un signe, un message. Même s'il n'est pas voulu par le nouveau-né (il s'agit en fait d'un réflexe qui sert à dégager les voies respiratoires), ce cri et les pleurs qui l'accompagnent sont perçus par sa mère comme un signe : elle s'empresse de serrer son enfant contre elle, de lui donner le sein. Par la suite, le petit continuera d'utiliser ce signe pour combler ses besoins : besoins physiologiques, bien sûr, mais aussi besoins d'affection et de communication, car la communication participe du besoin fondamental d'entrer en relation avec autrui.

Notre hérédité nous prédestine à la communication. Les humains arrivent au monde nantis de toutes sortes de programmes de comportements et d'habiletés fondamentales. Sur le plan sonore, le bébé témoigne d'un intérêt particulier pour le registre des sons situés autour de 4000 hertz, qui correspondent généralement à ceux émis par la voix humaine. Sur le plan visuel, parmi tous les stimuli possibles, le bébé, dès qu'il peut distinguer nettement les choses, montre un vif intérêt pour le visage humain ou sa représentation schématisée (Goren, Sarty et Wu, 1975 ; Umilta, Simion et Valenza, 1996).

Tout comme les primates, le petit a aussi besoin des sensations associées au toucher : besoin d'être caressé, porté, dorloté, serré dans nos bras, etc. Ces prédispositions ne sont pas là par hasard : elles ont pour fonction de relier le nouveau-né aux autres membres de son espèce. Comme toutes les fonctions vitales, ces besoins doivent être satisfaits, assouvis. Si le petit humain ne peut voir de visage humain, s'il ne peut entendre la voix humaine, s'il ne peut être porté, materné par un adulte, il ressentira alors un vide incommensurable, qui pourra difficilement être comblé. De nombreuses observations montrent que nos expériences infantiles précoces influent grandement sur notre **sociabilité**.

SOCIABILITÉ
Tendance et aptitude à rechercher et à maintenir des rapports harmonieux avec les autres.

Durant la première année de vie, le bébé réagit aux actions de l'adulte qui le stimule par sa voix, ses mimiques ou toutes sortes d'éléments de surprise. Réciproquement, les sourires, les pleurs ou les inquiétudes du bébé suscitent à leur tour une réponse de la part de l'adulte. Il s'établit ainsi une relation dont les fondements sont innés et inconscients. Grâce à un jeu de miroirs, Colwyn Trevarthen (1975) a pu filmer (et revoir ensuite au ralenti) les visages côte à côte d'une mère en train de communiquer avec son enfant. En trois secondes, on peut voir le bébé gazouiller et sourire, et la mère répondre par des mouvements des yeux et de la tête, ce qui a pour effet de calmer le bébé. Alors que la mère poursuit la stimulation, l'enfant répond en reprenant ses gazouillis. Ces échanges de sourires, de mimiques et de gesticulations constituent la forme la plus primitive de communication. En fait, dès la naissance, le bébé est déjà un être sociable. Cette sociabilité naturelle est inhibée si le contact avec l'adulte est coupé. La relation intime parent-enfant s'étend ensuite aux frères et aux sœurs, puis aux autres personnes avec lesquelles l'individu établira éventuellement une relation chaleureuse au cours de sa vie. Jean-Didier Vincent (1986) fait d'ailleurs remarquer que nous pouvons trouver la trace de cette relation initiale dans les contacts corporels qui matérialisent les relations intimes : poignée de main, accolade, baiser, lit partagé, câlins et caresses… Tous ces comportements nous apportent réconfort et sécurité au cours de notre vie.

Même s'il s'agit essentiellement d'un réflexe, le premier cri de l'enfant est un signe, un message. Lorsque vous entendez un bébé pleurer, est-ce que vous réagissez ? Vous sentez-vous interpellé ? Le cri du bébé suscite-t-il chez vous une émotion ?

Évidemment, aussi importants soient-ils, ces contacts vécus dans les premières années de notre vie ne suffisent pas à expliquer notre niveau de sociabilité actuel. Durant tout notre développement, nous sommes passés par d'autres périodes qui ont marqué notre façon d'entrer en relation avec les autres et nos modes de communication. Notre personnalité tout entière s'est construite à partir des modèles sociaux qui ont été les nôtres, des normes sociales que nous avons assimilées, des événements plus ou moins heureux ou traumatisants que nous avons vécus avec les autres et qui ont pu stimuler notre sociabilité ou nous pousser à la réclusion.

Songez à vous-même : d'où viennent vos connaissances, vos croyances, vos valeurs, vos aspirations ? Ces acquisitions tirent leur origine de toutes sortes d'activités de communication. Rappelez-vous seulement votre journée d'hier : de quoi sont constitués les souvenirs que vous en avez conservés ? Vous pouvez constater que la majorité de ces souvenirs portent sur des activités de communication. Comme nous le verrons en détail plus loin, certaines de ces activités impliquent directement la présence des autres ; d'autres non, comme en ce moment, par exemple, alors que vous lisez ce livre. Afin de mesurer les moments de communication en présence ou en l'absence d'autrui, Csikszentmihalyi et Figurski (1982) ont demandé à des sujets de porter sur eux un petit appareil. Chaque fois que cet appareil émettait un bruit, ils devaient inscrire sur un questionnaire ce qu'ils étaient en train de faire à ce moment précis. L'étude a démontré que, chez les adolescents, l'activité décrite impliquait la présence d'autrui ou une interaction avec une autre personne dans une proportion de 71 % et

> Les bébés ont besoin de communication pour survivre. Le lait et le sommeil ne suffisent pas. La communication est aussi un élément indispensable à la vie.
>
> – Bernard Werber

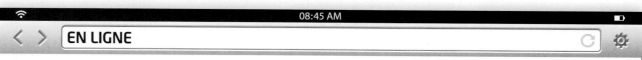

08:45 AM

EN LIGNE

La communication numérique

Un peu partout dans cet ouvrage, vous trouverez des encadrés qui attireront votre attention sur la communication numérique. Nous regroupons sous l'appellation « communication numérique » toute forme de communication établie par écran interposé (ordinateur, téléphone intelligent, tablette, etc.), grâce aux nouvelles technologies utilisant Internet et qui ont multiplié nos moyens d'échanger avec nos semblables : le courrier électronique, la vidéoconférence, les textos ainsi que les nombreux médias sociaux (blogues, réseaux sociaux, forums de discussion, sites de partage de contenus photographiques ou vidéo, agrégateurs d'actualité, wikis [p. ex., Wikipédia], etc.). Par les possibilités qu'ils offrent, tous ces moyens d'échanges influent sur la nature des communications que nous avons avec les autres.

Dans ce chapitre, nous pouvons certainement constater l'importance de la communication en prenant conscience de la propension des êtres humains à inventer et à utiliser de nouveaux moyens leur permettant d'entrer en relation. Nous assistons actuellement à une évolution fulgurante, tant dans le domaine des technologies de la communication que dans les usages que les gens font de ces technologies nouvelles. Ainsi, le terme « communication médiatisée par ordinateur », créé il n'y a pas si longtemps, ne s'applique déjà plus, car les ordinateurs miniaturisés sont maintenant partout : dans nos téléphones portables, dans nos maisons et nos voitures. Branchés en permanence à Internet, les ordinateurs, les tablettes et notamment les

téléphones dits « intelligents » ont considérablement modifié notre façon de communiquer. Grâce aux liaisons par satellite, nous pouvons demeurer en perpétuel contact avec les autres, qu'ils soient près de nous ou à l'autre bout du monde. La facilité de contact et la rapidité des échanges que permettent les nouvelles technologies modifient considérablement les rapports humains, et ce, à la fois dans l'espace et dans le temps.

Les possibilités offertes par les technologies numériques ont des effets sur la majorité des sujets traités dans ce livre, car elles modifient tous les aspects de la communication. Voilà pourquoi vous trouverez fréquemment des encadrés sous forme d'écran, pour rappeler que toutes les formes de communication numérique (voir le tableau 1.1) s'effectuent par l'intermédiaire d'écrans avec lesquels nous allons interagir, que ce soit pour écrire ou lire un message, pour regarder une photo ou une vidéo, pour consulter Internet, pour jouer. Quelle que soit sa dimension (de l'écran minuscule de la montre numérique jusqu'au méga-écran du téléviseur, en passant par l'écran du téléphone plus ou moins intelligent et ceux des tablettes et autres ordinateurs portables), l'écran est l'interface obligatoire pour communiquer, s'informer, se divertir. Réfléchissez à l'omniprésence des écrans dans votre environnement. Avec combien d'écrans avez-vous interagi aujourd'hui ? Combien possédez-vous d'appareils de communication et d'information munis d'un écran ?

de 74%. Un fait indéniable ressort: la majeure partie de notre vie se déroule dans un contexte de relation avec les autres. Si cette recherche devait être refaite de la même manière aujourd'hui, les pourcentages seraient certainement plus élevés. Des travaux récents (Rideout, Foehr et Roberts, 2010) rapportent que les jeunes Américains de 8 à 18 ans passent environ 8 heures par jour à manipuler différents appareils de communication (téléphone intelligent, tablette, ordinateur, téléviseur, etc.) dans le but premier d'échanger avec les autres. Des études canadiennes ont aussi montré que près de 90% des adolescents ont inscrit un profil sur un site de réseautage social (Facebook ou Twitter) et que les adolescents échangent en moyenne quotidiennement plus de 50 SMS (près de 20% en échangeant plus de 6000 par mois) (Ipsos, 2011; Vaillancourt, 2012). Tout comme Sophie dont il a été question au début de ce chapitre, vous utilisez votre ordinateur ou votre téléphone intelligent pour communiquer avec vos amis et votre famille au moyen de textos, de courriels ou des médias sociaux comme Twitter ou Facebook. Toutes ces activités de communication prennent beaucoup de temps, au point que, parfois, nous devons les faire en même temps que d'autres, avec les avantages et les désavantages que cela peut comporter.

Tableau 1.1	La communication numérique sous toutes ses formes	
	Canaux	Description
	synchrones	
Communication interpersonnelle	Téléphonie fixe	Conversation vocale grâce à un téléphone relié par fil à un réseau téléphonique fixe. Il est associé à un lieu précis.
	Téléphonie mobile	Conversation vocale grâce à un téléphone mobile relié à un réseau cellulaire. Il est associé à une personne, où qu'elle soit.
	Visioconférence, vidéoconférence	Conversation vocale et télévisuelle grâce à l'utilisation de caméras et d'écrans sur un téléphone mobile, une tablette ou un ordinateur portable (Skype, FaceTime).
	Clavardage	Activité permettant d'avoir une conversation écrite presque synchrone, en temps réel avec d'autres internautes, par clavier interposé.
	asynchrones	
	Textos (messages texte, SMS)	Courts messages qu'on peut recevoir ou envoyer à partir d'un téléphone mobile, une tablette ou un ordinateur.
	Courriels	Message, plus ou moins long, transmis par Internet vers un ou plusieurs destinataires. On peut joindre au courriel des fichiers multimédias (texte, image ou son).
Communication publique ou semi-publique	Sites de réseaux sociaux	Communautés d'internautes reliés entre eux par des intérêts amicaux ou professionnels (regroupés ou non par secteurs d'activité), et qui favorisent l'interaction sociale, la création et le partage d'informations. (Facebook, Twitter*, Google+, MySpace, LinkedIn et Viadeo)
	Sites de microblogage	Sites qui permettent d'envoyer de courts messages en rapport avec des gens ou des événements et de lire, en temps réel, les messages rédigés par d'autres abonnés (p. ex., Twitter).
	Forums	Lieux d'échanges sur un site Web permettant d'exprimer des opinions ou des idées sur un sujet particulier. Les fils de discussion ou «enfilade» y sont archivés et peuvent donc être consultés en tout temps (p. ex., doctissimo.fr, aufeminin.com, voyageforum.com).
	Blogues	Sites Web personnels tenus par un ou plusieurs blogueurs qui y publient plus ou moins régulièrement, à la manière d'un journal de bord, des articles ou billets informatifs ou intimistes. Datés, signés et classés par ordre chronologique inverse, ces textes sont parfois enrichis d'hyperliens, d'images ou de sons. Généralement, les lecteurs peuvent y laisser des commentaires.
	Sites de partage de contenus	Sites qui permettent aux internautes de partager du contenu: documents (p. ex., Slideshare), photos (p. ex., Flickr, Pinterest, Instagram, etc.) ou vidéos (p. ex., YouTube et Dailymotion).
	Sites de partage de signets	Sites qui permettent aux internautes d'organiser et de partager des liens vers des sites Web favoris (p. ex., Delicious, Blogmarks et StumbleUpon).
	Sites wikis	Sites Web collaboratifs, où chaque internaute visiteur peut participer à la rédaction du contenu. La principale caractéristique d'un site wiki est que ses utilisateurs peuvent modifier facilement et rapidement n'importe quelle de ses pages (p. ex., Wikipédia).
	Univers virtuels	Sites qui offrent des environnements virtuels ludiques, où les utilisateurs peuvent se créer une identité (avatars) et interagir avec d'autres utilisateurs (p. ex., Second Life).

Médias sociaux (applies to rows from Sites de réseaux sociaux onward)

* Certaines plateformes offrent plusieurs services, ce qui donne lieu à des chevauchements. Par exemple, Twitter est à la fois un site de microblogues et un site de réseautage social; Facebook, un site de réseautage social, permet de partager des photos, alors que Pinterest, un site de partage de médias, permet de suivre d'autres personnes.

Source: Les définitions de ce tableau ont été élaborées à partir du site de l'Office québécois de la langue française et de l'article de Dewing, M. (2010). *Les médias sociaux – Introduction*. Ottawa: Bibliothèque du Parlement. Publication n° 2010-03-F. www.parl.gc.ca/Content/LOP/ResearchPublications/2010-03-f.pdf.

C'EST ÇA QUI EST SUPER AVEC L'INTERNET – L'ANONYMAT

LES NOMBREUSES RAISONS DE COMMUNIQUER

Réfléchissez maintenant à toutes vos activités de communication : pour quelles raisons les avez-vous entreprises ? Dans quel but avez-vous communiqué avec les autres ? Prenons l'exemple de Carl, un cégépien. Pourquoi est-il allé à son cours et pourquoi a-t-il questionné son professeur après le cours ? Pourquoi, plus tard, a-t-il salué son amie Suzie et s'est-il ensuite approché d'elle pour lui parler ? Pourquoi a-t-il débattu de l'impact des médias sociaux en campagne électorale avec d'autres étudiants de sa classe de sciences politiques ? Pourquoi, à la cafétéria, a-t-il rejoint son groupe d'amis qui jouaient aux cartes ?

Toutes sortes de raisons nous incitent à communiquer. Nous le faisons pour résoudre un nombre considérable de défis de tout ordre que nous pose la vie. Ainsi, au restaurant, lorsque vous demandez «Qu'y a-t-il au menu aujourd'hui ?» et que, plus tard, vous demandez à votre professeur de psychologie «De quoi allez-vous parler aujourd'hui ?», vous ne communiquez pas pour les mêmes raisons. Plusieurs auteurs se sont donné pour tâche de distinguer les différents buts de la communication humaine. Voici les principales raisons qu'ils ont mises en lumière.

Nous communiquons, bien sûr, pour satisfaire nos **besoins physiologiques**. Lorsque le bébé pleure pour manger ou lorsque vous-même demandez, au restaurant ou à la maison, ce qu'il y a au menu, l'intention est la même : manger. Le bébé peut aussi pleurer parce qu'il a peur. Le cri a alors pour fonction de faire venir autrui, car la présence humaine rassure. Le lien entre le besoin d'être avec les autres et le **besoin de sécurité et de protection** a été clairement démontré. En 1959, dans le cadre d'une expérience sur la douleur, Stanley Schachter provoquait une anxiété chez des sujets volontaires en leur racontant qu'ils recevraient une décharge électrique intense (anxiété élevée) ou une décharge moins importante (anxiété faible). Il demandait poliment à chacun des sujets d'attendre un peu, le temps qu'on installe le matériel, et leur laissait le choix entre faire l'expérience seuls ou en présence d'autres volontaires. Parmi les sujets qui ressentaient une anxiété modérée, seulement 33 % ont décidé d'attendre avec les autres, tandis que chez les sujets plus anxieux, cette proportion a presque doublé (63 %). Ces résultats démontrent que, dans la mesure où notre estime de soi ne risque pas d'en souffrir, nous avons tendance à partager avec les autres nos craintes et nos angoisses.

«Excuse-moi. J'ai été distrait un moment. Tu peux continuer.»

Les rencontres en ligne

La communication numérique fait de plus en plus partie de notre vie. Un exemple est celui de l'utilisation des sites de rencontres. Deux enquêtes démontrent que les rencontres par Internet ont un niveau de succès similaire à celles faites de façon plus conventionnelle, notamment chez les plus de 30 ans. Les étudiants, pour leur part, recourent à des sites tels que «Spotted» («repéré», en français) sur Facebook, qui aident les plus timides à déclarer leur flamme anonymement à qui ils le souhaitent. Lancé en Angleterre en 2013, le succès de la formule a été planétaire. Malheureusement, malgré les bonnes intentions de départ, ces sites peuvent dégénérer, envahis par des messages anonymes de mauvais goût, injurieux ou diffamants. Ce qu'il faut retenir, c'est l'utilisation du Web comme moyen de rapprochement. L'utilisation des sites de rencontres ne fait plus l'objet de railleries comme par le passé: elle est considérée aujourd'hui comme une autre façon d'utiliser Internet pour communiquer (Rosenfeld et Reuben, 2012).

Connaissez-vous des personnes qui se sont rencontrées par Internet? De votre côté, feriez-vous confiance à ce moyen de rencontre pour trouver l'âme sœur?

Sources: Psychomédia (2006, 19 mars). *Internet: un bon moyen de rencontrer.* www.psychomedia.qc.ca/internet/2006-03-19/internet-un-bon-moyen-de-rencontrer; Psychomédia (2012, 16 février). *Internet serait devenu la façon la plus courante de rencontrer.* www.psychomedia.qc.ca/couples/2010-02-16/internet-serait-devenu-la-facon-la-plus-courante-de-rencontrer.

Selon Deci et Ryan (2000), le besoin de créer et de maintenir des liens serait fondamentalement inné. Le **besoin d'appartenance ou d'affiliation** consiste en la nécessité de se sentir relié à des personnes significatives pour soi, de façon à pouvoir s'identifier aux valeurs et aux comportements adoptés par elles. Nous avons tous, à des degrés divers, tendance à rechercher une certaine forme de proximité sociale, en essayant de nous connecter aux personnes qui nous sont significatives. Nous allons accorder et chercher à recevoir de l'attention des personnes importantes pour nous. Ces personnes peuvent être un individu, une communauté ou un groupe plus ou moins large auquel nous allons nous identifier (groupe d'appartenance). Ce besoin de rapprochement avec autrui, qui a déjà fait l'objet de nombreuses recherches, fait partie de plusieurs théories sur les diverses motivations humaines. Dans les années 1960, McClelland a montré que les personnes qui ressentent un fort besoin d'appartenance vont préférer des situations dans lesquelles elles peuvent développer des relations interpersonnelles harmonieuses.

Ces personnes prennent plaisir à créer, à maintenir ou à rétablir des relations émotionnelles positives avec les autres. Elles ont besoin d'être aimées et acceptées par leur entourage. Pour cette raison, elles ont tendance à se conformer facilement aux normes du groupe dont elles font partie (McGhee et Teevan, 1967). Parce qu'elles recherchent des rapports d'amitié, d'intimité et de compréhension mutuelle, elles vont préférer se trouver dans des situations de *collaboration* et *d'égalité*. Dans leur choix de carrière, ces personnes ont tendance à privilégier les emplois qui impliquent une relation d'aide, comme les services publics ou les services à la clientèle.

De tels liens contribuent à alléger la solitude et la dépression, à partager les plaisirs et, d'une manière générale, à entretenir une meilleure image de soi. Tout naturellement, les échanges que nous avons avec les autres nous renvoient une image de nous-mêmes, de nos sentiments, de nos idées et de nos comportements. Toutes ces informations contribuent à **construire notre connaissance de soi et notre identité**, une identité que nous aurons à présenter à autrui et à défendre à l'occasion en nous affirmant (**affirmation de soi**).

De plus, chacun ressent, avec une intensité variable dans le temps, le besoin d'influencer les autres, leurs comportements ou leurs pensées. Par exemple, chacun tente d'inciter ses amis à voter pour tel parti, à essayer tel régime alimentaire, à acheter tel livre ou tel disque, à voir tel film, à prendre telle décision, à penser de telle manière, à croire en telle chose: la liste est interminable. Nous passons tous une partie plus ou moins grande de notre

« Henderson, votre famille représente tout pour vous ; le pouvoir représente tout pour moi. »

temps à tenter de persuader autrui, et certaines personnes plus que d'autres. McClelland et Atkinson (1961) ont montré que, contrairement à celles qui ont un grand besoin d'appartenance, les personnes mues par un fort **besoin de pouvoir ou d'autorité** vont tirer satisfaction des situations qui leur donnent la possibilité de manifester leur pouvoir sur les autres. Les moyens utilisés peuvent varier (la persuasion, la suggestion, le commandement, etc.), pour autant qu'elles atteignent leur objectif, qui est le contrôle des comportements d'autrui. Ces personnes préfèrent se trouver dans des situations qui favorisent la *compétition* et qui assignent à chacun un statut social dans une *hiérarchie*. Même si elles n'y jouent qu'un rôle subordonné, elles vont préférer les situations dans lesquelles certains individus commandent et d'autres obéissent à celles où les gens sont égaux. En tant que subalternes, elles vont aspirer à devenir un jour la personne responsable, et pour y parvenir, elles vont tenter d'améliorer leur image et leur prestige auprès des autres. Elles agissent en fonction de l'effet qu'elles peuvent faire sur les autres plutôt qu'en fonction de la qualité recherchée dans leur propre performance. Leur plaisir ne découle pas de ce qui est accompli; il naît plutôt de la prise, du maintien et de l'augmentation du pouvoir. Dans leur choix de carrière, ces personnes vont avoir tendance à privilégier les emplois dans lesquels des individus commandent alors que d'autres doivent obéir, comme dans toutes les organisations hiérarchiques où le pouvoir est explicite.

> Prenez une heure par jour et éteignez toutes ces choses. Levez vos yeux de ces écrans et regardez droit dans les yeux de la personne que vous aimez. Tenez une conversation, une véritable conversation.
>
> – Erick Schmidt
> (président de Google)

La communication n'est toutefois pas seulement au service des motivations sociales; elle sert aussi à résoudre une foule de problèmes d'ordre simplement pratique. Dans la vie en général – et plus particulièrement au travail, pour certains –, nous devons affronter et résoudre toutes sortes de problèmes : faire le plein au garage, emprunter un livre à la bibliothèque, trouver le meilleur chemin pour revenir du bureau, etc. Dans tous ces cas, la communication est très utile, comme elle l'est dans la réalisation de nos projets les plus élevés. Certaines personnes ressentent un intense besoin de réaliser ou d'accomplir quelque chose. Ce besoin a fasciné McClelland et ses collaborateurs (McClelland, 1961 ; McClelland, Atkinson, Clark et Lowell, 1953), qui lui ont consacré plus de 20 ans de recherches. Selon McClelland, le **besoin de réussite ou d'accomplissement** représente une motivation humaine distincte des autres besoins sociaux. Il faut constater que certains individus sont peu motivés dans leur vie par les besoins d'affiliation ou de pouvoir: ce qui suscite leur intérêt et leur procure le plus de satisfaction, c'est la réalisation de projets, l'accomplissement de quelque chose.

Les personnes qui possèdent ce type de motivation vont ainsi rechercher dans tous les domaines (recherche, services, administration, etc.) des situations dans lesquelles elles pourront réussir. Le plus souvent, elles vont entrer en contact et communiquer avec les personnes qui peuvent leur permettre de réaliser leur projet. À l'opposé des personnes qui montrent un fort besoin d'appartenance ou de pouvoir, elles n'éprouvent pas de grandes satisfactions intrinsèques dans leurs rapports avec les autres. Ce qui compte, c'est la réussite d'un projet. Dans certains cas, elles vont préférer travailler seules ou, au mieux, en compagnie de personnes qui, comme elles, sont mues par un fort besoin de réussite.

Lequel des besoins sociaux présentés dans ce chapitre vous caractérise le plus ? Le besoin de réussite, par exemple, est-il important chez vous ?

La satisfaction de nos besoins en ligne

Nous passons énormément de temps devant des écrans. Une grande enquête réalisée aux États-Unis en 2009 rapporte que la plupart des Américains passent au moins huit heures et demie par jour devant un écran, que ce soit celui d'un téléviseur, d'un ordinateur ou d'un appareil mobile, et souvent en même temps devant deux écrans, voire trois. Combien de temps passez-vous à regarder et à interagir avec des écrans? Réfléchissez un instant aux activités que vous faites le plus souvent lorsque vous êtes branché. Songez maintenant à celles qui vous apportent le plus de plaisir (ce ne sont peut-être pas les mêmes). Sauriez-vous distinguer le besoin qui domine dans vos activités sur Internet? La façon dont on utilise Internet est très révélatrice de ce que nous sommes, de ce qui nous motive, de nos besoins.

Source: Council for Research Excellence (2009, 26 mars). *The Video Consumer Mapping Study*. www.researchexcellence.com/vcm_overview.pdf.

S'il est un domaine d'activités humaines où la communication est fondamentale, c'est celui du transfert des connaissances. L'échange d'informations est essentiel à la réalisation des deux objectifs fondamentaux de l'éducation: ***apprendre ou faire apprendre***. L'éducation peut être donnée de nombreuses manières, soit par des communications publiques (comme à l'école), soit plus simplement au moyen des conversations, comme celles qu'une personne peut avoir en famille ou dans son groupe d'amis. Ces discussions interpersonnelles influent certainement autant – sinon davantage – sur nos croyances, nos attitudes et nos valeurs que ne le font les médias ou l'école. En plus du besoin de créer des liens, du besoin d'influencer ou d'apprendre, nous ressentons aussi celui d'***aider nos semblables***. Les thérapeutes de diverses disciplines soulagent leurs clients en leur fournissant des avis et des conseils. Mais chacun de nous peut avoir comme objectif d'aider autrui dans ses relations quotidiennes: consoler un ami d'une peine d'amour, recommander à un voisin de suivre tel cours, conseiller un collègue de travail, etc. L'aide apportée, à titre professionnel ou autre, ne peut l'être autrement que par l'intermédiaire d'une intense activité de communication.

Enfin, il existe une autre situation dans laquelle nous ne satisfaisons aucun des besoins précités. Lorsque nous parlons de nos projets de fin de semaine, de sport ou de sortie, que nous contons des histoires et des blagues ou, tout simplement, que nous passons du temps avec des amis, tout cela répond à un objectif qui n'a rien de frivole, celui de ***s'amuser***. Cette fonction ludique constitue un contrepoids essentiel au sérieux qui entoure la plupart des activités pratiques de la vie et procure l'équilibre indispensable à cette dernière. L'enfant qui vit en chacun de nous a besoin de temps pour jouer.

POUR S'AMÉLIORER

Dans quel contexte appréciez-vous le plus la compagnie des autres? Un contexte qui permet de développer des relations amicales et égalitaires avec les autres? Ou un autre, plus compétitif, qui vous permet de contrôler le comportement des autres? Ou encore un contexte qui vous permet d'accomplir quelque chose?

LE DÉSIR ET LE PLAISIR D'INTERAGIR AVEC LES AUTRES

> Ce qui rend les hommes sociables est leur incapacité à supporter la solitude et donc, eux-mêmes.
>
> – Arthur Schopenhauer

Mathias et Arthur, deux amis, travaillent au même cégep. Il leur arrive souvent d'aller ensemble à la cafétéria le midi pour s'acheter un sandwich. Lorsque Mathias se rend seul à la cafétéria, l'aller-retour peut prendre 10 minutes, mais lorsqu'il fait le même trajet avec Arthur, la durée du parcours s'allonge considérablement. Mathias est toujours étonné du nombre d'arrêts que peut faire Arthur. Ce dernier ne se contente pas de dire « Bonjour! » aux gens qu'il connaît: il leur demande « Comment ça va? ». Chaque rencontre est une occasion d'entamer une conversation avec quelqu'un. La dernière fois, il leur a fallu 45 minutes – sur les 60 dont ils disposent – pour faire le trajet: Arthur avait engagé la conversation avec la préposée aux sandwichs! Mathias a parfois l'impression que son ami a davantage besoin de parler que de manger.

MOTIVATION INTRINSÈQUE
Tendance à pratiquer une activité pour le plaisir et la satisfaction qu'elle procure au moment même où elle est pratiquée.

Manifestement, certaines personnes sont plus sociables que d'autres, elles éprouvent plus de plaisir à communiquer avec leurs semblables. Chez ces individus, la communication répond à une **motivation intrinsèque**. Ils n'ont pas plus de raisons que les autres de communiquer; seulement, ils éprouvent plus de plaisir à le faire. Il en va de la communication comme de toutes les autres activités: nous les exerçons pour

Avez-vous tendance à rechercher les situations dans lesquelles vous êtes en interaction avec d'autres personnes? Dans quel contexte aimez-vous le mieux communiquer?

obtenir quelque chose, pour satisfaire un besoin, pour nous améliorer, etc., mais nous pouvons aussi les accomplir pour une raison intrinsèque, soit simplement pour le plaisir qu'elles nous procurent. Par exemple, vous pouvez aller au gymnase pour vous entraîner et vous mettre en forme, pour maintenir votre santé, pour l'énergie que vous en retirez, mais vous pouvez aussi y aller pour le plaisir que cette activité vous procure, au moment même où vous la faites. Vous pouvez aussi suivre des cours pour le diplôme auquel ils conduisent, mais vous pouvez aussi y assister par plaisir, pour le simple plaisir d'apprendre et de comprendre. De la même façon, certains vont travailler pour gagner leur vie; d'autres, parce qu'ils aiment ce qu'ils font. Lorsque nous agissons en vue d'obtenir un bénéfice externe à nos actions, nous sommes mus par une **motivation extrinsèque**, tandis que la motivation intrinsèque est à l'origine de l'intérêt et du plaisir qui découlent de la pratique même de l'activité: c'est ce type de motivation qui habite les personnes sociables.

MOTIVATION EXTRINSÈQUE
Tendance à pratiquer une activité dans le but d'obtenir un résultat extérieur à l'activité même: par exemple, recevoir une récompense ou éviter une punition.

Le plaisir de communiquer avec les autres peut varier d'une personne à l'autre, mais aussi selon les circonstances. Dans quelles circonstances éprouvons-nous le plus de satisfaction à communiquer avec les autres? Il existe plusieurs réponses à cette question. Après avoir soumis un questionnaire à 428 collégiens, McCroskey (1992) a obtenu les résultats suivants: le degré de familiarité avec les autres est directement proportionnel au désir de communiquer. Ainsi, ce désir est de 84,7% avec les amis, de 72,5% avec les connaissances, et il chute abruptement à 38,5% avec les personnes inconnues. Le désir de communiquer varie aussi en fonction du nombre de personnes et de la situation: il est de 79,5% à deux (c'est-à-dire en « dyade »), de 70,8% en petit groupe, de 59,7% en réunion et de 54,2% en public. Ces résultats montrent une préférence très nette pour la communication dans des situations sécurisantes, avec des amis et en petit nombre. En fait, comme nous le verrons dans ce livre, le contexte dans lequel les gens préfèrent communiquer est celui de la communication interpersonnelle.

POUR S'AMÉLIORER

Réfléchissez aux motivations qui vous poussent à échanger avec les autres. Sont-elles intrinsèques ou extrinsèques? En plus de la satisfaction d'accomplir une tâche ou d'obtenir quelques bénéfices, nous pouvons aussi tirer plaisir des échanges avec les autres. Souvent, pour que cela se produise, il s'agit seulement d'en prendre conscience. Faites-vous, à l'occasion, une pause pour prendre conscience de la valeur de la relation que vous avez établie avec une autre personne?

Les nouveaux médias numériques favorisent-ils la sociabilité ?

Arthur (dans le texte) passe plus de temps sur les sites de réseaux sociaux numériques que son copain Mathias. Les personnes sociables aiment rencontrer des gens et c'est ce qu'elles sont tentées de faire lorsqu'elles se branchent en ligne. Mais le fait de communiquer par l'intermédiaire d'un écran favorise-t-il ou entrave-t-il notre vie sociale ?

Il y a plus d'une quinzaine d'années, un groupe de chercheurs (Kraut et coll., 1998) ont découvert ce qu'ils ont appelé « le paradoxe Internet », à savoir qu'une utilisation intensive d'Internet entraîne une diminution des rapports en tête-à-tête et, par conséquent, un sentiment d'isolement. Trois ans plus tard, les mêmes chercheurs (Kraut et coll., 2002), qui ont fait le suivi des mêmes sujets, en sont arrivés à des conclusions complètement différentes : la communication numérique développe la sociabilité dans le monde virtuel, mais aussi dans le monde réel. Toutefois, cet impact positif est ressenti chez les personnes plus extraverties, tandis que les personnes introverties et celles dont l'environnement social est moins dense tendent plutôt à accroître leur isolement. Les auteurs font remarquer que les relations en ligne ont moins de valeur que les relations hors ligne. Le bénéfice des relations en ligne est très différent selon que celles-ci servent à compléter ou à se substituer aux relations hors ligne. Dans la même veine, l'enquête de Watkins et Lee (2010) démontre que, chez les étudiants des collèges américains, l'utilisation des réseaux sociaux n'a pas pris la place des interactions en personne, elle fournit plutôt de nouvelles occasions pour exprimer son amitié, son intimité et son sentiment d'appartenance. L'enquête de Hampton et ses collaborateurs (2011) révèle que les utilisateurs des réseaux sociaux sont plus confiants en les autres, qu'ils ont plus de relations amicales proches et qu'ils bénéficient d'un soutien plus fort de leur entourage. De plus, ils ravivent de vieilles amitiés et sont plus engagés politiquement que le reste de la population. Ils sont aussi deux fois moins susceptibles de se sentir isolés socialement que l'individu moyen.

Dans l'ensemble, les études sont positives : elles montrent que les personnes augmentent de façon significative leur réseau de contacts en utilisant les réseaux sociaux numériques (par l'ajout des amis des amis ; 120 personnes en moyenne sur Facebook), mais aussi qu'elles maintiennent sinon augmentent un peu leur noyau d'amis proches sur le Net, c'est-à-dire de 5 à 7 personnes en moyenne, avec lesquelles on entretient des échanges soutenus (Marlow, 2009). Ce chiffre, à première vue peu élevé, correspond aussi au nombre de proches que nous avons hors ligne (qui ne sont pas nécessairement les mêmes qu'en ligne). Selon Stefana Broadbent (2009, 2011), les nouveaux médias, particulièrement la téléphonie mobile, favorise l'intimité entre les proches. À partir du 19e siècle, fait-elle remarquer, les lieux d'apprentissage (école) et de travail (usine) se sont éloignés de la maison où se déroulent la vie privée et les rapports intimes. Aujourd'hui, les gens se sont emparés de cette étonnante possibilité qu'offrent les nouvelles technologies de demeurer toujours et partout en contact avec leur cercle d'amis intimes.

Par ailleurs, les appareils de communication numérique nous sollicitent sans cesse. Ils possèdent des mécanismes de rétroaction qui peuvent mener à une utilisation maniaque ou compulsive. Toutes les activités de communication numérique qui font appel à ces petits appareils accaparent tellement l'attention que cela aurait des conséquences sur les relations véritables plus profondes (Turkle, 2012a, 2012b). Un usage excessif peut certainement entraîner des problèmes, tout comme l'utilisation de ces appareils dans des moments et des contextes inadéquats.

L'échelle sur le désir de communiquer (DDC)

Voici 20 situations dans lesquelles une personne choisit de communiquer ou de ne pas communiquer. Tenant pour acquis que vous avez entièrement le choix, indiquez le pourcentage de fois que vous choisiriez de communiquer dans chacune des situations suivantes : 0 = jamais et 100 = toujours.

1 Converser avec un employé d'une station-service. _____
2 Converser avec un médecin. _____
3 Faire une présentation devant un groupe de personnes que vous ne connaissez pas. _____
4 Converser avec une connaissance lorsque vous êtes dans une file d'attente. _____
5 Converser avec une vendeuse au magasin. _____
6 Parler lors d'un rassemblement de nombreux amis. _____
7 Converser avec une policière. _____
8 Parler devant un petit groupe de personnes que vous ne connaissez pas. _____
9 Converser avec un ami lorsque vous êtes dans une file d'attente. _____
10 Converser avec la serveuse dans un restaurant. _____
11 Parler lors d'un rassemblement de nombreuses personnes que vous connaissez un peu. _____
12 Converser avec une personne que vous ne connaissez pas lorsque vous êtes dans une file d'attente. _____
13 Converser avec une secrétaire. _____
14 Faire une présentation devant un groupe d'amis. _____
15 Parler devant un petit groupe de connaissances. _____
16 Converser avec la personne qui ramasse les vidanges. _____
17 Parler lors d'un rassemblement d'un grand nombre de personnes que vous ne connaissez pas. _____
18 Converser avec votre amoureux. _____
19 Parler devant un petit groupe d'amis. _____
20 Faire une présentation devant un groupe de connaissances. _____

Calcul des résultats

Pour calculer le résultat de chaque sous-échelle, additionnez les pourcentages de chacun des énoncés groupés (p. ex., 3 + 14 + 20) et divisez le total par le chiffre indiqué. Pour évaluer votre désir général de communiquer (DDC total), additionnez les résultats des sous-échelles « personnes inconnues », « connaissances » et « amis » et faites la moyenne.

Public: 3 + 14 + 20; divisé par 3 _____
Grand groupe de personnes: 6 + 11 + 17; divisé par 3 _____
Petit groupe de personnes: 8 + 15 + 19; divisé par 3 _____
Dyade: 4 + 9 + 12; divisé par 3 _____

Personnes inconnues: 3 + 8 + 12 + 17; divisé par 4 _____
Connaissances: 4 + 11 + 15 + 20; divisé par 4 _____
Amis: 6 + 9 + 14 + 19; divisé par 4 _____

DDC total: _____

Interprétation

Comparez vos résultats avec les moyennes obtenues à partir de larges échantillons de collégiens dans différents pays. Le tableau montre que le désir de communiquer (DDC) varie considérablement selon les cultures. Aux États-Unis, le DDC diminue à mesure que le nombre de personnes avec qui les collégiens interagissent se réduit et augmente à mesure que le degré d'intimité s'accroît, mais ce n'est pas le cas dans d'autres cultures, comme celle de la Micronésie.

Désir de communiquer (DDC)	États-Unis	Suède	Australie	Micronésie	Finlande	Estonie
DDC total	65,2	58,1	56,6	47,3	54,6	54,8
CONTEXTE SOCIAL						
Public	54,2	53,3	46,0	47,0	51,8	53,6
Grand groupe de personnes	59,7	52,2	53,1	37,4	49,4	51,5
Petit groupe de personnes	70,8	63,3	63,3	55,2	59,8	61,8
Dyade	76,2	63,3	63,8	49,6	72,9	51,9
DEGRÉ DE FAMILIARITÉ						
Personnes inconnues	38,5	37,4	38,8	22,9	35,1	38,5
Connaissances	72,5	62,8	61,0	44,4	60,7	63,3
Amis	84,7	73,8	75,9	74,5	68,1	62,2

Sources : McCroskey, J.C. (1992). Reliability and validity of the willingness to communicate scale. *Communication Quarterly*, 40 : 16-25. Reproduction autorisée par l'éditeur Taylor & Francis Ltd., www.tandf.co.uk/journals.

L'ANXIÉTÉ SOCIALE

L'obstacle majeur à notre désir d'entrer en relation avec autrui est souvent en nous-mêmes. L'anxiété sociale est l'une des variables les plus étudiées dans le champ de la communication interpersonnelle; nous avons donc beaucoup appris sur ce problème très courant. Après avoir défini l'anxiété sociale et cerné les facteurs qui influent sur son intensité, nous nous pencherons sur les théories qui tentent de l'expliquer et sur ce que propose chacune pour nous aider à la maîtriser ou à la gérer plus efficacement.

Qu'est-ce que l'anxiété sociale?

Les termes *anxiété sociale* et *timidité* (ou encore *refus de communiquer*, *peur de communiquer*, *réticence* et *trac*) décrivent un état d'appréhension et d'inquiétude lié au fait d'entrer en communication avec autrui. Les gens qui vivent ce type d'anxiété hésitent ou répugnent à s'engager dans une interaction et n'en attendent rien de bon. Ils peuvent craindre de commettre des erreurs et d'être humiliés (Bippus et Daly, 1999), et éprouver l'impression d'avoir plus à perdre qu'à gagner dans l'interaction. Plus cette peur est forte, moins ils estiment que le jeu en vaut la chandelle.

L'anxiété sociale n'est pas quelque chose que nous avons ou que nous n'avons pas: elle se vit en un continuum, et personne n'y échappe totalement. À un extrême, il y a ceux qui vont au-devant des expériences de communication: quand ils éprouvent de l'appréhension (ce qui est rare), elle est si légère qu'elle ne transparaît jamais. À l'autre extrême, il y a ceux chez qui la peur est si intense qu'ils perdent tous leurs moyens en situation de communication. Dans les cas persistants les plus graves, on parle alors d'un «trouble d'anxiété sociale» ou d'une «phobie sociale». La plupart des gens se situent quelque part entre ces deux pôles. À partir d'un certain niveau, l'anxiété sociale devient un véritable handicap dans une société comme la nôtre, où le succès repose souvent sur la capacité de communiquer.

Selon Statistique Canada (2004), un peu plus de 2 millions de Canadiens âgés de 15 ans et plus ont déclaré avoir des antécédents de trouble d'anxiété sociale, c'est-à-dire qu'ils en avaient éprouvé les symptômes à un moment de leur vie. Environ 8 % de la population en serait atteinte, le groupe le plus touché étant celui des 15 à 24 ans.

Plusieurs étudiants éprouvent une peur véritable lorsqu'ils doivent faire une présentation devant un groupe. Jusqu'à quel degré ressentez-vous cette crainte? Vous empêche-t-elle d'offrir une bonne performance?

EN LIGNE

Internet et la timidité

Une étude (Baker et Oswald, 2010) a porté sur l'usage de Facebook et la timidité. Elle montre que les personnes timides et introverties qui utilisent beaucoup Facebook se sentent plus proches de leurs amis en ligne et sont plus satisfaites de leurs relations que les personnes qui utilisent moins ce réseau. Pour les personnes moins timides et plus extraverties, la qualité des relations ne tire aucun avantage de l'usage de Facebook. Dans les communications en personne, un individu timide est extrêmement sensible aux signaux de rejet par les autres. Dans les communications numériques toutefois, ces signaux sont moins aisément détectés; la personne timide sera donc plus à l'aise dans les communications «par écran interposé» qu'en personne (Stritzke, Nguyen et Durkin, 2004). De plus, la personne timide éprouve des craintes quant à l'image qu'elle projette. Or, les réseaux sociaux permettent d'avoir un plus grand contrôle sur l'image que nous voulons projeter. C'est peut-être pour ces mêmes raisons que certaines personnes s'engagent davantage dans les rencontres en ligne, car l'anonymat de l'écriture leur permettrait d'exprimer plus facilement leurs émotions que dans la vie réelle.

D'après vos propres observations, retrouvez-vous chez vos amis cette relation entre la timidité et le fait d'être accro aux médias sociaux? Vous-même, vous arrive-t-il de privilégier la communication numérique parce que la perspective de rencontrer une personne vous rend anxieux?

Les comportements typiques

L'anxiété sociale est généralement associée à une diminution de la fréquence, de l'intensité et de la probabilité des échanges. Les gens qui éprouvent une très grande anxiété sociale évitent les occasions de contacts avec les autres, et quand ils ne peuvent pas s'y soustraire, ils participent le moins possible aux interactions. Cette répugnance à communiquer peut prendre toutes sortes de formes.

En petit groupe, les personnes anxieuses socialement parlent moins, sont moins souvent perçues comme des leaders (indépendamment de leurs réalisations) et évitent même les places clés dans la pièce – celles qui sont directement dans le champ de vision du leader, par exemple. Dans les salles de classe, elles évitent de s'asseoir là où elles risquent davantage d'être interpellées et fuient le contact visuel avec le professeur, surtout s'il s'apprête à poser une question. De plus, selon une étude (McCroskey, Booth-Butterfield et Payne, 1989), elles entretiennent généralement une attitude moins positive à l'égard de l'école, obtiennent de moins bonnes notes et sont plus enclines au décrochage. Enfin, tant les professeurs que les étudiants les considèrent comme des fréquentations moins intéressantes socialement.

En milieu de travail, les personnes qui ont peur de communiquer s'ouvrent peu et évitent les emplois exigeants sur le plan de la communication, comme l'enseignement ou les relations publiques. Elles sont moins ambitieuses, en bonne partie parce qu'obtenir une promotion les obligerait à communiquer davantage. Probablement parce qu'elles ont moins d'avancement et de moins bonnes relations avec leurs collègues, elles sont aussi moins satisfaites professionnellement. De plus, elles obtiennent moins d'entrevues d'emplois (Bennett et Jandt, 1988).

Les facteurs d'influence

La recherche a mis en lumière divers facteurs qui augmentent l'anxiété sociale (McCroskey et Daly, 1987 ; Beatty, 1988 ; Richmond et McCroskey, 1998). Connaître ces facteurs peut vous aider à mieux comprendre et à mieux maîtriser votre propre anxiété sociale.

- **Le jugement d'autrui.** Plus nous nous sentons exposés au jugement d'autrui, plus l'anxiété sociale augmente. Les entrevues d'emplois sont très anxiogènes, justement parce qu'elles visent à évaluer les candidats.

MINITEST 1.2

Quel est votre degré d'anxiété sociale ?

Le questionnaire se compose de six énoncés relatifs aux sentiments que vous inspirent les conversations interpersonnelles. Indiquez dans quelle mesure chaque énoncé s'applique à vous. Utilisez l'échelle suivante : 1 = tout à fait d'accord, 2 = d'accord, 3 = indécis, 4 = en désaccord, 5 = tout à fait en désaccord. Il n'y a ni bonnes ni mauvaises réponses. Certains énoncés se ressemblent ; ne vous en préoccupez pas. Répondez promptement ; notez votre première impression.

1. Quand je participe à une conversation avec une personne que je ne connais pas, je me sens très nerveux. _____

2. Je ne crains pas de dire ce que je pense au cours d'une conversation. _____

3. Ordinairement, je suis très tendu et nerveux au cours d'une conversation. _____

4. Ordinairement, je suis très calme et détendu au cours d'une conversation. _____

5. Quand j'ai une conversation avec une personne que je ne connais pas, je me sens très détendu. _____

6. Je crains de dire ce que je pense au cours d'une conversation. _____

Quel est votre résultat ? Calculez votre note de la façon suivante :

Commencez avec le nombre 18 (il s'agit d'une base qui vous évitera de vous retrouver avec des nombres négatifs).

À 18, ajoutez vos points pour les éléments 2, 4 et 5.

Soustrayez du total vos points pour les éléments 1, 3 et 6.

Le résultat (qui devrait se situer entre 6 et 30) correspond à votre degré d'anxiété sociale lors de conversations interpersonnelles. Plus votre note est élevée, plus vous éprouvez de l'anxiété sociale. Une note de plus de 18 indique un certain degré d'anxiété sociale.

Que faire ?

D'abord, essayez de déterminer quelles sont les situations interpersonnelles qui suscitent le plus d'anxiété sociale en vous. Quels sont les facteurs qui contribuent à accroître votre anxiété sociale ? Que pouvez-vous faire pour réduire l'effet de ces facteurs ?

> Tout refus de communiquer est une tentative de communication ; tout geste d'indifférence ou d'hostilité est un appel déguisé.
>
> – Albert Camus

Généralement, une personne anxieuse socialement aura tendance à s'isoler, ce qui peut susciter le rejet de la part des autres. L'individu ainsi rejeté va chercher à s'isoler davantage. Comment croyez-vous qu'il soit possible de briser ce cercle vicieux?

- **Une position d'infériorité.** Plus nous estimons l'interlocuteur supérieur à nous par ses connaissances ou sa facilité à communiquer, plus l'appréhension s'accroît. Ainsi, les étudiants timides disent trouver particulièrement difficile de parler avec des gens qui ont de l'autorité (Zimbardo, 1977).

- **La visibilité.** Plus nous sommes exposés aux regards, plus nous sommes anxieux. S'adresser à un grand auditoire est plus anxiogène que prendre la parole dans un petit groupe parce que nous sommes debout devant les gens et que toute l'attention est dirigée vers nous.

- **L'imprévisibilité.** Plus une situation est imprévisible, plus le degré d'appréhension est élevé. Les situations nouvelles ou ambiguës rendent anxieux parce que nous ne savons pas à quoi nous attendre. Les interactions avec des inconnus semblent avoir un effet similaire: dans l'étude citée précédemment (Zimbardo, 1977), 70% des étudiants timides ont dit être particulièrement embarrassés en présence d'étrangers.

- **Les dissemblances.** L'impression d'avoir peu en commun avec nos interlocuteurs augmente l'anxiété.

- **Les réussites et les échecs antérieurs.** La façon dont nous réagissons à de nouvelles situations dépend beaucoup de nos performances antérieures. Généralement (mais pas toujours), les succès passés diminuent l'appréhension, tandis que les échecs l'augmentent. Il n'y a là aucun mystère: le fait d'avoir réussi démontre que nous pouvons encore réussir, et le fait d'avoir échoué, que nous pouvons encore échouer.

- **L'inexpérience et le manque de pratique.** Si nous n'avons jamais tapé un texte de notre vie, nous ne pouvons pas nous attendre à taper très bien. De la même manière, si nous n'avons jamais demandé une augmentation de notre vie et que nous n'avons aucune idée de la façon de nous y prendre, il est parfaitement normal de ressentir de l'appréhension.

L'interaction avec des membres de cultures différentes de la nôtre peut susciter de l'incertitude, de la peur et de l'anxiété qui nous font craindre de nous exprimer. Quand nous parlons avec des personnes de cultures très différentes de la nôtre, nous pouvons difficilement prévoir leurs réactions (Gudykunst et Nishida, 1984 ; Gudykunst, Yang et Nishida, 1985). À l'opposé, quand nous avançons en terrain connu et que nous pouvons prévoir ce qui arrivera, nous sommes générale-ment plus à l'aise. Mais quand la situation est incertaine et que nous ne pouvons pas en prévoir la suite, nous sommes portés à être plus craintifs (Gudykunst et Kim, 1992). De telles situations peuvent nous

amener, par exemple, à avoir peur de dire quelque chose de choquant ou de révéler nos propres préjugés. Cette peur se transforme facilement en appréhension.

Ces situations peuvent également être source d'anxiété. Par exemple, si nous n'avons pas eu beaucoup de relations avec des membres de cultures différentes de la nôtre, ou si nos relations ont été déplaisantes, nous risquons d'éprouver plus d'anxiété dans nos rapports avec ces personnes que si nous avions eu des relations fréquentes et positives (Stephan et Stephan, 1985).

Nos idées et sentiments à l'égard des autres ont également un effet sur notre niveau d'appréhension. Par exemple, nos stéréotypes et préjugés ou la conviction d'être très différents des autres nous amènent vraisemblablement à éprouver plus d'appréhen-sion que le sentiment d'être semblables aux autres.

On observe aussi des différences de genre dans l'anxiété sociale. Par exemple, dans un contexte interculturel, les hommes déclarent ressentir une plus grande anxiété sociale que les femmes, de même qu'un ethnocentrisme plus prononcé et un moindre désir de communiquer (Lin et Rancer, 2003a, 2003b). Une étude réalisée auprès d'adultes célibataires (Janda, 2000) montre que la timidité n'a pas d'impact sur le nombre de relations sociales et amoureuses entretenues par les femmes. Par contre, les hommes timides sortent beaucoup moins avec les femmes que les hommes non timides, et ils se sentent isolés et malheureux. Cela peut s'expliquer par le fait qu'au-jourd'hui encore, les hommes se sentent forcés de faire les premiers pas. Ainsi, les hommes timides, habitués à se dire que les femmes ne les aiment probablement pas, ont de la difficulté à faire des rencontres. Les femmes, de leur côté, qui peuvent être plus passives et attendre simplement qu'un homme fasse une approche, ne sont pas aussi affectées par l'insécurité sur le plan social.

Trois approches pour mieux gérer l'anxiété sociale

Selon les chercheurs et spécialistes de la communication Virginia Richmond et James McCroskey (1998), trois grandes approches théoriques et éminemment pra-tiques peuvent nous aider à comprendre et à gérer l'anxiété sociale : la restructuration cognitive, la désensibilisation systématique et le développement de la compétence interpersonnelle.

La restructuration cognitive

Selon la théorie de la **restructuration cognitive**, l'anxiété sociale découle de pensées, de croyances et d'attentes irréalistes. Par exemple, si nous nous fixons des objectifs inatteignables («Il faut que tout le monde m'aime», «Ma compétence doit être sans faille», «Je dois surpasser les autres en tout»), il n'est que logique d'avoir peur d'échouer. Or, cette peur de l'échec – et les idées irréalistes sous-jacentes – engendre l'anxiété sociale (Markway, Carmin, Pollard et Flynn, 1992). La théorie de la restructuration cognitive propose donc de repérer les pensées irréalistes et de les remplacer par d'autres, plus rationnelles («Je voudrais que tout le monde m'aime, mais si ce n'est pas le cas, je n'en mourrai pas», «Je ne suis pas infaillible», «J'aimerais être la meilleure en tout, soit, mais rien ne m'y oblige»). Nous devons ensuite nous entraîner à intégrer dans la pratique ces nouvelles pensées plus rationnelles (Ellis et Harper, 1975; Ellis, 1988).

Le processus peut se résumer comme ce qui suit: les objectifs irréalistes engendrent de l'anxiété parce que nous les savons inaccessibles. La barre est placée si haute que personne ne pourrait les atteindre. À l'évidence, nous sommes condamnés à échouer, tôt ou tard. La perspective de cet échec inévitable finit par nous obnubiler, nous nous voyons presque en train d'échouer – image qui sape la confiance en soi et entraîne d'autres visions d'échec.

La **visualisation positive** est une forme de restructuration cognitive conçue expressément pour atténuer ce genre de pensées négatives ainsi que les manifestations extérieures de l'anxiété sociale (Ayres et Hopf, 1993; Ayres, Ayres, Grudzinskas, Hopf, Kelly et Wilcox, 1995). Il n'est pas étonnant que cette technique d'imagerie mentale se révèle nettement plus efficace avec les gens qui produisent des images très vivides (Ayres, Hopf et Ayres, 1994).

Le principal objectif de la visualisation positive est de vous amener à développer une attitude et une perception de soi favorables. Vous devez vous imaginer dans un rôle avantageux – disons celui de quelqu'un qui passe avec succès une entrevue d'emploi. Vous vous imaginez en train d'arriver à cette entrevue avec confiance: vous entrez, vous saluez votre interlocuteur, vous balayez la pièce du regard et vous vous assoyez. Pendant tout l'entretien, vous maîtrisez parfaitement la situation. Votre interlocuteur semble content de vos questions et de vos réponses, tant et si bien qu'il finit par vous proposer de prendre cet emploi. Pendant toute la durée de cette visualisation, vous devez chasser toute pensée négative et vous concentrer sur la façon dont vous accomplissez cette belle performance: comment vous marchez, comment vous regardez votre interlocuteur, comment vous répondez à ses questions et, surtout, comment vous vous sentez pendant que vous vivez cette expérience.

La désensibilisation systématique

La **désensibilisation systématique** est une technique très utilisée dans le traitement de toutes sortes de phobies et de peurs, y compris l'anxiété sociale (Wolpe, 1958), et même l'anxiété des premiers rendez-vous amoureux (Allen, Bourhis, Emmers-Sommer et Sahlstein, 1998). Quelle que soit la nature du problème, le principe est toujours le même: la peur est une réaction apprise et, par conséquent, nous pouvons la désapprendre.

Le procédé consiste à décomposer votre objectif (p. ex., demander un premier rendez-vous à une personne qui vous attire) en une série de comportements qui, du moins exigeant au plus difficile, vous amènent au but désiré, mais très anxiogène. Dans cet exemple, la hiérarchie des comportements pourrait ressembler à ceci:

4. Lui demander un rendez-vous.

3. Parler de choses et d'autres.

2. Me présenter.

1. Composer son numéro de téléphone.

Vous commencez par le premier comportement de la liste – composer son numéro –
et vous le visualisez jusqu'à ce que vous puissiez vous imaginer clairement la scène,
sans être envahi par l'anxiété. Lorsque vous êtes suffisamment calme, vous passez
à la prochaine étape et visualisez quelque chose d'un peu plus menaçant – vous présenter –, jusqu'à ce que vous maîtrisiez cette étape, et ainsi de suite.

Le développement de la compétence interpersonnelle

La troisième approche part du principe que l'anxiété sociale s'explique en bonne
partie par l'impression de ne pas avoir les habiletés requises, et propose d'y remédier
en acquérant les habiletés nécessaires à l'adoption de tel ou tel comportement. Ainsi,
communiquer adéquatement avec des supérieurs et des subordonnés dans un
contexte professionnel exige un ensemble d'habiletés particulières, que vous devez
acquérir une à une et savoir utiliser conjointement. Pensons à la capacité de projeter
une image de soi positive, de louanger le travail des autres et de le critiquer avec
délicatesse, par exemple.

Votre habileté à communiquer efficacement avec d'autres personnes est la **compétence interpersonnelle** (Spitzberg et Cupach, 1989 ; Wilson et Sabee, 2003), c'est-à-dire
l'aptitude à comprendre la communication interpersonnelle et à utiliser cette connaissance pour mieux communiquer. Par exemple, sachant que, dans certaines situations
et avec certaines personnes, il convient de ne pas aborder tel ou tel sujet, vous adaptez
vos messages en conséquence. Voilà une marque de compétence interpersonnelle.
La compréhension des règles de la communication non verbale fait également partie
de la compétence. Par exemple, vous savez si vous pouvez toucher votre interlocuteur,
si vous devez vous rapprocher ou vous éloigner de lui, hausser ou baisser le ton. Il en
va de même de la capacité d'utiliser toutes sortes de messages non verbaux pour
atteindre des objectifs particuliers. Bref, la compétence interpersonnelle comprend
la compréhension des mécanismes de la communication et la capacité d'adapter les
messages en fonction du contexte, de l'interlocuteur et d'une foule d'autres facteurs
dont il sera question dans cet ouvrage.

> **COMPÉTENCE
> INTERPERSONNELLE**
> Aptitude à comprendre
> la communication inter-
> personnelle et à utiliser
> cette connaissance pour
> mieux communiquer.

Ainsi, plus vous connaîtrez les différents modes de communication possibles, plus vous serez en mesure d'évaluer intelligemment une situation et de choisir la meilleure manière de
communiquer et plus vous serez compétent dans presque
toutes les situations où vous aurez affaire à une ou plusieurs
autres personnes : demander une faveur, inviter quelqu'un à
sortir, établir des relations de travail productives, lier des amitiés ou des relations amoureuses durables, communiquer de
l'empathie, soutenir un proche, faire accepter vos opinions,
résister à la volonté d'autrui, etc. Votre compétence facilitera
l'atteinte de vos objectifs, quels qu'ils soient.

POUR S'AMÉLIORER

Ce livre ne vise pas à vous enseigner une
formule passe-partout qui vous permettrait de communiquer dans n'importe
quelle situation. Ce serait d'ailleurs impossible, puisque chaque situation, chaque
personne est différente. Son objectif est
plutôt de vous aider à développer de meilleures habiletés communicationnelles :
d'une part, en vous permettant d'acquérir
les connaissances nécessaires pour évaluer les situations et juger des meilleurs
moyens à employer ; d'autre part, en vous
proposant une foule d'options, de manières
de communiquer que vous n'avez peut-être
pas considérées jusqu'à maintenant, et en
vous donnant l'occasion de vous exercer à
les maîtriser.

1. Trouvez l'énoncé erroné.

   a) Notre hérédité nous prédestine à la communication.

   b) L'enfant vient au monde avec des prédispositions qui ont pour fonction de le relier aux autres membres de son espèce.

   c) Dès la naissance, le bébé utilise la communication pour combler ses besoins.

   d) Les études ont confirmé que les premiers contacts vécus par le bébé dès le tout début de sa vie expliquent le niveau de sociabilité qu'il aura à l'âge adulte.

2. Comment appelle-t-on une communauté d'internautes reliés entre eux par des liens, amicaux ou professionnels, regroupés ou non par secteurs d'activité, qui favorise l'interaction sociale, la création et le partage d'informations?

   a) Un blogue.

   b) Un babillard électronique.

   c) Un réseau social.

   d) Un forum.

3. Toutes sortes de raisons nous incitent à communiquer, telle la nécessité de satisfaire notre besoin de sécurité et de protection. Lequel des résultats suivants correspond à ceux obtenus dans l'expérience de Schachter (1959) sur le lien entre ce besoin et celui d'être en relation avec les autres?

   a) Peu importe le niveau d'anxiété ressenti, tous les sujets préféraient attendre avec d'autres personnes.

   b) Peu importe le niveau d'anxiété ressenti, tous les sujets préféraient attendre seuls.

   c) Les sujets plus anxieux ont davantage préféré attendre avec d'autres personnes que ceux qui ressentaient une anxiété modérée.

   d) Les sujets qui ressentaient une anxiété modérée ont davantage préféré attendre avec d'autres personnes que ceux qui étaient plus anxieux.

4. Trouvez l'énoncé erroné.

   a) Le besoin de créer et de maintenir des liens n'existe pas à la naissance, il doit être acquis.

   b) Le besoin d'influencer les autres nous incite à communiquer.

   c) Nous pouvons communiquer simplement pour satisfaire notre besoin de nous amuser.

   d) Souvent, la communication permet de résoudre une foule de problèmes d'ordre simplement pratique.

5. Trouvez l'énoncé incorrect parmi ceux qui pourraient compléter la phrase suivante: Les personnes qui possèdent à un haut degré le besoin de pouvoir ou d'autorité…

   a) préfèrent les organisations hiérarchiques où le pouvoir est explicite.

   b) préfèrent se trouver dans des situations qui favorisent la compétition.

   c) sont soucieuses de leur image auprès des autres.

   d) retirent du plaisir dans ce qui est accompli plutôt que du processus de réalisation.

6. Quelle sorte de motivation est à la base de la sociabilité d'Arthur dans l'exemple présenté au début de la section «Le désir et le plaisir d'interagir avec les autres»?

   a) Une motivation extrinsèque qui le pousse vers autrui.

   b) Une motivation intrinsèque qui le pousse vers autrui.

   c) Une motivation physiologique qui le pousse vers autrui.

   d) Une motivation de réussite qui le pousse vers autrui.

7. Lequel des énoncés suivants contredit les résultats de l'étude de McCroskey (1992) sur le désir de communiquer chez des collégiens?

   a) Le degré de familiarité avec les autres est directement proportionnel au désir de communiquer.

   b) Les répondants préfèrent communiquer dans des situations où le nombre de personnes est moins élevé.

   c) Le contexte dans lequel les gens préfèrent le plus communiquer est celui de la communication interpersonnelle.

   d) Aucune de ces réponses.

8. Lequel des énoncés suivants présente une caractéristique des étudiants qui souffrent de problèmes d'anxiété sociale?

   a) Ils sont souvent perçus comme des leaders.

   b) Dans une salle de classe, ils recherchent souvent le contact visuel avec le professeur.

   c) Ils entretiennent généralement une attitude moins positive à l'égard de l'école.

   d) Toutes ces réponses sont vraies.

9. Lequel des éléments suivants n'est pas un facteur qui contribue à augmenter l'anxiété sociale ?

a) Le jugement d'autrui.

b) Une position de supériorité.

c) La visibilité.

d) Les dissemblances.

10. Je suis une technique par laquelle une personne est amenée à se représenter mentalement une situation qui génère chez elle de l'anxiété et à s'imaginer qu'elle se comporte comme elle souhaiterait le faire en réalité :

a) Le développement de la compétence interpersonnelle.

b) La désensibilisation systématique.

c) La visualisation positive.

d) La désensibilisation positive.

▶ D'où viennent les connaissances, les croyances, les valeurs et les aspirations d'une personne ?

▶ Qu'est-ce que l'anxiété sociale et comment se manifeste-t-elle ?

▶ En quoi l'interaction avec des membres de cultures différentes de la nôtre peut-elle contribuer à augmenter l'anxiété sociale ?

▶ En quoi le développement de la compétence interpersonnelle facilite-t-il l'atteinte des objectifs personnels dans une situation de communication ?

La communication au travail

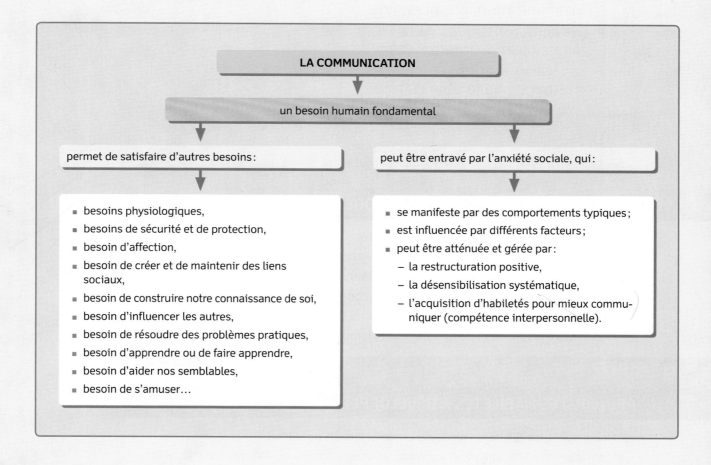

LA COMMUNICATION

un besoin humain fondamental

permet de satisfaire d'autres besoins :

- besoins physiologiques,
- besoins de sécurité et de protection,
- besoin d'affection,
- besoin de créer et de maintenir des liens sociaux,
- besoin de construire notre connaissance de soi,
- besoin d'influencer les autres,
- besoin de résoudre des problèmes pratiques,
- besoin d'apprendre ou de faire apprendre,
- besoin d'aider nos semblables,
- besoin de s'amuser…

peut être entravé par l'anxiété sociale, qui :

- se manifeste par des comportements typiques ;
- est influencée par différents facteurs ;
- peut être atténuée et gérée par :
  - la restructuration positive,
  - la désensibilisation systématique,
  - l'acquisition d'habiletés pour mieux communiquer (compétence interpersonnelle).

CHAPITRE 2

LA COMMUNICATION INTERPERSONNELLE

CONTENU DU CHAPITRE

▶ Communiquer et interagir
▶ Le processus de la communication interpersonnelle
▶ Les caractéristiques de la communication interpersonnelle
▶ La communication interpersonnelle et la culture

PRINCIPALES CONNAISSANCES À ACQUÉRIR

→ Distinguer la communication de l'interaction.
→ Distinguer la communication interpersonnelle des autres types de communication.
→ Définir les processus de communication unilatérale, circulaire et transactionnelle.
→ Connaître les éléments du processus de la communication interpersonnelle.
→ Connaître les principales caractéristiques de la communication interpersonnelle.
→ Reconnaître le rôle de la culture dans la communication interpersonnelle.

PRINCIPALES HABILETÉS À DÉVELOPPER

→ Reconnaître les différents types de communication possibles.
→ Converser avec les autres en sachant mieux reconnaître les éléments significatifs de la communication.
→ Reconnaître, en situation de communication interpersonnelle, ses principales caractéristiques.
→ Tenir compte des différences culturelles dans les communications avec autrui.

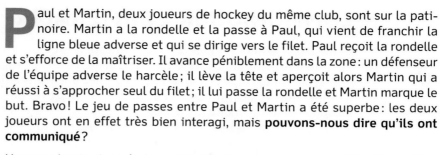

Paul et Martin, deux joueurs de hockey du même club, sont sur la patinoire. Martin a la rondelle et la passe à Paul, qui vient de franchir la ligne bleue adverse et qui se dirige vers le filet. Paul reçoit la rondelle et s'efforce de la maîtriser. Il avance péniblement dans la zone : un défenseur de l'équipe adverse le harcèle ; il lève la tête et aperçoit alors Martin qui a réussi à s'approcher seul du filet ; il lui passe la rondelle et Martin marque le but. Bravo ! Le jeu de passes entre Paul et Martin a été superbe : les deux joueurs ont en effet très bien interagi, mais **pouvons-nous dire qu'ils ont communiqué** ?

Un peu plus tard, après la partie, Martin emprunte un corridor. Devant lui, Sophie est debout. Il la voit de dos. Elle ne sait évidemment pas qu'il est là. Plantée au milieu du corridor, elle semble attendre quelqu'un. Lui, pour continuer son chemin, doit dévier un peu de son trajet. Mais Sophie, qu'il dépasse, ne constitue pas pour lui un banal obstacle. Par sa seule présence, Sophie communique une foule de renseignements à Martin. En s'approchant, il devine immédiatement qu'il ne connaît pas cette personne. Il remarque que la silhouette de Sophie est agréable : il s'agit d'une jeune femme de grande taille, qui porte des vêtements à la mode. En une fraction de seconde, le cerveau de Martin a assimilé toutes ces données. Manifestement, il y a eu communication, mais pouvons-nous dire que Sophie et Martin ont interagi ?

Lorsque Martin arrive à la hauteur de Sophie, il sent son parfum. Il tourne la tête, Sophie aussi : leurs regards se croisent. Une seconde a suffi pour que les yeux de Martin s'agrandissent et que les lèvres de Sophie esquissent un léger sourire. Cette seconde d'interaction est pourtant chargée d'une grande signification affective. Martin et Sophie ont échangé leurs sentiments par l'expression de leur visage. Durant ce très court moment, la communication s'est effectuée dans les deux sens : une relation interpersonnelle s'est établie.

Ces deux situations d'échanges entre Martin et Paul, d'une part, et entre Martin et Sophie, d'autre part, montrent ce qui différencie une interaction d'une communication. Faut-il qu'il y ait communication pour qu'il y ait **interaction** ? Y a-t-il toujours une interaction lors d'une communication ? En quoi consiste la communication ? Quels sont les éléments communs à toute communication ? Existe-t-il différents types de communication ? En quoi la communication numérique est-elle différente de la communication en face à face ? La première section de ce chapitre, qui porte plus particulièrement sur la communication interpersonnelle, répond à ces diverses questions. Les sections suivantes présentent les principales caractéristiques de la communication interpersonnelle ainsi que les influences culturelles qui s'exercent sur elle.

INTERACTION
Échange bilatéral entre deux ou plusieurs personnes qui agissent les unes avec les autres.

COMMUNIQUER ET INTERAGIR

D'une façon générale, l'idée de communication est indissociable de celle d'échange: pour qu'une communication existe, il faut qu'il y ait échange, mais pas de n'importe quel type. Par exemple, lorsque vous effectuez une transaction bancaire à un guichet automatique, vous n'entrez pas en communication avec quelqu'un. L'idée de communication débute au moment où l'objet de l'échange est une information qui se présente sous la forme de **signes** composant un **message**. Autrement dit, l'idée de communication suppose le transfert d'un message, un message qui est transmis d'un **émetteur** à un **récepteur**.

Lorsque Martin fait une passe à Paul, à première vue, c'est la rondelle qu'ils échangent. Ils interagissent en se transmettant la rondelle, mais la rondelle ne porte en elle aucun message. Pour affirmer que Martin et Paul ont communiqué entre eux, il faut qu'un message ou une information ait pu circuler de l'un à l'autre. Or, quand on regarde la vidéo, on constate que Martin a aperçu Paul, puis lui a fait la passe: Paul lui a-t-il communiqué un message à ce moment précis? Au premier coup d'œil, rien ne le laisse supposer. Mais, attention, une des règles implicites du hockey stipule qu'on passe la rondelle au joueur le plus près du but adverse. La position de Paul sur la patinoire constitue à elle seule un message, elle est un signe implicite que le cerveau de Martin décode et qui veut dire: «Je suis le joueur le plus près du but adverse, passe-moi la rondelle.» Plus tard, alors que Paul tricote avec la rondelle près de la ligne bleue, Martin monte à toute vitesse vers le but adverse… mais attention, que fait-il? La reprise au ralenti permet de le voir taper sur la glace plusieurs fois avec son bâton dans l'intention manifeste d'attirer l'attention de Paul! Ce geste est bien connu des adeptes du hockey: par le bruit de son bâton, un joueur indique à un coéquipier qu'il est en bonne position et lui exprime ainsi son désir d'obtenir une passe. Ce simple geste est le fondement d'une communication plus explicite. Les coups rapides qu'il donne sur la glace avec son bâton constituent un autre signe qui veut dire: «Hé, je suis ici, je suis en bonne position, tu peux me passer la rondelle.» Ces signes explicites et implicites font partie d'un répertoire plus vaste de signes non verbaux utilisés par les joueurs de hockey lorsqu'ils sont sur la glace. Ce répertoire de signes forme un langage non verbal. Un **langage** est un système de signes que nous partageons avec les autres.

Dans le mot interaction, «inter» veut dire «entre», ce qui signifie que l'échange s'effectue dans les deux sens. Lorsque Martin voit Sophie, celle-ci n'est pas consciente de sa présence (elle est de dos), pourtant la communication a néanmoins commencé. Nous pouvons parler de communication entre des individus même s'il n'existe pas d'interaction directe entre eux, et chaque fois qu'elle s'effectue dans un seul sens, c'est-à-dire à sens unique, nous disons alors qu'il s'agit d'une **communication unilatérale**. Lorsque des personnes interagissent, il s'agit de **communication bilatérale**.

Ce livre s'attache particulièrement à comprendre et à analyser la communication interpersonnelle, c'est-à-dire lorsque des personnes sont en interaction. Les situations dans lesquelles nous pouvons communiquer diffèrent selon le nombre de personnes en présence.

Quatre types de communication

Lorsque deux personnes seulement conversent, il s'agit d'une **communication dyadique**. La majorité d'entre nous utilise le plus fréquemment ce genre de communication dans la vie quotidienne. Même s'il y a plusieurs personnes présentes, nous échangeons plus souvent avec l'une ou avec l'autre, établissant ainsi une communication dyadique. Cette alternance entre les interlocuteurs est toutefois à la base d'une autre forme de communication, quelque peu différente, qui s'effectue lorsque nous sommes en petit groupe. Dans ce cas, le groupe lui-même peut devenir l'interlocuteur. La **communication en petit groupe** donne lieu à toutes sortes de phénomènes propres à ce type de situation (degré de participation, conformisme, leadership, etc.).

La communication dyadique et la communication en petit groupe représentent des situations dans lesquelles des personnes interagissent, c'est-à-dire qu'elles agissent à la fois en tant qu'émetteur et récepteur de messages, ce qui est le propre de la communication interpersonnelle.

Lorsqu'une personne s'adresse à plusieurs autres à la fois, par exemple lorsqu'un orateur s'exprime devant un auditoire, il s'agit plutôt d'une **communication publique**. Une interaction peut se produire encore dans ce cas, mais elle est réduite : l'auditoire réagit, il applaudit, il rit ou il maugrée; ces réactions sont perçues par l'orateur et conditionnent son discours. Même si, dans cette situation, l'interaction ne se produit pas entre des personnes, mais plutôt entre une personne et un groupe ou une foule, il s'agit encore d'une communication bilatérale. Certains médias sociaux (voir le tableau 1.1) offrent aussi la possibilité d'une communication publique. L'auditoire ici n'est plus visible, mais il peut réagir tout de même par des messages et des actions de toutes sortes.

En donnant la possibilité à tout le monde de se présenter et de présenter du contenu à des publics plus ou moins larges, les médias sociaux ont considérablement élargi les possibilités d'expression des individus, les exposant par le fait même davantage au regard d'autrui, avec les avantages et les problèmes qu'une telle visibilité peut entraîner.

Enfin, lorsque nous écoutons la radio ou que nous regardons la télévision, nous participons à une communication unilatérale appelée **communication de masse**, car il n'y a pas d'interaction entre la ou les personnes qui produisent le message et la ou les personnes qui le reçoivent. Parce qu'elle est unilatérale par sa nature même, la communication de masse ne sera pas traitée dans ce livre.

LE PROCESSUS DE LA COMMUNICATION INTERPERSONNELLE

Que se passe-t-il lors d'une interaction, lors d'une communication interpersonnelle ? Nous avons vu que tous nos faits et gestes pouvaient servir à communiquer : tant nos paroles que nos silences, tant nos actions que notre passivité. La communication interpersonnelle ne se réduit donc pas à la nomenclature de quelques comportements précis. L'idée de communication doit plutôt être assimilée à un processus. Un processus résulte généralement de l'action combinée de plusieurs éléments qui interagissent pour donner un résultat. Par exemple, la succession des actions qui aboutissent à la fabrication d'une automobile sur une chaîne de montage forme un processus. Pour comprendre comment construire une automobile, il faut décomposer le processus en ses éléments. De même, pour comprendre le processus de la communication, il faut en reconnaître les principaux éléments. Depuis les années 50 plusieurs modèles ont été élaborés pour décrire ce processus. Ceux-ci sont présentés brièvement dans l'encadré 2.1.

Ces éléments sont illustrés à la figure 2.3, qui met en situation deux personnes (A et B) en train de communiquer. Comment cela se passe-t-il ? Au départ, il y a des *significations cognitives* (des idées) ou *affectives* (des sentiments ou des désirs) propres à chacun des interlocuteurs. Communiquer équivaut essentiellement à échanger des *significations* qui résident en notre esprit. Pour ce faire, ces significations doivent être *encodées* en *signes* formant un *message*; ce message est véhiculé, sous l'influence négative de plus ou moins de *bruit*, par l'intermédiaire d'un *canal* de communication. Le message est reçu et *décodé* en fonction des *contextes physique et socioculturel* dans lesquels s'opère la communication et qui conditionnent la constitution ou l'interprétation du message. Bref, pour comprendre la communication interpersonnelle, il faut connaître la fonction jouée par chacun de ces éléments dans le processus.

Cette photo montre que, même à l'intérieur d'un groupe, les personnes échangent le plus souvent deux à deux. Avez-vous constaté la prédominance de la communication dyadique ?

Le plus ancien modèle de la communication est celui formulé en 1948 par Shannon et Weaver. Dans ce modèle, une source d'information produit un message qui sera ensuite transformé en signaux par un émetteur. Ces signaux circuleront par l'intermédiaire d'un canal soumis à l'interférence de différents bruits et parviendront à un récepteur qui transformera à son tour le message en signaux, lesquels se rendront à une destination. Par exemple, la personne qui parle au téléphone est la source qui produit un message ; ce message est transformé par un appareil (émetteur) en impulsions électriques ; ces impulsions circuleront tout le long d'un fil (le canal) et subiront l'interférence plus ou moins grande de différentes sortes de bruits ; elles atteindront ensuite un autre appareil (récepteur) qui transformera ces signaux électriques en signaux audibles par le destinataire.

Le modèle de Shannon et Weaver interprète la communication d'une façon mécanique et séquentielle, c'est-à-dire comme une série d'actions organisés selon un processus linéaire, à la manière d'une chaîne de montage (voir la figure 2.1).

Le modèle de Shannon et Weaver décrit très bien le phénomène de la communication de masse ; il ne tient pas compte en revanche de ce qui se passe lors d'une simple relation interpersonnelle dans laquelle la communication est bilatérale (soit à deux sens). Par exemple, lors d'une conversation téléphonique, le destinataire devient à son tour une source de communication ; lorsqu'il répond, il émet à son tour un message qui passera ensuite par le canal, qui sera décodé par un récepteur (l'appareil téléphonique) pour atteindre enfin l'autre personne. Il faut donc inverser le processus, le dédoubler en un processus *circulaire* (voir la figure 2.2).

La situation de deux personnes qui se lancent une balle à tour de rôle est une analogie souvent utilisée pour expliquer ce phénomène. Or, cette image reflète très mal ce qui se passe réellement lors d'une communication interpersonnelle. En effet, lorsque deux personnes sont en contact, elles échangent plusieurs messages simultanément. Par exemple, lorsqu'une personne dit « bonjour » à une autre, cette dernière ne reçoit pas seulement son signal verbal, elle détecte également la tonalité de sa voix, l'expression de son visage, sa posture, etc., autant de signes qu'elle interprète inconsciemment. L'analogie de la communication interpersonnelle avec deux personnes qui échangent un objet ne suffit pas : il faut plutôt imaginer qu'elles échangent plusieurs objets à la fois, en même temps. La communication est *simultanément* à double sens.

Mais là encore, la comparaison est inadéquate. La communication est un processus bien plus compliqué que celui qui consiste à échanger des objets. Elle s'accompagne de l'encodage et du décodage de l'information. Les « objets » échangés sont des signes constitutifs des messages, ils ne sont pas la réalité que nous voulons vraiment échanger. Par exemple, si nous disons à un enfant que la semaine dernière nous sommes allés visiter l'« éléphant blanc » du Parc olympique, il comprendra probablement que nous sommes allés voir un éléphant au zoo. Un adulte du Québec, lui, comprendra avec perspicacité que nous sommes allés visiter le Stade olympique de Montréal (construction extravagante et ruineuse, considérée comme un « éléphant blanc »). Autrement dit, si la communication consiste à échanger des « objets », il faut comprendre en plus que ces « objets » ne recouvrent pas forcément les mêmes représentations entre l'émetteur et le récepteur. Le processus de la communication exige de nombreux ajustements.

Le schéma de la figure 2.3 tente de rendre compte de la complexité de la communication interpersonnelle. Il est inspiré des schémas de Wilbur Schramm (1970), l'un des premiers à avoir émis l'idée que les personnes agissent simultanément à titre d'émetteurs et de récepteurs. Schramm en a forgé la notion de *transceiver*, résultat de la contraction des mots *transmetter* et *receiver*. Jean Cloutier (1973) a proposé pour traduire la même idée en français le mot « émerec », un néologisme issu de la combinaison des mots « émetteur » et « récepteur ».

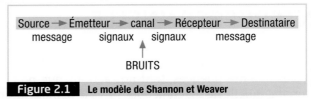

Figure 2.1 **Le modèle de Shannon et Weaver**

Ce schéma présente la communication comme un processus linéaire.

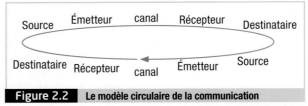

Figure 2.2 **Le modèle circulaire de la communication**

Ce schéma dédouble en quelque sorte le modèle de Shannon et Weaver.

Les significations

Revenons aux joueurs de hockey. Après le match, Martin et Paul se retrouvent au bar-restaurant de l'aréna pour célébrer leur victoire : « Deux bières en fût, s'il vous plaît », commandent-ils au serveur. L'émission de ce message est associée à une série d'idées qui ont germé dans la tête de Martin et de Paul (p. ex., l'image mentale d'un verre de bière et certaines représentations internes d'actions associées à cette image mentale : tenir un verre, boire, etc.). De plus, ces idées reposent sur un plan affectif où cohabitent une intention (p. ex., celle de célébrer la victoire, de boire, de s'amuser)

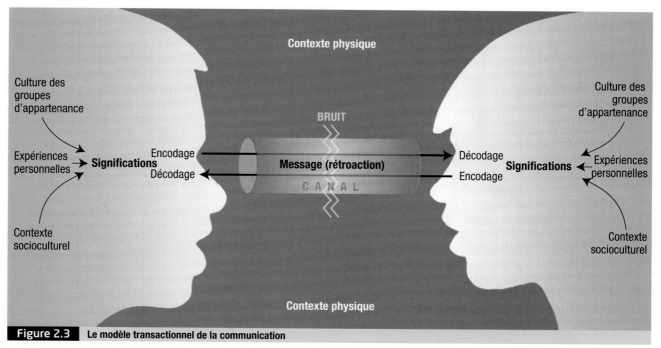

Culture des
groupes
d'appartenance

Expériences
personnelles → **Significations**

Contexte
socioculturel

Contexte physique

BRUIT

Encodage
Décodage

Message (rétroaction)

C A N A L

Décodage
Encodage

Significations

Culture des
groupes
d'appartenance

Expériences
personnelles

Contexte
socioculturel

Contexte physique

| **Figure 2.3** | **Le modèle transactionnel de la communication** |

Ce schéma tente d'illustrer la complexité de la communication interpersonnelle en décomposant le processus en ses divers éléments. Dans ce processus transactionnel, toute personne est à la fois source et destination d'un message. Lors d'une simple conversation, deux personnes n'échangent pas seulement des renseignements comme s'il s'agissait d'objets circulant de l'une à l'autre. Le processus suppose que les personnes encodent et décodent les messages simultanément, mais aussi que, ce faisant, elles effectuent des ajustements, qu'elles s'efforcent de faire peu à peu coïncider avec les représentations associées aux renseignements qu'elles échangent. De cette façon, les personnes transigent, c'est-à-dire qu'elles font des concessions mutuelles, qu'elles trouvent des accommodements. Selon cette interprétation, chacun des éléments du message peut nuancer les autres pendant tout le processus et ainsi modifier complètement la communication.

et des sentiments (joie, plaisir anticipé de boire la bière, etc.). Les messages sont toujours porteurs d'une **signification** de nature cognitive ou affective, ou des deux. Lorsqu'un professeur de géométrie enseigne à ses élèves que, pour mesurer le volume d'un cube, on multiplie les trois dimensions, il n'introduit pas vraiment de signification affective dans son message. Par contre, lorsque Martin rencontre une seconde fois Sophie et qu'il lui sourit, il lui transmet un message exprimant le sentiment positif qu'il éprouve envers elle et le besoin qu'il a de lui parler et de faire connaissance. Dans la plupart des cas toutefois, les messages présentent à la fois une composante cognitive et affective. Si le serveur suggère à Martin et à Paul de partager un pichet de bière plutôt que de commander chacun un verre, il leur adresse une information chargée à la fois d'un sens cognitif (elle porte sur les quantités et sur les économies possibles) et d'un sens affectif (elle ouvre la perspective d'obtenir plus de plaisir).

Lorsque nous communiquons, nous échangeons des idées, des sentiments et des intentions dont les significations justifient le message. Elles en constituent la raison d'être. En réalité, les significations ne résident pas dans le message lui-même. Si quelqu'un vous déclare que Martin et Paul sont des joueurs de hockey «agressifs», quelle signification prend ce message? Compte tenu de vos connaissances des règles du hockey, vous pensez peut-être que Martin et Paul sont plus violents et plus batailleurs que la moyenne des joueurs. Mais peut-être ce message veut-il simplement dire que Martin et Paul sont fonceurs et ambitieux!

La signification est en chacun de nous. ▶ Le point de départ et le point d'arrivée de la signification d'une communication interpersonnelle logent dans l'esprit de chacun des communicateurs. Par exemple, une signification qui siège dans l'esprit

SIGNIFICATION
Dans la communication, sens d'un signe sur les plans cognitif et affectif.

de la personne A est encodée sous la forme d'un message qui est décodé par une personne B. Ce message revêt pour cette personne B une signification nouvelle dans la mesure où elle est plus ou moins identique à celle que lui donne la personne A. En cela, la communication est essentiellement un processus personnel, car elle se produit toujours dans la conscience des personnes engagées dans le processus. Les mêmes mots n'évoquent pas les mêmes choses pour tout le monde : par exemple, le mot « automobile » suscitera chez vous une représentation mentale différente de celle qu'il suscitera chez une autre personne. Les significations résultent d'un mécanisme de formation de sens qui dépend nécessairement des souvenirs, des connaissances acquises, des besoins et des intentions. Personne ne partage tout à fait les mêmes significations, car personne n'a vécu tout à fait les mêmes événements, et donc les mêmes expériences. Les expériences personnelles sont en effet déterminantes dans l'élaboration des significations. Supposons que Martin dise à Sophie que son désir le plus cher dans la vie est de devenir un grand joueur de hockey. Sophie peut réagir à cette déclaration de deux façons : Martin sera paré d'un grand prestige à ses yeux ou, au contraire, il baissera dans son estime. Sa réception de cette information dépend des idées et des sentiments que lui inspirent le hockey et les personnes qui pratiquent ce sport, idées et sentiments qui proviennent de ses expériences passées. Il en va de même pour Martin, qui croit impressionner Sophie en lui annonçant son souhait de devenir joueur de hockey, car, pour lui comme pour les personnes de son entourage, entreprendre une carrière de joueur professionnel équivaut à la réalisation d'un rêve et représente un travail très valorisé par la société. Peut-être que Sophie voit cette perspective autrement ? Peut-être que, pour elle et les personnes qu'elle fréquente, la position sociale du hockeyeur n'est pas aussi enviable ? Peut-être que, dès lors... le charme est rompu entre Martin et Sophie ?

GROUPE D'APPARTENANCE
Groupe de personnes avec qui nous partageons des convictions (religieuses, politiques, sportives, etc.).

Les idées, sentiments et désirs d'une personne coïncident aussi avec ceux de son **groupe d'appartenance**. Nous nous identifions tous à différents groupes dans la société : notre famille, nos amis, nos collègues de travail, bref, tous les groupes avec qui nous partageons des convictions religieuses, politiques, sportives, etc. La culture désigne l'ensemble des façons d'agir, de ressentir et de penser qui se transmettent

Facebook : un outil pour favoriser le sentiment d'appartenance

De nombreux établissements d'enseignement ont découvert l'importance des réseaux sociaux pour accroître le sentiment d'appartenance envers l'institution. Ainsi, la vaste majorité des écoles secondaires, des cégeps et des universités utilisent maintenant Facebook pour diffuser auprès de leurs étudiants, actuels et anciens, des nouvelles liées à l'institution. Par exemple, lorsque Felix Baumgartner a réalisé l'exploit de franchir le mur du son en chute libre depuis la stratosphère, en octobre 2012, des responsables des relations publiques de l'Université McGill ont découvert que le concepteur de sa combinaison était un ancien étudiant de l'Université. Dans les heures qui ont suivi, le service a publié un article à ce sujet sur trois pages Facebook : celle du service de communication avec les anciens étudiants, celle de la faculté concernée et celle d'un groupe d'anciens administrée par des bénévoles. L'objectif des responsables de ces sites est de créer une relation de proximité entre les étudiants et leur école ou université. Et vous, fréquentez-vous la page Facebook de votre collège ?

Source : Affaires universitaires (2013, 13 mars). *Intégrer les médias sociaux aux activités de relations avec les anciens*. www.affairesuniversitaires.ca integrer-les-medias-sociaux-aux-activites-de-relations-avec-les-anciens.aspx

Quelles sont vos croyances en matière de communication interpersonnelle ?

Lesquels des énoncés suivants vous paraissent généralement vrais ? Généralement faux ?

1   On naît bon communicateur, on ne le devient pas.   _____

2   Plus on communique, meilleure est la communication.   _____

3   Contrairement à la parole ou à l'écriture, l'écoute efficace ne s'apprend pas.   _____

4   Les phrases d'introduction comme : « Bonjour, comment ça va ? » ou « Il fait beau aujourd'hui ! »
    ne sont d'aucun intérêt sur le plan interpersonnel.   _____

5   La meilleure façon de communiquer avec une personne d'une autre culture, c'est de faire comme
    si on communiquait avec une personne de sa propre culture.   _____

6   Quand un message verbal et un message non verbal se contredisent, on croit le message verbal.   _____

7   La base de toute relation interpersonnelle significative devrait être la franchise.   _____

8   Quand un conflit éclate entre deux personnes, cela signifie que leur relation est menacée.   _____

9   Les bons communicateurs n'utilisent pas de tactiques de domination ; par exemple, il n'existe
    pas de relations de pouvoir entre amis ou amoureux.   _____

10 Il ne faut pas avoir peur de parler ; le bon communicateur doit apprendre à ne pas avoir peur.   _____

11 Quand quelqu'un vous raconte un problème, il souhaite nécessairement que vous lui donniez une solution. _____

12 L'avenir d'une relation amoureuse dépend davantage de l'adéquation des caractéristiques
    des partenaires que de leur capacité à résoudre les conflits.   _____

Tous ces énoncés comportent une petite part de vérité ; c'est pourquoi la plupart des gens ont tendance à les adopter, mais en réalité, ils se révèlent dans la plupart des cas faux. En lisant ce livre, vous prendrez conscience des problèmes auxquels vous pourriez vous exposer si vous agissiez comme si ces énoncés étaient vrais.

---

par l'éducation dans un groupe plus ou moins grand. Les groupes ont aussi en commun des règles qui permettent à chacun de leurs membres d'apprécier la valeur des comportements observés. C'est en fonction de ces règles que le comportement d'une personne est jugé « normal » ou « anormal ». Or, chacun assimile à sa manière les normes, les croyances, les valeurs et les attitudes qui caractérisent un groupe d'appartenance donné. Lors d'une communication, notre culture participe certainement à la formulation et à l'interprétation des messages émis et reçus. Rappelons-nous que les groupes d'appartenance se distinguent les uns des autres par des cultures différentes. C'est le contexte dans lequel s'établit une communication qui caractérise le groupe auquel nous allons nous référer.

L'utilisation de signes

Si nous pouvions transmettre nos significations par télépathie, nous n'aurions pas besoin de les transformer en message. Cette nécessité, pour nous, de transposer une signification en signes et, inversement, d'élaborer une signification à partir d'un message est au cœur même du processus de la communication.

Les signes sont des stimuli auxquels nous associons un sens particulier. N'importe quel stimulus peut servir en tant que signe. Un stimulus devient un signe dès qu'il acquiert la propriété de faire naître une quelconque signification. L'énoncé d'un mot, « chien » par exemple, éveille en nous une signification, une idée plus ou moins précise et complexe, une idée faite de souvenirs imagés, de sensations et d'actions particulières accompagnés de sentiments positifs ou négatifs, enfin, une

> **POUR S'AMÉLIORER**
>
> Lorsque vous communiquez avec quelqu'un, rappelez-vous que personne ne partage exactement les mêmes significations puisque celles-ci résultent d'un mécanisme de formation de sens qui dépend nécessairement des souvenirs et des connaissances acquises par chacun.

Les langues parlées et écrites, dont nous faisons l'acquisition dès l'enfance, sont les exemples les plus typiques. Il s'agit de codes linguistiques ou verbaux. Ils sont composés de signes arbitraires qui se présentent de façon séquentielle (en ligne, les uns après les autres) et qui s'articulent doublement (les mots sont constitués de phonèmes ou de syllabes qui forment des phrases). Il existe aussi de nombreux codes non linguistiques ou non verbaux, comme la signalisation routière, le langage gestuel des sourds-muets ou les icônes de votre ordinateur. Ces systèmes de signes verbaux et non verbaux (nous en discuterons en détail un peu plus loin) varient d'une culture à l'autre et même (ce qui complique les choses) d'une personne à l'autre.

idée personnelle, constituée des souvenirs d'expériences singulières qui nous relient à cet animal. Les signes sont des moyens de recréer dans l'esprit d'une autre personne la représentation mentale d'un objet, d'une action, d'un sentiment ou d'un désir.

ENCODAGE
Action de transposer une signification sous forme de signes pouvant être reconnus et interprétés adéquatement.

DÉCODAGE
Action de dégager une signification des signes transmis par le message.

La production d'un message équivaut à transposer une signification sous forme de signes pouvant être reconnus et interprétés adéquatement. Inversement, l'interprétation d'un message consiste à dégager une signification des signes émis. **Encodage** et **décodage**, tels sont les noms des deux mécanismes qui permettent d'effectuer ces transpositions. Encore faut-il, bien sûr, que les signes fassent partie d'un système, c'est-à-dire d'un code connu de l'émetteur et du récepteur (les codes sont aussi appelés des langages).

Il est utile de noter ici que tous les signes ne résultent pas d'une activité consciente et intentionnelle d'encodage. Rappelons-nous que, le jour de leur rencontre, Sophie tournait le dos à Martin : elle émettait pourtant, sans le savoir, plusieurs signes repérés par Martin. Sa tenue vestimentaire, sa façon de marcher ainsi que les expressions de son visage sont autant de signes qu'elle n'a pas encodés et qu'elle n'a donc pas émis volontairement. Ces signes n'en demeurent pas moins des sources d'information importantes sur les personnes, comme le souligne cet autre exemple : entre deux périodes de hockey, Martin est interviewé à la télévision locale. À un moment précis de l'interview, il crache par terre. En agissant de la sorte, Martin n'a pas l'intention de communiquer quoi que ce soit ; néanmoins, ce comportement est significatif : il dévoile un aspect de sa personnalité, de son savoir-vivre notamment. Un tel comportement ne passe pas inaperçu, du moins pour Sophie qui s'efforce de regarder le match à ce moment-là !

La rétroaction

RÉTROACTION
Information retransmise à l'émetteur afin qu'il puisse vérifier si le message qu'il a émis a bien été compris.

La **rétroaction** (ou *feedback*) est l'élément de la communication qui permet à l'émetteur de vérifier si le récepteur a bien compris son message. De ce fait, elle représente un élément crucial dans la communication interpersonnelle. Elle donne en effet aux interlocuteurs les moyens de se rendre compte si leur communication est réussie et efficace, ou s'il leur faut la prolonger, en modifier le message, etc.

Prenons un exemple de communication très simple : Martin et Paul ont commandé deux bières en fût, sans donner au serveur davantage de précisions. Celui-ci leur demande alors s'ils désirent un verre, un *bock* ou un pichet de bière. Le message du serveur répond au message de Martin et de Paul, il représente une information sur la façon dont leur message a été reçu. Ce type d'information transmise à l'émetteur sur les effets de son message constitue une rétroaction. Elle permet à une personne (récepteur) de communiquer à une autre (émetteur) ce qu'elle a compris du message envoyé ; l'émetteur peut ensuite plus facilement reformuler son message afin d'être mieux compris. La rétroaction constitue en quelque sorte un message sur le message.

> La chose la plus importante en communication, c'est d'entendre ce qui n'est pas dit.
>
> – Peter Drucker

En situation d'interaction, il existe toujours une rétroaction au moins non verbale qui renseigne l'émetteur sur la réception (bonne ou mauvaise) de son message par celui à qui il s'adresse. Lors d'une conversation, par exemple, chacun des interlocuteurs émet constamment des signes qui renseignent l'autre sur la façon dont il reçoit ses messages : il incline la tête en signe d'approbation, sourit, lance un regard perplexe, soupire d'impatience… Les rétroactions verbales sont d'autant plus nombreuses et nécessaires que les messages sont ambigus et qu'ils justifient des explications. Dans ce cas, les rétroactions deviennent essentielles et leur qualité modifie autant la durée de la communication que son efficacité.

Le canal

Sophie est à la maison. Elle vient de fermer le téléviseur. Le match de hockey auquel participait Martin est terminé. De toute façon, elle ne suivait pas vraiment ce match. Sophie n'aime pas le hockey. Elle parlait avec sa sœur de ses réticences à nouer des relations amoureuses avec Martin puisqu'elle n'aime pas tellement ce jeune homme. Soudain, le téléphone sonne : c'est Martin ! Il l'invite à l'accompagner au cinéma le lendemain. À l'écoute de cette demande, Sophie grimace. Si Martin avait pu voir son interlocutrice, il aurait certainement compris les sentiments de Sophie à son égard. Le canal de communication choisi – en l'occurrence, le téléphone – ne permet pas les rétroactions visuelles ; sans doute compte-t-il dans le malaise qui ne manquera pas de perturber la relation entre Sophie et Martin.

Le terme **canal** de communication désigne la voie par laquelle passent les signes du message qu'envoie l'émetteur pour se rendre au récepteur. Les canaux sont aussi appelés **médias**, particulièrement lorsque le message est transformé, « médiatisé » sous diverses formes (de nos jours, souvent numériques). Le terme « média » est encore utilisé pour désigner les médias de masse, comme les journaux, la radio ou la télévision ; cependant, de plus en plus, on l'utilise d'une façon plus large, surtout depuis l'avènement des « nouveaux médias » numériques, et plus particulièrement des médias sociaux. Le terme **médias sociaux** désigne l'ensemble des services Internet et mobiles qui permettent aux utilisateurs de participer à des échanges en ligne, de diffuser du contenu qu'ils ont eux-mêmes créé (textes, photos, vidéos, logiciels, hyperliens) et de se joindre à des communautés électroniques (Dewing, 2010). Le tableau 1.1 présenté au premier chapitre décrit sommairement la plupart des services Internet associés aux médias sociaux.

Certains canaux, comme la téléphonie ou la visioconférence, permettent des interactions **synchrones** entre les interlocuteurs parce que les messages de l'un à l'autre peuvent être émis en même temps. D'autres canaux, comme les courriels, les textos, les micromessages ou encore les messages sur les réseaux sociaux numériques ou les blogues sont **asynchrones**, car ils présentent un délai plus ou moins long dans la transmission des messages entre les interlocuteurs. Les canaux qui transfèrent la voix sont généralement synchrones, tandis que ceux qui véhiculent l'écrit, beaucoup plus nombreux, sont asynchrones. Le clavardage est considéré comme un canal semi-synchrone parce que la transmission des messages s'accompagne souvent de courts délais.

Les canaux synchrones sont moins nombreux. La situation de communication synchrone par excellence est celle où les personnes sont en présence l'une de l'autre. Elle permet beaucoup d'interactions en même temps. Nous pouvons voir l'expression faciale de l'autre, sa posture, ses gestes, entendre le ton de sa voix, le débit de la parole, etc. Comme nous le verrons plus en détail au chapitre 4, toutes ces informations s'ajoutent au message verbal et permettent de mieux en saisir la signification. Non seulement nous entendons les mots, mais nous saisissons le sens relationnel du message qui révèle avec

CANAL
Voie par laquelle passent les signes du message de l'émetteur vers le récepteur.

MÉDIA
Ensemble des moyens véhiculant des éléments d'information dans l'espace et le temps.

COMMUNICATION SYNCHRONE
Type de communication dans laquelle la transmission du message est immédiate.

COMMUNICATION ASYNCHRONE
Type de communication dans laquelle la transmission du message implique un certain délai.

« Richard, il faut que nous nous parlions : je vais t'envoyer un courriel. »

plus de justesse les sentiments de l'interlocuteur par rapport à la situation ou à votre égard. Dans l'exemple relaté plus haut, si Martin avait été en face de Sophie, la communication aurait été tout autre. Peut-être que Martin aurait souri à Sophie, qu'il se serait rapproché d'elle juste un peu et qu'il aurait maintenu un contact visuel avec elle suffisamment, ce qui aurait certainement eu un effet sur elle. Tous ces signes participent à la communication en face à face, alors qu'ils font défaut dans une communication téléphonique. Au téléphone, le message demeure strictement auditif ; la possibilité de transmettre des signes autres que sonores – et, par conséquent, des significations supplémentaires – est exclue. La possibilité d'échanger des signes variés est davantage limitée dans nos communications numériques asynchrones. À titre de repère, le tableau 2.1 présente les principales différences entre la communication en face à face et

Tableau 2.1 Communication en face à face et communication numérique asynchrone		
Éléments de la communication	Communication en face à face	Communication numérique asynchrone (courriels, textos, médias sociaux)
Émetteur (encodeur)		
Présentation de soi et gestion de l'impression	Les différentes caractéristiques de l'émetteur sont révélées à l'examen d'autrui ; la dissimulation et le déguisement sont plus difficiles.	Les caractéristiques de l'émetteur sont révélées quand il le veut ; le déguisement et la dissimulation sont plus faciles.
Le moment de parler	Il y a une lutte pour obtenir la parole ; vous pouvez être interrompu.	C'est toujours le moment d'émettre votre message ; il n'y a pas de limite de temps et vous ne pouvez être interrompu.
Récepteur (décodeur)		
Nombre	Une seule personne ou quelques-unes, dans la mesure où l'on peut établir un contact visuel avec elles.	Virtuellement illimité.
Possibilité d'interaction	Seulement avec les gens qui se trouvent en face de nous.	Illimité.
Tierce partie	La copie des messages faite à des tierces parties est toujours un peu déformée ou modifiée.	Les messages peuvent être récupérés et transmis mot à mot à toute autre personne.
Formation d'une impression	Les impressions s'appuient sur les signes verbaux et non verbaux que le récepteur perçoit.	Les impressions s'appuient sur la teneur du message textuel et sur les photos ou vidéos.
Contexte		
Physique	Essentiellement le même environnement (sauf en visioconférence).	Ce peut être la même pièce ou des environnements différents très éloignés.
Temporel	La communication est synchrone : les messages sont échangés au même moment.	La communication est asynchrone ; les rétroactions sont plus ou moins différées.
Perception		
Canal sensoriel	En face à face, tous les sens participent à l'émission et à la réception des messages (en visioconférence, l'odorat et le goût ne sont pas impliqués).	Les sens visuel (mots écrits, photos, films) et auditif (films ou messages auditifs).
Message		
Verbal et non verbal	Mots, gestes, contact visuel, accent, indices vocaux, posture et position dans l'espace, le toucher, l'habillement, etc.	Les mots, les photos, les vidéos et les messages auditifs.
Persistance du message	Temporaire, à moins qu'il n'ait été enregistré ; les messages oraux s'estompent rapidement.	Les messages écrits ou audiovisuels se conservent très longtemps.

« Avant, je téléphonais aux gens, ensuite j'ai commencé à envoyer des courriels, puis à texter, et maintenant je me contente d'ignorer tout le monde. »

celle établie par les canaux asynchrones les plus courants de la communication interpersonnelle, soit les textos, les courriels ou les messages transmis sur les réseaux sociaux numériques.

Par rapport au mode de communication en personne, la communication médiatisée apparaît moins performante en raison du fait que moins d'informations circulent entre les interlocuteurs. Deux approches permettent de classer les canaux de communication selon la présence sociale et la richesse du média. La théorie de la *présence sociale* se rapporte à la qualité du contact physique, acoustique et visuel véhiculé par le canal, et par le degré de proximité psychologique qu'il procure. La situation où les interlocuteurs sont physiquement présents permet un haut niveau de présence sociale, comparé à une situation de communication à distance. Les canaux varient dans leur habileté à véhiculer la présence sociale (Short, William et Christie, 1976). La théorie de la *richesse du média* (Daft et Lengel, 1984, 1986) propose différemment, mais d'une façon corollaire, que les canaux peuvent être ordonnés suivant leur capacité à éviter l'ambiguïté et l'état d'incertitude entre les interlocuteurs. La quantité et la qualité de l'information qu'un canal peut transmettre dans un laps de temps donné sont garantes de leur efficacité à diminuer ou non l'ambiguïté dans la compréhension réciproque entre les interlocuteurs.

Selon ces deux théories, la communication en personne représente la forme de communication interpersonnelle la plus riche. Plus le canal choisi est asynchrone, plus il est limité dans sa capacité à transmettre des signaux, plus il risque d'échouer dans sa tentative de transférer une signification d'un interlocuteur à l'autre. L'asynchronisme d'une communication prive l'émetteur des rétroactions du récepteur, ce qui peut être à l'origine d'un malentendu, sans compter le sentiment de partage entre les interlocuteurs, qui est aussi fortement diminué. L'amitié, la camaraderie supposent des expériences partagées. Pas surprenant de constater que les gens préfèrent les canaux synchrones pour communiquer avec leurs proches (CEFRIO, 2013). C'est pourquoi Martin ne se voyait pas utiliser un courriel ou un texto pour inviter Sophie. Il a utilisé un canal synchrone, le téléphone, mais il aurait pu montrer bien

POUR S'AMÉLIORER

Il est important de choisir le meilleur canal pour communiquer. Celui-ci dépend de plusieurs éléments (notre degré d'intimité avec nos interlocuteurs, la nature du message, les objectifs de la communication, etc.). Dans tous les cas, nous devons être conscients que le canal choisi aura un impact certain sur l'efficacité de notre communication.

davantage son enthousiasme en personne. Mais peut-être était-il anxieux de lui faire la demande en sa présence, ce qui explique le coup de téléphone. Il y a beaucoup de facteurs qui déterminent le choix du canal que nous allons utiliser et, comme nous le verrons, la communication face à face n'est pas toujours le meilleur choix. L'encadré 2.3 tente de montrer la complexité des facteurs en jeu dans le choix du canal de communication.

Le bruit

BRUIT
Au sens strict, il s'agit des facteurs associés au canal choisi pour transmettre le message et, au sens large, des facteurs physiologiques, psychologiques et sémantiques qui entravent la réception des messages.

Depuis Shannon et Weaver, il est courant d'utiliser le terme **bruit** pour désigner ce qui entrave la réception des messages. Dans son sens strict, ce mot est associé au canal choisi pour transmettre le message (p. ex., le volume de la voix de ceux qui nous

---

Encadré 2.3 Le choix du canal

Nous communiquons le plus souvent avec les mêmes personnes. Ce qu'il y a d'étonnant, c'est que nous allons contacter ces personnes de toutes sortes de manières, en utilisant différents canaux de communication selon le moment et la situation. Même s'ils sont au début d'une relation, le problème du choix du canal se pose pour Sophie et Martin. Vont-ils se rencontrer en personne pour discuter ? Se téléphoner ? Communiquer avec Skype en visioconférence ? S'envoyer un courriel ? Un texto ? Un message sur Facebook ? Comme le montre Stefana Broadbent (2011), le choix du canal ne se fera pas au hasard. Les gens sont très sensibles aux différences subtiles qui existent entre les canaux de communication et ils vont identifier rapidement le canal le plus approprié. Bien que nous puissions distinguer les usages les plus courants pour chacun des canaux, le choix d'un canal s'effectue au cas par cas, de façon sophistiquée, à l'aide de calculs souvent complexes ayant pour objectif l'efficacité et le confort de la communication.

Plusieurs facteurs interviennent dans le choix d'un canal. La disponibilité du canal et le coût de son utilisation représentent des facteurs déterminants, évidemment, mais la confidentialité, la disponibilité de l'interlocuteur, la fréquence des conversations, la familiarité, le caractère formel de la relation, le temps dont on dispose, l'urgence du message, la qualité requise de l'échange, etc. : tout cela contribue au choix du canal. Tous ces facteurs sont considérés en fonction des besoins et des capacités des interlocuteurs ainsi que des sentiments qu'ils perçoivent.

En reprenant l'ordre de présentation des canaux du tableau 1.1, il est possible de relever certains usages spécifiques associés aux différents canaux (Broadbent et Bauwens, 2008). Le *téléphone fixe* est un canal collectif, celui de la famille et de l'entreprise au travail. Il est associé à un groupe de personnes et à un lieu. À la maison, il sert à gérer la vie quotidienne de tous les membres de la famille et à communiquer avec eux dans leur rôle en tant que membre du foyer (Broadbent, 2011). Le *téléphone mobile* est un canal personnel, associé à un individu seulement. C'est le canal qu'on utilise entre personnes, entre amis ou membres de la même famille. Le *clavardage* sert aussi les relations intimes ; c'est un canal intermédiaire entre le téléphone et les textos. Les *textos* sont le plus souvent utilisés pour émettre de brefs messages entre personnes intimes. Ces messages qu'on s'envoie pour dire ce qu'on fait, où on est, ce qu'on ressent, pour relater les faits et gestes qui composent une journée (rencontres, événements, sentiments, pensées, etc.) servent à se coordonner et à maintenir l'impression du groupe virtuel. Les *courriels* ont une fonction plus administrative : correspondance d'affaires, envoi et réception d'informations de toutes sortes, avec ou sans fichiers joints (textes, photos, vidéos), etc. Les courriels sont toujours largement utilisés par les gens. Ils forment peut-être l'outil de communication asynchrone le plus polyvalent, ce que concurrencent de plus en plus les *sites de réseaux sociaux*, comme Facebook, qui offrent également la possibilité d'échanger seul à seul entre utilisateurs. Les échanges écrits privés qu'on peut entretenir sur ces sites ressemblent à ceux qu'on aurait par courriels interposés. En revanche, les messages publics ou semi-publics diffusés sur les médias sociaux forment une autre catégorie de messages, qui s'éloigne quelque peu de la communication interpersonnelle. L'utilisateur qui modifie son statut communique avec « son » public, formé en moyenne de quelque 120 « amis », lesquels, rappelons-le, ne sollicitent pas explicitement une réponse ou un échange comme c'est le cas lorsqu'on envoie un courriel à une personne en particulier. Ce message public peut être l'occasion d'un échange interpersonnel si un « ami » décide de répondre. Il en est de même pour les *autres médias sociaux* comme les blogues, les forums, les sites de partage de signets ou de contenus de toutes sortes qui permettent de s'exprimer, de communiquer publiquement, ce qui nous éloigne encore davantage de la sphère interpersonnelle.

Par ailleurs, il faut éviter d'accorder des usages absolus aux différents canaux de communication, comme croire que la communication en face à face est une panacée. Le choix d'envoyer une correspondance par courriel peut s'avérer un excellent moyen de partager avec un ami sentiments et confidences.

Dans votre cas, avez-vous tendance à toujours utiliser le même canal pour communiquer ? Vous est-il arrivé d'avoir de la difficulté à déterminer le meilleur canal à utiliser dans une situation donnée ? Vous rappelez-vous une occasion où vous vous êtes trompé dans le choix du canal de communication ?

---

entourent, les klaxons d'automobiles, une écriture illisible, les parasites dans un écran d'ordinateur). Dans un sens plus large, la notion de bruit peut s'étendre aux facteurs physiologiques (déficience visuelle ou auditive, difficultés d'élocution) et psychologiques (idées préconçues, propos incohérents) ou sémantiques (mauvaise interprétation des mots) qui entrent en jeu dans la communication. La notion de bruit rejoint alors celle de contexte, que nous étudions ci-après.

Le contexte

Une communication ne se réalise jamais en vase clos ; elle se fait dans un **contexte** qui influe sur sa forme et son contenu. Le contexte, c'est la situation dans laquelle se trouvent les personnes qui communiquent. Parfois, il paraît naturel que les interlocuteurs n'aient pas conscience de certaines des caractéristiques du contexte : l'ambiance lors d'une réunion, par exemple. En d'autres occasions, le contexte s'impose à eux de façon évidente tellement il nuit ou incite à la communication. Ainsi, nous communiquons différemment lorsque nous assistons à un enterrement ou à un concert rock, ou encore lorsque nous sommes attablés dans un restaurant paisible.

Le **contexte physique** doit être différencié du contexte socioculturel. La pièce, le bureau, l'ameublement, l'ambiance dans laquelle la conversation se déroule – l'environnement tangible ou concret – forment le contexte physique. Il existe des contextes physiques favorables à l'émission et à la réception de certains messages, et d'autres qui le sont moins. Nous pouvons établir une communication non verbale dans une discothèque, mais nous ne pouvons certainement pas prononcer un discours ni engager une conversation sérieuse ou intime dans un tel lieu. De la même façon, la disposition des meubles ainsi que leur confort ont un effet sur la communication (nous aborderons plus en détail ce sujet dans le chapitre 3, consacré à la communication non verbale). Le contexte physique n'est pas forcément le même pour les

EN LIGNE

Internet et le bruit

Lorsqu'on consulte une page Web, toutes sortes de stimuli viennent interférer avec le message sur lequel nous tentons de porter notre attention. Il y a des bruits visuels et sonores à l'écran, mais le contexte physique à l'extérieur de l'écran peut aussi être la source de toutes sortes de bruits. De plus, il y a l'inverse : votre écran peut être lui-même une source de bruit quand il vous interpelle au beau milieu d'une conversation que vous avez avec une autre personne. Nous le savons bien et c'est pourquoi, lors d'une conversation vraiment très importante, nous allons éteindre nos appareils pour ne pas être dérangés. En fait, toutes les formes de communication sont perturbées par du bruit. Nous ne pouvons l'éliminer complètement, mais nous pouvons tenter d'en diminuer les effets.

CONTEXTE
Ensemble des conditions physiques, psychologiques, culturelles et temporelles dans lesquelles la communication a lieu.

CONTEXTE PHYSIQUE
Environnement tangible ou concret dans lequel la communication se déroule.

deux interlocuteurs : par exemple, lors d'une communication par ordinateur ou par téléphone cellulaire, le premier interlocuteur peut se trouver sur une plage en Floride ; le second, dans un bureau d'affaires à Montréal.

CONTEXTE TEMPOREL
Moment où se déroule une communication interpersonnelle et durée de celle-ci.

Le **contexte temporel** fait référence au moment où un message est émis et à sa durée. Le même message transmis dans les mêmes conditions aux mêmes personnes n'a pas le même effet selon le moment où il est émis. Il faut savoir choisir le bon moment : par exemple, si vous racontez une histoire drôle à une amie qui vient de vous apprendre qu'elle est gravement malade, vous ne réussirez certainement pas à la faire rire. Le facteur temps, lui aussi, conditionne fortement la communication : le contenu de votre message variera si vous n'avez qu'une minute pour le transmettre ou bien une heure.

CONTEXTE SOCIOCULTUREL
Idées que les personnes en relation se font les unes par rapport aux autres.

Le **contexte socioculturel** est défini par les idées que les personnes en relation se font les unes par rapport aux autres. La plupart du temps, de façon implicite, nous nous identifions toujours et sommes toujours identifiés à une catégorie particulière de personnes. Ainsi, nous entrons en contact à titre de simple citoyen, d'amateur de hockey, de propriétaire, de catholique, d'électeur, d'étudiant, de travailleur, etc. Le contexte socioculturel lors d'une communication détermine à quel titre nous allons communiquer et influe donc considérablement sur le genre de relation et de communication que nous allons établir avec les autres. En plus de fournir des renseignements sur la culture des interlocuteurs, le contexte définit également leur statut et leur rôle.

STATUT
Position qu'occupe une personne dans la hiérarchie sociale telle qu'elle est fixée dans un cadre culturel donné.

RÔLE
Comportements particuliers attendus d'une personne qui remplit une fonction déterminée dans un groupe.

Le **statut** d'une personne, c'est la position qu'elle occupe dans la hiérarchie sociale telle qu'elle est fixée dans un cadre culturel donné. Par exemple, nous reconnaissons généralement au juge un statut social plus élevé qu'à l'avocat, comme en témoignent les expressions pompeuses « Votre Seigneurie » ou « Votre Honneur » utilisées pour s'adresser à lui. Sur un autre plan, la notion de **rôle** s'applique aux comportements attendus d'une personne qui remplit une fonction particulière dans un groupe ou dans la société. Par exemple, un médecin, une avocate, un infirmier, un professeur ou une étudiante exercent des rôles différents. La conscience que les interlocuteurs ont de ces statuts et de ces rôles agit sur la communication. Prenons simplement l'exemple du tutoiement. Nous savons que dans les sociétés de langue française, il existe des normes qui autorisent ou non le tutoiement : l'âge d'une personne, son statut social ou la nature des liens que nous entretenons avec elle ; tous ces facteurs déterminent si nous devons nous adresser à elle en la tutoyant ou en la vouvoyant. Des différences culturelles existent dans l'application de ces règles. Dans certaines régions de la France, le tutoiement n'est permis qu'entre personnes très proches (parentes ou amies de longue date). Au Québec, nous appliquons ces règles avec beaucoup plus de souplesse. Le contexte socioculturel est donc un facteur qui agit sur la communication, mais son influence est difficile à mesurer de façon précise.

Le fait de ne pas tenir compte du contexte – par exemple, de téléphoner de la plage à des collègues au bureau pour leur raconter ses vacances – peut-il agir sur la façon dont le message sera reçu ?

LES CARACTÉRISTIQUES DE LA COMMUNICATION INTERPERSONNELLE

Nous avons vu que la communication interpersonnelle est une communication qui s'établit entre deux personnes en relation l'une avec l'autre et en interaction (synchrone ou asynchrone). Les conversations entre un employeur et son futur employé, entre un père et son fils ou entre des sœurs, entre un professeur et son élève, entre des amis ou entre des amants relèvent toutes de la communication interpersonnelle. Le passant qui demande son chemin établit avec son interlocuteur une relation interpersonnelle. Nous pouvons distinguer plusieurs caractéristiques qui permettent de mieux comprendre ce genre de communication.

La conscience réciproque des interlocuteurs

Pour qu'une communication interpersonnelle existe, il faut que les personnes qui y prennent part soient conscientes réciproquement de leur existence et conscientes du lien qui les unit. Autrement dit, leur rapport est défini comme une relation de personne à personne (entre au moins deux individus) mettant en cause une reconnaissance mutuelle.

Supposons, par exemple, que vous ayez une plainte à formuler à l'égard du fonctionnement d'un quelconque appareil. Vous décidez d'écrire une lettre à la compagnie. Comme vous ne savez pas quelle personne contacter, vous adressez votre lettre « Madame, Monsieur ». La relation que vous allez établir alors n'est pas une relation interpersonnelle. Les personnes en jeu, celle qui écrit la lettre (la partie émettrice du message) et celle qui la lit (la partie réceptrice), ne se sont pas véritablement présentées l'une à l'autre. Imaginons maintenant que cette lettre se retrouve entre les mains de la responsable du service à la clientèle, qui décide, à son tour, de vous contacter pour vous aider à régler votre problème. Elle vous joint donc par téléphone, se présente, puis engage avec vous une conversation polie. La relation que vous allez établir à ce moment-là sera une relation interpersonnelle, puisque vous vous êtes présentés mutuellement. Même si, dans cet exemple, la connaissance que les personnes ont l'une de l'autre est très sommaire, voire incertaine, elle n'en fonde pas moins le caractère interpersonnel de la communication.

Le nombre d'interlocuteurs

Toute communication interpersonnelle s'effectue essentiellement entre deux personnes qui interagissent (relation dyadique). Ce type de relation est fondamental. Dans le cas d'une relation à trois (triade), la relation deux à deux est toujours prédominante (Wilmot, 1987). Considérons, par exemple, la situation suivante : Martin et Paul (ils forment une dyade) ont été colocataires durant leur première année de cégep. Très rapidement, ils n'ont pu faire face à leurs dépenses et ils ont alors demandé à Olivier de partager avec eux leur appartement. Depuis l'arrivée d'Olivier, ils forment donc une triade. Mais le couple demeure : en réalité, il existe maintenant trois dyades (Martin et Paul, Martin et Olivier, Paul et Olivier). Martin et Paul sont tous les deux joueurs de hockey et ils en discutent souvent (souvenez-vous, ils jouent dans la même équipe). Martin et Olivier suivent le même cours de psychologie et ils parlent donc souvent de psychologie ensemble. Paul et Olivier se passionnent pour le même genre de musique, c'est un de leurs sujets de conversation préférés. À certains moments, bien sûr, les trois amis se trouvent réunis et ils interagissent, mais, même dans ce cas, les dyades demeurent : c'est simplement le sujet de la discussion qui détermine qui parle à qui. Si la conversation porte sur le sport ou le hockey, ce sont surtout Martin et Paul qui vont échanger des propos ; Olivier, dans ce cas, assume davantage le rôle de spectateur. Il en irait de même pour Paul si le sujet portait sur la psychologie.

Le lien dyadique prédomine dans la plupart des groupes (Wilmot, 1987). Si nous regardons de plus près les rapports familiaux, les échanges au travail, entre voisins ou entre étudiants du même groupe, nous constatons que tous ces rapports se ramènent à une série de rapports dyadiques. Les dyades se forment naturellement, suivant les situations et les affinités que peuvent partager les membres d'une collectivité et suivant les motivations qui les animent.

Le processus d'ajustement

Nous avons vu auparavant que la communication est un transfert de significations qui s'opère par l'utilisation de signes formant un message. Il ne peut y avoir communication que dans la mesure où les gens qui se parlent emploient le même système de signes. Ce principe est facile à comprendre dans le cas de deux personnes qui ne parlent pas la même langue : elles communiquent habituellement très mal. Mais il devient beaucoup plus délicat à appliquer entre deux locuteurs s'exprimant dans la même langue, à moins de considérer que personne au monde n'accorde la même signification aux mêmes signes. Les parents et les enfants, par exemple, ont non seulement recours à un vocabulaire différent, mais ils accordent des sens différents à certains mots (songez, par exemple, au sens des mots « musique », « succès » ou « famille »). D'autre part, les gens de cultures ou de groupes sociaux différents, même s'ils parlent la même langue, n'utilisent pas les mêmes systèmes de communication non verbale. Ces différences entre les systèmes entravent la communication.

L'art de la communication interpersonnelle consiste, en partie, à apprendre à décoder adéquatement les signes d'une autre personne, la façon dont elle les utilise ainsi que la signification qu'elle leur donne. Les proches, amis ou partenaires amoureux savent que cet apprentissage prend du temps et qu'il exige, souvent, une infinie patience. Pour comprendre ce qu'une autre personne veut nous dire par un sourire, un « Je t'aime », ou lors d'une violente discussion, nous devons savoir décoder son système de signes. Et pour être bien compris de nos interlocuteurs, nous devons encoder notre message en respectant leur système de signes. Certaines personnes savent interpréter un silence ou le détournement d'un regard. Mais nous ne pouvons pas nous attendre à ce que tous sachent, sans aide, décoder nos comportements. Dans le processus d'ajustement, chacun s'efforce de s'ajuster à l'autre. Les communicateurs compétents savent s'ajuster à la réalité de leurs interlocuteurs. Nous aborderons ce sujet au chapitre 9, dans la section portant sur l'importance de l'empathie dans la communication.

Ce principe d'ajustement occupe une place particulière dans la communication interculturelle. En effet, les gens de cultures différentes utilisent souvent des signes différents ou, pire encore, les mêmes signes pour signifier des choses différentes. Regarder quelqu'un droit dans les yeux est une marque d'honnêteté et d'ouverture presque partout au Québec. Mais un jeune homme qui regarderait ainsi un aîné serait considéré comme effronté ou irrespectueux au Japon et dans plusieurs pays hispanophones.

Ressentez-vous un malaise lorsqu'une personne que vous connaissez peu vous raconte des choses très personnelles? Inversement, vous confiez-vous facilement à des étrangers?

Le degré d'intimité de la relation

À la bibliothèque, nous entretenons une relation impersonnelle avec la personne préposée aux prêts des livres. Nous lui demandons des renseignements, lui rapportons les livres que nous lui empruntons, bref, nous avons des relations pratiques et fonctionnelles avec cette personne, des relations marquées par des signes de politesse (merci, s'il vous plaît, etc.), mais sans plus. Si nous la rencontrons plus tard à l'extérieur de la bibliothèque, nous établirons peut-être alors avec elle une relation plus personnelle, en discutant par exemple des activités qu'elle mène durant ses loisirs, etc. Cet exemple montre que nous pouvons très bien avoir avec une même personne une relation tantôt impersonnelle (conditionnée par l'exercice d'activités fonctionnelles et par le rôle social que nous jouons) tantôt personnelle (fondée directement sur le libre exercice de la volonté).

Ainsi, le registre de la communication interpersonnelle s'étend de la communication tout à fait impersonnelle à la communication très intime. La communication personnelle se distingue de la communication impersonnelle sous plusieurs aspects.

Les deux facteurs qui déterminent la nature personnelle ou impersonnelle d'une relation sont le degré d'ouverture de soi et l'intérêt pour la personne dans ce qu'elle a de particulier. La figure 2.4 illustre bien l'importance de ces facteurs. Plus il y a d'ouverture de soi et plus les personnes s'intéressent l'une à l'autre dans ce qu'elles ont de particulier, plus intime sera la relation.

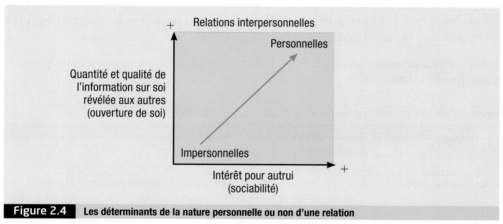

Figure 2.4 Les déterminants de la nature personnelle ou non d'une relation

Ce schéma illustre la personnalisation des relations en fonction de la quantité et de la qualité de l'information sur soi et de l'intérêt porté à autrui.

 Chaque fois que vous entrez en relation avec une personne, vous lui transmettez des renseignements plus ou moins confidentiels sur vous-même : nom, prénom, état civil, groupe d'appartenance, par exemple. Tous ces renseignements vous font connaître de façon impersonnelle, ils vous identifient à une catégorie de personnes, ils vous classent et vous étiquettent. Mais si vous avouez à cette personne que vous avez été victime de « l'herbe à puce » dans votre jeunesse ou que vous n'aimez pas les huîtres, vous engagez alors une conversation plus personnelle, mais là encore, vous vous limitez à vous classer dans une certaine catégorie de personnes : celles qui se sont grattées à cause de l'herbe à puce ou celles qui ne mangent pas d'huîtres!

La situation serait tout autre si une personne vous confiait, avec émotion, que le fait d'avoir été victime d'un viol dans sa jeunesse l'a empêchée pendant longtemps de s'engager dans une relation amoureuse sans quelque appréhension, sans quelque aversion même, et que cette insécurité affective n'est compensée que par la tendresse de son partenaire… Ces renseignements singularisent tellement la personne qui vous parle qu'il vous paraît très difficile de l'associer à une catégorie sociale.

Dans les échanges personnels, les interlocuteurs fondent jusqu'à un certain point leur attitude réciproque sur des informations particulières qu'ils possèdent l'un sur l'autre. Dans les échanges impersonnels, chacun réagit surtout en fonction du rôle social affiché et admis dans une situation donnée. Par exemple, au départ, vous adoptez envers un professeur de votre collège le même comportement qu'envers n'importe quel autre professeur de collège. De même, le professeur vous traite de la même façon qu'il traite les autres étudiants. Cependant, au fur et à mesure que votre relation devient plus personnelle, vous commencez tous deux à vous comporter non en tant que membres d'un groupe, mais en tant qu'individus. Autrement dit, dans les échanges impersonnels, c'est le rôle social ou culturel de chacun des interlocuteurs qui a prépondérance ; par contre, dans les échanges personnels, c'est la personnalité particulière de chacun qui dicte le comportement. Voilà pourquoi les relations personnelles revêtent un caractère unique : aucune autre relation ne peut s'y substituer, puisqu'elles tiennent à la personnalité propre des interlocuteurs.

Une relation impersonnelle ne dépend pas de la personnalité des interlocuteurs ; avec d'autres personnes, la nature de la relation change très peu. En revanche, si l'on tentait de remplacer les acteurs d'une relation personnelle, la relation ne serait plus la même, elle ne serait plus possible ; de tels acteurs sont irremplaçables.

Les différences culturelles existent, bien sûr. Le passage du social au psychologique – donc d'une communication impersonnelle à une communication plus personnelle – est courant entre les individus en Amérique du Nord et dans la plupart des pays d'Europe. Toutefois, dans de nombreuses cultures asiatiques et africaines, l'appartenance au groupe demeure capitale ; elle ne s'estompe jamais. Ainsi, même dans les relations les plus intimes, l'appartenance au groupe (le profil social) demeure prépondérante par rapport aux caractéristiques individuelles ou psychologiques (Moghaddam, Taylor et Wright, 1993).

Le tableau 2.2 présente un résumé des différences entre les relations de nature impersonnelle et personnelle.

Tableau 2.2 Les différences entre les relations de nature impersonnelle et personnelle	
Relations impersonnelles	**Relations personnelles**
Quand et avec qui ?	
... courantes.	... moins fréquentes.
Le nombre de personnes impliquées peut être assez grand.	Le nombre de personnes impliquées ne dépasse jamais celui d'un petit groupe.
Ouverture de soi	
L'ouverture de soi est limitée.	L'ouverture de soi est grande.
Les renseignements divulgués aux autres sont de nature publique.	Les renseignements divulgués aux autres sont de nature privée.
Intérêt pour l'autre	
L'intérêt pour l'autre ne dépasse pas le rôle qu'il joue par rapport à soi (s'intéresser au mécanicien seulement en tant que mécanicien).	L'intérêt pour l'autre est plus étendu et touche tous les aspects de sa personne.
Peu de liens affectifs.	Liens affectifs à différents degrés, de l'attachement à l'interdépendance affective dans le cas d'une relation intime, où le destin d'une personne est lié à celui d'une autre.
Types de relations	
Les relations sont dominées par les attentes liées aux rôles sociaux.	On s'intéresse à l'autre en dehors des rôles sociaux qu'il joue.
Les relations sont guidées par les règles et les normes sociales admises par tout le monde (politesse, bienséance, etc.).	Les relations sont guidées par des normes particulières que les personnes impliquées se sont imposées, souvent de façon implicite.
La relation ne dépend pas de certaines personnes en particulier, leur remplacement change très peu la relation.	Les personnes ne sont pas remplaçables, sinon la relation change ou n'est plus possible.
Nature des idées sur l'autre	
Les idées sur l'autre ont la forme de l'étiquette (« c'est un homme, un garagiste, un sportif »).	L'autre n'est pas étiqueté. Les idées sur l'autre ne sont pas des étiquettes, elles ne concernent que lui ou elle. Par exemple : « Elle aime les tartines au beurre d'arachide et à la confiture ! »
Les comportements de l'autre sont décrits et expliqués parfois en référence à des stéréotypes.	Les comportements de l'autre sont décrits et expliqués en référence à des données propres à la personne.
Sources de plaisir	
Les bénéfices (plaisirs, satisfactions) sont extrinsèques à la relation, c'est-à-dire qu'ils sont liés aux résultats de cette relation. Par exemple, si un étudiant décide de rencontrer son professeur pour lui poser une question sur la matière qu'il enseigne, c'est la qualité de la réponse du professeur qui le satisfera.	Les satisfactions ressenties sont intrinsèques à la relation. La relation est récompensée par elle-même. Les amis, par exemple, passent de nombreuses heures ensemble simplement pour le plaisir de discuter.

Les messages verbaux et non verbaux

Aussitôt que Martin jette un regard sur Sophie, la communication commence. Sophie et Martin n'ont pas encore échangé un mot, pourtant ils communiquent déjà d'une façon dite « non verbale ». Plus tard, ils se parleront : une communication verbale s'établira alors entre eux. En fait, il y a communication verbale dès que des mots sont utilisés. Mais les mots peuvent être transmis aussi par d'autres moyens que la parole. Pour bien comprendre ce concept, il faut éviter de confondre « verbal » et « vocal » (Stewart et Logan, 1993).

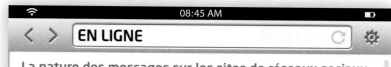

La nature des messages sur les sites de réseaux sociaux

L'étude de Burke et ses collaborateurs (2011) montre que l'augmentation de son capital social sur un site de réseau social numérique dépend de la nature impersonnelle ou personnelle des messages émis sur le site. Les personnes qui échangent en commentant les messages des autres, en composant des messages à des personnes précises et identifiées tirent plus avantage des réseaux sociaux que celles qui utilisent le réseau d'une façon passive, pour seulement y lire les messages des autres ou pour émettre des messages non personnalisés.

De quelle nature sont les messages que vous émettez le plus souvent sur les réseaux sociaux ?

Ces deux mots ne sont pas synonymes : le mot « verbal » évoque la présence de *mots* qui peuvent être émis par la voix, mais aussi par écrit ou par des gestes, comme le font les personnes sourdes et muettes ; le mot « vocal », lui, se rapporte à la voix, celle qui sert d'outil autant pour la communication verbale que pour la communication non verbale. L'intonation de la voix, les cris, les soupirs, les rires, les gloussements représentent de bons exemples de procédés vocaux de la communication non verbale. Le tableau 2.3 classe les différents types de messages verbaux, non verbaux, vocaux et non vocaux utilisés dans la communication.

Tableau 2.3	Différents types de messages verbaux et non verbaux de nature vocale ou non vocale	
	Vocal	**Non vocal**
Verbal	Paroles, mots prononcés	Mots écrits, mots montrés par gestes (p. ex., le langage des sourds-muets)
Non verbal	Ton de la voix, soupirs, silences, cris, débit de la parole, etc.	Apparence, mouvements corporels, expressions faciales, gestes, etc.

Source : Adapté de Stewart. J., et Logan C. (1993). *Together: Communicating Interpersonally* (4e éd.). New York : McGraw-Hill.

Vous riez, vous pleurez, vous froncez les sourcils, vous écarquillez les yeux de surprise : ces signes non verbaux sont universels ; tout le monde les comprend sans les avoir jamais appris. Il en existe d'autres, beaucoup moins évidents. Par exemple, lorsque, postée sur l'accotement d'une route, une personne lève le pouce de la main droite à l'intention des automobilistes pour qu'ils la prennent à bord (ce qu'on appelle au Québec « faire du pouce »), ce geste fait partie d'une culture donnée. Ce même geste exécuté dans un autre pays risque de ne pas être compris par tout le monde.

En général, les deux types de communication, verbale et non verbale, vont de pair. Par exemple, le ton de la voix pour dire « Je t'aime » renforce énormément l'interprétation de ce message.

POUR S'AMÉLIORER

Les bons communicateurs sont particulièrement sensibles aux aspects non verbaux de la communication, qui leur permettent de mieux saisir les nuances des messages reçus.

Le contenu et la composante relationnelle des messages

Les messages interpersonnels véhiculent deux sortes d'éléments d'information : les premiers concernent le contenu manifeste du message ; les seconds expriment la nature de la relation des interlocuteurs. Par exemple, lorsqu'un superviseur dit à un stagiaire : « Passez me voir après la réunion », le contenu de ce message est fort simple : il commande au stagiaire d'aller voir le superviseur après la réunion. Le même message véhicule aussi d'autres renseignements qui révèlent la nature des rapports

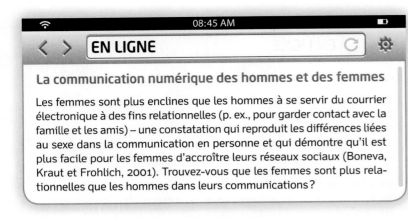

La communication numérique des hommes et des femmes

Les femmes sont plus enclines que les hommes à se servir du courrier électronique à des fins relationnelles (p. ex., pour garder contact avec la famille et les amis) – une constatation qui reproduit les différences liées au sexe dans la communication en personne et qui démontre qu'il est plus facile pour les femmes d'accroître leurs réseaux sociaux (Boneva, Kraut et Frohlich, 2001). Trouvez-vous que les femmes sont plus relationnelles que les hommes dans leurs communications ?

entre les deux interlocuteurs. L'emploi de la forme impérative établit et confirme la différence hiérarchique entre ces deux personnes. Pour comprendre, imaginons simplement la situation contraire : c'est le stagiaire qui donne cet ordre au superviseur. L'intervention paraît alors complètement déplacée, n'est-ce pas ?

Supposons maintenant que le superviseur se soit adressé au stagiaire en ces termes : « Je souhaiterais vous rencontrer après la réunion. J'aurais quelque chose d'important à discuter avec vous. » Le contenu du message est relativement le même, mais sa nature a changé. Dans ce message, le superviseur prend une attitude moins dominatrice envers le stagiaire. Des messages aux contenus différents peuvent révéler le même type de rapport entre les interlocuteurs. Par exemple, Jean-François demande quelque chose à ses parents en ces termes : « Puis-je utiliser l'auto ce soir ? » ou « Puis-je aller camper avec des amis en fin de semaine dans la région de Charlevoix ? ». Le contenu de ces questions est différent, et pourtant il dénote dans les deux cas l'acceptation d'une relation supérieur/inférieur dans laquelle une permission est nécessaire.

L'observation et la compréhension des relations humaines exigent que nous distinguions nettement ces deux types de renseignements véhiculés dans les messages interpersonnels. Bien des conflits surviennent parce que les interlocuteurs saisissent mal la portée des messages relationnels ou qu'ils ne perçoivent pas la différence entre contenu et message relationnel. L'exemple suivant souligne à nouveau l'importance de la nature relationnelle des messages.

POUR S'AMÉLIORER

Lorsque vous émettez un message, tenez toujours compte de sa composante relationnelle.

Supposons deux personnes qui discutent d'un film à la sortie d'un cinéma. Les désaccords sur le contenu comme tel du film (sa description, l'interprétation de l'histoire), par exemple, sont relativement faciles à dissiper. L'avis d'une troisième personne pourrait suffire, à moins de revoir le film. Mais si l'une d'elles s'exprime en laissant entendre que l'autre n'a rien compris au film et qu'elle n'est pas assez intelligente, ce message dépasse la discussion sur le film et touche la relation. Les désaccords d'ordre relationnel sont beaucoup plus difficiles à régler, en partie parce que les interlocuteurs reconnaissent rarement leur véritable nature.

L'éthique de la communication

Dans la communication interpersonnelle, se pose également la question de l'éthique. Tout acte de communication comporte un sens moral sans aucun rapport avec son efficacité (Bok, 1978 ; Jaksa et Pritchard, 1994). Par exemple, mentir pour vendre un produit peut s'avérer efficace, mais n'est certainement pas moral. En matière de communication, les décisions doivent non seulement être efficaces, mais elles doivent également être justes.

La valeur morale d'une communication tient à la notion de choix et à l'idée que les gens ont le droit d'user de leur libre arbitre. C'est là un principe général. Ainsi, toute communication conforme à l'éthique véhicule des renseignements exacts, ce qui implique pour les interlocuteurs la liberté d'exercer des choix judicieux.

Nous traiterons de la dimension éthique de la communication interpersonnelle quand nous aborderons, par exemple, la question de l'écoute, du mensonge, de l'expression des émotions et du commérage. Les questions relatives à la pensée critique, qui figurent sous les photographies de ce manuel, soulèvent aussi un certain nombre de problèmes d'ordre éthique. L'exercice 2.1 propose également quelques dilemmes d'ordre éthique qui incitent à réfléchir sur la qualité morale de nos relations avec autrui.

La communication : inévitable, irréversible, unique et éphémère

La communication est inévitable. ▷ La plupart du temps, elle est intentionnelle, réfléchie et consciente. Mais il arrive qu'elle soit involontaire et qu'elle se produise à notre insu. L'exemple de Sophie debout au milieu du corridor est éloquent. Nous pourrions aussi imaginer un étudiant assis au fond de la classe, imperturbable, et qui regarde par la fenêtre. Il croit peut-être ne pas communiquer avec le professeur ni avec les autres étudiants. Mais il se trompe, il communique quelque chose : son désintérêt, peut-être, ou une certaine préoccupation à résoudre un problème personnel. Quoi qu'il en soit, il communique, qu'il le veuille ou non, car il est impossible de ne pas communiquer.

De plus, deux interlocuteurs s'influencent mutuellement (Watzlawick, 1978). Le désir de persuasion est indissociable de la communication. La question n'est donc pas de savoir si deux interlocuteurs se persuaderont mutuellement ou s'influenceront, mais d'établir comment ils y parviendront. Nous consacrerons tout le chapitre 12 à cette question.

08:45 AM

⟨ ⟩ EN LIGNE

Éthique et communication numérique

Nous insisterons tout au long du livre sur l'importance de respecter des règles de savoir-vivre lorsque nous communiquons avec les autres. Très jeunes, nous apprenons à dire « Bonjour », « S'il vous plaît », « Merci », « Passez une bonne journée », etc. L'usage de telles formules de politesse doit se poursuivre dans nos communications numériques. Les comportements éthiques sont au service de notre sympathie et même de l'empathie que nous éprouvons à l'égard des autres. Les comportements non éthiques sont égocentriques, c'est-à-dire centrés sur nos besoins et notre plaisir plutôt que sur ceux des autres. Par exemple, c'est plus facile d'envoyer un courriel général de remerciement à tous ceux qui sont venus à notre anniversaire et nous ont laissé un cadeau. Cela nous épargne d'avoir à écrire plusieurs lettres de remerciement personnalisées. Le courriel collectif est efficace pour l'émetteur, car il demande moins de temps et d'efforts, mais les lettres de remerciement personnalisées sont plus efficaces sur le plan relationnel. Il ne faut jamais perdre de vue que les relations humaines sont fragiles et que leur préservation nécessite des efforts (Xavier de la Porte, 2013).

Exercice 2.1 | L'éthique dans la communication interpersonnelle

Voici cinq situations qui soulèvent des problèmes d'ordre éthique et où l'on constate qu'il est difficile de dire la vérité. Étudiez chacune des questions et songez à la réflexion que vous vous feriez dans votre for intérieur si cette question vous était posée. Comment répondriez-vous ?

Question : [Un ami vous demande votre avis] De quoi ai-je l'air ?

Réflexion : Épouvantable, mais je ne veux pas te faire de peine.

Question : [Votre amoureux vous demande] Est-ce que tu m'aimes ?

Réflexion : Je ne veux pas m'engager, mais je ne veux pas rompre non plus. Je veux que notre relation progresse avant de m'engager.

Question : [Dans une entrevue] Vous me paraissez un peu vieux pour ce genre d'emploi. Quel âge avez-vous ?

Réflexion : Je suis peut-être vieux pour cet emploi, mais j'ai vraiment besoin de travailler. Je ne veux pas me mettre cette personne à dos, mais je ne veux pas lui dire mon âge non plus.

Question : [Un parent vous demande] Mon fils [de 15 ans] t'a-t-il dit qu'il pensait au suicide ? OU Ma fille [de 22 ans] prend-elle de la drogue ?

Réflexion : Oui, mais j'ai promis de ne le dire à personne.

Question : [Un éventuel partenaire sexuel vous demande] Es-tu séropositif ?

Réflexion : Je n'ai jamais passé de test, mais ce n'est vraiment pas le moment de parler de ça. Nous allons nous protéger, comme ça nous ne courrons aucun risque.

Quels principes éthiques suivez-vous lorsque vous prenez des décisions ? Dans le cas où vous-même poseriez les questions, quelles réponses aimeriez-vous recevoir ? Ces réponses ressemblent-elles à celles que vous avez fournies ? Ces réponses seraient-elles différentes dans le cas d'une communication électronique ?

La communication est irréversible. ▶ Certains processus sont réversibles : l'eau, par exemple, peut se transformer en glace, puis la glace redevenir de l'eau. D'autres ne le sont pas : le raisin peut donner du vin, mais le vin ne peut pas se convertir en raisin. La communication interpersonnelle est un processus irréversible. Deux personnes peuvent nier, nuancer leurs propos et émettre des réserves, mais elles ne peuvent pas effacer ce qu'elles ont dit. Une fois que le message est émis dans l'air ou le cyberespace, il est impossible de le rattraper.

C'est pourquoi il faut être prudent et ne pas tenir des propos que nous voudrions retirer plus tard : il est important de bien réfléchir avant de nous engager dans une conversation, de ne pas parler sous le coup de la colère et d'éviter de proférer des insultes et des sarcasmes. Sinon, nous risquons fort de prononcer des paroles que nous pourrions regretter.

La communication est unique. ▶ La raison en est fort simple : les gens et les choses changeant constamment, il est impossible de recréer exactement une situation, un état d'esprit ou une dynamique interpersonnelle. Nous ne pourrons pas revivre une première rencontre, réconforter une personne en deuil ni résoudre un conflit particulier deux fois de la même manière, car, bien sûr, toutes les variables qui influent sur la communication… varient.

La communication en personne est éphémère. ▶ Elle ne laisse de traces que dans le souvenir des interlocuteurs et de ceux qui l'ont entendue. Dans la communication numérique, toutefois, les messages sont souvent écrits, sauvegardés, imprimés.

Dans les deux cas, les messages peuvent demeurer confidentiels ou devenir publics. Ils se diffusent plus rapidement par ordinateur que dans une communication en personne. Et bien sûr, dans le cas des messages écrits, il reste quelque chose, une preuve de ce qui a été dit et du moment de la communication.

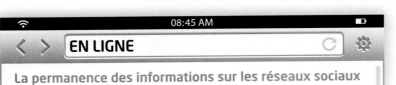

En ligne

La permanence des informations sur les réseaux sociaux

« Les paroles s'envolent, les écrits restent », dit le proverbe. De nos jours, nous pouvons ajouter aux écrits : « Et les photos et les vidéos sur les sites de réseaux sociaux ! » Les utilisateurs de ces sites n'ont pas un contrôle absolu de ce qu'ils diffusent sur leur page. Nombreux sont ceux qui s'épanchent, se révèlent, échangent des photos et des vidéos intimes, des messages personnels, sans se protéger et sans craindre de les voir exposés à tout-va. Les internautes qui diffusent leurs propos, photos ou vidéos courent le risque de se voir humiliés ou ridiculisés sur le plan personnel, alors que sur le plan professionnel, la publication de leurs propos ou images peut entraîner le rejet de leur candidature ou encore un licenciement. De plus en plus, les tribunaux doivent juger des affaires dans lesquelles on amène en preuve des fichiers ou des messages publiés dans les réseaux sociaux (adultère, diffamation, et autres infractions réprimées par le **Code pénal**). Les utilisateurs des réseaux sociaux doivent donc être vigilants lorsqu'ils publient du contenu sur leur page ou sur celles des autres.

La communication : pas toujours souhaitable

Beaucoup de gens sont convaincus que la communication est le remède à tous les problèmes sociaux. « Si nous pouvions communiquer davantage, nous aurions certainement moins de problèmes », disent-ils. En réalité, cette idée est un mythe. Comme le fait remarquer King (1991), peut-être en arrive-t-on à cette croyance en se disant que, si l'absence ou le manque de communication cause des problèmes dans les relations humaines, c'est que la présence ou l'augmentation de la communication doit être bénéfique. En fait, ce raisonnement est faux. S'il est vrai que l'absence de communication est une source de problèmes, cela ne veut pas dire que la réciproque soit vraie. Trop de communication peut nuire aux rapports humains harmonieux. Des personnes qui pensent différemment et qui ont des opinions opposées, ou des personnes qui se détestent, n'ont pas intérêt à se dire toutes leurs vérités. Lorsqu'elles communiquent, ces personnes risquent d'augmenter les sentiments négatifs qu'elles éprouvent l'une envers l'autre. Dans ce cas, il ne faut pas accroître la communication, mais plutôt en user avec parcimonie.

> L'incommunicabilité ?
> C'est pas qu'on ne communique pas assez. On communique trop et mal.
>
> – Robert Lalonde

En fait, la communication est un outil qu'il faut apprendre à utiliser correctement. Un marteau est un outil: nous pouvons nous en servir pour construire ou pour détruire; nous pouvons l'utiliser avec habileté pour enfoncer efficacement un clou, mais nous pouvons aussi être malhabiles et nous frapper le doigt. Dans ce dernier cas, l'action n'est pas efficace, pas plus que ne l'est la communication lorsque nous ne réussissons pas à obtenir les effets désirés… Et les regrets ne servent à rien!

> De tous ceux qui n'ont rien à dire, les plus agréables sont ceux qui se taisent.
>
> – Coluche

08:45 AM

‹ › EN LIGNE

L'infobésité

La technologie a grandement facilité les communications. Aujourd'hui, plusieurs organisations et de plus en plus d'individus font face au problème de la surinformation ou «infobésité», un phénomène qui apparaît lorsque la quantité et la complexité des informations dépassent notre capacité à la traiter correctement. Par un nombre considérable de canaux, nous avons accès aujourd'hui à une multitude d'informations instantanées et en continu. Avoir une centaine d'amis qui publient des centaines de messages, photos et vidéos crée une abondance d'informations difficile à traiter. L'un des problèmes avec l'infobésité, c'est qu'elle requiert énormément de temps. Au travail, on commence à se rendre compte que la surinformation coûte cher aux organisations. Il se fait beaucoup d'information, mais peu de communication (Lafrance et Lambotte, 2008). Plus vous avez de messages à traiter, moins il vous reste de temps à consacrer aux messages ou aux tâches qui concernent directement votre fonction. Des recherches ont démontré que, quand une personne est dépassée par l'information, elle porte davantage son

attention aux messages les plus simples, auxquels elle répond aussi d'une façon très simple, ce qui n'améliore pas la qualité de son travail (Jones, Ravid et Rafaeli, 2004). Dans la même veine, on peut se demander si les internautes branchés sur plusieurs sites de communication ne sont pas enclins à aller au plus simple et à délaisser les formes de communication qui seraient plus exigeantes. Faites-vous partie de ces gens qui sont bombardés de messages? Avez-vous, vous aussi, l'impression d'éviter les messages et les échanges qui exigeraient trop de temps? Croyez-vous qu'en matière de communication, la quantité puisse réduire la qualité?

LA COMMUNICATION INTERPERSONNELLE ET LA CULTURE

CULTURE
Mode de vie particulier d'un groupe, qui se transmet de génération en génération et qui englobe les valeurs et les croyances de ses membres, les objets qu'ils utilisent ainsi que leur façon d'agir et de communiquer.

Rappelons que nous entendons par **culture** l'ensemble des croyances, comportements et artéfacts que les membres d'un groupe se transmettent par la communication et l'apprentissage. Ces phénomènes ne sont pas innés. Si nous considérons l'appartenance sexuelle comme une variable culturelle, c'est, dans une large mesure, parce que la culture enseigne aux garçons et aux filles des attitudes, des croyances, des valeurs ainsi que des modes de communication et de relation différents. Ainsi, la façon de se comporter en homme ou en femme dépend en partie des valeurs que notre culture nous a inculquées. Cela ne signifie pas, bien sûr, que les particularités biologiques ne comptent pas dans les différences entre les comportements masculins et féminins. De fait, les chercheurs continuent de trouver des origines biologiques à des comportements que nous tenions autrefois pour entièrement acquis, comme l'aptitude au bonheur ou la timidité (McCroskey, 1997).

La culture conditionne énormément la communication interpersonnelle des individus. C'est pourquoi nous lui accordons une place prépondérante dans ce manuel.

Une promenade à Montréal, en particulier la visite d'une école, nous convaincra que bien des cultures cohabitent au Québec. Quoique chacune d'elles soit circonscrite à un certain territoire, ces cultures sont néanmoins en contact les unes avec les autres. Leur coexistence a amené certains chercheurs à les qualifier de « cocultures » (Shuter, 1990 ; Samovar et Porter, 1991 ; Jandt, 1995).

Dans quelle mesure devez-vous tenir compte des différences culturelles dans vos interactions aujourd'hui ? Dans quelle mesure devrez-vous le faire dans 10 ou 15 ans ?

L'importance de la culture

Bien des raisons justifient l'importance accordée à la culture dans ce manuel. Les plus évidentes ont probablement trait aux changements démographiques considérables (essentiellement marqués par l'arrivée de nouveaux immigrants) qui se produisent partout au Québec, notamment dans la région de Montréal. L'arrivée de personnes issues d'autres cultures a modifié les coutumes et a obligé la population à s'adapter à de nouveaux modes de communication.

Plus sensibles que jamais aux différences culturelles, les membres de la société québécoise ont tendance à valoriser la diversité culturelle. Malgré quelques regrettables phénomènes (propagande haineuse, racisme, sexisme, homophobie et préjugés de classe), la majorité des Québécois sont favorables à la coexistence et à l'enrichissement mutuel de toutes les cultures.

Le pluralisme n'est pas un phénomène limité à la région de Montréal. Grâce à la diffusion rapide des nouvelles technologies de communication, des cultures étrangères (parfois très différentes de la nôtre) entrent dans tous les foyers du Québec. Tous les soirs, les journaux télévisés diffusent des informations concernant les pays étrangers. La technologie a rendu la communication interculturelle facilement accessible et inévitable. Les médias nous bombardent de reportages sur les tensions raciales, les luttes religieuses, les préjugés sexistes et, d'une manière générale, sur les problèmes engendrés par le manque de communication. Et, bien sûr, Internet rend la communication interculturelle aussi simple que la rédaction d'une note à l'ordinateur. Quiconque le désire peut tout aussi aisément communiquer par courrier électronique avec un correspondant en Europe ou en Asie qu'avec son voisin.

L'importance que nous devons accorder à la culture tient à la prépondérance des rapports interpersonnels qui s'expriment dans un milieu particulier : ce qui est efficace dans une culture ne le sera pas nécessairement dans une autre. Par exemple, en Amérique du Nord, lors d'une réunion d'affaires, les dirigeants d'entreprise commencent toujours par régler les questions professionnelles qui font l'objet de leurs discussions. Après, ils se détendent et échangent des propos amicaux. Au Japon, la procédure est inverse : les Japonais « socialisent » d'abord et ne commencent à négocier que lorsqu'ils ont l'impression de connaître assez bien leurs interlocuteurs. Aucun de ces principes n'est bon ni mauvais en soi ; chacun d'eux peut se révéler efficace dans une culture donnée et inefficace dans une autre.

La connaissance des autres cultures est importante, car elle permet d'éviter bien des malentendus. Une enseignante de cinquième année du primaire, par exemple, qui ignorerait les coutumes de ses élèves haïtiens, serait choquée si un élève ne la regardait pas dans les yeux quand elle le réprimande. Elle a besoin de savoir que, chez les Haïtiens, un tel comportement est considéré comme impoli. L'ignorance culturelle peut être à la source d'une grave erreur dans le processus de la communication.

Exercice 2.2 Les croyances culturelles

Lisez les maximes suivantes. Choisissez celles qui vous semblent particulièrement intéressantes et précisez :

a) le sens de chaque maxime,

b) les valeurs culturelles que chacune d'elles traduit ou évoque pour vous,

c) les ressemblances ou les différences par rapport à votre propre culture.

1. Tout vient à point à qui sait attendre.
2. Heureux les humbles.
3. La voix du sang est la plus forte.
4. Ne fais pas aux autres ce que tu ne veux pas qu'on te fasse à toi-même.
5. Ne remets pas à demain ce que tu peux faire aujourd'hui.
6. Dieu est juste.
7. On n'est jamais si bien servi que par soi-même.
8. Aime ton prochain comme toi-même.
9. La patience est la mère des vertus.
10. Les vrais hommes ne pleurent pas.
11. En conseil écoute le vieil.
12. L'attaque est la meilleure défense.
13. Qui ne risque rien n'a rien.
14. Le temps, c'est de l'argent.
15. Ne vous inquiétez donc pas du lendemain : demain s'inquiétera de lui-même.

Discutez de vos réponses avec d'autres personnes, en particulier avec des personnes de cultures différentes. Ces maximes ont-elles la même signification pour elles que pour vous ? Certaines heurtent-elles vos propres valeurs ou vos croyances ? Peut-être avez-vous de la difficulté à les accepter, en particulier si elles prônent des valeurs qui peuvent faire obstacle à la réalisation de vos objectifs.

VÉRIFIEZ VOS CONNAISSANCES

MonLab
Vérifiez vos
connaissances

1. Trouvez l'énoncé vrai.

 a) On peut communiquer sans interagir.

 b) On peut interagir sans communiquer.

 c) On peut s'échanger des signes sans communiquer.

 d) Interaction et communication sont des mots synonymes.

2. Lequel des énoncés suivants concernant les modèles de communication est vrai?

 a) Le modèle linéaire convient bien à la description de la communication interpersonnelle dans laquelle la communication est à deux sens (bilatérale).

 b) Le modèle transactionnel identifie clairement une personne comme étant la source du message (émetteur) et une autre personne comme étant le destinataire (récepteur).

 c) Le modèle circulaire permet de dédoubler le processus de communication, de façon à ce que les deux interlocuteurs soient à la fois la source et la destination des messages échangés.

 d) Les énoncés b) et c) sont vrais.

3. Lequel des éléments suivants représente l'émetteur dans le processus de communication?

 a) Un écrivain.

 b) Un lecteur.

 c) Un livre.

 d) Aucune de ces réponses.

4. D'où viennent les significations? Trouvez la réponse fausse.

 a) Des mots.

 b) Des expériences personnelles.

 c) De la culture dans laquelle nous vivons.

 d) Des réflexions que nous avons faites.

5. Complétez l'énoncé suivant: _____ est l'élément de la communication qui permet à l'émetteur de vérifier la compréhension de son message par le récepteur.

 a) Le décodage

 b) La rétroaction

 c) L'encodage

 d) La signification

6. Laquelle des affirmations suivantes concernant les canaux de communication est vraie?

 a) Plus le canal choisi est asynchrone, plus il est riche dans sa capacité à transmettre des signaux.

 b) Les canaux synchrones sont plus nombreux que les canaux asynchrones.

 c) Les canaux qui transportent la voix sont généralement synchrones, alors que ceux qui véhiculent l'écrit sont asynchrones.

 d) La possibilité d'échanger des signes variés est augmentée dans nos communications numériques asynchrones.

7. L'idée préconçue selon laquelle «les Britanniques sont tous des personnes flegmatiques» est un exemple de quel type de bruit dans le processus de communication?

 a) Sémantique.

 b) Physiologique.

 c) Psychologique.

 d) Paranoïaque.

8. Lequel des éléments suivants est un exemple de bruit de nature sémantique dans le processus de communication?

 a) Une déficience auditive.

 b) Des difficultés d'élocution.

 c) Une mauvaise interprétation de mots.

 d) Des idées préconçues.

9. Une communication ne se réalise jamais en vase clos, elle se produit toujours dans un contexte qui influe sur sa forme et son contenu. Parmi les éléments suivants, lequel ou lesquels font allusion au contexte socioculturel de la communication?

 a) Le statut d'une personne.

 b) L'ambiance dans laquelle la conversation se déroule.

 c) Le lieu dans laquelle la conversation se déroule.

 d) Toutes ces réponses sont vraies.

10. Trouvez l'énoncé faux.

 a) Lorsque deux personnes sont en présence l'une de l'autre, la communication est inévitable.

 b) La communication qui existe entre deux personnes est unique.

 c) La communication est toujours intentionnelle.

 d) La communication est irréversible.

- Expliquez ce qui distingue les modèles linéaires, circulaires et transactionnels de la communication. Selon vous, lequel décrit le mieux ce qui se passe dans une relation interpersonnelle ? Expliquez votre réponse.

- Quand un stimulus peut-il être considéré comme un signe ?

- Distinguez le contexte physique du contexte socioculturel. Montrez, par un exemple, comment chacun influe sur la communication.

- Distinguez le contenu de la dimension relationnelle d'un message. Donnez un exemple.

- En quoi la communication est-elle inévitable ? Irréversible ? Unique ? Éphémère ?

- « Si nous pouvions communiquer davantage, nous aurions beaucoup moins de problèmes ». Montrez en quoi cette affirmation est discutable.

- Pourquoi est-il important de tenir compte de la dimension culturelle dans la communication interpersonnelle ?

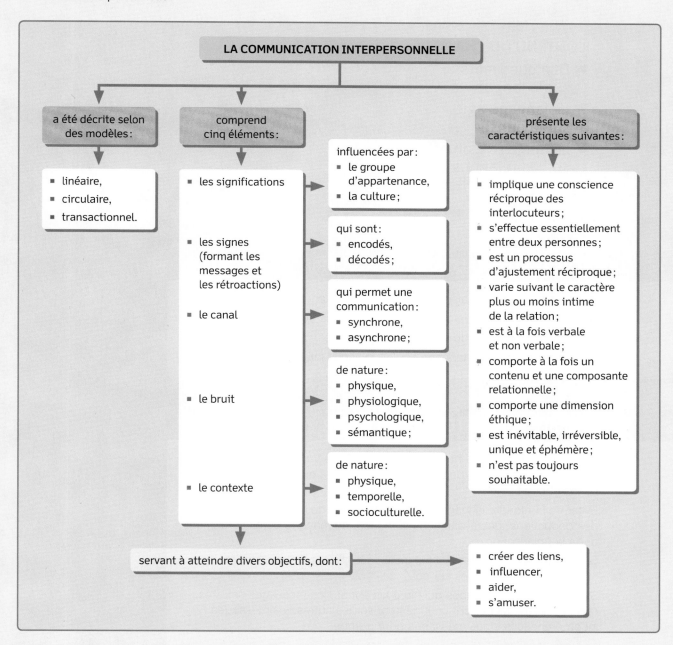

MonLab 🗁
La communication au travail

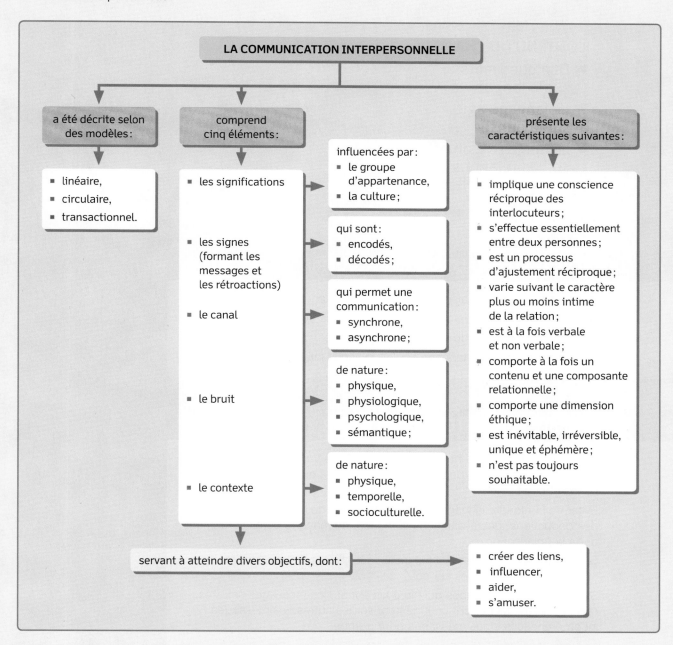

LA COMMUNICATION VERBALE

CONTENU DU CHAPITRE

▶ Quelques mots sur la langue

▶ Le langage agit sur la pensée

▶ Le langage a un effet sur les relations interpersonnelles

PRINCIPALES CONNAISSANCES À ACQUÉRIR

→ Reconnaître les principales caractéristiques du langage humain.

→ Comprendre les facteurs qui déterminent le sens des mots.

→ Comprendre les effets du langage sur la pensée.

→ Connaître les effets du langage sur les relations interpersonnelles.

PRINCIPALES HABILETÉS À DÉVELOPPER

→ Communiquer en sachant que le sens des mots varie selon les gens et le contexte, qu'il est dénotatif ou connotatif et qu'il est plus ou moins abstrait.

→ Éviter de confondre langage et réalité ; se méfier de l'attitude globalisante, des déductions, des évaluations statiques, du manque de discernement et de la polarisation.

→ Savoir utiliser adéquatement les messages directs et indirects, et doser l'émission des messages sur soi.

→ Savoir éviter les messages qui nient les autres, les messages sexistes, racistes, ceux qui portent un jugement sur les autres, les messages incompréhensifs et les messages pour tromper.

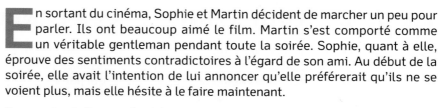

En sortant du cinéma, Sophie et Martin décident de marcher un peu pour parler. Ils ont beaucoup aimé le film. Martin s'est comporté comme un véritable gentleman pendant toute la soirée. Sophie, quant à elle, éprouve des sentiments contradictoires à l'égard de son ami. Au début de la soirée, elle avait l'intention de lui annoncer qu'elle préférerait qu'ils ne se voient plus, mais elle hésite à le faire maintenant.

Ils marchent d'un pas lent, les mains dans les poches de leur manteau. Tout en se parlant, ils regardent droit devant eux, comme s'ils voulaient se concentrer sur le sens des mots qu'ils prononcent. La discussion porte sur l'idée que l'un et l'autre se font de « sortir ensemble » :

— Tu sais, dit Sophie, lorsque tu m'as demandé de « sortir ensemble », je ne croyais pas, sur le coup, que cela voulait dire de sortir toujours et seulement ensemble.

— Pour moi, « sortir ensemble », ça signifie que nous nous engageons un peu l'un envers l'autre. Regarde, c'est comme Jean-François et Marie, ils sortent ensemble depuis une bonne année maintenant. Ils forment un couple. Ça fait peut-être vieux jeu, mais ils sont fidèles l'un à l'autre... Sinon, ça ne veut rien dire.

— Enfin, pour nous deux, je ne l'avais pas compris comme ça. Pour moi, c'est un peu tôt pour envisager une relation continue avec quelqu'un.

— D'accord, je comprends.

— Cela ne signifie pas que je ne te trouve pas intéressant... Au contraire !

En disant cela, Sophie se rend bien compte qu'elle vient d'ouvrir une porte. C'est la première fois qu'elle se montre positive envers lui.

— Je te trouve aussi très intéressante. Sans nous engager, nous pourrions peut-être essayer de mieux nous connaître. Qu'en penses-tu ?

— Comme ça, je suis d'accord...

Martin prend le bras de Sophie. Ils tournent la tête l'un vers l'autre et ils se regardent un court moment, avant de continuer leur marche. Pour Sophie, la soirée ne s'est vraiment pas déroulée comme elle se l'était imaginée !

Le langage verbal est constitué d'un nombre considérable de signes permettant de communiquer des idées, des intentions et des sentiments. C'est pourquoi son emploi n'est pas facile. L'utilisation des mots présente en effet des pièges qu'il faut savoir éviter. C'est ce à quoi s'emploient Sophie et Martin lorsqu'ils discutent du sens à donner à l'expression « sortir ensemble ».

Nous avons vu que nous disposons de deux grands systèmes de signes pour communiquer : l'un verbal, l'autre non verbal. Après la lecture du présent chapitre, les lecteurs devraient pouvoir comprendre que la signification ne réside pas dans les mots, mais dans les personnes qui les utilisent. Ils devraient également savoir mieux exprimer ce qu'ils pensent et – nous le souhaitons – être en mesure d'éviter les malentendus.

QUELQUES MOTS SUR LA LANGUE

RÉFÉRENT
Objet réel ou imaginaire que désigne un signe linguistique.

Le langage verbal est un système de signes servant à évoquer la réalité. La réalité est décomposable en éléments de toutes sortes (objets, actions, situations, événements) appelés **référents**. Par exemple, la pomme qui pousse sur un arbre, cet objet que nous pouvons cueillir et croquer réellement, est un référent, c'est la réalité telle qu'elle existe avant que nous ne la percevions. Nous avons vu déjà qu'il existe différentes sortes de signes qui entretiennent un rapport plus ou moins étroit avec les référents. Au début de la communication humaine, les images ont été les premiers signes utilisés pour échanger des significations. L'image sur papier du référent « pomme » n'est pas une pomme, cette image ne pousse pas, elle ne sent rien et ne se croque pas, elle n'est qu'un moyen de nous faire penser à une pomme. L'image est un signe visuel de nature non verbale.

Les mots sont des signes arbitraires

Au fil du temps, l'être humain a appris à utiliser des signes verbaux pour communiquer. Ceux-ci, et c'est là leur caractéristique principale aujourd'hui, ne présentent pas vraiment de ressemblances ni même d'analogies avec les réalités qu'ils sont censés représenter. À l'exception des onomatopées, les mots de la langue parlée sont sans rapport avec ce à quoi ils renvoient. Songez au son que vous émettez quand vous prononcez le mot « pomme » ; ce son n'a pas de lien naturel avec le fruit qu'il désigne. Ce lien est établi de façon arbitraire à l'intérieur d'un groupe culturel donné qui partage le même système de signes verbaux. Lorsque nous prononçons la phrase « J'aimerais manger cette pomme ronde », les sons émis n'ont aucun lien direct ni concret avec les réalités que nous voulons évoquer. Si nous écrivons le mot « pomme », nous constatons que les lettres de ce mot ne rappellent pas non plus une pomme. D'autre part, le mot « rond », qu'il soit entendu ou regardé, n'est pas rond ! Les sons que nous produisons avec notre bouche et notre larynx, les phonèmes (voyelles ou consonnes), ou les dessins que nous traçons sur du papier pour écrire, les caractères typographiques, ne présentent aucun lien concret avec ce qu'ils expriment. Ce lien est établi par convention sociale.

Contrairement aux autres mots de la langue parlée, les onomatopées suggèrent la chose qu'elles dénomment.

Le sens des mots varie selon les personnes

Le simple mot « pomme » ne déclenche pas la même image dans l'esprit des gens : en entendant ce mot, une personne peut penser à un objet vert ; une autre, à un objet rouge ; l'une peut aimer les pommes ; l'autre, les détester. Si vous vouliez connaître le sens du mot « amour », vous consulteriez probablement le dictionnaire. Vous y liriez, par exemple, qu'il s'agit d'une « inclination envers une personne, le plus souvent à caractère passionnel, fondée sur l'instinct sexuel mais entraînant des comportements variés » (*Le Petit Robert*). Voilà un des sens du mot « amour » (il existe plusieurs définitions…). Mais si vous vouliez savoir ce que Martin veut dire quand il dit « Je suis amoureux », vous vous adresseriez à lui. C'est pourquoi nous disons que ce sont les personnes qui donnent leur sens aux mots. Par conséquent, pour décrypter un message, il faut savoir qui l'a formulé. Il ne suffit pas d'examiner les mots de ce message.

Rappelons également que le sens des messages déjà reçus se modifie avec le temps. Ainsi, même si le message lui-même n'a pas changé, le sens que nous lui donnons aujourd'hui peut être bien différent de celui que nous lui donnions dans le passé. Il y a quelque temps, quand telle personne vous a dit «Je t'aime», vous avez interprété ce message d'une certaine façon. Mais aujourd'hui, si vous appreniez que cette personne a dit «Je t'aime» à trois autres personnes, ou si vous tombiez amoureux de quelqu'un d'autre, vous n'accorderiez plus du tout le même sens à ces paroles.

Les abréviations

La communication par textos, de plus en plus répandue, amène les usagers à recourir aux abréviations, qui permettent de communiquer plus d'information en moins de temps. Parmi les plus populaires en français, mentionnons : tfk (tu fais quoi), tlm (tout le monde), xlt (excellent), mtn (maintenant), tjrs (toujours) et MDR (mort de rire). De nombreux sites Web fournissent les significations de leurs abréviations et de beaucoup d'autres. Il existe même un dictionnaire de traduction SMS en français, le *Traducteur SMS* (www.traducteur-sms.com), qui recense près de 10 000 mots.

Le sens des mots dépend du contexte

Nous avons vu au chapitre précédent que les communications se déroulent dans un contexte qui détermine dans une large mesure la signification de tout comportement, verbal ou non verbal. Ainsi donc, les mêmes mots peuvent avoir un sens totalement différent selon le contexte. Par exemple, l'expression «Comment ça va?» peut représenter un simple salut, une forme de «Bonjour» à quelqu'un que vous croisez dans la rue; mais si vous posez cette question à un ami que vous êtes venu voir à l'hôpital, elle signifiera : «Est-ce que tu vas mieux aujourd'hui?» De même, le sens d'un mot dépend du comportement qui l'accompagne ou de son contexte immédiat. Dire «S'il vous plaît!» en frappant du poing sur la table n'a pas la même signification que le dire en souriant.

Le contexte culturel est particulièrement important. Il influe non seulement sur le sens donné aux mots et aux gestes, mais aussi sur l'intention qui les anime – amicale, offensante, irrespectueuse, condescendante, délicate, et ainsi de suite. Songeons au vieux conflit qui a opposé le Québec et les autres provinces au sujet de l'insertion dans le texte de la Constitution du caractère «distinct» de la société québécoise, un euphémisme pour

> **POUR S'AMÉLIORER**
>
> Il faut toujours prêter attention au contexte dans lequel se déroule la communication afin d'être en mesure de bien saisir la signification des messages.

dire une nation. À l'époque, même l'euphémisme a été rejeté par les Canadiens anglais. Or, à l'origine de ce rejet se trouverait peut-être un simple malentendu sémantique. En effet, alors qu'en français le mot «distinct» ne veut rien dire d'autre que «différent», en anglais, le même mot, «*distinct*», signifie «différent et *supérieur*». Certains, comme l'écrivaine canadienne-anglaise Margaret Atwood, croient que tout le problème découlait essentiellement de ce quiproquo sémantique. Aujourd'hui, le débat est reporté sur le sens du mot «nation». Rappelons que le Québec a été reconnu comme une «nation» par le gouvernement fédéral en 2006, une «nation du Québec dans un Canada uni», ce qui est impossible pour certains nationalistes québécois pour qui «nation» est synonyme de «séparation». Encore ici, le sens du mot dépend du contexte.

Les mots ont un sens dénotatif et un sens connotatif

SENS DÉNOTATIF
Signification objective
ou descriptive d'un terme.

SENS CONNOTATIF
Signification émotionnelle
ou idéologique qui s'ajoute
à la signification de base
d'un terme.

Il faut distinguer le sens dénotatif du sens connotatif. Le **sens dénotatif** est le sens que donne le dictionnaire : il correspond à celui que les membres d'une même communauté culturelle attribuent aux mots. Le **sens connotatif**, par ailleurs, est le sens particulier, subjectif, que certains locuteurs attribuent aux mots. Prenons l'exemple du mot « mort ». Pour un médecin, ce mot indique (ou dénote) généralement que le cerveau d'une personne a cessé de fonctionner. Il décrit objectivement un événement particulier. Mais, pour la mère qui vient d'apprendre la mort de son fils, ce mot couvre un sens plus large : il évoque la jeunesse, l'ambition, la famille, la maladie. Pour elle, ce mot a une signification hautement émotive, subjective, personnelle. Ce sont ces réactions émotives, subjectives ou personnelles qui confèrent au mot son sens connotatif.

Il en va ainsi de la plupart des mots. Considérons les mots « vieux » ou « bébé » : ces mots ne nous laissent pas indifférents, ils ne font pas seulement naître en nous des définitions objectives de type « personne âgée » ou « enfant en bas âge ». En réalité, ils éveillent des souvenirs personnels qui prennent la forme d'images ou d'actions et qui sont empreints de sentiments positifs ou négatifs issus de nos expériences antérieures au cours desquelles nous avons été directement ou indirectement en contact avec des personnes âgées ou des bébés. Ce que nous devons comprendre, c'est que la signification d'un mot va bien au-delà de la définition du dictionnaire. Elle relève des expériences vécues dans lesquelles les aspects affectif et cognitif sont toujours liés. Comme personne ne vit vraiment les mêmes expériences, le lien qui unit les mots et les significations ne peut être que très personnel.

Encadré 3.1 **Les dictionnaires se renouvellent continuellement**

Une centaine de collaborateurs travaillent continuellement à la mise à jour des dictionnaires. Ainsi, *Le Petit Larousse* effectue une refonte complète de l'ouvrage tous les neuf ans. Quant au *Petit Robert*, il procède chaque année à une mise à jour qui vise en moyenne 200 pages (sur plus de 2550). La plupart des mots nouveaux qui sont ajoutés aux dictionnaires renvoient à des réalités nouvelles. Ils proviennent des domaines tels que l'environnement et sa protection, la santé, la circulation de l'information et Internet, ainsi que la politique. Par exemple, le *Petit Larousse* a ajouté en 2013 les termes « cyberterrorisme », « gaz de schiste », « métadonnée » et « streaming », mais aussi de nouveaux sens aux mots « ami », « encodage », « interopérabilité » et « mur ».

Dans leur édition 2007, les deux plus grands dictionnaires de langue française ont fait des efforts pour intégrer des régionalismes provenant de la francophonie du monde entier (p. ex., la Belgique, Haïti et le Québec). Ainsi, depuis *Le Petit Robert de la langue française 2007*, on peut maintenant se servir des croustilles avant de commencer à placoter avec quelqu'un pour lui chanter la pomme, en prenant garde de ne pas s'enfarger dans les fleurs du tapis pour ne pas égratigner son ego, alors que dans *Le Petit Larousse illustré 2007*, on peut se livrer en toute quiétude au flânage en bobettes dans une barboteuse sans risquer d'attraper un feu sauvage même s'il mouillasse.

Source : D'après Le Cours, 2006.

Le sens des mots varie en abstraction

Arrêtons-nous à la liste de termes suivante :
- divertissement ;
- film ;
- film américain ;
- film américain 3D ;
- *Avatar*.

Le premier mot de la liste – divertissement – est un terme général, ou abstrait. Notez qu'il englobe tous les termes qui suivent, et bien d'autres – télévision, roman, théâtre, bande dessinée, et ainsi de suite. « Film » est déjà plus précis et concret. Ce mot englobe lui-même tous les termes qui suivent, et bien d'autres aussi – film indien ou film russe, par exemple ; il exclut cependant tous les divertissements qui ne sont pas des films. « Film américain » est encore plus précis que « film », car il exclut tous les films qui ne sont pas américains. « Film américain 3D » focalise l'attention sur une catégorie de films. Enfin, le mot « *Avatar* » désigne concrètement un film en particulier.

Un terme général – dans ce cas-ci, « divertissement » – fait apparaître une foule d'images. Ce mot évoquera pour une personne la télévision, pour une autre la musique, pour une autre la bande dessinée, pour une autre enfin, la radio. À certains, le mot « film » rappellera les premiers films muets, à d'autres, les effets spéciaux ou les dessins animés de Walt Disney. Le titre *Avatar* évoque quelque chose de plus précis, en l'occurrence ce film particulier. Cependant, même ces mots qui désignent une réalité davantage circonscrite et moins inclusive n'évoquent pas pour tous les mêmes aspects du film : pour certains, le titre rappellera l'utilisation nouvelle du 3D ; pour d'autres, le débat sur la question écologique ; pour d'autres encore, un succès commercial.

C'est du bœuf, des asperges et des champignons que tu as dans ton assiette. Cesse d'appeler cela de l'animal, des plantes et de la moisissure.

Exercice 3.1 L'échelle de généralisation

L'échelle de généralisation sert à illustrer les degrés de généralisation ou d'abstraction d'un terme. Par exemple, quand vous passez d'« animal » à « caniche d'appartement, blanc et toiletté », vous descendez dans l'échelle, allant du général au particulier. En devenant plus explicite, vous communiquez plus clairement à votre interlocuteur ce que vous voulez dire et dirigez ainsi son attention là où vous le souhaitez. Pour chacun des mots suivants, indiquez-en au moins quatre autres de plus en plus précis. Le premier exemple vous est donné pour le mot « maison ».

Niveau 1	Niveau 2 plus précis que 1	Niveau 3 plus précis que 2	Niveau 4 plus précis que 3	Niveau 5 plus précis que 4
Maison	Grande maison	Manoir	Manoir en pierres de taille	Manoir du gouverneur
Désir				
Voiture				
Jouet				
Magazine				
Sport				

Pour apprendre à une personne à bien communiquer, on lui conseillera habituellement de se servir judicieusement des termes généraux et de s'exprimer de préférence avec des mots précis. Cependant, y a-t-il des cas où les termes généraux et abstraits seraient plus efficaces ? Où situeriez-vous les publicités de cosmétiques sur l'échelle de généralisation ? Les publicités de céréales ? De nourriture pour chats ou chiens ? Comment décririez-vous les campagnes politiques ?

Le langage est régi par des règles

Lorsque nous parlons, nous agençons les mots selon un certain ordre afin qu'ils soient compréhensibles (d'abord à nos propres oreilles) pour les personnes qui parlent notre langue. Les mots de la phrase «Le est pommier il en fleurs» ne signifient rien à moins qu'on les prenne chacun séparément. Si nous disposons ces mots de la sorte: «Le pommier, il est en fleurs», nous prononçons une phrase qui a un sens. Ils peuvent être réarrangés pour poser une question: «Le pommier est-il en fleurs?» Les mêmes mots distribués dans un ordre différent donnent donc des sens différents. La structure qui réunit les éléments d'une phrase joue le rôle d'une valeur sémantique ajoutée. Cette structure doit suivre certaines règles grammaticales précises. La **grammaire**, c'est l'ensemble des règles qui servent à organiser les mots d'une façon significative. Ces règles sont propres à une langue donnée, elles varient d'une langue à l'autre.

GRAMMAIRE
Ensemble des règles propres à une langue donnée qui servent à organiser les mots d'une façon significative.

Dans l'album de bandes dessinées *Astérix chez les Bretons*, Astérix rencontre des personnages qui s'expriment d'une curieuse façon. En fait, l'auteur traduit littéralement de l'anglais au français. Ainsi, la phrase «*It is, isn't it?*», qui veut dire «C'est ça, n'est-ce pas?», est traduite avec humour par Goscinny par: «Il est, n'est-il pas?» En anglais, les adjectifs se placent toujours avant le nom: «Elle vous vient de la magique potion», dit un personnage dans l'album. Lorsque nous apprenons l'anglais, cette différence syntaxique est peut-être la plus frappante: «Très difficile est des langues l'apprentissage, n'est-il pas?»

08:45 AM

EN LIGNE

Le langage «texto»

Au Québec, comme partout ailleurs, les textos sont de plus en plus populaires. C'est particulièrement vrai chez les jeunes Nord-Américains (13-17 ans), qui envoient en moyenne 3300 textos chaque mois (Nielsen, 2010). À l'échelle mondiale, c'est plus de 22 millions de textos qui sont échangés chaque jour. Plusieurs s'interrogent sur l'impact de l'usage intensif des textos sur la compétence en français. Ils reprochent aux textos d'utiliser une panoplie de symboles (émoticônes) et une modification de l'orthographe et de la grammaire (p. ex., «cc ca va? Jspr ke tu va bi1» pour «comment ça va? J'espère que tu vas bien») afin d'augmenter la vitesse d'écriture. Une recension des travaux sur cette question montre que le lien entre la mauvaise qualité du français et l'utilisation des textos n'est pas si clair (Karsenti et Collin, 2011). Au contraire, plusieurs études démontrent qu'ils auraient des impacts positifs en lecture et en écriture (sur la correction orthographique, notamment) chez des élèves du secondaire. Une étude québécoise menée par Marie-Ève Gauthier, de l'Université du Québec à Rimouski, est arrivée à la même conclusion. Comme nous ne parlons pas de la même manière lors d'une réunion entre amis que lors d'une présentation devant public, les jeunes sauraient faire la différence entre l'envoi d'un texto et la rédaction d'une dissertation…

Ces données corroborent le point de vue de John McWhorter (2013), qui avance que le textage représente une forme de communication qui s'apparente davantage à la parole qu'à l'écrit. Parler et écrire sont deux moyens de communiquer qui ont des règles différentes. Selon McWhorter, le textage est une nouvelle forme de langage par les doigts. Une personne qui parle une langue et qui parle «texto» serait en quelque sorte considérée comme bilingue. Le langage «texto» est en plein développement, et cela se fait empiriquement. On peut écouter la conférence TED de McWhorter pour mieux comprendre (www.ted.com).

La ponctuation dans la phrase dite ou écrite a une grande importance pour sa signification. « C'est un livre idiot » ne veut pas dire la même chose que « C'est un livre, idiot ». Selon l'endroit où on fait la pause, la phrase « La belle porte le voile » peut avoir deux sens tout à fait différents : d'une part, une « belle » qui porte un voile, d'autre part une belle porte qui cache quelqu'un ou quelque chose (Yaguello, 1981). Un mauvais usage de la grammaire, plus particulièrement de la syntaxe et de la ponctuation, est à l'origine d'importants problèmes de communication. Ce problème est peut-être plus évident dans l'expression écrite que dans l'expression orale, car il est plus difficile dans un texte de savoir où situer les accents et les pauses.

Dans l'ensemble, les caractéristiques mêmes du langage en font un moyen bien incertain pour partager nos significations, c'est-à-dire nos sentiments, nos idées, nos intentions. Les sens des mots varient selon les personnes et les contextes, ils peuvent être chargés d'un sens objectif ou subjectif, ils peuvent représenter des réalités très particulières ou très générales et changer selon la façon dont ils sont organisés. Les bons communicateurs se méfient des mots ; ils s'efforcent toujours de bien en circonscrire le sens chez l'interlocuteur et, lorsqu'ils les utilisent eux-mêmes, ils les définissent le plus exactement possible.

LE LANGAGE AGIT SUR LA PENSÉE

Même si nous avons des prédispositions innées pour le langage (une zone particulière de notre cerveau sert exclusivement à stocker et à traiter toutes les données linguistiques), il nous faut néanmoins en faire l'apprentissage. Il en va de la langue maternelle comme de toute autre langue, qui s'acquiert idéalement par l'immersion au sein du groupe social qui l'utilise. Les mots sont arbitraires et varient en fonction des milieux culturels. Les mots « pomme » et « *apple* » ont la même signification. Mais certains mots n'existent que dans une langue. Et dans une même langue, certaines personnes utilisent des mots que d'autres ne connaissent pas. Toutes ces différences traduisent chez chacun les diverses manières de percevoir le monde.

> La langue que nous parlons ne nous met pas seulement des mots dans la bouche ; elle nous met aussi des notions dans la tête.
>
> – Wendell Johnson

Les mots et la pensée

Les catégories conceptuelles de notre esprit jouent un grand rôle dans l'usage que nous faisons des mots. Le fait de désigner des objets différents par un même mot les réunit dans une catégorie et centre notre attention sur les propriétés et caractéristiques qu'ils ont en commun. Autrement dit, lorsque nous utilisons deux mots pour parler de deux réalités pourtant semblables, par exemple un chien et un chat, cela a pour effet, d'une part, de séparer ces réalités dans notre esprit en deux catégories, et d'autre part, de centrer notre attention sur ce qui les distingue. Voici un autre exemple : lorsque vous entendez le mot « psychologue », à quoi pensez-vous ? À un psychologue qui reçoit des clients dans son bureau ou à un psychologue qui effectue des recherches sur les comportements ? Il n'existe pas en psychologie, contrairement aux autres domaines scientifiques, deux mots pour différencier le chercheur du praticien. En physique, on distingue bien le physicien (chercheur) de l'ingénieur; en biologie humaine, le biologiste (chercheur) du médecin; mais en psychologie, seul le mot «psychologue» est utilisé, ce qui est une source de confusion certaine.

L'apprentissage de la langue impose une certaine façon de voir le monde. Les mots que nous apprenons centrent notre attention sur certains aspects de la réalité et nous en font oublier d'autres. De même, notre culture nous enseigne certains concepts au détriment d'autres. Par exemple, certains Australiens sont capables de distinguer plusieurs arbres et ont des mots précis pour chacun d'eux: *jarrah*, *mulga*, *gum*, *palm* (en anglais), mais ils n'ont pas d'équivalent pour le mot «arbre», ils n'ont pas le concept d'arbre. À l'inverse, le jeune enfant nord-américain apprend d'abord le concept «arbre». Le chêne, l'érable, l'orme, le tilleul, tous ces arbres sont confondus à l'intérieur de l'idée générale «arbre». Cvetkovich et ses collaborateurs (1985), dans leurs travaux de recherche portant sur l'apprentissage de la langue, relatent quelques autres exemples intéressants. Ainsi, on apprend que les Inuits disposent de nombreux mots pour désigner la neige. En fait, ils distinguent plusieurs sortes de neige. Par ailleurs, les Hanunoos des Philippines ont à leur disposition un choix de 92 mots pour nommer le riz. Pour exprimer la chute d'une roche, les Kwakiults (tribu du Nord-Ouest américain) utilisent une expression différente selon que la roche est visible à la personne qui parle, à celle qui écoute ou à une autre personne. La description kwakiult ne permet pas de comprendre s'il s'agit d'une ou de plusieurs roches. En fait, nous utilisons les mots en fonction des besoins que nous avons. Ainsi, les skieurs possèdent aussi un vocabulaire assez riche pour parler de la neige, et si la plupart des gens ne connaissent que les adjectifs «bon» ou «mauvais» pour qualifier un vin, le sommelier, lui, possède un vocabulaire de plus de 100 mots pour en décrire les caractéristiques.

Les mots et la réalité

Nous savons tous que le langage symbolise la réalité et qu'il n'est donc pas la réalité. Mais, dans les faits, en sommes-nous vraiment convaincus? Ne nous arrive-t-il pas d'acheter un objet pour sa marque plutôt que pour sa valeur ou son utilité réelle? De nous comporter envers quelqu'un en fonction de ce qu'on nous a dit de cette personne plutôt qu'en fonction de ce qu'elle est vraiment? Dans ces cas, nous agissons comme si le langage était la réalité.

Nous avons souvent tendance à voir les gens, les objets et les événements de la manière que les autres en parlent, les qualifient, les étiquettent. Par exemple, si on nous déclare que Claudine n'est «pas intéressante», nous la jugerons «inintéressante» avant même de l'avoir écoutée; nous voyons Claudine à travers le filtre des mots que les autres emploient pour la décrire. Se méfier des mots nous amènerait, par contre, à considérer d'abord les gens, les objets et les événements en soi, avant même de prêter attention à la façon dont on les étiquette. Cela signifierait, dans ce cas, voir Claudine sans préjugé, sans parti pris, et considérer seulement ce qu'elle dit ou fait sans tenir compte des mots par lesquels d'autres la qualifient.

Par exemple, si vous rencontriez un jour Sophie et Martin, vous devriez les observer avant de vous faire une opinion, leur parler et non vous fier à ce qu'on vous a dit sur eux. Encore une fois, il faut se méfier des mots, ils ne sont pas la réalité. Les propos rapportés sur une personne, qui forment en quelque sorte sa réputation, sont parfois trompeurs; il faut alors savoir retenir son jugement.

ATTITUDE GLOBALISANTE
Point de vue qui suppose que nous connaissons – ou que nous pouvons apprendre – tout ce qu'il y a à connaître à propos d'une personne ou d'une question à partir d'un point de vue très partiel.

Le langage ne symbolise qu'une partie de la réalité, jamais l'ensemble. Quand nous supposons que nous savons tout ou que nous pouvons tout dire sur quelque chose, nous adoptons une **attitude globalisante**. Or, il n'est jamais possible de voir ou de connaître entièrement quoi que ce soit. Nous devons tirer des conclusions sur la foi de constatations partielles, de preuves partielles. Pour éviter de penser que tout peut être dit ou a été dit sur quelque chose, terminez mentalement chaque énoncé par *et cetera* –, vous vous rappellerez ainsi qu'il y a encore à apprendre, à savoir, à dire.

Par contre, certaines personnes abusent de l'*et cetera*. Elles s'en servent non pas pour rappeler que chaque énoncé est nécessairement incomplet, mais pour s'abstenir de préciser. Cela ne fait qu'ajouter à la confusion.

Pour éviter d'adopter une attitude globalisante, il faut admettre que les mots ne représentent qu'une partie de la réalité. Par exemple, une personne ne nous raconte jamais un événement en entier, elle insiste plutôt sur certains détails qui l'ont particulièrement impressionnée. Rappelez-vous combien étaient contradictoires les deux versions que vous ont présentées deux amis qui venaient de se séparer. Même s'il ne voyait pas vraiment l'ensemble du problème, chacun était convaincu de la justesse de son point de vue. Nous devons faire de la place au doute et à l'humilité dans nos prises de position.

Les mots masquent les différences et les nuances

Les mots empêchent parfois d'établir les différences existant entre des personnes ou des événements désignés par la même étiquette (nous parlerons alors de manque de discernement) ou insistent sur les extrêmes plutôt que sur le vaste champ qui s'étend entre les contraires (nous parlerons alors de polarisation).

Le manque de discernement

Un mot peut revêtir bien des sens; cependant, la plupart des mots ont un sens général qui peut désigner un grand nombre de réalités. Ainsi, le mot «professeur» peut être employé pour nommer des personnes très différentes les unes des autres; le mot «logiciel» peut renvoyer à divers ensembles de programmes et de procédures. Quand nous faisons en sorte que le terme général masque les particularités individuelles, nous manquons de discernement.

Le **discernement** est l'attitude qui nous permet de pondérer nos jugements. Manquer de discernement, c'est donc ne pas percevoir les différences entre des personnes, des objets ou des événements qui, malgré leurs similitudes, sont distincts. C'est ne pas voir «les différences dans les ressemblances». Nous manquons de discernement quand nous abusons des catégories, des classifications, en négligeant ce que chaque élément ou individu d'une classe a de particulier. Or, toute chose est unique; rien ni personne n'est jamais identique à quoi que ce soit ou à qui que ce soit d'autre.

DISCERNEMENT
Capacité de porter des jugements justes et nuancés sur des situations, des choses et des personnes.

La langue, cependant, fournit des noms communs: professeur, élève, ami, ennemi, guerre, policier, libéral. Ces mots nous incitent à nous concentrer sur les ressemblances – à mettre, comme on dit, tous les professeurs, tous les élèves, tous les ennemis «dans le même sac» – sans nous arrêter à ce que chacun a d'unique.

Ce phénomène risque de nous entraîner dans le piège des stéréotypes fondés sur la nationalité, la race, la religion, le sexe ou l'orientation sexuelle. Un **stéréotype** est une image mentale fixe d'un groupe, il s'applique à tous les individus de ce groupe et réduit ainsi les singularités de chacun. La plupart des stéréotypes sont négatifs, ils dénigrent le groupe auquel ils s'appliquent. Parmi les stéréotypes positifs, le plus frappant en Amérique du Nord concerne les élèves d'origine asiatique: ils sont intelligents, travailleurs et obtiennent les meilleurs résultats scolaires.

STÉRÉOTYPE
En communication, idée que nous nous faisons d'un groupe et qui influe sur la manière dont nous en percevons un membre particulier.

Mais qu'ils soient positifs ou négatifs, les stéréotypes offrent des raccourcis souvent trompeurs. Par exemple, la première fois que vous rencontrez une personne, vous avez tendance à la classer dans une catégorie – religieuse, nationale ou autre (vous direz par exemple en la voyant: «C'est un pur intellectuel, il n'a pas les pieds sur terre») –, puis à lui attribuer toutes les qualités et les défauts rattachés à ce stéréotype. Quelle que soit la catégorie dans laquelle vous classez cette personne, ou les qualités particulières que vous lui attribuez, vous évitez ainsi de la voir telle qu'elle est, de voir ce qu'elle a d'unique. Deux femmes peuvent être chrétiennes, asiatiques et lesbiennes, par exemple, et être néanmoins très différentes l'une de l'autre. Manquer de discernement, c'est nier les différences individuelles.

La polarisation

Le langage masque aussi les différences : il comporte beaucoup de mots pour désigner les extrêmes et relativement peu pour désigner ce qui se situe entre les extrêmes. Pour mieux comprendre comment il favorise la polarisation, cherchez les contraires des mots suivants : *heureux, long, riche, vie, santé, haut, gauche, légal, lourd, fort*. C'est un exercice facile, vous le ferez sans doute assez rapidement. Cherchez maintenant un terme intermédiaire, dont le sens se situerait à mi-chemin entre celui des mots en italique et celui des antonymes que vous avez trouvés. L'exercice est beaucoup plus difficile et exige de la réflexion. En outre, si vous comparez vos réponses avec celles de vos camarades, vous constaterez probablement que vous avez proposé les mêmes antonymes – *malheureux, court, pauvre*, etc. –, mais que vous êtes en désaccord sur les termes intermédiaires. C'est pourquoi nous disons que le langage favorise la polarisation, au détriment de la nuance. Il empêche de voir «les ressemblances dans les différences».

POLARISATION
Raisonnement fallacieux qui consiste à n'envisager que les deux positions extrêmes à propos d'une question particulière.

La **polarisation**, c'est la tendance à décrire le monde en termes dualistes – bien/mal, positif/négatif, sain/malade, intelligent/stupide –, à voir le monde en noir et blanc. Or, la plupart des gens se situent entre ces deux pôles. Et pourtant, beaucoup ont tendance à ne considérer que les extrêmes et à créer des catégories (de personnes, d'objets, d'événements) en fonction de ceux-ci.

Les problèmes surviennent quand nous nous servons des mots pour susciter des antagonismes. Par exemple, si nous affirmons que «cet homme politique est soit avec nous, soit contre nous», nous excluons bien des possibilités; il peut partager notre avis sur certains sujets, être en désaccord avec nous sur d'autres ou même être neutre. Pendant une guerre, les gens sont souvent qualifiés soit de faucons, soit de colombes. Mais, souvent, beaucoup d'entre eux ne se classent dans aucune catégorie; et d'autres se comportent comme des faucons dans certaines situations et comme des colombes dans d'autres.

Les mots expriment à la fois des faits et des déductions

Le langage nous sert à énoncer à la fois des faits et des déductions. Il y a une grande différence entre un fait et une déduction. Les confondre, traiter les déductions comme s'il s'agissait de faits, empêche de penser clairement.

Prenons l'exemple des deux phrases suivantes: «Elle porte une veste bleue» et «Il nourrit une haine absurde». Nous constatons que ces deux phrases, tout en ayant la même structure (pronom, verbe, nom et qualificatif), ne sont pas de même nature. La première phrase porte sur un fait observable (la veste, la couleur bleue de la veste). La seconde est tout autre. Pouvons-nous observer une «haine absurde»? De toute évidence, il ne s'agit pas d'une description, mais d'une déduction: d'un énoncé fondé non seulement sur l'observation, mais sur les conclusions tirées de cette observation. Cet énoncé présente donc un degré de certitude très variable. Pour qu'un énoncé soit considéré comme factuel, il doit être prononcé par l'observateur, après observation, et ne porter que sur la chose observée (Weinberg, 1959).

La déduction n'est pas mauvaise en soi; nous avons recours à ce raisonnement très souvent dans notre vie. Mais elle devient problématique quand nous prenons les déductions pour des faits. Le minitest 3.1 (élaboré d'après les tests de Haney, 1973), vous aidera à mesurer votre capacité à distinguer les faits des déductions. Pour éviter la confusion entre les faits et les déductions, formulez-les différemment. Évitez d'être catégorique quand vous faites part d'une déduction et reconnaissez d'avance qu'elle peut se révéler fausse. Laissez la porte ouverte aux suggestions. Par exemple, si vous présentez comme un fait que «le prof de biologie a été congédié parce qu'il enseignait mal», vous éliminez par conséquent toute autre explication. Si vous vous êtes préparé psychologiquement à avoir tort, il sera moins humiliant pour vous d'avoir tort.

> **POUR S'AMÉLIORER**
>
> Veillez à distinguer les faits des déductions quand vous écoutez les autres. Méfiez-vous de ceux qui présentent tout ce qu'ils affirment comme des faits. Analysez attentivement leurs propos: vous constaterez à quel point les déductions sont nombreuses.

Les évaluations statiques

Le langage n'évolue que très lentement – par comparaison, du moins, avec le monde et la société. Bien des gens ont tendance à maintenir des opinions toutes faites et à s'en tenir à certaines évaluations antérieures de la réalité, alors que celle-ci a changé. Souvent, leurs remarques sur telle ou telle personne restent les mêmes – «Il est comme ça; il a toujours été comme ça» –, alors que les personnes ont changé.

Nous n'hésitons pas à admettre que tout change sans arrêt, mais, dans la vie, agissons-nous en conséquence? Sommes-nous convaincus, par exemple, que nous pouvons essuyer un échec dans notre vie sans pour autant rater celle-ci complètement? L'évaluation qu'on fait de soi-même et des autres doit s'adapter à l'évolution des situations et des personnes. Demeurer sur ses positions, c'est perdre le sens des réalités.

Les évaluations statiques ont ceci de bon qu'elles stabilisent dans le temps la perception que nous avons des personnes que nous connaissons et, comme les stéréotypes, elles simplifient l'idée que nous nous faisons d'elles. Penser que Pierre est colérique, c'est lui conférer une caractéristique psychologique qui permet, tout autant que la couleur de ses cheveux ou la grandeur de ses oreilles, de l'identifier. Mais il faut se méfier des évaluations statiques. Elles imposent une déformation des plus insidieuses de la réalité. Certains sont persuadés que les traits de personnalité, tout comme les traits du visage, ne peuvent changer. Ainsi, en niant toute possibilité de progrès social (les criminels ne peuvent pas être réadaptés, les politiciens resteront toujours véreux, etc.), on adopte une position qui dénote une vision défaitiste de l'être humain. Pour le meilleur ou le pire, les êtres humains sont des êtres changeants. Vivre avec les autres oblige à tenir compte de cette réalité.

MINITEST 3.1

Pouvez-vous distinguer les faits des déductions?

Lisez attentivement le compte rendu de même que les 10 énoncés suivants. Indiquez si, d'après les renseignements donnés dans le compte rendu, ces énoncés sont vrais (V), faux (F) ou douteux (?). Lisez les énoncés dans l'ordre où ils sont présentés. Ne les relisez pas après avoir noté votre réponse. Ne changez pas vos réponses.

Une personne enseignant dans un collège, aimée de ses élèves, vient tout juste de terminer la préparation de l'examen final; elle éteint les lumières de son bureau. Entre alors quelqu'un de corpulent, portant des lunettes noires, qui demande l'examen. L'employé du collège ouvre le tiroir. Le tiroir est vidé et l'individu court dans le corridor. Le doyen est informé immédiatement.

1 Le voleur est corpulent et porte des lunettes noires. _____

2 La professeure a éteint les lumières. _____

3 Quelqu'un de corpulent a demandé l'examen. _____

4 Quelqu'un a pris l'examen. _____

5 L'employé du collège a pris l'examen. _____

6 Un homme corpulent est entré après que le professeur eut éteint les lumières de son bureau. _____

7 C'est la professeure qui a ouvert le tiroir. _____

8 L'employé du collège est parti en courant dans le corridor. _____

9 Le tiroir n'a jamais été ouvert. _____

10 Trois personnes sont mentionnées dans ce rapport. _____

Après avoir répondu aux 10 questions, discutez de vos réponses en petit groupe de 5 ou 6. Analysez les réponses de chaque membre du groupe. Demandez-vous comment vous pouvez être tout à fait certain que chacun des énoncés est vrai ou faux. Vous devriez être en mesure de constater qu'un seul énoncé est tout à fait vrai et un seul tout à fait faux. Les huit autres sont douteux.

Vous souvenez-vous d'un cas où la réputation de quelqu'un a eu un effet sur votre comportement à son égard? Vous souvenez-vous d'un autre cas où cette réputation n'a pas été confirmée par votre observation?

Ceci nous amène à parler de l'importance déterminante du langage et de la pensée dans les relations interpersonnelles. Une utilisation adéquate ou incorrecte du langage facilite ou entrave la communication, et entraîne inévitablement des répercussions sur la qualité des rapports que nous avons avec autrui. Nous analyserons dans la section suivante la façon dont les différents types de messages influent sur les relations interpersonnelles: messages plus ou moins directs, messages sur soi ou les autres, messages qui rejettent ou qui nient les autres, messages sexistes ou racistes, messages qui portent un jugement sur les autres, messages incompréhensibles et d'autres qui trompent volontairement ou involontairement.

LE LANGAGE A UN EFFET SUR LES RELATIONS INTERPERSONNELLES

Pour que la communication verbale soit fructueuse, il faut savoir reconnaître ce que les théoriciens de la pensée critique appellent les «déformations de sens»: les méprises, les interprétations erronées ou les fautes de raisonnement. Éviter ces embûches sémantiques et procéder à une analyse critique et plus rigoureuse, voilà probablement le meilleur moyen d'apprendre à faire bon usage de la parole.

Les messages plus ou moins directs

Comment réagiriez-vous si quelqu'un prononçait devant vous les phrases suivantes?

1. a) Je m'ennuie tellement! Je n'ai rien à faire ce soir.
   b) J'ai envie d'aller au cinéma. As-tu envie de venir avec moi?

2. a) As-tu envie de manger des hamburgers ce soir?
   b) J'ai envie de manger des hamburgers ce soir. Et toi?

Les phrases 1a) et 2a) sont passablement indirectes; par elles, l'émetteur veut amener le récepteur à dire ou à faire quelque chose, sans s'engager lui-même. Les phrases 1b) et 2b) sont plus directes; l'émetteur énonce clairement ses préférences et demande au récepteur s'il est d'accord ou pas. Il existe des messages indirects particulièrement évidents: par exemple, regarder sa montre pour faire comprendre à son invité qu'il est tard et qu'il vaudrait mieux qu'il parte. Les messages indirects comportent à la fois des avantages et des désavantages.

MESSAGE INDIRECT
Message dans lequel le locuteur utilise un moyen détourné pour transmettre son message.

Les **messages indirects** permettent d'exprimer un désir sans insulter ni blesser personne; ils favorisent l'observation des règles de la politesse. Vous ne direz pas «J'en ai marre d'être ici», mais «Il se fait tard, je dois me lever tôt demain», ou encore, vous regarderez votre montre et prétendrez être surpris de l'heure. Vous ne direz pas «Ce plat sent le carton», mais «Je suis au régime» ou «Je viens tout juste de manger». Dans chaque cas, nous affirmons une préférence, mais de manière indirecte, pour n'offenser personne, ce qui ne signifie pas que les formules directes sont toutes impolies. Les formules indirectes permettent également de rechercher un compliment de manière acceptable. Ainsi, vous direz «J'ai pensé me faire refaire le nez», en espérant qu'on vous réponde «Quoi? Mais ton nez est parfait!».

Les messages indirects risquent toutefois de susciter des malentendus ou des conflits. En voici un exemple:

Stéphanie: Tu ne voudrais pas que mes parents viennent souper ce soir?

Mathieu : J'avais vraiment envie d'aller faire une balade en vélo et de me reposer ensuite.

Stéphanie : Eh bien, si tu as envie d'aller faire une balade en vélo, vas-y. Je préparerai le souper toute seule. Et pourtant, je déteste avoir à faire toutes les corvées seule : les emplettes, la cuisine, le ménage…

Mathieu est alors devant un terrible dilemme : ou bien il va faire une balade en vélo, ou bien il renonce à son projet et aide Stéphanie à préparer le souper. S'il s'en tient à son projet, Stéphanie sera mécontente et il se sentira coupable de ne pas l'aider à préparer le souper. S'il y renonce, il en voudra probablement à Stéphanie de l'avoir « manipulé ». Quelle que soit la décision qu'il prendra, l'un perdra et l'autre gagnera. Ce rapport gagnant-perdant crée du ressentiment, de la compétition et, souvent, un esprit de revanche – ce qui est moins probable si la question est formulée directement. Par exemple :

Stéphanie : J'aimerais bien inviter mes parents à souper ce soir. Qu'en penses-tu ?

Mathieu : Hum, moi, je pensais plutôt faire une balade en vélo et me reposer un peu ensuite…

Quelle que soit la réponse que donnera chacun d'eux, ils sont sur un pied d'égalité. Chacun a énoncé clairement et franchement ce qu'il préférait faire. Même si leurs projets paraissent incompatibles, peut-être parviendront-ils à les concilier. Par exemple, Mathieu pourrait répondre : « Nous pourrions faire une balade en vélo aujourd'hui et inviter tes parents une autre fois. Je suis vraiment fatigué de ne rien faire, j'ai besoin d'exercice. » Voilà une réponse directe à une demande directe. À moins qu'il ne faille absolument inviter les parents de Stéphanie cette journée-là, ce genre de réponse peut permettre à chacun de satisfaire les besoins de l'autre.

Les messages plus ou moins directs selon l'appartenance sexuelle et la culture

Un stéréotype courant veut que les femmes adoptent un style indirect pour formuler des demandes ou donner des ordres, ce qui traduirait chez elles une forme d'impuissance ou de malaise quant à leur propre autorité. Selon le même stéréotype, les hommes, eux, sont directs au point d'être parfois brusques et même impolis ; cette attitude, qui est une marque de pouvoir, signifierait qu'ils sont à l'aise avec leur propre autorité.

Deborah Tannen (1994a) propose un point de vue intéressant sur ces stéréotypes. Les femmes, semble-t-il, adoptent un style moins direct que les hommes pour donner des ordres et diront, par exemple, « Ce serait bien que ces lettres soient envoyées aujourd'hui » au lieu de « Envoyez ces lettres avant 15 heures ». Mais Tannen (1994b) soutient que donner des ordres indirectement n'est nullement une marque d'impuissance ; c'est « peut-être la prérogative de ceux qui sont en position d'autorité ». Le pouvoir, selon Tannen, c'est la capacité de choisir son propre style de communication.

Les hommes aussi adoptent un style indirect, mais dans d'autres genres de situations (Rundquist, 1992 ; Tannen, 1994a, 1994b). Selon ces auteurs, ils y ont davantage recours quand ils ne se trouvent pas en position d'autorité, pour faire part d'un problème ou admettre une erreur. Ils adopteront vraisemblablement un style indirect quand ils auront à exprimer des sentiments autres que la colère, ou qu'ils seront incapables de faire preuve d'une plus grande intimité amoureuse. Ainsi, ils emploieraient le style indirect pour dire des choses allant à l'encontre du stéréotype masculin.

Bien des cultures asiatiques et latino-américaines valorisent le style indirect, en grande partie parce qu'il permet d'éviter la critique ou la contradiction (Kapoor, Hughes, Baldwin et Blue, 2003). Le style indirect revêt de multiples formes. Par exemple, les Chinois font appel à un plus grand nombre d'intermédiaires que les Nord-Américains pour résoudre un conflit (Ma, 1992). Presque partout aux États-Unis, on préconise l'emploi du style direct et l'on recommande de parler franchement, de dire les choses telles qu'elles sont. Par contre, dans la langue japonaise, il existe deux mots pour désigner certains principes favorisant l'adoption du style indirect (Tannen, 1994b) : le mot *omoiyari*, notion proche de l'empathie et selon laquelle les auditeurs doivent comprendre le locuteur sans que celui-ci s'exprime de manière explicite (ce style est évidemment beaucoup plus exigeant que le style direct pour l'auditeur) ; et le mot *sassuru*, principe selon lequel les auditeurs doivent anticiper ce que le locuteur veut dire, le déduire de certains signaux subtils.

Les messages plus ou moins polis

La politesse fait partie d'un ensemble de règles qu'on peut relier au savoir-vivre. Elle s'exprime de plusieurs manières, par exemple céder sa place à une personne âgée ou à une femme enceinte dans les transports en commun ou, encore, aider une personne qui a les bras chargés de paquets en lui ouvrant la porte. Toutefois, dans nos rapports avec les autres, la politesse s'exprime beaucoup par le langage. Elle se manifeste par l'utilisation de certaines expressions comme « s'il vous plaît », « merci » et « veuillez m'excuser », par des tournures comme « j'aimerais beaucoup » plutôt que « j'exige ». La politesse consiste aussi à parler aux autres de façon à éviter de les choquer. Ainsi, le langage sera impoli s'il contient des mots vulgaires ou grossiers et si on s'adresse à une personne en lui manquant de respect (p. ex., lorsqu'un vendeur demande à une femme qui entre dans son magasin : « Qu'est-ce qu'on peut faire pour vous, *ma p'tite madame ?* »).

> Si vous ne connaissez pas les bonnes manières, priez pour avoir de bons réflexes…
>
> – Billy Crystal

Lorsque nous communiquons par écrit, que ce soit par lettre ou par courriel, il est important d'être poli avec notre correspondant. Sans entrer dans les formules inutilement pompeuses (p. ex., « soyez assuré de ma très haute considération »), il convient de clore un message par une formule qui marque notre considération (p. ex., « cordialement » ou « recevez mes salutations cordiales »).

Les messages plus ou moins polis selon la culture et l'appartenance sexuelle

La politesse est une qualité valorisée dans la très grande majorité des cultures (Brown et Levinson, 1987), mais celles-ci n'ont pas toutes la même définition de la politesse et n'y accordent pas toutes la même importance. Les règles relatives à l'expression de la politesse ou de l'impolitesse ainsi que les sanctions imposées en cas d'infraction varient également d'une culture à une autre (Mao, 1994 ; Strecker, 1993).

Il y a aussi de grandes différences (et quelques ressemblances) dans l'expression de la politesse chez les hommes et chez les femmes (Dindia et Canary, 2006 ; Holmes, 1995 ; Kappoor, Hughes, Baldwin et Blue, 2003). Des études sur plusieurs cultures ont révélé qu'en général les femmes utilisent des formules plus polies que les hommes (Brown, 1980 ; Wetzel, 1988 ; Holmes, 1995). Dans les conversations entre amis et les situations de conflit, les femmes recherchent les terrains d'entente plus que ne le font les hommes. Les jeunes filles

---

08:45 AM

< > **EN LIGNE**

La nétiquette

Au nom de l'efficacité que procurent les nouveaux médias numériques, certains ont cru qu'il était possible de s'affranchir de l'usage des règles de politesse habituelles. Principalement axées sur le respect d'autrui, les règles de courtoisie ont pour fonction de rendre harmonieuses nos relations avec les autres, et le type de média utilisé, aussi efficace soit-il, ne nous épargne pas de les respecter. La courtoisie et la politesse ont toujours leur place dans tous les rapports avec les autres. Le problème est qu'il a fallu développer des codes de conduite adaptés aux nouvelles formes de communication. Le développement de cette nouvelle éthique appropriée à la communication numérique est appelé « nétiquette ». Les règles de la nétiquette sont récentes et encore en progrès, et par le fait même, elles ne sont pas encore explicitement enseignées en famille ou à l'école, quoique, elles se propagent progressivement. On peut découvrir les principes généraux de la nétiquette sur différents sites Internet : il suffit de faire une recherche sur Google pour les trouver. L'encadré 3.2 donne un aperçu de quelques règles élémentaires à respecter lorsque nous utilisons un téléphone mobile ou lorsque nous écrivons un courriel, un texto ou un tweet (Alberts et coll., 2012). Sur Internet, plusieurs sites d'échanges ont une section dans laquelle sont exposées les règles particulières que les internautes doivent respecter dans leurs échanges (*La Presse*, ARTV, Radio-Canada, etc.). Il vaut toujours mieux s'enquérir de ces règles avant d'utiliser un site.

Téléphone cellulaire

Selon un récent sondage, presque tous les adultes américains (91 %) affirment avoir déjà vu quelqu'un utiliser un appareil mobile de manière déplacée. Les comportements importuns les plus courants sont les suivants : utiliser un téléphone cellulaire au volant (ce qui est formellement interdit par la loi au Canada) et parler fort dans un endroit public (« New Intel Survey », 2011).

Voici quelques conseils généraux :

- Respectez l'horaire des autres. Ce n'est pas parce que vous êtes réveillé, au travail ou libre que vos interlocuteurs le sont aussi.
- Demandez la permission d'utiliser votre téléphone au besoin. Par exemple, si vous attendez un appel ou un texto important au cours d'une réunion, informez-en les participants dès le début et demandez-leur la permission de répondre.
- Dans les espaces publics, évitez de parler aux endroits où vous pourriez déranger les gens, comme dans un établissement (p. ex., salle d'attente, banque) ou un restaurant.
- En baissant un peu la voix lorsque vous parlez au téléphone, votre interlocuteur vous entendra, mais pas les personnes autour de vous.
- Lorsque vous êtes en compagnie d'amis, limitez la durée de vos conversations téléphoniques ainsi que l'utilisation de votre assistant numérique ou téléphone intelligent.
- Contrairement à l'opinion généralement reçue, pendant une conversation en face à face, il est aussi impoli de composer un texto ou de naviguer dans Internet que de prendre un appel téléphonique.

Pour connaître les dispositions des lois sur l'utilisation du cellulaire au volant, visitez le site http://distracteddriving.caa.ca/francais/education/distracted-driving-laws-in-canada.php.

Courriel

L'utilisation du courrier électronique est courante au travail, à l'école et dans plusieurs autres situations sociales. Afin d'accroître l'efficacité de ce média, la règle d'or est de réfléchir avant d'écrire et d'envoyer un message. Gardez en tête que ce qui a été écrit ne pourra jamais être effacé et pourrait être lu par d'autres personnes que le destinataire. Voici quelques conseils précis :

- Envoyez un message courriel uniquement aux destinataires intéressés. Ne transférez pas la dernière blague ou le vidéo YouTube du jour à tout votre carnet d'adresses. Vous pourriez importuner ceux qui ne partagent pas votre sens de l'humour ou qui n'ont pas le temps de plaisanter.
- Précisez le contexte du message. N'inscrivez pas seulement « À titre de renseignement » ou « Bonjour » dans le champ d'objet. Dites à votre destinataire sur quoi porte précisément votre message. Ce précepte est particulièrement important en contexte professionnel. Comme le courriel exerce un effet de nivellement du statut social, les gens reçoivent de nos jours beaucoup plus de communications qu'auparavant par téléphone. Il leur importe donc de connaître l'objet de ces communications.
- Adressez-vous convenablement au destinataire. Si celui-ci est votre enseignant, appelez-le par son titre, à moins d'être sûr de pouvoir utiliser son prénom. Dans le doute, vaut mieux privilégier la tournure formelle. Une formule d'appel comme « Salut ! » ou « Je dois te parler au sujet de ma note » manque de toute évidence de respect.
- Faites attention à l'orthographe. Un message bourré de coquilles et d'erreurs de grammaire dénote un manque de respect, autant pour le destinataire que pour le destinateur.

Texto

Voici quelques conseils supplémentaires propres aux textos :

- N'oubliez pas que les textos sont informels. Ne les utilisez pas pour lancer des invitations formelles ou pour rompre avec votre ami(e) de cœur. Le caractère informel réduit l'impact et le sens du message.
- Ne soyez pas contrarié si on ne vous répond pas. Avant d'adresser un texto à une personne et de vous fâcher si elle ne vous répond pas, considérez les raisons possibles : elle n'a pas de fonction de textos ; elle est en dehors de la zone de couverture ; son téléphone ne fonctionne pas ; elle est occupée, etc.
- Portez attention au ton que vous employez. Comme avec les courriels, un message qui vous semble parfaitement anodin peut être très mal interprété par le destinataire. Ce genre de situation peut entraîner un malaise ou un tort irréversible à votre relation. Par exemple, certaines personnes évitent l'utilisation des majuscules – l'équivalent de crier dans un texto – pour éviter d'offenser leur interlocuteur.
- Réfléchissez sur le niveau de langue employé. Au travail, ne vous attendez pas à ce que vos supérieurs d'une génération précédente comprennent le jargon du texto. Ne vous attendez pas non plus à rehausser votre statut auprès de vos enfants en textant les nouvelles expressions à la mode.

Sources : Adapté de lndianchild.com (2000). *Cell Phone Etiquette.* www.indianchild.com/cell-phone_etiquette.html (page consultée le 25 juillet 2011) ; et TheFeature.com (s.d.). *Top 10 List of SMS Etiquette.* www.wirelessdevnet.com/newswire-less/thefeature04.html (page consultée le 25 juillet 2011).

Microblogage

À mesure que les services de microblogage comme Twitter gagnent en popularité, ils soulèvent leurs propres enjeux en matière d'étiquette. Voici quelques suggestions :

- Utilisez votre nom réel. La transparence est primordiale dans les médias sociaux. L'utilisation d'un pseudonyme peut également déplaire à vos contacts professionnels.
- N'utilisez pas d'outils d'automatisation. Les médias sociaux exigent une participation active. Si vous envoyez un message automatique chaque fois que quelqu'un s'abonne à votre compte, vous aurez l'air négligent et peu porté à participer.
- Contrôlez votre ratio abonnés/abonnements. Comme les utilisateurs tiennent compte de ce ratio lorsqu'ils décident de s'abonner à un compte, gardez-le équilibré pour éviter d'avoir l'air désespéré ou au-dessus des autres.
- Gardez ce qui est privé dans la sphère du privé. Utilisez la fonction de messages privés pour entretenir des conversations personnelles.
- Soyez perspicace. Demeurez sceptique et vigilant face aux escroqueries et aux fausses informations. Ne diffusez pas d'information avant de l'avoir vérifiée.
- Faites part des réalisations des autres. Soyez généreux. Ne tweetez pas uniquement ce qui vous concerne. Tweetez les accomplissements des autres aussi.
- Ne demandez pas d'être retweeté. Vos tweets seront retweetés s'ils en valent la peine.

Source : College Times (2010, 30 mars). *50 Social Networking Rules for College Students.* http://collegetimes.us/50-social-networking-rules-for-college-students (page consultée le 29 juillet 2011).

ont tendance à camoufler leur désaccord, les jeunes garçons, à l'exprimer sèchement (Holmes, 1995). Mais on remarque aussi des ressemblances entre hommes et femmes : par exemple, dans la manière de faire des compliments en Amérique et en Nouvelle-Zélande (Manes et Wolfson, 1981 ; Holmes, 1986, 1995) ainsi que dans l'utilisation de stratégies de politesse pour communiquer des mauvaises nouvelles dans une organisation (Lee, 1993).

La culture et l'appartenance sexuelle ne sont pas les seuls facteurs qui déterminent le degré de politesse. La personnalité et la formation professionnelle exercent également une influence, notamment sur la manière d'exprimer la politesse (Edstrom, 2004). Celle-ci change aussi avec le type de relation. Selon un chercheur, nous serions beaucoup plus polis avec nos amis qu'avec des étrangers et des intimes. La figure 3.1 illustre ce rapport entre politesse et degré d'intimité (Wolfson, 1988 ; Holmes, 1995).

Les messages sur soi et les autres

Bien des gens que nous connaissons se croient le centre de l'univers. Ils parlent constamment d'eux-mêmes : de leur travail, des réalisations de leurs projets, de leur famille, de leur vie amoureuse, de leurs succès et parfois même de leurs échecs. Rarement nous demandent-ils comment nous allons, ce que nous pensons (sauf, peut-être, pour savoir ce que nous pensons d'eux...) et si nous avons des projets. D'autres adoptent l'attitude contraire : ils ne parlent jamais d'eux-mêmes et ne se confient jamais. Ils veulent tout savoir de nous, mais refusent de révéler quoi que ce soit sur eux qui les rendrait vulnérables à nos yeux. Par conséquent, nous avons l'impression, après avoir parlé avec eux, qu'ils ne nous aiment guère ou qu'ils n'ont aucune confiance en nous. Sinon, ils nous auraient parlé d'eux.

Chose certaine, il n'est pas facile de naviguer entre ces deux extrêmes. Et il y a, bien sûr, des moments dans notre vie où nous avons besoin de parler de notre nouveau travail ou de notre nouvel amoureux. Dans la plupart des cas, cependant, il faut essayer de trouver un juste équilibre : parler un peu de soi, parler un peu de l'autre, éviter de faire porter la conversation exclusivement sur soi ou exclusivement sur l'autre. La communication, nous le savons, va dans les deux sens. Chacun des interlocuteurs doit être tantôt émetteur, tantôt récepteur ; chacun doit avoir

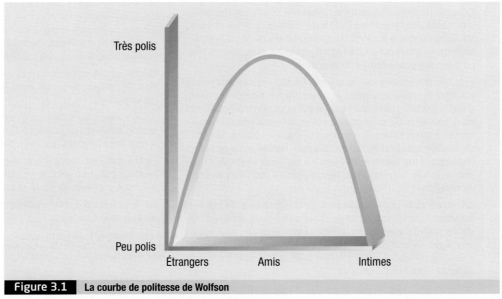

Figure 3.1 La courbe de politesse de Wolfson

Ce modèle illustre-t-il bien votre degré de politesse dans différents types de relations ? Pourriez-vous défendre le modèle contraire, dans lequel le U serait inversé – un modèle selon lequel nous serions très polis avec les étrangers et les intimes, et peu polis avec nos amis ?

l'occasion d'agir comme sujet. Les interactions équilibrées sont plus satisfaisantes et plus intéressantes. Nous supportons difficilement que quelqu'un nous parle constamment de lui et, avouons-le, les autres supportent difficilement que nous leur parlions constamment de nous. Le principe de l'équilibre sert de guide pour protéger chacun.

Les messages qui rejettent ou qui nient les autres

Avant de lire cette section, évaluez votre propre attitude en faisant le minitest 3.2.

Pour traiter de la négation d'autrui et de ses parallèles – la reconnaissance et le rejet d'autrui –, étudions d'abord un cas concret: Mélanie rentre tard à la maison un soir. Choqué de ce retard, François le lui reproche. Comment Mélanie réagira-t-elle?

1. Cesse de crier! Ce que tu dis ne me touche pas. Je fais ce que je veux, quand je veux. Je vais me coucher.

2. Voyons, c'est injuste que tu sois si choqué! Toi aussi, tu es rentré avec trois heures de retard jeudi dernier, après ton *party* de bureau.

3. Tu as parfaitement le droit d'être choqué. J'aurais dû te téléphoner pour te dire que je serais en retard. J'ai été prise dans une discussion au bureau et il m'était impossible de partir.

Dans le premier cas, Mélanie oppose une fin de non-recevoir; elle n'accepte pas que François se mette en colère et elle le rejette. Dans le deuxième cas, elle ne reconnaît pas le bien-fondé de la colère de François. Dans le troisième cas, elle accepte la colère de François. Elle reconnaît ses torts et lui donne les motifs de son retard. Elle lui montre ainsi qu'elle comprend qu'il réagisse de la sorte et estime qu'il a droit à des explications. La première réaction est un exemple de rejet; la deuxième, de négation; et la troisième, de reconnaissance de l'autre.

Le psychologue William James (1842-1910) a déjà soutenu qu'«on ne saurait imaginer punition plus cruelle, si une telle chose était concrètement possible, que de laisser quelqu'un ignoré de tous». Cette réflexion devenue célèbre résume l'essence de la négation d'autrui (Watzlawick, Beavin et Jackson, 1967; Veenendall et Feinstein, 1995).

La **négation d'autrui** (aussi appelée «disconfirmation») est un «processus interactif consistant à nier l'autre, dans une relation donnée» (*Grand Dictionnaire de la psychologie*, Larousse, 1996). C'est l'attitude qui consiste à nier l'existence d'une personne sous prétexte qu'elle ne mérite pas notre attention.

NÉGATION D'AUTRUI
Processus interactif consistant à nier l'autre, dans une relation donnée.

Toutefois, négation ne signifie pas rejet. Quand nous rejetons quelqu'un, nous exprimons notre désaccord avec lui: nous disons que nous ne voulons pas accepter ce qu'il dit ou fait. Quand nous nions quelqu'un, nous nions son importance: nous affirmons que ce que cette personne dit ou fait ne compte tout simplement pas.

Le contraire de la négation est la **reconnaissance d'autrui**. Quand nous reconnaissons l'autre, nous montrons non seulement que nous avons remarqué la présence de cette personne, mais que nous l'acceptons en tant que telle et que nous sommes heureux d'entrer en relation avec elle.

La négation et la reconnaissance d'autrui s'expriment de diverses façons. Voici quelques comportements qui révèlent la reconnaissance d'autrui: saluer l'autre et l'inviter à participer à la conversation, maintenir le contact (par le regard ou le toucher), poser des questions sur ce que l'autre pense et ressent et répondre à ses questions, encourager l'autre à exprimer ses idées et ses sentiments. À l'inverse, manifester, verbalement ou non verbalement, de l'indifférence, interrompre l'autre en l'empêchant d'exprimer ses idées, sauter aux conclusions avant même de chercher à comprendre ce que l'autre veut dire ou encore parler de nous sans tenir compte des remarques de l'autre personne sont toutes des manifestations de négation d'autrui.

```
  ᯤ              08:45 AM              ▭

  ‹ ›   EN LIGNE                  ↻   ⚙
```

Le sentiment de rejet

Se sentir rejeté est psychologiquement très pénible. L'ostracisé ressent une rupture entre lui et les autres, il est frustré de ne pas avoir de réponse des autres, il a tendance à penser qu'il a fait une erreur ou quelque chose de mal et il a le sentiment d'être une quantité négligeable. Smith et Williams (2004) ont montré qu'une coupure de communication en ligne provoque exactement les mêmes sentiments négatifs. Dans une situation réelle d'ostracisme, nous recevons des signes non verbaux nous indiquant que les autres nous rejettent. Le rejet est d'autant pénible que nous connaissons les personnes qui nous excluent et que nous savons que ces personnes continuent d'interagir sans nous. Dans l'expérience de Smith et Williams, le sujet devait communiquer par l'intermédiaire de textos avec deux autres personnes qu'il ne connaissait pas. L'expérience consistait à faire en sorte que le sujet ne reçoive pas de réponse de la part des deux autres. Rappelons que le sujet ne connaissait pas les personnes avec qui il devait interagir, il n'avait aucune indication s'il était délibérément ostracisé et il ne savait pas non plus, dans l'attente d'une réponse, si les autres sujets communiquaient entre eux (ce qui normalement accroît le sentiment d'exclusion). Les sujets n'ayant pas d'indices directs du rejet d'autrui, on se serait attendu à ce qu'ils trouvent des raisons pour justifier leur sort, mais ce n'est pas ce qui est arrivé. Apparemment, les sujets ont vécu l'exclusion d'une façon aussi pénible que si elle avait été réelle. Les auteurs en ont conclu que la crainte d'être rejeté est viscérale et qu'elle court-circuite notre capacité d'analyser la situation correctement. Nous sommes très sensibles au moindre indice de rejet de la part des autres, et cette sensibilité peut être mise à l'épreuve assez souvent sur le Net.

Vous est-il arrivé de vous sentir rejeté devant un écran? Vous est-il arrivé de découvrir plus tard que ce n'était pas vraiment le cas? Ces situations de rejet apparent vous ont-elles aidé à développer une stratégie mentale pour calmer votre crainte du rejet et les sentiments négatifs qui l'accompagnent?

Les messages sexistes

Au Québec, l'Office québécois de la langue française a proposé des lignes directrices afin d'éliminer le **sexisme** dans le langage et de faire en sorte que le langage soit le plus neutre et le plus égalitaire possible. D'autres pays francophones, comme la Suisse, la Belgique et la France, ont emboîté le pas au Québec pour l'implantation des appellations féminines du français (Vachon-L'Heureux, 2004). Ces lignes directrices portent sur l'emploi du mot «homme», du pronom «il» et du genre masculin, ainsi que sur les titres de fonctions.

Quand nous prononçons le mot «homme», nous pensons généralement à un être humain adulte de sexe masculin. En parlant de l'homme, ou même de l'Homme, pour désigner à la fois l'homme et la femme, nous mettons l'accent sur les caractéristiques masculines au détriment des caractéristiques féminines. De même, les termes *homme de la rue* et *homme des cavernes* réfèrent à des individus de sexe masculin. Nous pouvons, avec un peu d'imagination et de bonne volonté, substituer des termes neutres à ces termes masculins. Par exemple, les termes *hommes d'affaires*, *hommes de loi* ou *hommes de science*, deviendraient respectivement *gens d'affaires*, *juristes* et *scientifiques*. De même, l'expression *droits de l'homme* est de plus en plus fréquemment remplacée par *droits de la personne*.

Indiquez si les réponses suivantes traduisent une reconnaissance, un rejet ou une négation de l'autre.

Mathieu reçoit son bulletin trimestriel par la poste ; ses notes sont meilleures que celles du trimestre précédent, mais elles ne sont pas extraordinaires. Après avoir ouvert l'enveloppe, Mathieu déclare : « J'ai vraiment travaillé fort pour obtenir de meilleures notes ce trimestre-ci. » Ses parents lui répondent :

_____ 1 Sortir tous les soirs, ce n'est pas vraiment travailler fort.

_____ 2 Qu'as-tu le goût de manger pour souper ?

_____ 3 Continue à bien travailler.

_____ 4 Je ne peux pas croire que tu as fait de ton mieux. Comment peux-tu dire que tu travailles quand tu écoutes la musique à tue-tête ?

_____ 5 Je sais que tu as vraiment travaillé fort.

_____ 6 C'est fantastique !

_____ 7 J'ai eu une journée moche au bureau.

_____ 8 Je me souviens, quand j'étais à l'école, j'avais toujours de bonnes notes sans même ouvrir un livre.

Maryse, sans emploi depuis plusieurs semaines, déclare : « Je me sens tellement nulle. Je n'arrive pas à trouver du travail. Je n'ai pas cessé d'en chercher depuis cinq semaines et je n'ai toujours rien en vue. » Son amie lui répond :

_____ 1 Je sais que tu as bien cherché.

_____ 2 Tu devrais vraiment suivre d'autres cours ; comme ça, tu pourrais mieux faire valoir tes compétences.

_____ 3 Je te l'ai dit cent fois : il faut que tu aies ton DEC.

_____ 4 J'ai un rendez-vous chez le dentiste vendredi ; mon Dieu que je hais ça !

_____ 5 Il n'y a pas beaucoup de travail à ce temps-ci de l'année, mais tu as des compétences impressionnantes. Ne t'inquiète pas, tu vas trouver quelque chose bientôt.

_____ 6 Tu n'es pas nulle. Le problème, c'est seulement que tu n'arrives pas à trouver d'emploi.

_____ 7 Pourquoi est-ce que tu veux travailler ? Tu pourrais rester à la maison. Après tout, Christian gagne bien assez d'argent pour deux.

_____ 8 Cinq semaines, ce n'est pas beaucoup.

_____ 9 Eh bien, il faudra que tu cherches encore mieux.

En général, les spécialistes de la communication conseillent de reconnaître l'autre plutôt que de le nier. Pouvez-vous énumérer certains cas où la négation serait plus efficace que la reconnaissance ? Certains cas où la reconnaissance d'autrui serait inappropriée ?

Dans son *Guide de féminisation*, publié une première fois en 1986, l'Office québécois de la langue française préconise aux personnes qui veulent faire usage du féminin dans les textes l'utilisation de deux procédés. Le premier procédé consiste à faire suivre de la forme féminine les noms et les pronoms de forme masculine. Ainsi, on écrira « La direction du collège invite les étudiants et les étudiantes à participer à la journée d'accueil » ou encore « ceux et celles qui veulent assister au concert doivent se présenter à 20 heures ». Ce procédé peut toutefois, dans certains cas, alourdir le texte. Le second procédé utilise le plus souvent possible des termes génériques et des tournures neutres. Un terme générique est un nom, masculin ou féminin, qui désigne aussi bien les hommes que les femmes (une personne, les gens, la direction, la présidence). Par exemple, on peut écrire « les candidatures à ce poste sont très nombreuses » plutôt que « les candidates et les candidats à ce poste sont très nombreux ». Une tournure neutre est une formulation moins personnalisée. Par exemple, on écrira « Êtes-vous de citoyenneté canadienne ? » plutôt que « Êtes-vous citoyen canadien ou citoyenne canadienne ? »

Qu'en est-il des stéréotypes sexistes dans ces photographies ?

Les messages racistes

RACISME
Attitude préjudiciable à l'égard des représentants d'une race ou d'un groupe social.

Selon Andrea Rich (1974), « est empreint de **racisme** tout propos par lequel, consciemment ou inconsciemment, on place un groupe racial ou ethnique en position d'infériorité ». Non seulement les propos racistes traduisent-ils des attitudes racistes, mais ils contribuent à la multiplication des attitudes racistes chez ceux qui les émettent ou qui les entendent.

Les termes racistes sont employés par les membres d'une culture pour dénigrer les membres d'autres cultures, leurs coutumes, leurs réalisations. Les propos racistes mettent l'accent sur les différences plutôt que sur les ressemblances et séparent au lieu d'unir. En général, c'est le groupe dominant qui se sert d'un langage raciste ; il y a recours dans certaines situations, par exemple pour affirmer et maintenir son pouvoir sur les autres groupes. On connaît bien les conséquences du langage raciste dans les domaines du travail, de l'éducation, du logement et de la vie communautaire en général.

Bien des gens se croient en droit de parler des membres de leur propre collectivité en termes racistes. Ainsi, des Asiatiques se sentiraient autorisés à parler négativement de leurs compatriotes, des Italiens se permettraient de ridiculiser les leurs. L'utilisation de termes racistes dans les chansons de rap le confirme (*The New York Times*, 24 janvier 1993). Cette attitude se justifierait, semble-t-il, par le fait qu'il faut savoir rire de soi. Il est intéressant de rappeler que les mots employés pour désigner certains grands mouvements artistiques – l'impressionnisme et le cubisme, par exemple – avaient à l'origine une connotation négative. C'est après leur adoption par les artistes eux-mêmes qu'ils sont devenus positifs.

Le problème, cependant, c'est que ces termes ne perdent pas nécessairement leur connotation négative ; ils servent parfois à renforcer plutôt qu'à atténuer les stéréotypes négatifs (Guerin, 2003). En les utilisant, les membres du groupe en viennent à accepter les étiquettes dont la société les a affublés, avec leurs connotations négatives, et contribuent ainsi à perpétuer les stéréotypes à leur endroit.

« Ça n'a rien à voir avec la rectitude politique, mon ami.
Je suis un saucisson et ce gars-là est une banale saucisse. »

Les messages qui portent un jugement sur les autres

La plupart des personnes avec qui nous entrons en communication s'attendent à ce que nous formulions un jugement de valeur à propos de leurs activités ou même de leur propre personne. Si la critique est un outil particulièrement important dans les professions qui supposent une relation d'aide, comme l'enseignement, les soins infirmiers ou le counseling, elle n'en a pas moins sa place dans les communications courantes. Encore doit-elle être judicieuse : ni trop sévère, ni trop flatteuse. Il est donc important d'apprendre à détecter les attentes de nos interlocuteurs : savoir quand ils souhaitent une critique et quand ils comptent recevoir un compliment. Quand un ami nous demande, par exemple, notre avis sur son nouvel appartement, s'attend-il vraiment à ce que nous en énumérions tous les défauts ou bien espère-t-il recueillir un compliment ?

Parfois, nous éprouvons un si grand désir (ou besoin) d'être aimé que nous ne tarissons pas d'éloges. Nous complimentons le manteau le plus banal, la réflexion la plus éculée, le repas le plus ordinaire. Or, que nous soyons trop sévères ou trop flatteurs, nous découvrons rapidement que plus personne ne prête attention à nos propos.

Entre l'excès de critiques et l'excès de flatteries, il faut considérer le principe de l'évaluation honnête : dire la vérité, mais sans oublier qu'il s'agit là d'un art, comme toutes les autres formes de communication. D'abord, il faut savoir discerner si notre interlocuteur désire une évaluation honnête ou s'il recherche un compliment, puis réagir en conséquence. En effet, s'il s'attend à une évaluation honnête, mais que notre évaluation est négative, il faut nous demander comment la lui présenter. Vous trouverez dans l'encadré 3.3 quelques suggestions pour formuler soit des critiques, soit des compliments.

Les messages incompréhensibles

« *Es lebe die Freiheit!* » est un message incompréhensible pour un francophone. Aucun des sons émis à la lecture de cette phrase n'a la valeur d'un signe. Pourtant, tout est clair en allemand : ces sons signifient quelque chose comme « Vive la liberté ! ». Des sons qui ne sont pas des signes pour nous ; voilà ce que nous entendons dans un message émis dans une autre langue. Les soldats des croisades du Moyen Âge appelaient « barbares » ceux qu'ils tentaient de convertir (ou d'éliminer) parce qu'ils étaient convaincus qu'ils ne savaient pas parler. Les sons qu'émettaient les peuples étrangers ne voulaient rien dire pour les croisés. De nos jours, les voyages, sinon les médias électroniques nous mettent en contact avec nombre de langues différentes de la nôtre

Comment formuler des critiques

- Se concentrer sur la situation ou le comportement plutôt que sur la personne même. Par exemple, dire plutôt « Il y a quatre fautes de frappe dans cette lettre ; il faudrait la corriger et la réimprimer », au lieu de « Tu as fait du mauvais travail ; recommence ».

- Si possible, formuler la critique de manière positive. Au lieu de « Le noir ne te va pas du tout », dire plutôt « Les couleurs vives te vont beaucoup mieux ».

- Faire une critique constructive ; expliquer comment améliorer la situation. Au lieu de « Ton texte est médiocre », dire plutôt « Tu devrais revoir l'organisation de ton texte, en débutant par les éléments plus généraux et en terminant par les aspects particuliers ».

- Assumer ses propres pensées et sentiments et parler en son nom. Au lieu de « Ton rapport était inintelligible », dire plutôt « J'ai eu de la difficulté à suivre le fil de tes idées ».

- Ménager la susceptibilité de l'autre et lui montrer que nous nous soucions de son sort. Au lieu de « L'introduction de ton exposé est ennuyeuse », dire plutôt « Je voudrais que ton exposé soit fantastique ; je crois que tu devrais commencer sur une note humoristique pour capter l'attention de l'auditoire ».

- Éviter de donner des ordres ; proposer plutôt des solutions de rechange. Au lieu de « Ne sois pas si insolent quand on te présente quelqu'un », dire plutôt « Je pense que les autres réagiraient mieux si tu étais plus réservé ».

- Être précis. Au lieu de « Ce travail est mauvais », comme diraient certains professeurs, dire plutôt « D'après moi, l'introduction n'était pas assez claire ; tu aurais peut-être dû préciser le fond de ta pensée ».

- Éviter de deviner ce que l'autre pense. Au lieu de « Est-ce que tu te moques de l'impression que tu donnes ? Ton travail est épouvantable ! », dire plutôt « À ta place, je retravaillerais mon introduction et j'écrirais d'une manière moins hermétique ».

- S'adresser directement à son interlocuteur (plutôt que par lettre, note de service, courriel ou téléphone) le plus souvent possible.

- Formuler les critiques en privé, surtout si l'interlocuteur est issu d'une culture dans laquelle une remontrance publique risque de lui faire perdre la face.

- S'excuser ou se défendre de toute intention malveillante avant de formuler une critique qui peut se révéler destructive (Baron, 1990).

Comment formuler des compliments

- Parler « à la première personne ». Au lieu de « Voilà un bon travail », dire plutôt « Je pense que c'est un bon travail » ou « J'ai bien aimé ton travail ».

- Parler avec conviction. Éviter de faire des compliments simplement parce que c'est une réaction socialement acceptable.

- Être précis. Au lieu de « C'était bien », dire plutôt « J'ai beaucoup aimé ton exposé » ou « J'ai trouvé ton introduction très bonne ».

- Tenir compte de la culture de l'autre. Beaucoup d'Asiatiques, par exemple, sont mal à l'aise quand on leur fait un compliment, parce qu'ils les considèrent comme une critique déguisée (Dresser, 1996).

qui nous apparaissent complètement incompréhensibles. Par ailleurs, le travail de doublage effectué dans les films, les documentaires ou les émissions de télévision nous familiarise avec l'idée que derrière ces sons incompréhensibles se cachent de véritables significations. Le temps des barbares est révolu.

Mais il n'y a pas seulement en présence d'une langue étrangère que nous nous retrouvons devant des messages incompréhensibles. « Je ne pouvais m'habituer au spectacle de la déréliction casuelle de ce vieux birbe » est une phrase bien française. Elle exige pourtant, pour être comprise, la connaissance d'un vocabulaire peu usité. Dans un contexte plus technique, un vendeur de téléphones intelligents peut vous raconter que cet appareil « possède un écran Super AMOLED 'Full HD'. Il est équipé du nouveau processeur Qualcomm S-600, 4x4 cœurs basé sur l'architecture big LITTLE d'ARM divisée en deux composantes – L'une, le Cortex A-15 cadencé à 1,16 GHz pour les besoins importants en calcul, et l'autre, le Cortex A7 cadencé à 1,2 GHz pour les petits calculs. Il est de plus compatible avec la norme 4G LTE pour des débits de crêtes de 100 Mbit/s en liaison descendante et 50 Mbit/s en terminal de catégorie 3. » Cette description risque d'impressionner bien plus que l'appareil en lui-même ! Pour encore beaucoup de gens, un tel discours s'avère tout simplement incompréhensible.

JARGON
Vocabulaire souvent particulier à un groupe ou à une profession et qui est incompréhensible pour les non-initiés.

Les spécialistes utilisent un **jargon** en grande partie incompréhensible. Certains d'entre eux en sont très conscients et ils s'efforcent de traduire ce jargon dans un langage accessible à tout le monde. D'autres l'utilisent au contraire pour dérouter ou impressionner leurs interlocuteurs, pour les diminuer, les mettre mal à l'aise en soulignant leur ignorance. Personne n'aime avouer qu'il ne comprend pas, particulièrement lorsque tout le monde semble comprendre. Certains intellectuels reconnus établissent et maintiennent une certaine forme d'autorité sur les autres en leur débitant, à l'occasion, quelques phrases difficiles à saisir, que tout le monde feint de comprendre. Il n'est pas toujours nécessaire d'avoir recours à des mots inconnus pour être incompréhensible. Nous verrons un peu plus loin que ce phénomène peut se produire lorsque nous nous exprimons de manière trop abstraite.

Les spécialistes parlent un langage d'initiés. Il faut se méfier, du moins dans certains cas, des personnes qui l'utilisent. Peut-être cherchent-elles à satisfaire simplement un besoin de pouvoir, mais peut-être aussi cherchent-elles à dissimuler des renseignements et, à la limite, leur propre ignorance.

Vous est-il arrivé de vous retrouver dans une situation dans laquelle le message était incompréhensible ?

Les messages qui trompent

Les messages trompent lorsqu'ils déforment la signification qui est au départ dans l'esprit de l'émetteur. Lorsque nous utilisons des euphémismes, lorsque nous exagérons ou, carrément, lorsque nous mentons, nous émettons alors des messages qui modifient la réalité afin d'en tirer quelques avantages ou d'éviter certains désagréments.

Les euphémismes

Supposons que Nathalie rencontre Jean-François et qu'elle lui demande : « Comment trouves-tu mon nouveau maillot de bain ? » La façon dont il répondra dépend de plusieurs facteurs. Jean-François aura en effet à sa disposition un grand nombre de mots et de formes syntaxiques : des synonymes, des expressions de toutes sortes, des phrases courtes, longues, descriptives, appréciatives, etc. Il effectuera son choix en fonction de facteurs internes (ses motivations, ses sentiments) et de facteurs externes (la situation, le moment, etc.). Comme Jean-François aime bien Nathalie, au lieu de lui dire qu'il n'aime pas son maillot et qu'il ne lui va pas bien, il pourra s'y prendre autrement et dire sur un ton sérieux « Hum, il est très original. Te sens-tu bien dans ce maillot ? » Les euphémismes représentent ainsi des mots que nous substituons à d'autres pour dissimuler la réalité et prévenir ainsi les problèmes qu'elle susciterait. En fait, les **euphémismes** détournent l'attention d'un aspect désagréable de la réalité. Il n'est pas mort, il est disparu. Elle n'est pas laide, elle a un physique ingrat. Il n'est pas gros, il est simplement un peu enveloppé ! La compagnie n'a pas procédé à un congédiement massif, mais plutôt à une réaffectation des ressources. Ces mots servent à adoucir l'effet négatif qu'auraient d'autres mots possédant une connotation trop négative.

> Les mêmes mots diffusent autant la vérité que le mensonge.
>
> – Stanislas Chevallier

EUPHÉMISME
Façon de présenter une réalité brutale ou blessante en atténuant son expression pour éviter de choquer.

Les exagérations

À l'inverse des euphémismes, les **exagérations** amplifient le sens d'une phrase de façon à lui donner un plus grand effet. Les exagérations représentent une variante de la tendance à la polarisation. Exagérer équivaut souvent à ramener la réalité aux cas extrêmes. Les « quelquefois » deviennent des « jamais », et les « souvent », des « toujours ». Certaines exagérations représentent parfois une forme subtile de distorsion de la réalité. Les politiciens usent avec habileté de l'exagération pour déformer le sens des propos de leurs adversaires. Par exemple, un parti d'opposition dira de tel ministre qui avoue ne pas être au courant d'un dossier traité par son ministère qu'il se désintéresse de la question. Il y a une différence entre ne pas être au courant et se désintéresser. L'exagération consiste à ajouter un sens qui n'existe pas. Les couples en chicane pourront utiliser l'exagération : « Tu ne t'intéresses jamais à moi » ou « Je m'efforce toujours de te faire plaisir. » De même, les amoureux utiliseront inversement l'exagération : « Je t'aime pour l'éternité ! »

EXAGÉRATION
Mot ou expression qui amplifie le sens d'une phrase de façon à lui donner un effet plus grand.

Les mensonges

MENSONGE
Assertion contraire à la réalité
faite dans le but de tromper.

Le **mensonge** constitue le moyen le plus direct utilisé par les personnes pour tenter de tromper les autres. Selon Ekman (1985), une personne ment lorsqu'elle cherche à tromper délibérément une autre personne, qu'elle le fait sans préavis et sans que la personne à qui elle ment le lui ait demandé. Selon cette définition, on peut donc mentir en disant des choses fausses, mais on peut également mentir en omettant de dire certaines choses. Si le mensonge a bien sûr une composante verbale (on dit des choses qui sont fausses), la composante non verbale est probablement plus déterminante pour réussir à mentir efficacement! Ainsi, c'est davantage la manière dont les choses sont dites ainsi que les comportements et les expressions faciales accompagnant le message qui permettent à la personne qui ment de tromper son entourage. Nous y reviendrons dans le chapitre suivant. Mais, existe-t-il des circonstances où le mensonge est souhaitable? L'exercice 3.3 fait réfléchir sur les situations dans lesquelles il est peut-être préférable de mentir que de dire la vérité.

Comme nous pouvons le constater, l'utilisation des mots pour communiquer présente des difficultés très nombreuses. Que nous communiquions pour faire connaître à d'autres ce que nous avons vu ou vécu, ce que nous concevons ou croyons, ou ce que nous ressentons, que nous communiquions autrement, pour changer ou influencer les autres ou pour les manipuler afin d'agir sur l'environnement, nous devons être avertis que l'usage de la langue présente de nombreuses difficultés. Certains, prenant conscience de ces difficultés, s'enferment dans un mutisme patient, ce qui est une attitude de repli, peut-être une fuite. Mais la patience ne devrait-elle pas accompagner

La franchise

Une étude menée par Siteopia en 2012 sur 2000 membres anglais du réseau social révèle que 8 utilisateurs sur 10 falsifieraient leur profil Facebook. Une autre étude américaine obtient des résultats comparables (Squicciarini et Griffin, 2012). Les chercheurs ont trouvé que 94 % des sujets interrogés reconnaissent avoir menti au moins une fois sur leur profil. Qu'il s'agisse d'une photo un peu retouchée, d'un lien vers un article non lu, mais qui fait paraître intelligent ou encore d'un tag sur un lieu non visité, petits et gros arrangements avec la réalité sont courants. L'étude de Squicciarini et Griffin montre que les utilisateurs des réseaux sociaux ne falsifient pas leur image dans le seul but de préserver leur vie privée, comme certains le prétendent; ils le font principalement pour présenter d'eux-mêmes une image de réussite sociale, l'image d'une vie excitante.

Comment évaluez-vous le degré de franchise lorsque vous vous présentez aux autres en ligne et hors ligne? Si vous avez noté des différences, à quoi les attribuez-vous?

Exercice 3.3 **Quand peut-on mentir?**

Chacune des situations suivantes présente une occasion de mentir. Dans cet exercice, le mensonge est défini comme une tentative délibérée de tromper une autre personne sans prévenir. Il s'agit pour vous d'évaluer chacun des énoncés suivants selon que vous considérez que le mensonge est pleinement justifié ou non. Utilisez l'échelle suivante:

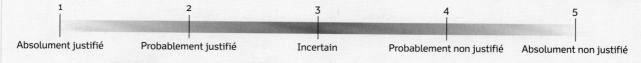

1	2	3	4	5
Absolument justifié	Probablement justifié	Incertain	Probablement non justifié	Absolument non justifié

Vous estimerez peut-être que, dans certaines situations, vous auriez besoin de renseignements supplémentaires pour être en mesure de vous prononcer. Par exemple, vous voudrez peut-être connaître l'âge de l'enfant pour l'énoncé n° 7 ou encore savoir de quel type de mensonge il est question dans l'énoncé n° 5. C'est pourquoi il vous est possible de donner plus d'une réponse à chaque énoncé, en précisant les conditions précises qui s'appliquent à chacune de vos réponses.

_____ **1** Mentir à un enfant pour lui laisser ses croyances d'enfant (p. ex., le laisser croire au père Noël ou à la fée des dents).

_____ **2** Mentir pour le bien d'une autre personne (p. ex., mentir à quelqu'un pour éviter qu'il ne soit déprimé).

_____ **3** Mentir afin de protéger la réputation des membres de la famille.

_____ **4** Mentir de façon à permettre à une personne de sauver la face (p. ex., être d'accord avec une idée que vous trouvez farfelue ou faire un compliment à quelqu'un qui ne le mérite pas vraiment).

_____ **5** Mentir à une personne afin de l'amener à faire quelque chose pour son bien (p. ex., pour l'amener à arrêter de fumer ou encore pour l'inciter à être plus sérieuse dans ses études).

_____ **6** Mentir de façon à obtenir ce que vous méritez et que vous ne pouvez pas obtenir autrement (p. ex., une promotion méritée, une augmentation de salaire ou encore une chance de renouer avec votre ex).

_____ **7** Mentir afin d'éviter la prison à votre enfant qui fait face à des accusations de vol ou de trafic de drogue (alors que vous savez qu'il est coupable).

_____ **8** Mentir au gouvernement pour payer moins d'impôt.

_____ **9** Mentir pour des motifs personnels que vous ne voulez pas révéler (p. ex., votre orientation sexuelle, votre situation financière ou vos croyances religieuses).

_____ **10** Mentir afin de vous sortir d'une situation désagréable (p. ex., une soirée avec quelqu'un que vous trouvez particulièrement ennuyeux ou encore dans le but d'éviter un conflit avec votre copain ou votre copine).

Les gens fournissent des réponses différentes pour chacune des situations selon la façon dont ils ont été éduqués, leur culture d'appartenance, leur jugement sur le mensonge et leur code d'éthique personnel. Croyez-vous qu'il y ait des énoncés qui suscitent la même réponse pour tout le monde? Quelles croyances culturelles influent sur la façon dont les gens perçoivent et jugent le mensonge? Pouvez-vous évoquer des situations pour lesquelles le mensonge serait injustifiable? Est-ce qu'il y a des situations pour lesquelles dire la vérité serait immoral?

l'action plutôt que l'inaction? Dans cet esprit, d'autres, conscients des mêmes problèmes, vont «prendre le taureau par les cornes» et s'efforcer d'améliorer la qualité de leur communication verbale. L'entreprise n'est pas facile. En plus de la patience, elle exige des efforts très tenaces. Signalons ceux fournis par le personnage de «Grand» dans *La peste*, d'Albert Camus. Au sujet d'un manuscrit qu'il était en train d'écrire, Grand s'adressait ainsi au docteur Rieux:

> Ce que je veux, c'est que le jour où le manuscrit arrivera chez l'éditeur, celui-ci se lève après l'avoir lu et dise à ses collaborateurs: «messieurs, chapeau bas!» [...] des soirées, des semaines entières sur un mot... et quelquefois une simple conjonction... comprenez bien, docteur: à la rigueur, c'est assez facile de choisir entre *mais* et *et*. C'est déjà plus difficile d'opter entre *et* et *puis*. La difficulté grandit avec *puis* et *ensuite*. Mais, assurément, ce qu'il y a de plus difficile, c'est de savoir s'il faut mettre *et* ou s'il ne le faut pas.

1. Comment appelle-t-on les objets et les réalités que désignent les mots?

   a) Signes.

   b) Référents.

   c) Symboles.

   d) Grammaire.

2. Lequel des mots suivants ne présente pas un niveau d'abstraction élevé?

   a) Les arts visuels.

   b) Un film.

   c) *Le magicien d'Oz.*

   d) Le cinéma.

3. Lorsque nous portons un jugement basé sur une connaissance partielle de la réalité, nous…

   a) faisons preuve de polarisation.

   b) faisons preuve de négation d'autrui.

   c) faisons preuve d'une attitude globalisante.

   d) confondons les faits et les déductions.

4. Laquelle des affirmations suivantes est une déduction?

   a) La femme blonde porte une robe rouge.

   b) Cet homme est obèse.

   c) Cet homme est paresseux.

   d) Cette femme est très grande.

5. Lorsque nous portons des jugements sur des choses que nous n'avons pas observées directement, nous…

   a) faisons preuve de polarisation.

   b) faisons preuve de négation d'autrui.

   c) faisons une déduction.

   d) manquons de discernement.

6. Votre copain vous met en garde contre un de vos amis communs. Il vous dit: «Ne lui fais pas confiance, il n'a jamais accepté ses responsabilités.» Que traduisent ces propos?

   a) Un manque de discernement.

   b) La négation d'autrui.

   c) Un message indirect.

   d) Une évaluation statique.

7. Lequel des choix suivants n'est pas un exemple de polarisation?

   a) Être pour ou contre l'avortement.

   b) Être pauvre ou riche.

   c) Aller à l'école ou travailler.

   d) Être bon ou méchant.

8. La politesse change avec le type de relation. Laquelle des affirmations suivantes est vraie?

   a) Il semble que nous soyons beaucoup plus polis avec nos intimes qu'avec des étrangers.

   b) Il semble que nous soyons beaucoup plus polis avec des étrangers qu'avec nos amis.

   c) Il semble que nous soyons beaucoup plus polis avec des étrangers qu'avec nos intimes.

   d) Il semble que nous soyons beaucoup plus polis avec nos amis qu'avec des étrangers.

9. La négation d'autrui est le processus par lequel…

   a) on exprime son désaccord avec une autre personne.

   b) on ignore la présence d'une autre personne.

   c) on reconnaît que l'autre a raison d'être en désaccord avec nous.

   d) Aucune de ces réponses.

10. Comment nomme-t-on les mots que nous substituons à d'autres pour couvrir la réalité et prévenir les problèmes qu'elle susciterait, de façon à détourner l'attention d'un aspect désagréable de cette réalité?

   a) Des euphémismes.

   b) Du jargon.

   c) Des exagérations.

   d) Des mensonges.

▶ Le langage verbal est un système de signes servant à évoquer la réalité. Montrez, par un exemple précis, en quoi les mots sont des signes arbitraires.

▶ À l'aide d'un exemple concret, expliquez la différence entre le sens dénotatif et le sens connotatif d'un mot.

▶ Montrez comment le langage influe sur la pensée.

▶ Les mots expriment à la fois des faits et des déductions. Définissez ces deux termes et montrez, par un exemple précis, la confusion qui peut survenir. Quels moyens peut-on utiliser pour éviter cette confusion?

▶ Quels sont les avantages et les inconvénients des messages indirects?

▶ Expliquez le principe de l'équilibre dans les interactions interpersonnelles.

▶ Entre l'excès de critiques et l'excès de flatteries, il y a l'évaluation honnête: dire la vérité, mais sans oublier qu'il s'agit là d'un art, comme toutes les autres formes de communication. Quels moyens peut-on utiliser pour formuler correctement des critiques?

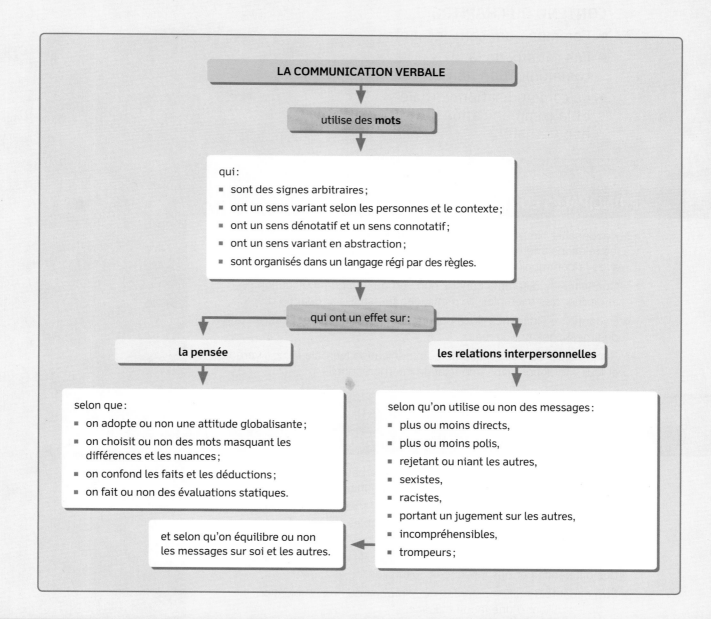

LA COMMUNICATION NON VERBALE

CONTENU DU CHAPITRE

▶ Communiquer sans les mots
▶ Les canaux de la communication non verbale
▶ La communication verbale et la communication non verbale

PRINCIPALES CONNAISSANCES À ACQUÉRIR

→ Reconnaître l'importance de la communication non verbale dans les relations interpersonnelles et établir les rapports qu'elle entretient avec la communication verbale.

→ Connaître les différents canaux non verbaux de communication et donner des exemples de messages transmis par chacun d'eux.

→ Reconnaître l'influence de la culture sur la production et l'interprétation des messages non verbaux.

→ Reconnaître les deux types de communication (verbale et non verbale) et leur interaction dans une relation interpersonnelle.

PRINCIPALES HABILETÉS À DÉVELOPPER

→ Être capable d'utiliser les messages non verbaux pour mieux communiquer, particulièrement pour communiquer les messages affectifs, et ce, en combinaison avec la communication verbale.

→ Être en mesure d'utiliser avec discernement les diverses formes de communication non verbale.

→ Pouvoir communiquer de manière non verbale en tenant compte des différences et des influences culturelles.

→ Être capable de différencier les deux modes de communication et de les utiliser d'une façon efficace.

Revenons aux joueurs de hockey sur la glace. Ils communiquent par des signes qui ne sont pas des mots : la position du joueur sur la patinoire, les coups de bâton sur la glace, les regards, etc. Paul vient de se placer devant le filet avec l'intention évidente d'obstruer la vue du gardien de l'équipe adverse. Celui-ci lui assène un coup de bâton sur la cheville, geste pas du tout apprécié par Paul, qui se retourne et le regarde droit dans les yeux. Ce qu'il dit à ce moment-là n'a que peu d'importance, c'est son regard et l'expression de son visage qui parlent et communiquent sa colère envers le gardien de but.

Rappelons-nous maintenant Sophie et Martin. Le jour de leur rencontre dans le corridor, ils ne se sont pas parlé, mais ils ont échangé un sourire. Pensons plus tard à la grimace de Sophie au téléphone, un signe que Martin n'a évidemment pas pu voir. Rappelons-nous encore Sophie et Martin à la sortie du cinéma. Ils décident de marcher. Au début, ils avancent les mains dans les poches de leur manteau. Ils se parlent sans même se regarder. Un peu plus tard, Martin prend le bras de Sophie… Elle le laisse faire. Ils se regardent alors. Ce regard n'était pas un simple coup d'œil : à travers lui, Sophie et Martin se sont communiqué leur engagement.

Tout en marchant, Sophie et Martin ont rencontré leurs amis Marie et Jean-François, qui, avant même de les saluer, avaient déjà remarqué, par toutes sortes de petits signes, que Sophie et Martin s'étaient rapprochés l'un de l'autre. Lorsque Marie et Jean-François sont passés à côté d'eux, ils les ont salués sans trop s'attarder. Il y avait dans la façon de communiquer de Sophie et de Martin un « je ne sais quoi », une petite gêne, une certaine précipitation dans les réponses qui leur révélaient que ce n'était peut-être pas le meilleur moment pour leur parler, qu'il valait mieux les laisser seuls.

Les auteurs de romans le savent bien : nous ne pouvons décrire les relations interpersonnelles en rapportant seulement les dialogues. Pour faire comprendre ce qui se passe entre deux ou plusieurs personnages, il faut parler de leurs mimiques, de leurs gestes, de leurs regards, de la longueur de leurs pauses et de bien d'autres signes non verbaux qu'ils utilisent. Un simple regard peut exprimer la tendresse, l'amour, le désir sexuel, la colère, la haine, l'ennui, la tristesse, la peur, l'incompréhension, la surprise, etc. toute une gamme de sentiments que nous avons peine à traduire par des mots appropriés. Tambouriner des doigts ou du pied peut exprimer la nervosité, l'impatience, l'ennui. Par l'expression de son visage, un interlocuteur signale s'il a compris et s'il accepte un message. Il peut aussi communiquer de la sorte les sentiments qui l'animent à ce moment précis. On ne peut comprendre les relations interpersonnelles sans reconnaître la place prépondérante qu'y occupe la communication non verbale.

COMMUNIQUER SANS LES MOTS

Communiquer de manière non verbale, c'est communiquer sans parler. C'est communiquer par des gestes, un sourire ou un froncement de sourcils, en écarquillant les yeux, en s'approchant de l'autre ou en le touchant, en portant des bijoux, en haussant le ton de la voix et même en se taisant. Nous étudierons dans ce chapitre les différents types de messages non verbaux, leurs variantes culturelles et la façon dont ils modulent la communication verbale.

POUR S'AMÉLIORER

En abordant la lecture de ce chapitre, gardez à l'esprit les suggestions suivantes:

- Analysez vos propres modes de communication non verbale. Pour que cette lecture vous soit utile et qu'elle vous aide, par exemple, à modifier quelques-uns de vos comportements, l'autoanalyse est essentielle.
- Observez, observez, observez. Observez vos propres comportements et ceux des personnes qui vous entourent. Sachez décoder les comportements quotidiens.
- Résistez à la tentation de tirer des conclusions des comportements non verbaux. Élaborez plutôt des hypothèses sur ce qui se passe et vérifiez-en la validité par d'autres indices.
- Établissez des liens. Bien que les modes de communication non verbale soient traités séparément dans les manuels scolaires, dans les échanges interpersonnels, ils sont interdépendants.

L'importance de la communication non verbale

Dès les premières minutes de notre vie, nous communiquons avec les autres en criant, en gesticulant, en pleurant. Il s'agit de messages qui expriment nos désirs et nos sentiments. Puis, pendant de longues années, nous acquérons la connaissance du langage parlé et écrit. À l'école, nous consacrons plus de 10 ans à l'apprentissage de la langue écrite et de ses règles. Malgré l'importance que nous accordons à l'apprentissage des langues parlées et écrites, celles-ci n'ont pas remplacé les signes non verbaux. Nous continuons toujours de nous servir de notre regard, de nos expressions faciales et de nos gestes pour véhiculer des significations. En fait, il semblerait que plus de 60% des échanges dans les relations interpersonnelles s'appuient sur la communication non verbale (Burgoon, Buller et Woodall, 1989).

Les messages non verbaux véhiculent l'information affective

Cette préséance de l'expression non verbale sur les mots dans les communications interpersonnelles s'explique peut-être par les fonctions respectives de ces deux modes de communication. Les mots servent principalement à véhiculer les idées, tandis que les signes non verbaux sont les moyens privilégiés pour transmettre l'information affective (les attitudes, les désirs et les sentiments entre les personnes). Les signes non verbaux sont impuissants à transmettre des idées abstraites; ils peuvent néanmoins communiquer le point de vue qui correspond à une attitude conventionnelle. Supposons par exemple qu'on vous demande si vous êtes pour l'interdiction de fumer dans les lieux publics. Vous pouvez hocher la tête soit de haut en bas – et votre interlocuteur comprendra que vous dites «oui» –, soit de droite à gauche – et il comprendra que vous dites «non». Vous pouvez aussi hausser les épaules avec une moue appropriée, et il en déduira que vous êtes «sans opinion» ou que «vous vous en fichez». Les messages non verbaux traduisent facilement notre opinion devant une situation, mais ils s'avèrent peu propices à communiquer des idées plus complexes.

La primauté des messages non verbaux

Que devons-nous croire: les mots ou les signes non verbaux?

Après une partie chaudement disputée, pendant laquelle il a été peu utilisé par son entraîneur, Paul vient s'asseoir près de Martin dans le vestiaire des joueurs. Il s'affale lourdement sur le banc et lance rageusement son équipement par terre, en gardant un visage fermé.

    Martin: Pauvre vieux. On dirait que cela ne va pas trop fort?

    Paul: Pas du tout, je vais parfaitement bien.

    Martin: Tu as raison d'être frustré. Le coach n'aurait pas dû te laisser sur le banc.

Paul : Je ne suis pas frustré du tout. Le coach a tous les droits.

Martin : Si tu veux, on peut aller prendre une bière pour te consoler.

Paul : JE T'AI DIT QUE JE VAIS TRÈS BIEN… Je vais rentrer pour terminer mes travaux scolaires qui sont déjà trop en retard.

Lorsque nous recevons des messages contradictoires, comme dans l'exemple présenté, nous avons plus tendance à nous fier aux indices non verbaux. Knapp (1978) explique ce penchant en faisant remarquer que les signes non verbaux sont plus spontanés, plus difficiles à feindre et moins aptes à la manipulation que les signes verbaux. Nous savons tous qu'il est facile de trouver les mots pour mentir, mais qu'il est plus difficile de le faire non verbalement. Plus les indices sont difficiles à feindre, plus nous avons tendance à nous y fier. Cette primauté de l'expression non verbale sur l'expression verbale explique, par exemple, la difficulté qu'éprouvent certains parents à se faire obéir de leur enfant qu'ils grondent avec un sourire en coin : l'enfant ne décèle pas alors la gravité du moment, il ne détecte pas la colère, il ne se sent pas réprimandé, car le message lui paraît faux.

Les messages non verbaux renseignent sur autrui

Parce que les signes non verbaux sont plus difficiles à feindre, ils nous apparaissent plus fiables que les mots pour connaître autrui. En fait, il semble que plus de 65 % de la connaissance acquise sur une autre personne lors d'une communication dyadique l'est par l'intermédiaire de signaux non verbaux (McCroskey, Larson

> On ne ment qu'avec des mots […], mieux vaut de beaucoup se fier aux apparences.
>
> – Jean-Jacques Goldman

Encadré 4.1   **Comment savoir si quelqu'un ment ?**

La liste qui suit est une sorte de compte rendu global de recherches et de textes présentés dans : Mehrabian, 1978 ; Turck et Miller, 1985 ; O'Hair, Cody, Goss et Krayer, 1988 ; Miller et Burgoon dans DeVito et Hecht, 1990 ; Knapp et Hall, 1992 ; Feeley et deTurck, 1995 ; Leathers, 1998. Notez que ces études n'arrivent pas toutes aux mêmes conclusions, en partie parce qu'elles n'ont pas toutes été réalisées dans les mêmes conditions. Par exemple, dans certains cas, les participants avaient la possibilité de « répéter » leur texte, de s'exercer avant de mentir. Cette liste vise donc à donner un aperçu des signaux qui permettent de différencier le comportement d'une personne qui ment de celui d'une personne qui dit la vérité, et non à énumérer les signaux précis qui permettent de faire la distinction entre un menteur et une personne sincère.

La personne qui ment…

1. hésite davantage, attend plus longtemps avant de répondre, fait des pauses plus fréquentes et plus longues ;
2. commet plus d'erreurs dans son discours ;
3. sourit moins, paraît moins aimable et moins attentive ;
4. donne des réponses plus brèves (souvent un simple « oui » ou un « non ») ;
5. utilise plus de termes globalisants (jamais, toujours, tout le monde), parle en termes généraux (des choses comme ça, t'sais c'que j'veux dire) et vagues (on a flâné, on s'est amusés), donne moins de précisions (sur les gens, les lieux, les choses) ;
6. cligne davantage des yeux et a les pupilles plus dilatées ;
7. fait plus de gestes adaptatifs (comme se gratter, jouer avec ses cheveux) et paraît plus nerveuse ;

8. change de posture plus souvent et gesticule ;
9. évite davantage le regard de l'autre ; regarde souvent ailleurs ;
10. n'adopte pas les comportements non verbaux auxquels on s'attend.

L'attitude du menteur diffère selon que celui-ci considère ou non son interlocuteur comme expert dans la détection du mensonge. D'autres facteurs vont également influer sur la facilité avec laquelle la personne peut dissimuler la vérité. Par exemple, il est connu que la capacité de mentir augmente avec l'âge. Les manifestations varient également en fonction de la nature du mensonge : dire que 2 + 2 = 5, que l'on a oublié un crayon que l'on sait être dans sa poche, dissimuler un sentiment ou tromper son conjoint entraînent des manifestations corporelles et des expressions faciales différentes.

Les personnes qui cherchent à tromper ne divulguent pas toujours des indices qui dénoncent leurs mensonges : le mensonge ne se révèle par le comportement non verbal que lorsque ces personnes n'ont pas eu le temps de se préparer, lorsqu'elles ont certains scrupules quant au fait de cacher quelque chose, qu'elles se sentent nerveuses ou coupables de ce qu'elles font. En outre, pour pouvoir détecter les changements de comportements d'une personne qui ment, il faut connaître au préalable les caractéristiques de l'expression de celle-ci lorsqu'elle dit la vérité (Cyr, 2003).

Donc, la détection du mensonge n'est pas aisée et dépend à la fois de la gravité de celui-ci et de la relative maladresse du menteur.

et Knapp, 1971). Quand nous voulons nous faire une opinion sur une personne, nous utilisons davantage les indices non verbaux, non seulement parce qu'ils sont plus fiables, mais parce qu'il s'agit de renseignements propres à cette personne, tandis que les mots portent souvent sur des réalités externes. Ainsi, lorsqu'une personne vous parle de la pluie et du beau temps, ce qu'elle déclare vous renseigne très peu sur elle-même, mais sa façon de formuler le message et de nombreux autres indices non verbaux agissent néanmoins dans ce sens.

Les messages non verbaux peuvent être ambigus

Si nous faisons davantage confiance à la communication non verbale pour détecter les désirs et les sentiments d'autrui, cela ne signifie pas que nous formulons des messages non verbaux toujours clairs et univoques.

Quelle est la signification de ce sourire? De ce clin d'œil? De ce silence? La signification n'est pas toujours très précise. Les signes non verbaux sont parfois très ambigus et peuvent mener à de graves malentendus dans les relations interpersonnelles.

L'ambiguïté, toutefois, ne réside pas seulement dans les messages non verbaux eux-mêmes. Nous savons qu'un mot peut avoir plusieurs significations et que nous en déduisons le sens à partir du contexte. De même, un signe non verbal est décodé en fonction du contexte dans lequel il est émis. Quand un élève bâille pendant un cours, devons-nous en déduire que le cours est ennuyeux ou bien que cet élève a des difficultés de digestion? Un sourire est-il une simple marque de politesse ou une invitation? Ce que nous connaissons sur la personne ainsi que sur le contexte fournit la réponse. Cette réponse découle d'un mécanisme inconscient et très complexe qui utilise en les combinant toutes sortes de renseignements disponibles: la personne et sa culture, la nature de la relation que nous croyons avoir avec elle, le contexte dans lequel se situe cette relation. Tous ces éléments d'information sont confrontés aux connaissances que nous avons tirées de nos expériences antérieures. Les signes non verbaux révèlent ainsi leur signification particulière seulement lorsqu'ils sont insérés à l'intérieur d'un ensemble beaucoup plus vaste de significations.

POUR S'AMÉLIORER

Soyez attentif avant de porter un jugement. Dans l'interprétation des messages non verbaux, il faut tenir compte du contexte dans lequel celui-ci est émis. Ceci consiste à relier chaque comportement non verbal au contenu du message verbal, aux autres indices non verbaux, à la culture à laquelle appartient l'émetteur du message et à la nature de la relation interpersonnelle qui existe entre les deux interlocuteurs.

< > **EN LIGNE**   ↻ ⚙

La visioconférence

La communication par visioconférence est plus facile que jamais et pourtant, elle arrive au dernier rang des différents canaux utilisés par les Québécois (CEFRIO, 2013). Les contraintes techniques expliquent en partie la faible utilisation (tout le monde n'est pas équipé pour ce type de communication), mais la présence des indices non verbaux y est aussi pour quelque chose. Le fait de voir et d'être vu est plus exigeant et les gens ne sont pas toujours disponibles pour ce type de « rencontre ». Le fait d'être vu incite les interlocuteurs à se préparer à la « rencontre », à vérifier leur image et à la soigner à l'occasion. Le contrôle de son image se poursuit durant la conversation, sachant que les indices non verbaux que nous émettons sont reçus par l'autre. Dans l'ensemble, la visioconférence requiert plus de disponibilité et plus d'attention de la part des interlocuteurs. Dans la pratique, avec les proches, on l'utilise surtout pour des appels plus longs planifiés à l'avance, tel l'appel du dimanche qui permet à la famille de retrouver

un proche éloigné. Avec des personnes moins intimes, la visioconférence sera le plus souvent réservée aux appels utilitaires, par exemple entre collègues de travail.

Des recherches démontrent que les femmes sont perçues comme plus aptes – et elles le sont en fait – à encoder et à décoder tous les types de messages non verbaux (Briton et Hall, 1995). Par exemple, dans la photo ci-dessus, elles seraient plus habiles à décrire le type d'émotion exprimée par chacun de ces visages. Avez-vous remarqué cette différence entre les hommes et les femmes dans vos échanges interpersonnels ?

LES CANAUX DE LA COMMUNICATION NON VERBALE

Il est probablement plus facile de comprendre en quoi consiste la communication non verbale si l'on connaît les différents types de signes par lesquels nous communiquons. En voici plus de 10 : l'apparence corporelle, la posture, les gestes, le visage, le regard, le toucher, le paralangage, les silences ainsi que l'utilisation des objets, de l'espace et du temps.

L'apparence corporelle

Les premiers signes non verbaux que nous percevons d'une autre personne sont liés à son apparence. L'apparence générale émet certains messages. On a démontré, par exemple, que la taille d'une personne joue un rôle important dans une foule de situations. Ainsi, les individus de grande taille ont plus de chances d'être élus à un poste de président que les individus de petite taille. Il semble également que les premiers sont mieux rémunérés et trouvent plus facilement un emploi que les seconds (Guerrero et Hecht, 2008 ; Jackson et Ervin, 1992 ; Knapp et Hall, 1992). De plus, les personnes de grande taille ont souvent une meilleure estime de soi et davantage de succès professionnels (Judge et Cable, 2004).

La beauté n'est pas le seul facteur de réussite dans la vie. Elle représente toutefois rarement un désavantage. Croyez-vous qu'il soit possible que les élèves attrayants aient de meilleurs résultats à l'école?

Changer de vêtements, de coiffure ou de parfum est facile; tel n'est pas le cas du corps ou des traits du visage. Cependant, malgré les coûts élevés et les risques de la chirurgie esthétique, certaines personnes n'hésitent pas à se faire retoucher le visage. D'autres se contentent de « travailler » leur corps. Les studios d'amaigrissement et de conditionnement physique font des fortunes en promettant une taille fine aux grosses personnes et des muscles ou des seins aux maigres. En fait, notre société valorise au plus haut point le type athlétique, auquel est associée une personnalité énergique, dominante, joyeuse, enthousiaste, déterminée, sociable, optimiste et entreprenante. Il faut admettre que de nombreux stéréotypes sont associés à la morphologie.

La beauté fait également partie de la communication corporelle. Les personnes séduisantes sont favorisées dans presque toutes les activités imaginables. Elles obtiennent de meilleures notes à l'école, sont davantage valorisées par leurs amis et leurs amoureux; leurs collègues de travail recherchent leur compagnie (Burgoon, Guerrero et Floyd, 2010). Quoique la plupart des gens pensent que le charme ou la beauté soit un phénomène culturel – et il l'est, dans une certaine mesure –, des recherches semblent démontrer que les critères de la beauté tendent à devenir universels (Brody, 1994). Une personne considérée comme séduisante dans une culture le sera vraisemblablement aussi dans une autre culture – et même dans des cultures fort éloignées les unes des autres.

Encadré 4.2 Les transformations corporelles

Depuis longtemps, l'humain cherche à modifier son apparence. S'il est facile de changer sa coupe de cheveux, d'arborer ou non une moustache pour lui ou de se maquiller pour elle, bien des gens vont beaucoup plus loin dans ce processus de transformation corporelle. Une étude de l'Organisation mondiale de la Santé (2001) rapporte que plus de 5 % de la population du globe a un tatouage ou un perçage corporel (*body piercing*). Au Canada, un sondage de la firme Léger Marketing (2002) montre que 6 % des Canadiens arborent un tatouage et 7 %, un perçage (excluant le lobe de l'oreille pour des boucles d'oreilles classiques). Certains vont plus loin encore et recourent à la scarification (incisions), à la lacération, au *stretching* (agrandissement des trous du perçage) et à la pose d'implants sous-cutanés purement décoratifs. Si ces marques sur le corps ont longtemps été associées à l'appartenance à un groupe social bien défini ou, dans certaines sociétés traditionnelles, à un rite de passage obligé, elles sont davantage aujourd'hui, dans nos sociétés contemporaines, l'expression de choix individuels qui sont principalement esthétiques. Selon le sondage Léger, parmi les raisons les plus fréquentes évoquées par les gens qui se font tatouer ou percer, on note la recherche de la fantaisie, l'embellissement du corps et la volonté d'être plus *sexy*. Chez les adolescents, les tatouages et les perçages corporels constituent d'abord une façon d'affirmer leur identité. Chez les *hippies* des années 1960 ou encore les punks des années 1970, les marques sur le corps avaient une signification commune (*peace and love* pour les uns et *no future* pour les autres) et elles étaient un moyen d'affirmer leur appartenance à un mouvement précis. De nos jours, ces marques ont perdu cette valeur d'intégration au groupe et sont davantage un signe d'individualité (Le Breton, 2002). On les adopte pour être plus beau, pour se sentir mieux dans sa peau.

Et vous, qu'en pensez-vous?

Source: Le Breton, D. (2008). *Signes d'identité: tatouages, piercings et autres marques corporelles.* Paris: Métailié.

La posture

La façon dont nous nous tenons sert à communiquer notre disposition à communiquer. Tourner le dos à quelqu'un lui fait rapidement comprendre que nous ne voulons pas discuter avec lui. Inversement, nous rapprocher de lui et nous mettre en face de lui constitue une invitation à un échange (positif ou négatif). Dans un groupe, la posture des individus indique le degré d'accueil ou de rejet des uns envers les autres. En fait, la **posture** n'est pas sans rapport avec le contact visuel, qui indique notre disponibilité à communiquer – et que nous étudierons plus loin.

Le simple fait qu'une personne soit plus grande de taille qu'une autre, qu'elle soit sur un podium ou qu'elle soit debout, traduit une attitude de domination. Cette interprétation découle sûrement des rapports enfants-parents (Argyle, 1991), dans lesquels les parents – toujours plus grands que les enfants – sont dominants. Cette relation typique de l'enfance entre la hauteur et l'autorité se retrouve dans nos conventions sociales, qui surélèvent les personnes en position de pouvoir (souverains, juges et même les professeurs qui, à une époque pas si lointaine, étaient souvent juchés sur une estrade).

Les postures transmettent également notre degré de sociabilité à un moment donné. En plus de l'orientation de notre corps, nous pouvons prendre une position «ouverte» ou «fermée» qui communique notre intérêt dans une relation. Nous croisons nos bras souvent pour le confort de la position, mais, dans une relation interpersonnelle, nous pouvons adopter cette position pour empêcher les mouvements spontanés de nos mains et de nos bras et manifester de la sorte notre désir de moins communiquer.

Notre corps peut prendre différentes postures selon l'information à véhiculer. Une posture, ce peut être nos épaules que nous tenons plus basses et plus vers l'avant lorsque nous sommes fatigués ou déprimés, ce peut être notre tête que nous tenons plus ou moins penchée ou encore notre façon d'être assis. Tous ces signes liés à la posture, émis de façon très involontaire le plus souvent, renseignent les autres personnes sur nos états émotionnels et nos attitudes envers elles. Au sein d'un groupe, il est parfois possible de distinguer les personnes qui ont de l'autorité sur les autres, simplement par leur posture plus détendue. Il existe aussi des postures pour exprimer l'état de domination ou de soumission dans lequel nous sommes par rapport à autrui. Par exemple, on peut manifester une attitude de domination en se tenant le corps bien droit, la tête en arrière, les mains sur les hanches. À l'inverse, on manifestera sa soumission en courbant le torse, en baissant la tête, en tenant les mains jointes en avant.

> POSTURE
> En communication, position ou attitude du corps qui transmet un message quelconque (p. ex., se pencher vers quelqu'un pour signifier son intérêt).

> Dans le visage d'un homme, je lis son caractère; dans sa démarche, ses pensées.
>
> – Pétrone

Les gestes

Les chercheurs en communication non verbale classent les mouvements du corps selon cinq grandes catégories: les gestes emblématiques, les gestes illustratifs, les mimiques, les gestes régulateurs et les gestes adaptatifs (Ekman et Friesen, 1969; Knapp et Hall, 1996). Le tableau 4.1 présente ces cinq types de gestes.

Tableau 4.1	**Les cinq grandes catégories de gestes**
Nom et fonction	**Exemples**
Les *gestes emblématiques* traduisent directement des mots ou des expressions.	Gestes de la main signifiant «d'accord» ou «viens ici», pouce tendu des autostoppeurs.
Les *gestes illustratifs* accompagnent et, littéralement, «illustrent» les messages verbaux.	Mouvement circulaire des mains en parlant d'un cercle, écartement des mains en parlant de quelque chose de large.
Les *gestes régulateurs* visent à régler, à contrôler ou à coordonner les échanges verbaux.	Expressions faciales ou gestes de la main signifiant de continuer à parler, de ralentir le débit, de préciser sa pensée.
Les *gestes adaptatifs* satisfont un besoin.	Se gratter la tête.
Les *gestes qui traduisent les émotions* communiquent la nature et l'intensité des émotions.	Expressions de joie, de surprise, de peur, de colère, de tristesse, de dégoût, de mépris.
Pouvez-vous donner au moins un exemple de chacun de ces gestes?	

Les gestes emblématiques

Les **gestes emblématiques** sont des gestes directement traduisibles en mots, que nous utilisons consciemment et délibérément. Pensons au pouce levé qui signifie «Bon travail». Mais, comme ces gestes sont propres à une culture donnée, il faut les utiliser prudemment avec des interlocuteurs qui font partie d'autres cultures (Axtell, 2007). Ainsi, en Amérique du Nord, on dit «Bonjour» en agitant la main de gauche à droite, mais dans bien des pays d'Europe, ce geste signifie «non». En Grèce, le même geste est considéré comme une insulte. Avant d'entreprendre un voyage, toute personne devrait se renseigner sur la signification que ses gestes pourraient avoir dans le pays où elle doit séjourner.

Le poing fermé et le pouce élevé, de même que l'utilisation de l'index et du pouce pour former un cercle, sont deux façons non verbales d'exprimer son accord et sa satisfaction. Croyez-vous qu'il existe une différence dans la signification de l'un et de l'autre? Ces significations sont-elles universelles?

Les gestes illustratifs

Les **gestes illustratifs** renforcent (littéralement, «illustrent») les messages verbaux qu'ils accompagnent. Par exemple, en parlant de quelque chose qui se trouve à gauche, nous faisons un geste vers la gauche. La plupart du temps, en effet, nous illustrons avec les mains, mais nous pouvons aussi le faire avec la tête ou le corps – par exemple, en tournant la tête ou tout le corps vers la gauche. Nous nous servons aussi de gestes pour illustrer la forme ou la taille des objets dont nous parlons.

Les gestes régulateurs

Les **gestes régulateurs** visent à régler, à contrôler ou à coordonner les échanges verbaux: par exemple, une personne hoche la tête pour signifier à son interlocuteur de continuer à parler, ou elle penche son corps vers l'avant et elle ouvre la bouche pour lui faire savoir qu'elle aimerait intervenir.

Les gestes adaptatifs

Les **gestes adaptatifs** sont des gestes qui satisfont un besoin personnel – par exemple, se gratter la main ou repousser ses cheveux vers l'arrière pour dégager sa figure. Ces mouvements sont dirigés tantôt vers soi (se frotter le nez), tantôt vers l'interlocuteur (retirer un poil ou un fil de sa veste, rectifier son nœud de cravate, se croiser les bras sur la poitrine pour garder l'autre à bonne distance), tantôt vers un objet (griffonner ou déchiqueter une tasse de polystyrène).

Les gestes qui traduisent des émotions

Enfin, d'autres gestes servent plus directement à exprimer des émotions. Ils sont produits par tout notre corps : nos mains qui tremblent ou nos genoux qui plient lorsque nous avons très peur, notre corps qui saute de joie, nos poings que nous serrons lorsque nous sommes en colère. Si les mouvements du corps sont révélateurs, ce sont surtout les expressions du visage ou les mimiques qui communiquent le mieux les émotions. Les **mimiques** peuvent accompagner ou renforcer les messages verbaux (sourire en disant à un ami combien nous sommes contents de le voir) et, parfois, les remplacer (nous contenter de sourire, sans rien dire, ou encore, nous précipiter vers quelqu'un et lui ouvrir les bras pour l'embrasser). La plupart des mimiques sont concentrées dans la région du visage (nous traitons celles-ci plus en détail dans la section suivante) ; elles sont souvent inconscientes (nous sourions ou fronçons les sourcils sans nous en rendre compte), mais elles peuvent aussi être faites consciemment (sourire volontairement pour montrer notre plaisir ou notre satisfaction). Pour Ekman (1967), ce sont les mimiques qui communiquent le mieux la nature des émotions ressenties (peur, joie, colère, etc.), tandis que les mouvements du corps renseignent plutôt sur l'intensité de ces émotions.

> **MIMIQUE**
> Expression du visage, consciente ou inconsciente, qui contribue à communiquer la nature des émotions ressenties.

EN LIGNE

Les gestes au téléphone

Les enfants japonais apprennent très jeunes à saluer en se penchant vers leur vis-à-vis, le dos droit avec les mains sur les côtés pour les hommes et plaquées sur les genoux pour les femmes, le regard baissé. L'étiquette japonaise est très stricte à propos du salut japonais (*o-jigi*). Le degré d'inclinaison, la durée du salut et sa fréquence varient en fonction des circonstances et du statut de la personne saluée. Ce qui est étonnant, c'est de voir un Japonais faire l'*o-jigi* au téléphone. En fait, il n'y a pas que les Japonais qui accompagnent leur conversation du geste alors que leur interlocuteur est invisible : nous gesticulons tous plus ou moins au téléphone. Avec notre main libre, nous allons nous surprendre à pointer du doigt, à dessiner le contour d'un objet, à trancher, etc. La raison en est que, dans nos communications orales, le geste accompagne toujours inconsciemment la parole, même qu'il la complète. Selon la théorie de McNeill (1992), geste et parole font partie d'un seul et même système cognitif qui représente les deux aspects fondamentaux de la pensée : l'image et le verbal, assurant ainsi une certaine cohérence sémantique. Par

exemple, lorsqu'à table nous disons que nous voulons un tout petit peu de ceci ou de cela, le geste servant à illustrer la taille de la portion est généralement cohérent avec ce que nous souhaitons. Le geste accompagne et complète la parole. Ce geste, nous le ferons peut-être au téléphone au moment de dire « ... juste un tout petit peu ».

Ray L. Birdwhistell était un anthropologue de l'École de Chicago. En visionnant des films, il a observé l'interaction des gens à travers leurs mouvements corporels, gestes, postures et mimiques. Lors d'une étude, il s'est aperçu que la gestualité des Indiens bilingues changeait lorsqu'ils passaient de leur langue à l'anglais. Aux États-Unis, il a utilisé un film sur l'homme politique américain La Guardia, alors maire de New York, qui parlait couramment l'italien, le yiddish et l'anglais. Après avoir coupé le son, Birdwhistell a montré le film à plusieurs personnes qui connaissaient bien ces trois cultures. Les seuls indices étaient alors ceux reliés aux aspects non verbaux. Il a démontré que toutes les personnes pouvaient déterminer quelle langue La Guardia utilisait à chaque moment. Cette découverte a eu un impact considérable sur l'enseignement des langues étrangères. De nos jours, les formations efficaces dans l'apprentissage d'une langue étrangère intègrent des manuels accompagnés de vidéocassettes spécialement conçues pour l'acquisition du comportement non verbal adéquat aux situations de communication particulières à la culture de la langue enseignée.

Source : Gulea, M. (2000). *Les fondements de la communication face-à-face.* www.biblioteca-digitala.ase.ro/biblioteca/carte2.asp?id=138&idb.

Le visage

Nous avons vu au premier chapitre que, dès qu'ils peuvent distinguer les formes, les nouveau-nés sont davantage attirés par la forme du visage humain. Si on leur montre différentes images et si on mesure la durée de fixation de leur regard pour chacune d'entre elles, on découvre qu'ils s'attardent plus longtemps sur le visage humain que sur toute autre image (Fantz, 1961 ; Goren, Sarty et Wu, 1975 ; Umilta, Simion et Valenza, 1996). Cette tendance très précoce à observer le visage humain tient certainement à son rôle dans la communication humaine. Notre visage est la partie la plus expressive de notre corps, c'est sur elle que porte notre regard lorsque nous échangeons avec une autre personne.

> Nous ne saurons jamais tout le bien qu'un simple sourire peut être capable de faire.
>
> – Mère Teresa

L'expression des émotions

Le visage exprime les émotions les plus fondamentales : la tristesse, la joie, la colère, la peur, la surprise, le dégoût, émotions innées et universelles. Ce sont les six émotions de base (Ekman, 1982). En combinant les mouvements du front, du regard, de la mâchoire et de la bouche, notre visage réussit à refléter très subtilement bien d'autres états d'âme : l'inquiétude, l'intérêt, la honte, la douleur, l'extase, l'amusement, le questionnement, la curiosité, le désarroi, etc.

Essayez d'exprimer la surprise seulement par votre visage. Regardez-vous dans le miroir et décrivez avec le plus de détails possible les mouvements particuliers de votre visage qui composent ce sentiment. Si vous l'exprimez comme la plupart des gens, vous aurez probablement les sourcils en forme d'accents circonflexes, le front plissé, les yeux écarquillés, la bouche ouverte et relâchée. Même si cette description diffère quelque peu de la vôtre – d'une personne à une autre, il y a des variantes –, vous reconnaîtrez probablement que les mouvements énumérés ici dénotent la surprise.

Bien sûr, certaines émotions se communiquent et se décodent plus facilement que d'autres. Ainsi, les participants à une étude ont détecté la joie sur le visage d'une personne avec une exactitude variant de 55 % à 100 % ; la surprise, avec une exactitude variant de 38 % à 86 % ; et la tristesse, avec une exactitude variant de 19 % à 88 % (Ekman, Friesen et Ellsworth, 1972). D'autres recherches démontrent que les femmes et les filles se révèlent meilleures juges des émotions traduites par les expressions faciales que les hommes et les garçons (Hall, 1984 ; Argyle, 1988).

Notre visage ne sert pas seulement à faire connaître nos états d'âme. En combinaison avec la parole, les expressions faciales peuvent accentuer le message verbal, le compléter, le répéter à l'occasion, s'y substituer ou même le contredire. Des mouvements de notre visage servent aussi à ponctuer la conversation. Par exemple, en nous tenant la bouche ouverte et en inspirant lentement, nous signifions notre désir de prendre la parole. En fait, l'expression de notre visage ajoute la composante affective au message véhiculé par la parole.

Le contrôle des expressions faciales

Certaines personnes révèlent plus facilement leurs sentiments que d'autres. Cette caractéristique est fonction du contrôle qu'elles peuvent exercer sur l'expression de leurs émotions. Celles qui n'y parviennent pas vont inévitablement établir des rapports plus honnêtes avec les autres – ce qui constitue dans bien des cas un avantage –, mais elles sont par contre plus vulnérables à la manipulation. En fait, il est préférable, dans certaines circonstances, de taire ses émotions (p. ex., lors d'une partie de poker), et dans d'autres, de les exprimer le plus exactement possible (p. ex., dans une relation de couple).

En apprenant comment contrôler nos expressions faciales, nous avons aussi appris les règles de convenance ou de « bon usage » qui dictent dans quelles circonstances il convient d'extérioriser ou non telle émotion. Par exemple, si quelqu'un nous apprend une mauvaise nouvelle qui, secrètement, nous ravit, la règle veut que nous froncions les sourcils ou que nous manifestions d'une façon ou d'une autre notre déplaisir. Si nous enfreignons cette règle, nous donnerons l'impression aux autres de manquer de délicatesse. En apprenant à communiquer non verbalement, il nous faut également apprendre à contrôler l'expression faciale de nos émotions, afin de les camoufler ou de les accentuer, par exemple. Le tableau 4.2 présente quatre moyens bien connus auxquels nous avons recours pour maîtriser l'expression de nos émotions (Malandro, Barker et Barker, 1989 ; Richmond, McCroskey et Hickson, 2012).

Tableau 4.2	Le contrôle des expressions faciales	
Moyen	**Fonction**	**Exemple**
Intensification	Exagérer un sentiment.	Exagérer sa surprise quand des amis organisent une fête, pour leur faire plaisir.
Atténuation	Minimiser l'importance d'un sentiment.	Dissimuler sa joie de vivre en présence d'un ami déprimé.
Neutralisation	Cacher un sentiment.	Cacher sa tristesse pour ne pas déprimer les autres.
Masquage	Remplacer l'expression d'un sentiment par l'expression d'un autre sentiment.	Faire semblant d'être content pour camoufler sa déception de ne pas avoir reçu le cadeau attendu.

Le regard

Le regard représente certainement une source d'information très importante. L'épisode spectaculaire du gardien de but Patrick Roy lors de la fameuse partie du 2 décembre 1995 – alors que le Canadien s'est fait battre 11 à 1 – est un exemple de l'impact du regard. Mario Tremblay est alors l'entraîneur de l'équipe. Lorsque le compte atteint 9 à 1, il décide de retirer son gardien de but. Celui-ci est en colère, frustré et humilié. Lorsqu'il passe devant l'entraîneur, les deux échangent un regard de mépris... Roy se dirige sans s'arrêter vers le président de l'équipe, assis juste derrière le banc des joueurs, et lui signifie sa décision de ne plus jouer pour l'équipe.

Les commentateurs sportifs ont relevé que cette réaction surprenante de la part de Roy avait été déclenchée par le regard «méprisant» de son instructeur. Un seul petit regard d'une fraction de seconde aura été le point de départ d'un grand bouleversement dans la vie de Patrick Roy, de sa famille, du club de hockey Canadien, et également dans les habitudes des partisans. Le regard a un pouvoir évident. Le lendemain, interrogé sur le regard qu'il avait jeté à Patrick Roy, Mario Tremblay s'est excusé en disant ceci: «Je n'ai pas eu de regard méprisant. La caméra a montré mon regard, mais celui de Patrick m'a figé sur place, il avait du feu dans les yeux.» Comment un simple regard peut-il avoir autant d'effet?

> Intimer un ordre c'est intimider un regard.
>
> – Mère Teresa

Si nous cachons tout notre visage à l'exception de nos yeux, nous découvrons simplement des yeux plus ou moins ouverts. Les yeux, en eux-mêmes, varient très peu en fonction de l'état émotionnel d'une personne. Certaines émotions, comme la joie et la surprise, s'expriment davantage par les yeux, mais, en règle générale, les yeux suivent rarement les émotions; le regard varie plutôt selon l'intensité de l'émotion ressentie (Argyle, 1986). Ce que nous attribuons au regard ne vient donc pas seulement des yeux. En fait, la signification du regard n'est pas indépendante du décodage effectué à partir de nombreux autres signaux non verbaux émis au même moment (expression du visage, gestes, posture). Tous ces signaux sont décodés, mais l'interprétation sera attribuée au regard seul.

Quels messages communiquez-vous par les expressions de votre visage et votre regard? Les autres ont-ils déjà mal interprété le sens de vos messages?

Les messages transmis par les yeux varient en fonction de la direction, de la durée et de la qualité du regard. En situation normale, lorsque nous regardons les autres, nous effectuons plusieurs points de fixation sur leur visage d'une durée d'environ 1/3 de seconde, le plus souvent en déplaçant notre regard de la bouche aux yeux (Yarbus, 1967). Argyle (1988) précise que, lors d'une conversation ordinaire entre deux personnes se tenant à deux mètres l'une de l'autre, on a enregistré que le temps durant lequel les interlocuteurs se regardent équivaut à 60% du temps de la conversation totale (75% durant l'écoute et 40% lorsque la personne parle) et que la durée de chacun des coups d'œil était de 3 secondes. La proportion de regards mutuels était de 30% (durée des coups d'œil dans ce cas: 1,5 seconde). Argyle (1988) mentionne que, lorsque le contact visuel est de 15% seulement ou dépasse 80% du temps, il suscite une impression particulière. D'une façon générale, lorsqu'il se prolonge quelque peu, le contact visuel est perçu comme la manifestation d'un intérêt particulier pour l'autre, une invitation à communiquer. Il existe un lien évident entre la durée du contact visuel et le degré d'amitié et d'attraction: nous savons tous que les personnes qui s'aiment se regardent plus longtemps, et ce, mutuellement. Le regard mutuel procure un sentiment d'intimité, d'attraction réciproque, d'ouverture de soi.

Dans l'ensemble, les personnes qui observent le visage de leur interlocuteur passent pour attentives, tandis que celles qui offrent peu de contacts visuels sont considérées comme inattentives et passives (Kleinke, 1986). En fait, nous attribuons aux personnes qui regardent peu les autres des traits de personnalité assez négatifs: «froides», «pessimistes», «prudentes», «défensives» et «immatures», et à l'inverse, les personnes qui regardent les autres passent pour être «sociables», «compétentes», «crédibles» et «amicales» (Kleinke, 1986). Dans ce contexte, nous pouvons nous attendre à ce que le contact visuel favorise les relations interpersonnelles. Une recherche a fait ressortir que les candidats à un emploi qui ne regardent pas beaucoup les évaluateurs du comité de sélection ont moins de chances d'être engagés que les autres (Burgoon, Manusov, Mineo et Hale, 1985). Dans une relation d'aide, les aidants accordent plus facilement leur appui aux personnes qui les regardent qu'à celles qui ne les regardent pas (Snyder, Grether et Keller, 1974).

Le contact visuel raccourcit psychologiquement la distance physique entre les interlocuteurs. Si vous accrochez le regard de quelqu'un à une soirée, par exemple, vous vous rapprochez psychologiquement de cette personne, même si vous en restez éloigné physiquement. À l'inverse, l'évitement du contact visuel témoigne parfois d'un manque d'intérêt pour une personne, pour la conversation ou pour un stimulus quelconque. En d'autres occasions, il peut révéler une timidité extrême. Les personnes très timides évitent le regard des autres, ce qui est souvent perçu à tort comme un manque d'intérêt. L'impression est alors partagée, ce qui n'aide pas les personnes timides à vaincre leur timidité.

L'importance accordée au contact visuel lors d'un rapport interpersonnel varie selon les cultures. Alors que la majorité des Canadiens interprètent le contact visuel direct comme une marque d'honnêteté et de franchise, les Japonais y voient souvent un manque de respect. Ces derniers regardent rarement les autres dans les yeux et, quand ils le font, ils ne jettent que des coups d'œil rapides (Axtell, 1990a). Chez certains peuples latino-américains et amérindiens, le contact visuel direct entre, disons, un professeur et un élève, est perçu comme inconvenant, peut-être même agressif: l'élève doit éviter de regarder le professeur dans les yeux.

Le pouvoir du regard

Le regard a toujours été investi d'un pouvoir particulier, un pouvoir d'action sur autrui. Un regard peut «lancer des flèches», il peut par ailleurs «caresser», «déshabiller», «être pénétrant». Si le regard a le pouvoir d'agir, il peut tenir lieu de message verbal. Il vous est certainement arrivé de voir, un jour, un professeur regarder un élève turbulent et regarder ensuite la porte de la salle de classe, puis regarder l'élève et la porte une deuxième fois: l'élève comprenait rapidement qu'il devait sortir. Les croyances anciennes attribuaient au regard un pouvoir mystique lié à l'idée que l'œil peut lancer, irradier une force surnaturelle qui atteint l'autre et qui agit sur lui. Ainsi, selon la superstition du «mauvais œil», une personne pourrait nuire à une autre par le seul pouvoir du regard qu'elle fixe sur elle. Certains ont la conviction qu'ils peuvent attirer l'attention d'une personne qui leur tourne le dos en fixant tout simplement l'arrière de sa tête. En fait, superstition ou pas, il a été démontré que le regard prolongé sur autrui provoque un véritable malaise. Thayer (1969) a observé que des gens qui se sentaient dévisagés dans une bibliothèque publique démontraient des signes évidents d'inconfort: certains protestaient vivement, d'autres se levaient et quittaient la pièce. Deux raisons peuvent être invoquées pour expliquer ce comportement: d'une part, le fait de dévisager quelqu'un créerait chez cette personne une situation anormale angoissante à laquelle elle voudrait échapper; d'autre part, le regard fixe agirait d'une façon plus viscérale en déclenchant un réflexe ancestral: le regard menaçant et prolongé ne ressemble-t-il pas à celui que l'animal jette sur sa proie avant de l'attaquer?

Le regard peut être un moyen de dominer autrui (Exline, Ellyson et Long, 1975). Avez-vous remarqué que, dans une conversation normale, les gens ont tendance à soutenir davantage le regard lorsqu'ils écoutent que lorsqu'ils parlent? Pour dominer, ils vont avoir tendance à inverser ce processus en s'efforçant de maintenir un plus grand contact visuel en parlant. Avez-vous déjà remarqué ce genre de «comportement de domination visuelle»?

Le toucher

Le toucher est peut-être la première forme de communication (Montague, 1971). Il se développe avant les autres sens; même dans le ventre de sa mère, le fœtus peut être stimulé par le toucher (cette méthode de communication est appelée haptonomie).

Dès sa naissance, l'enfant est caressé, cajolé, dorloté. En outre, il explore son monde par le toucher et apprend rapidement à s'exprimer par ce sens.

Certains chercheurs en communication non verbale définissent ainsi les principales significations du toucher (Jones et Yarbrough,1985):

- Communiquer une émotion positive, comme le soutien, l'appréciation, l'inclusion, l'intérêt sexuel et l'affection.
- Faire part de son intention de jouer, soit affectueusement, soit agressivement.
- Dicter des comportements, des attitudes ou des sentiments. Par exemple, pour attirer l'attention, nous touchons l'autre, comme pour lui dire « Regarde-moi » ou « Regarde vers moi ».
- Respecter un rituel, notamment pour saluer les autres, dire « Bonjour » ou « Au revoir » (poignée de main, bise, accolade, embrassade).
- Accomplir une tâche, par exemple, chasser un cheveu ou une poussière d'un visage, aider quelqu'un à sortir de sa voiture.

Bien qu'il soit normal de toucher et d'être touchés, il nous arrive d'éviter d'être touchés par certaines personnes ou dans certaines circonstances. Des chercheurs en communication non verbale ont découvert d'intéressantes relations entre l'évitement du toucher et d'autres variables de la communication (Andersen et Leibowitz, 1978; Hall, 1996). L'évitement du toucher a un rapport direct avec la peur de communiquer; en effet, ceux qui appréhendent la communication verbale évitent généralement le toucher, tout comme ceux qui n'aiment pas parler d'eux-mêmes. Le toucher et les confidences étant des formes intimes de communication, les personnes qui hésitent à se rapprocher des autres en se confiant à eux semblent aussi hésiter à se rapprocher d'eux en les touchant.

Il y a un rapport également entre le puritanisme et l'absence de contacts physiques. Il est possible de penser comme Burgoon et ses collaborateurs (1994) que le langage a pris le pas sur les attouchements, qui sont considérés comme des signes primitifs. Dans toutes les cultures, les personnes dites « raffinées » ont moins de contacts physiques avec les autres. L'évitement de ce type de contact accompagne le sentiment de supériorité; il ne favorise pas les relations interpersonnelles. Beaucoup de groupes de croissance utilisent les rapprochements physiques pour briser les barrières psychologiques qui existent entre les personnes. Les attouchements rendent les membres plus sensibles les uns aux autres. Le fait d'accepter d'être touchés manifeste aux autres notre ouverture et notre confiance, qui sont deux conditions importantes de l'amélioration des relations interpersonnelles.

La signification de ces touchers varie selon la culture. Ainsi, les touchers dans l'exercice d'une activité professionnelle sont acceptés presque partout en Amérique du Nord, mais ils peuvent être mal vus dans certaines cultures. Les Coréens, par exemple, jugent irrespectueux qu'un commis de magasin touche un client pour, disons, lui remettre sa monnaie; ce geste leur semble trop intime. L'attitude des Coréens paraîtra peut-être froide et blessante à des membres d'autres cultures, qui s'attendent à être touchés.

EN LIGNE 08:45 AM

Le toucher virtuel

Si on peut se voir et s'entendre à distance avec les technologies numériques, on ne peut certainement pas se toucher. Des tentatives sont toutefois faites pour pallier cette impossibilité. S'appuyant sur des recherches menées au départ pour aider les enfants autistes, une compagnie propose le « T.Jacket », un blouson qui permet de faire un câlin à distance. Le câlin est déclenché à l'aide d'un téléphone intelligent, qui donne l'ordre de gonfler des poches d'air dans le blouson, ce qui produit la sensation d'être serré dans les bras de quelqu'un.

Plus divertissant, et pour des jeux sexuels à distance, une autre compagnie développe des sous-vêtements équipés de pastilles qui simulent la sensation du toucher. Un « partenaire » touche différents points sur l'écran de son téléphone cellulaire, ce qui provoque une sensation chez l'autre.

Évitez-vous de toucher les autres?

Voici 18 énoncés relatifs à ce que vous ressentez lorsque vous touchez une autre personne et lorsque quelqu'un vous touche. À l'aide de l'échelle, indiquez dans quelle mesure chaque énoncé s'applique à vous.

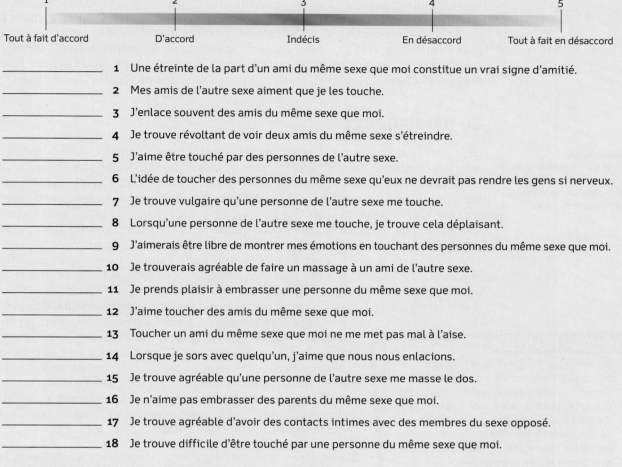

1	2	3	4	5
Tout à fait d'accord	D'accord	Indécis	En désaccord	Tout à fait en désaccord

_____ **1** Une étreinte de la part d'un ami du même sexe que moi constitue un vrai signe d'amitié.

_____ **2** Mes amis de l'autre sexe aiment que je les touche.

_____ **3** J'enlace souvent des amis du même sexe que moi.

_____ **4** Je trouve révoltant de voir deux amis du même sexe s'étreindre.

_____ **5** J'aime être touché par des personnes de l'autre sexe.

_____ **6** L'idée de toucher des personnes du même sexe qu'eux ne devrait pas rendre les gens si nerveux.

_____ **7** Je trouve vulgaire qu'une personne de l'autre sexe me touche.

_____ **8** Lorsqu'une personne de l'autre sexe me touche, je trouve cela déplaisant.

_____ **9** J'aimerais être libre de montrer mes émotions en touchant des personnes du même sexe que moi.

_____ **10** Je trouverais agréable de faire un massage à un ami de l'autre sexe.

_____ **11** Je prends plaisir à embrasser une personne du même sexe que moi.

_____ **12** J'aime toucher des amis du même sexe que moi.

_____ **13** Toucher un ami du même sexe que moi ne me met pas mal à l'aise.

_____ **14** Lorsque je sors avec quelqu'un, j'aime que nous nous enlacions.

_____ **15** Je trouve agréable qu'une personne de l'autre sexe me masse le dos.

_____ **16** Je n'aime pas embrasser des parents du même sexe que moi.

_____ **17** Je trouve agréable d'avoir des contacts intimes avec des membres du sexe opposé.

_____ **18** Je trouve difficile d'être touché par une personne du même sexe que moi.

Quel est votre résultat? Calculez votre note de la façon suivante:

N.B. Pour les énoncés 4, 7, 8, 16 et 18, vous devez inverser vos points (1 devient 5; 2 devient 4; 3 reste 3; 4 devient 2; et 5 devient 1).

Pour évaluer dans quelle mesure vous évitez de toucher les personnes du même sexe que vous, calculez le total des points associés aux énoncés 1, 3, 4, 6, 9, 11, 12, 13, 16 et 18.

Pour évaluer dans quelle mesure vous évitez de toucher les personnes de l'autre sexe, calculez le total des points associés aux énoncés 2, 5, 7, 8, 10, 14, 15 et 17.

Pour obtenir votre note totale, additionnez les deux totaux partiels.

Plus la note est élevée, plus l'évitement du toucher est prononcé – en d'autres termes, plus vous avez tendance à éviter le toucher. Des études menées par Andersen et Leibowitz (1978), les créateurs de ce test, révèlent que les notes moyennes en matière d'évitement du toucher à l'égard des personnes de sexe opposé sont de 12,9 pour les hommes et de 14,85 pour les femmes. En ce qui regarde l'évitement du toucher à l'égard des personnes de même sexe, les notes moyennes sont de 26,43 pour les hommes et de 21,70 pour les femmes. Vos notes sont-elles comparables à celles des étudiants qui ont participé à la recherche d'Andersen et Leibowitz? Votre évitement du toucher a-t-il tendance à être plus marqué en présence de personnes appartenant à une culture différente de la vôtre? Pouvez-vous discerner des types de personnes et de situations par lesquels votre évitement du toucher serait particulièrement prononcé? Particulièrement faible?

Êtes-vous satisfait de votre note? Aimeriez-vous modifier vos tendances en ce qui a trait à l'évitement du toucher? Comment pourriez-vous y arriver?

Source: Adapté de Andersen, P., et Liebowitz, K. (1978, hiver). The development and nature of the construct touch avoidance. *Environmental Psychology and Nonverbal Behavior*, 3 (2): 89-106.

La fréquence des contacts physiques varie également d'une culture à une autre. Par exemple, les Noirs des États-Unis ont davantage de contacts physiques que les Blancs ; leur fréquence diminue de la maternelle à la sixième année chez les enfants blancs, mais non chez les enfants noirs (Burgoon, Buller et Woodall, 1996). Chez les Japonais, les contacts physiques sont plus rares que chez les Anglo-Saxons et plus rares encore que chez les Européens du Sud (Morris, 1977 ; Burgoon, Buller et Woodall, 1996).

Dans la culture nord-américaine, les hommes évitent davantage de toucher d'autres hommes que les femmes n'évitent de toucher d'autres femmes. Cette réticence chez les hommes à se toucher expliquerait, selon Burgoon et ses collègues (1994), la plus grande distance physique qu'ils conservent entre eux : les hommes ne se rapprocheraient pas trop, de crainte du contact physique. Par contre, les femmes évitent davantage de toucher des hommes que les hommes n'évitent de toucher des femmes.

Le paralangage

PARALANGAGE
Aspect vocal (mais non verbal) de la parole ; inclut l'ensemble des indices sonores en dehors des paroles elles-mêmes.

On entend par **paralangage** la dimension vocale (mais non verbale) de la parole : la manière de dire les choses, la forme, plutôt que le contenu du discours. Outre l'accent ou la hauteur tonale, les signaux vocaux comprennent le débit, le volume et le rythme ainsi que les sons qui accompagnent les pleurs, les chuchotements, les gémissements, les rots, les bâillements et les cris (Trager, 1958, 1961 ; Argyle, 1988). Toute variation vocale émet un message. Une personne qui parle rapidement sans faire de pause peut communiquer sa nervosité ou son anxiété, une autre qui crie manifeste son agressivité. En variant le débit, le volume, le rythme ou la hauteur tonale, nous modifions le message, même si les mots sont identiques. Par exemple, la façon de dire « Allô » au téléphone a une grande influence sur la conversation qui s'ensuit : ce petit mot d'accueil peut être dit sur un ton chaleureux qui invite à la conversation, il peut être prononcé d'un ton sec ou encore agressif et décourager ainsi la conversation. Les bons communicateurs apprennent à contrôler les indices vocaux. Dans les situations de relations humaines cruciales, comme lors d'un entretien avec une personne qui veut se suicider ou qui est au bord d'une crise de nerfs, ou encore en face d'un groupe prêt à se révolter, le ton de la voix prend une importance capitale, au point de faire la différence entre une intervention réussie et un échec.

POUR S'AMÉLIORER

Attention, il faut éviter d'appliquer les conclusions des études à toutes les formes de communication (MacLachlan, 1979). Par exemple, si vous accélérez votre vitesse d'élocution en espérant être plus efficace, vous risquez de paraître si peu naturel que les autres remarqueront davantage le débit que le contenu de votre message.

Il nous arrive souvent de porter des jugements sur les gens, leur état émotif ou même leur personnalité, en fonction de leurs signaux vocaux. L'expression vocale, à elle seule, nous permet d'avoir une juste idée de l'état émotif de notre interlocuteur si nous parlons la même langue que lui. Toutefois, les signaux vocaux ne sont pas aussi précis pour communiquer des émotions entre interlocuteurs qui ne parlent pas la même langue (Albas, McCluskey et Albas, 1976 ; Scherer, 1986).

La vitesse d'élocution est l'aspect le plus étudié du paralangage (MacLachlan, 1979). Il intéresse les publicitaires, ceux et celles qui font carrière en politique et, de fait, quiconque veut transmettre une information ou persuader son interlocuteur. Le débit du discours est particulièrement important quand chaque seconde compte. Dans une communication à sens unique (quand l'un des interlocuteurs parle beaucoup, et l'autre, peu), ceux et celles qui parlent vite (environ une fois et demie plus vite que la normale) sont plus persuasifs. Les gens sont plus facilement d'accord avec un locuteur rapide qu'avec un locuteur lent, et ils trouvent le premier plus intelligent et plus objectif que le second (Swanbrow, 2011).

Du point de vue de la compréhension, la vitesse d'élocution produit un effet intéressant (Jones, Berry et Stevens, 2007). Quand le débit augmente de 50 %, la compréhension ne baisse que de 5 % ; quand le débit augmente de 100 %, la compréhension ne baisse que de 10 %. Mais ces « pertes » de 5 % et de 10 % sont largement compensées par l'accélération du débit; c'est pourquoi il est beaucoup plus efficace de parler rapidement pour communiquer une information. Au-delà d'une augmentation de 100 %, cependant, la diminution de la compréhension est plus prononcée, et alors les pertes l'emportent sur les gains.

Les silences

Les pauses sont de courts moments de silence qui divisent le discours en unités compréhensibles. Ces moments sont l'occasion de transférer la parole d'un interlocuteur à un autre. Il arrive parfois que le locuteur n'ait plus rien à dire et que l'autre ou les autres personnes ne prennent pas à leur tour la parole. Il s'ensuit un moment de silence très difficile à supporter dans la plupart des cas. Les personnes reconnues comme sociables et bonnes communicatrices éprouvent plus de facilité que les autres à combler ces « trous » dans la conversation, ce qui libère tout le monde de l'embarras qu'ils produisent.

EN LIGNE

Les silences

Après avoir envoyé un message texte ou un courriel, ou avoir modifié son profil sur sa page personnelle (Facebook ou autre), personne ne s'attend à une réponse immédiate. Le délai entre l'envoi d'un message et sa réponse peut être considéré comme un silence à partir d'une certaine limite. Ce silence ou non-réponse peut être problématique. Passé un certain temps, qui varie en fonction des personnes et de la nature du message, l'absence de réponse pourra être interprétée comme un manque d'intérêt de la part d'autrui, ou peut-être le message n'a-t-il pas été reçu ? En réalité, dans le contexte d'une communication numérique asynchrone, les silences ne devraient pas avoir la même signification que dans une situation où les personnes se trouvent en présence l'une de l'autre. Ce n'est pourtant pas ce que pensent nombre d'internautes. Par exemple, lorsqu'il envoyait ses préférences musicales, un étudiant de secondaire décrivait l'anxiété qu'il ressentait à attendre une rétroaction de la part de ses amis sur Facebook (Bennhold, 2011). L'interprétation faite de ces silences en ligne peut avoir des conséquences sur les relations interpersonnelles (Pettigrew, 2010). Ces données rejoignent aussi ce que nous avons dit plus tôt sur le sentiment d'être exclu en ligne (voir la rubrique En ligne intitulée « Le sentiment de rejet », au chapitre 3).

En fait, les silences font partie de la communication. Bien sûr, ils peuvent tout simplement signifier que nous n'avons rien à dire, qu'aucune idée ne nous vient à l'esprit ou que nous préférons nous taire. Par contre, tout aussi significatifs que les mots et les gestes, ils peuvent remplir également d'importantes fonctions (Jaworski, 1993 ; Johannesen, 1974). Ils peuvent tout d'abord *donner au locuteur le temps de réfléchir*, d'organiser son propos. Avant d'avouer notre amour ou d'aborder une question délicate, nous demeurons bien souvent silencieux. Le silence prépare le terrain.

Certains se servent du silence comme d'une arme pour *blesser* les autres. Après une querelle, par exemple, ils s'enferment dans un mutisme obstiné, ils boudent, pour punir l'autre. Ce silence fait mal aux personnes sensibles, qui le perçoivent non seulement comme un refus de communiquer, mais aussi comme un refus d'amour ou, pire, comme une manifestation de mépris ou d'indifférence.

Parfois, le silence est *le résultat de l'anxiété, de la timidité ou de la menace*. Comme nous l'avons vu au premier chapitre, la gêne ou la peur de rencontrer de nouvelles personnes nous incite à demeurer silencieux. Ce silence nous met à l'abri du rejet, car ce n'est qu'en le brisant et en cherchant à communiquer avec l'autre que nous risquons d'être rejetés.

Le silence peut évidemment servir à *empêcher la communication* de certains messages. En cas de conflit, nous préférons parfois éviter certains sujets et nous taire plutôt que risquer de prononcer des paroles regrettables. Le silence nous donne alors le temps de nous calmer et de prévenir les expressions de haine, les critiques sévères ou les insultes qui, nous le savons, sont irrévocables.

Comme les yeux, le visage et les mains, le silence peut aussi *communiquer des réactions émotionnelles* (Ehrenhaus, 1988). Il exprime tantôt le refus de coopérer ou la rébellion contre l'autorité (en refusant la communication verbale, nous défions

POUR S'AMÉLIORER

Les différents silences – qu'ils expriment la colère, la frustration, l'attention, l'amour, la sentence, l'obstination, etc. – ne se distinguent évidemment pas par eux-mêmes, car il n'y a rien de perceptible dans un silence qui permette d'en connaître l'origine. Ce sont les autres indices non verbaux qui renseignent sur le sens à donner à un silence (posture, expressions faciales, gestes).

l'autre ou la légitimité de la position qu'il occupe); tantôt la contrariété (et nous faisons la moue, les narines dilatées, les bras croisés sur la poitrine); tantôt l'affection ou l'amour (les longues pauses contemplatives des amoureux ne sauraient être dérangées par la parole, toute la place est laissée au décodage des signes non verbaux d'expression amoureuse qui se suffisent alors très bien).

L'utilisation des objets

Les objets influent sur la communication et sont eux-mêmes porteurs de messages. Un bureau dans une pièce sépare et démarque les gens. Les chaises droites inconfortables découragent les confidences et les longues conversations. Par exemple, une personne affalée dans un fauteuil aurait beaucoup de mal à avoir de l'autorité sur un interlocuteur qui serait debout. Une table rectangulaire autour de laquelle discutent un groupe de personnes favorise l'intervention de celles placées aux bouts de la table, car elles sont plus en évidence. Une autre table, plus longue, incite à la formation de sous-groupes de discussion. Dans une salle de classe, les pupitres et les chaises sont disposés de façon à favoriser les échanges professeur/élèves plutôt que les échanges entre les élèves.

Ces exemples montrent comment la disposition spatiale des personnes et des éléments physiques de l'environnement peut influer sur la communication interpersonnelle. À l'intérieur des facteurs visuels liés à l'environnement, il faut souligner les effets certains de l'éclairage sur la communication. Nous savons tous, pour en avoir fait l'expérience, que les gens parlent moins fort dans une pièce sombre que dans une pièce très éclairée. Un éclairage tamisé ajoute à l'ambiance intime et favorise les confidences en incitant les personnes à se rapprocher (Knapp, 1978).

Les objets influent sur les relations interpersonnelles. La matraque et l'arme à feu du policier imposent le respect et la retenue. La petite fente d'un guichet bancaire, destinée à faire sortir les billets de banque, impose l'absence de tout contact physique. La personne qui vous accueille en restant derrière son bureau vous signifie qu'elle désire garder ses distances avec vous; elle utilise dans ce cas son bureau comme un bouclier, un paravent, une barricade.

L'ambiance qui se dégage d'une pièce, la disposition des objets, les meubles, l'éclairage sont des contraintes physiques qui influent sur les relations interpersonnelles. Ces différents facteurs, notamment les objets directement associés à la personne, modifient la communication en fournissant des renseignements sur la personnalité des communicateurs et sur le genre de relations qu'ils comptent établir.

Les objets nous révèlent

Les objets qui décorent une pièce et qui sont laissés à la vue des autres communiquent des messages. Par exemple, dans le bureau d'un grand gestionnaire, les trois livres d'art bien en évidence dans une bibliothèque disent: «Voyez, je ne suis pas seulement un technocrate froid et sans âme!» La raquette de tennis posée sur une étagère dans le bureau d'un professeur de philosophie signifie: «Je ne suis pas seulement cérébral, je suis aussi sportif!» Finalement, la grande pièce qui constitue le bureau d'un directeur n'a d'autre fonction que d'afficher l'importance de son rang dans l'entreprise.

Il en va de même de la maison ou de l'appartement que nous occupons. Du coût de notre mobilier, les gens en déduisent notre rang social et notre niveau de vie; de son agencement, notre sens esthétique. Les magazines qui traînent sur nos tables en disent long sur nos sujets d'intérêt. Le simple fait d'avoir disposé des fauteuils autour du téléviseur peut révéler l'importance de la télévision dans notre vie, et un grand nombre de bibliothèques sur les murs, l'intérêt que nous portons à la lecture… En effet, presque chaque objet d'une maison est porteur d'un message nous permettant de connaître un peu les personnes qui l'habitent. Ordinateur, écran géant, appareils électroménagers et portraits à l'huile des arrière-grands-parents, tout cela dit quelque chose sur les propriétaires de la maison.

D'après ce qui figure sur cette photographie, que diriez-vous des gens qui habitent cette maison ? L'absence de certains objets est tout aussi révélatrice. Que penseriez-vous par exemple des occupants d'une maison qui ne posséderaient aucun téléviseur ? Aucun téléphone ? Aucun livre ?

Les vêtements et les parures

Les gens se font – en partie – une idée de ce que nous sommes à la façon dont nous nous habillons. Qu'elles soient justes ou non, leurs déductions rejailliront sur l'opinion qu'ils se feront de nous et sur l'attitude qu'ils auront à notre égard. Ils jugeront de notre classe socioéconomique, de notre sérieux, de nos convictions politiques ou morales, de notre souci des convenances, de notre sens esthétique et peut-être même de notre créativité – en partie, du moins – par notre tenue vestimentaire (Burgoon et coll., 2010 ; Knapp et Hall, 1992). Il en va de même au collège : un professeur qui s'habille d'une manière décontractée sera perçu comme une personne accessible, juste, enthousiaste et compréhensive, alors que celui qui porte des vêtements plus classiques sera considéré comme cultivé et méthodique (Malandro, Barker et Barker, 1989).

Les bijoux et les parures que nous arborons révèlent également notre personnalité. Les joncs de mariage et les bagues de fiançailles sont les exemples parfaits d'objets qui communiquent un message. Si vous portez une montre Rolex ou une bague sertie de pierres précieuses, les autres en déduiront probablement que vous êtes riche. Mais voyons un exemple plus discret. Sophie porte toujours ses petites lunettes, qui quelquefois glissent sur son nez. En fait, sa vision est assez bonne et elle pourrait s'en passer la plupart du temps, mais elle ne veut pas se montrer sans elles, car les lunettes, croit-elle, s'accordent bien avec l'image d'intellectuelle qu'elle s'efforce de refléter. Mais si les lunettes font le bonheur des uns, elles peuvent aussi faire le malheur des autres : Martin, lui, a souvent les yeux irrités par ses lentilles cornéennes. Il possède pourtant une paire de lunettes, mais il ne veut jamais les porter en public. Elles ne correspondent tout simplement pas à l'image de sportif qu'il veut projeter !

L'utilisation de l'espace

La façon dont nous utilisons l'espace envoie aussi des messages aux autres. Nous aborderons dans cette section la tendance de chacun à délimiter son territoire et celle qui consiste à mettre une distance plus ou moins grande entre nous et les autres afin de leur signifier notre niveau d'engagement.

La territorialité

La notion de territoire s'applique aux endroits sur lesquels certaines personnes prétendent détenir des droits. Le territoire d'une personne est constitué des zones qu'elle s'est attribuées, pour lesquelles elle ressent un « sentiment de possession », que cette possession soit officielle ou simplement officieuse. Par exemple, Pierre est directeur adjoint du personnel dans une usine. Il n'a pas de place réservée pour lui dans le stationnement. Pourtant, il gare toujours son automobile à la même place : « Je considère que cette place m'appartient, et je me sens brimé lorsqu'une autre voiture y est stationnée. Comme je ne peux pas marquer ni protéger ce territoire (après tout, le stationnement est public), je m'efforce d'arriver plus tôt, ce qui m'assure la place ! » Habituellement, pour signaler et protéger un territoire, nous avons recours à toutes sortes de procédés : l'écriteau bien en vue sur lequel nous inscrivons « Propriété privée » ou « Ne pas déranger », ou plus subtilement, dans un lieu public, la veste que nous laissons pour garder notre place au cinéma par exemple, tout comme les livres et les cahiers à la bibliothèque. D'autres types de bornes ou de repères servent à délimiter notre territoire : la barre utilisée à la caisse du supermarché pour séparer nos provisions de celles de l'acheteur précédent ou suivant, l'accoudoir qui, au théâtre, sépare notre fauteuil de celui du voisin.

TERRITORIALITÉ
Attitude possessive ou réaction de possession démontrée à l'égard d'un espace particulier.

La **territorialité** varie selon le pouvoir et le statut social des gens. Dans quelques années, lorsque Pierre sera devenu directeur de l'usine, il aura droit à une place réservée, avec un écriteau portant son nom. La taille du territoire augmente à mesure qu'on gravit l'échelle sociale : les cadres, les professeurs, les officiers supérieurs ont des territoires privés que les employés, les élèves et les simples soldats n'ont pas ; ces derniers doivent partager des espaces communs, un bureau avec des cloisons mobiles, une salle de classe ou un dortoir. Dans les relations interpersonnelles, le territoire procure un avantage à son propriétaire, qui s'y sent plus à l'aise et en position d'autorité.

Le rang social se traduit également dans la loi tacite accordant le droit d'invasion. Ainsi, dans certaines cultures et certaines organisations, les personnes qui occupent une position importante ont davantage le droit d'envahir le territoire des autres. Le président d'une grande compagnie peut envahir le territoire d'un simple cadre en faisant irruption dans son bureau, mais l'inverse serait inconcevable.

Les distances

Il existe autour de nous un territoire qui nous suit partout, c'est notre «bulle» personnelle, un espace invisible dont les limites atteignent environ la moitié d'un mètre. Lorsqu'une personne qui ne nous est pas familière franchit ce territoire personnel, nous nous sentons aussitôt mal à l'aise, menacés. Seules les personnes que nous connaissons intimement sont acceptées à l'intérieur de cette bulle personnelle.

Edward T. Hall (1971) distingue quatre zones ou distances qui définissent le genre de relation entre les personnes et le genre de communication dans lequel elles sont susceptibles de s'engager.

La **distance intime**, qui couvre de 0 cm à 45 cm, est celle à laquelle il est impossible de ne pas sentir la présence de l'autre – impossible de ne pas l'entendre, de ne pas respirer son odeur, de ne pas sentir son haleine. C'est l'espace de l'amour, du réconfort, de la protection. Cette distance est si courte que la plupart des gens l'estiment inconvenante en public.

La **distance personnelle**, qui couvre de 45 cm à 1,20 m, est celle de la bulle protectrice que chacun s'accorde et qui nous garde à l'abri d'autrui. À cette distance, nous pouvons quand même tenir ou toucher l'autre – permettre à des proches d'entrer dans notre bulle –, mais seulement en tendant le bras. À la limite extérieure de cette bulle, nous ne pouvons toucher l'autre que si cette personne tend aussi le bras. C'est à cette distance qu'ont lieu la plupart des échanges interpersonnels – parler avec des amis ou des membres de la famille, par exemple.

La **distance sociale**, qui couvre de 1,20 m à 3,60 m et dans laquelle il devient difficile de distinguer la plupart des détails visuels de la distance personnelle, est celle des rapports d'affaires et des rapports sociaux. Plus elle est grande, plus elle semble rendre ces rapports formels. Les cadres supérieurs d'entreprise placent leur bureau de manière à maintenir au moins cette distance entre eux et leurs clients.

La **distance publique**, qui couvre de 3,60 m à plus de 7,50 m, nous met à l'abri des autres. Elle nous permet de nous préparer à nous défendre en cas de menace. Dans un autobus ou un train, par exemple, c'est la distance minimale que nous tiendrons entre nous et un ivrogne. Même si, à cette distance, nous ne distinguons plus nettement le visage ni les yeux de la personne, nous sommes encore assez près pour constater son état.

Plusieurs facteurs influent sur notre façon d'occuper l'espace dans nos communications, notamment le rang social, le sujet de conversation, la culture, l'appartenance sexuelle et l'âge. En voici quelques exemples (Burgoon et coll., 2010).

Les personnes d'un même rang social maintiennent entre elles des distances plus courtes qu'elles ne le feraient avec des personnes d'un autre rang. En général, c'est la personne appartenant au rang social le plus élevé qui se permet de se rapprocher de l'autre.

Les discussions portant sur des sujets personnels nous incitent à nous tenir plus près des autres que les discussions sur des sujets impersonnels. En outre, nous nous tenons plus près de ceux qui font notre éloge que de ceux qui nous critiquent.

Les membres de cultures différentes traitent différemment l'espace. Par exemple, pour converser, les Européens du Nord et beaucoup d'Américains se tiennent à une distance plus grande les uns des autres que ne le font les Européens du Sud et les populations du Moyen-Orient. Les premiers interprètent généralement l'attitude des seconds comme une marque d'arrogance ou de sans-gêne, alors que les seconds interprètent l'attitude des premiers comme une marque de froideur.

L'appartenance sexuelle influe également sur les relations que nous entretenons avec l'espace. En général, lors d'une conversation, les femmes se tiennent plus près les unes des autres que les hommes ne le font entre eux; en outre, les gens se rapprochent davantage des femmes que des hommes. Avec l'âge, nous avons tendance à élargir notre bulle. Ainsi, les enfants se tiennent plus près des autres que les adultes. Ces constatations portent à croire qu'il s'agit là de comportements acquis. L'encadré 4.4 présente d'autres principes associés à l'espace personnel.

Encadré 4.4 **Les facteurs qui influent sur les distances interpersonnelles**

- Un homme se rapprochera davantage d'une femme que d'un autre homme.
- Nous nous tenons plus éloignés des personnes qui ont un statut social plus élevé que le nôtre.
- Nous acceptons de nous rapprocher plus facilement de nos pairs que de personnes plus jeunes ou plus vieilles que nous.
- Les personnalités extraverties s'approchent plus volontiers des autres.
- Les personnalités violentes ont besoin de plus d'espace, leur bulle personnelle est plus grande (quatre fois plus grande que celle des personnalités non violentes).
- L'espace personnel augmente ou diminue selon la culture : un Américain se sent menacé à une distance de 45 cm d'un autre, alors qu'un Italien est encore à l'aise s'il se trouve à une distance de 30 cm d'un de ses compatriotes.
- L'attraction personnelle influe sur les distances interpersonnelles. Nous abordons plus facilement les personnes que nous trouvons attirantes, comme nous acceptons plus volontiers leur proximité.
- Nos attentes sur les futures relations modifient la distance interpersonnelle. Par exemple, lors d'une entrevue avec leur professeur, les élèves qui s'attendent à être félicités se rapprochent davantage de lui que ceux qui s'attendent à être critiqués.
- La nature de la situation influe sur les distances interpersonnelles. Lors d'une rencontre informelle, les gens se rapprochent plus facilement les uns des autres.
- Lorsque nous sommes contrariés, nous acceptons moins facilement la proximité des autres.
- À l'intérieur d'un groupe, la distance interpersonnelle dépend du degré de coopération.
- Dans une relation d'aide, une distance interpersonnelle trop grande réduit la confiance envers la personne aidante.
- Les membres d'un groupe sont plus persuasifs et crédibles à 45 cm (la distance la plus rapprochée de la zone de Hall) qu'à 1 m.
- Dans l'ensemble, les groupes fonctionnent mieux lorsque leurs membres sont placés à une petite distance les uns des autres.

Sources : Ces principes sont tirés de Anderson, P.A. (1992). Non verbal communication in the small Group. Dans R.S. Cathcart et L.A. Samovar (dir.), *Small Group Communication* (6e éd.). Dubuque, IA : Win. C. Brown Publishers ; et Burgoon, M., Hunsaker, F.G. et Dawson, F.J. (dir.) (1994), *Human Communication* (3e éd.). London, New Delhi : Sage Publications.

L'utilisation du temps

L'emploi du temps, c'est-à-dire la manière de l'organiser et d'y réagir (Bruneau, 2009, 2010), envoie aussi des messages aux autres. Par exemple, vous demandez un rendez-vous à votre patron pour discuter d'un problème important. Il vous convoque à 16 h 50, alors que votre quart de travail se termine à 17 h. Cette décision vous renseigne sur l'importance qu'il accorde à votre demande. Le message implicite qu'il peut transmettre est qu'à ses yeux, ce problème doit être réglé rapidement. Voici un second cas de figure : à l'occasion d'un rendez-vous avec une personne que vous rencontrez pour la première fois, celle-ci se présente avec 30 minutes de retard sans vous fournir d'excuse valable. Vous serez probablement fâché et allez considérer que cette personne manque de politesse.

La conception que l'on a du temps et la façon dont on le gère traduisent également les différences culturelles. Deux types de temps, déterminés par la culture, sont particulièrement importants dans la communication non verbale : le temps formel et le temps informel. Chez les Nord-Américains, le temps formel se mesure en secondes, en minutes, en heures, en jours, en semaines, en mois et en années, tandis qu'en d'autres endroits du monde il peut se mesurer en phases de la Lune ou en saisons. Comme nous pouvons le constater, ces unités de temps sont arbitraires et chaque culture les établit pour des

Découvrez votre orientation temporelle

Vrai (V) ou faux (F)? Indiquez si les énoncés suivants s'appliquent à vous.

1 Je renonce à une sortie avec des amis quand je dois travailler, afin de respecter les délais. _____

2 Je remplis mes obligations envers mes amis et les autorités. _____

3 Je remets mes devoirs à temps en travaillant régulièrement. _____

4 Je suis capable de résister aux tentations quand j'ai un travail à faire. _____

5 Je suis capable d'accomplir une tâche difficile et peu intéressante pour gagner du temps. _____

6 Si les choses ne sont pas faites à temps, je ne m'en formalise pas. _____

7 Je trouve inutile d'organiser mon emploi du temps trop longtemps d'avance parce que les choses arrivent rarement comme il a été prévu qu'elles arriveraient. _____

8 J'essaie de vivre un jour à la fois. _____

9 J'essaie de tirer le meilleur parti de ce qui se passe aujourd'hui au lieu de m'inquiéter de ce qui arrivera demain. _____

10 À mon avis, il est ridicule de s'inquiéter de l'avenir, puisque nous ne savons pas ce que le sort nous réserve. _____

11 Je considère que s'amuser avec des amis est l'un des plus grands plaisirs de la vie. _____

12 J'agis spontanément, sous l'impulsion du moment. _____

13 Je prends des risques pour mettre du piment dans ma vie. _____

14 Je me saoule avec mes amis. _____

15 J'aime les jeux de hasard. _____

16 Je trouve agréable de songer à l'avenir. _____

17 Quand je veux accomplir quelque chose, je me fixe des objectifs graduels et j'étudie les moyens de les réaliser. _____

18 Il me semble que mon plan de carrière est assez bien défini. _____

19 Je déteste être en retard à un rendez-vous. _____

20 Je remplis à temps mes obligations envers mes amis et les autorités. _____

21 Je déteste attendre à un rendez-vous. _____

22 Je trouve raisonnable d'investir une bonne partie de mon salaire dans des assurances. _____

23 Je crois qu'«un point à temps en vaut cent». _____

24 Je crois qu'«un "tiens" vaut mieux que deux "tu l'auras"». _____

25 Je crois important d'économiser pour les mauvais jours. _____

26 Je pense qu'il faut planifier sa journée chaque matin. _____

27 Je fais des listes de choses à faire. _____

28 Quand je veux accomplir quelque chose, je me fixe des objectifs et je cherche les moyens de les réaliser. _____

Ce test mesure sept facteurs. Si vous avez répondu «vrai» pour l'ensemble ou la majorité des énoncés décrivant un facteur, votre score est élevé quant à ce facteur. Si vous avez répondu «faux» pour l'ensemble ou la majorité des énoncés décrivant un facteur, votre score est bas ou faible quant à ce facteur. En lisant la liste des facteurs, calculez votre score et demandez-vous comment votre attitude relativement au temps influe sur votre vie – comme élève, comme ami, comme membre d'une famille.

Le premier facteur (mesuré par les questions 1 à 5) a trait à l'importance accordée à l'avenir, à la motivation au travail, à la persévérance. Les personnes qui ont un score élevé manifestent une grande éthique professionnelle et tiennent à accomplir leurs tâches malgré les difficultés et les tentations.

Le deuxième facteur (questions 6 à 10) a trait à l'importance accordée au présent, au «destin» et à l'insouciance. Les personnes qui ont un score élevé vivent une journée à la fois, pas nécessairement pour en profiter, mais pour ne pas avoir à s'inquiéter du lendemain.

Le troisième facteur (questions 11 à 15) a trait à la recherche du plaisir. Les personnes qui ont un score élevé profitent de l'instant présent, prennent des risques et agissent sur des coups de tête.

Le quatrième facteur (questions 16 à 18) a trait à l'importance de la planification et des objectifs, à la prévoyance. Les personnes qui ont un score élevé prennent plaisir à se fixer des buts et à les atteindre.

Le cinquième facteur (questions 19 à 21) a trait à la ponctualité. Les personnes qui ont un score élevé sont particulièrement soucieuses de l'heure et en tiennent compte dans leurs obligations sociales.

Le sixième facteur (questions 22 à 25) a trait à la préparation concrète de l'avenir, à la détermination. Les personnes qui ont un score élevé prennent les mesures nécessaires pour réaliser ce qu'elles souhaitent.

Le septième facteur (questions 26 à 28) a trait à l'obsession de la planification quotidienne. Les personnes qui ont un score élevé préparent des listes de choses à faire et accordent beaucoup d'attention aux détails.

Source: Gonzalez, A., et Zimbardo, P.G. (1985). Time in perspective: What time do you have? *Psychology Today*, mars.

raisons de commodité. Le temps informel, lui, a trait au temps perçu – à la signification, par exemple, des termes « toujours », « immédiatement », « bientôt », « tout de suite », « le plus tôt possible ». Cette sorte de temps suscite davantage de problèmes de communication, parce que les termes ont une signification différente selon les gens.

Hall (1959, 1976) fait une autre distinction intéressante entre **monochronisme** et **polychronisme**. Dans les cultures monochroniques, telles les cultures américaine, allemande, scandinave et suisse, les gens font ou prévoient faire une chose à la fois. Ils compartimentent leur temps : « Un temps pour chaque chose, chaque chose en son temps », dit le proverbe. En revanche, dans les cultures polychroniques (comme les cultures latino-américaine, méditerranéenne, arabe), les gens font plusieurs choses simultanément : ils peuvent en même temps manger, conclure des affaires avec des associés ou des clients et régler des questions familiales. Notons qu'aucune culture n'est tout à fait monochronique ou polychronique. Ce sont là des tendances générales qui, parfois, se combinent. Le tableau 4.3 (d'après Hall et Hall, 1987) présente quelques-unes des distinctions entre ces deux formes de temporalité.

MONOCHRONISME
Caractère des cultures où les individus souhaitent ne faire qu'une seule chose à la fois et où la planification du temps est relativement compartimentée.

POLYCHRONISME
Caractère des cultures où les individus font plusieurs choses simultanément et où la planification du temps est relativement souple.

Tableau 4.3 Monochronisme et polychronisme	
La personne de type monochronique…	**La personne de type polychronique…**
fait une chose à la fois.	fait plusieurs choses à la fois.
respecte les échéanciers et les plans de travail (et n'y déroge que pour des motifs très graves).	considère les échéanciers et les plans de travail comme utiles (mais non sacrés) et se permet d'y déroger pour une foule de raisons.
considère que le travail passe avant tout, même avant la famille.	considère que la famille et les relations personnelles passent avant le travail.
a besoin de solitude et d'indépendance (notamment dans son travail), et prête ou emprunte rarement de l'argent.	a besoin de contacts interpersonnels et travaille avec beaucoup de gens.

LA COMMUNICATION VERBALE ET LA COMMUNICATION NON VERBALE

Après avoir consacré deux chapitres à l'étude de la communication verbale et de la communication non verbale, nous sommes maintenant en mesure de les différencier et de réfléchir à ce qui les unit à l'intérieur d'une relation interpersonnelle. Lorsque nous parlons à quelqu'un, nous utilisons indistinctement ces deux types de communication. Quelles sont les différences entre les deux ? Comment se complètent-ils l'un et l'autre à l'intérieur d'une relation interpersonnelle ? Telles sont les deux questions auxquelles tente de répondre cette section.

Les différences entre les deux types de communication

Nous savons déjà que la communication verbale permet de mieux communiquer des idées, alors que la communication non verbale exprime mieux les sentiments et les désirs des individus. Cette distinction est fondamentale. Mais il y en a d'autres. Nous les résumons dans le tableau 4.4, qui distingue les messages verbaux des messages non verbaux.

Les liens entre les deux types de communication

Lors d'une relation interpersonnelle, nous combinons les messages verbaux et les messages non verbaux afin de mieux nous exprimer. Si la communication non verbale et la communication verbale agissent le plus souvent de concert, elles peuvent s'opposer à certains moments et rendre alors les messages ambigus. Par exemple, en

Tableau 4.4	Les principales distinctions entre les messages verbaux et les messages non verbaux	
Les messages verbaux…	**Les messages non verbaux…**
expriment mieux les idées et les pensées.	expriment mieux les sentiments et les désirs.
sont typiquement humains, et donc absents chez les animaux.	sont à la base de la communication primitive qui s'observe chez les animaux.
sont acquis dans le cadre de l'apprentissage d'une langue, c'est-à-dire d'un système de signes dont l'utilisation nécessite la compréhension de certaines règles (grammaire, syntaxe).	sont innés ou acquis dans une culture donnée. Lorsqu'ils sont acquis, ils peuvent l'être plus précocement que le langage parlé.
sont transmis en séquence par sections détachables (les mots); ils sont émis et reçus au moyen d'un seul canal sensoriel à la fois.	sont transmis globalement et simultanément par l'intermédiaire de plusieurs sens (l'intonation de la voix et le sourire expriment en même temps la joie).
peuvent être absents lorsque deux personnes communiquent.	sont toujours là dès qu'une personne détecte la présence d'une autre.
sont le plus souvent intentionnels, ils peuvent être contrôlés. Pourtant, il nous arrive parfois, par exemple sous le coup d'une émotion (donc, très involontairement), de dire des choses « qui dépassent notre pensée ».	sont le plus souvent émis de façon involontaire, par réflexe (p. ex., rire, pleurer). Pourtant, il nous arrive d'utiliser consciemment et intentionnellement la communication non verbale (les acteurs le font bien).
ne présentent pas d'affinité ni de similitude avec les réalités qu'ils décrivent. Ainsi, le mot prononcé « haine » n'a pas plus de lien avec l'émotion vécue que le mot « amour ».	présentent quelques analogies avec les réalités qu'ils tentent d'exprimer. « Montrer le poing » est un signe qui a quelque chose en commun avec ce qu'il cherche à exprimer.
sont responsables de moins de 35 % de la connaissance que nous avons d'une autre personne lors d'une communication dyadique normale (McCroskey, Larson et Knapp, 1971).	sont responsables de plus de 65 % de la connaissance que nous avons d'une autre personne lors d'une communication dyadique.
produisent moins d'effet que les messages non verbaux lors d'une utilisation conjointe.	produisent plus d'effet que les messages verbaux lors d'une utilisation conjointe.

recevant un cadeau, une personne peut dire : « Merci. Je suis très content. Tu as fait un bon choix… », mais son regard est éteint par la déception ; il y a alors une ambiguïté qui complique la communication. Les bons communicateurs tiennent compte des rapports qui existent entre le message verbal et le message non verbal. On dénombre six liens possibles entre la communication verbale et la communication non verbale (Knapp et Hall, 1992).

L'accentuation

Souvent, la communication non verbale sert à mettre l'accent sur une partie du message verbal. Dans une phrase écrite, par exemple, nous pouvons insister sur un mot, mettre en évidence l'idée qu'il représente en utilisant un procédé typographique comme le soulignage, les caractères **gras** ou *italiques*. Il en va de même dans une conversation. L'**accentuation** est alors produite par l'intonation de la voix, la prononciation, l'expression du visage, le geste. Lorsqu'un interlocuteur dit « C'est ton affaire ! », il peut le faire en prononçant plus fort l'adjectif possessif, en pointant du doigt la personne à qui il s'adresse, en prenant un air sévère, réprobateur ou désintéressé. Tous ces signes viennent accentuer le message verbal.

ACCENTUATION
Mise en évidence d'une partie du message verbal, soit par l'intonation de la voix, la prononciation, l'expression du visage, le geste, etc.

Le complément

Les expressions de notre visage et nos gestes ajoutent à l'information communiquée verbalement en traduisant nos attitudes et nos intentions, ce qui influe de façon importante sur la relation interpersonnelle. Les renseignements que nous

Les procédés typographiques

Différents procédés typographiques peuvent être utilisés dans les communications électroniques pour accentuer le message. Par exemple, l'utilisation de lettres majuscules indique un ton fort ou criard. AVEZ-VOUS COMPRIS ?

Il est donc facile de monter le ton de cette manière. Mais il faut se modérer. La nétiquette (ensemble de règles de conduite à respecter dans les messages électroniques) conseille de ne pas crier inutilement. Certains abusent des majuscules et des autres procédés d'accentuation des messages (caractères gras, couleur rouge, soulignés, etc.).

La communication non verbale permet de compléter et de renforcer plus ou moins un message verbal. Certaines personnes se servent de cette technique en riant eux-mêmes très fort des histoires drôles qu'ils racontent. De même, nous pouvons exprimer notre désapprobation en fronçant les sourcils ou en hochant la tête.

pouvons obtenir sur les attitudes définissent le cadre d'analyse et d'interprétation des signaux verbaux. Par exemple, lorsqu'une personne dit «Je t'aime» à une autre, ces mots véhiculent en eux-mêmes un message très positif et ils devraient être bien reçus par l'autre; mais si la personne les prononce à distance, sur un ton monotone, avec un visage absent, ils n'auront évidemment pas la même signification que si elle les murmure tout près de l'être aimé en le regardant passionnément dans les yeux.

La substitution

Le message non verbal remplace parfois le message verbal. Il y a des circonstances où il est difficile d'utiliser la parole. À l'extrême, les sourds-muets utilisent un langage composé d'un ensemble considérable de gestes qui remplacent la parole. Les techniciens sur un plateau de télévision ont aussi recours à un langage gestuel. Les opérateurs au sol d'un aéroport communiquent entre eux, compte tenu du bruit considérable des avions, en utilisant un langage sémaphorique à base de gestes. Plus près de nous, dans les endroits très achalandés, nous ne pouvons pas toujours saluer verbalement les personnes que nous rencontrons. Un regard suffit parfois: chacun regarde l'autre en levant la tête et en ouvrant les yeux, ou esquisse un sourire. Nous levons parfois la main vers l'autre pour le saluer. Un autre mouvement de la main peut signifier «d'accord», un hochement de la tête de haut en bas veut dire «oui»; de gauche à droite, «non».

La répétition

Les signes non verbaux peuvent simplement reprendre ou répéter ce qui est dit. Les signes qui répètent sont généralement les mêmes que ceux pouvant se substituer aux messages verbaux, sauf que, dans ce cas, ils s'y ajoutent. On vous demande «Combien de sucres dans votre café?», vous répondez «deux» et, en même temps, vous montrez deux doigts. Le signe non verbal agit comme une répétition de la réponse. Voici d'autres exemples évidents: vous dites «oui» et vous faites en même temps un mouvement vertical de la tête ; vous dites « à gauche » et vous pointez en même temps du doigt dans cette direction ; vous dites « au revoir » en même temps que vous agitez la main.

La régulation

Les signaux non verbaux peuvent servir à régler l'émission des messages verbaux. Par exemple, dans une conversation, nous avons besoin d'indices pour savoir si notre interlocuteur a fini de parler. Réciproquement, nous devons émettre des indices pour signaler notre intention de garder ou de céder la parole. Pour montrer que nous voulons prendre la parole, nous pouvons pincer les lèvres, nous pencher vers l'avant ou encore gesticuler. Pour montrer que nous n'avons pas terminé de parler, nous n'avons qu'à lever le doigt ou à continuer à émettre des sons (« hum » ou « heu ») pendant les pauses, ce qui conserve notre priorité. Lorsque nous avons terminé, le ton de notre voix diminue, celle-ci s'infléchit, ce qui est un signal de départ pour la parole de l'autre.

La contradiction

Dans certains cas, volontaires ou non, les signes non verbaux peuvent contredire le message verbal. La contradiction involontaire est bien illustrée par l'exemple de l'enfant qu'un adulte vient de réprimander et à qui il demande s'il va recommencer : l'enfant est bien obligé de répondre « non », mais le ton de sa voix et l'expression de son visage en disent plus long que sa réponse verbale ; ces indices non verbaux peuvent exprimer le contraire du message verbal. Une personne peut crier « Non, je ne suis pas fâchée », alors que son corps, son visage, ses gestes et le ton de sa voix expriment manifestement la colère.

La contradiction peut se manifester de façon plus volontaire, comme lorsque nous croisons les doigts ou que nous faisons un clin d'œil à notre interlocuteur pour lui faire savoir que nous mentons. Quant aux propos sarcastiques, ils se fondent sur la contradiction entre le message verbal et le message non verbal. Dans le sarcasme, nous émettons volontairement un message verbal dissonant relativement à la situation et aux signes non verbaux que nous émettons à ce moment-là. Ainsi, à des enfants qui se chamaillent et qui par mégarde brisent une vitre, l'adulte peut réagir en disant « Bravo ! C'est très brillant de votre part ». Le sarcasme est perçu dans la mesure où les signes non verbaux contredisent le message verbal.

1. Laquelle des affirmations suivantes est vraie?

   a) Plus de 60 % des échanges dans les relations interpersonnelles reposent sur la communication verbale.

   b) Les signes non verbaux sont utiles pour transmettre aussi bien les idées abstraites que l'information de nature affective.

   c) Lorsque nous recevons des messages contradictoires, nous avons plus tendance à nous fier aux indices non verbaux.

   d) Il n'y a pas de signes non verbaux innés.

2. Michel veut dire à Denise que son équipe a gagné la finale. Comme elle est trop loin et ne peut pas l'entendre, il doit communiquer son message par gestes. Quel geste doit-il utiliser pour être compris?

   a) Un geste emblématique.

   b) Un geste régulateur.

   c) Un geste adaptatif.

   d) Un geste illustratif.

3. Quelle composante l'expression du visage ajoute-t-elle au message véhiculé par la parole?

   a) La composante affective.

   b) La composante cognitive.

   c) La composante sociale.

   d) Aucune de ces réponses.

4. Si une personne cherche à en dominer une autre, elle…

   a) maintiendra un contact visuel plus soutenu en écoutant qu'en parlant.

   b) maintiendra un contact visuel plus soutenu en parlant qu'en écoutant.

   c) maintiendra un contact visuel soutenu tant en parlant qu'en écoutant.

   d) évitera de regarder l'autre pendant toute la conversation.

5. Parmi les phrases suivantes, laquelle communique le plus clairement l'idée que c'est une autre personne qui a volé l'argent?

   a) Je n'ai pas dit «TU as volé l'argent».

   b) Je n'ai pas dit «tu AS volé l'argent».

   c) Je n'ai pas dit «tu as VOLÉ l'argent».

   d) Je n'ai pas dit «tu as volé L'ARGENT».

6. Les silences font partie de la communication et ils remplissent d'importantes fonctions. Lequel des choix suivants ne présente pas l'une de ces fonctions?

   a) Le silence peut être utilisé comme une arme pour blesser les autres.

   b) Le silence peut être utilisé en réaction à l'anxiété, à la timidité ou à la menace.

   c) Le silence peut être utilisé pour communiquer des réactions émotionnelles.

   d) Aucune de ces réponses.

7. Laisser ses livres et son manteau à un endroit de la bibliothèque est une façon de marquer…

   a) son territoire.

   b) son pouvoir.

   c) son attachement.

   d) ses goûts particuliers.

8. Plusieurs facteurs influent sur notre façon d'occuper l'espace dans nos communications et sur les distances que les interlocuteurs vont conserver entre eux. Parmi les affirmations suivantes, laquelle est fausse?

   a) Les personnes d'un même rang social maintiennent entre elles des distances plus courtes qu'elles ne le feraient avec des personnes d'un autre rang.

   b) Les membres de cultures différentes traitent l'espace de manière très semblable.

   c) En général, lors d'une conversation, les femmes se tiennent plus près les unes des autres que les hommes ne le font entre eux.

   d) Entre eux, les enfants se tiennent plus près des autres que les adultes ne le font entre eux.

9. Si vous répondez par un simple hochement d'épaules à la question «Comment vas-tu?», vous utilisez…

   a) la substitution.

   b) la complémentarité.

   c) la contradiction.

   d) la répétition.

10. Dans une conversation, certains indices non verbaux nous renseignent sur les intentions des interlocuteurs. L'action de lever le doigt pour indiquer à l'autre que nous n'avons pas terminé de parler est un exemple…

    a) d'accentuation.

    b) de complémentarité.

    c) de contradiction.

    d) de régulation.

La communication au travail

- Expliquez comment votre posture peut transmettre votre degré de sociabilité à un moment donné.

- Définissez chacune des catégories de gestes suivantes et donnez un exemple : les gestes emblématiques, les gestes illustratifs, les mimiques, les gestes régulateurs et les gestes adaptatifs.

- Qu'est-ce que le paralangage ? Donnez-en un exemple concret.

- Montrez comment les objets peuvent parfois révéler qui nous sommes.

- Hall (1971) a déterminé quatre distances associées à différents types de relations que nous entretenons avec les autres. Nommez et expliquez chacune de ces distances en mentionnant le type de relation qui y est relié, c'est-à-dire avec qui et dans quel contexte nous les appliquons.

- Expliquez la différence entre monochronisme et polychronisme. Donnez un exemple de comportement relié à chacun des termes.

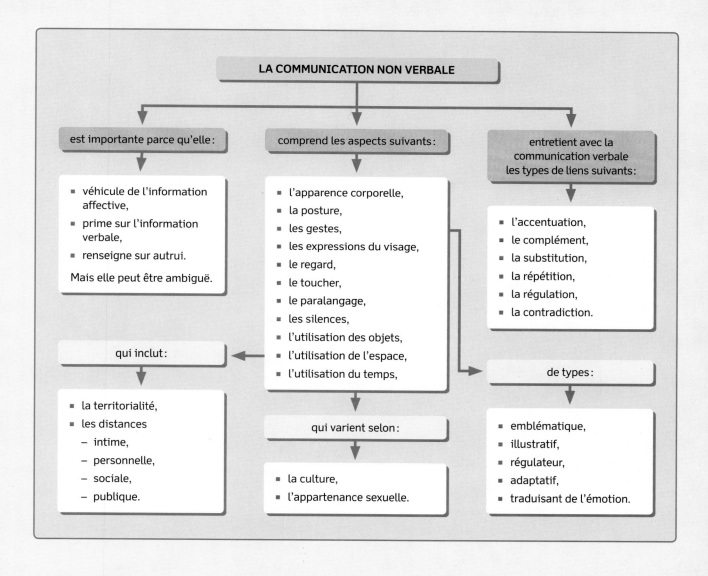

DEUXIÈME PARTIE

FACTEURS INFLUANT SUR LA COMMUNICATION INTERPERSONNELLE

LA CONNAISSANCE DE SOI ET L'ESTIME DE SOI

CONTENU DU CHAPITRE

▶ Les multiples facettes du soi
▶ La connaissance de soi
▶ L'estime de soi

PRINCIPALES CONNAISSANCES À ACQUÉRIR

→ Connaître les trois composantes du concept de soi et les deux points de vue de la conscience de soi.

→ Définir les sources d'information sur soi et connaître les moyens pour accroître la connaissance de soi.

→ Définir les déterminants de l'estime de soi et connaître les moyens pour accroître l'estime de soi.

PRINCIPALES HABILETÉS À DÉVELOPPER

→ Analyser son concept de soi et évaluer l'importance des diverses sources d'information sur soi.

→ Accroître son estime de soi.

Martin a répondu à une offre pour un emploi d'été comme préposé à l'entretien au terrain de golf La Roseraie. Il est convoqué à une entrevue aujourd'hui. Il aimerait beaucoup obtenir cet emploi parce qu'il est très bien rémunéré et qu'il lui permettrait de travailler à l'extérieur, dans un environnement agréable. Il sait qu'on lui posera des questions sur lui-même. En se préparant à l'entrevue, il se remémore les activités qui le qualifieraient pour le poste convoité et il tente de trouver aussi les mots pour se définir. Il craint certaines questions du genre : «Quel est votre principal défaut?», «Qu'est-ce qui vous caractérise le plus?»

Il est conscient que ce que les autres vont percevoir de lui dépend en grande partie de sa propre façon de se percevoir lui-même. Comment les convaincre qu'il est le candidat idéal pour ce poste? Se sent-il compétent? Les doutes qu'il a sur lui-même vont-ils nuire à sa présentation? Il s'efforce de les effacer en essayant de se voir positivement. Comment les autres pourraient-ils apprécier sa personnalité s'il ne s'apprécie pas lui-même?

«Je suis indépendant, se dit-il, mais je suis aussi un gars d'équipe! Je suis sociable. Je peux m'adapter à toutes sortes de situations. En fait, je suis très intelligent et j'assimile facilement les connaissances nouvelles.» Puis, il se ravise : «Non, je ne suis pas TRÈS intelligent, ASSEZ intelligent suffit, pense-t-il, assez intelligent pour apprendre le travail. J'aime travailler fort. Je joue au hockey et je ne voudrais pas perdre ma forme physique l'été…» Autant d'idées positives qui lui trottent dans la tête et qui le préparent psychologiquement à l'entrevue. Il prend aussi conscience du fait qu'il ne doit pas exagérer ses qualités, sinon il risque de paraître prétentieux.

💬 💬 💬

Martin, ce matin-là, est aux prises avec lui-même, il est confronté à ce que les psychologues appellent le « **soi** ». Si l'usage courant associe ce mot aux expressions comme «soi-même» ou «en soi», «sur soi», «pour soi», «à soi» ou encore «de soi» comme dans «cela va de soi», en psychologie, il est employé nominalement pour désigner l'ensemble des idées, croyances ou sentiments que chacun a de lui-même. Le soi n'est pas une chose ni un objet, mais une construction théorique très complexe qui, comme nous allons le voir, se modifie avec le temps et les événements.

> **SOI**
> Ensemble des idées, croyances ou sentiments que chacun a de lui-même.

Le présent chapitre ainsi que le suivant vont permettre de connaître différents aspects du soi. Le premier portera sur les aspects privés du soi : d'une part, sur les idées que nous avons sur nous-mêmes et qui forment notre «connaissance de soi»; d'autre part, sur les sentiments positifs ou négatifs que ces idées nous inspirent, des sentiments qui définissent notre «estime de soi». Le chapitre suivant présentera plus particulièrement le côté public du soi, celui qui se révèle aux autres par les diverses manières de nous présenter à eux, par notre apparence et nos comportements, ainsi que par notre propension plus ou moins grande à nous affirmer. Avant d'approfondir ces sujets, essayons de comprendre comment il est possible d'adopter tous ces points de vue sur le soi.

Exercice 5.1

Prenez une feuille de papier et répondez rapidement 25 fois à la question «qui suis-je?». Les réponses révéleront les traits qui, à votre avis, vous caractérisent le plus.

LES MULTIPLES FACETTES DU SOI

La recherche sur le sujet du soi a permis de découvrir plusieurs facettes de cette réalité complexe. Certains auteurs (Brehm et Kassin, 1990 ; Martinot, 1995) établissent des différences entre les composantes cognitive, affective et comportementale ; d'autres (Fenigstein, Scheier et Buss, 1975) définissent deux types de conscience de soi suivant l'angle privé ou public par lequel il est abordé. Les sections qui suivent montrent de quelle façon ces deux conceptions peuvent être réunies.

Des renseignements sur soi

Avec l'avènement des médias sociaux, il est maintenant possible, sinon nécessaire dans certains cas, de se présenter en ligne, particulièrement sur les sites de réseaux sociaux qui nous incitent à donner toutes sortes d'informations sur soi. Comme Alberts et ses collègues (2012) le mentionnent, différents niveaux de renseignements peuvent être divulgués : les renseignements de base (p. ex., nom, sexe, âge, adresse de courriel, etc.) ; d'autres plus personnels (p. ex., photos, renseignements liés à l'emploi, à des événements vécus, etc.) et d'autres encore plus intimes (p. ex., orientation sexuelle, allégeances politiques, croyances religieuses, etc.) et qui peuvent prêter à la critique, au ridicule, voire entraîner du harcèlement.

À la question de savoir ce qu'il est possible de révéler en ligne, la réponse varie en fonction de l'âge des personnes (les plus jeunes divulguent plus facilement toutes sortes d'informations (Livingston et Brake, 2010 ; Nosko, Wood et Molema, 2010), de leur degré d'estime de soi (selon Zywica et Danowski [2008], les personnes qui ont une faible estime de soi ont tendance à faire plus de révélations que les autres) et du fait d'être seul ou en couple (les personnes célibataires tendent à divulguer plus d'informations géographiques et personnelles, probablement parce qu'elles pensent que cette stratégie leur attirera un partenaire (Nosko, Wood et Molema, 2010). Et vous, quelles sortes de renseignements êtes-vous prêt à partager sur les différents sites de réseaux sociaux dont vous êtes membre ?

Les trois composantes fondamentales du soi

Lorsque Martin se demande qui il est, cela signifie qu'il tente de trouver des idées qui le définissent, des idées qui vont lui servir à échafauder une *connaissance de soi*. Lorsqu'il évalue ses points forts et ses points faibles, il se concentre sur son estime de lui-même, l'*estime de soi*. Lorsqu'il se demande quels vêtements porter, quelle attitude adopter devant les autres, il centre son attention sur l'aspect le plus extérieur du soi, que l'on appelle la *présentation de soi*.

Les pensées, les sentiments et les comportements constituent les trois composantes ou dimensions du soi. Liée aux pensées ou aux idées, la première de ces composantes est manifestement de nature **cognitive**. L'ensemble des idées que chacun a sur lui-même forme ce qu'il est convenu d'appeler la *connaissance de soi*. La section suivante s'attachera plus particulièrement aux divers aspects de cette composante : de quelles idées se compose notre connaissance de soi ? À partir de quelles sources tirons-nous l'information sur nous-mêmes ? Comment traiter cette information ? Notre théorie de soi est-elle stable ou change-t-elle avec le temps et les situations ? Enfin, dans quelle mesure nos connaissances sur nous-mêmes influent-elles sur nos relations interpersonnelles ?

La deuxième composante du soi en révèle sa nature **affective**. Les idées sur soi ne sont pas neutres : elles s'accompagnent de sentiments positifs ou négatifs qui ont des effets sur nos conduites. Ces sentiments découlent d'une activité d'évaluation ou d'appréciation que chacun effectue envers lui-même et qui aboutit à un certain degré d'*estime de soi*. Comment s'effectue cette évaluation ? Quelle importance attribuer au besoin d'estime de soi ? Comment maintenir ou rehausser son estime personnelle ? Enfin, quel rôle l'estime de soi joue-t-elle dans les relations interpersonnelles ?

La troisième composante du soi a trait aux actions exécutées en situation interpersonnelle. Il existe un aspect proprement **comportemental** du soi. Les idées que chacun a de lui-même et qui servent à le définir

Des situations telles que l'observation de son image dans un miroir ou l'écoute d'un enregistrement de sa propre voix attirent l'attention sur le soi privé ; en revanche, parler devant un public attire l'attention sur les aspects externes de soi-même (la modulation de la voix, les gestes, la tenue vestimentaire, etc.). Êtes-vous conscient de ne pas prêter attention aux mêmes aspects de vous-même dans ces différentes situations ? Dans quelles situations êtes-vous le plus porté à contrôler votre image ?

portent surtout sur son moi intérieur et intime, mais aussi sur son moi social, c'est-à-dire l'aspect de lui-même qu'il présente aux autres. L'aspect comportemental du soi pose ainsi le problème de la *présentation de soi*. Comment prendre certaines décisions en fonction de ses exigences interpersonnelles ? Chacun est-il sensible à l'image qu'il projette ? De même, se présente-t-il réellement tel qu'il est ou bien tente-t-il de cacher certaines choses qu'il ne veut pas dévoiler ?

Les deux points de vue sur la conscience de soi

Nous prenons conscience de ces trois aspects du soi selon la façon dont nous nous observons. Lorsqu'il est invité à parler de lui, Martin peut tourner son attention, d'une part, vers son être intérieur et inaccessible aux autres, constitué des éléments intimes (ses pensées profondes, ses désirs inavoués, ses sentiments personnels) qui font partie de son **soi privé** ou, d'autre part, vers les aspects de lui-même que les autres peuvent observer, vers les éléments qu'il présente aux autres (l'organisation de son espace physique, sa tenue vestimentaire, ses comportements) et qui font partie de son **soi public**. Il est ainsi possible de distinguer une conscience du soi privé d'une conscience du soi public.

Pour la majorité des gens, la connaissance de soi est assimilée à la conscience du soi privé. Beaucoup de publications populaires de psychologie proposent à leurs lecteurs de les aider à mieux se connaître et à adopter des moyens en vue d'«éclairer» leur être intérieur. Les techniques proposées, plus ou moins mystiques (p. ex., méditation, contemplation) ou psychothérapeutiques (p. ex., introspection, analyse des rêves, analyse des pensées), visent la connaissance du soi privé. Lorsque deux personnes décident d'un commun accord d'essayer de mieux se connaître, elles sont convaincues qu'elles auront à se confier leurs pensées profondes, leurs croyances personnelles, leurs valeurs et leurs sentiments envers les gens et les choses. Apparemment, les gens sont persuadés que, pour vraiment se connaître ou connaître quelqu'un, il faut avoir accès à ses pensées et sentiments les plus profonds (Anderson et Ross, 1984). Cette idée n'est évidemment pas fausse, mais elle ne recouvre pas toute la réalité, car, en privilégiant la connaissance du soi privé, elle délaisse la connaissance du soi public.

En somme, il vaut mieux décrire la connaissance de soi par toutes ces composantes. La figure 5.1 montre que c'est en faisant référence aux comportements que l'on décrit le mieux la conscience du soi public, alors que c'est en faisant référence à des pensées et à des sentiments que l'on décrit le mieux la conscience du soi privé. Le minitest 5.1 permet de mesurer l'importance que vous accordez à l'un ou à l'autre de ces conceptions.

SOI PRIVÉ
Aspects de soi invisibles aux autres, telles les croyances ou les valeurs personnelles.

SOI PUBLIC
Aspects de soi visibles aux autres, tels l'apparence physique ou le comportement.

POUR S'AMÉLIORER

Relisez les réponses que vous avez données à l'exercice 5.1. Parmi ces réponses, lesquelles se rapportent à votre conscience du soi privé ? À votre conscience du soi public ? À la lumière de ces réponses, croyez-vous que votre conscience de vous-même est plus privée ou plus publique ?

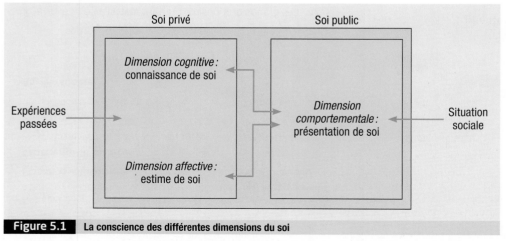

Figure 5.1   La conscience des différentes dimensions du soi

Le schéma montre que les composantes cognitive et affective du soi décrivent mieux le soi privé, tandis que la composante comportementale convient mieux pour décrire le soi public.

MINITEST 5.1

L'échelle de conscience de soi

Prenez 20 minutes pour répondre à ce questionnaire. L'échelle de conscience de soi de Scheier et Carver (1985), adaptée par Pelletier et Vallerand (1990) pour le Québec, vous permet d'évaluer votre degré de conscience du soi privé et du soi public, ainsi que votre degré d'anxiété sociale.

Il s'agit d'indiquer dans quelle mesure chacune des caractéristiques ou des descriptions suivantes s'applique à vous en encerclant le chiffre approprié sur l'échelle.

Il n'y a pas de bonnes ou de mauvaises réponses. Soyez le plus honnête possible dans vos réponses. Ne laissez pas votre réponse à une question influer sur votre réponse à une autre question.

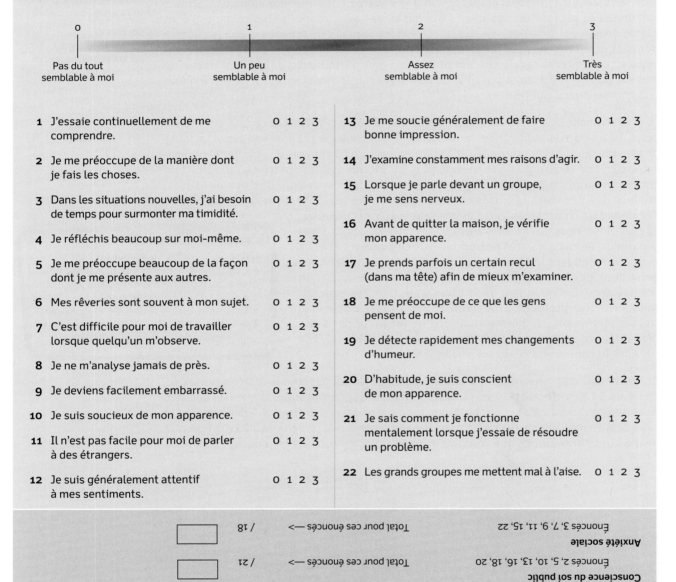

0	1	2	3
Pas du tout semblable à moi	Un peu semblable à moi	Assez semblable à moi	Très semblable à moi

1 J'essaie continuellement de me comprendre.   0 1 2 3

2 Je me préoccupe de la manière dont je fais les choses.   0 1 2 3

3 Dans les situations nouvelles, j'ai besoin de temps pour surmonter ma timidité.   0 1 2 3

4 Je réfléchis beaucoup sur moi-même.   0 1 2 3

5 Je me préoccupe beaucoup de la façon dont je me présente aux autres.   0 1 2 3

6 Mes rêveries sont souvent à mon sujet.   0 1 2 3

7 C'est difficile pour moi de travailler lorsque quelqu'un m'observe.   0 1 2 3

8 Je ne m'analyse jamais de près.   0 1 2 3

9 Je deviens facilement embarrassé.   0 1 2 3

10 Je suis soucieux de mon apparence.   0 1 2 3

11 Il n'est pas facile pour moi de parler à des étrangers.   0 1 2 3

12 Je suis généralement attentif à mes sentiments.   0 1 2 3

13 Je me soucie généralement de faire bonne impression.   0 1 2 3

14 J'examine constamment mes raisons d'agir.   0 1 2 3

15 Lorsque je parle devant un groupe, je me sens nerveux.   0 1 2 3

16 Avant de quitter la maison, je vérifie mon apparence.   0 1 2 3

17 Je prends parfois un certain recul (dans ma tête) afin de mieux m'examiner.   0 1 2 3

18 Je me préoccupe de ce que les gens pensent de moi.   0 1 2 3

19 Je détecte rapidement mes changements d'humeur.   0 1 2 3

20 D'habitude, je suis conscient de mon apparence.   0 1 2 3

21 Je sais comment je fonctionne mentalement lorsque j'essaie de résoudre un problème.   0 1 2 3

22 Les grands groupes me mettent mal à l'aise.   0 1 2 3

Établissez votre score en additionnant les trois sous-échelles suivantes :

Conscience du soi privé
Énoncés 1, 4, 6, 8, 12, 14, 17, 19, 21   Total pour ces énoncés —>   / 27

Conscience du soi public
Énoncés 2, 5, 10, 13, 16, 18, 20   Total pour ces énoncés —>   / 21

Anxiété sociale
Énoncés 3, 7, 9, 11, 15, 22   Total pour ces énoncés —>   / 18

N.B. : Les énoncés 8 et 11 étant formulés de façon négative, leur cote d'évaluation doit être inversée. Par exemple, si vous avez répondu 3 à l'un de ces deux énoncés, inscrivez plutôt 0 ; si vous avez répondu 1, inscrivez 2 ; etc.

Source : Pelletier, L.G., et Vallerand, R.J. (1990). L'échelle révisée de conscience de soi : une traduction et une validation canadienne-française du Revised Self-Consciousness Scale. *Revue canadienne des Sciences du comportement, 22* (2) : 191-206.

LA CONNAISSANCE DE SOI

Il y a déjà quelques années, il était courant de parler du «concept de soi» pour désigner tout ce qu'une personne sait et croit à propos d'elle-même. Comme Baumeister (1999) le fait remarquer, cette expression suppose toutefois que toutes nos connaissances sur nous-mêmes peuvent être intégrées dans un seul concept. Aujourd'hui, la plupart des chercheurs rejettent cette idée. Il leur apparaît plus approprié de parler d'un ensemble considérable de connaissances accessibles seulement en partie par la conscience. Il leur apparaît plus juste de parler de **connaissance de soi**, une connaissance qui s'appuiera d'ailleurs sur plusieurs concepts comme «sociable», «possessif», «boute-en-train», etc. En fait, il n'existe pas *un* concept de soi, mais plutôt *des* concepts de soi.

Par exemple, lorsque vous avez pensé à vous-même en répondant à la question «Qui suis-je?», vous n'avez pu accéder en même temps à toutes les connaissances qui vous définissent. Cela reflète le fait que vos connaissances sur vous-même ne peuvent être appréhendées dans leur totalité. De même, lorsque Martin pensait à lui, son attention ne pouvait se porter que sur une dimension à la fois de lui-même: «Je suis un homme», «Je suis étudiant», «Je suis assez beau!», «Je suis Québécois», «Je suis intelligent», «Je suis sociable», «Je suis sportif»... En pensant à nous-mêmes, nous prenons conscience des différentes idées qui définissent notre identité personnelle générale. La connaissance que nous avons de nous-mêmes se révèle ainsi par des définitions de cette nature. Ce sont ces idées que vous avez inscrites dans l'exercice 5.1. Deux questions peuvent se poser ici: comment s'organisent en nous toutes ces idées qui nous définissent? Et d'où nous viennent toutes ces idées sur nous-mêmes?

> Celui qui se connaît est seul maître de soi.
>
> – Pierre de Ronsard

Les schémas de soi

La connaissance de soi s'appuie sur des concepts de toutes sortes qui, reliés les uns aux autres, forment des réseaux. Depuis Markus (1977), il est largement accepté que la connaissance de soi se décompose ainsi en éléments organisés qu'il est convenu d'appeler des **schémas de soi**. La notion de schéma est issue de la recherche en psychologie cognitive, qui se penche sur le problème de la définition de la connaissance en général. L'idée de schéma renvoie à celle d'un réseau de connaissances rassemblées dans notre mémoire. Lorsque nous pensons, nous faisons appel à des schémas cognitifs de toutes sortes, qui comprennent chacun un nombre plus ou moins considérable d'informations. Par exemple, pensez simplement à ce que vous inspire le mot «sport». Vous allez peut-être penser aux activités que vous pratiquez (ou ne pratiquez pas). Des impressions et des souvenirs de toutes sortes vont surgir dans votre esprit: impressions d'effort, idées de jeu, sentiments positifs ou négatifs qui accompagnent ces idées en fonction des expériences passées. L'idée de sport en comprend plusieurs autres, elle représente un bassin d'idées qui, organisées entre elles, forment un réseau, une structure mnémonique particulière. Si vous avez maintenant l'idée «littérature» en tête, probablement que votre esprit fera surgir d'autres idées et sentiments, puisque ce concept sera associé à un autre schéma cognitif.

Les schémas de soi représentent ainsi des regroupements de connaissances sur soi, des unités groupées en mémoire qui sont récupérables au besoin. La connaissance de soi procède par l'évocation des schémas cognitifs sur soi. À la question «Qui suis-je?», vous avez répondu par des mots variés qui vous définissent. Ces mots réfèrent à des schémas cognitifs. Par exemple, Martin se décrit notamment comme un individu «rationnel», «indépendant» et «sportif». Les schémas de soi rassemblent ainsi différentes idées qui forment en quelque sorte une croyance sur soi, une sorte de théorie sur soi qui s'appuie sur toutes sortes de données recueillies au cours de nos expériences passées. Par exemple, Martin se définit comme sportif: il s'agit d'une idée qu'il croit bien étayée, parce qu'il pratique tous les genres de sports, parce qu'il s'intéresse beaucoup aux sports, parce qu'on lui a dit qu'il était sportif, etc. La figure 5.2 illustre quelques schémas de soi que Martin utilise pour se définir. Une façon de comprendre ces schémas est de les comparer à des unités de classement de l'information, comme

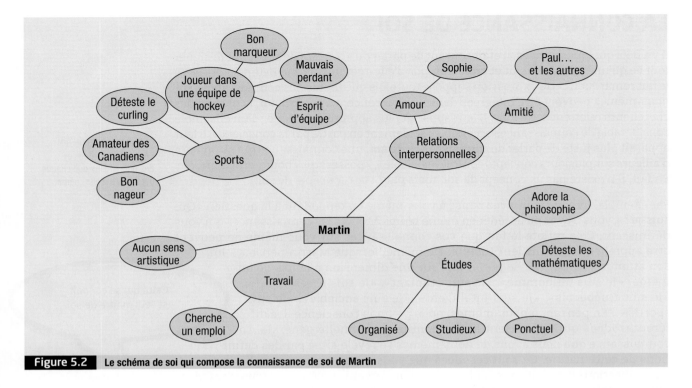

Figure 5.2 Le schéma de soi qui compose la connaissance de soi de Martin

les rayons d'une bibliothèque ou les fichiers d'un disque dur. La connaissance de soi se développe progressivement avec le temps et les expériences diverses de la vie. Ces expériences ajoutent ou retirent des données aux « fichiers ».

Les schémas de soi correspondent aux caractéristiques physiques, psychologiques ou sociales qui nous définissent. Certaines de ces caractéristiques sont plus importantes pour certains que pour d'autres. Par exemple, le schéma corporel de soi (notre image physique) est généralement plus important pour les personnes très maigres ou obèses, mais l'est moins pour les personnes de poids moyen. On dira d'une personne peu préoccupée par la question de son poids qu'elle est aschématique en fonction de cet attribut (Markus, Hamill et Sentis, 1987).

Les schémas de soi que nous utilisons pour nous définir forment l'ensemble de notre connaissance de soi. Ces schémas de soi ne sont pas statiques : avec l'intégration de nouvelles informations, ils changent nécessairement avec le temps. Certains schémas de soi sont plus fondamentaux que d'autres et résistent davantage aux changements. Si nous nous représentons notre personnalité comme un fruit formé d'un noyau entouré d'une chair plus molle et plus souple, cette chair représente des idées sur soi qui peuvent fluctuer, alors que le noyau dur est formé de schémas de soi complexes, plus hermétiques au changement. Par exemple, il se peut que Martin, au moment de répondre lui aussi à la question « Qui suis-je ? », ait répondu « sociable », parce que ce jour-là, il s'est comporté comme tel, mais il peut se rappeler que d'autres jours, il est plus solitaire. En fait, pour lui, la « sociabilité » n'est pas un trait de personnalité par lequel il se définit particulièrement. On dira que Martin est aschématique en ce qui regarde ce trait. En revanche, il est très réfractaire à l'idée de dépendre des autres. Martin se définit comme une personne « indépendante ». Ce trait est très caractéristique de sa personnalité. Il s'agit d'ailleurs du schéma de soi qu'il évoque en priorité lorsque vient le temps de se définir lui-même. Nous aurons l'occasion, un peu plus loin, de discuter de la relative stabilité de ces connaissances sur nous-mêmes.

Les sources d'information sur soi

Comment, par exemple, Martin en vient-il à penser qu'il est « mauvais perdant » et que cette idée est caractéristique de sa personne ? Le soi représente un ensemble d'idées qui doivent être corroborées par la réalité. Nos croyances envers nous-mêmes doivent trouver quelques fondements dans la réalité, elles doivent être crédibles, vraisemblables. Martin croit qu'il est «mauvais perdant» parce qu'il se rappelle des comportements qu'il a manifestés, parce qu'il a comparé ses comportements avec ceux des autres, parce qu'il se rappelle les observations de différentes personnes qui lui ont dit qu'il était mauvais perdant, en faisant le lien avec le fait qu'il est très «compétitif», etc.

Tout comme le savoir en général, la connaissance de soi résulte d'une activité d'interprétation des réalités observées. Dans le cas de la connaissance de soi, il existe plusieurs sources d'information disponibles. D'un côté, nous avons accès directement à nous-mêmes lorsque nous procédons à une introspection ou que nous observons nos propres réactions. De l'autre, nous nous servons des renseignements que les autres personnes nous fournissent, soit directement – lorsqu'elles nous disent ce qu'elles pensent de nous –, soit indirectement – lorsque nous nous comparons à elles ou à partir de leurs réactions à notre présence. En fait, il est possible de déterminer plusieurs catégories de sources d'information sur soi: 1) l'introspection; 2) la perception de ses propres comportements; 3) l'appréciation directe ou indirecte des autres; et 4) les comparaisons sociales (groupes d'appartenance, groupes culturels, personnes modèles).

L'introspection

Nous avons vu précédemment que la majorité des gens associent la connaissance de soi à la conscience du soi privé, c'est-à-dire à l'être intérieur et inaccessible aux autres, constitué des éléments intimes. Il s'ensuit que, pour beaucoup de personnes, la principale source de connaissance de soi est l'**introspection**, c'est-à-dire une observation de leurs états d'âme au cours de laquelle elles dirigent en quelque sorte leur conscience vers elles-mêmes (*intro* = intérieur; *spectro* = regard).

INTROSPECTION
Observation interne de soi.

En quoi consiste exactement ce type d'observation interne? Il faut d'abord souligner que l'introspection représente une forme d'observation particulière; elle ne s'appuie pas, comme les autres, sur une activité sensorielle. De là, deux constatations. Premièrement, l'observation introspective est *personnelle*. Un état d'âme précis ne peut être observé que par la personne qui le vit (je suis le seul à observer mes états d'âme). Par conséquent, le regard intérieur est essentiellement privé. La réalité intérieure, cognitive ou affective, est inaccessible à autrui. Deuxièmement, la part d'interprétation est beaucoup plus grande au cours de l'observation de la «réalité intérieure». Autrement dit, l'observation introspective est plus *interprétative*, parce que l'objet à observer, en dehors de ses manifestations physiologiques, est très peu tangible. Il faut aussi reconnaître le caractère ambigu de certains états d'âme. Par exemple, pour parler de la fatigue, les gens la désignent tantôt comme une «sensation», tantôt comme un «sentiment»... Ce qui devrait être tout de même assez différent. L'expérience présentée dans l'encadré 5.1 montre comment nous pouvons facilement nous fourvoyer dans l'interprétation de certains indices corporels.

La part d'interprétation dans l'observation de tout état d'âme est très importante: elle peut être trompeuse, c'est pourquoi il faut s'en méfier. La réalité intérieure risque d'être mal interprétée, au point d'entraîner des conséquences fâcheuses sur les relations interpersonnelles. Si une personne consulte un psychologue, c'est entre autres pour obtenir une assistance éclairée dans l'entreprise d'identification et d'interprétation de ses états internes.

La perception de ses propres comportements

Les indices internes sont difficiles à interpréter, et nous préférons alors déduire ce que nous sommes, en observant nos propres comportements en fonction des situations dans lesquelles ils se présentent (Bem, 1972). Il nous arrive d'ailleurs de découvrir nos propres états d'âme par cette activité de **perception de soi**. Par exemple, après avoir constaté le plaisir que vous avez eu à parler à un étranger, vous en déduisez

PERCEPTION DE SOI
Processus par lequel nous essayons de comprendre nos sentiments et états intérieurs en étudiant notre comportement observable.

Rappelons une célèbre expérience de Dutton et Aron (1974). Un groupe de sujets masculins devaient faire une ascension de 77 mètres au canyon de la rivière Capilano dans la région de Vancouver. Une moitié de ces sujets était ensuite interviewée par une très jolie femme, l'autre par un homme. L'interview avait lieu sur un pont grêle qui oscillait au-dessus d'un ravin profond : situation sans conteste effrayante. Le questionnaire se présentait comme un test de projection révélant les désirs et les sentiments des sujets (test d'aperception thématique). À la fin de cette entrevue inusitée, les interviewers laissaient aux sujets leur numéro de téléphone au cas où ceux-ci voudraient connaître plus en détail les résultats de l'étude. On refit exactement la même expérience avec les mêmes interviewers, mais, cette fois, l'interview se déroula sur un pont moins élevé et sans danger apparent. Les résultats furent sans équivoque. Les sujets qui avaient vécu la situation la plus angoissante et qui avaient été interrogés par la jolie femme avaient imaginé des histoires à teneur nettement plus sexuelle et avaient, par la suite, contacté en plus grand nombre l'intervieweuse que les sujets des autres groupes.

Ces résultats illustrent donc d'une façon évidente que l'émotion identifiée peut changer en fonction du contexte, même si les indices corporels sont semblables. Dans l'expérience, les réactions internes de peur des sujets masculins étaient ainsi interprétées par eux comme une tendance amoureuse (ce qui devait mieux convenir en présence d'une jolie femme, plutôt que de lui montrer sa peur). Certes, un sentiment est déjà présent au départ sous quelque forme générale, mais l'étiquetage (et toutes les conséquences de cette reconnaissance sur les comportements ultérieurs) dépend en grande partie de l'interprétation cognitive des données internes en fonction des données externes.

que vous êtes d'une nature très «sociable». C'est aussi après avoir observé avec quelle agressivité vous avez défendu un certain point de vue que vous remarquez que vous teniez à votre opinion, ou encore après avoir réagi calmement au cours d'un accident d'automobile que vous constatez que vous pouvez faire preuve d'un sang-froid remarquable. Chacun découvre ainsi, après coup, ce qu'il est ; il le découvre un peu comme s'il était étranger à lui-même, comme un observateur externe ou indépendant.

Si nos conduites nous fournissent des renseignements qui nous permettent de déduire après coup quels sont nos opinions, nos désirs ou nos sentiments, ces mêmes conduites peuvent aussi faire naître directement des états d'âme particuliers. Certes, il est plus courant de penser que l'état émotif précède l'expression de l'émotion, c'est-à-dire qu'avant d'exprimer une émotion par notre visage (ou des gestes), il faut en ressentir une! L'hypothèse de la rétroaction faciale remet en cause cette idée courante. Il a toujours été reconnu que de se stimuler le matin, de s'efforcer de bien se tenir et, surtout, de sourire, sont de bons moyens pour passer une bonne journée. Ce que la sagesse populaire laisse entendre indirectement ici, c'est que nos attitudes corporelles ont un effet sur nos états émotionnels.

Pour vérifier cette idée, Strack et ses collaborateurs (1988) ont étudié comment le fait de sourire ou non influe sur notre humeur. Afin de provoquer le sourire chez des sujets, les chercheurs leur demandaient de tenir un crayon dans leur bouche au même moment qu'ils accomplissaient certaines tâches. On racontait aux sujets qu'ils faisaient une expérience pour déterminer la meilleure façon, pour des handicapés, de tenir un crayon avec la bouche. Parmi les tâches qu'on leur faisait faire, ils devaient lire des histoires humoristiques et en évaluer ensuite le degré d'humour ou de drôlerie en remplissant un questionnaire. Les sujets d'un premier groupe devaient tenir le crayon par les dents d'en avant, une position qui oblige le visage à faire involontairement un sourire; les sujets d'un second groupe devaient tenir le crayon seulement par les lèvres, ce qui les forçait à exprimer une moue d'insatisfaction. Les résultats ont démontré que les sujets du premier groupe ont trouvé les histoires significativement plus drôles que les sujets du second groupe. Les chercheurs ont expliqué ces résultats par l'existence d'une rétroaction faciale. Lorsque notre cerveau produit un état interne émotionnel, il utilise diverses informations pour le faire, notamment des données provenant du corps lui-même (rétroaction), et plus précisément des muscles du visage (rétroaction faciale). C'est comme si le cerveau se disait «Mon visage sourit, je dois donc être de bonne humeur». Enfin, cette expérience nous donne une bonne leçon : il est possible d'améliorer notre humeur seulement «en s'accrochant un sourire» !

L'appréciation directe ou indirecte des autres

Les idées que chacun entretient sur soi ne découlent pas seulement d'une observation directe interne ou externe. Nous accordons beaucoup d'importance aux opinions que les autres émettent sur nous. Nous interprétons également les réactions des autres par rapport à nous.

«Mes cheveux sont-ils bien coiffés ?» Pour le savoir, il suffit de se regarder dans un miroir. Mais que faire pour être certain de transmettre une image aimable ou pleine d'assurance ? Selon le principe du **jugement réfléchi**, inspiré de la métaphore du miroir (Cooley, 1922), nous regardons l'image de nous-mêmes que les autres nous renvoient par leurs comportements et, surtout, par leur manière de réagir et de nous traiter. Il s'agit alors d'une source indirecte d'information sur nous-mêmes.

Les autres n'hésitent généralement pas à dire à leurs proches ce qu'ils sont, à commenter leur apparence, leurs traits de personnalité, leurs attitudes ou leurs valeurs. Généralement, nous prêtons beaucoup d'attention aux jugements émis par les personnes auxquelles nous accordons quelque crédibilité. Cette condition est importante. Par exemple, vous ne prêteriez pas beaucoup d'attention au compliment qui vous semblerait plus intéressé que sincère d'un vendeur, vous ne l'intégreriez donc pas à votre image de soi. Par contre, si une personne que vous estimez beaucoup dit un jour que vous êtes une personne «très ordonnée», elle aura à vos yeux beaucoup plus de crédibilité. Vous chercherez ainsi à justifier cette qualité qu'elle vous octroie même si, dans la vie courante, vous vous trouvez habituellement assez désordonné. Finalement, il se peut que vous contestiez ce jugement devant l'évidence de votre chambre en désordre, les objets que vous ne retrouvez pas, vos nombreux rendez-vous manqués. Pour être acceptée, l'opinion d'autrui sur soi doit provenir d'une personne crédible et s'intégrer à ce qui est déjà connu (Vallerand et Losier, 1994).

En outre, il ressort que l'opinion émise par les autres est d'autant plus valorisée qu'elle fait ressortir des habiletés mal connues de nous-mêmes (Vallerand et Reid, 1984). Inversement, nous n'acceptons pas aussi facilement l'opinion des autres par rapport à des dimensions de nous-mêmes que nous connaissons bien. Autrement dit, nous filtrons et pouvons même bloquer l'information reçue si elle n'est pas acceptable. En fonction de notre connaissance de nous-mêmes, nous allons jouer un rôle plus ou moins actif dans l'acceptation de l'évaluation d'autrui. Les personnes qui possèdent une connaissance de soi peu développée ou confuse sont plus sensibles aux jugements d'autrui sur elles-mêmes. Comment expliquer autrement le succès de tous ces révélateurs d'âme que sont les clairvoyants, les chiromanciens, les devins en tout genre ?

En général, quelle est l'image que les autres vous renvoient ? Est-ce qu'elle correspond à ce que vous pensez de vous-même ?

Les comparaisons sociales

Les autres ne modifient pas la connaissance que nous avons de nous-mêmes seulement en nous communiquant ce qu'ils croient que nous sommes. Très indirectement, ils peuvent modifier notre image en nous permettant de nous comparer à eux, en servant de point de comparaison. Cette source d'information sur soi a été étudiée la première fois par Leon Festinger en 1954. Selon lui, chacun a une tendance innée à évaluer ses opinions et ses habiletés ; il le fait particulièrement lorsqu'il ne dispose pas de moyens objectifs pour y parvenir. Il effectue cette évaluation en se comparant aux autres. Comment répondre par exemple à la question : « Êtes-vous gentil ? » Il n'existe pas de norme objective de la gentillesse. Chacun doit donc la définir en établissant ce qui pourrait être, selon lui, la gentillesse « moyenne » des gens.

Dans ce processus de comparaison, là encore, chacun doit opérer des choix, car on ne se compare pas à n'importe qui. Des recherches ont montré que, si on leur donne le choix, les gens préféreront se comparer à des personnes semblables à elles relativement à la dimension qu'elles veulent évaluer (Goethals et Darley, 1977). Par exemple, si vous pratiquez un sport depuis seulement six mois, vous ne devriez pas vous comparer avec des joueurs professionnels, mais plutôt avec des amateurs comme vous. Évidemment, se situer par rapport aux personnes qui ont six mois d'expérience procure une meilleure évaluation qu'une comparaison avec un professionnel. Les amateurs de golf ou de tennis s'inspirent volontiers des performances des professionnels dans ces domaines, mais ils n'osent pas se comparer ou se mesurer à ces joueurs de grand talent, la comparaison risquant d'ailleurs de s'avérer assez décevante.

La comparaison avec les autres ne permet pas seulement de s'évaluer ; elle peut aussi modifier les idées que chacun se fait de lui-même. À la question « Qui suis-je ? », Martin, en visite à Paris, répondra probablement qu'il est Québécois, tout comme un Français, de passage au Québec, répondra en donnant sa nationalité. Interrogés chez eux, il ne leur viendrait peut-être pas à l'esprit, ni à l'un ni à l'autre, de se définir ainsi. En fait, toute personne invitée à se présenter spontanément aura tendance à exposer la partie de sa personnalité qui la distingue le plus dans la situation immédiate. Par exemple, en remplissant un questionnaire sur la personnalité, les filles qui n'ont que des frères insistent beaucoup sur leur féminité ; celles qui ont des sœurs expriment moins cette caractéristique (McGuire et coll., 1979). De la même façon, en présence de jeunes, nous nous sentons plus vieux, en présence de pauvres, plus riches, en présence de grands, plus petits, etc. (McGuire et McGuire, 1988).

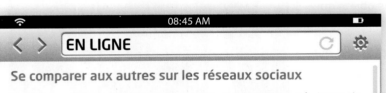

Se comparer aux autres sur les réseaux sociaux

Il n'est pas étonnant de constater que les gens cherchent à donner la plus belle image possible de soi, particulièrement lorsque cette image est diffusée et accessible publiquement. Une étude réalisée en Angleterre (Siteopia, 2012) révèle que 25 % des personnes interrogées ont concédé qu'elles avaient utilisé un logiciel pour corriger les photos d'elles-mêmes, pour changer la couleur de leur peau, enlever une tache cutanée ou un bouton disgracieux. Si les autres ne trichent pas autant, elles se sont tout de même efforcées de sélectionner les meilleures photos d'elles-mêmes. Il en va ainsi des activités et des vidéos sur soi. Au bout du compte, ce portrait général qui montre les uns et les autres sur Facebook menant une vie joyeuse et bien organisée peut être assez déprimant. Deux études (Mehdizadeh, 2010 ; Jordan, 2011) ont démontré que les gens, et plus particulièrement les personnes qui ont une faible estime d'elles-mêmes, sont souvent mélancoliques après s'être connectées et après avoir jeté un coup d'œil sur les profils des autres, sur leurs jolies photos et leurs activités qui donnent l'impression qu'ils mènent constamment une vie trépidante et enviable.

La consultation des profils des autres sur les réseaux sociaux crée-t-elle parfois chez vous une baisse d'estime de soi ? Dans quelle mesure le fait d'être conscient que la réalité est falsifiée sur le profil des autres diminue-t-il ce sentiment ?

Il ne faut pas confondre toutefois « distinct » et « unique ». Martin à Paris cherche à se distinguer en se présentant comme un Québécois, mais, en même temps, il fait le contraire, il s'identifie à un groupe de référence, c'est-à-dire à des millions d'autres personnes qui partagent la même culture au Québec. Si, le plus souvent, nous cherchons à nous distinguer des autres, il nous arrive de nous présenter en faisant le contraire, c'est-à-dire en soulignant nos ressemblances avec les autres. Notre identité ne s'appuie pas seulement sur ce qui nous distingue des autres, elle peut être définie aussi à partir de ce qui nous unit aux autres. Pour nous définir, nous pouvons identifier ce qui nous caractérise en propre en disant « Je suis différent de ces gens » ; nous pouvons également le faire, à l'occasion, en disant « Je suis comme ces gens ».

Quoique contraires, les deux tendances peuvent se compléter, comme c'est le cas pour Martin à Paris. Lorsque nous mettons de l'avant ce qui nous distingue des autres, nous affirmons alors notre *identité personnelle*. Lorsque nous évoquons un trait que nous avons en commun avec d'autres, nous affirmons alors notre *identité collective*.

Améliorer la connaissance de soi

La connaissance réaliste de soi est cruciale pour plusieurs raisons. Tout d'abord, elle permet à une personne de déterminer ses forces et ses faiblesses, donc de tirer parti de ses forces et, mieux encore, de corriger ses faiblesses. La connaissance de soi contribue également à améliorer la communication interpersonnelle. Si vous savez, par exemple, que vos blagues tombent toujours à plat et ne font rire personne, vous éviterez d'en raconter ou bien vous déciderez de perfectionner votre technique. La connaissance de soi permet aussi une plus grande maîtrise de soi. Si vous découvrez, par exemple, que vous ennuyez votre entourage en parlant trop de vous-même, vous modifierez peut-être votre comportement. Il apparaît donc important de développer la connaissance de soi. Étudions les différents moyens qui permettent à l'individu d'accroître sa connaissance de soi.

Quelles informations sur vous-même recherchez-vous lorsque vous vous comparez avec les autres ? Avec quelles personnes avez-vous tendance à vous comparer ?

Écouter les autres. ▶ Nous savons maintenant que l'appréciation directe ou indirecte d'autrui peut permettre à une personne de mieux se connaître. Les autres lui renvoient constamment des renseignements indispensables pour améliorer sa connaissance de soi. Dans toute conversation, ils formulent, d'une façon ou d'une autre, des critiques sur elle – ses comportements, ses gestes, ses propos, son apparence. Ces commentaires sont parfois explicites (« Relaxe ! », « Pourquoi prends-tu toujours tout au sérieux ? » « Tu as l'air fâché… »), parfois implicites (nous les devinons au regard qu'ils lui jettent, ou aux sujets de conversation qu'ils choisissent). En étant attentive à ce genre de renseignements (verbaux et non verbaux), la personne peut accroître sa conscience de soi.

Se renseigner sur soi. ▶ Toute personne peut aller plus loin, non seulement écouter, mais se renseigner sur soi. Il est important de savoir ce que les autres connaissent de soi. Et il est possible de s'informer subtilement, en évitant les formules du genre « Si on parlait de moi ? » ou « Qu'est-ce que tu penses de moi ? ». Il s'agit d'utiliser la formule de la rétroaction. Nous pouvons, par exemple, profiter des situations qui se présentent chaque jour pour nous renseigner : « Penses-tu que j'ai été trop bête en refusant de sortir avec lui vendredi soir ? », « D'après toi, est-ce que j'ai parlé sur un ton assuré quand j'ai demandé mon augmentation de salaire ? ». Il faut, bien sûr, éviter de ramener constamment la conversation à nous. Sinon, les amis trouveront rapidement quelqu'un d'autre à qui parler ! De plus, dans cette quête de renseignements sur soi, il faut demeurer critique. De la même façon qu'une personne ne possède pas la vérité sur les autres, ceux-ci ne la possèdent pas non plus sur elle.

S'imaginer comment chacun voit autrui. ▶ Les parents, les professeurs, les amis, les passagers de l'autobus ou le fils du voisin sont autant d'observateurs de soi. Vous imaginer comment ils vous perçoivent est un autre moyen de vous renseigner sur vous-même. Chacun voit autrui différemment, voit une partie de la personne, un aspect de sa personnalité. Pourtant, la personne est l'ensemble, la somme de ces différents aspects. En effectuant cet exercice mental, vous pouvez parvenir à de nouveaux points de vue, fort précieux, sur vous-même, et prendre conscience qu'en fait, vous êtes différent, selon la personne ou les personnes avec qui vous êtes en relation.

Se révéler aux autres. ▶ Parler de soi contribue à accroître la connaissance de soi. Au moins, cette ouverture permet-elle de mettre en lumière des choses que nous avons refoulées, enfouies au fond de nous-mêmes et, peut-être, de découvrir qu'elles ont entre elles des liens insoupçonnés. Les réactions des autres aux propos d'une personne ajoutent une part supplémentaire d'information. Tout cela permet de mieux se connaître soi-même. De plus, en s'ouvrant franchement aux autres, la personne les invite à lui révéler ce qu'ils savent d'elle.

Évidemment, il ne faut pas dire n'importe quoi à n'importe qui n'importe quand. Certaines personnes n'entretiennent pas de bonnes relations avec les autres justement parce qu'elles ne savent pas choisir le bon moment pour se confier. Elles se dévoilent trop dans des circonstances où cela n'est pas approprié ou pas assez dans d'autres circonstances où il serait propice et attendu qu'elles le fassent (nous étudierons cette question de l'ouverture de soi dans le chapitre suivant).

L'ESTIME DE SOI

ESTIME DE SOI
Composante affective du soi qui renvoie à l'évaluation subjective des aspects positifs et négatifs de soi-même.

Alors que la connaissance de soi est associée principalement aux idées qu'une personne a d'elle-même, l'**estime de soi** renvoie plutôt aux *sentiments* que déclenchent en elle ces idées. Les croyances qu'elle entretient sur elle-même ne sont pas neutres, elles sont chargées d'une valeur affective. L'estime de soi est le résultat d'une évaluation de soi. Cette évaluation peut changer avec le temps, les circonstances et les aspects du soi envisagés.

La connaissance de soi, on s'en souviendra, consiste en de multiples schémas de soi plus ou moins bien organisés. Suivant l'un de ces schémas, nous allons nous considérer très positivement, alors que, suivant un autre, nous devrons reconnaître certaines faiblesses. Cela se vérifie facilement. Lorsque vous répondez honnêtement à la question «Qui suis-je?», vous ne vous décrirez pas seulement en présentant de vous-même des aspects positifs (p. ex., «Je suis très bon à l'école»); par souci d'honnêteté et dans un esprit d'humilité, vous allez reconnaître également des côtés de vous-même que vous jugez moins reluisants (p. ex., «Je suis nul dans la pratique des sports»). L'estime de soi générale (ou *estime de soi globale*) est en quelque sorte la somme de toutes les évaluations que nous faisons de nous-mêmes. Avant de poursuivre votre lecture, faites le minitest 5.2, afin de mesurer votre niveau d'estime de soi générale.

EN LIGNE

L'estime de soi et le choix d'un canal de communication

La préférence pour un canal de communication ou un autre selon que la personne a une estime de soi faible ou élevée a été étudiée par Joinson (2004). Dans cette étude, les participants devaient classer, en ordre de préférence, quatre modes de communication (face à face, courriel, lettre manuscrite, téléphone) qu'ils choisiraient dans des situations comportant différents niveaux de risque de rejet par l'autre (de 25 % à 75 % de risque). Les résultats ont montré que les personnes ayant une faible estime de soi engagées dans une situation de communication impliquant un risque relationnel plus important vont préférer avoir recours au courrier électronique, alors que les personnes qui ont une haute estime de soi privilégieront plutôt l'interaction face à face. Comment expliquez-vous cette constatation?

Les déterminants de l'estime de soi

Plusieurs facteurs déterminent l'estime de soi: l'écart entre ce que nous sommes et ce que nous voudrions être, les réussites que nous obtenons en fonction des ambitions que nous avons, l'approbation des autres et la comparaison avec autrui.

L'écart entre ce que l'on est et ce que l'on voudrait être

Lorsqu'une personne dresse une liste de caractéristiques servant à la définir, elle décrit en quelque sorte son *soi réel*, c'est-à-dire ce qu'elle croit être vraiment au moment où elle fait cet exercice. Elle peut dresser d'autres listes, celles des qualités qu'elle aimerait posséder – **soi idéal** – ou qu'elle devrait avoir – **soi obligé** (Higgins, 1989). Ces idées sur ce qu'elle pourrait être représentent des schémas de soi qui agissent en tant que guides de ses conduites. Par exemple, si l'image idéale que je me fais de moi-même est celle d'une personne qui a beaucoup de volonté, qui est tenace et qui persiste dans ses actions, j'aurai tendance à me comporter de façon à respecter cette image.

L'estime de soi découle d'une comparaison entre les idées que chacun a de ce qu'il est réellement et les idées décrivant ce qu'il souhaiterait ou devrait être. Lorsque l'écart est trop grand entre ces différents groupes d'idées, il s'ensuit une baisse de l'estime de soi. En 1986, Higgins et ses collaborateurs se sont appliqués à mesurer ces différentes données. Dans le cadre de leur recherche, un certain nombre de personnes devaient répondre à un questionnaire sur leur soi réel, leur soi idéal et leur soi obligé.

SOI IDÉAL
Vision de nous-mêmes qui englobe les traits que nous souhaitons idéalement posséder.

SOI OBLIGÉ
Vision de nous-mêmes qui englobe les traits que nous croyons devoir posséder.

MINITEST 5.2

Êtes-vous satisfait de vous-même?

Cochez chaque proposition de la manière suivante : si la phrase décrit bien comment vous vous sentez habituellement, tracez un crochet dans la colonne COMME MOI (=) ; si la phrase décrit mal comment vous vous sentez habituellement, tracez un crochet dans la colonne CONTRAIREMENT À MOI (≠). Il n'y a pas de bonnes ou de mauvaises réponses. Lisez rapidement chaque énoncé et répondez sur-le-champ, « à chaud », sans trop réfléchir.

= moi	≠ moi		
☐	☐	1	Je possède beaucoup d'assurance.
☐	☐	2	Je voudrais souvent être quelqu'un d'autre.
☐	☐	3	On m'aime facilement.
☐	☐	4	Je trouve très difficile de parler devant un groupe.
☐	☐	5	Si je le pouvais, j'aimerais changer plusieurs choses chez moi.
☐	☐	6	Je peux me décider sans trop de difficulté.
☐	☐	7	On me trouve très agréable à vivre.
☐	☐	8	Mon travail me procure un sentiment de fierté.
☐	☐	9	Je regrette souvent les choses que je fais.
☐	☐	10	Je suis populaire auprès des gens de mon âge.

= moi	≠ moi		
☐	☐	11	Ma famille met de trop grands espoirs en moi.
☐	☐	12	J'aime qu'on m'appelle quand je suis dans un groupe.
☐	☐	13	Il m'est très difficile d'être moi-même.
☐	☐	14	Habituellement, les gens suivent mes conseils.
☐	☐	15	J'ai une opinion peu flatteuse de moi-même.
☐	☐	16	J'ai souvent honte de moi.
☐	☐	17	Je n'ai pas une aussi bonne apparence que la plupart des gens.
☐	☐	18	Quand j'ai quelque chose à dire, habituellement je le dis.
☐	☐	19	Ce qui m'arrive m'indiffère.
☐	☐	20	Je sais toujours quoi dire aux gens.

Pour déterminer votre résultat, comptez le nombre de fois que vos réponses correspondent à celles qui apparaissent ci-dessous.

Vous avez répondu « Comme moi » aux énoncés 1, 3, 6, 7, 8, 10, 12, 14, 18, 20.

Vous avez répondu « Contrairement à moi » aux énoncés 2, 4, 5, 9, 11, 13, 15, 16, 17, 19.

Total _____ / 20

Votre score, sur 20, peut être comparé approximativement à ceux obtenus par l'échantillon de Ryden (1978). Ses résultats démontrent que 85 % des gens obtiennent un score supérieur à 12 sur 20 ; 50 %, un score supérieur à 13,5 ; 30 % des gens obtiennent un score supérieur à 15, et seulement 20 % ont un score supérieur à 16. Donc, si vous avez obtenu 12, cela signifie que 85 % des gens rapportent avoir une estime de soi plus grande que la vôtre ; si vous avez obtenu 16, seulement 20 % vont présenter une estime de soi supérieure à la vôtre.

Source : Ryden, Muriel B. (1978). An Adult Version of the Coopersmith Self-Esteem Inventory: Test-retest Reliability and Social Desirability. *Psychological Reports*, *43* : 1189-1190.

À partir des résultats obtenus, il était possible d'établir l'écart existant entre ces différents types de soi. À l'aide de différents instruments psychométriques, les chercheurs ont ensuite évalué les niveaux de dépression et d'anxiété des sujets (voir le tableau 5.1). Ils ont constaté que, plus l'écart entre le soi réel et le soi obligé était important, plus les sujets se révélaient anxieux. Par ailleurs, plus l'écart entre le soi réel et le soi idéal était grand, plus les sujets se montraient dépressifs. On comprendra, d'une part, que le fait d'être loin des objectifs imposés (soi obligé) est une source de tension pour la personne et, d'autre part, que le fait de constater la différence par rapport à l'idéal fixé est assez déprimant.

Tableau 5.1   **Les effets d'un écart entre le soi réel, le soi idéal et le soi obligé**

Écart entre…	Sentiments	Désordres psychologiques
Le soi réel et le soi idéal	Déception Frustration Insatisfaction	Dépression
Le soi réel et le soi obligé	Culpabilité Honte Amertume	Anxiété

Source : Inspiré de Higgins, E.T. (1989). Self-Discrepency Theory: What Patterns of Self-Beliefs Cause People to Suffer? *Advances in Experimental Social Psychology, 22* : 93-136.

En repassant mentalement la journée écoulée, nous pouvons constater que nous consacrons peu de temps à penser à nous-mêmes. Notre attention est bien davantage orientée vers l'environnement et vers les signaux verbaux et non verbaux émis par les autres. Toutefois, certaines situations ou circonstances nous contraignent à nous tourner vers nous-mêmes, par exemple lorsque nous sommes en présence d'un public, d'une caméra, que nous sommes invités à révéler des renseignements autobiographiques, que nous nous retrouvons devant un miroir ou que nous entendons l'enregistrement de notre voix. Dans ces situations, nous avons tendance à nous évaluer et à comparer notre apparence et nos comportements à nos normes internes (soi idéal) et à celles de la société ou de la culture dans laquelle nous vivons (soi obligé) (Duval et Wicklund, 1972 ; Wicklund, 1975). Habituellement, cela se traduit par un plus grand sentiment d'humilité, une plus grande tendance à la justice sociale (Duval et coll. 1979 ; Beaman et coll., 1979). Parce que la plupart des gens s'évaluent en deçà des normes lorsque la conscience de soi est accrue, il en résulte une baisse de l'estime de soi plus ou moins grande.

Il existe deux façons de se sortir de ces situations de conscience de soi désagréables : nous pouvons nous comporter d'une façon fidèle à nos modèles intérieurs et tenter de nous améliorer ou nous pouvons nous comporter de façon à éviter la situation qui nous oblige à cette prise de conscience désagréable. La décision d'ajuster ses comportements aux modèles internes ou de se retirer de la situation générant la conscience de soi dépend de la prévision faite quant à la possibilité de réduire ou non l'écart ressenti entre le soi réel et le soi idéal ou obligé. Lorsque les gens se rendent compte qu'il sera impossible de satisfaire aux exigences du modèle de conduite, ils s'arrangent, par toutes sortes de moyens, pour diminuer cette prise de conscience négative. La prise d'alcool ou d'autres drogues représente certainement un moyen courant pour réduire le niveau de conscience des écarts entre le soi réel et le soi idéal ou obligé (Hull, 1981). D'autres comportements autodestructeurs (boulimie, masochisme) ont aussi été associés à ces états de conscience négative de soi (Baumeister, 1994). Nous verrons plus loin que le narcissisme est aussi une autre façon d'éviter la prise de conscience de ses faiblesses.

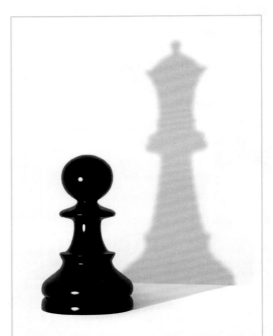

Rappelez-vous les fois où vous vous êtes senti déprimé ou anxieux. Vous rappelez-vous également qu'à ces moments les idées que vous aviez de vous-même étaient très éloignées de la personne que vous auriez aimé être (soi idéal) ou de celle que vous vous sentiez obligé d'être (soi obligé) ?

Les réussites en fonction de ses ambitions

Les explications de Higgins (1989) peuvent être rattachées à celles données au siècle dernier par William James (1890) sur l'importance des réussites et des aspirations sur l'estime de soi de chacun de nous. Le soi idéal et le soi obligé, appelés par Higgins des «soi-guides», représentent en quelque sorte les ambitions que nous avons à notre égard. Le soi réel s'édifie à partir des succès et des échecs de nos actions. Les succès nous confirment les domaines dans lesquels nous sommes bons, ou ce que nous sommes, tandis que les échecs nous renseignent sur ce que nous ne sommes pas.

William James (1890) croyait que l'origine première de l'estime de soi était la réussite. Généralement, les succès engendrent une image positive de soi, et les échecs la détruisent. Plus grandes sont les réussites d'une personne dans la vie, plus grande sera son estime de soi. La valeur des réussites dépend de différents facteurs: le degré de difficulté de la tâche, l'originalité de l'action et de son résultat, la reconnaissance sociale, les ambitions premières. Ce dernier facteur est toujours présent dans l'évaluation du résultat positif ou négatif d'une action. La même performance accomplie par deux personnes pourra être très satisfaisante pour la première et très décevante pour la deuxième. Dans le premier cas, l'individu se sent valorisé, il s'es-

La présentation de soi sur Facebook et l'estime de soi

Les sites de réseaux sociaux sont conçus pour partager des informations sur soi en affichant des messages sur son «profil» et son «mur»: ce qu'on «aime» ou «n'aime pas», nos loisirs, nos désirs, nos idées et nos rêves. L'examen de sa page Facebook équivaut en quelque sorte à être exposé à des stimuli qui, comme un miroir, suscitent une prise de conscience de soi et une autoévaluation qui, dans beaucoup de cas, pourrait provoquer une baisse de l'estime de soi. Selon une étude sur le sujet (Gonzales et Hancock, 2011), ce n'est pourtant pas ce qui se produit. Il semble, au contraire, que le fait de consulter sa page Facebook a des effets positifs sur l'estime de soi des sujets.

L'explication de ces résultats tient dans la nature même de la page Facebook, qui n'est pas un miroir objectif de la personne. Rappelons que les sites de réseaux sociaux comme Facebook permettent aux utilisateurs de contrôler leur présentation dans un média de communication asynchrone. Les gens peuvent prendre leur temps lors de la publication de renseignements sur eux-mêmes et soigneusement choisir quels aspects d'eux-mêmes ils veulent mettre en valeur. Conséquence de cette activité de sélection: l'examen de sa page Facebook est réconfortant, car l'image qui est reflétée sur le site est valorisante. Plusieurs études (Mehdizadeh, 2010; Zhao, Grasmuck et Martin, 2008; Buffardi et Campbell, 2008; Gonzales et Hancock, 2011) suggèrent que ce qui est présenté sur les pages Facebook se rapproche du soi idéal des personnes, et l'examen de sa page rehausserait ainsi l'estime de soi. D'autres recherches (Back et coll. 2010; Waggoner, Smith et Collins, 2009; Luery, 2013) rapportent au contraire que, parce qu'ils ne sont pas en situation d'anonymat ou même de pseudo-anonymat, les utilisateurs de Facebook ont le souci de se dépeindre de façon authentique, c'est-à-dire de décrire leur soi réel. Mais l'image projetée sur Facebook n'en sera pas négative pour autant, car les gens, tout en restant honnêtes, vont quand même soigner leur présentation et montrer leurs bons côtés. Le résultat de cette activité est positif. Si vous examinez votre propre page Facebook, que concluez-vous?

time lui-même d'une façon positive. Dans le second, la personne pourra être très déçue de sa performance. Ce qui les différencie, ce sont leurs ambitions respectives. Ainsi, un étudiant qui a fait beaucoup d'efforts pour se préparer à un examen pourra être déçu d'obtenir une note de 75% s'il croyait être en mesure d'obtenir beaucoup plus, alors qu'un autre, qui a toujours eu beaucoup de difficulté, pourra être très satisfait s'il obtient une note de 70% même si, objectivement, sa note est plus faible que dans le premier cas.

Certaines personnes se fixent des objectifs très élevés. Si elles parviennent à les atteindre, elles en retirent une très grande satisfaction. La personne qui s'amuse à viser une cible trop rapprochée réussira presque toujours à la toucher; mais un succès

si facilement obtenu ne lui procurera aucune véritable satisfaction puisqu'elle n'aura guère eu à fournir d'effort. Plus éloignée, la cible sera plus difficile à atteindre. Trop éloignée, elle sera impossible à toucher, sinon par hasard; les échecs répétés engendreront alors un sentiment de frustration. En fait, la plupart des gens se fixent des objectifs qui demeurent dans les limites de leurs moyens. De cette façon, leurs réussites sont satisfaisantes.

L'approbation des autres

Comme pour la formation de la connaissance de soi, l'opinion des autres est précieuse pour l'établissement de l'estime de soi. Les évaluations et les jugements d'autrui agissent directement sur l'évaluation de soi. Que nous le voulions ou non, nous ne sommes pas insensibles aux jugements des autres, plus particulièrement des personnes qui comptent pour nous (parents et amis). Les appréciations sociales influencent l'estime de soi. L'enfant que l'on réprimande sans arrêt en lui disant qu'il est mauvais ou stupide finit par le croire, il nourrit sur lui-même des idées négatives qui peuvent subsister pendant toute sa vie. Inversement, les compliments, les éloges, les approbations seront les matériaux qui serviront à développer une haute estime de soi.

Rappelons ici l'expérience de Gergen en 1965. Des étudiantes du premier cycle à l'université étaient interviewées par une autre étudiante en stage de doctorat. Chaque étudiante devait s'évaluer le plus objectivement possible, sur son apparence, ses habiletés sociales, etc. L'intervieweuse avait pour tâche d'approuver et d'encourager les réponses positives (en hochant de la tête, en souriant, en disant un mot d'encouragement, etc.) et, inversement, de désapprouver les évaluations négatives (en disant «non» de la tête, en fronçant les sourcils, en disant son désaccord ou simplement en gardant un silence réprobateur). Comparées aux résultats du groupe témoin qui ne recevait pas ces renforcements durant l'interview, les réponses des étudiantes ont montré que les renforcements reçus ont vraiment influé sur les réponses, mais aussi sur les idées que chacune des étudiantes se faisait d'elle-même. Au cours de l'interview, on a en effet assisté à une augmentation significative des traits positifs. Questionnées plus tard (post-test), les étudiantes qui avaient reçu des renforcements ont continué à s'autoévaluer de façon nettement plus positive que celles du groupe témoin. Beaucoup plus tard, une étudiante a révélé ceci: «Je ne sais pas pourquoi, mais je me suis sentie en pleine forme toute la journée» (Gergen, Gergen et Jutras, 1992).

La comparaison avec autrui

Nous avons vu que la comparaison sociale peut nous aider à mieux nous connaître et à nous définir. Elle permet aussi de nous évaluer, de cerner nos forces et nos faiblesses. Un homme est «petit» par rapport à un autre plus «grand», une fleur est dite «belle» par rapport à une autre «ordinaire», etc. Toute évaluation s'effectue par comparaison. L'évaluation de soi s'appuie également sur une activité de comparaison avec autrui.

Cette tendance à s'autoévaluer en se comparant à autrui a pu être démontrée par une recherche de Morse et Gergen (1970). Ils ont créé une situation qui permettait aux sujets de faire de telles comparaisons. On offrait un emploi d'été à des étudiants masculins. Pour faire la sélection, chaque candidat devait remplir une série de questionnaires dans lesquels on avait pris soin d'insérer un test d'estime de soi normalisé. Chaque sujet était installé seul dans une salle, jusqu'au moment où, vers la moitié du test d'estime de soi, on faisait entrer un deuxième postulant dans la salle. La moitié des sujets se retrouvaient alors en présence d'un bel homme, imposant, soigné, vêtu d'un complet bien coupé, qui sortait de sa mallette des crayons bien taillés et un livre de philosophie. Les expérimentateurs avaient donné le nom de «Monsieur Net» à ce personnage, leur complice. L'autre moitié des sujets étaient placés en présence de «Monsieur Crasseux», un homme mal rasé, vêtu d'un chandail malodorant, d'un pantalon déchiré. Il avait l'air hébété et, s'affalant sur la chaise, il sortait de ses poches un exemplaire usé d'un album de bandes dessinées (il n'avait pas de crayon!). Quel effet «Monsieur Net» et «Monsieur Crasseux» ont-ils produit sur la deuxième partie du test d'estime de soi passé par les sujets? L'arrivée de «Monsieur Net» a provoqué en moyenne une baisse importante de l'amour-propre des sujets, tandis que l'arrivée de «Monsieur Crasseux» a eu l'effet contraire, remontant le moral de chacun.

POUR S'AMÉLIORER

Votre estime de soi est-elle suffisante? Croyez-vous que vous puissiez l'améliorer et obtenir une image encore plus positive de vous-même? Parmi ceux que nous avons présentés dans ce chapitre, quels moyens, croyez-vous, seraient particulièrement efficaces pour rehausser votre estime de vous-même?

Lorsqu'il s'agit de maintenir ou de rehausser notre estime de soi, nous cherchons généralement à obtenir une image favorable de nous-mêmes en choisissant de nous comparer avec une ou des personnes qui nous semblent inférieures sur un aspect donné. Une étude de Wills (1987) a montré que, dans les situations difficiles (accident, maladie, mort d'un proche), les gens s'en tirent souvent en se comparant avec des personnes qui éprouvent plus de difficultés qu'eux: «Quand je me regarde, je me désole; mais quand je me compare, je me console», a-t-on l'habitude de dire au Québec. Cette sentence prend son sens dans la mesure où nous nous comparons avec des personnes plus mal en point que nous. Lorsqu'il nous est impossible de nous comparer avantageusement, nous pouvons toujours tirer une certaine fierté de notre association avec une ou des personnes qui réussissent. Supposons qu'un enfant, à la suite d'un

Avez-vous déjà remarqué que les partisans ont davantage tendance à arborer les couleurs de leur équipe à la suite d'une victoire?

Eh bien, lorsque Jack dit : « Je suis un très bon garçon », il est en train de renforcer son estime de soi.

déménagement, est transféré d'une école « facile » à une école beaucoup plus exigeante et favorisée quant à la qualité de ses élèves. La même performance de cet enfant lui procurera des résultats décevants. La comparaison sociale mènera, dans ce cas, à une baisse d'estime de soi. En revanche, cette baisse d'estime de soi pourra être rehaussée par l'idée de faire partie d'une école de « prestige ». Cette attitude qui consiste à « se dorer des rayons de la gloire d'autrui » (Tesser et Campbell, 1983) est assez courante. Songeons seulement à tous ces partisans qui arborent fièrement (casquettes, chandails) l'emblème de leur équipe favorite à la suite d'une victoire. Évidemment, la tendance à s'associer à d'autres sera fonction de leurs succès.

Le besoin d'une estime de soi positive

Martinot (1995) rapporte quelques données qui révèlent comment les individus s'efforcent de maintenir une bonne image d'eux-mêmes : 90 % des hommes d'affaires s'estiment supérieurs à l'homme d'affaires moyen ; 70 % des individus sortis de bonnes écoles considèrent qu'ils ont des capacités de gestion au-dessus de la moyenne (seulement 2 % estiment être en dessous) ; 25 % des étudiants pensent qu'ils font partie du 1 % capable de diriger autrui ; et 90 % des professeurs de collège s'estiment supérieurs à leurs collègues (French, 1968 ; Blackburn, Pellino, Boberg et O'Connell, 1980 ; Myers, 1987).

Le besoin de maintenir, et même de rehausser, une perception positive de soi semble fondamental. De façon générale, lorsqu'ils pensent à eux-mêmes, les gens ont tendance à se valoriser. Cette tendance peut être révélée par l'observation de toutes sortes de biais dans le traitement de l'information sur soi (voir l'encadré 5.2). Greenwald (1980) a émis l'idée que le soi, en tant que processus, agit d'une façon totalitaire sur le traitement de l'information qui le concerne. Comme le dictateur qui a tous les pouvoirs, chacun de nous traite l'information d'une façon biaisée afin de maintenir, de rehausser ou d'améliorer sa propre image à ses yeux. En fait, les données sur soi ne sont pas traitées comme les autres données. Les stimuli reliés à soi présentent un intérêt plus grand et sont traités d'une façon plus efficace. L'intérêt pour l'information sur soi est facile à démontrer. Il suffit que vous entendiez prononcer votre prénom dans une foule pour que cela attire votre attention. Les éducateurs savent que, pour intéresser leurs élèves, ils doivent trouver des exemples qui les touchent.

Les effets d'une estime de soi positive ou négative

Je ne pense pas être une personne importante ni attirante pour les autres, et je vois peu de raisons qui pousseraient les autres à m'aimer. Je ne réalise que très peu de choses que j'aimerais faire, ou je les fais rarement de la façon dont je souhaiterais les faire. Je n'ai aucune confiance, ni dans mes idées, ni dans mes habiletés, et j'ai tendance à penser que les idées et les réalisations des autres sont toujours meilleures que les miennes. Les autres ne font pas tellement attention à moi, et quand je pense à ce que je sais et ressens à propos de moi-même, je peux dire que je les comprends de ne pas s'intéresser à moi. Je n'aime pas les événements nouveaux ni les situations inhabituelles ; je préfère demeurer en terrain connu et sûr. Je m'attends à peu de moi-même, que ce soit maintenant ou dans le futur. Même quand je fais de grands efforts, j'obtiens

Le biais de complaisance

Nous avons généralement tendance à nous sentir responsables des réussites et à accuser les autres, l'environnement ou simplement la malchance d'être la cause des échecs. Les attributions autoavantageuses s'observent dans tous les domaines qui exigent la réalisation d'une performance. Dans les sports, les athlètes vont justifier une victoire en se félicitant de leurs bons coups, de leurs habiletés et de leur endurance; après une défaite, toutefois, ils se plaindront davantage des arbitres, des conditions matérielles (température, état du terrain ou de la glace au hockey, etc.), des opposants, sinon de la malchance (au hockey, une explication souvent avancée est: «La rondelle ne roulait pas pour notre équipe!»). À l'école, les étudiants qui réussissent bien un examen se félicitent de leur travail et de leur intelligence; ceux qui échouent se plaindront du professeur ou du choix des questions de l'examen (Whitley et Frieze, 1985).

Le handicap intentionnel

La prévision d'un échec s'accompagne également de l'anticipation des conséquences de cet échec sur son estime de soi. Pour la plupart d'entre nous, l'idée d'être dévalorisés nous effraie. Afin d'éviter les conséquences d'un échec, une tactique consiste à nous trouver à l'avance une ou des excuses justificatrices. Par exemple, en vantant les mérites de notre adversaire, en annonçant que nous sommes malades, nous fournissons, en même temps et à l'avance, une excuse à un futur échec. Nous augmentons aussi notre mérite en cas de réussite. Le fait de s'autodéprécier devant les autres peut sembler aller à l'encontre des tendances égocentriques et autoavantageuses, mais, en réalité, cette autodépréciation a plutôt comme but la préservation des croyances sur soi. La personne qui annonce un quelconque handicap fournit en même temps une raison d'un possible échec. Si j'annonce que je suis malade ou que mon adversaire au tennis joue comme un professionnel, je fournis à l'avance une excuse toute prête en cas d'échec. Certaines personnes présentent des comportements qui vont à l'encontre du but souhaité, ou elles se placent dans des situations qui les désavantagent. Elles s'autohandicapent finalement, ce qui a pour effet de créer des conditions pour préserver leur propre image de soi. «Je suis capable; si je n'ai pas bien réussi, c'est que je n'ai pas fourni tous les efforts nécessaires», «J'ai perdu parce que je ne voulais pas vraiment gagner». Les examens sont l'occasion d'assister à beaucoup de façons de s'imposer des handicaps intentionnels: l'absence de préparation, le fait de se coucher tard la veille ou la consommation d'alcool fournissent à certains étudiants une excuse à leur possible échec, ce qui en même temps a pour effet de préserver leur estime de soi.

L'attention sélective autoavantageuse

La prise de conscience de ses points faibles est dévalorisante et déprimante. Afin d'éviter ces sentiments négatifs, il suffit de tourner son attention ailleurs, plus particulièrement vers ses points forts. L'étudiant qui a de faibles résultats scolaires pourra se consoler en pensant à ses succès sportifs. Conséquence de ce déplacement de l'attention, il aura tendance à la longue à penser que les études représentent pour lui une dimension moins importante que la pratique du sport. L'inverse se produira chez l'étudiant qui a de fortes notes à l'école, mais qui éprouve des difficultés dans le sport. Les gens ont ainsi tendance à accorder plus d'importance aux traits et aux habiletés qui les caractérisent le mieux.

La surconfiance cognitive

Nous avons tous plus ou moins cette tendance à surestimer la validité de nos idées. Lorsqu'on interroge les gens sur une question qui donne généralement 60% de bonnes réponses (p. ex., lequel de ces canaux est le plus long: le canal de Panama ou le canal de Suez?), les gens vont se sentir certains à 75% (Fischhoff et coll., 1977; Myers et Lamarche, 1992). Le phénomène de surconfiance est cette tendance à surestimer la certitude de nos croyances. Il peut s'observer facilement dans les jeux de hasard: les joueurs sont souvent convaincus d'avoir beaucoup plus de chances de gagner que les probabilités l'annoncent. Le phénomène de surconfiance est lié au besoin de maintenir ou de rehausser son estime de soi. Selon Myers et Lamarche (1992), la première cause de la surconfiance est le fait que les gens s'informent peu, de crainte de découvrir des idées ou des faits qui auraient pour conséquence de réfuter ce qu'ils croient. Se rendre compte qu'on a tort n'est jamais glorifiant.

Le biais de la rétrospective (ou phénomène du «Je le savais…»)

Des recherches ont montré que les gens ont tendance à réécrire leur histoire personnelle de façon à ce que ces souvenirs soient cohérents avec les idées qu'ils ont d'eux-mêmes à ce moment (Ross et coll., 1981). Les modifications faites aux souvenirs le sont en vue d'éviter la dissonance, l'impression de contradiction qui pourrait résulter de la confrontation du soi passé et du soi présent ou actuel. La tendance à modifier les souvenirs peut être expliquée également par la motivation à maintenir ou à rehausser son estime de soi. C'est ce qui se produit lorsque, après coup, nous prétendons avoir prévu un événement. Ce phénomène est appelé biais de la rétrospective, ou phénomène du «Je le savais…» (Slovic et Fischhoff, 1977).

Le biais du faux consensus ou de la fausse unicité

Il n'est pas toujours possible de rehausser notre image de soi en nous distinguant des plus faibles ou en nous associant à des plus forts. Une stratégie consistera alors à surestimer ou à sous-estimer à quel point les autres pensent et se comportent comme nous (Ross, Greene et House, 1977). Le fait de penser qu'il y a beaucoup de gens qui pensent comme nous ou qui agissent comme nous est rassurant. Cette tendance à croire que nos opinions et nos conduites sont courantes s'appelle l'effet du faux consensus. Cet effet se produit principalement lorsque nous cherchons quelque chose sur quoi appuyer nos opinions ou lorsque nous voulons justifier une action qui, nous le savons, est fâcheuse ou répréhensible. À l'inverse, il y a l'effet de fausse unicité, c'est-à-dire la tendance à croire, le plus souvent lorsque nous avons de bonnes idées ou quand nous avons bien agi, que nous sommes uniques ou que nous formons une exception. Une étude (Suls et coll., 1988) a montré que les personnes qui consomment beaucoup d'alcool et qui attachent leur ceinture de sécurité sont convaincues qu'il y a beaucoup de gens qui, comme elles, boivent beaucoup, mais qu'il y en a aussi très peu qui attachent leur ceinture de sécurité. Autrement dit: «Je bois, mais ce n'est pas grave, car tout le monde le fait; en revanche, je porte ma ceinture de sécurité, et cela est d'autant plus louable que peu de gens le font.» Comme le remarquent Myers et Lamarche (1992), en fait, les gens ont tendance à penser que leurs défauts sont assez communs et que leurs vertus sont assez rares.

L'illusion du contrôle

Une autre façon de maintenir et de rehausser son estime de soi est cette tendance à expliquer les événements dus au hasard ou qui sont inexplicables en faisant référence à soi. Dans l'ignorance des causes objectives, notre besoin d'expliquer les choses trouve satisfaction (ou consolation) dans l'impression que notre volonté est capable d'agir sur les événements. Myers et Lamarche (1992) rapportent qu'au cours de la sécheresse de l'été 1988 aux États-Unis, un fermier de l'Iowa organisa une danse de la pluie avec 16 Amérindiens hopis. Le lendemain, il tomba 2,5 cm de pluie. «Les miracles existent toujours, expliqua le fermier, il suffit de les demander.» La même année, pour l'exposition de Vancouver, rapportent toujours Myers et Lamarche avec humour, on fit aussi appel à un sorcier amérindien, non pas pour attirer la pluie, mais pour la faire cesser!

souvent de piètres résultats, et je suis près de perdre l'espoir de réussir quoi que ce soit d'important ou qui en vaut la peine. Je n'ai pas beaucoup de pouvoir sur ce qui m'arrive et je m'attends à ce que les choses aillent plus mal que bien[1].

Cette autodescription est celle d'une personne qui a une faible estime de soi générale. L'estime qu'une personne se porte influe considérablement sur sa vie. Selon que son estime de soi est élevée ou faible, elle éprouvera des sentiments différents et se comportera différemment avec les autres.

Les croyances qu'une personne entretient envers elle-même lui servent de « guide d'action » et, par là, elles s'apparentent dans une certaine mesure à des *prophéties qui s'autoréalisent*. Par exemple, une personne qui ne se croit pas douée pour l'activité sportive n'aura pas tendance à les pratiquer, et elle réduira donc encore ses chances de s'améliorer dans cette discipline. Les résultats ne confirment pas la croyance première, ils en sont la conséquence. Les idées positives ou négatives qu'entretient une personne sur elle-même influent sur la qualité de ses actions. Les résultats de ces actions agissent en retour en renforçant son opinion de départ. Cette séquence d'actions se présente sous la forme d'un processus circulaire favorable ou défavorable. La figure 5.3 montre qu'il existe en fait deux cercles de causes : l'un positif, et l'autre, négatif.

L'action des approbations et des désapprobations est à l'origine du passage d'un cercle à l'autre. Les approbations rehaussent l'estime de soi, alors que les désapprobations ont un effet contraire. Ces approbations et désapprobations sont formulées tant par les autres que par soi-même. Dans le développement de tout enfant, les remarques

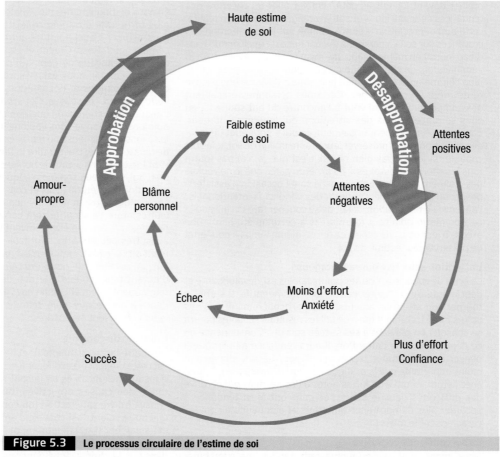

Figure 5.3 Le processus circulaire de l'estime de soi

Les causes de l'estime de soi peuvent être regroupées à l'intérieur de deux cercles : l'un est vertueux et positif, l'autre est vicieux et négatif. Les approbations et les désapprobations conditionnent le passage de l'un à l'autre.

---

1. Extrait de Battle, J. (1993). *Misconceptions Regarding Self-Esteem*. Edmonton : James Battles and Associates Ltd.

des parents et des éducateurs ont une importance capitale. Il revient à la personne elle-même de s'évaluer en vieillissant. Les enfants n'ayant connu que la désapprobation ont malheureusement tendance à se dévaloriser eux-mêmes, à être impitoyables envers eux-mêmes. Il s'ensuit, comme nous l'avons vu, de l'anxiété ou de la dépression. À l'inverse, les enfants ayant reçu éloges et encouragements auront tendance à être plus indulgents envers eux-mêmes, ils auront tendance à nourrir eux-mêmes leur estime de soi par leurs propres encouragements.

Améliorer l'estime de soi

Dans quelle mesure une personne s'aime-t-elle? Dans quelle mesure s'accorde-t-elle de l'importance? Dans quelle mesure s'estime-t-elle compétente? La façon qu'elle a de répondre à ces questions traduit son estime de soi, le sens qu'elle a de sa propre valeur.

Le succès engendre le succès. Une personne contente de soi – de ce qu'elle est et de ce qu'elle est capable de faire – réussit mieux. Quand elle sent qu'elle a réussi, elle a plus de chances de réussir encore. Quand elle pense avoir échoué, elle risque davantage d'échouer de nouveau. Par conséquent, l'amélioration de l'estime de soi l'aidera à obtenir de meilleurs résultats dans ses études, ses relations interpersonnelles, sa carrière. Voici quelques suggestions pour améliorer l'estime de soi.

Remplacer les croyances autodestructrices par des croyances constructives

Il faut s'attaquer aux croyances stériles qui nuisent à l'épanouissement ou qui gênent la réalisation des objectifs. Ces croyances s'appuient sur des remarques, des propos que chaque personne se tient à elle-même intérieurement ou à voix haute. Ce monologue intérieur est nécessaire, car il influe sur la connaissance de soi, son estime de soi et le sens de sa propre valeur. En prêtant l'oreille à ce que vous dites, vous apprenez à mieux vous connaître. Deux types de propos sont particulièrement révélateurs: ceux qui détruisent et ceux qui valorisent.

Les **croyances autodestructrices** renvoient une image négative de soi-même et empêchent de bâtir des relations significatives et productives. Ils portent sur la personnalité («Je ne suis pas créatif», «Je suis ennuyeux»), sur le monde extérieur («La vie est mal faite», «Tout le monde veut ma peau») ou sur les relations interpersonnelles («Toutes les personnes intéressantes sont déjà en couple», «Si jamais je tombe amoureux, je sais que je souffrirai»).

Reconnaître que nous avons intériorisé de telles croyances est le premier pas à franchir pour nous en défaire. Le second consiste à admettre que ces croyances sont, en fait, irréalistes et vont à l'encontre du but recherché. Les spécialistes de la thérapie cognitive (p. ex., Ellis et Harper, 1975; Glaser, 1987; Ellis, 1988; Beck, 1988; Murphy, 1997) soutiennent que nous pouvons opérer cette transformation en comprenant pourquoi ces croyances sont irréalistes et en y substituant des croyances réalistes. Avec de la pratique, il nous est possible de nous débarrasser de ces évaluations et comportements inefficaces et de les remplacer par des évaluations et comportements plus efficaces. Par exemple, il faut essayer de remplacer la croyance irréaliste selon laquelle vous devez plaire à tout le monde (toujours et en toutes choses) par la croyance plus réaliste selon laquelle il serait agréable – mais certainement pas essentiel – que les autres soient contents de vous (Ellis, 1988).

Les **croyances constructives** renforcent l'estime de soi. Pourquoi ne pas se rappeler, de temps à autre, ses réussites? Pourquoi ne pas se concentrer sur ses bonnes actions, ses qualités, ses forces, ses vertus? sur ses bonnes relations avec ses amis, ses collègues, ses parents? Pourquoi ne pas penser à ses ressources plutôt qu'à ses limites (Brody, 1991)… tout en se défiant de l'illusion de la perfection? Il faut être réaliste: aborder ses faiblesses et ses lacunes avec la conviction de pouvoir les transformer

CROYANCES AUTODESTRUCTRICES
Ensemble des croyances, portant sur soi ou sur le monde extérieur, qui renvoient une image négative de soi-même et qui empêchent de bâtir des relations significatives et productives.

CROYANCES CONSTRUCTIVES
Ensemble des croyances, portant sur soi ou sur le monde extérieur, qui renvoient une image positive de soi-même et qui renforcent ainsi l'estime de soi.

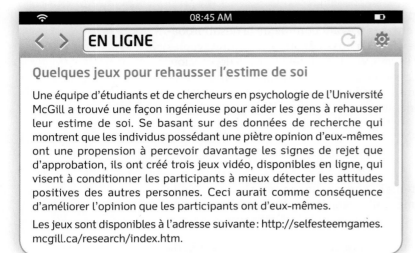

en forces. Il est de loin préférable de voir le bon côté des choses et de se dire, par exemple : « Je réussis dans bien des domaines, je ne suis pas obligé de réussir en tout » ; ou encore « J'aimerais que tout le monde m'aime, mais ce n'est pas indispensable à mon bien-être, ni à mon bonheur et, de toute façon, il y a des gens pas mal importants pour moi qui m'aiment ».

S'entourer de gens qui nourrissent

Le psychologue Carl Rogers a établi une distinction entre les gens qui empoisonnent et ceux qui nourrissent. Ceux qui empoisonnent critiquent et dénigrent à peu près tout. Par contre, ceux qui nourrissent sont positifs, optimistes. Mieux encore, ils valorisent les personnes, les apaisent, les aident à se sentir bien dans leur peau. Il faut rechercher leur compagnie.

Travailler à des projets qui ont des chances de réussir

Certaines personnes veulent échouer – du moins leurs actes le laissent supposer. Elles se fixent des objectifs trop ambitieux, impossibles à réaliser. Plutôt que d'adopter cette attitude défaitiste, il vaut mieux choisir des projets qui ont des chances de réussir. Chaque réussite contribue à bâtir l'estime de soi. Chaque réussite rend la prochaine plus facile.

L'échec d'un projet ne signifie pas que l'on est une nullité. Tout le monde échoue, à un moment donné, au cours de sa vie. L'échec est un événement *qui arrive*, il n'est pas nécessairement attribuable à une personne. La personnalité n'est donc pas en cause. En outre, échouer une fois ne signifie pas que l'on échouera encore. En définitive, l'échec ne doit pas être un prétexte pour éviter d'agir.

Une estime de soi réaliste

Taylor et Brown (1988) ont été parmi les premiers à affirmer qu'une personne mentalement équilibrée se devait d'entretenir trois illusions : une évaluation de soi plus positive que la réalité, une exagération des perceptions de contrôle et un optimisme irréaliste. Ces *illusions* amèneraient l'individu à se sentir bien dans sa peau, à faire preuve de plus de créativité et de motivation dans les tâches qu'il doit accomplir et à manifester plus d'habileté à former et à maintenir des relations sociales positives. Selon Bandura (1997), garder une vision optimiste de soi et de son environnement aiderait à surmonter les multiples difficultés, obstacles et frustrations de la vie.

Ces idées sur l'importance d'avoir une haute estime de soi se sont énormément propagées en Amérique du Nord. Dans plusieurs domaines (éducation, travail, sports, etc.), beaucoup d'efforts ont été investis dans le développement de programmes visant à promouvoir l'estime de soi des gens. Certains, comme Epstein (2005), parlent de l'obsession américaine de l'estime de soi. On commence à se rendre compte aujourd'hui que ces programmes connaissent un succès assez mitigé (Bushman et Baumeister, 1998 ; Baumeister, Bushman et Campbell, 2000 ; Bower, 2001 ; Coover et Murphy, 2000 ; Hewitt, 1998 ; Epstein, 2005). Certains chercheurs arrivent à la conclusion que l'estime de soi n'est pas toujours et nécessairement désirable, qu'elle peut même avoir des effets néfastes dans certains cas. Selon eux, les conclusions auxquelles seraient parvenues les recherches des années 1980 doivent être nuancées parce qu'elles reposaient sur des erreurs méthodologiques découlant de mesures autorévélées (les sujets ayant une forte estime de soi surévaluent leur succès, ce qui leur donne un profil favorable) et sur des erreurs d'interprétation des données (les causes et les effets ayant été confondus).

Par exemple, contrairement à ce qu'on croyait, l'estime de soi ne permettrait pas d'améliorer les performances académiques des élèves. Il y a certes une corrélation positive entre l'estime de soi et la performance scolaire, mais cela ne signifie pas que la première est la cause de la seconde. Il se peut très bien que l'estime de soi positive soit la conséquence du rendement scolaire. Cela permettrait de comprendre pourquoi, malgré des investissements importants, les programmes en éducation visant à augmenter l'estime de soi des élèves n'ont pas connu les succès escomptés (Forsyth et Kerr, 1999; Scheirer et Kraut, 1979).

L'estime de soi serait aussi associée à l'adoption de comportements agressifs et antisociaux. Plusieurs recherches ont montré qu'une évaluation de soi trop élevée est associée à des problèmes d'adaptation chez les enfants et les adolescents (DuBois et Silverthorn, 2003; Gresham et coll., 2000). Selon Castro et ses collègues (2007), les enfants rejetés qui surestiment leurs compétences sociales émettraient plus de comportements agressifs parce que leur perception de soi favorable n'est pas partagée par les pairs qui les rejettent. Les personnes qui se surestiment trop sont perçues par les autres comme étant hostiles, vantardes, narcissiques et hypocrites (Colvin, Block et Funder, 1995; Paulhus et John, 1998; Robins et Beer, 2001), ce qui apporte beaucoup de problèmes.

> Il y a quelque chose de plus haut que l'orgueil, et de plus noble que la vanité, c'est la modestie, et quelque chose de plus rare que la modestie, c'est la simplicité.
>
> – Antoine Rivarol

D'une façon intéressante, Baumeister (2001) fait remarquer qu'un nombre surprenant de criminels violents nourrissent une estime de soi démesurée: ils se considèrent comme des êtres nettement supérieurs aux autres, des personnes spéciales qui méritent un traitement spécial. Leurs actions violentes dérivent d'ailleurs souvent d'une attaque à leur *ego* (insultes ou humiliations). En faisant une revue des recherches sur le sujet, Nicholas Emler (2001) a conclu qu'il n'y a autrement aucun lien entre une faible estime de soi et la délinquance, la violence envers les autres et les préjugés raciaux. Les sujets qui ont une haute estime de soi vont aussi s'engager plus facilement dans des comportements risqués, comme conduire trop rapidement et en état d'ébriété. Réciproquement, des personnes qui ont une faible estime de soi peuvent très bien réussir dans la vie (Owens, Stryker et Goodman, 2001). Il ne fait aucun doute qu'une bonne estime de soi peut être un atout. Il faut prendre garde toutefois de ne pas dépasser la mesure. Une estime de soi naïve et démesurée peut être la source de beaucoup de problèmes. Plus l'écart est grand entre ce que nous croyons pouvoir accomplir et nos réelles possibilités, plus nous risquons d'être déçus. Il faut savoir fixer la barre au bon endroit.

POUR S'AMÉLIORER

Il est important – et beaucoup plus adapté – de développer la vision la plus réaliste possible de soi-même. Bien sûr, il faut éviter de se sous-estimer, mais on ne doit pas non plus entretenir une vision exagérément positive de soi.

Il y a un rapport entre la *perception de compétence* (ou sentiment d'autoefficacité), c'est-à-dire notre capacité à évaluer adéquatement nos chances de succès, l'estime de soi et la réussite. Pour que nos ambitions basées sur notre estime de soi se réalisent, il nous faut acquérir des connaissances et développer des habiletés. Il y a donc des progrès à réaliser. Les personnes qui réussissent le mieux à faire ces progrès sont celles qui savent se donner des objectifs suffisamment élevés pour engendrer des réussites satisfaisantes qui les motiveront ensuite à poursuivre et à s'améliorer encore. Nous nous retrouvons ici dans une dynamique semblable à celle exprimée dans les cercles de l'estime de soi et illustrée à la figure 5.3.

En conclusion, soulignons le fait qu'aujourd'hui de plus en plus d'auteurs comprennent qu'il vaut mieux amener les individus à développer une vision plus réaliste d'eux-mêmes plutôt qu'une vision exagérément positive (Baumesteir et coll., 2003). Bien se sentir dans sa peau, être content de soi contribue au bonheur, c'est vrai, mais ce n'est pas directement cette estime de soi qui rend efficace. Pour réussir et être célébré par les autres (ce qui va nourrir notre estime de soi), il faut faire preuve de certaines compétences, ce qui ne peut se produire sans acquérir des connaissances et développer des habiletés.

1. La majorité des gens assimilent la connaissance de soi à:
   a) la conscience du soi privé.
   b) la conscience du soi public.
   c) l'estime de soi.
   d) la présentation de soi.

2. Lequel des énoncés suivants est faux?
   a) Les schémas de soi représentent des unités d'information groupées dans la mémoire qui sont récupérables au besoin.
   b) L'importance des diverses caractéristiques dans les schémas de soi est variable selon les individus.
   c) Les schémas de soi que nous utilisons pour nous définir forment l'ensemble de notre connaissance de soi: une fois qu'ils sont établis, ils varient très peu dans le temps.
   d) Lorsqu'une personne est peu préoccupée par une caractéristique particulière, on dira qu'elle est aschématique par celle-ci.

3. Laquelle des affirmations suivantes au sujet de l'introspection est fausse?
   a) L'observation introspective est de nature interprétative, parce que l'objet à observer est très peu tangible.
   b) Il s'agit d'une forme d'observation particulière, puisqu'elle ne s'appuie pas, comme les autres, sur une activité sensorielle.
   c) L'observation introspective est personnelle, car un état d'âme ne peut être perçu que par la personne qui le vit.
   d) Les indices internes sont plus faciles à interpréter que la réalité extérieure.

4. Lequel des choix suivants est un exemple du principe du jugement réfléchi?
   a) Denis sait qu'il est bon en maths, parce qu'il obtient toujours une des meilleures notes de sa classe.
   b) Nathalie veut se teindre les cheveux en blond pour ressembler davantage à sa vedette préférée.
   c) Après avoir longuement réfléchi à sa relation avec Dominique, Jean a accepté d'aller vivre avec elle.
   d) Sébastien est fier de lui: son père et son entraîneur le considèrent tous les deux comme le meilleur joueur de tennis du club.

5. Lorsqu'une personne met de l'avant ce qui la distingue des autres, elle affirme:
   a) son identité personnelle.
   b) son égocentrisme.
   c) son individualisme.
   d) son identité collective.

6. Quelle est la conséquence d'un grand écart entre le soi réel et le soi obligé?
   a) Un risque de dépression.
   b) Un risque d'anxiété.
   c) Un risque de frustration.
   d) Un risque d'insatisfaction.

7. Si on considère que l'estime de soi dépend grandement de la réussite, on peut affirmer que celle-ci rehausse l'estime de soi…
   a) lorsqu'elle est inférieure aux ambitions de la personne.
   b) lorsqu'elle est supérieure aux ambitions de la personne.
   c) lorsqu'elle est égale aux ambitions de la personne.
   d) Aucune de ces réponses.

8. Lequel des biais visant à préserver une bonne estime de soi se caractérise par la tendance à nous sentir responsables des réussites et à accuser les autres, l'environnement ou simplement la malchance d'être la cause des échecs?
   a) Le biais de la rétrospective.
   b) L'attention sélective autoavantageuse.
   c) La surconfiance cognitive.
   d) Le biais de complaisance.

9. Comment le handicap intentionnel agit-il sur l'estime de soi?
   a) Il contribue à la diminuer, car il augmente le risque d'un échec éventuel.
   b) Il contribue à la préserver, car il fournit à l'avance une excuse pour un éventuel échec.
   c) Il contribue à l'augmenter, car il amène l'individu à se concentrer sur ses points forts.
   d) Le handicap intentionnel n'a aucun impact sur l'estime de soi.

10. Comment peut-on améliorer la connaissance de soi?
    a) En se renseignant sur soi.
    b) En s'imaginant comment chacun voit autrui.
    c) En se révélant aux autres.
    d) Toutes ces réponses sont vraies.

► Nommez et définissez chacune des trois composantes fondamentales du soi (cognitive, affective et comportementale).

► Distinguez la conscience du soi privé de la conscience du soi public.

► La connaissance de soi s'élabore à partir de quatre sources principales d'information. Nommez ces sources et montrez, par des exemples précis, la nature de l'information obtenue par chacune.

► Quels sont les principaux déterminants de l'estime de soi?

► Pourquoi est-il préférable d'amener les personnes à développer une vision plus réaliste d'elles-mêmes plutôt qu'une vision exagérément positive?

MonLab ☞

La communication
au travail

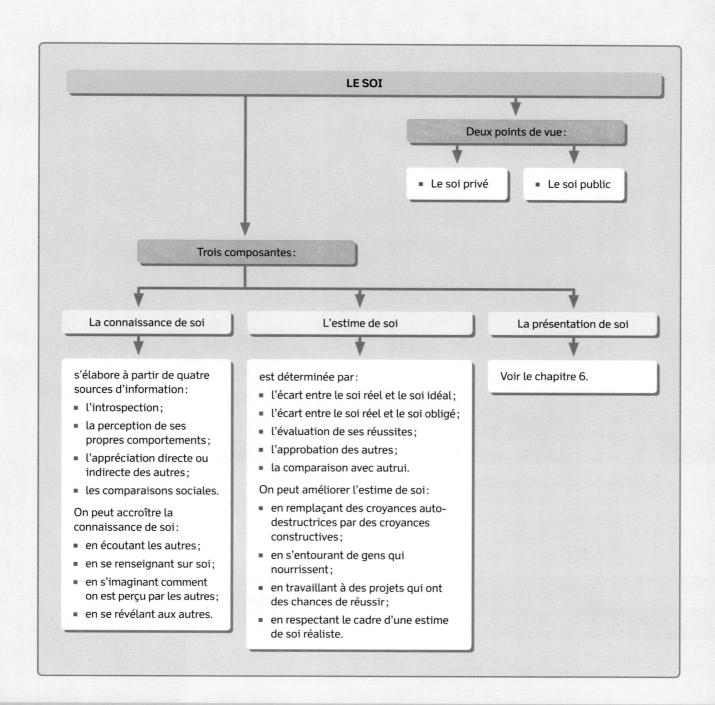

LA PRÉSENTATION DE SOI ET L'AFFIRMATION DE SOI

CONTENU DU CHAPITRE
▶ La présentation de soi
▶ L'affirmation de soi

PRINCIPALES CONNAISSANCES À ACQUÉRIR

→ Connaître les objectifs de la présentation de soi.

→ Savoir ce qu'est l'habileté à moduler son image.

→ Distinguer la présentation de soi stratégique de la présentation de soi authentique.

→ Connaître les obstacles à l'affirmation de soi.

PRINCIPALES HABILETÉS À DÉVELOPPER

→ Savoir reconnaître les circonstances appropriées à une présentation de soi stratégique ou à une présentation de soi authentique.

→ Développer sa capacité de communiquer avec assurance.

Martin déteste les champignons, particulièrement lorsqu'ils sont sur une pizza. Il n'aime pas leur couleur, leur odeur, la forme des morceaux ici et là qui lui font penser à des sangsues. «Lorsqu'on tente de les mastiquer, pense-t-il, ça rebondit, c'est spongieux. En plus, le goût est infect. Pourquoi gâcher une si bonne pizza avec ces restes de moisissures dégueulasses!?» Mais pourquoi n'a-t-il pas dit aux autres qu'il n'aimait pas les champignons?

Les autres, c'est l'équipe d'entretien du terrain de golf La Roseraie qui a embauché Martin voilà quatre jours maintenant. Une quinzaine d'employés qui, sous les ordres du directeur de l'entretien, M. Boisclair, s'affairent à «manucurer», comme il leur dit, les deux parcours du club La Roseraie. L'équipe doit régulièrement tondre la pelouse sur les verts et sur les allées, faucher l'herbe en marge des allées, nettoyer les sous-bois, raturer les trappes de sable, installer de nouvelles bandes de gazon, entretenir les tertres de départ, etc.

Lorsqu'il a appris qu'on le prenait à l'essai, Martin a sauté de joie; pour lui, cet emploi d'été, c'était ce qu'il pouvait espérer de mieux: travailler en plein air dans un environnement merveilleux lui convenait très bien. Et, qui sait? Un jour, il conduirait peut-être ces tondeuses autoportées et les tracteurs.

Chaque matin, l'équipe d'entretien se réunit pour la répartition du travail. Martin assiste Robert, appelé par les autres «Bob» ou «Bobby». C'est toujours à lui qu'on assigne la tâche d'«éduquer» les nouveaux. Bobby est gentil: patiemment, il montre à Martin le comment des choses, le «savoir-faire» pour travailler vite et bien. C'est une règle au club de golf: les employés ne doivent pas déranger les joueurs très longtemps. «On n'a pas une demi-heure pour ratisser une trappe, lui a répété Robert, deux minutes et tu dégages.»

Ce jour-là, le terrain devait être soigneusement préparé en vue d'un important tournoi. Comme disait M. Boisclair: «Il faut que le terrain soit au poil». Sachant que les employés devaient travailler plus tard, M. Boisclair leur a proposé de leur apporter le repas. «Que diriez-vous d'une bonne pizza?» a-t-il lancé. Tout le monde a répondu avec enthousiasme. M. Boisclair a pris les commandes: «toute garnie», a dit le premier; «très garnie», a dit le second; «très garnie aussi», a dit le troisième; et ainsi de suite. Tout le monde demandait une pizza «très garnie». À son tour, Martin s'est entendu dire: «très garnie pour moi aussi!» Mais aussitôt, il a pensé: «Non mais… qu'est-ce qui me prend… C'est pas très garnie, qu'il fallait dire… Très, c'est TROP! Bof, ce n'est pas grave, je ferai le ménage, comme d'habitude.»

Au moment de manger, tout le monde a ouvert sa boîte et a attaqué sa première pointe de pizza. Il y avait un nombre considérable de champignons. «Vraiment TROP garnie, cette pizza», a-t-il pensé encore. S'il avait été seul, il aurait bien fait tomber tous ces morceaux de champignons avec ses doigts, mais en présence des autres, il se sentait un peu gêné d'agir ainsi. En jetant un regard autour, il a vu, juste à côté de lui, Danielle, la fille du groupe, qui enlevait systématiquement tous les morceaux de pepperoni. «Tiens, tiens, s'est-il dit alors, voici une alliée.»

— Tu n'aimes pas le pepperoni? lui demande-t-il.

— Non, pas vraiment, lui répond Danielle, je suis plutôt végétarienne.

— Il aurait fallu demander une pizza végétarienne, non?

— Oui, je sais, mais bof, ce n'est pas compliqué d'enlever quelques morceaux. Mais, je te regarde, tu n'as pas l'air d'apprécier tellement les champignons, toi?

Encouragé par le geste de Danielle, Martin avait déjà commencé son travail d'extraction systématique.

— Je déteste les champignons! dit-il en faisant une moue.

— Toi aussi, tu aurais pu commander une autre pizza!

— Ouais, mais je me suis dit aussi qu'on pouvait les enlever. La prochaine fois je vais le dire, parce que là, il y en a vraiment trop. Il y a des limites…

— Moi aussi. Dis, tu veux mon pepperoni ?

— Non, ça va, merci. Veux-tu mes champignons ?

Rappelons-nous les efforts de Martin, au chapitre précédent, pour préparer l'entrevue avec monsieur Boisclair : elle est révélatrice de la composante comportementale du soi. Il se demandait comment il devait se présenter devant ses éventuels employeurs : quels vêtements choisir ? Quels comportements adopter ? « Commencer par une poignée de main ferme, se disait-il, les regarder droit dans les yeux, paraître sûr de moi, paraître très énergique, montrer que j'adore le golf… »

Toute personne à la recherche d'un emploi se présentera à son éventuel employeur animée des meilleures intentions du monde. Quels efforts ne va-t-elle pas déployer pour bien paraître ? Elle soignera sa coiffure et choisira les vêtements qui devraient la mettre en valeur. Devant son éventuel employeur ou le comité de sélection, elle s'efforcera de bien s'exprimer, de sourire le plus souvent, d'avoir un maintien dynamique ; elle fera tout pour paraître sûre d'elle, confiante, tout en démontrant un vif intérêt pour l'emploi, l'entreprise et les personnes qui pourraient l'engager ou celles avec qui elle pourrait être appelée à travailler. Comme son objectif consiste à décrocher l'emploi, elle mettra donc tout en œuvre pour donner une impression très positive d'elle-même.

Ce que vit Martin avec ses compagnons de travail, plus tard, est assez anodin, mais il s'agit d'une situation que nous vivons assez fréquemment lorsque nous devons choisir entre « faire comme les autres » ou « affirmer notre différence ». En mangeant sa pizza (ou plutôt ce qui en reste), Martin prend conscience qu'il aurait dû réagir autrement au moment de la commande. Depuis qu'il est là, Martin s'est rendu compte qu'il existait dans le groupe un très fort esprit d'équipe et qu'il veut faire partie de cette équipe. Pour lui, c'est important d'être accepté par le groupe. Il sait bien qu'au début, ce n'est pas très approprié de se montrer différent des autres. Il faut aussi se montrer agréable pour être accepté. Il est conscient que ses chances de conserver l'emploi dépendent un peu de cela. Toutefois, comme il était justement en train de se le dire en repoussant ses champignons : « Il y a des limites ! »

Nous avons vu au chapitre précédent que le soi présentait plusieurs dimensions. Le présent chapitre se penche sur la composante comportementale du soi, c'est-à-dire sur ce que nous présentons aux autres dans nos rapports avec eux. Dans un premier temps, nous verrons que la présentation de soi varie selon les personnes et les situations, que nous pouvons nous présenter aux autres d'une façon stratégique ou authentique. Dans un deuxième temps, nous nous intéresserons à ces situations qui nous obligent justement à faire une présentation stratégique ou authentique, à nous conformer aux autres ou à affirmer notre point de vue, nos désirs et nos sentiments.

LA PRÉSENTATION DE SOI

En plus de percevoir les aspects cognitifs et affectifs de nous-mêmes, nous pouvons aussi prendre conscience des impressions que nous produisons sur autrui, par notre apparence physique, nos vêtements, nos objets personnels, nos conduites en toute situation. Lorsque nous prêtons attention à ces différents aspects extérieurs de nous-mêmes, nous prenons conscience de notre *soi public*, celui que nous présentons aux autres. Le soi public est comme une interface, il est le lien entre nous et les autres, au cœur de nos relations interpersonnelles. Le questionnaire « Qui suis-je ? », présenté au chapitre 5, permet deux types de réponses : celles qui font référence au soi privé – celles que vous avez révélées, par exemple, en vous définissant par des traits de personnalité (« Je suis heureux » ou « Je suis envieux ») – et celles qui font référence au soi public, c'est-à-dire qui portent sur des informations que les autres peuvent détecter, par exemple lorsque vous vous décrivez en parlant de vos comportements ou des rôles sociaux particuliers que vous jouez (« Je suis un étudiant » ou « Je suis un boute-en-train »). Les personnes qui répondent au questionnaire en donnant plusieurs réponses de ce type sont plus conscientes de l'aspect public ou extérieur d'elles-mêmes, elles sont plus conscientes de la composante comportementale du soi.

La **présentation de soi** (ou l'autoprésentation) est constituée de tous les signes (apparence physique, tenue vestimentaire, comportements, opinions exprimées, etc.) utilisés par une personne pour communiquer aux autres une image particulière d'elle-même. La présentation de soi désigne aussi le *processus* par lequel nous gérons cette émission de signaux, par lequel nous modulons notre façon de nous présenter aux autres. La présentation de soi peut prendre plusieurs formes : elle peut être consciente ou inconsciente, juste ou trompeuse, destinée à un auditoire réel ou à soi-même.

> **PRÉSENTATION DE SOI**
> Processus d'émission de signes sur soi servant à communiquer aux autres une image particulière de soi. Cette image peut correspondre à notre perception réelle de nous-mêmes (présentation de soi authentique) ou à une impression bien précise que nous souhaitons créer chez l'autre (présentation de soi stratégique).

Encadré 6.1 **Quatre exemples de situations dans lesquelles la présentation de soi est négligeable**

Une entrevue de recrutement ou une rencontre avec des personnes qui nous sont étrangères sont des exemples typiques de situations dans lesquelles nous sommes particulièrement conscients de contrôler notre image. Il existe, à l'opposé, des circonstances dans lesquelles l'autoprésentation est peu ou pas importante.

C'est le cas notamment lorsque nous sommes absorbés dans un travail, une tâche, un objectif à atteindre : nous oublions alors complètement l'impression que nous produisons sur autrui. De la même façon, lorsque nous ressentons une vive émotion (joie, colère, etc.), l'expression de cette émotion n'est parfois pas contrôlable. C'est seulement après que nous nous préoccuperons de l'effet produit sur les autres (en souhaitant qu'il ait été favorable). Nous ne nous soucierons pas tellement plus de notre image dans des situations sociales où les échanges sont ritualisés, telles les différentes transactions routinières. Par exemple, lorsque nous allons emprunter un livre à la bibliothèque, nous faisons normalement peu d'efforts pour contrôler notre présentation de soi, car les conduites sont fixées par le scénario conventionnel des échanges de cette nature. Enfin, nous ne nous efforcerons pas de soigner notre image dans les circonstances où nous sommes motivés et dans lesquelles nous nous sentons suffisamment en confiance pour révéler à autrui notre « vrai visage ». Mais attention, ces situations ne se présentent pas souvent : même avec les proches, nous modulons notre image. Il y a toujours une partie de nous-mêmes qui travaille, même à un niveau préconscient, à contrôler l'image que nous présentons aux autres (Leary et Kowalski, 1990).

Les objectifs de la présentation de soi

L'obtention d'avantages sociaux ou matériels représente une bonne raison de vouloir soigner notre présentation. Faire bonne impression peut nous procurer toutes sortes d'avantages : l'appui des autres, leur approbation, leur amitié, plus de pouvoirs, etc., sans compter des avantages matériels comme une augmentation de salaire ou tout simplement un salaire lorsqu'il s'agit d'obtenir un emploi. Faire bonne impression est primordial dans le domaine des affaires, où l'objectif des interactions consiste souvent à vendre un produit ou une idée : il est important dans ce cas de soigner sa présentation et son apparence physique. Évidemment, plus la clientèle est « captive », plus le souci de bien se présenter diminuera. Ce rapport explique qu'un professeur de cégep puisse se présenter en jeans devant une classe, alors que le vendeur d'automobiles est tenu de porter la veste et la cravate.

Considérez-vous comme vraie l'idée que, plus la clientèle est « captive », plus le souci de bien se présenter diminue ? Par exemple, un professeur de cégep aura plus de latitude dans la façon de s'habiller qu'un vendeur d'automobiles. Comment expliquez-vous ce phénomène ? Pouvez-vous trouver d'autres facteurs qui influent sur le choix de la tenue vestimentaire ?

La culture et l'éthique

Le besoin de présenter aux autres une image favorable peut ne pas être fondé sur la recherche de bénéfices sociaux ou matériels ; il peut découler aussi du *besoin intrinsèque de maintenir ou de rehausser son estime de soi*. Nous avons vu au chapitre précédent l'importance de l'estime de soi et à quel point l'opinion des autres compte dans l'établissement et le maintien de l'estime de soi. S'il en est ainsi, il convient alors de bien se présenter aux autres afin de recueillir de leur part une appréciation positive, ce qui a pour effet de renforcer l'estime de soi. En fait, il existe un lien de causalité circulaire entre l'estime de soi et la présentation de soi. Les personnes qui s'estiment positivement ont tendance à se présenter aux autres d'une façon valorisante, en mettant en évidence d'une façon plus ostensible leurs qualités. Il s'ensuit qu'elles recueillent davantage d'approbations de la part des autres, ce qui rehausse leur estime de soi. Inversement, les personnes qui ne s'aiment pas éprouvent de la difficulté à se présenter avantageusement, et elles reçoivent alors la confirmation de leur sentiment.

De plus, toute personne veillera à sa présentation de soi dans *le but de créer ou de maintenir une identité particulière*. Une personne se comportera dans certaines circonstances en transposant sur elle-même l'idée qu'elle se fait du type de personne à qui elle veut ou doit ressembler. Comme nous allons le voir ci-après, nous jouons des rôles différents selon les situations : celui de « patron », d'« étudiant », de « syndicaliste », de « parent », etc. Nous nous efforçons de nous comporter de façon à rester fidèles à l'image que nous avons de ces rôles.

« Pourquoi tu n'utilises pas Facebook, comme tout le monde ? »

Afficher plusieurs identités, jouer plusieurs rôles

Lorsqu'il se présente à un professeur au cégep et lorsqu'il est avec Sophie, Martin est à la fois le même et différent. Intérieurement, il est le même, avec la même façon de penser, les mêmes souvenirs, les mêmes habiletés. Mais, dans ces deux situations, extérieurement, il se présente très différemment. Ancelin-Schutzenberger (1981) donne un bon exemple de ce phénomène : « Il suffit, dit-elle, d'observer monsieur Dupont "attraper" un subordonné, être aimable, voire obséquieux, avec un client, "filer doux" devant sa femme, se comporter en enfant devant sa mère, ou bomber le torse avec une jolie femme dans une réception, pour bien comprendre que… nous portons en nous des rôles différents, actuels, passés ou potentiels, et qui se réactivent selon les circonstances, les groupes et les interlocuteurs, au point que certains êtres en deviennent méconnaissables ». Pour Goffman (1959), Martin et ce monsieur Dupont adaptent leurs comportements et leur façon de se présenter aux différents contextes sociaux, comme des acteurs qui décideraient du rôle qu'ils doivent jouer. Poursuivant cette analogie avec le théâtre – et paraphrasant William Shakespeare –, il fait remarquer que la vie est comparable à plusieurs scènes (à la maison, au travail, au restaurant, dans une cour de justice, etc.) sur lesquelles nous jouons différents rôles avec des auditoires différents (les membres de la famille, les collègues, les amis, un juge, etc.). À chacune de ces situations sociales sont associés des rôles, des conduites particulières, prescrites et respectées par l'ensemble des personnes présentes. Comme les acteurs, nous réglons notre jeu, c'est-à-dire notre présentation à autrui. Comme les acteurs, nous portons le costume et les accessoires qui conviennent au rôle que nous avons à jouer. Lorsqu'il s'agit d'un événement important, toujours comme les acteurs, nous allons répéter notre rôle, c'est-à-dire que nous allons penser à l'avance à ce que nous allons faire et dire. Durant ces répétitions, nous chercherons à ajuster notre jeu au public que nous croyons connaître.

Chacun doit jouer son rôle. Il y a une entente tacite à ce sujet. Si l'une des personnes ne respecte pas les scénarios prescrits (p. ex., quelqu'un qui, dans un grand restaurant, va directement à une table sans attendre que le maître d'hôtel lui indique sa place), il se produit ce que Goffman appelle une « rupture ». Comme au théâtre, il est parfois possible, seul ou avec d'autres, de se retirer de la scène, d'aller en « coulisse » un moment, pour prendre congé de son rôle et, à l'occasion, pour réviser la qualité de son jeu.

À la différence du théâtre toutefois, les rôles ne nous sont pas assignés par un metteur en scène ; nous devons décider de celui que nous avons à jouer. De plus, les scénarios ne sont jamais complets ; nous devons ajouter au rôle une part plus ou moins grande d'improvisation. Cette part varie en fonction 1) de la nature impersonnelle ou personnelle des relations dans lesquelles nous sommes engagés, et 2) du besoin plus ou moins grand que nous avons de nous distinguer. L'idée que nous jouons un rôle dans le cadre d'une relation personnelle répugne à plusieurs. Jouons-nous un rôle avec nos amis, nos parents, nos collègues ? Pourtant, nous reconnaissons que nous ne présentons pas les mêmes comportements, la même façon d'être en présence de ces différentes personnes.

Selon certains, la notion de **rôle** s'applique mieux aux relations impersonnelles, qui sont régies par des scénarios de comportements établis par convention. Dans les relations plus personnelles, il vaut peut-être mieux utiliser, comme Alexander et

> Le monde entier n'est qu'une scène, et tous les hommes et les femmes n'en sont que des acteurs : ils ont leurs sorties et leurs entrées.

– William Shakespeare
(*As You Like It*, II, VII, 139)

RÔLE
Comportements particuliers attendus d'une personne qui remplit une fonction déterminée dans un groupe.

IDENTITÉ ADAPTÉE
Image qu'une personne choisit
de présenter aux autres à
un certain moment donné.

Knight (1971), la notion d'**identité adaptée**, qui désigne plutôt l'image qu'une personne choisit de projeter aux autres à un certain moment donné. La différence réside principalement dans le degré de liberté de l'acteur. Le rôle est socialement prescrit, alors que c'est la personne qui détermine le type d'identité qu'elle veut présenter à autrui. Lorsque nous jouons un rôle social, les déterminants sont moins le besoin d'affirmer notre identité propre que le respect des obligations comportementales liées à un rôle ou à une fonction sociale donnée. Par exemple, le rôle de policier se définit mieux à partir des obligations comportementales que nous associons aux policiers qu'à partir du besoin de chaque policier d'exprimer sa personnalité de telle ou telle manière. Au contraire, lorsque Sophie et Martin badinent ensemble et s'amusent entre deux cours, ils cherchent moins à jouer un rôle socialement prescrit qu'à exprimer ce qu'ils sont et ressentent à ce moment. Dans la distinction que nous faisons entre rôle et identité adaptée, il n'y a qu'une question de nuance. Songeons à un professeur qui adopte dans son cours une personnalité froide et autoritaire – parce que, selon lui, celle-ci

---

08:45 AM

EN LIGNE

La théâtralisation de soi

Lorsque nous nous présentons sur différents sites, l'analogie avec le théâtre peut également être appliquée, avec quelques variantes cependant. Les sites des réseaux sociaux représentent autant de « scènes » différentes et d'auditoires auxquels les internautes vont devoir adapter leur représentation. Ainsi, ce qu'on affichera sur son profil Facebook sera très différent de ce qu'on présentera sur LinkedIn, qui est un réseau social professionnel, ou encore, sur des sites de rencontres amoureuses (Bonvoisin et de Theux, 2012).

Une personne développe son « personnage » en interaction avec les autres dans le contexte où elle se trouve (la « scène »). Dans les relations en face à face, la présentation de soi est modulée en fonction du contexte dans lequel la personne se trouve (à la maison, sur la rue, au restaurant, dans un ascenseur, etc.), mais aussi en fonction des nombreux signaux verbaux et non verbaux reçus spontanément des autres (âge, sexe, expressions faciales, geste, posture, habillement, etc.), des signaux qui, rappelons-le, peuvent changer en cours de « représentation ». Lorsque cette personne est en ligne, avec Facebook par exemple, ces signaux existent aussi, mais avec la différence notable qu'ils lui parviennent à retardement, et surtout de façon textuelle. Comme elle en a besoin pour ajuster sa présentation, leur absence l'incitera à surveiller très souvent ses écrans dans l'attente d'un commentaire, d'une rétroaction (Bennhold, 2011). Les commentaires positifs la réjouiront ; en revanche, un seul commentaire négatif et elle sera tentée d'ajuster sa présentation. Mais avant de le faire, peut-être ira-t-elle dans la coulisse pour en parler avec un ami intime. Dans le contexte des réseaux sociaux sur Internet, ce qui est présenté sur le « mur » Facebook est la scène, alors que les courriels ou les appels téléphoniques privés peuvent représenter une conversation dans la coulisse.

Les notions de « coulisse » et de « scène » sont différentes dans les interactions que nous établissons avec Facebook. Lorsque nous nous déplaçons en coulisse dans la vraie vie, nous ne continuons plus à jouer notre rôle, nous en prenons congé. Ce n'est pas le cas en ligne, où il est possible d'être devant un public tout en étant en même temps dans la coulisse. Supposons un homme en train de modifier son profil Facebook dans le but d'attirer l'attention d'une « amie » qu'il trouve à son goût. Il peut présenter en ligne une image de lui tiré à quatre épingles, alors qu'il se trouve en pyjama, mal rasé et non douché. En même temps qu'il se présente en ligne, il est dans la coulisse, d'où il peut passer ses commentaires.

Finalement, les situations de rupture décrites par Goffman s'observent aussi en ligne. Bonvoisin et de Theux (2012) décrivent trois situations de rupture possibles associées à l'anonymat et au caractère public d'Internet. Ainsi, des internautes de passage, souvent anonymes, peuvent venir brouiller la scène par des commentaires totalement inadéquats. Encore, souvent sous l'anonymat, des messages insultants, grivois, mal orthographiés, etc. envahissent la scène des blogues, des forums et polluent les échanges entre les acteurs. Enfin, les limites floues des scènes sur Internet (p. ex., un patron ne consultera pas seulement votre page sur LinkedIn, mais également votre profil Facebook), créent aussi des ruptures, qui sont parfois douloureuses (p. ex., un licenciement ou le rejet d'une candidature à un emploi).

Comme le disent Bonvoisin et de Theux (2012), « les rôles sociaux et la manière dont on les joue sont issus d'un apprentissage social qui dure toute la vie. Dans la vie quotidienne, les novices sont encadrés, entraînés dans les coulisses, éduqués aux codes par l'environnement social. Sur Internet, les conventions sont différentes et les occasions d'en prendre connaissance avant d'avoir à les appliquer sont moins nombreuses. Les parents apprennent la politesse aux enfants, mais les éducateurs travaillant sur les bons usages de la mise en scène de soi sur Internet sont encore peu nombreux et l'initiation des novices repose encore essentiellement sur l'apprentissage par les pairs. »

Pouvez-vous trouver des exemples de situations où vous êtes conscient d'avoir joué un « rôle » ? Comment réagissez-vous quand quelqu'un ne respecte pas les règles et cause ce que Goffman appelle une « situation de rupture » ?

répond mieux à son rôle de professeur – et qui, à la pause, présentera une identité plus chaleureuse et conviviale avec les étudiants. Nous modulons notre identité et nous changeons de rôle en fonction des situations.

Connaissance et détermination des identités et des rôles

L'apprentissage des rôles au théâtre de la vie débute dès la jeune enfance lorsque, imitant les adultes, les enfants jouent à être une mère ou un père, un policier ou un voleur, un médecin ou un malade, etc. C'est en regardant les autres et en les imitant (soit réellement, soit seulement en pensée) que nous apprenons les rôles sociaux. Ces jeux

Avez-vous dans certaines situations cette impression de jouer un rôle lorsque vous êtes en présence d'autres personnes ? Avec qui cela survient-il le plus souvent ?

de rôles nous permettent de comprendre les points de vue des différents acteurs sociaux de notre entourage et d'alimenter par là notre théorie implicite de la personnalité, celle que nous utilisons pour connaître les autres (voir le chapitre 8 sur la perception d'autrui). Nous intériorisons ainsi un nombre considérable de rôles qui représentent autant de façons différentes de nous comporter conformément à des contextes sociaux particuliers.

Notre connaissance des rôles ne nous sert pas seulement à savoir comment nous comporter en telle ou telle circonstance ; nous l'utilisons dans la perception et dans la connaissance d'autrui. Tous les jours, nous identifions les gens en les classant dans des catégories telles que vendeurs, étudiants, parents, catholiques, vieillards, avocats, etc. Ce processus de catégorisation est lié à la connaissance que nous avons des comportements particuliers qui caractérisent

POUR S'AMÉLIORER

Dans une situation nouvelle, il importe de définir rapidement les rôles joués par les autres afin de savoir comment nous devons nous comporter.

chacune de ces identifications. La perception d'autrui est à la base de la détermination du rôle que nous devrons jouer. Qu'est-ce qui détermine le rôle que nous allons jouer à un certain moment donné ? La réponse à cette question n'est pas simple. La première tâche consiste à définir les rôles joués par les autres. Dans la vie de tous les jours, nous rencontrons constamment ce problème d'identification d'autrui. Dans un magasin, par exemple, nous devons décider si telle ou telle personne est un commis, un vendeur ou simplement un client. Cette femme qui nous interpelle à la bibliothèque fait-elle partie du personnel de la bibliothèque, est-elle une enseignante ou s'agit-il d'une étudiante ? Cet homme qui nous adresse la parole à l'entrée d'un restaurant est-il le propriétaire, un employé, le maître d'hôtel ou un autre client en attente d'une table libre ? Nous devons décider rapidement, à partir des quelques indices qui nous sont fournis, à quelle personne nous avons affaire. Cette identification nous renseigne sur le rôle que nous devons jouer, sur l'identité que nous devons prendre.

Les relations interpersonnelles sont ainsi conditionnées par les idées que nous avons à l'égard des rôles sociaux. Nous nous attendons d'un vendeur qu'il nous renseigne en nous vantant les mérites de son produit. De son côté, le vendeur s'attend à ce que le client lui manifeste un certain intérêt, il s'attend à être questionné. Les relations interpersonnelles, plus particulièrement les relations de nature impersonnelle, sont régies par un jeu de rôles plus ou moins implicitement partagé. Nous participons souvent à des échanges définis sous la forme de scénarios prévisibles, c'est-à-dire sous la forme d'un enchaînement de comportements établi par convention. L'incertitude survient au moment de déterminer le scénario de comportements auquel nous devons participer. Nous ne pouvons interagir avec les autres qu'en fonction de la connaissance que chacun a du rôle qu'il a à jouer dans un quelconque scénario.

Les jeux de rôles

Les univers virtuels ont toujours la cote sur Internet. Il s'agit de jeux en réseau, en deux ou trois dimensions, dans lesquels les internautes peuvent interagir à l'aide d'un alter ego (avatar) qu'ils ont eux-mêmes créé. Parmi les plus connus actuellement, on trouve Second Life et World of Warcraft. Ces deux univers virtuels rassemblent des millions de personnes incarnées par un avatar doté d'une identité qui a sa propre personnalité. Souvent, les joueurs vont reproduire une partie d'eux-mêmes dans des avatars créés à leur image, de plus en plus perfectionnés (souvent en trois dimensions, ils peuvent exprimer des émotions par des expressions faciales, des gestes ou postures). Dans d'autres cas, ils vont inventer des avatars totalement différents d'eux. Selon Jauréguiberry (2000), la construction d'identités virtuelles est, pour certains, une manière de combler le vide qu'ils expérimentent entre la conception surévaluée qu'ils se font d'eux-mêmes (le soi idéal) et la perception de leur réelle condition (le soi réel). Plutôt que de désespérer de n'être que lui-même, l'individu va, à peu de frais, se construire un moi beaucoup plus conforme à ses désirs par l'intermédiaire de ses identités virtuelles.

Êtes-vous un adepte des univers virtuels ? Votre avatar vous ressemble-t-il ou est-il très différent de vous ?

Les images suivantes sont tirées du site du *New York Times*.

www.nytimes.com/slideshow/2007/06/15/magazine/2007 0617_AVATAR_SLIDESHOW_1.html

Une des caractéristiques des scénarios qui régissent les échanges interpersonnels a trait à leur imbrication. Un rôle n'existe pas par lui-même, il s'insère toujours dans le contexte d'une interaction sociale, il est en rapport avec un ou plusieurs autres rôles joués par d'autres acteurs. Comme nous venons de le voir, le rôle de vendeur n'existe que par rapport à celui de client ; le rôle de professeur n'existe que s'il y a quelqu'un qui accepte de l'écouter ; le rôle de policier ne se justifie que s'il y a des délinquants, etc. Nous pouvons dégager deux ensembles de prescriptions liées à un rôle (Goffman, 1961) : d'une part, il y a les *obligations* auxquelles se sentent liées les personnes qui jouent un rôle (p. ex., l'obligation, pour un professeur, de donner des cours, de dicter des notes, de faire des examens et de les corriger, etc.) ; d'autre part, il y a les *attentes* chez les autres qui accompagnent un rôle donné (p. ex., le professeur s'attend à ce que les élèves viennent au cours, qu'ils prennent des notes, posent des questions, étudient pour se préparer aux examens, etc.). Il faut comprendre que, dans ce rapport qui unit certains rôles, les obligations des uns deviennent les attentes des autres, et vice versa. Cette intrication de rôles réciproques que nous soutenons dans nos interactions est peut-être ce qui définit le mieux d'une certaine manière la société humaine.

« Un et plusieurs... »

Ce que nous venons d'exposer sur les identités adaptées et les rôles nous amène à penser que notre personnalité peut être variable. Avez-vous le sentiment d'être – en toutes circonstances – toujours la même personne ou croyez-vous que votre personnalité peut changer ? Si vous posiez cette question à plusieurs personnes, vous obtiendriez des réponses différentes. Certaines se voient essentiellement comme ayant toujours la même personnalité dans tous les rôles sociaux qu'elles sont appelées à jouer; d'autres, au contraire, reconnaissent pouvoir changer vraiment de personnalité. Ces réponses, nous le verrons plus loin, varient en fonction de l'habileté de chacun à moduler sa personnalité en fonction des événements, mais elles tiennent aussi aux croyances que nous avons sur ce que devrait être une personnalité normale. D'après la tendance la plus répandue, nous devrions avoir une seule et même personnalité, et bien la connaître. «Avant tout, sois véridique avec toi-même, d'où découlera, comme le jour la nuit, que tu ne seras faux pour personne», dit Polonius à son fils dans la pièce *Hamlet* de Shakespeare (acte premier, scène III).

Nombre de psychologues sociaux contestent toutefois cette façon de penser. Ils partent du fait que l'individu a plusieurs rôles à jouer dans la société (étudiant ou professeur, joueur de hockey, parent ou enfant, etc.) et en concluent qu'il doit nécessairement présenter plusieurs identités. Dans certains cas, les rôles que nous devons jouer sont tellement différents qu'ils s'appuient sur des comportements presque opposés (Goffman, 1959; Snyder, 1974). Selon ce point de vue, les gens qui possèdent diverses identités spécialisées s'adapteront certainement mieux aux différents contextes sociaux. C'est l'avis de Gergen (1972), qui suggère que «l'être humain en santé et heureux porte plusieurs masques».

Vous ne vous présentez pas de la même façon en public et en privé, à vos parents, à vos amis ou à vos collègues de travail. Ces différentes façons d'être correspondent à différentes façons de se connaître. Dans certains cas, les différences sont mineures et correspondent à des facettes de votre identité globale; dans d'autres cas, les différences sont plus importantes, et elles déterminent alors des identités nettement distinctes. Il arrive que certaines identités soient situées aux antipodes les unes des autres, si bien que la personne qui possède ces identités contrastées ne souhaiterait aucunement se trouver, en même temps, en présence des diverses personnes qui les suscitent. Par exemple, un président qui dirige sa compagnie d'une main de fer n'apprécie pas tellement de rencontrer ses employés en présence de son épouse ou de sa mère, car il se comporte différemment avec les uns et les autres. Un professeur appréhende toujours le moment où l'un de ses enfants assistera à son cours. L'image qu'il présente à ses enfants en tant que père peut avoir été fort différente de celle qu'il présente à ses élèves. De son côté, un adolescent peut se montrer très irresponsable en famille (parce qu'il peut fuir les responsabilités et le travail) et, au contraire, très responsable avec son patron (parce qu'il espère une augmentation de salaire). Nous adoptons, autant que possible, la personnalité qui convient le mieux à la circonstance.

> Est-ce que je me contredis ?
> D'accord, je me contredis,
> c'est que je suis vaste.
> Je recèle des multitudes.
>
> – Walt Whitman

L'idée d'un soi aux multiples facettes s'oppose donc à cette croyance bien ancrée dans la culture que chacun possède une personnalité unique qu'il se doit de bien découvrir. Elle contredit également l'impression très réelle que nous avons d'être toujours la même personne, d'avoir une personnalité stable et cohérente la plupart du temps. N'avons-nous pas le sentiment d'être la même personne depuis l'enfance? D'où vient cette impression d'unicité? Quatre facteurs peuvent nous permettre de mieux la comprendre.

Premièrement, *nous avons tendance à adapter nos souvenirs à l'image de soi du moment*. Les gens sont portés à réécrire leur histoire personnelle en fonction de leurs idées, croyances et attitudes actuelles, de façon à éviter toute incohérence entre l'image de soi du passé et celle du moment (Ross, 1981).

Deuxièmement, lorsque nous nous adaptons aux diverses situations sociales, ce ne sont pas toutes les facettes de notre personnalité qui changent; *une partie de notre soi demeure toujours assez stable*. Il s'agit d'établir ce qui change et ce qui demeure inchangé dans la connaissance que nous avons de nous-mêmes. Par exemple, nous avons vu au chapitre précédent que Martin se définit à certains moments comme très sociable et à d'autres moments, comme assez solitaire. Pour lui, la «sociabilité» n'est pas un trait de personnalité qui le définit particulièrement. Par contre, il se montre très réfractaire à l'idée de dépendre des autres, car il se décrit comme une personne «indépendante». Ce trait de caractère est central pour lui, il dépeint sa personnalité. D'ailleurs, Martin l'évoque en priorité lorsque vient le temps de se définir lui-même.

Lorsque vient le temps de vous définir, avez-vous cette impression d'être plusieurs?

Il existe donc des idées sur soi qui sont plus fondamentales et qui résistent davantage aux changements que d'autres. Ces croyances forment en quelque sorte le «noyau dur» de la personnalité. Vous êtes porteur de convictions profondes sur vous-même; ces convictions sont souvent enracinées dans votre enfance, à l'époque où justement s'est construite votre personnalité. Ce sont ces croyances «centrales» que vous avez le plus tendance à préserver. Vous élaborez d'ailleurs des stratégies pour préserver ces aspects de soi que vous considérez comme votre «vrai» moi.

Troisièmement, les diverses identités d'un individu ne sont pas dissociées; elles *partagent de nombreux éléments de mémoire*. Par exemple, Martin au cégep et Martin à la maison ont les mêmes souvenirs, un passé unique: même si celui-ci peut être envisagé sous des angles différents, il s'agit du même passé. Lorsque cela ne se produit plus, c'est que l'individu présente un problème grave de personnalité multiple ou divisée.

Quatrièmement, malgré les modifications – petites ou grandes – apportées à votre personnalité, vous conservez toujours *les mêmes aptitudes physiques et psychologiques*. D'une identité à l'autre, vous conservez ces mêmes capacités à réfléchir et à réagir émotionnellement, qui s'actualisent concrètement grâce aux mêmes possibilités sensorimotrices qu'offre le même corps. Lorsqu'il est avec sa mère, Martin se définit comme un fils (sont alors activés en lui toutes les idées et tous les sentiments en rapport avec ce rôle); lorsqu'il est avec Sophie, Martin se définit autrement, comme un ami, peut-être même comme un amoureux, ce qui est assez différent. Mais dans les deux cas, Martin possède toujours les mêmes aptitudes physiques et psychologiques.

À une extrémité, on trouve des personnes avec une personnalité unique très rigide, peu diversifiée, qui éprouvent de la difficulté à s'ajuster à des situations sociales différentes. À l'autre extrémité, on trouve des personnes avec un soi fragmenté ou divisé (Donahue et coll., 1993), qui ne savent pas qui elles sont et qui peuvent présenter des symptômes de personnalité multiple. La majorité des gens se situe entre ces deux extrêmes.

L'habileté à moduler son image

Une personne choisira l'identité à présenter aux autres, d'abord en se pliant aux exigences d'une relation sociale – c'est-à-dire en adaptant sa personnalité aux personnes avec qui elle se trouve –, puis en répondant au besoin plus ou moins grand qu'elle a de conserver son sens de soi, son identité propre. Nous avons déjà mentionné que l'identité que vous présenterez résulte d'un calcul coûts/bénéfices qui vous aura amené à soupeser les avantages et les désavantages qu'il y a à satisfaire l'une ou l'autre de ces tendances en tenant compte des moyens à votre disposition pour y arriver. Tous les individus n'effectuent pas ce calcul de façon identique, car les besoins d'ajuster son identité à autrui ou d'affirmer son identité propre varient énormément d'une personne à l'autre.

C'est justement ce qu'a essayé de démontrer Mark Snyder en 1974, lorsqu'il a conçu un questionnaire qui permettait de distinguer les gens selon cette dimension. Snyder était convaincu que les gens diffèrent dans leur habileté à observer et à modifier leur présentation de soi. Ces différences peuvent être mesurées comme un trait de personnalité sur une échelle dite de **monitorage de soi**. Le questionnaire préparé en 1974 a été revu en 1986 par Snyder et Gangestad; cette dernière version comprend 18 questions de type «vrai ou faux» qui portent sur l'intérêt et sur l'habileté de chacun à observer et à maîtriser ses comportements sociaux (voir le minitest 6.1). Certains énoncés révèlent un haut degré de monitorage de soi («Je pourrais probablement être un bon acteur»), alors que d'autres révèlent le contraire («Je ne changerais pas mes opinions [ni ma façon d'agir] pour plaire à quelqu'un ou gagner son estime»).

Les personnes qui présentent un haut degré de monitorage de soi sont plus conscientes des impressions qu'elles produisent chez les autres et elles sont plus sensibles aux indices sociaux qui leur dictent comment elles devraient agir pour répondre adéquatement aux exigences de la situation sociale. En revanche, les personnes qui présentent un score faible à cette échelle éprouvent beaucoup de difficulté à contrôler

MONITORAGE DE SOI
Capacité de la personne à observer ainsi qu'à exercer un contrôle sur sa présentation verbale et non verbale en fonction des caractéristiques de la situation.

MINITEST 6.1

Comment modulez-vous votre présentation de soi?

Vrai ou faux?

1 Je trouve difficile d'imiter le comportement des autres.

2 En groupe, je n'essaie pas de dire les choses que les autres aimeraient entendre.

3 Je ne peux défendre que les idées auxquelles je crois.

4 Je peux improviser sur tous les sujets, même sur ceux que je ne connais pas très bien.

5 Je pense que je me donne en spectacle pour impressionner et amuser les autres.

6 Je pourrais probablement être un bon acteur.

7 Je suis rarement le centre d'attraction dans un groupe.

8 J'adapte ma façon d'agir aux situations et aux personnes.

9 Je ne suis pas doué pour me faire aimer.

10 Je ne suis pas toujours la personne que j'ai l'air d'être.

11 Je ne changerais pas mes opinions (ni ma façon d'agir) pour plaire à quelqu'un ou gagner son estime.

12 J'ai déjà pensé devenir artiste.

13 Je n'ai jamais été bon à des jeux comme les charades.

14 Je change difficilement de comportement pour m'adapter aux situations et aux personnes.

15 Lors d'une fête, je laisse les autres raconter des blagues.

16 Je me sens un peu mal à l'aise en public.

17 Je peux mentir effrontément (si c'est pour une bonne cause).

18 Je peux être gentil avec les gens, même si je ne les aime pas.

La correction du questionnaire est simple : comptez un point pour chaque réponse «vrai» aux énoncés 4, 5, 6, 8, 10, 12, 17 et 18, et un point pour chaque réponse «faux» aux énoncés 1, 2, 3, 7, 9, 11, 13, 14, 15 et 16. Faites le total des points. Ce total représente le score à l'échelle de monitorage de soi. Selon Snyder et Gangestad (1986), le score moyen des étudiants de collèges américains se situe entre 10 et 11. Comparez vos résultats à ceux qui sont présentés dans le tableau 6.1, page 148.

Votre score correspond-il à la manière dont vous percevez? D'après vous, le contrôle de l'image de soi comporte-t-il une dimension morale? En d'autres mots, y a-t-il des circonstances où il serait répréhensible de contrôler l'image de soi? Dans quelles situations êtes-vous plus porté à contrôler votre image?

et à modifier leur présentation de soi; leurs comportements expressifs dévoilent plus directement leurs états d'âme du moment (attitudes, sentiments, intentions). Les individus qui démontrent un haut degré de monitorage de soi possèdent un éventail d'identités beaucoup plus large que les autres; ils sont de véritables acteurs de composition. Au contraire, les personnes à faible degré de monitorage de soi changent peu leur façon d'être avec les autres, elles font penser à ces acteurs qui, d'un film à l'autre, semblent jouer toujours le même personnage.

De nombreuses études ont essayé de savoir si l'échelle de monitorage de soi mesure un seul et unique trait de personnalité ou plusieurs (Briggs et Cheek, 1988; Lennox, 1988). Néanmoins, l'échelle de Snyder s'est avérée très efficace au fil des années, et elle a permis de prédire beaucoup de comportements sociaux. Ces études ont notamment permis de tracer le portrait des personnes qui présentent un score élevé et un score faible à l'échelle de monitorage de soi. Le tableau 6.1 résume les résultats de certaines de ces recherches.

Vaut-il mieux présenter un haut score ou un faible score à l'échelle de monitorage de soi? Comme le soulignent Brehm et Kassin (1990), répondre à cette question équivaudrait à porter un jugement de valeur. Chaque tendance présente ses avantages et

Tableau 6.1 Les différences entre les personnes présentant un score élevé et celles ayant un score faible à l'échelle de monitorage de soi	
Personnes ayant obtenu un score élevé	**Personnes ayant obtenu un score faible**
Elles se perçoivent elles-mêmes comme plus flexibles et vantent leur habileté à s'adapter aux diverses situations sociales. Leur concept de soi est changeant.	Elles ont un concept de soi mieux défini et plus assuré. Elles cherchent à faire en sorte que «ce qu'elles font» reflète bien «ce qu'elles sont».
Au questionnaire «Qui suis-je?», elles se définissent à partir des rôles qu'elles jouent («Je suis employé de bureau») (Sobel, 1981).	Au questionnaire «Qui suis-je?», elles utilisent davantage les adjectifs pour se décrire («Je suis sociable», «Je suis amicale»).
Elles prêtent davantage attention aux autres. Elles déploient beaucoup d'efforts à essayer de décoder les indices que lui envoient les autres (Jones et Baumeister, 1976).	Elles prêtent davantage attention à elles-mêmes.
Elles parlent plus facilement à la troisième personne (il, elle, sa, son, leur) (Ickes, Reidhead et Patterson, 1986).	Elles parlent plus souvent à la première personne (je, moi, mon, mes, etc.).
Elles détectent plus facilement le mensonge chez autrui (Krauss, Geller et Olson, 1976).	Elles détectent moins facilement le mensonge chez autrui.
En écoutant une blague à la télévision, elles riront davantage en compagnie de quelqu'un que seules.	En écoutant une blague à la télévision, elles riront presque autant seules qu'en compagnie de quelqu'un.
Elles sont plus sensibles à des messages publicitaires associant un produit à une image valorisante de soi (De Bono et Parcker, 1991).	Elles vont faire davantage confiance à un message publicitaire axé sur des arguments valorisant le produit.
Elles sont plus sensibles à la situation. Pour une activité donnée, elles choisissent un compagnon en fonction de sa compétence dans cette activité. Par exemple, elles vont jouer au golf avec une personne et aux cartes avec une autre.	Elles sont plus sensibles aux personnes. Pour toutes sortes d'activités, elles ont tendance à rester avec les mêmes personnes, leurs amis. Par exemple, elles vont jouer aux cartes et au golf avec la même personne, peu importe la performance de cette personne.
Elles préfèrent avoir un large éventail d'amis «spécialisés». Le degré de compétence est important dans le choix d'un partenaire pour une activité donnée (Snyder, Gangestad et Simpson, 1983; Snyder et Simpson, 1984).	Elles préfèrent avoir quelques bons amis fidèles. Le degré d'amitié est le facteur qui détermine le choix d'un partenaire pour une activité.
Pour ce qui est du choix d'un partenaire sexuel, elles vont accorder plus d'importance à l'attrait physique (Snyder et Simpson, 1984; Snyder, Berscheid et Glick, 1985).	Pour ce qui est du choix d'un partenaire sexuel, elles accorderont plus d'importance à l'attitude de l'autre, à ses préférences, à sa personnalité.
Elles sont moins portées à s'engager à fond dans une relation sentimentale et elles pourront plus facilement mettre fin à une relation pour une autre (Snyder et Simpson, 1984).	Elles s'engagent plus facilement et sont par la suite plus fidèles.
Elles sont davantage attirées par des personnes comme elles.	Elles sont, comme les personnes ayant obtenu un score élevé, attirées par des personnes qui ont un haut degré de monitorage de soi.
Dans une situation où deux personnes étrangères sont en présence l'une de l'autre et doivent passer un moment ensemble: • elles souffrent moins de la situation (Pilkonis, 1977); • elles prennent l'initiative de la conversation et la dirigent; • elles s'efforcent de maintenir la conversation (Ickes et Barnes, 1977).	Dans une situation où deux personnes étrangères sont en présence l'une de l'autre et doivent passer un moment ensemble: • elles sont mal à l'aise; • elles laissent à l'autre l'initiative de la conversation; • elles ne s'efforcent pas de maintenir la conversation.
Elles se conforment plus facilement à l'opinion du groupe si la situation l'exige; dans le cas contraire, elles deviennent non conformistes (Snyder et Monson, 1975).	Dans toutes les situations, ces personnes ont tendance à conserver leurs idées et leurs opinions, même à leur détriment.
Peut-être en raison de ces dernières caractéristiques, elles jouent plus souvent le rôle de leader dans un groupe (Garland et Beard, 1978).	Peut-être en raison de ces dernières caractéristiques, elles jouent moins souvent le rôle de leader dans un groupe.

ses inconvénients. Les personnes qui ont un haut degré de monitorage de soi peuvent s'estimer pragmatiques, sensibles aux autres, flexibles, bien adaptées socialement, etc. Plus négativement, elles nous apparaîtront peut-être comme des personnes qui cherchent à profiter des autres en se comportant comme de véritables caméléons sociaux. À l'autre extrémité, les personnes qui ont un faible score à l'échelle de monitorage de soi peuvent se considérer comme plus honnêtes dans la mesure où elles présentent une identité plus stable, mais vous pourriez les assimiler alors à des personnes rigides, incapables de s'adapter à la diversité des situations sociales. Selon Miller et Thayer (1989), les personnes qui se situent au milieu de l'échelle présentent moins de problèmes que celles qui se situent aux extrémités.

Deux formes de présentation de soi

L'échelle de monitorage de soi permet de répartir les gens suivant leur habileté à contrôler l'image qu'ils présentent aux autres. Lorsqu'une personne ajuste son image en vue de créer une impression favorable, c'est-à-dire en vue d'obtenir des avantages matériels ou psychologiques, sa présentation de soi est alors le plus souvent *stratégique*. Elle essaie, dans ce cas, de façonner les impressions des autres à son égard afin d'acquérir plus de pouvoir ou d'influence (besoin de pouvoir) ou simplement la sympathie ou l'approbation des autres (besoin d'appartenance). Pour des raisons différentes, elle pourra, en revanche, s'efforcer de présenter aux autres son «vrai moi», c'est-à-dire une image fidèle de ce qu'elle croit vraiment être. Sa présentation de soi sera alors plus *authentique*. Dans certaines occasions, nous allons hésiter entre ces différents modes de présentation de soi. Lorsque Martin, en mangeant sa pizza, se dit qu'«il y a des limites», il commence à penser, sans le formuler en ces termes, qu'il devrait passer d'un mode de présentation de soi stratégique à un autre plus authentique, même si cela signifie qu'il devra se montrer différent des autres.

Une présentation de soi stratégique

Dans le cas d'une **présentation de soi stratégique**, l'individu ajuste en quelque sorte sa façon d'être de manière à adopter la personnalité requise par la situation et les personnes en présence. Les exemples de présentation stratégique sont faciles à trouver: le candidat à un emploi, le politicien qui s'efforce de plaire aux électeurs, l'animateur de radio ou de télévision, enfin toutes les personnes qui cherchent à s'ajuster à la situation sociale en vue d'en tirer quelques avantages. Ces exemples qui viennent à l'esprit illustrent des efforts faits en vue de plaire, de flatter ou de séduire les autres. En réalité, depuis Jones et Pittman (1982), il est courant de distinguer cinq stratégies d'autoprésentation. Pour chacune de ces stratégies (présentées dans le tableau 6.2), il est possible de déterminer le type d'image recherchée, celle que nous voulons éviter de produire, l'émotion que nous voulons provoquer et les comportements caractéristiques. Par exemple, lorsque Martin se présente à son entrevue d'embauche et qu'il fait la promotion de lui-même, l'image qu'il souhaite produire est celle d'un candidat compétent. Il aura tendance à être un peu modeste, car il ne veut pas passer pour vantard. Il veut déclencher au moins le respect de la part de ses futurs employeurs. Pour ce faire, Martin doit décrire d'une façon intéressante ses aptitudes et ses performances. Examinons de plus près chacune de ces stratégies d'autoprésentation.

PRÉSENTATION DE SOI STRATÉGIQUE
Comportements visant à contrôler les perceptions des autres et à influer sur leurs impressions de nous-mêmes.

Se montrer agréable et gentil. ▶ Il est primordial de se présenter aux autres d'une façon agréable afin d'être aimé d'elles. Les tactiques sont nombreuses: complimenter les autres, se montrer d'accord avec eux, les écouter avec attention, leur offrir des présents, être attentif à eux, être prévenant, satisfaire tous leurs désirs, faire de l'humour, etc. La crainte de ne pas être aimé ou d'être rejeté (besoin d'appartenance) représente un puissant moteur à l'origine d'une autoprésentation plaisante. Certains avantages matériels ou sociaux sont parfois reliés à une relation de cette nature. Évidemment, les attentions bienveillantes ou les compliments ne doivent pas paraître calculés. En fait, c'est ce critère qui permet de distinguer une présentation stratégique

Tableau 6.2 La taxonomie des stratégies de présentation de soi

Stratégie	Image recherchée	Image évitée	Émotion recherchée chez autrui	Comportements caractéristiques
Se montrer agréable et gentil	Aimable Charmant Bienveillant Plaisant	Flagorneur Flatteur Conformiste Obséquieux	Affection	Complimenter Aider Se montrer d'accord Accorder des faveurs
Faire la promotion de soi	Compétent Talentueux Efficace Capable	Mystificateur Vantard Sur la défensive	Respect Admiration Déférence	Se valoriser Raconter ses exploits Décrire ses performances
Se montrer dominant et menaçant	Redoutable Impitoyable Imprévisible	Théâtral Incohérent Faible	Peur	Menacer Critiquer Montrer un peu de colère Imposer
Présenter une conduite exemplaire	Brave Méritant Honorable Dévoué Courageux	Hypocrite Moralisateur Exploiteur	Culpabilité Honte Émulation	Montrer de l'abnégation Aider, porter assistance Militer
S'attirer l'aide et la sympathie	Démuni Handicapé Malchanceux	Discrédité Paresseux Accaparant	Sympathie Sentiment d'obligation	S'autodéprécier Demander de l'aide

Source : Adapté de Jones, E.E., et Pittman, T.S. (1982). Toward a general theory of strategic self-presentation. Dans J. Suls (dir.). *Psychological Perspectives on the Self* (vol. 1). Hillsdale, NJ : Erlbaum. Reproduction autorisée par les auteurs.

d'une présentation authentique. La présentation qui consiste à plaire et à démontrer de l'intérêt est d'autant plus stratégique que les avantages ultérieurs que la personne pourrait tirer de cette présentation sont dissimulés. Toutes les gentillesses faites aux autres ne sont pas toujours stratégiques. Nous verrons plus loin qu'en nous identifiant à l'autre nous pouvons tirer un plaisir direct et intrinsèque de nos actions généreuses. Les conduites altruistes sont alors authentiques.

Savoir se montrer agréable et gentil est un art que l'on peut développer en sachant complimenter les autres, se montrer d'accord avec eux, en les aidant et, finalement, en leur montrant qu'on les aime.

Faire la promotion de soi. ▷ Une autre stratégie sera utilisée par la personne qui aura à prouver sa compétence ou son habileté dans une situation donnée. Si elle cherche un emploi et qu'elle est convoquée à une entrevue, elle tentera d'impressionner son interlocuteur en soulignant ses qualités, sa compétence, ses exploits, ses accomplissements, ses forces, etc. Comme pour plaire à autrui, elle devra également paraître crédible. Dans cette intention, elle avouera peut-être quelques faiblesses, mais ces aveux serviront bien sûr sa promotion, en venant rendre plus crédible l'ensemble de son autoprésentation. Le danger est de paraître vantard et suffisant. Certaines personnes sont plus habiles que d'autres à faire leur autopromotion, et ce sont elles, généralement, qui décrochent emplois et promotions.

Se montrer dominant et menaçant. ▷ Une troisième stratégie d'autoprésentation satisfait la volonté de dominer autrui, de l'intimider, de lui en imposer. Les conduites dans ce cas sont orientées vers la présentation d'une image d'autorité et de dominance. La personne qui se présente ainsi ne se montre pas particulièrement gentille ni sympathique : au contraire, son attitude est celle de l'affrontement, de la compétition, de la recherche de domination. Le but est de maîtriser la relation et la situation. Établissons néanmoins une nuance importante entre une autoprésentation ayant pour objectif de promouvoir l'autorité – une tactique qui s'apparente à d'autres stratégies de promotion de soi – et une présentation de soi orientée vers la recherche de la domination pure et simple. Dans le premier cas, la recherche d'autorité peut viser la résolution d'un problème ou la prise en charge d'une responsabilité. Dans le second cas, elle s'effectue pour les avantages matériels ou sociaux qu'elle procure ; elle satisfait le besoin de pouvoir de certaines personnes. Cette stratégie ne peut être utilisée

EN LIGNE

Narcissisme et estime de soi sur les sites de réseaux sociaux

Jusqu'à tout récemment, faire la promotion de soi en personne était réservé à certaines situations particulières, par exemple lors d'un entretien d'embauche, où il est acceptable de se valoriser et de montrer sa compétence en vue de l'obtention d'un emploi. En d'autres circonstances de la vie courante, une personne qui parle d'elle-même en termes flatteurs prend le risque d'être considérée comme vantarde et peut-être narcissique.

L'avènement des médias sociaux, et plus particulièrement des sites de réseaux sociaux comme Facebook, a passablement changé cette convention. Alors que dans une situation face à face la promotion de soi peut être brimée par le regard direct et la critique d'autrui, les sites des réseaux sociaux offrent à chacun l'occasion de se présenter sans contrainte en filtrant et en modifiant à son avantage les informations sur soi. Véritables vitrines virtuelles, les sites des réseaux sociaux et les blogues représentent un terreau fertile pour les activités narcissiques.

Plusieurs recherches ont montré un lien entre le narcissisme et la fréquence d'utilisation des sites des réseaux sociaux comme Facebook (Buffardi et Campbell, 2008 ; Mehdizadeh, 2010 ; Ong et coll., 2011 ; Carpenter, 2012). L'étude de Mehdizadeh (2010) en particulier montre que les personnalités narcissiques passent plus de temps sur le site et peaufinent davantage leur profil par des activités d'autopromotion (afficher des photos de soi avantageuses et parfois retouchées, écrire des textes les mettant en valeur, afficher des liens avec des personnes attirantes ou célèbres sur leur mur, etc.). À l'opposé, les personnes qui ont une faible estime de soi passent aussi beaucoup de temps sur Facebook, sans toutefois manifester davantage d'activités d'autopromotion, peut-être parce qu'elles n'osent pas

afficher leur soi idéal, sachant qu'elles ne sont pas sous le couvert de l'anonymat. L'étude de Mehdizadeh a le mérite de distinguer le narcissisme et l'estime de soi. Une bonne estime de soi-même n'équivaut pas au narcissisme. Les recherches ne démontrent pas non plus que l'utilisation des sites de réseaux sociaux rend davantage narcissique.

À partir de votre expérience avec les réseaux sociaux, pouvez-vous distinguer ceux et celles parmi vos amis virtuels qui ont davantage tendance à faire leur autopromotion en cherchant constamment à se valoriser ? Comment réagissez-vous ?

Le narcissisme est un trait de personnalité qui caractérise les gens habités par un désir constant de grandeur, qui recherchent de façon excessive l'admiration des autres et qui manifestent un sentiment exagéré de suffisance, accompagné d'un manque d'empathie pour autrui (Oltmanns, Emery et Taylor, 2006). Les personnalités narcissiques sont obsédées par leur soi idéal, qui prend toute la place dans leur vie. Les narcissiques sont à la recherche de ceux qui vont nourrir l'image idéale qu'ils ont d'eux-mêmes et qu'ils tentent de projeter. Réciproquement, ils vont éviter ceux qui pourraient les critiquer. En relation avec les autres, les narcissiques sont très vulnérables aux critiques négatives. Selon plusieurs psychologues, le narcissisme serait une manière de masquer cette fragilité face aux autres, une forme de déni de ses limites et une façon d'éviter les relations dévalorisantes. Dans leurs relations interpersonnelles, les narcissiques évitent ainsi les rapports trop intimes et chaleureux en faveur des contacts plus superficiels qui font croître leur popularité et leur succès. Ils vont aussi rechercher la compagnie de personnes attirantes qui les mettent en valeur.

dans des situations que les autres, en position de «dominés», peuvent fuir facilement. C'est pourquoi les personnes qui usent de l'intimidation occupent toujours plus ou moins une position sociale d'autorité confirmée qui leur permettra de satisfaire ce besoin (parents, enseignants, patrons).

Présenter une conduite exemplaire. ▶ Dans certains cas, plus ou moins rares, une personne veut montrer aux autres une personnalité morale exemplaire. Brigham (1991) décrit ce genre de personne, en la caricaturant quelque peu, comme «honnête, disciplinée et charitable, ce saint qui marche parmi nous, ce martyr qui se sacrifie pour la cause». S'il existe de véritables «saints» sur la terre, certains de ceux qui se présentent comme tels ne sont pas vraiment sincères ; ils agissent plutôt dans

Votre façon de vous présenter aux autres est-elle le plus souvent stratégique ou authentique ? Dans quelles circonstances la présentation stratégique domine-t-elle ?

le but d'influencer les autres. La personne exemplaire éprouve quelque plaisir à voir les autres l'admirer et l'imiter. De cette manière, elle exerce un certain pouvoir sur ces personnes. Le personnage de Tartuffe, créé par Molière, illustre parfaitement cette conduite. Le parent, le professeur, le patron ou quiconque occupe un poste d'autorité peut avoir tendance à se présenter d'une façon exemplaire, dans le but d'influencer les conduites de ses subordonnés. Que l'objectif soit pédagogique et louable, la présentation de soi n'en est pas moins stratégique dans ce cas.

S'attirer l'aide et la sympathie. ▶ Une autre façon de tirer différents avantages des autres est de leur présenter, dans un contexte particulier, l'image d'une personne malhabile ou dépendante. Il est possible d'y parvenir en soulignant soi-même ses faiblesses et sa dépendance. Dans une certaine mesure, la personne qui se déprécie déclenche chez les autres la tendance inverse. Par exemple, si vous déclarez que vous vous trouvez stupide et égoïste, votre interlocuteur cherchera probablement à vous consoler en vous disant que vous êtes au contraire intelligent et que votre égoïsme n'est que passager. En se présentant comme inapte à accomplir une tâche (ce qui est une autre façon de se déprécier), une personne peut obtenir plus facilement que les autres effectuent cette tâche à sa place. Après avoir brûlé au fer à repasser deux jupes de son amie, un homme a pu obtenir de celle-ci qu'elle accomplisse dorénavant cette tâche. Dans le même ordre d'idées, certains adolescents se montrent tellement maladroits dans l'exécution de certaines tâches ménagères que leurs parents ne leur demandent plus de les aider.

> Personne ne peut longtemps présenter un visage à la foule et un autre à lui-même sans finir par se demander lequel est le vrai.
>
> – Nathaniel Hawthorne

Toutes ces conduites représentent des tactiques de supplication plus ou moins subtiles et intelligentes. Des personnes, qui par ailleurs sont très influentes, pourront utiliser à l'occasion une tactique de supplication. Par exemple, le jour où elle aura à changer le pneu crevé de sa voiture, telle directrice de compagnie habituée à avoir sous ses ordres des employés pourra jouer le rôle de la femme faible et démunie afin de s'attirer l'aide de quelqu'un, et éviter ainsi de se salir les mains. Utilisée trop souvent, l'autodépréciation publique peut avoir des effets rétroactifs sur l'estime de soi. À force de se montrer faible et incompétent, on finira peut-être par se croire réellement faible et incompétent.

Une présentation de soi authentique

PRÉSENTATION DE SOI AUTHENTIQUE
Comportements nous présentant aux autres sous notre vrai jour, sans maquillage ni jeu théâtral, afin qu'ils puissent mieux nous connaître.

Les diverses stratégies d'autoprésentation consistent à adopter différents comportements afin de créer une impression favorable chez les autres. Différemment, la présentation de soi peut découler du besoin de faire connaître ce que nous croyons vraiment être, dans le but de permettre aux autres de mieux nous connaître. Ainsi, nous faisons une **présentation de soi authentique** lorsque nous tentons de montrer ce qui, selon nous, représente notre véritable identité. Dans ce cas, la présentation de soi est déterminée davantage par les idées et les valeurs propres de la personne que par celles des autres dans un contexte social particulier. Lorsque vous essayez de montrer aux autres que vous n'êtes pas comme ils le croient ou que vous refusez de faire ce qu'on souhaiterait que vous fassiez, ou encore, que vous exprimez votre opinion malgré qu'elle soit différente de celle des autres, vous faites preuve d'une présentation authentique dans la mesure où votre but n'est pas simplement de vous opposer aux autres, mais plutôt d'affirmer votre point de vue ou vos intentions.

Selon Swann (1983), il existe une forte motivation chez les gens à affirmer leur identité véritable. Le besoin de se présenter véritablement est si important qu'il l'emporte parfois sur celui de bien paraître. Personne ne vous connaît mieux que vous-même, croyez-vous, et ces idées, toute personne a tendance à les présenter à autrui. Les études montrent que les gens évoquent, retiennent et acceptent plus facilement l'information sur eux-mêmes qui confirme leur connaissance de soi (Swann et Read, 1981). Nous avons tendance à rester fidèle à ces idées et représentations de soi, à les affirmer et à les défendre. Nous pouvons observer cette tendance lorsque les autres se créent une fausse impression de nous: immédiatement, nous nous efforçons de la rectifier. Même si celle-ci est favorable, nous aurons tendance à la corriger en refusant l'image faite et en affirmant le contraire. Par exemple, lorsque Martin, après avoir râtelé méticuleusement une trappe de sable, se fait dire par Danielle qu'il est un véritable «artiste», il ne peut l'accepter. Il s'empresse de lui répondre en souriant: «Non vraiment, s'il y a quelque chose que je ne suis pas, c'est bien un artiste!» Pour Martin, le mot «artiste» s'insère dans un schéma de concepts et d'actions qu'il réfute pour lui-même. Qu'il ait raison ou non, pour lui, «artiste» est associé à irrationnel, intuitif, narcissique, rêveur, etc. Il ne peut de façon cohérente accepter cette description de lui-même. Il acceptera pourtant le mot quand Danielle corrigera le tir, en lui disant avec humour: «Je ne voulais pas dire un artiste en général, mais pour le râteau, oui, tu es un artiste du râteau!» Comme Martin, nous trouvons important de défendre les idées que nous avons acquises sur nous-mêmes et qui forment notre connaissance de soi.

Présentation de soi stratégique ou authentique?

Nous devons souvent affronter des situations qui nous obligent à choisir entre une présentation de soi stratégique et une autre plus authentique. Avant de décider, nous devons tenir compte de plusieurs facteurs en conflit: d'un côté, nos valeurs personnelles, nos désirs, nos préférences; et de l'autre, les attentes, les valeurs et les préférences des autres. En fait, la décision de présenter une image de soi fabriquée ou réelle découle d'un calcul coûts/bénéfices. Le fait d'affirmer sa véritable identité, sa véritable humeur, son opinion véritable peut, dans certains cas, coûter très cher (perdre son emploi, être détesté, etc.). Il vaut mieux choisir une présentation stratégique dans ces cas. Il est des circonstances où l'affirmation de soi mérite que l'on en paie le prix. Il y a des limites à travestir sa personnalité: le coût est alors trop grand. Dans la majorité des cas, les entorses au concept de soi n'affectent pas tellement la personne, d'autant moins que le concept de soi du moment accepte des modifications. Chaque individu présente aux autres diverses facettes de soi qui correspondent aux nombreuses conceptions de soi qu'il a. Martin, par exemple, se présente comme un intellectuel au cégep où il étudie, comme un employé énergique et bienveillant au terrain de golf où il a travaillé cet été, et comme une personne très agressive lorsqu'il joue au hockey. Comme Martin, vous présentez la facette de vous-même qui convient le mieux à la situation sociale. Cette présentation peut aussi bien être considérée comme stratégique (pour le maintien de la relation) que comme authentique, car la facette de soi présentée ne contredit pas ce que vous êtes ou croyez être profondément.

La distinction entre une présentation de soi authentique et une présentation de soi stratégique ne peut donc être établie de façon absolue. D'un côté, une personne reconnaît comme très authentique une présentation de soi qui affirme ce qu'elle pense être et croire, sans tenir compte du contexte social; cette présentation sera jugée d'autant plus authentique qu'elle ne cherche pas à être adaptée aux besoins de la situation sociale, qu'elle ne s'effectue pas au service de la relation, mais de l'individu qui s'affirme. De l'autre côté, une personne considère comme très stratégique une présentation de soi soumise aux exigences de la relation sociale; cette présentation sera d'autant plus stratégique que la personne y recourra en renonçant à ce qu'elle est véritablement (p. ex., elle sourit alors qu'elle est de mauvaise humeur). La plupart des façons de se présenter à autrui se situent probablement entre ces deux extrêmes.

Une erreur à éviter serait de valoriser un type de présentation de soi au détriment de l'autre. Parce que nous respectons beaucoup les gens qui savent se tenir debout devant l'ensemble des autres, nous pourrions avoir tendance à privilégier une présentation de soi authentique en l'associant à des traits positifs comme la sincérité et le courage ; réciproquement, une présentation de soi stratégique serait considérée négativement comme trompeuse et lâche. Nous pourrions aussi concevoir qu'au contraire, une présentation de soi stratégique puisse être motivée par des intentions très positives, comme la générosité, l'amour et le respect des personnes avec qui nous sommes en relation. Dans un même ordre d'idées, nous pourrions penser alors qu'une présentation de soi authentique équivaut à un manque de respect d'autrui, à de l'égoïsme et de l'orgueil. En fait, il n'y a pas de règles autres que morales pour favoriser un type de présentation de soi. Ces règles varient d'ailleurs selon les cultures.

L'influence de la culture

Depuis Triandis (1989), il est courant de distinguer les cultures individualistes des cultures collectivistes. Les premières tolèrent et même favorisent l'indépendance et les droits des individus et l'expression de soi, alors que les secondes encouragent davantage le conformisme et le dévouement envers le groupe. Ces cultures diffèrent dans leur manière d'exiger des individus qu'ils se conforment aux valeurs, normes et rôles prescrits par leur société respective. Markus et Kitayama (1991) ont pu montrer qu'une différence importante entre ces cultures peut être établie quant à l'indépendance où l'interdépendance des individus par rapport aux autres. Dans les sociétés occidentales, les gens cherchent davantage à se définir en se distinguant des autres par des traits positifs qui leur sont particuliers. Dans les cultures collectivistes, les personnes se définissent autrement, en insistant sur leur appartenance et leurs ressemblances avec les autres, en cherchant moins à se distinguer.

Kanagawa et ses collaborateurs (2000) ont demandé à des étudiants japonais et américains de se décrire comme vous l'avez fait avec le questionnaire « Qui suis-je ? », au chapitre précédent. Les étudiants américains avaient tendance à se décrire en présentant leurs forces (p. ex., « Je suis bon en maths »), alors que les étudiants japonais tendaient à le faire avec plus de modestie, en utilisant des termes plus critiques (p. ex., « Je ne suis pas bon en musique »). Dans les deux cas, les étudiants se conformaient aux prescriptions culturelles quant à la meilleure façon de faire bonne impression. Dans l'ensemble, la tendance à se présenter aux autres avec modestie et avec un optimisme modéré est plus grande dans les cultures collectivistes comme en Chine ou au Japon (Heine et Lehman, 1995, 1997 ; Lee et Seligman, 1997 ; Markus et Kitayama, 1991 ; Wu et Tsseng, 1985). Dans ces pays, les gens présentent moins de biais autoavantageux, comme nous l'avons vu au chapitre 5 (voir l'encadré 5.2, page 129). Très jeunes, les enfants apprennent à partager avec les autres le crédit de leur succès et à assumer seuls le discrédit de leur échec. Dans les pays occidentaux, les enfants apprennent plutôt à être fiers de leur réussite et à rejeter sur les autres ou la situation les raisons de leurs échecs. Notons toutefois que ces différences touchent principalement le soi public, et non le soi privé. De nombreuses études ont démontré qu'en privé la plupart des gens pratiquent le biais autoavantageux afin de maintenir leur estime de soi (voir Myers et Spencer [2004] pour une revue de ces recherches). C'est en ce qui a trait aux comportements servant à se présenter aux autres, souvent des scénarios appris culturellement (politesse, savoir-vivre, règles de conduite, etc.), que les différences existent.

AFFIRMATION DE SOI
L'affirmation de soi représente cette habileté à nous présenter d'une façon honnête, à défendre nos droits et à faire valoir nos besoins dans le respect d'autrui, particulièrement dans des situations où il nous apparaît difficile de le faire.

L'AFFIRMATION DE SOI

Si vous êtes en groupe et que vous n'êtes pas d'accord avec certaines personnes, exprimez-vous votre pensée ? Laissez-vous les gens abuser de vous au lieu de leur dire ce que vous voulez ou ne voulez pas ? Êtes-vous mal à l'aise quand on vous demande de donner votre opinion ? Vos réponses à ce genre de questions en disent long sur l'**affirmation de soi**. Avant d'approfondir cet aspect de la communication, faites le minitest 6.2.

Affirmer nos idées, manifester nos désirs ou exprimer nos émotions représente des activités qui sont plus ou moins exigeantes selon les personnes avec qui nous sommes et le contexte social dans lequel nous nous trouvons. Par exemple, il vous sera plus facile de dire votre façon de penser en privé, à un ami, que de le faire en public, à une personne que vous connaissez moins. C'est ce qui se produit parfois au restaurant, lorsqu'une personne timide chuchote à une autre que la nourriture qu'elle vient de recevoir n'est pas bien cuite ou qu'elle n'est pas celle qu'elle avait commandée. Elle n'osera pas le dire au serveur quand celui-ci repassera. Frustrée tout de même, elle pourra se dire intérieurement «Je ne reviendrai plus manger dans ce restaurant» ou, plus généreuse, «Je ne me plaindrai pas. Le pauvre serveur, il est débordé!». Dans certains cas, la générosité peut être appropriée, mais dans d'autres, elle peut simplement servir à camoufler la difficulté à s'affirmer. Si le serveur repasse plus tard et demande avec le sourire: «Est-ce que tout est à votre goût?», cette personne pourra répondre positivement en retournant au serveur son sourire, même si elle est intérieurement frustrée. N'y a-t-il pas un problème ici? Il existe des occasions où il est nécessaire de dire aux autres ce que nous pensons, ce que nous ressentons et ce que nous désirons vraiment. L'incapacité à le faire peut devenir une source de stress et de frustration, ce qui risque d'entraîner des conflits interpersonnels.

La difficulté de s'affirmer

Quels sont les obstacles à l'affirmation de soi? La réponse englobe deux catégories de facteurs qui sont reliés entre eux: ceux qui ont trait à la personne et ceux qui ont trait à la situation.

Au sujet de la personne, nous venons de voir que la timidité excessive représente le premier obstacle à l'affirmation de soi. Nous avons vu au premier chapitre que l'anxiété sociale peut être source de frustration et nuire aux relations interpersonnelles. L'appréhension sociale est à l'opposé d'une attitude d'affirmation de soi. Si vous croyez avoir un problème de timidité, nous vous conseillons de relire cette section. Il existe des moyens pour s'en sortir et gérer convenablement l'anxiété.

Qu'ils soient ou non associés à l'anxiété sociale, d'autres traits influent sur la capacité à s'affirmer. Il y a un lien direct entre l'estime de soi et l'affirmation de soi. L'estime de soi, nous l'avons vu au chapitre précédent, représente les sentiments que vous avez à propos de vous-même. L'affirmation de soi augmente l'estime de soi, tout comme une bonne estime de soi permet de s'affirmer plus facilement. Chaque fois qu'une personne ou un groupe vous force à faire quelque chose contre votre gré, votre estime de soi diminue; chaque fois que vous vous affirmez et que vous défendez convenablement vos idées et vos droits, votre estime de soi augmente. Vous êtes fier de vous-même.

Au sujet de la situation, il existe trois catégories de circonstances qui mettent à l'épreuve notre capacité à nous affirmer: la pression du groupe, le pouvoir de l'autorité et les demandes explicites. Ces trois types de situations représentent trois sources d'influence qui ont été amplement étudiées par les psychologues sociaux au cours des dernières décennies.

La pression du groupe. ▶ Nous avons tous ressenti un jour ou l'autre la pression d'un groupe. L'enfant qui ne suit pas le groupe est considéré comme suspect, il sera traité de «peureux» ou d'«idiot». Il s'établit toujours dans un groupe des normes implicites ou explicites que les membres sont tenus de respecter, sous peine de sanctions plus ou moins sévères, sinon d'ostracisme. Une condition de notre acceptation comme membre d'un groupe est notre soumission aux règles en vigueur. Toute insertion dans un nouveau groupe s'accompagne d'une prise de connaissance des normes, des règles particulières à ce groupe (Tubbs, 1978). Rappelons-nous les premières journées dans un groupe nouveau (une nouvelle école, un groupe de

Vous affirmez-vous ?

Le programme d'évaluation de l'affirmation de soi de Rathus.

Indiquez dans quelle mesure chacun des énoncés suivants s'applique à vous en utilisant le code qui suit :

+ 3 : Cette description me ressemble beaucoup.
+ 2 : Cette description me ressemble assez.
+ 1 : Cette description me ressemble un peu.

− 1 : Cette description me ressemble peu.
− 2 : Cette description me ressemble très peu.
− 3 : Cette description ne me ressemble pas du tout.

1 La plupart des gens s'affirment plus et sont plus entreprenants que moi.

2 J'ai hésité à proposer ou à accepter des sorties à cause de ma timidité.

3 Quand les plats servis dans un restaurant ne sont pas cuisinés à mon goût, je me plains à la serveuse ou au serveur.

4 Je prends garde de ne pas blesser les gens, même si je sens que j'ai été blessé.

5 Si un vendeur se fend en quatre pour me montrer de la marchandise qui ne me convient pas, j'ai de la difficulté à dire non.

6 Quand on me demande de faire quelque chose, je demande toujours pourquoi.

7 Il y a des fois où je recherche une bonne discussion animée.

8 Je m'efforce de monter en grade autant que la plupart des gens dans ma situation.

9 À dire vrai, les gens profitent souvent de moi.

10 J'aime engager la conversation avec de nouvelles connaissances et des étrangers.

11 Souvent, je ne sais pas quoi dire à des personnes attrayantes du sexe opposé.

12 J'hésite à téléphoner à des entreprises commerciales et à des établissements.

13 Je préfère postuler un emploi (ou demander d'être admis dans une université) par la poste plutôt qu'en passant des entrevues.

14 Je trouve gênant de retourner de la marchandise.

15 Si un proche parent respecté m'agaçait, je refoulerais mes sentiments plutôt que d'exprimer mon mécontentement.

16 J'ai évité de poser des questions de peur d'avoir l'air ridicule.

17 Dans une discussion, je crains parfois de tellement me fâcher que je vais me mettre à trembler de tout mon corps.

18 Si un conférencier connu et respecté exprime une opinion que je trouve erronée, je vais faire connaître mon point de vue à l'auditoire.

19 J'évite de discuter de prix avec des commis ou des vendeurs.

20 Quand j'accomplis quelque chose de valable, je m'arrange pour en faire part aux autres.

21 Je suis ouvert et franc à propos de mes sentiments.

22 Si quelqu'un raconte des ragots et des faussetés sur moi, je rencontre cette personne au plus tôt pour mettre les choses au clair.

23 Il m'est souvent difficile de dire non.

24 Je suis porté à refouler mes sentiments plutôt que de faire un esclandre.

25 Je porte plainte lorsque le service est mauvais, que ce soit dans un restaurant ou ailleurs.

26 Quand on me fait un compliment, je ne sais pas quoi dire.

27 Si un couple assis près de moi au cinéma ou dans une conférence parlait trop fort, je demanderais à ces personnes de se taire ou d'aller converser ailleurs.

28 Quiconque veut passer devant moi dans une file doit s'attendre à m'affronter.

29 Je ne tarde pas à donner mon opinion.

30 Il y a des fois où je reste muet.

La première étape pour calculer les points de cette échelle consiste à changer les symboles des réponses aux énoncés suivants. Ainsi, pour les énoncés 1, 2, 4, 5, 9, 11, 12, 13, 14, 15, 16, 17, 19, 23, 24, 26, 30, si vous avez inscrit un chiffre négatif (−), changez-le pour un chiffre positif (+), et vice versa.

Calculez ensuite votre résultat en tenant compte des symboles (+) (−). Exemple : (+4) + (−2) = +2.

Pour interpréter votre résultat, comparez-le à ceux obtenus par l'échantillon de Rathus. Par exemple, un résultat de −29 signifie que sur 100 personnes, 15 s'affirment moins que vous ; un résultat de 15 indique que 30 % des gens s'affirment moins que vous ; un résultat de 0 indique que vous êtes dans la moyenne (50 %) s'affirment plus ou moins que vous) ; un résultat de +15 (70 %) ; et enfin, un résultat de +29 indique que 85 % des personnes s'affirment moins que vous.

Source : Rathus, Spencer A. (1973). A 30-item Schedule for Assessing Assertive Behavior. *Behavior Therapy*, *4* : 398-406. La version française du test est tirée de Janda, L.H. et DesRuisseaux, P. (trad.) (2000). Votre évaluation psychologique : 25 tests sur l'amour, la sexualité, l'intelligence, le travail et la personnalité, Saint-Laurent, Québec : Fides. Cet extrait a été reproduit aux termes d'une licence accordée par Copibec.

travail, etc.) : comme nous étions mal à l'aise, comme nous cherchions à reconnaître ce qui était admissible de ce qui ne l'était pas, ce qui était encouragé et ce qui ne l'était pas. C'est exactement ce qu'a vécu Martin avec son nouveau groupe de travail au terrain de golf. Comme lui, beaucoup de gens ont vécu cette situation dans laquelle ils se sont entendus défendre une idée, manifester un désir ou exprimer un sentiment qui n'était pas vraiment le leur au départ. Généralement, les gens ne veulent pas faire de vagues et paraître désagréables en s'opposant aux autres. Ils préfèrent se rallier à la majorité, même s'ils sont, en privé, en désaccord avec elle. Le problème c'est que, dans certains cas, le choix de se conformer génère le sentiment de ne pas avoir été à la hauteur, de faillir à s'affirmer.

Pour affirmer vraiment ce que l'on est, il est parfois nécessaire de se comporter de façon différente des autres. Vous rappelez-vous une situation dans laquelle vous avez dû affronter la pression des autres membres d'un groupe ?

L'obéissance à l'autorité. ▶ Enfants, nous avons appris à respecter les figures d'autorité, nous avons appris que cela était bénéfique. Les parents, les adultes, les professeurs à l'école ont sanctionné nos conduites : leur obéir apportait des récompenses, alors que désobéir était synonyme de punition. Cela a créé chez la plupart d'entre nous une tendance à respecter et à se soumettre aux figures d'autorité. Plus notre perception des pouvoirs d'une autorité est élevée, plus il est difficile de nous opposer à une demande de sa part, même si cette demande nous paraît excessive ou inappropriée. Il est des cas, pourtant, où il faudrait pouvoir nous affirmer et désobéir. L'expérience classique de Milgram (1963) est typique de cette situation (voir l'encadré 6.2).

Les demandes explicites. ▶ Enfants, nous avons appris à obéir, mais aussi à être polis et gentils (ce qui est très bien). Dans certains cas cependant, cette gentillesse peut nous amener à répondre d'une façon qui nous laisse avec le sentiment d'avoir été roulé ou manipulé. En 1978, deux expériences ont démontré notre tendance à acquiescer aux demandes explicites. La première s'est déroulée dans un bureau : une personne (l'expérimentateur) se présentait à une file d'attente devant la photocopieuse et demandait : « Excusez-moi, j'ai cinq pages, est-ce que je peux utiliser la photocopieuse ? » Parmi les personnes qui attendaient, 60 % ont accepté de le laisser passer. Lorsque l'expérimentateur a ajouté : « Je suis pressé », 94 % ont accepté de lui céder leur place (Langer, Blank et Chanowitz, 1978). La deuxième se déroule dans le métro de New York. Les expérimentateurs se promenaient dans les wagons et demandaient : « Excusez-moi, puis-je avoir votre siège, s'il vous plaît ? » Il est apparu que 56 % des gens ont cédé leur place et 12 % ont offert de se tasser. Au total, la réponse a été positive 70 % des fois (Milgram et Sabini, 1978). Placées devant une demande inhabituelle – qu'elle vienne d'un ami, d'un conjoint ou d'un étranger –, certaines personnes peuvent devenir anxieuses à la simple pensée d'avoir à dire non. La majorité des gens ont appris à être polis et à être gentils, peut-être sans trop de discernement. Il y a des moments où il faut savoir dire « non ».

Voilà bon nombre de raisons qui peuvent agir comme un frein à l'affirmation de soi. Il n'est pas surprenant de trouver toutes sortes d'organismes qui proposent des programmes d'entraînement à l'affirmation de soi. Ouvrez Internet et tapez « Affirmation de soi » et vous découvrirez ces organismes. Qu'il existe beaucoup de gens voulant s'affirmer davantage, cela ne fait pas de doute, particulièrement dans notre culture qui valorise l'individualité. Il y a la quantité, mais il y a aussi la qualité. La manière d'affirmer notre point de vue, nos idées, d'exprimer nos sentiments et nos désirs est tout aussi importante.

Il y a pression sociale lorsque les autres, par leur présence ou leurs actions, représentent une force importante qui tend à influencer notre comportement. Les psychologues sociaux ont étudié de nombreuses situations de pression sociale. Rappelons ici deux expériences parmi les plus célèbres de l'histoire de la psychologie.

Dans la première, Solomon Asch (1951) demandait à des étudiants de participer à une expérience sur la discrimination visuelle (enfin, c'est ce qu'on leur disait). Il s'agissait simplement de choisir parmi trois lignes différentes représentées à droite (A, B et C dans la figure 6.1), celle qui était de la même longueur qu'une autre présentée à gauche (X). La tâche était à ce point simple qu'en situation individuelle, pratiquement 100 % des sujets l'avaient réussie. Les conditions d'Asch étaient différentes : les sujets se présentaient par groupe de sept. En réalité, dans ce groupe, six sujets étaient de connivence avec l'expérimentateur. On s'arrangeait pour que le véritable sujet soit l'avant-dernier à répondre. Après quelques essais où tout le monde répondait correctement, il survenait une série d'essais où, systématiquement, les compères donnaient, au grand étonnement du véritable sujet, une évidente mauvaise réponse. Lorsque celui-ci était interrogé, il vivait nécessairement un conflit intérieur : devait-il répondre comme les autres ou affirmer son point de vue ? Comme les résultats l'ont montré, il est très gênant de s'opposer aux autres. Malgré l'évidence même de la réponse à donner, 76 % ont choisi de donner au moins une fois la réponse erronée que les autres avaient fournie. Sur l'ensemble des réponses, 37 % faisaient preuve de conformité. L'expérience d'Asch démontre que certaines personnes ont plus de difficulté que d'autres à affirmer leurs idées en situation d'influence.

En 1963, Stanley Milgram recrute des sujets pour une expérience sur la mémoire (enfin, c'est ce qu'on dit aux sujets). Chaque sujet (S) est invité à tenir le rôle de moniteur qui devra sanctionner, par des décharges électriques, les performances d'un autre sujet (A), l'élève, qui doit mémoriser des couples de mots. Chaque fois que l'élève se trompe, le sujet-moniteur est prié par le psychologue expérimentateur (l'autorité et l'expert dans cette expérience – E) d'infliger des décharges électriques d'intensité croissante allant de 15 à 450 volts (voir la figure 6.2). En réalité, l'élève est un compère de l'expérimentateur et il simule la douleur lors de l'administration des chocs. Le sujet-moniteur ne sait pas

qu'en réalité l'expérience porte sur la soumission à l'autorité, et il croit vraiment au réalisme du scénario. La question principale de Milgram était de préciser le moment où la soumission laisserait la place à la désobéissance à l'expérimentateur. À 65 volts, le compère gémit et commence à demander que cesse l'expérience ; à 270 volts, il pousse des cris d'agonie et il supplie. À ce stade, la plupart des sujets-moniteurs demandent si l'on ne devrait pas arrêter l'expérience. L'expérimentateur, usant de son autorité, leur dit que « l'expérience doit continuer » et qu'il prend sur lui la responsabilité de tout ce qui peut arriver. On avait fait l'hypothèse que très peu de sujets compléteraient l'épreuve. Les résultats ont démontré le contraire : 63 % des sujets ont continué l'expérience jusqu'à l'administration des 450 volts. Dans une variante, les rôles sont inversés : l'élève-compère dit qu'il acceptera ce rôle seulement après que l'expérimentateur se soit prêté lui-même à l'expérience, ce que ce dernier accepte de bon cœur. Très tôt, l'expérimentateur, devenu élève, demande qu'on arrête l'expérience, et à ce moment, les sujets-moniteurs décident d'arrêter également. Interrogé ensuite sur les raisons de ces arrêts, aucun sujet n'a reconnu qu'il avait arrêté l'expérience parce que la victime était l'autorité ; la comparaison avec la situation standard montre cependant que c'est là le facteur le plus important.

Les êtres humains s'illusionnent quelquefois sur les facteurs qui les font agir. Beaucoup de gens croient que, dans les mêmes circonstances, ils auraient affirmé leur point de vue. Il faut bien comprendre que, dans ces expériences, rien n'obligeait les sujets à se conformer ou à se soumettre à l'autorité. Nous avons une tendance naturelle à le faire. Dans les expériences d'Asch et de Milgram, plusieurs sujets ont toutefois refusé de se conformer ou d'obéir. Une étude récente démontre qu'ils ont dû faire preuve d'un certain courage : Greg Berns et ses collègues (2005) ont observé, grâce aux techniques d'imagerie cérébrale, que la région du cerveau qui est active chez les sujets qui résistent au conformisme est celle de la peur. Autrement dit, aller à l'encontre de ce que les autres disent, pensent ou font exige de pouvoir maîtriser la crainte qui surgit en nous, ce qui représente manifestement une certaine forme de courage. L'opposition au groupe et à l'autorité peut nous apporter toutes sortes d'ennuis, un risque que certains ne sont pas prêts à courir. Dans les mêmes circonstances, certaines personnes ont plus de difficulté que d'autres à affirmer ce qu'elles pensent.

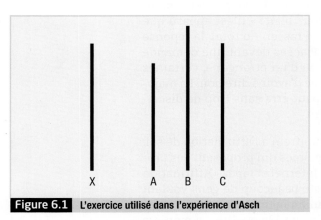

Figure 6.1 L'exercice utilisé dans l'expérience d'Asch

Les sujets doivent dire laquelle des lignes A, B ou C est de la même longueur que la ligne X.

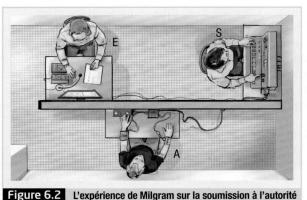

Figure 6.2 L'expérience de Milgram sur la soumission à l'autorité

L'expérimentateur (E) commande au sujet (S) de donner des décharges électriques à un autre sujet (A), qui est en réalité un compère de l'expérimentateur et dont le rôle est de feindre la douleur.

Les diverses façons de réagir en situation d'influence

Nous pouvons cerner encore mieux ce qu'est l'affirmation de soi en la distinguant des attitudes passive et agressive (Alberti, 1977).

L'*attitude passive* dénote un manque de confiance en soi qui peut se manifester dans certaines situations de communication. Les gens qui manquent d'assurance n'arrivent pas à faire valoir leurs droits. Ils font souvent ce que les autres (parents, employeurs, etc.) leur demandent, sans poser de questions et sans égard à leur propre intérêt. Ces personnes fonctionnent sur le mode « Tu gagnes, je perds », donnant à l'autre ce qu'il veut sans penser à elles-mêmes (Lloyd, 2001). Elles ont habituellement une piètre estime de soi. On les verra souvent demander la permission de faire ce qu'elles ont parfaitement le droit de faire. Les situations sociales sont anxiogènes pour elles.

L'*attitude agressive* se situe à l'autre extrême. Les gens agressifs fonctionnent sur le mode « Je gagne, tu perds ». Peu leur importe ce que les autres veulent, ils se concentrent sur leurs propres besoins. Certaines personnes communiquent presque toujours agressivement ; d'autres le font seulement dans certaines circonstances – après qu'on ait abusé d'elles pendant une longue période, par exemple. Paradoxalement, bien qu'ils fassent peu de cas des opinions, valeurs et croyances d'autrui, les communicateurs agressifs sont extrêmement sensibles aux critiques qu'on leur adresse sur leur propre comportement. Ils entrent souvent en conflit avec les autres.

L'*affirmation de soi*, cette attitude qui vous permet d'agir dans votre intérêt sans nier ou bafouer les droits d'autrui, est habituellement préférable au manque d'assurance et à l'agressivité (Alberti, 1977 ; Alberti et Emmons, 2001). La communication assurée se révèle particulièrement utile pour établir des contacts et résoudre des conflits (Fodor et Collier, 2001). Les personnes qui ont de l'assurance fonctionnent sur le mode « Je gagne, tu gagnes », partant du principe que les deux parties peuvent sortir gagnantes d'une interaction et même d'un affrontement. Les tests révèlent qu'elles sont plus positives et moins enclines au désespoir que les personnes qui manquent d'assurance (Velting, 1999). Elles affirment leurs droits, mais, contrairement aux gens agressifs, le font sans heurter les autres. Elles disent ce qu'elles pensent et acceptent volontiers qu'on en fasse autant.

Les gens qui communiquent avec assurance présentent certaines caractéristiques (Norton et Warnick, 1976). Dans quelle mesure les possédez-vous ?

1. Parlez-vous ouvertement et franchement de vos sentiments, que ce soit avec les gens en général ou avec une personne avec qui vous pourriez avoir une relation amoureuse ?

2. Vous est-il facile d'exprimer spontanément vos opinions et vos convictions, de poser des questions sans crainte et d'affronter des situations de communication interpersonnelle potentiellement stressantes ?

3. Défendez-vous vos droits, quitte à ce que cela entraîne certains conflits ou désaccords avec vos proches ?

4. Fondez-vous vos opinions sur des faits et des arguments plutôt que de vous contenter d'acquiescer à ce que les autres disent ?

Les personnes qui savent s'affirmer répondent positivement à chacune de ces questions, nous apprennent les recherches. Elles se montrent plus ouvertes, moins anxieuses, plus disposées à la discussion et moins faciles à intimider ou à convaincre que celles qui ne savent pas s'affirmer ; elles sont aussi plus positives et plus optimistes (Velting, 1999).

De plus, pour ce qui est de l'affirmation de soi comme de bien d'autres aspects de la communication, on observe d'importantes différences culturelles. Les cultures individualistes axées sur la compétition, le succès individuel et l'indépendance valorisent

Facebook et l'affirmation de soi

Pour maintenir une vision positive de soi malgré les revers inévitables de la vie, nous recourons inconsciemment à différents mécanismes défensifs (voir l'encadré 5.2). Alors que ces biais nous protègent des informations menaçantes, ils peuvent aussi être néfastes lorsqu'ils empêchent les gens d'apprendre de leurs erreurs ou qu'ils leur font perdre leur objectivité. Par exemple, une étudiante qui échoue à un examen peut penser et dire que l'examen était injuste ou que l'enseignant a été trop sévère avec elle.

L'affirmation de soi est une stratégie qui permet aux gens de maintenir leur amour-propre et d'accepter les informations menaçantes sans faire l'autruche. L'affirmation de soi suppose la prise de conscience des aspects positifs de soi tels que nos valeurs personnelles, nos objectifs ou nos particularités. Les personnes qui s'affirment sont convaincues que, dans le grand ordre des choses, elles sont précieuses et dignes. Confiantes en elles-mêmes et en leurs moyens, elles acceptent mieux les échecs. Par exemple, l'étudiante qui a échoué à un examen pourra se rappeler qu'elle a plusieurs amis qui peuvent la soutenir et elle n'aura pas besoin d'attribuer son échec à l'absence d'équité.

Les effets bénéfiques de l'affirmation de soi ont été démontrés par de nombreuses recherches. La procédure désormais classique permettant de stimuler l'affirmation de soi des sujets consiste à leur demander tout simplement de rédiger un texte sur eux-mêmes, de décrire leurs qualités et leurs points forts. À la suite de cet exercice, la capacité de s'affirmer des sujets sera plus grande, ils vont accepter plus facilement des informations négatives sur leur santé, ils ruminent moins, ils utilisent moins les stéréotypes pour décrire les autres et sont moins portés à recourir aux biais destinés à préserver leur estime de soi (Sherman et Cohen, 2002 ; Toma, 2010).

Pour Toma et Hancock (2013), les sites de réseaux sociaux, et plus particulièrement Facebook, ont un effet similaire. Ils ont demandé à 88 étudiants du 1er cycle de faire une présentation orale qui serait évaluée. En attendant cette évaluation, les sujets étaient autorisés à regarder leur profil Facebook ou le profil d'un autre utilisateur. Après quelques minutes, tous ont reçu une évaluation négative de leur présentation. On leur demandait ensuite d'évaluer si les commentaires qu'ils avaient reçus étaient justes. Les sujets qui avaient précédemment regardé leur propre profil se sont avérés moins sensibles et moins sur la défensive face aux critiques que ceux qui avaient regardé le profil de quelqu'un d'autre. Dans une seconde expérience, les étudiants ont reçu une critique soit positive ou négative à la suite de leur présentation, après quoi ils avaient le choix de naviguer sur le profil Facebook ou sur d'autres sites, comme YouTube ou des sites de nouvelles. Les résultats ont démontré que les sujets qui avaient reçu les critiques négatives étaient plus susceptibles de choisir Facebook que ceux qui avaient reçu des commentaires positifs.

Ces recherches suggèrent que les profils Facebook pourraient être utilisés stratégiquement pour satisfaire le besoin d'affirmation de soi, ce qui expliquerait, selon Toma et Hancock (2013), l'immense popularité de Facebook. Les profils Facebook auraient un effet sur l'affirmation de soi grâce aux forces combinées de la présentation de soi sélective et de l'accent mis sur le développement d'un réseau social. En permettant de « regrouper » leurs amis et les souvenirs des bons moments passés avec eux sous la forme d'affichages sur un mur, en leur donnant tout le loisir de créer un profil qui met l'accent sur les meilleurs aspects d'eux-mêmes tout en ne s'écartant sensiblement pas de la vérité (de trop grands écarts seraient déconseillés, car les utilisateurs ne souhaitent pas être perçus comme malhonnêtes par leurs amis), Facebook fournit aux utilisateurs une source d'informations sur soi qui réaffirme la confiance en soi. Est-ce que cela correspond à votre expérience personnelle ? Êtes-vous surpris par les résultats de l'étude de Toma et Hancock (2013) qui montrent qu'un site comme Facebook nous protège des commentaires négatifs qui peuvent être émis à notre sujet ?

davantage l'affirmation de soi que les cultures collectivistes axées sur la coopération, le succès collectif et l'interdépendance de leurs membres. Ainsi, les étudiants nord-américains affichent nettement plus d'assurance que les étudiants japonais ou coréens (Thompson, Klopf et Ishii, 1991; Thompson et Klopf, 1991). Si elle peut être efficace dans une culture, l'affirmation de soi peut devenir problématique dans une autre. Ainsi, dans plusieurs cultures asiatiques et hispano-américaines, s'affirmer devant un aîné peut sembler irrespectueux, voire insultant.

Apprendre à s'affirmer dans le respect d'autrui

Beaucoup de personnes trouvent extrêmement difficile de s'affirmer dans leurs relations interpersonnelles. Si tel est votre cas et que vous voulez y remédier, les conseils qui suivent pourront vous aider (Windy et Constantinou, 2005; Bower et Bower, 2005).

Comprendre ce qu'est l'affirmation de soi

La première chose à faire pour prendre de l'assurance est d'analyser la nature de la communication affirmée. Observez et analysez les messages des autres. Apprenez à distinguer les messages livrés avec assurance de ceux qui trahissent un manque d'assurance ou de l'agressivité. Concentrez-vous sur ce qui différencie un comportement assuré d'un comportement agressif. Le tableau 6.3 énumère certains messages verbaux et non verbaux caractéristiques de l'un et de l'autre.

Lorsque vous aurez bien observé les comportements d'autrui, intéressez-vous aux vôtres. Analysez les situations dans lesquelles vous avez de l'assurance et celles dans lesquelles vous avez tendance à réagir de manière timorée ou agressive. Quelles sont leurs caractéristiques respectives? Comment communiquez-vous verbalement et non verbalement dans les unes et les autres?

Tableau 6.3 **Messages affirmés et messages agressifs**	
Messages affirmés	Messages agressifs
Les messages au «je» dans lesquels nous assumons la responsabilité de nos sentiments («Je suis en colère quand tu...»).	Les messages au «tu» ou au «vous» dans lesquels nous rejetons sur autrui la responsabilité de nos sentiments («Tu me mets en colère quand tu...»).
Les formulations factuelles («Samedi dernier, quand vous...»).	Les formulations absolues basées sur des généralisations excessives («Tu ne fais jamais...», «Tu fais toujours...»).
Les messages qui reconnaissent l'égalité fondamentale entre soi et autrui («Nous devons...»).	Les messages insultants, condescendants ou menaçants («Tu n'y connais rien...»).
Une posture droite, mais détendue.	Une posture tendue ou trop rigide.
Des expressions faciales authentiques, axées sur un contact visuel non menaçant.	Un visage inexpressif ou des expressions exagérément hostiles; un contact visuel trop intense ou l'évitement du contact visuel.
Un ton et un débit de voix démontrant de l'assurance.	Une voix trop douce ou trop forte, un ton accusateur.

En lisant ce tableau, questionnez-vous sur vos façons de communiquer, surtout quand vous êtes en colère ou que vous vous sentez menacé. Vos messages sont-ils affirmés ou agressifs?

S'exercer mentalement

Choisissez une situation dans laquelle vous manquez habituellement d'assurance et décomposez-la en étapes à franchir pour arriver au comportement désiré; de la moins menaçante à la plus difficile – votre objectif. Par exemple, si vous avez du mal à dire ce que vous pensez à votre patron, et que votre objectif est d'arriver à le faire avec assurance, vous pouvez commencer par vous imaginer en train de bavarder avec votre patron, et visualiser ce scénario jusqu'à ce que vous ne ressentiez plus d'anxiété ou de malaise. Cela fait, visualisez une scène plus proche de votre objectif;

imaginez-vous en train d'entrer dans le bureau de votre patron, par exemple, jusqu'à ce que vous maîtrisiez ce scénario. Poursuivez ces visualisations successives jusqu'à ce que vous arriviez à vous imaginer en train de dire ce que vous pensez à votre patron, et ce, de façon complètement détendue.

Enfin, vous pouvez incarner cet exercice mental en y ajoutant la voix et les gestes, c'est-à-dire en jouant la scène où vous dites ce que vous pensez à votre patron. Là encore, poursuivez l'exercice jusqu'à ce que vous le maîtrisiez parfaitement. Vous pourrez ensuite vous y livrer devant une ou plusieurs personnes de confiance; idéalement, elles devraient vous faire des commentaires utiles.

Après tous ces exercices, vous êtes probablement en mesure de mettre vos craintes de côté et de passer à l'action.

Communiquer en s'affirmant

Naturellement, passer à l'action est à la fois le plus difficile et le plus important. Voici une marche à suivre généralement efficace pour communiquer avec assurance.

- *Décrivez le problème sans porter de jugement et sans blâmer l'autre.* «Nous avons un important travail de session à réaliser en équipe. Tu as manqué la moitié des réunions et tu n'as pas encore remis ta partie.»
- *Dites en quoi le problème vous touche et ce que vous ressentez.* «J'ai besoin de réussir ce cours avec une bonne note si je veux être admis à l'université. Il n'est pas juste que je doive faire ta partie à ta place ou qu'on me pénalise parce que tu n'as pas fait ton travail.»
- *Proposez une solution réaliste et qui permet à votre interlocuteur de sauver la face.* Décrivez ce qui se passera si vous l'appliquez: «Si tu rédigeais un plan détaillé de ta section et un résumé de tes lectures pour mardi prochain, je pourrais t'aider à composer le texte.»
- *Assurez-vous que votre message a été compris.* «Une chose est sûre: nous ne pourrons pas terminer ce travail à temps si tu ne fais pas ta part. Est-ce que nous pouvons compter sur toi pour mardi?»

Demandez une rétroaction après avoir communiqué vos messages. Commencez avec des personnes généralement prêtes à vous soutenir; vous devriez trouver auprès d'elles le renforcement social dont tout le monde a besoin pour apprendre de nouveaux modes de comportement. Cette rétroaction est très importante, car votre intention et la perception qu'en ont les autres peuvent être complètement différentes. Ainsi, un comportement que vous adoptez pour montrer de l'assurance peut être perçu comme de l'arrogance. La perception de gens en qui vous avez confiance peut vous aider à vous voir avec les yeux des autres.

De manière générale, et surtout quand il s'agit d'adopter de nouveaux comportements, acceptez de connaître des échecs, surtout au début. Par exemple, si vous essayez de répondre à une question du professeur, il se peut aussi qu'après avoir levé la main, vous soyez à court de mots quand il vous donne la parole, ou qu'en plus de ne pas avoir la bonne réponse, vous constatiez que vous n'aviez même pas compris la question. Ne vous laissez pas décourager par ces incidents de parcours; dites-vous que toute tentative de changement comporte son lot de succès et d'échecs.

Une dernière mise en garde s'impose. Autant il est facile de visualiser une scène où, misant sur votre nouvelle assurance, vous dites à des gens qui parlent au cinéma de se taire, autant il est facile d'imaginer le coup que vous pourriez recevoir en guise de réponse. Lorsque vous mettez en pratique les principes de la communication assurée, veillez à ne pas déclencher des situations que vous seriez incapable de gérer efficacement.

Souvenez-vous enfin que l'affirmation de soi n'est pas toujours la meilleure attitude. Les gens qui en ont l'affichent lorsqu'ils le souhaitent, mais ils peuvent s'en départir au besoin – si elle risque de blesser quelqu'un, par exemple. La générosité est aussi très importante. Supposons que votre grand-père vous demande de faire quelque chose. Vous pourriez refuser, mais cela le blesserait probablement ; peut-être préférez-vous faire ce qu'il vous demande. Évidemment, il y a des limites à ne pas vouloir blesser autrui. Si vos parents tiennent à ce que vous habitiez avec eux jusqu'à votre mariage, votre refus de vous soumettre à leur volonté risque de les blesser. Par contre, si vous renoncez à votre indépendance pour continuer à vivre avec eux, c'est vous qui risquez d'en souffrir.

1. Il existe des situations où la présentation de soi est négligeable. Laquelle des situations suivantes ne correspond pas à cette affirmation?
   a) Lors des situations sociales où les échanges ne sont pas ritualisés.
   b) Lorsque nous sommes très absorbés par une tâche à accomplir.
   c) Lorsque nous éprouvons une vive émotion.
   d) Dans les situations où nous nous sentons suffisamment en confiance avec l'autre personne.

2. Qu'est-ce que l'identité adaptée?
   a) L'image la plus appropriée selon la circonstance.
   b) L'image que chacun choisit de présenter aux autres à un certain moment donné.
   c) L'image constante qu'une personne projette dans toutes les situations.
   d) Aucune de ces réponses.

3. Lequel des énoncés suivants à propos des rôles sociaux est faux?
   a) L'apprentissage des rôles se fait dès le tout jeune âge.
   b) Les rôles sociaux ont un impact plus important dans les relations personnelles que dans les relations impersonnelles.
   c) Un rôle n'existe pas par lui-même; il s'insère toujours dans le contexte d'une interaction sociale.
   d) Les relations interpersonnelles sont ainsi conditionnées par les idées que nous avons sur les rôles sociaux.

4. Que mesure l'échelle de monitorage de soi?
   a) L'intérêt et l'habileté à se comporter de manière identique dans différentes situations sociales.
   b) L'intérêt et l'habileté à maîtriser ses comportements sociaux.
   c) L'intérêt et l'habileté à observer ses comportements sociaux.
   d) Les énoncés b et c sont vrais.

5. Laquelle des caractéristiques suivantes est associée à une personne qui a un score élevé à l'échelle de monitorage de soi?
   a) Elle est souvent perçue comme une personne plus sensible à la situation.
   b) Elle est souvent perçue comme une personne rigide.
   c) Elle prête davantage attention à elle-même.
   d) Ses comportements expressifs dévoilent plus directement ses états d'âme du moment.

6. Nadine doit se présenter à une entrevue pour un emploi d'été qu'elle désire fortement. Quel type de présentation de soi maximisera ses chances d'obtenir l'emploi désiré?
   a) Une présentation de soi authentique.
   b) Une présentation de soi stratégique.
   c) Une présentation de soi simplifiée.
   d) Aucune de ces réponses.

7. Il existe plusieurs stratégies pour la présentation de soi. Laquelle des propositions suivantes ne présente pas l'une de ces stratégies?
   a) Se montrer dominant.
   b) Se montrer exemplaire.
   c) Se montrer tel que l'on est.
   d) Faire la promotion de soi.

8. Laquelle des réponses suivantes ne constitue pas un obstacle à l'affirmation de soi?
   a) La pression du groupe.
   b) Le pouvoir de l'autorité.
   c) Les demandes explicites.
   d) Aucune de ces réponses.

9. Laquelle des caractéristiques suivantes n'est pas associée aux personnes qui ont une bonne capacité d'affirmation de soi?
   a) Elles sont moins anxieuses.
   b) Elles sont plus ouvertes.
   c) Elles sont plus faciles à intimider.
   d) Elles sont plus optimistes.

10. Les messages affirmés se distinguent des messages agressifs. Laquelle des caractéristiques suivantes peut être associée à un message affirmé?
    a) Les formulations absolues basées sur des généralisations excessives.
    b) Les messages au «tu» ou au «vous».
    c) Un visage inexpressif.
    d) Les formulations factuelles.

- Comment choisir entre une présentation de soi stratégique et une présentation de soi authentique ?
- L'impression d'être toujours la même personne et d'avoir une personnalité stable et cohérente s'explique par plusieurs phénomènes. Lesquels ?
- En quoi la culture affecte-t-elle la présentation de soi ?
- En quoi la pression sociale affecte-t-elle l'affirmation de soi ?
- Quelles sont les quatre étapes à suivre afin de développer sa capacité à communiquer avec assurance ?

La communication au travail

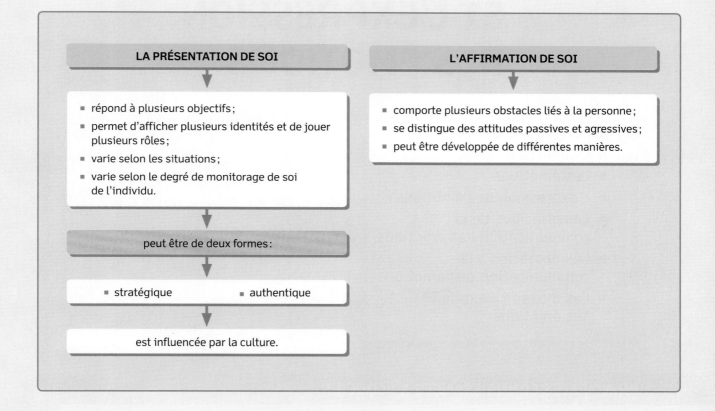

LA PRÉSENTATION DE SOI

- répond à plusieurs objectifs ;
- permet d'afficher plusieurs identités et de jouer plusieurs rôles ;
- varie selon les situations ;
- varie selon le degré de monitorage de soi de l'individu.

peut être de deux formes :

- stratégique
- authentique

est influencée par la culture.

L'AFFIRMATION DE SOI

- comporte plusieurs obstacles liés à la personne ;
- se distingue des attitudes passives et agressives ;
- peut être développée de différentes manières.

CHAPITRE 7

L'OUVERTURE DE SOI ET L'EXPRESSION DES ÉMOTIONS

CONTENU DU CHAPITRE

▶ L'ouverture de soi
▶ Les émotions
▶ L'expression des émotions
▶ Les principes de la communication des émotions
▶ Les obstacles à la communication des émotions
▶ Les moyens d'exprimer ses émotions

PRINCIPALES CONNAISSANCES À ACQUÉRIR

→ Expliquer en quoi consiste l'ouverture de soi, les avantages et les dangers qu'elle comporte ainsi que les moyens de s'ouvrir aux autres et de réagir aux révélations d'autrui.

→ Connaître les différentes sortes d'émotions ainsi que les modèles explicatifs du déclenchement d'une émotion.

→ Connaître les principes de la communication des émotions ainsi que les moyens d'y parvenir et les obstacles qui l'entravent.

PRINCIPALES HABILETÉS À DÉVELOPPER

→ Pouvoir évaluer ce qu'il convient de révéler aux autres et savoir comment réagir aux révélations d'autrui.

→ Être en mesure de surmonter les obstacles à la communication des émotions.

→ Être capable de communiquer plus efficacement ses émotions, tant positives que négatives.

Sophie et Martin se fréquentent depuis déjà plusieurs semaines. Ils sont toujours aussi heureux de se rencontrer. Chacun semble apporter à l'autre ce qui lui manque. Martin apprécie le côté de Sophie qui le rappelle à l'ordre et qui l'empêche de faire ses bêtises habituelles ; Sophie, quant à elle, apprécie le côté « aventurier » de Martin, ce qui lui permet de se détendre et lui fait découvrir d'autres aspects de la vie (et peut-être d'elle-même).

Depuis quelques jours, l'équipe de hockey de Martin participe aux séries éliminatoires. Lors de la dernière rencontre, Martin a eu une altercation avec un joueur et il en est sorti le visage couvert d'ecchymoses. Il s'était placé devant le gardien de but pour lui bloquer la vue et celui-ci lui a asséné un coup de bâton sur les chevilles. Martin a vu rouge et a essayé de s'en prendre au gardien. Un défenseur de l'équipe adverse est intervenu. Martin s'est alors battu avec lui, ou plutôt c'est lui qui a battu Martin, car le combat a été très inégal. Comble de déception, l'équipe de Martin a perdu ce soir-là.

Après le match, Martin devait retrouver Sophie chez elle ; il n'y est pas allé. Elle l'a attendu en vain. Le lendemain, elle se promettait de le réprimander, mais lorsqu'elle l'a vu arriver avec le visage tuméfié, elle a aussitôt changé d'attitude.

— Bonjour Martin ! Mais qu'est-ce que tu as au visage ? C'est pour ça que tu n'es pas venu me voir hier soir ?

— Heu, oui, en quelque sorte.

Ils échangent quelques blagues, mais Sophie se rend vite compte que Martin n'a pas le cœur à rire. Il est peu loquace.

— Quelque chose ne va pas ? demande-t-elle.

— Non, ça va très bien.

— Hum, ça ne paraît pas. Tu as l'air très fatigué. On dirait que tu as passé la nuit sur la corde à linge !

— Non, ça va… Mais c'est vrai, je suis fatigué.

Il ajoute pour se justifier :

— Nous avons eu une partie difficile hier.

— Oui, mais des parties difficiles, tu en as déjà eu.

Elle poursuit sur un ton un peu plus réprobateur :

— Ce n'est pas plutôt ton combat de boxe qui est responsable de ça ? Pourquoi fallait-il que tu te battes ? Tu m'as déjà dit que tu étais contre les bagarres au hockey… Et tu t'es battu ! D'ailleurs, moi aussi, je déteste ça. Ce n'est vraiment pas ce qu'il y a de plus civilisé…

— Je préfère qu'on en parle une autre fois. Aujourd'hui, je suis fatigué, tu l'as d'ailleurs remarqué. Si tu veux, on se verra une autre fois. Salut.

Sur ce, il la quitte. Il semble fâché. Sophie reste sur place, interloquée. Mais qu'a-t-elle donc fait ? Qu'est-ce qui se passe ? Elle lui téléphone le soir même. Il accepte de la voir et se rend chez elle. La conversation revient sur le hockey. Sophie veut en savoir plus.

Martin finit par lui donner l'explication suivante :

— L'image ! C'est ça qui compte pour toi, n'est-ce pas ? C'est ce dont nous avons l'air ? C'est vrai que je suis contre les batailles au hockey, mais c'est plus facile à dire qu'à faire. Dans le feu de l'action, on n'a pas le temps de penser à ça. On doit se défendre. Quand un gros joueur te tombe dessus, qu'est-ce que tu peux faire ? Qu'est-ce que tu voulais que je fasse ? Me sauver ? C'est une question d'orgueil aussi. Ce n'est pas le fait d'avoir reçu une raclée qui me dérange, c'est surtout ce que toi tu penses des joueurs de hockey. À tes yeux, nous ne sommes que des débiles en train de jouer ou de se battre. Ce n'est pas ce que tu as déclaré à Marie, l'autre jour ? Ne prétends pas le contraire, elle me l'a dit.

Sophie commence à voir plus clair, cette fois. Elle a dit à Marie qu'elle trouvait que les joueurs de hockey étaient de vrais enfants, en effet… Mais voilà, depuis qu'elle sort avec Martin, elle n'a plus la même opinion. Comment lui faire comprendre cela?

— Tu as raison Martin, excuse-moi. Mais j'avais dit des «enfants», pas des «débiles». Il faut que tu admettes que j'ai changé d'avis depuis ce temps. Je comprends ta conduite d'hier soir. Tu ne pouvais pas éviter le combat et, dans le fond, je dois avouer que je suis assez fière que tu te sois défendu. C'est un sauvage, ce joueur-là! C'est d'ailleurs ce que je voulais te dire après la partie, mais tu n'es pas venu. Franchement, je n'aurais pas du tout aimé que tu te sauves comme une mauviette. Je regrette ce que j'ai dit à Marie. Qu'est-ce que je peux ajouter de plus?

Martin est étonné. En quelques mots, Sophie vient de tout régler. Il ne sait comment répondre. Il ne sait comment lui exprimer la joie qu'il éprouve en ce moment, comment ce revirement la rend admirable à ses yeux. Mais tout ce qu'il trouve à dire, en la prenant par la taille, c'est:

— Je suis un peu moins fatigué, maintenant.

* * *

Trois semaines ont passé, et aujourd'hui, c'est l'anniversaire de Sophie.

Martin a réussi à emprunter l'automobile de son père après lui avoir dit que c'était pour la fête de Sophie. Le père de Martin s'est pris au jeu: «Qu'est-ce que tu vas faire pour sa fête? Qu'est-ce que tu lui donnes en cadeau? Pourquoi ne lui offres-tu pas des fleurs?» Martin est étonné de l'intérêt de son père pour l'événement, d'autant plus qu'il croyait que son père n'aimait pas beaucoup Sophie. «Il ne faut jamais tenir les choses pour acquises», pense-t-il.

— Pourquoi ne l'emmènes-tu pas au restaurant?

— Ce n'est pas un peu vieux jeu, ça?

— Voyons, il n'y a pas d'âge pour manger.

— Mais il y a la question de l'argent. Nous n'allons tout de même pas manger chez McDonald!

— Bon, écoute… Pour l'occasion, je vous paie le repas. D'accord?

Inspiré par l'idée de son père, Martin décide alors de célébrer l'anniversaire de Sophie dans la plus «pure tradition»: restaurant, fleurs, cadeau… Plus tard dans la soirée, en montant dans l'auto, Sophie découvre une rose rouge sur la banquette.

— Est-ce que c'est pour moi? lance-t-elle, un peu surprise.

— Non, mais qu'est-ce que tu crois, dit-il à la blague, c'est pour moi. Je me promène toujours avec une rose quand je conduis. Certains accrochent un petit sapin, moi, c'est une rose!

— Eh! Quel romantisme! Merci. Et où allons-nous?

— C'est une journée particulière aujourd'hui; alors, j'ai pensé que nous pourrions commencer la soirée par un bon repas. Je connais un bon petit restaurant italien. Qu'est-ce que tu en penses?

— Pour manger de la pizza?

— Non, non, c'est un grand restaurant italien. J'ai dit un «petit» parce qu'il n'est pas grand… Enfin, parce qu'il n'y a pas beaucoup de places.

— Bon. D'accord pour le petit grand restaurant italien. Mais ça ne va pas nous coûter cher, ça?

— Nous coûter? Me coûter, tu veux dire. Je t'invite. Et, ma chère, aujourd'hui, rien ne coûte cher!

Elle lui lance un regard interrogateur. Martin se sent obligé de répondre.

— Eh oui! Mon père ne me prête pas seulement l'auto… Ne t'inquiète pas pour l'argent.

En réalité, il était important qu'ils aillent dîner dans ce restaurant, car Martin avait fait les réservations. C'est son père qui lui avait suggéré le nom de ce restaurant, il connaît le patron. Dans « la plus pure tradition », il avait donc téléphoné pour réserver une table, et aussi un gâteau.

Le restaurant est effectivement très sympathique. Son atmosphère est typiquement italienne et chaleureuse: nappes à carreaux rouges, petites chaises en bois, bougies sur les tables, nombreux tableaux aux murs, trophées du patron au-dessus du comptoir, serveurs italiens et beaucoup de bruit. Il est plus grand qu'ils ne l'avaient imaginé, mais ils ont tout de même obtenu une table dans un coin tranquille. Luigi, le patron, est venu prendre les commandes: du veau parmigiano pour madame et une pizza napolitaine pour monsieur (Martin n'a pu se résoudre à choisir autre chose).

Pendant le repas, Sophie et Martin évoquent quelques bons souvenirs du cégep: ce vieux prof de philo qui les a attendris, la fois où Martin s'est rendu compte, une heure plus tard, qu'il s'était trompé de cours et, bien sûr, leur rencontre dans le corridor. C'est justement à ce moment-là que, pour ajouter à l'ambiance, un accordéoniste fait son apparition et se met à jouer des airs napolitains.

Martin sent que c'est le moment, pour lui, de donner son cadeau à Sophie.

— J'ai une petite surprise pour toi.

— Ah oui!?

Il sort de sa poche une enveloppe qui contient manifestement une carte de souhaits. Cette carte représente la photo d'une personne brandissant le poing, le majeur en l'air! Il y est écrit: « Tu es comme ce doigt maintenant! » Par politesse, Sophie esquisse un sourire.

— C'est vraiment tout ce que tu as trouvé comme carte? Non mais, vraiment, je ne comprends pas! En plus, j'ai 19 ans aujourd'hui, ça fait une année déjà que je suis majeure!

Martin ouvre grand les yeux et les referme en baissant la tête. Oh! quelle erreur!

— Excuse-moi. Je me suis complètement trompé. Il me semble que tu m'avais dit que tu avais 17 ans, alors… Enfin, je… Enfin, je la trouvais drôle, la carte.

Sophie le regarde en pensant que, si elle ne lui pardonnait pas parfois certaines erreurs ou maladresses, elle ne serait probablement plus avec lui.

— Ce n'est pas grave.

Elle ouvre ensuite lentement la carte.

— Oh! Deux billets pour le spectacle de Madonna! Tu es complètement fou.

— Tu peux le dire. Tu remarqueras que ce sont de bonnes places: deux jours d'attente! J'espère que tu vas m'inviter?

— Parce que les deux billets sont à moi?

— Bien sûr.

Sous les billets, Sophie découvre les trois petits mots que Martin a écrits: « Je t'aime. » En les lisant, elle prend un air plus grave.

— Est-ce que tu le penses vraiment?

— Je le ressens.

— Oui, je comprends, mais est-ce que tu le penses aussi?

Martin commence à saisir où elle veut en venir. Il cherche à s'en sortir en disant:

— Je pense que je le ressens!

Martin se rappelle qu'il avait hésité avant d'écrire ces mots. En fait, il y avait très bien réfléchi. Il faut le lui dire maintenant, ce qui est plus difficile.

— Sérieusement, je pense... Je pense que je le pense, oui !

— Tu comprends, Martin, pour moi, il y a une différence. Je sais bien que l'amour est un sentiment, mais c'est un peu plus, tu ne crois pas ? Je voulais savoir. Ne crains rien, je ne veux pas une déclaration officielle d'amour, du genre « pour toute la vie ». Mais je voulais savoir un peu, c'est tout.

— Pour toute la vie, ça, je ne sais pas. Mais pour trois mois, j'aimerais bien.

— Ah oui, et pourquoi trois mois ?

— Parce que le spectacle a lieu dans trois mois !

Sophie regarde les billets.

— C'est vrai, dans trois mois. Il va falloir « tenir » jusque-là.

Le bruit de leurs voix est maintenant masqué par le son de l'accordéon qui s'approche d'eux. Luigi suit l'accordéoniste avec le gâteau, et tout le monde se met à chanter : « Ma chère Sophie, c'est à ton tour, de te laisser parler d'amour... »

Ce chapitre traite de l'ouverture de soi, une forme particulière de communication inter-personnelle où nous révélons à autrui ce que nous sommes et ce que nous ressentons. Il s'agit d'un processus totalement différent de celui de la présentation stratégique, qui a été étudiée au chapitre précédent. En effet, dans la présentation stratégique, nous manipulons notre image et nos comportements de façon à produire une impression sur les autres, nous portons donc en quelque sorte un masque ; dans l'ouverture de soi, nous laissons tomber ce masque.

L'ouverture de soi se rapproche plutôt d'une présentation de soi authentique. Se révéler aux autres, cela veut dire leur communiquer des renseignements personnels sur ce que nous sommes, ce que nous pensons réellement et ce que nous ressentons.

Par exemple, lorsque Martin se bat au hockey, il exprime très certainement sa colère, mais il le fait d'une façon non verbale. Au moment de dire ce qu'il ressent, il doit exprimer son émotion par des mots, ce qui est bien plus difficile. Dans la même situa-tion, Sophie se révèle beaucoup plus habile.

Ces deux échanges entre Sophie et Martin à trois semaines d'intervalle montrent à quel point leur relation est devenue intime. Rappelons-nous la figure 2.4 (page 39), qui illustre le lien existant entre le degré d'ouverture de soi, l'intérêt pour l'autre en tant que personne et le degré d'intimité de la relation. L'ouverture de soi et l'expression appro-priée des émotions sont essentielles à la formation de liens interpersonnels solides. Cela est vrai dans les couples, entre amis, mais aussi, sur un autre plan, entre collègues au travail.

La première section de ce chapitre traite de l'ouverture de soi d'une façon générale : les différents facteurs qui influent sur l'ouverture de soi, ses avantages et ses désa-vantages. Les sections suivantes se concentreront davantage sur l'expression des émotions : En quoi consiste une émotion ? Qu'est-ce qui la provoque ? Pourquoi est-il difficile d'exprimer ses émotions ? Comment apprendre à mieux communiquer ses émotions, à mieux réagir à celles des autres ? Voilà quelques-unes des questions sur lesquelles nous nous pencherons.

L'OUVERTURE DE SOI

L'**ouverture de soi** est un type de communication où nous révélons de façon délibérée des renseignements sur nous-mêmes. Pour qu'il y ait ouverture de soi, les données révélées doivent être inconnues de l'autre ou des autres. Dire à une autre personne quelque chose sur nous qu'elle sait déjà, ce n'est pas s'ouvrir à elle. L'information dévoilée peut faire partie de celle que nous révélons facilement, sans gêne, ou de celle que nous gardons normalement secrète. Elle peut porter sur des faits («Je gagne 45 000 $»), des croyances («Je veux devenir millionnaire») et des sentiments («Je suis vraiment déprimé»). Elle peut être anodine («Je suis Sagittaire») ou d'un intérêt capital («Mon mari me bat»).

> **OUVERTURE DE SOI**
> Forme de communication par laquelle un individu révèle une chose importante sur lui-même que son ou ses auditeurs ignoraient jusque-là.

L'ouverture de soi diffère du monologue intérieur (ce n'est pas une communication avec soi-même). Elle nécessite au moins la présence d'une autre personne et, de surcroît, d'une personne qui comprend le message. Nous ne pouvons pas considérer que nous nous sommes dévoilés si l'autre ne nous a pas compris. Pour qu'il y ait ouverture ou dévoilement de soi, quelqu'un d'autre doit avoir reçu et compris l'information que nous avons transmise.

Il vous faudrait peut-être réfléchir maintenant à ce que signifie l'ouverture de soi. Demandez-vous alors ce que vous avez le droit de connaître de vos amis ou de votre partenaire amoureux. Si cette question vous tient à cœur, faites le minitest 7.1.

EN LIGNE

L'effet de désinhibition

Dans toutes les formes que peut prendre la communication numérique asynchrone (textos, courriels, microblogues, forums ou blogues, etc.), les individus ont tendance à s'exprimer plus intensément qu'ils ne le font dans leurs contacts directs avec les autres. En fait, la communication numérique asynchrone a un effet désinhibiteur sur les comportements (Suler, 2004). Internet offre la possibilité d'exprimer des pensées et des sentiments qui sont le plus souvent réprimés dans les contacts directs avec les autres. Différents facteurs sont à l'origine de la désinhibition en ligne.

« Tu ne me connais pas » En ligne, sous le couvert de l'anonymat, ce qu'on dit ne peut être relié au reste de notre vie et ne nous engage pas. Seul notre pseudonyme est impliqué et il est toujours possible de s'en dissocier («je ne suis pas obligé d'assumer ce que je fais en ligne, ce n'est pas moi».

« Tu ne peux pas me voir » Le fait de ne pas être vu (sauf de son plein gré, par webcam interposée) contribue à l'effet de désinhibition. L'invisibilité donne le courage de faire et de dire des choses qu'on ne ferait pas sous le regard d'autrui.

« À plus tard » Dans plusieurs canaux numériques, la communication est asynchrone. Le fait de pouvoir prendre son temps pour écrire son message, de pouvoir le corriger permet d'en améliorer la qualité, ce qui est propice à une plus grande ouverture de soi. De même, le fait de ne pas avoir à se soucier des rétroactions immédiates des autres peut également avoir un effet désinhibant.

« Tout est dans la tête » L'absence des indices non verbaux normalement émis lors d'un échange en face à face, combinée au mode de communication textuel produit un effet particulier qui désinhibe. En l'absence d'informations perceptibles venant de l'autre, l'internaute doit combler les vides par son imagination. L'autre devient ainsi un personnage dans sa tête, comme un personnage de roman ou de théâtre. Dans l'Imaginaire, «là où les choses sont sans danger», dit Suler (2012), il est plus facile de dire et de faire toutes sortes de choses qu'on ne ferait pas dans la réalité.

« Nous sommes égaux » En l'absence d'informations non verbales, les internautes sont privés de renseignements (la taille, la beauté, l'âge, le sexe, la race, la profession, etc.) sur le statut social des interlocuteurs. Dans nos échanges textuels en ligne, tous ces indices sont absents, et cela a comme conséquence de neutraliser les statuts. Le respect des autres est obtenu par ce qu'on dit et non par l'image qu'on présente, par la qualité du discours et des idées émises, par l'étalage de son savoir-faire technique.

D'autres facteurs interviennent: en fonction de la personnalité des internautes, de leur degré de réserve ou de leur tendance à présenter diverses identités, de leurs pulsions, de la force de leurs sentiments et des besoins qui les tenaillent, la désinhibition sera plus ou moins grande. Elle sera positive lorsqu'elle permettra à une personne de mieux se comprendre et de s'affirmer. Elle sera négative lorsqu'elle mènera à des révélations qu'elle regrettera par la suite ou à la rédaction de messages grossiers, insolents, blessants ou menaçants.

Percevez-vous que vous vous exprimez plus intensément en ligne qu'en personne? Vous est-il déjà arrivé d'envoyer des messages que vous avez aussitôt regrettés? Quel impact ces messages désinhibés ont-ils eu sur vos relations réelles?

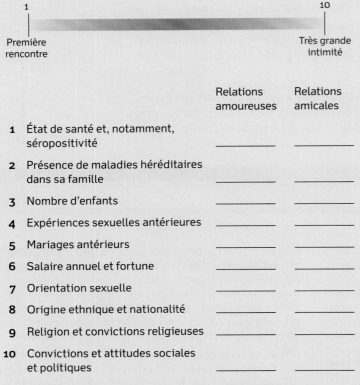

Quand ils sont parvenus à un certain stade de leur relation, la plupart des gens estiment que l'autre a l'obligation de révéler certaines choses et qu'ils ont eux-mêmes le droit de connaître ces choses. À quel stade d'une relation amoureuse et d'une relation amicale estimez-vous avoir le droit de connaître le genre de renseignements énumérés ci-après? Notez vos réponses sur une échelle de 1 à 10, en visualisant la relation comme une ligne droite sur laquelle 1 correspond à la première rencontre, et 10, à la très grande intimité. S'il y a des choses que vous estimez n'avoir jamais le droit de connaître, répondez par X.

	Relations amoureuses	Relations amicales
1 État de santé et, notamment, séropositivité	_____	_____
2 Présence de maladies héréditaires dans sa famille	_____	_____
3 Nombre d'enfants	_____	_____
4 Expériences sexuelles antérieures	_____	_____
5 Mariages antérieurs	_____	_____
6 Salaire annuel et fortune	_____	_____
7 Orientation sexuelle	_____	_____
8 Origine ethnique et nationalité	_____	_____
9 Religion et convictions religieuses	_____	_____
10 Convictions et attitudes sociales et politiques	_____	_____

Dans quel genre de relation estimez-vous avoir le droit de savoir le plus de choses? Dans quel genre de relation y a-t-il le plus de choses que vous n'avez jamais le droit de savoir (nombre de X dans vos réponses)? Le droit de savoir se manifeste-t-il plus rapidement dans une relation amoureuse ou dans une relation amicale? Résumez en une phrase ce qui, d'après vous, donne à une personne le droit de savoir des choses sur une autre.

Les facteurs qui influent sur l'ouverture de soi

Plusieurs facteurs influent sur l'ouverture de soi et sur le choix des personnes à qui l'on se confie. Parmi les plus importants se trouvent: la personnalité, la culture, l'appartenance sexuelle de chacun, la ou les personnes à qui l'on s'adresse (ses « auditeurs »), le sujet traité, mais aussi le contexte physique et le canal.

La personnalité

Les personnes très sociables et extraverties se font davantage connaître que les personnes peu sociables et introverties. Celles qui ont généralement peur de parler se révèlent moins que celles qui communiquent facilement.

La culture

L'ouverture de soi varie également selon la culture. Les Américains, par exemple, se confient davantage que les Britanniques, les Allemands, les Japonais et les Portoricains (Gudykunst, 1983); les étudiants américains, plus que ceux de certains pays du Moyen-Orient (Jourard, 1971a). En outre, les étudiants américains s'ouvrent plus que les étudiants chinois à différents types de personnes et abordent davantage des questions controversées (Chen, 1992). Les étudiants chinois de Singapour ont plus de sujets tabous que les étudiants britanniques (Goodwin et Lee, 1994). Chez les Kabre du Togo, le secret fait partie des relations quotidiennes (Piot, 1993).

Certaines sociétés (surtout machistes) voient dans l'expression des sentiments un signe de faiblesse. Ainsi, elles considèrent qu'il est « déplacé » pour un homme de pleurer lors d'un heureux événement (p. ex., un mariage), alors que chez les Méditerranéens, par exemple, un tel comportement passe inaperçu. Au Japon, il est malvenu de parler de sa vie personnelle à ses collègues de travail; par contre, cette pratique est considérée comme normale en Amérique du Nord (Barnlund, 1989; Hall et Hall, 1987).

Les Mexicains, par exemple, n'hésitent pas à discuter de tous les sujets sur un mode positif, ce qui a certainement une influence sur leur conception de l'ouverture de soi. En revanche, ils ne révèlent habituellement des choses négatives sur eux-mêmes qu'à des intimes, et ce, une fois que la relation a très bien été établie. Cela confirmerait le lien entre l'ouverture de soi et la confiance (Wheeless et Grotz, 1977). D'autres recherches démontrent par ailleurs que la réticence des hispanophones à révéler des renseignements négatifs sur eux-mêmes (à avouer, par exemple, leur séropositivité) crée de graves problèmes de prévention et de traitement du sida (Szapocznik, 1995).

Certaines cultures ont néanmoins de nombreux points en commun. Par exemple, Britanniques, Allemands, Américains et Québécois sont tous plus enclins à révéler des renseignements personnels sur leurs passe-temps, leurs intérêts, leurs attitudes et leurs opinions politiques et religieuses que sur leur situation financière, leur vie sexuelle, leur personnalité ou leurs relations interpersonnelles (Jourard, 1970).

L'appartenance sexuelle

Pour ce qui est des différences entre les sexes en matière d'ouverture de soi, la croyance populaire veut que les hommes soient réticents à parler d'eux-mêmes. La plupart des recherches corroborent cette opinion et démontrent que les femmes se livrent davantage que les hommes. C'est particulièrement vrai dans les dyades (conversations entre deux personnes) de même sexe; les femmes se confient de façon plus intime (et avec plus d'émotion) à d'autres femmes qu'à des hommes (Shaffer, Pegalis et Bazzini, 1996). Cependant, femmes et hommes se trouvent à égalité lorsqu'il s'agit de révélations à connotation négative (Naifeh et Smith, 1984).

Plus précisément, les femmes parlent davantage que les hommes de leurs relations amoureuses passées, de leurs sentiments à l'égard de leurs amies proches, de leurs plus grandes peurs et de ce qui leur déplaît chez leur conjoint ou leur partenaire (Sprecher, 1987). De façon générale, il semble également que les femmes révèlent davantage leur vie secrète à mesure que leur relation devient plus intime, contrairement aux hommes qui ne se confient pas, et ce, quel que soit le degré d'intimité de leur relation. Ainsi, les hommes ont, plus que les femmes, des sujets tabous qu'ils n'abordent pas avec leurs amis (Goodwin et Lee, 1994). Enfin, les femmes se confient plus que les hommes, même aux membres de leur famille élargie (Komarovsky, 1964; Argyle et Henderson, 1985; Moghaddam, Taylor et Wright, 1993). Notons toutefois une exception: les hommes se livreraient davantage que les femmes au début de leur relation amoureuse, peut-être «pour dominer la suite de la relation» (Derlega, Winstead, Wong et Hunter, 1985).

Hommes et femmes ne donnent pas les mêmes raisons pour expliquer leur réticence à parler d'eux-mêmes, mais ils s'entendent sur ce point: «Si je me confie, je risque de projeter une image que je ne veux pas projeter.» Dans une société où l'image est si importante – elle détermine souvent le succès ou l'échec –, cette réflexion ne surprend pas. Les autres raisons invoquées pour éviter les confidences, par contre, sont propres à chaque sexe. Lawrence Rosenfeld (1979) récapitule ainsi celles des hommes:

«Si je me confie à toi, je risque de projeter une image de moi que je ne veux pas projeter, de te donner une mauvaise image de moi, et de perdre ainsi mon pouvoir. Cela pourrait même aller jusqu'à affecter mes relations avec d'autres gens.» En se confiant le moins possible, les hommes cherchent avant tout à rester maîtres de la situation. Pour les femmes, poursuit Rosenfeld, éviter les révélations sur soi se résume comme suit: «Si je me confie à toi, je risque de projeter une image de moi que je ne veux pas projeter, de te donner l'impression, par exemple, que je souffre de problèmes émotifs. Tu pourrais t'en servir contre moi et cela risquerait d'être néfaste pour notre relation.» Si les femmes s'abstiennent de révéler des choses sur elles-mêmes, c'est surtout pour ne pas se faire de mal et ne pas détruire leur relation.

Cette photo vous paraîtrait-elle bizarre si, au lieu de quatre femmes, vous y voyiez quatre hommes? Qu'est-ce que votre culture vous a enseigné sur l'ouverture de soi? Les «règles» y sont-elles différentes pour les hommes et pour les femmes?

Les auditeurs

Nous nous confions plus facilement à de petits groupes qu'à de grands groupes et, mieux encore, à une seule personne à la fois. Dans une dyade, nous pouvons facilement surveiller les réactions de notre interlocuteur et ajuster nos propos en conséquence : continuer à parler s'il se montre compréhensif, nous taire ou changer de sujet s'il ne l'est pas. Avec plusieurs auditeurs, la chose est plus difficile, puisque les réactions de chacun varient nécessairement.

Certaines personnes se confient devant un groupe ou en public. Dans les groupes d'entraide et les rencontres des Alcooliques anonymes, par exemple, les participants sont invités à parler de problèmes très personnels devant une dizaine ou même des centaines de personnes en même temps. Ces groupes ont pour objectif explicite d'encourager l'ouverture de soi et de donner à chacun le soutien dont il a besoin. Chaque participant doit donc s'engager à faire preuve d'une acceptation absolue.

L'ouverture de soi va souvent de pair avec l'appui que nous recevons ; c'est pourquoi nous nous ouvrons surtout aux gens qui nous plaisent (Derlega, Winstead, Wong et Greenspan, 1987 ; Collins et Miller, 1994) et à ceux en qui nous avons confiance (Wheeless et Grotz, 1977). Nous en venons probablement aussi à aimer ceux à qui nous nous confions (Berg et Archer, 1983 ; Collins et Miller, 1994). Et, ce qui n'a rien d'étonnant, nous parlons de nous généralement à des personnes appartenant à notre groupe d'âge (Parker et Parrott, 1995).

Il nous arrive de nous confier à des gens avec lesquels nous avons une conversation purement fortuite, une «intimité circonstancielle» en quelque sorte – les passagers d'un train ou d'un avion, par exemple (McGill, 1985). Ainsi, nous pouvons leur révéler des choses très intimes sur nous-mêmes pendant le trajet et ne jamais les revoir par la suite. Nous entretenons parfois des relations très intimes avec une ou plusieurs personnes par Internet ; le fait de savoir que nous ne verrons jamais ces personnes et qu'elles ne sauront jamais non plus quelle tête nous avons, où nous habitons et où nous travaillons peut faciliter l'ouverture de soi.

EFFET DYADIQUE
Tendance du comportement d'un individu faisant partie d'une dyade à générer un comportement semblable chez son interlocuteur. On utilise souvent ce terme pour mettre en évidence le caractère réciproque de l'ouverture de soi.

Enfin, nous nous confions plus facilement aux personnes qui se confient aussi à nous. Cet **effet dyadique**, ou effet de miroir, évoque la réciprocité dans l'ouverture de soi ; il nous incite probablement à nous sentir plus à l'aise et à nous révéler davantage. Nous révélons également davantage notre vie intime à notre interlocuteur quand il s'est déjà lui-même confié à nous (Berg et Archer, 1983).

Les sujets abordés

Nous sommes également enclins à parler ouvertement de certains sujets plutôt que d'autres. Ainsi, nous parlons plus facilement de notre travail ou de nos passe-temps que de notre vie sexuelle ou de notre situation financière (Jourard, 1968, 1971b). Nous préférons révéler les informations qui nous montrent sous un jour favorable plutôt que celles qui nous dévalorisent. En général, plus le sujet est personnel et négatif, moins nous sommes disposés à en parler.

Le minitest 7.2 vous invite à réfléchir à l'influence des cinq facteurs dont nous venons de discuter : votre personnalité, votre culture, votre appartenance sexuelle, vos auditeurs et le sujet de vos révélations.

Le contexte physique et temporel

Pour les catholiques, la confession est l'action d'avouer ses péchés devant un prêtre, dans un lieu privé. Les églises catholiques mettent à la disposition des fidèles des confessionnaux, sortes d'isoloirs souvent fermés et sombres, afin d'encourager les aveux. Dans le confessionnal, le prêtre et le repentant sont séparés par une grille, et les péchés sont chuchotés à l'oreille du prêtre. S'il arrive que celui-ci puisse

Acceptez-vous de vous ouvrir aux autres?

Dans quelle mesure êtes-vous prêt à parler ouvertement de chacun des sujets suivants, par exemple à vos camarades de classe? Notez vos réponses sur une échelle de 1 à 5:

1	2	3	4	5
J'en parlerais certainement	J'en parlerais probablement	Je ne sais pas	Je n'en parlerais probablement pas	Je n'en parlerais certainement pas

1   Votre attitude à l'égard des personnes de différentes nationalités   _____

2   Vos sentiments à l'égard de vos parents   _____

3   Vos fantasmes sexuels   _____

4   Vos expériences sexuelles   _____

5   Votre partenaire idéal   _____

6   Vos habitudes relativement à la consommation d'alcool ou de drogue   _____

7   Vos objectifs personnels   _____

8   Vos désirs inassouvis   _____

9   Vos principales faiblesses   _____

10   Vos sentiments à l'égard des autres étudiants de la classe   _____

Ce test et, idéalement, la discussion avec d'autres personnes qui l'ont fait vous aideront à amorcer une réflexion sur votre propension à vous confier et, en particulier, sur les facteurs qui influent sur votre attitude à cet égard. Comment votre personnalité influe-t-elle sur votre comportement en ce qui regarde l'ouverture de soi? Croyez-vous que votre appartenance culturelle ou sexuelle a eu une influence sur ce que vous jugez convenable de révéler aux autres? Vous confiez-vous plus facilement à une seule personne qu'à un petit groupe ou en public? Y a-t-il des gens avec qui vous vous sentez suffisamment à l'aise pour vous confier et d'autres avec qui vous demeurez plus distant? Y a-t-il des sujets sur lesquels vous préférez vous taire? Révélez-vous plus facilement des secrets positifs que des secrets négatifs? Y a-t-il des sujets dont vous aimeriez parler sans toutefois pouvoir trouver la situation propice pour en parler?

reconnaître l'identité du pénitent par sa voix, il reste que la grille assure généralement un certain anonymat.

Dans le cabinet de certains psychologues qui privilégient l'approche psychanalytique, le client est invité à s'allonger et à relaxer. Le psychologue se place en retrait, de façon à ce que le client ne perçoive pas les indices non verbaux émis par le thérapeute, cela afin de faciliter les confidences du client.

Le canal

Le canal utilisé a aussi son importance. En personne, la présence de l'autre peut favoriser ou non les confidences selon les messages d'empathie transmis par l'interlocuteur. Si la personne qui nous écoute nous intimide, il vaut peut-être mieux ne pas la voir directement. Le téléphone, dans ce cas, pourrait être un meilleur canal. Mais si cette personne est aussi notre supérieur hiérarchique, un courriel serait peut-être plus approprié, parce que le téléphone est souvent utilisé pour les conversations intimes, entre des personnes qui se parlent à l'oreille. Comme nous l'avons relaté dans l'encadré 2.3, le plus souvent, les gens ne se méprennent pas quant au choix du meilleur

Il y a des lieux et des moments plus propices que d'autres pour les confidences. La chambre à coucher est certainement le lieu des échanges et des confidences les plus intimes.

canal de communication, quoique, comme le montre le dessin de la page 177, certaines erreurs peuvent survenir, Les plus grossières étant de confondre un canal strictement privé et un canal public.

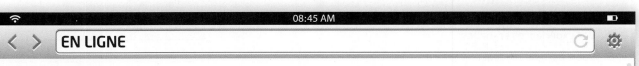

> Les lettres anonymes ont le grand avantage qu'on n'est pas forcé d'y répondre.
>
> – Alexandre Dumas fils

Les avantages de l'ouverture de soi

Les recherches démontrent que l'ouverture de soi améliore la connaissance de soi ainsi que la communication et les relations interpersonnelles, et qu'elle contribue au bien-être physique d'une personne.

Mieux se connaître

L'ouverture de soi a pour principal avantage de nous donner un nouveau point de vue sur nous-mêmes et de nous aider à mieux comprendre notre propre comportement.

08:45 AM

EN LIGNE

L'anonymat

Un message est anonyme lorsqu'il n'est pas possible de connaître l'identité de son auteur. L'Internet a rendu l'anonymat extrêmement facile. Les conséquences de l'anonymat en ligne, bénéfiques ou néfastes, peuvent être analysées selon différents points de vue (Wood et Smith, 2005).

Le premier point de vue s'intéresse à l'*aspect informatif de l'identité*. D'une part, l'identification d'une personne apporte des informations qui permettent d'évaluer son message. Si vous savez, par exemple, que la personne qui répond à votre question d'ordre médical sur le Net possède un diplôme en médecine, vous accorderez alors plus de valeur à sa réponse. D'autre part, parce que les informations sur l'âge, le sexe, la race, la nationalité sont susceptibles de perpétuer les stéréotypes, les communications sous le couvert de l'anonymat ont l'avantage de se soustraire aux préjugés de toutes sortes. L'anonymat fait de vous un être abstrait : vous n'avez pas d'âge, de sexe, de nationalité, de race, vous n'êtes ni beau ni laid, ni grand ou petit, ni gros ni maigre, ni riche ou pauvre… vous n'êtes que ce que vous écrivez. Le respect des interlocuteurs et l'influence recherchée, vous les obtiendrez seulement par la qualité de vos messages.

Le deuxième effet de l'anonymat est de *libérer la parole*. Il existe actuellement une variété de sites qui vous permettent d'envoyer des messages complètement anonymes à votre patron, à votre ex-partenaire, à votre amour secret, à votre voisin trop bruyant ou à votre avocat véreux. Votre message sera livré et vous ne serez pas identifié comme son auteur. Dans ce cas, il est évidemment plus facile de dire ce qu'on pense ou ressent réellement, sans craindre d'être pénalisé. Le bon côté de cette liberté est qu'elle permet l'expression d'opinions impopulaires, mais qui ont l'avantage de remettre en question des idées et des valeurs conventionnelles. L'anonymat favorise ainsi la communication honnête et l'amélioration des conduites. C'est pourquoi les étudiants sont plus enclins à participer à des forums en ligne plutôt qu'à des discussions classiques en classe. Cependant, en étant plus participatifs, ils pourront aussi être plus directs, plus grossiers et agressifs dans leurs interventions qu'ils ne le seraient s'ils étaient en face à face (Smith, Ferguson et Caris, 2001).

« Sur Internet, personne ne peut savoir que je suis un chien. »

Ce qui nous conduit à un troisième effet de l'anonymat : celui du *non-respect des règles sociales et morales en vigueur dans notre société*. L'anonymat favorise malheureusement les écarts de conduite. Le fait d'être soustrait au regard d'autrui ouvre la porte à des comportements qui, eux aussi, se soustraient aux règles qui doivent être respectées dans la société. L'anonymat est à l'origine de toutes sortes d'écarts de conduite, allant des messages simplement impolis aux messages de menace et d'intimidation. Comme les criminels qui profitent de l'obscurité pour s'attaquer à d'autres et les voler, certains internautes profitent de l'anonymat pour menacer et intimider.

Selon votre expérience, l'anonymat sur Internet présente-t-il plus d'avantages que d'inconvénients ?

En nous ouvrant aux autres, nous prenons conscience d'un grand nombre de choses qui, autrement, échapperaient probablement à notre analyse. Parler de la difficulté de vivre avec un père alcoolique, par exemple, peut éveiller des souvenirs d'enfance ou faire surgir de nouvelles émotions.

Il est difficile de s'accepter soi-même si on n'est pas prêt à s'ouvrir aux autres, car on s'accepte, dans une large mesure, par le regard d'autrui. En nous confiant aux autres, nous sommes mieux en mesure de percevoir les réactions positives qu'ils ont à notre égard, et d'en tenir compte pour améliorer notre image de soi.

Améliorer sa communication avec les autres

Nous comprenons généralement les messages d'une autre personne dans la mesure où nous comprenons cette personne. Par exemple, nous savons déceler chez un ami le moment où il est sérieux et celui où il blague, et si nous devons attribuer ses sarcasmes à la peur ou au ressentiment. L'ouverture de soi est une condition essentielle pour comprendre les autres.

« Si tu veux vraiment savoir pourquoi je te laisse, tu ferais bien d'aller jeter un coup d'œil sur mon site Web : tu y trouveras une longue explication détaillée. »

Les recherches démontrent que, dans un couple, les partenaires qui se confient beaucoup l'un à l'autre restent ensemble plus longtemps que ceux qui demeurent secrets (Sprecher, 1987). L'ouverture de soi favorise l'établissement de relations plus intimes (Schmidt et Cornelius, 1987). Sans ouverture de soi, il semble impossible d'établir des relations significatives. Sophie et Martin commencent maintenant à le découvrir : c'est en discutant et en se disant franchement ce qu'ils pensent réellement qu'ils parviendront à mieux se connaître.

08:45 AM

< > EN LIGNE

Les confidences

La question de savoir s'il est plus facile de faire des confidences en ligne ou en personne a fait l'objet de nombreuses recherches basées sur différentes théories de la communication. Certaines de ces théories prédisent que l'ouverture de soi devrait être plus grande en ligne parce qu'en l'absence de rétroactions de la part de l'interlocuteur, les personnes auraient plus de contrôle sur leur présentation de soi (Suler, 2004). Les théories sur la présence sociale et la richesse du média (voir le chapitre 2, pages 32-33) prédisent au contraire que l'ouverture de soi devrait être plus grande en personne. Les échanges en situation face à face permettent des rétroactions spontanées et simultanées, verbales et non verbales, pour communiquer ses pensées et ses émotions. Ces échanges, beaucoup plus riches en situation face à face, devraient faciliter l'ouverture de soi.

À l'appui de l'une ou l'autre de ces théories opposées, les résultats des recherches demeurent partagés. Écartant toutes les études sur l'ouverture de soi en ligne d'une personne vers plusieurs autres (comme dans un blogue), Nguyen et ses collaborateurs (2012) en ont retenu 15 (6 expériences et 9 enquêtes) qui comparaient l'ouverture de soi en ligne et hors ligne entre deux personnes (dyade). Les résultats sont partagés : 5 ont obtenu plus d'ouverture en ligne, 5 plus d'ouverture en personne, et les autres n'ont

obtenu aucune différence significative. Dans l'ensemble des études, il est apparu toutefois que la *fréquence* ou le nombre des révélations était plus grand en ligne. Sur la question de la *profondeur* des révélations les recherches sont divisées. Les recherches *expérimentales* montrent que l'ouverture de soi est plus grande en ligne avec *des personnes étrangères*, alors que les recherches basées sur une *enquête* ont obtenu le contraire en mettant en relation *des personnes qui se connaissaient depuis un certain temps*. D'une part, dans les expériences, l'évaluation du degré de profondeur des révélations était faite par des tiers et en respectant une méthode objective ; dans le cas des enquêtes, les sujets devaient évaluer eux-mêmes le niveau de profondeur *a posteriori*. Il se peut que les révélations faites en présence d'une autre personne aient une valeur émotionnelle plus grande, et c'est peut-être ce que les résultats des enquêtes ont rapporté. D'autre part, le fait que les personnes se connaissent ou pas constitue également un facteur. Les gens se révéleraient davantage en ligne au début d'une relation, mais au fil de la progression de celle-ci, ils le feraient de plus en plus en personne.

Dans quel contexte vous est-il plus facile de vous confier en ligne ? Dans quel contexte préférez-vous le faire en personne ?

Améliorer sa santé physique

L'ouverture de soi réduit les risques de maladie (voir Pennebaker, 1991). Par exemple, il existe un lien entre le deuil d'un proche et la maladie chez les personnes qui vivent ce deuil dans la solitude et le silence, mais non chez celles qui s'ouvrent de leur chagrin à d'autres. De même, les femmes victimes de violence sexuelle sont habituellement sujettes à diverses maladies (migraines, troubles gastriques, etc.) qui s'aggravent lorsqu'elles ne se confient pas à d'autres. Il semble que ce facteur soit attribuable au stress qui résulte de l'effet combiné du premier traumatisme et de l'effort physique requis pour garder le secret.

> **POUR S'AMÉLIORER**
>
> L'ouverture de soi procure plusieurs avantages importants, mais il faut tenir compte des risques avant de s'ouvrir aux autres.

Les risques de l'ouverture de soi

Quand les avantages sont grands, les risques le sont également. L'ouverture de soi ne fait pas exception à cette règle : elle comporte des risques sur les plans personnel, relationnel et professionnel – et même quelquefois des risques considérables.

Lorsque nous confions à d'autres certains aspects de notre vie intime, nous courons le risque d'être rejetés, même par notre famille et nos meilleurs amis. Ceux qui avouent être atteints du sida, par exemple, voient parfois leurs amis et leur famille s'éloigner d'eux.

L'ouverture de soi peut être tout aussi dangereuse dans les relations intimes qui durent depuis de nombreuses années. Tout révéler risque de faire baisser la confiance de l'autre et de nuire à la relation. Avouer que l'on a été infidèle ou indiscret ou que l'on a commis un crime, parler de ses fantasmes, de ses mensonges, de ses peurs ou de ses faiblesses cachées peut facilement avoir des effets négatifs.

L'ouverture de soi comporte également des risques sur le plan professionnel. Par exemple, dans certains milieux conservateurs, avouer avoir fait une dépression majeure ou encore afficher ouvertement son homosexualité peut entraîner des conséquences négatives. De même, les hommes et les femmes politiques qui déclarent avoir suivi une « thérapie » risquent de perdre l'appui de leur parti et de l'électorat.

08:45 AM

< > EN LIGNE

L'ouverture de soi dans les blogues

La majorité des blogues sur le Web sont de type « journal personnel » (Herring, Scheidt et Wright, 2005 ; Viegas, 2005) ou des blogues composés de courts messages concernant la vie du blogueur et ses pensées du moment (Blood, 2002). En comparaison avec les sites de réseaux sociaux comme Facebook, les blogues procurent un espace plus isolé, avec moins de possibilités d'interactions, ce qui réduit la conscience de son auditoire, qui peut être très vaste.

Hollenbaugh et Everett (2013) ont montré que l'effet de l'anonymat sur l'ouverture de soi ne se retrouve pas dans les blogues où les gens écrivent leur journal personnel, révélant ainsi leurs états d'âme les plus intimes et les plus profonds. Contrairement au journal personnel sous forme de livre et souvent tenu caché et verrouillé sous clé, les blogueurs exposent leurs pensées et leurs sentiments à quiconque sur Internet (Bortree, 2005 ; Viegas, 2005). Or, contrairement à ce que propose l'effet de désinhibition en ligne, ces blogues personnels sont souvent accompagnés d'informations très précises sur l'identité réelle du blogueur (nom, âge, adresse, employeur) (Qian et Scott, 2007 ; Viegas, 2005).

Selon l'effet de la désinhibition en ligne (Suler, 2004), les blogueurs anonymes et invisibles devraient faire plus de révélations intimes que les blogueurs qui s'identifient et qui publient leur photo.

Or, l'étude de Hollenbaugh et Everett (2013) ainsi que celle de Qian et Scott (2007) montrent que le fait de révéler son identité n'entrave pas l'ouverture de soi. Dans la recherche de Hollenbaugh et Everett (2013), les blogueurs qui affichaient des photos d'eux-mêmes se sont avérés ceux qui faisaient le plus de confidences intimes. Une explication serait que les blogueurs considèrent leurs photos comme simplement un autre moyen de divulgation d'informations, en perdant de vue qu'elles sont aussi des renseignements qui permettent de les identifier hors ligne. Dans les blogues, du moins, l'invisibilité ne semble pas constituer un facteur favorisant l'ouverture de soi.

Dans les blogues que vous fréquentez, avez-vous remarqué des différences dans l'ouverture de soi selon que le blogue est anonyme ou pas ?

L'encadré 7.1 présente quelques questions importantes à se poser lorsqu'on veut décider s'il convient ou non de s'ouvrir aux autres.

Au travail, quels dangers y a-t-il à se confier à ses subalternes ? à ses collègues ? à ses supérieurs ? Y a-t-il des types de confidences particulièrement dangereux ?

Encadré 7.1 **Quelques questions à se poser avant de se confier**

1. **Qu'est-ce qui me pousse à faire des révélations sur moi ?**

   Confiez-vous aux autres parce que vous voulez améliorer vos relations avec eux ou parce que vous vous inquiétez de leur sort… ou du vôtre. Certaines personnes ont tendance à dire ce qu'elles pensent et ressentent dans l'intention de blesser l'autre plutôt que dans l'intention d'améliorer leur relation avec lui (c'est le cas, par exemple, des gens qui reprochent à leur partenaire amoureux d'étouffer leur développement émotionnel, ou des enfants qui disent à leurs parents ne les avoir jamais aimés). Supposons par exemple que vous vous sentiez ignoré ou mésestimé par votre partenaire parce qu'il consacre tout son temps à son avancement professionnel ; au lieu de cultiver du ressentiment à son égard, il vaut probablement mieux lui en parler.

2. **Les révélations que je m'apprête à faire sont-elles à propos ?**

   Il est opportun d'exprimer honnêtement ses sentiments (« Je me sens mal à l'aise quand tu me critiques devant mes amis »), de parler d'expériences antérieures que l'autre a le droit de connaître (« Je me suis marié à 17 ans ; nous avons divorcé deux ans plus tard ») et d'avouer ses lacunes quand celles-ci ont une incidence sur l'autre (« Je n'ai jamais posé de papier peint de ma vie, mais je ferai de mon mieux »). Choisissez le bon moment, celui où l'autre pourra vous répondre franchement et honnêtement. N'attendez pas que l'autobus arrive pour annoncer à un ami que vous avez reçu de très mauvaises nouvelles et que vous lui en parlerez plus tard.

3. **L'autre est-il prêt à faire aussi des révélations ?**

   Donnez à l'autre l'occasion de se confier. S'il ne le fait pas, demandez-vous s'il est opportun de continuer à vous confier à lui. La non-réciprocité peut signifier que l'autre, à ce moment précis et dans ce contexte, n'est pas prêt à entendre vos révélations. Allez-y doucement, par étapes, afin de vous garder une porte de sortie si l'autre n'est pas suffisamment réceptif. La non-réciprocité peut également être attribuable à des facteurs culturels : dans certaines cultures, on ne se confie qu'entre personnes du même sexe ou qu'entre personnes qui se connaissent depuis très longtemps.

4. **Quels dangers mes révélations comportent-elles ?**

   Évaluez soigneusement les problèmes que vos révélations risquent de causer. Pouvez-vous vous permettre de perdre votre emploi si vous avouez à quelqu'un avoir fait de la prison ? Voulez-vous courir le risque de décourager votre partenaire amoureux en lui parlant de vos échecs antérieurs ?

   Avant de décider de vous ouvrir à quelqu'un, gardez à l'esprit – outre les avantages et dangers déjà mentionnés – que la communication est irréversible (voir le chapitre 2). « Ce qui est dit est dit », peu importe les nuances que nous essayons d'y apporter par la suite, peu importe ce que nous tentons de faire pour retirer nos paroles. Nous ne pouvons pas effacer les conclusions ou les déductions que nos auditeurs ont tirées de nos révélations. Cela ne veut pas dire qu'il ne faut jamais révéler quoi que ce soit ; cela veut simplement dire qu'il est particulièrement important de reconnaître, dans ces cas, le caractère irréversible de la communication.

EN LIGNE

La vie privée

Le partage de contenus et de renseignements personnels et intimes sur Facebook s'accompagne de plusieurs risques potentiels : atteinte à la vie privée, divulgation involontaire d'informations personnelles, réputation salie par des rumeurs ou des ragots, contacts non souhaités, harcèlement, vulnérabilité aux harceleurs ou aux pédophiles, utilisation de ses données personnelles par un tiers, piratage et vol d'identité (Boyd, 2008 ; Debatin et coll., 2009 ; Taraszow et coll., 2008).

Depuis le début des années 2000, les recherches montrent que les utilisateurs sont de plus en plus préoccupés par leur vie privée en ligne (Christofides, Muise et Desmarais, 2009). Un tel changement peut s'expliquer en partie par la prise de conscience progressive des risques de divulgation d'informations non désirées, telles que les données transmises par des tiers. Toutefois, les recherches ont révélé une disparité entre les préoccupations de confidentialité signalées et les comportements observés voulant protéger la vie privée (Acquisti et Gross, 2006 ; Stutzman et Kramer-Duffield, 2010 ; Tufekci, 2008). Si beaucoup d'utilisateurs déclarent être « très inquiets » de la possibilité qu'un étranger sache où ils demeurent et l'emplacement de leurs salles de cours, ils continuent à révéler ces deux éléments d'information sur leur profil Facebook (Acquisti et Gross, 2006), peut-être parce que leur préoccupation s'appuie davantage sur la probabilité perçue d'une atteinte possible à la vie privée plutôt que sur l'importance des dommages qui pourraient en découler (Krasnova, Kolesnikova et Guenther, 2009).

Êtes-vous conscient du caractère public des révélations que vous faites en ligne ? Connaissez-vous quelqu'un qui a vécu une mauvaise expérience après avoir fait des divulgations sur Internet ?

Exercice 7.1 S'ouvrir ou ne pas s'ouvrir ?

La décision de s'ouvrir aux autres est l'une des plus difficiles à prendre dans les relations interpersonnelles. Pour chacune des situations suivantes, indiquez si vous croyez qu'il est approprié de s'ouvrir aux autres, et pourquoi.

1. Une mère de deux adolescents (un garçon et une fille) se sent coupable, depuis un an, d'avoir entretenu des relations amoureuses avec son beau-frère pendant que son mari était en prison. Elle est divorcée depuis quelques mois. Elle voudrait parler à ses enfants de cette liaison et de la culpabilité qu'elle ressent.

2. Thomas veut rompre avec Cathy. Depuis qu'ils se sont fiancés, il est tombé amoureux d'une autre femme. Il veut téléphoner à Cathy pour rompre et lui avouer son nouvel amour.

3. Samuel a une liaison avec un homme depuis plusieurs années. Il voudrait annoncer cette nouvelle à ses parents, dont il a toujours été très proche, mais il n'a pas le courage de le faire. Il décide de leur écrire une longue lettre.

4. Marie et Gilles sont mariés depuis 12 ans. Marie a été honnête sur bien des sujets et a raconté beaucoup de choses à Gilles – à propos de ses anciennes amours, de ses peurs, de ses ambitions, etc. Mais Gilles, lui, ne parle presque jamais de ses sentiments et n'a à peu près rien dit à Marie de la vie qu'il a menée avant de la rencontrer. Marie se demande si elle doit continuer de se confier à lui.

Quelles raisons pouvez-vous donner pour expliquer vos réponses ? Dans laquelle de ces situations l'ouverture de soi serait-elle la plus efficace ? La moins efficace ? Lesquelles de ces confidences pourraient être bien reçues par celui ou celle qui les entend ? D'après vous, les moyens employés (téléphone, lettre) seront-ils efficaces ? L'ouverture de soi aidera-t-elle chacun à atteindre son objectif ?

LES ÉMOTIONS

Il est à la fois difficile et important d'exprimer nos émotions. Difficile parce que, souvent, les émotions nous embrouillent l'esprit ; difficile, aussi, parce que nous n'avons pas appris à les exprimer et qu'il y a peu de modèles à imiter en cette matière. Important, parce que les émotions font partie intégrante de la communication ; les taire, ou mal les exprimer, prive le message d'une bonne part de son sens. Que communiqueriez-vous si vous ne donniez aucun signe d'émotion en évoquant, par exemple, que vous avez échoué à un examen ou que vous avez gagné à la loterie? que vous attendez un enfant ou que vous venez de vous fiancer? ou encore, que c'est la première fois que vous conduisez une automobile? que vous venez d'obtenir le droit de vote ou d'être promu à un poste de superviseur? L'expression des émotions est si inhérente à la communication que, même dans le langage codé du courrier électronique, l'usage des binettes est toujours très populaire (voir la rubrique *L'expression des émotions dans les messages numériques*).

Les composantes d'une émotion

POUR S'AMÉLIORER
Il importe que vous soyez conscient que les émotions sont inévitables et qu'elles ont un impact sur vos pensées. Dans vos communications interpersonnelles, il faut apprendre à les communiquer efficacement.

Une émotion comporte au moins trois aspects: des réactions physiologiques (p. ex., rougir quand nous sommes embarrassés); des évaluations et des interprétations cognitives (calculer les chances de tirer la carte qui manque à notre suite au poker); des règles et des croyances culturelles (la fierté que les parents ressentent quand leur enfant obtient son diplôme d'études collégiales).

Les *réactions physiologiques*, d'ailleurs très nombreuses, représentent l'aspect le plus évident, le plus facilement observable, de l'expérience émotionnelle. Les palpitations, les papillons dans l'estomac, le nœud dans la gorge, tous ces malaises internes nous révèlent à nous-mêmes la présence d'une émotion. Des signes externes trahissent nos émotions: l'embarras et la gêne nous font rougir, la nervosité nous rend les mains moites, l'inconfort nous fait gesticuler. Nous surveillons habituellement les comportements non verbaux d'une personne pour savoir ce qu'elle ressent. Nous concluons par exemple que Jonathan est content en observant son sourire et la façon dont il se tient; que Nadine est nerveuse en constatant que ses mains sont moites, sa voix hésitante et ses mouvements bizarres.

L'aspect *mental* ou *cognitif* de l'expérience émotionnelle a trait à la façon dont nous interprétons les comportements d'autrui d'après nos propres comportements. Plusieurs psychologues (Beck, 1975; Ellis, 1998; Ellis et Harper, 1975) soutiennent que les sentiments d'une personne ne sont pas tant influencés par ce qui se produit réellement que par ce qu'elle pense qui se produit. Supposez, par exemple, que votre meilleure amie vous ignore à la cafétéria. Le sentiment que vous éprouverez envers elle variera selon le sens que vous attribuerez à son comportement. Vous ressentirez de la sympathie pour elle si vous en déduisez que c'est la tristesse qu'elle ressent depuis la mort de son père qui la fait agir ainsi, de la colère si vous pensez qu'elle vous snobe par méchanceté, et de la tristesse si vous imaginez qu'elle ne veut plus être votre amie.

Dans le cadre d'une étude intéressante où les auteurs avaient à démontrer l'influence de l'interprétation cognitive sur les émotions, des étudiants ont été invités à dire ce qu'ils ressentaient en cas d'échec ou de réussite à un examen (Weiner, Russell et Lerman, 1979). Ceux qui avaient obtenu de mauvaises notes éprouvaient de la *colère* ou de l'*hostilité* quand ils reportaient la responsabilité de leur échec sur quelqu'un d'autre (p. ex., un professeur injuste); de la *culpabilité* ou du *regret* quand ils s'en tenaient eux-mêmes responsables. Ceux qui avaient obtenu de très bonnes notes éprouvaient de la *fierté* et de la *satisfaction* s'ils attribuaient leur réussite à leur travail personnel; de la *gratitude* et de la *surprise* (parfois même de la *culpabilité*) s'ils l'attribuaient au hasard ou à la chance.

La *culture* dans laquelle nous vivons et avons grandi nous fournit un cadre pour interpréter les émotions des autres et – comme nous le verrons plus loin dans la section

En général, êtes-vous capable de bien juger les émotions des autres seulement d'après leurs expressions faciales? Quelles expressions faciales sont, pour vous, les plus révélatrices?

sur l'expression des émotions et la culture – pour exprimer nos propres émotions. Une de nos collègues a donné une conférence à Beijing devant un groupe de collégiens chinois. Elle nous a raconté que les étudiants l'avaient écoutée poliment, mais qu'ils n'avaient pas fait de commentaires ni posé de questions à la fin. Elle en avait d'abord conclu que sa conférence les avait ennuyés. Elle a appris par la suite que le fait qu'ils soient restés cois et apparemment passifs constituait une marque de grande reconnaissance ; si les étudiants lui avaient posé des questions, cela aurait signifié que son exposé n'était pas clair. En d'autres mots, la culture, américaine ou chinoise, a joué sur l'interprétation des émotions attribuées aux étudiants.

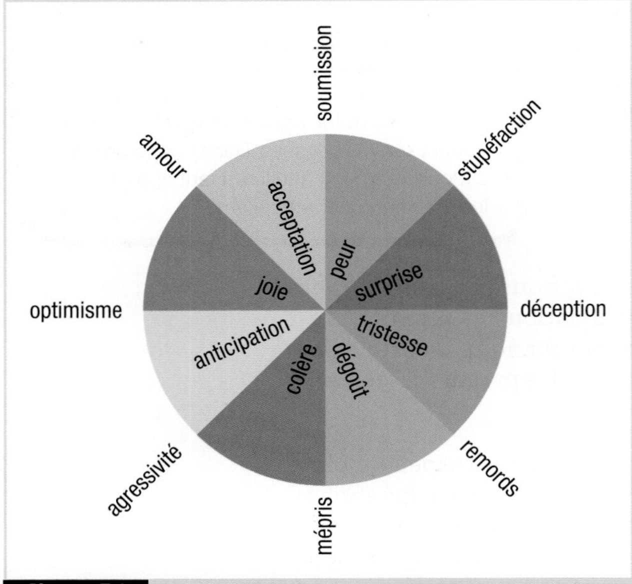

Figure 7.1 Le modèle des émotions de Plutchick

Êtes-vous d'accord avec les hypothèses qui sous-tendent ce modèle ? En d'autres mots, considérez-vous l'amour comme un mélange de joie et d'acceptation ? L'optimisme, comme un mélange de joie et d'anticipation ?

Source : Plutchik, Robert (1980). *Emotion : A Psycho-Evolutionary Synthesis.* New York, NY : Harper and Row.

Les principales sortes d'émotions

Imaginez le sentiment que vous éprouveriez dans les situations suivantes :

1. Vous venez de gagner à la loterie.
2. Votre meilleur ami vient de mourir.
3. Vous avez obtenu l'emploi que vous aviez postulé.
4. Vos parents divorcent.

Bien sûr, vos émotions seraient différentes dans chaque cas. De fait, chaque émotion est unique et ne peut être répétée. Parmi toutes ces différences, on décèle néanmoins des similitudes. Ainsi, la plupart des gens ressentent dans les situations 1 et 3 des émotions plus proches les unes des autres que dans les situations 1 et 2 ; dans les situations 2 et 4, les émotions ressenties sont plus proches les unes des autres que dans les situations 3 et 4.

Les émotions primaires et secondaires

Pour comparer les émotions, un certain nombre de chercheurs ont essayé de déterminer quelles étaient les émotions primaires. Robert Plutchik (1994 ; Havlena, Holbrook et Lehmann, 1989) a conçu un modèle fort utile, qui met en évidence huit émotions primaires, aussi appelées émotions simples (voir la figure 7.1).

ÉMOTIONS PRIMAIRES
Huit émotions fondamentales identifiées par Plutchik (1980) : joie, acceptation, peur, surprise, tristesse, dégoût, colère et anticipation.

Les huit secteurs du diagramme circulaire – les huit pointes de la tarte – représentent ces huit **émotions primaires** : la joie, l'acceptation, la peur, la surprise, la tristesse, le dégoût, la colère et l'anticipation. Les émotions qui sont proches l'une de l'autre sur ce diagramme sont également proches par leur signification. Par exemple, la joie et le sens de l'anticipation sont plus proches l'une de l'autre que ne le sont la joie et la tristesse, ou l'acceptation et le dégoût. Les émotions qui s'opposent dans le diagramme s'opposent également par leur signification : la joie est le contraire de la tristesse ; la colère, le contraire de la peur.

ÉMOTIONS SECONDAIRES
Selon le modèle de Plutchik, émotions qui résultent des différentes combinaisons entre les huit émotions primaires.

Les huit émotions primaires se combinent pour former des **émotions secondaires**. Celles-ci figurent à l'extérieur du diagramme. Ainsi, selon ce modèle, l'amour serait un mélange de joie et d'acceptation ; le remords, un mélange de dégoût et de tristesse.

L'EXPRESSION DES ÉMOTIONS

Lorsque nous parlons d'une émotion, nous faisons généralement référence à la composante interne, c'est-à-dire ce qui est ressenti subjectivement par la personne. L'expression émotionnelle, par ailleurs, est la façon de communiquer cette émotion. Les

La plupart des spécialistes sont d'avis que le déclenchement d'une émotion se fait en trois étapes : 1) un événement se produit ; 2) nous ressentons une émotion (surprise, joie, colère) ; 3) nous réagissons physiologiquement (accélération du rythme cardiaque, rougissement, etc.). La figure 7.2a illustre cette théorie courante.

Le psychologue William James et le physiologiste Carl Lange proposent une autre explication, selon laquelle les réactions physiologiques se déclencheraient avant l'expérience émotionnelle. Selon la séquence James-Lange : 1) un événement se produit ; 2) nous réagissons physiologiquement ; 3) nous ressentons une émotion. La figure 7.2b illustre cette théorie.

La théorie de l'identification cognitive (Schachter, 1964) fournit une troisième explication, selon laquelle l'émotion ressentie dépend de la façon dont nous interprétons nos réactions physiologiques. En d'autres mots : 1) un événement se produit ; 2) nous réagissons physiologiquement ; 3) nous interprétons cette réaction physiologique – c'est-à-dire, nous décidons de l'émotion à ressentir ; et 4) nous ressentons cette émotion. L'interprétation de la réaction physiologique dépend du contexte. Par exemple, si notre pouls s'accélère parce que quelqu'un nous a fait un sourire admiratif, nous interpréterons cette réaction comme un signe de joie ; mais si notre pouls s'accélère parce que trois individus à l'air louche s'avancent vers nous dans une ruelle, nous interpréterons cette réaction comme un signe de peur. Ce n'est qu'après avoir interprété l'émotion que nous la ressentirons – elle s'exprimera par de la joie ou de la peur. Cette séquence est illustrée par la figure 7.2c.

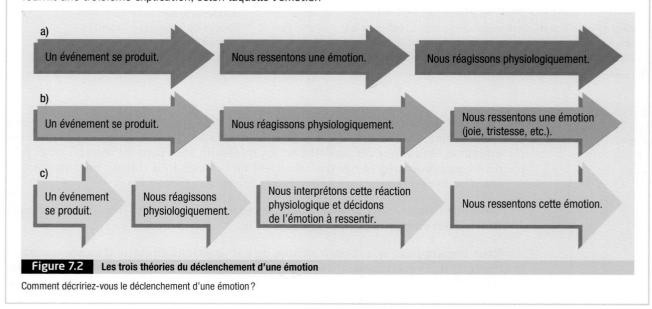

Figure 7.2 **Les trois théories du déclenchement d'une émotion**

Comment décririez-vous le déclenchement d'une émotion ?

théoriciens ne s'entendent pas sur la question de savoir si nous pouvons *choisir* de ressentir ou non une émotion. Certains prétendent que oui ; d'autres, que non. Il est clair, cependant, que nous pouvons influencer la façon de l'*exprimer*. Ainsi, nous ne sommes pas obligés de communiquer ce que nous ressentons.

Par exemple, nous ne sommes pas obligés d'exprimer notre colère simplement parce que nous la ressentons ; nous pouvons choisir de l'exprimer ou de ne pas l'exprimer selon la situation. En fait, nous pouvons fort bien éprouver de la colère tout en paraissant calmes. Si une entreprise annonce plusieurs promotions et qu'un employé qui a beaucoup d'ancienneté n'obtient pas la première, il peut être profondément choqué même s'il n'en laisse rien paraître pour ne pas réduire ses chances d'obtenir la prochaine. Il peut choisir de réagir de la sorte en espérant que le fait de rester calme favorisera son avancement. Nous évitons généralement d'exprimer ouvertement notre colère et notre frustration lorsque cela peut éventuellement nous causer des ennuis plus grands. Par exemple, si la correction effectuée par le professeur pour un premier travail vous semble trop sévère, vous éviterez peut-être de lui manifester directement votre frustration si vous sentez que cela pourrait avoir une incidence sur les évaluations qu'il fera de vos travaux pour le reste de la session.

> L'émotion n'est pas une chose honteuse, médiocre, négligeable ; c'est un aspect suprêmement valable de l'humain dans ce qu'il a de plus noble et de plus avancé.
>
> – Joshua Loth Liebman

Si vous décidez d'exprimer votre colère, vous aurez d'autres décisions à prendre. Il faudra, par exemple, choisir le moyen de l'exprimer (une rencontre, une lettre, un

L'expression des émotions dans les messages numériques

Les frimousses (ou binettes) permettent de rendre plus accessibles les émotions ressenties par l'auteur du message. Comme il existe plusieurs liens entre la communication verbale et non verbale (voir le chapitre 4), la relation entre les binettes et le contenu du message peut être de trois types (Marcoccia et Gauducheau, 2007): 1) une frimousse souriante peut jouer un rôle expressif lorsqu'elle informe de l'état émotionnel de l'émetteur du message et que celui-ci n'est pas transmis par le contenu verbal; 2) la frimousse permet d'expliciter la dimension émotionnelle du message lorsqu'il y a plusieurs interprétations possibles au contenu verbal; et 3) la frimousse peut renforcer la valeur expressive déjà présente dans le contenu verbal.

Voici quelques-unes des frimousses (dessins réalisés avec des caractères ASCII) les plus souvent utilisées pour communiquer des émotions par courrier électronique.

La comparaison entre les sept premières, populaires en Amérique, et les trois dernières, populaires au Japon, montre bien l'influence de la culture sur les symboles. Les Japonais estiment impoli qu'une femme montre ses dents quand elle sourit; c'est pourquoi la frimousse qui illustre un sourire de femme est constituée d'un point symbolisant une bouche fermée.

Frimousse	Signification
;-)	Sourire, je blague
:-(	Moue, je déprime
;-/	Scepticisme
:-)))	Rire très fort
:-[	Bouderie, je suis vexé
^.^	Sourire de femme (au Japon)
^_^	Sourire d'homme (au Japon)
^o^	Joie, bonheur (au Japon)

coup de téléphone, un courriel); puis, choisir les émotions particulières que vous allez révéler; enfin, il vous faudra choisir les mots avec lesquels vous exprimerez ces émotions. Une bonne discussion avec le professeur, dans laquelle vous lui faites part de ce que vous avez ressenti au moment de la remise du travail, peut l'amener à clarifier, et peut-être même à réviser, ses critères de correction.

Voici une liste de mots servant à décrire des émotions. Elle est inspirée de la classification des émotions primaires de Plutchik.

Vous remarquerez que, pour chacune de ces émotions simples, il existe un grand choix de mots correspondant aux différents degrés d'intensité. Par exemple, si vous êtes extrêmement heureux, vous serez peut-être tenté de choisir *béatitude*, *extase* ou *enchantement*; si vous êtes moyennement heureux, les mots *contentement*, *satisfaction* ou *bien-être* seront probablement plus adéquats. Essayez de classer les mots selon le degré d'intensité de l'émotion: élevée, moyenne, faible. Mais auparavant, vérifiez la signification des mots que vous ne connaissez pas.

> **Joie**: béatitude, gaieté, contentement, ravissement, extase, enchantement, plaisir, félicité, bonheur, gratification, satisfaction, bien-être, euphorie.

> **Surprise**: étonnement, ébahissement, ahurissement, stupeur, incrédulité, doute, scepticisme, incertitude, déstabilisation, commotion, choc, secousse, confusion, révélation, embarras, contrariété, indécision, perplexité, incompréhension, imprévu, indécision.

> **Peur**: anxiété, inquiétude, consternation, crainte, effroi, épouvante, doute, phobie, terreur, agitation, souci, horreur, affolement, alarme, alerte, angoisse, frayeur, panique, frousse, trouille, menace.

> **Colère**: acrimonie, aigreur, hargne, mécontentement, déplaisir, amertume, exaspération, furie, ire, irritation, indignation, rage, ressentiment, courroux, hostilité, emportement, rogne.

> **Tristesse**: abattement, découragement, dépression, morosité, détresse, chagrin, douleur, peine, solitude, mélancolie, souffrance, misère, affliction, malheur, mécontentement, ennui, amertume.

> **Dégoût**: horreur, aversion, répulsion, répugnance, révulsion, révolte, écœurement, éloignement, exécration.

Acceptation: intérêt, attention, attirance, attrait, souci, curiosité, fascination, enthousiasme, attachement, accaparement, préoccupation, concentration, bienveillance, sollicitude.

Anticipation: présomption, intuition, inspiration, crainte, appréhension, inquiétude, espérance, désir, expectative, attente.

L'expression des émotions selon la culture et l'appartenance sexuelle

La culture exerce une influence certaine sur l'expression émotionnelle, comme en témoignent les **règles culturelles d'émission**, règles par lesquelles une société prescrit à ses membres les émotions qu'il leur est permis d'exprimer, de même que les circonstances ou le contexte. Par exemple, les émotions exprimables dans une relation amoureuse dépendent du stade où en est cette relation. Nous sommes plus portés à réprimer l'expression d'une émotion négative au début de la relation que lorsque nous sommes parvenus à une certaine intimité (Aune, Buller et Aune, 1996).

RÈGLES CULTURELLES D'ÉMISSION
Règles qui dictent à quel moment et dans quelles circonstances, dans un contexte culturel particulier, certaines émotions peuvent être extériorisées.

Dans le cadre d'une étude (Ekman, 1985a), des étudiants japonais et américains ont été invités à regarder le film d'une opération particulièrement pénible. Ils ont eux-mêmes été filmés, d'abord seuls pendant la projection du film, puis lors d'une entrevue où ils devaient parler du film. L'étude a révélé que, pendant la projection, les étudiants des deux groupes avaient des réactions très semblables; mais, en entrevue, les Américains exprimaient leur déplaisir par des expressions faciales, alors que les Japonais ne laissaient pas transparaître leur émotion.

On remarque également des différences culturelles dans la signification attribuée aux expressions faciales. Des chercheurs ont demandé à des étudiants américains et japonais d'attribuer une personnalité à un visage souriant et à un visage sans expression particulière. Or, les Américains ont vu dans le visage souriant une personne plus attirante, plus intelligente et plus sociable que dans le visage inexpressif, tandis que les Japonais imaginaient dans le visage souriant une personne plus sociable, mais non pas plus attirante; de fait, les Japonais considéraient le visage inexpressif comme plus intelligent (Matsumoto et Kudoh, 1993). Plusieurs chercheurs ont montré qu'il est généralement plus difficile de juger de façon exacte la nature de l'émotion exprimée par une personne de culture différente (Elfenbein et Ambady, 2002). Par contre, une étude québécoise (Herrera, Bourgeois, Cheung et Hess, 1998) indique que ce n'est pas toujours le cas. Lors de cette expérience, les chercheurs ont demandé à deux groupes de sujets, le premier composé de Québécois

MINITEST 7.3

Êtes-vous disposé à exprimer vos sentiments?

Répondez par vrai ou faux, selon que l'énoncé décrit ou ne décrit pas votre attitude habituelle en ce qui a trait à l'expression des émotions.

1 Il est sain d'exprimer nos sentiments; cela réduit le stress et nous évite de gaspiller de l'énergie à les dissimuler. _____

2 Exprimer nos sentiments risque de causer des problèmes dans nos relations interpersonnelles. _____

3 Exprimer nos sentiments peut aider les autres à nous comprendre. _____

4 Exprimer nos sentiments est souvent utile pour persuader les autres d'agir comme nous le voulons. _____

5 Exprimer nos émotions peut donner aux autres une mauvaise impression de nous. _____

6 L'expression émotionnelle peut augmenter plutôt que réduire le stress; exprimer de la colère, par exemple, peut nous amener à ressentir plus de colère encore. _____

Voilà des arguments fréquemment invoqués en faveur et à l'encontre de l'expression des émotions. Les énoncés 1, 3 et 4 exposent les avantages qu'il y a à exprimer nos émotions, les énoncés 2, 5 et 6, les dangers. Vous pouvez considérer vos réponses comme symptomatiques de votre attitude à cet égard. Si vous avez répondu «vrai» aux énoncés 1, 3 et 4 et «faux» aux énoncés 2, 5 et 6, vous avez probablement une attitude favorable à l'expression des sentiments. Si vous avez répondu «faux» aux énoncés 1, 3 et 4 et «vrai» aux énoncés 2, 5 et 6, vous avez probablement une attitude défavorable. En fait, les études portent à croire que l'expression des émotions peut donner les six résultats mentionnés — les positifs comme les négatifs. Ces énoncés montrent qu'il faut bien analyser les possibilités qui s'offrent à nous avant d'exprimer une émotion.

francophones, et le second, de Québécois d'origine asiatique, de considérer les expressions faciales associées à des émotions telles que la joie, la tristesse, la peur et le dégoût selon qu'elles étaient exprimées par des acteurs caucasiens ou japonais. Les résultats indiquent que tous les sujets, quelle que soit leur origine ethnique, ont eu plus de difficulté à bien reconnaître les différentes émotions exprimées par les acteurs japonais. Ceci s'explique par les règles culturelles d'expression des émotions. Ainsi, les personnes d'origine asiatique sont, de façon générale, moins expressives. Par exemple, les Japonaises, qui ne sont pas censées afficher de larges sourires, cachent leur sourire, parfois avec leurs mains (Ma, 1996). C'est pourquoi, au Japon, une femme qui sourit est représentée par une frimousse qui illustre une bouche fermée (^.^). Ce genre de convention n'existe pas pour les Nord-Américaines, qui sourient plus ouvertement.

Les chercheurs s'entendent pour dire qu'hommes et femmes ressentent des émotions semblables (Cherulnik, 1979 ; Oatley et Duncan, 1994 ; Wade et Tavris, 1998), mais ils les expriment différemment. Il semble donc que l'expression des émotions soit régie par des *règles sexuelles* tout autant que par des règles culturelles.

Les femmes parlent plus volontiers de leurs sentiments et de leurs émotions, et les expriment davantage que les hommes (Barbato et Perse, 1992), et ce, dès leur jeune âge. La différence est déjà manifeste à l'école primaire ou secondaire. Une étude réalisée auprès d'enfants de 10 à 16 ans révèle qu'en cas d'agression physique ou sexuelle les filles sont davantage portées à se confier à une amie, alors que les garçons ont tendance à s'installer devant l'ordinateur ou à se réfugier dans la pratique d'un sport. Seulement 29 % des filles n'avaient parlé de l'agression à personne, comparativement à plus de 50 % des garçons. Parmi ces enfants victimes d'une agression qui a été suivie d'une dépression, 40 % des garçons, comparativement à moins de 20 % des filles, ont dit n'avoir eu personne à qui se confier (Lewin, 1998).

En outre, les femmes ont davantage tendance à exprimer des émotions socialement acceptables que les hommes (Brody, 1985). Ainsi, elles sourient beaucoup plus que les hommes. En effet, elles sourient même quand elles devraient s'en abstenir – quand elles réprimandent un subalterne, par exemple. Par contre, les hommes expriment leur colère et leur agressivité plus facilement que les femmes (DePaulo, 1992 ; Fischer, 1993 ; Wade et Tavris, 1998). Ainsi, on pourrait dire que les femmes communiquent mieux leur bonheur, et les hommes, leur colère (Coats et Feldman, 1996).

Cependant, certaines études ont démontré que nous nous attendons à ce que les hommes et les femmes ne réagissent pas de la même manière et ne ressentent pas nécessairement les mêmes émotions dans des situations identiques. Pour vérifier cette hypothèse, Sénécal et ses collègues (1996) ont demandé à des étudiants de niveau collégial de juger les réactions émotionnelles susceptibles d'être exprimées par des hommes et des femmes dans différents contextes sociaux. Les scénarios présentés décrivaient des situations de la vie quotidienne susceptibles de provoquer une émotion (p. ex., *Quelqu'un apprend qu'un proche répand des rumeurs négatives à son égard* ou *Quelqu'un ne se souvient plus de ce qu'il doit dire lors d'une réunion importante*). Pour chacune des situations, les sujets devaient prédire le pourcentage d'hommes et de femmes qui réagiraient à la situation décrite en ressentant l'une ou l'autre des émotions suivantes : la joie, la sérénité, la tristesse, la peur, le dégoût, le mépris, la colère, la honte et la culpabilité. Les résultats font ressortir que les étudiants, garçons et filles, estiment que les femmes sont plus susceptibles de réagir à chaque situation par des émotions de tristesse, de peur, de honte et de culpabilité, alors qu'ils imaginent davantage les hommes réagir en exprimant de la colère, de la joie ou de la sérénité.

Certains chercheurs se sont également penchés sur la façon dont les hommes et les femmes réagissent à l'expression des émotions. Il semble que les femmes réagissent bien lorsque les hommes expriment des émotions (Werrbach, Grotevant et Cooper, 1990). Il semble également que les hommes attirent davantage la sympathie quand ils pleurent, et les femmes, quand

POUR S'AMÉLIORER

Il faut tenir compte des règles culturelles d'expression des émotions et des différences liées au sexe dans l'interprétation que vous faites des émotions transmises par vos interlocuteurs.

elles ne pleurent pas ; c'est du moins ce qui ressort d'une étude au cours de laquelle les participants étaient invités à dire ce qu'ils pensaient d'autres personnes, complices de l'expérimentateur, qui exprimaient diverses émotions en regardant un film (Labott, Martin, Eason et Berkey, 1991).

LES PRINCIPES DE LA COMMUNICATION DES ÉMOTIONS

Connaître les grands principes de la communication des émotions permet de mieux comprendre le fonctionnement et le rôle de celles-ci dans la communication.

Il est important de ressentir des émotions

Les émotions sont particulièrement manifestes dans les situations de conflit ainsi que dans les premiers et derniers stades d'une relation, mais elles font également partie de tous les messages. Intenses ou tempérées, elles sont toujours présentes. C'est pourquoi il faut les reconnaître comme partie intégrante de l'expérience communicationnelle. Cela ne veut pas dire, toutefois, qu'il faille toujours parler de nos émotions, ni exprimer toutes les émotions que nous ressentons. Comme nous l'avons déjà mentionné, il nous arrive de ne pas vouloir révéler nos émotions – de ne pas vouloir montrer notre frustration devant le professeur sévère, par exemple, ou de ne pas vouloir dire à nos amis que nous craignons de perdre notre emploi.

> Une joie partagée est une double joie, un chagrin partagé est un demi-chagrin.
>
> – Jacques Deval

Exprimer une émotion et la ressentir, ce n'est pas la même chose

Dès notre enfance, nous avons appris à contrôler nos expressions faciales pour « déguiser » certaines émotions – c'est-à-dire pour les intensifier, les atténuer, les neutraliser, les masquer – afin que les autres ne sachent pas exactement ce que nous ressentons. De ce principe découlent deux corollaires :

- Nous ne pouvons pas savoir ce que les autres ressentent seulement en les observant. Par conséquent, ne supposons pas que nous pouvons le faire et vérifions plutôt nos perceptions.
- Les autres ne peuvent pas toujours savoir ce que nous ressentons d'après notre manière d'agir. Si nous voulons qu'ils le sachent, il vaut probablement mieux le leur dire.

Les émotions se communiquent par des moyens verbaux et non verbaux

Nous encodons nos émotions, comme la plupart de nos messages, dans des signaux verbaux et non verbaux. La façon dont nous choisissons les mots, le ton sur lequel

HÉ HÉ HÉ

SPLOOSHH

OH, QUELLE HORRIBLE CHOSE JE VIENS DE FAIRE ! COMME JE LE REGRETTE. JE JURE DE PERDRE CETTE SALE HABITUDE !. REMORDS, REMORDS !

LE COUP DU PÊCHEUR REPENTI N'EST PAS ENCORE AU POINT.

nous les disons, les gestes et mimiques qui les accompagnent, tout cela concourt à les communiquer. Inversement, nous décodons les émotions des autres d'après les signaux verbaux et non verbaux qu'ils émettent. Et bien sûr, comme tous les messages, les émotions sont mieux comprises quand les signaux verbaux et non verbaux se renforcent mutuellement.

Il peut être à la fois bon et mauvais d'exprimer une émotion

L'expression des émotions peut remplir une fonction cathartique, purificatoire et être bénéfique pour la relation. Exprimer notre mécontentement, par exemple, aide parfois à le réduire et même à l'éliminer. Dans la mise en situation ouvrant le chapitre, Martin refuse tout d'abord de poursuivre la conversation et évoque la fatigue pour se retirer. Par contre, lorsqu'il accepte de dire ce qui le tracasse et qu'il fait part à Sophie de la façon dont il se sent parce qu'il croit qu'elle le juge «débile» comme tous les autres joueurs de hockey, cela permet à Sophie de préciser sa pensée, et même de la corriger. L'expression des émotions peut, dans ce genre de situations, favoriser la compréhension et resserrer les liens.

Toutefois, exprimer ses émotions risque aussi de créer des difficultés. Par exemple, exprimer notre frustration en reprochant vivement à un collègue sa façon de travailler peut engendrer de l'hostilité; exprimer de la jalousie à notre partenaire amoureux quand il sort avec des amis peut amener celui-ci à craindre d'être dominé et de perdre son autonomie.

Les émotions sont contagieuses

Vous avez certainement déjà remarqué avec quelle rapidité un bébé reproduit les jeux de physionomie de sa mère. Si sa mère sourit, il sourit; si sa mère fronce les sourcils, il fronce les sourcils. À mesure qu'il grandit, l'enfant commence à saisir des émotions plus subtiles. Il comprend les expressions d'anxiété, de peur ou de colère de son père ou de sa mère et, souvent, les imite. Une étude révèle que, chez les collégiens qui partagent le même appartement, les symptômes de dépression manifestés par l'un peuvent gagner l'autre en moins de trois semaines (Joiner, 1994). Bref, les émotions peuvent être contagieuses. Dans une conversation, les émotions fortement ressenties par l'un se transmettent facilement à l'autre.

LES OBSTACLES À LA COMMUNICATION DES ÉMOTIONS

L'expression des émotions fait partie de la plupart des relations interpersonnelles significatives. Mais elle ne va pas sans difficulté. C'est pourquoi nous considérons ici les obstacles qui nuisent à l'expression efficace des émotions et nous vous suggérons quelques moyens de les surmonter. Les trois principaux obstacles sont: 1) les règles et les coutumes sociales; 2) la peur; et 3) la méconnaissance des moyens d'expression des émotions.

Les règles et les coutumes sociales

Ceux et celles qui ont grandi en Amérique du Nord ont probablement constaté que bien des gens se renfrognent au lieu d'exprimer leurs émotions. Cela est particulièrement vrai chez les hommes. Ce comportement, appelé «syndrome du cow-boy» en raison de l'attitude des personnages des vieux westerns (Balswick et Peck, 1971), est celui de l'homme fermé et impassible, fort mais silencieux. Le cow-boy ne ressent jamais d'émotions «apaisantes» – la compassion, l'amour, le contentement, par exemple. Il ne connaît pas la peur. Jamais il ne pleure ni ne s'apitoie sur son sort. Jamais il ne demande – comme le personnage de notre caricature – «une complicité émotive». Malheureusement, beaucoup d'hommes ont grandi en essayant de se conformer à ce modèle irréaliste. Or, le syndrome du cow-boy empêche l'expression sincère et honnête des émotions. Le chercheur Ronald Levant (1992) soutient que l'incapacité, pour les hommes, de reconnaître et d'exprimer leurs émotions aussi facilement que les femmes est une «incompétence acquise», et une incompétence acquise dès l'enfance, parce qu'on apprend aux garçons à ne pas pleurer et à ignorer la douleur. Un grand nombre de personnes interprètent les débordements émotifs chez les hommes comme un signe d'inefficacité, d'insécurité et d'un manque de virilité.

Les femmes ne sont pas non plus à l'abri des difficultés. À une certaine époque, notre société autorisait et même encourageait les femmes à épancher leurs émotions. Mais les temps ont changé, en particulier pour celles qui occupent des postes de direction. Aujourd'hui, la gestionnaire est forcée d'adopter une attitude considérée comme plus virile. Elle n'a pas le droit de pleurer ni de montrer qu'elle ressent une émotion «apaisante» – surtout au travail.

Hommes ou femmes doivent mesurer l'expression de leurs émotions, choisir soigneusement les confidences à révéler; en somme, ils doivent peser le pour et le contre avant d'exprimer une émotion. Ils ont avantage à analyser la situation, les gens, les émotions elles-mêmes et tous les éléments qui composent l'acte de communication. Et, plus encore, il leur revient d'évaluer les possibilités qui s'offrent à eux – et, en définitive, de se demander non seulement quoi dire, mais aussi comment le dire.

Exercice 7.2 Communiquer ses émotions

Exprimer des émotions est l'une des tâches communicationnelles les plus difficiles. Voici quelques situations qui vous permettront de vous y exercer. Imaginez-vous dans chacune des situations suivantes et réagissez de la manière dont devrait le faire, d'après vous, tout communicateur efficace.

1. Un collègue de travail a révélé certaines activités que vous aviez faites pendant vos années de collège – des activités que vous lui aviez confiées et que vous auriez préféré que vos autres collègues ne connaissent pas. Maintenant, presque tout le monde au bureau est au courant. Vous êtes en colère et décidez d'affronter ce collègue.

2. Une amie vient vous voir chez vous, profondément déprimée, et vous annonce que l'homme avec qui elle vit depuis 22 ans est amoureux d'une autre femme et qu'il veut divorcer. Elle ne sait plus du tout quoi faire et vient chercher auprès de vous conseils et réconfort.

3. Un voisin, qui habite à côté de chez vous depuis 10 ans et qui a eu bien des difficultés financières, vient de gagner plusieurs millions de dollars à la loterie. Vous le rencontrez dans le hall de l'immeuble.

4. Votre grand-mère mourante vous appelle à son chevet. Elle vous dit qu'elle sait qu'elle va mourir, qu'elle veut que vous sachiez combien elle vous aime et que son seul regret, en mourant, sera de ne plus vous voir.

Si possible, comparez vos réponses à celles de vos camarades. Pouvez-vous tirer de cet exercice deux ou trois principes généraux sur la communication efficace des émotions?

La peur

Bien des peurs entravent l'expression des émotions, car exprimer nos émotions, c'est nous rendre vulnérables: avouer notre amour, par exemple, c'est nous exposer à être rejetés. En exprimant nos émotions, nous pouvons dévoiler une «faiblesse» et risquons d'être blessés par l'indifférence ou l'insensibilité d'autrui. Nous réprimons aussi nos émotions par peur de blesser l'autre: par exemple, pour ne pas faire de peine à notre partenaire, nous éviterons de lui parler de nos anciennes amours. Ou bien, nous avons peur des conséquences: nous n'osons pas avouer que nous sommes choqués, de crainte de froisser l'autre et de nous sentir coupables ensuite.

Nous hésitons aussi à révéler nos émotions par peur de susciter des conflits; pour ne pas nous brouiller avec un ami, par exemple, nous n'oserons pas lui dire que nous n'aimons pas les gens qu'il fréquente.

À cause de ces peurs, nous allons parfois jusqu'à refuser d'admettre que nous ressentons, ou que les autres ressentent, des émotions. C'est du moins ce que bien des gens ont appris à faire.

Exprimer ses émotions n'est qu'une partie du processus; l'autre consiste à écouter (sans oublier que la réaction n'est qu'une des étapes de l'écoute). Écouter les autres peut être embarrassant. Nous avons parfois l'impression d'être indiscret, d'entendre des choses vraiment trop personnelles; ou encore, nous ne savons pas comment réagir; ou bien, nous craignons de ne pas trouver les mots qu'il faut. Voici quelques conseils pour faciliter ce processus souvent difficile.

- Ne pas croire (comme bien des hommes semblent le faire) qu'«écouter ce qu'une personne ressent» équivaut à «résoudre les problèmes de cette personne» (Tannen, 1990). Il est habituellement plus bénéfique de se donner un rôle moins ambitieux: créer un climat propice aux confidences et encourager l'autre à exprimer et, peut-être, à clarifier ses émotions.

- Avoir de l'empathie pour l'autre personne. Voir la situation de son point de vue à elle, essayer de se mettre à sa place. Éviter surtout de porter un jugement sur ses émotions. Si nous lui disons «ne pleure pas, il n'en vaut pas la peine» ou «tu auras une promotion l'an prochain», nous risquons de lui donner l'impression qu'elle ne ressent pas ce qu'il faudrait ressentir – ce qui ne l'aidera en rien à se consoler ou à y voir plus clair.

- S'arrêter au problème de l'autre. Éviter de parler de nos propres problèmes. Il peut être tentant, quand un ami nous parle d'une peine de cœur, de lui raconter nos propres peines de cœur. Bien que cette technique soit utile pour souligner que nous le comprenons, elle risque de faire porter la conversation sur nous plutôt que sur l'ami qui a besoin de parler.

- S'intéresser à l'autre et à ses émotions en l'encourageant à les expliquer – en disant tout simplement «je vois» ou «je comprends», ou en posant des questions qui lui feront comprendre que nous écoutons et voulons en savoir davantage.

Voici trois situations qui engendrent habituellement des émotions négatives. Pour chacune, indiquez comment vous exprimeriez vos émotions négatives tout en préservant et, même, en améliorant votre relation avec l'autre.

1. Vous avez déjà téléphoné à votre amie Jeanne quatre fois de suite, mais elle ne vous rappelle jamais. Cette attitude vous blesse et vous agace. Vous décidez de le lui dire.

2. Kevin et vous avez pris rendez-vous pour déjeuner à 9 h du matin, mais il n'arrive qu'à 10 h 30, sans excuse valable. Vous êtes en colère parce que vous attendez depuis 9 h et qu'il ne semble pas se soucier de vous avoir fait perdre votre temps. Comme vous ne voulez pas que cela se reproduise, vous décidez de lui dire ce que vous ressentez.

3. Vous sortez avec Claude depuis près de six semaines et tout va bien... jusqu'au jour de votre anniversaire, où Claude vous envoie simplement une carte. Vous vous attendiez à plus. Après tout, vous vous fréquentez depuis six semaines! Vous avez l'impression que Claude n'accorde pas beaucoup d'importance à votre relation et voulez savoir ce qu'il en est.

Pourquoi les gens ont-ils plus de difficulté à exprimer leurs émotions négatives que leurs émotions positives? Votre culture a-t-elle une influence sur votre tendance à exprimer des émotions négatives? S'attend-on à ce que les hommes et les femmes communiquent leurs émotions négatives différemment?

La méconnaissance des moyens d'expression des émotions

Le plus grand obstacle à l'expression des émotions est peut-être la méconnaissance des moyens que nous avons à notre disposition. Bien des gens ne savent tout simplement pas comment exprimer ce qu'ils ressentent. Irrités, ils deviennent violents ou évitent la personne qui a soulevé leur colère; ou bien, ils la blâment et l'accusent. Beaucoup ne peuvent pas exprimer leur amour; ils sont littéralement incapables de dire «Je t'aime».

Exprimer des émotions négatives est doublement difficile. Souvent, nous réprimons ces émotions par peur d'offenser l'autre ou d'empirer la situation. Mais les réprimer souvent ou pendant longtemps n'améliorera certainement pas la relation. Il semble donc préférable d'apprendre à exprimer nos émotions négatives de manière positive et constructive. C'est le but de l'exercice 7.3.

LES MOYENS D'EXPRIMER SES ÉMOTIONS

Il est très important et en même temps très difficile d'exprimer ses émotions et de réagir adéquatement à celles des autres. Voici quelques suggestions qui pourraient vous aider. Afin d'exprimer plus efficacement vos émotions, vous devez d'abord les comprendre, puis décider s'il y a lieu de les exprimer ou non et, enfin, choisir la manière de le faire.

Comprendre ses émotions

Le premier pas à faire, c'est de comprendre les émotions que vous ressentez. Demandez-vous, par exemple, comment vous réagiriez en apprenant que votre meilleur ami a obtenu l'emploi que vous espériez pour vous-même, ou que votre frère policier s'est fait sérieusement blesser au cours d'une émeute. Essayez de concevoir ces émotions aussi objectivement que cela est possible. Pensez à vos réactions physiologiques et aux interprétations que vous en feriez. De plus, interrogez-vous sur les conditions préalables qui peuvent avoir une influence sur ce que vous ressentez. Demandez-vous « Pourquoi est-ce que je me sens comme ça ? » ou « Que s'est-il passé pour que j'en arrive à ressentir cette émotion ? ».

Décider d'exprimer ou de ne pas exprimer ses émotions

Le deuxième pas que vous aurez à faire, c'est de décider d'exprimer ou non vos émotions – ce qui n'est pas toujours facile, car, parfois, vos réactions sont presque automatiques. Le plus souvent, toutefois, vous avez le temps de vous poser la question. Vous devez alors vous rappeler qu'il n'est pas toujours nécessaire, ni sage, de tout dire ; vous rappeler aussi que la communication est irréversible et qu'une fois émis le message ne peut être effacé (voir le chapitre 2). Il vous faut donc, chaque fois, bien peser le pour et le contre en vous remémorant les questions que vous devriez formuler avant de vous confier à quelqu'un (voir la première partie du présent chapitre).

« Est-ce l'une des émotions dont les gens parlent tant ? »

Évaluer les possibilités

Après avoir pris la décision d'exprimer vos émotions, vous devez vous demander comment y parvenir : évaluez les possibilités qui s'offrent à vous, tant sur le plan de l'efficacité (qu'est-ce qui sera le plus utile pour atteindre mon objectif ?) que sur le plan de l'éthique (qu'est-ce qui est juste ou moralement justifiable ?).

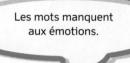

Les mots manquent aux émotions.

– Victor Hugo

Sur le plan de l'efficacité, vous devrez choisir le moment et l'endroit opportuns, les personnes à qui révéler vos émotions ainsi que les moyens de le faire. Allez-vous demander un rendez-vous à votre professeur pour lui exprimer votre mécontentement pour la note obtenue lors du premier travail ? Si le fait d'avoir un échec vous a fait perdre confiance en vous, auriez-vous intérêt à en parler à votre conjoint, à vos parents, à votre meilleur ami ? Si vous voulez inviter quelqu'un à sortir, faire une déclaration d'amour ou une demande de divorce, auriez-vous recours au téléphone, à la lettre ou le feriez-vous en personne ? Pour répondre à cette question, il serait utile que vous vous reportiez à la section du chapitre 2 qui traite de l'emploi des nombreux canaux de communication.

Sur le plan de l'éthique, il vous faut vous interroger sur la légitimité du recours aux émotions. Il vous faut vous demander, par exemple, si des parents ont moralement le droit d'invoquer la peur afin de dissuader leur enfant de 13, 14 ou 15 ans d'avoir des relations sexuelles, de fumer, de consommer de la drogue, de fréquenter des personnes d'une autre nationalité ou d'une autre orientation sexuelle. Il vous faut aussi vous demander si les motifs qui poussent certaines personnes à faire de telles sollicitations émotives sont moralement acceptables. N'est-il pas répréhensible de faire appel à la culpabilité, à la peur ou à la sympathie pour persuader un ami de vous prêter de l'argent, de prendre des vacances avec vous ou de vous accorder des faveurs sexuelles ?

EN LIGNE

Les frimousses et la nature du message

Parce que les frimousses servent à exprimer des émotions, leur utilisation dans les messages électroniques indique que l'émetteur entretient ou aimerait entretenir une relation plus intime, marquée de connivence, avec le destinataire. La dimension relationnelle de proximité des binettes est confirmée par les résultats d'une étude de Derks et ses collègues (2007), qui montre que les gens utilisent davantage de frimousses dans un contexte d'échange socioémotionnel que dans un contexte d'échange orienté vers une tâche.

Décrire ses émotions

Les déclarations générales et abstraites sont habituellement inefficaces. Prenons l'exemple du fameux «Je me sens mal». Est-ce qu'il signifie: «Je me sens coupable» (parce que j'ai menti à mon meilleur ami), «Je me sens seul» (parce que je ne suis pas sorti avec une fille depuis deux mois) ou «Je me sens déprimé» (parce que j'ai échoué à mon examen)? De toute évidence, il vous est utile d'être plus précis, de décrire aussi l'intensité de l'émotion ressentie: «J'étais tellement en colère que j'aurais pu donner ma démission», «J'ai tellement de peine que j'ai envie de pleurer». Nous ressentons des émotions très diverses, mais le vocabulaire que nous utilisons pour les décrire demeure considérablement restreint. Il vous faut donc apprendre à décrire toutes ces émotions en termes précis et concrets.

Reconnaître les raisons qui sous-tendent les émotions

Reprenons les exemples précédents pour illustrer ce principe: «Je me sens coupable parce que j'ai menti à mon meilleur ami», «Je me sens seul parce que je ne suis pas sorti avec une fille depuis deux mois» ou «Je me sens déprimé parce que j'ai échoué à mon examen». Si votre sentiment est attribuable à quelque chose que la personne à qui vous parlez a dit ou fait, il vaut mieux le lui dire. Par exemple: «J'étais vraiment en colère quand tu m'as dit que tu ne m'aiderais pas», «J'ai été blessé que tu ne m'invites pas au souper que tu avais organisé». Il faut toutefois que la recherche des causes des émotions repose sur des faits concrets et observables. Que s'est-il passé concrètement? Qu'est-ce que l'autre a dit ou fait? Dans quelle mesure vos propres besoins ou vos craintes personnelles sont-ils à l'origine de ce que vous ressentez? Il vous faut éviter de tomber dans le piège qui vous fait prendre votre interprétation pour la réalité. Reconnaître les raisons pour lesquelles vous ressentez telle émotion vous permet d'atteindre deux objectifs: tout d'abord, comprendre *comment* vous vous sentez et *pourquoi* vous vous sentez ainsi; ensuite, savoir ce qu'il faut faire pour réduire les sentiments négatifs ou pour vous en débarrasser. Dans les exemples précédents, ce pourrait être éviter de mentir, prendre l'initiative des sorties ou étudier davantage.

La plupart des affirmations par lesquelles nous évitons d'assumer nos émotions comportent des jugements négatifs. Mais nous pouvons aussi éviter de reconnaître nos propres émotions dans des jugements positifs. Par exemple, nous disons «La classe semble avoir aimé mon exposé», au lieu de «Je suis fier de moi, il semble que j'ai fait un très bon exposé». Assumez-vous vos émotions positives autant que vos émotions négatives?

Ancrer ses émotions dans le présent

Il vous faut tout particulièrement éviter de tomber dans le piège qui amène à croire les perceptions négatives que vous avez de vous-même. Certaines sont particulièrement destructrices: «je suis nul», «je suis stupide». Elles impliquent que la nullité, ou la stupidité, font et feront toujours partie de soi. Il vaut mieux parler de ce que vous ressentez ici et maintenant en prenant soin d'exposer le contexte:

- «Je me sens nul aujourd'hui: j'ai effacé ce fichier informatique trois fois.»
- «Je me sens stupide quand tu me fais remarquer mes fautes de grammaire.»

Accepter la responsabilité de ses émotions

Le plus important pour bien communiquer vos émotions, c'est probablement d'en accepter la responsabilité, de reconnaître qu'elles sont vôtres (Proctor, 1991). Arrêtez-vous un instant aux phrases suivantes:

- «Tu me choques.»
- «Me prends-tu pour un imbécile?»
- «Tu agis comme si j'étais stupide.»
- «Tu agis comme si j'étais un étranger.»

En vous exprimant de la sorte, vous reprochez à l'autre vos émotions. Or, vous savez, à bien y réfléchir, que personne ne peut vous obliger à ressentir quoi que ce soit. Les autres font et disent des choses, mais c'est à vous de les interpréter. C'est à vous de décider des émotions que vous devez éprouver selon les paroles prononcées par les autres, par exemple, et à interpréter le sens de leurs paroles. Quand vous acceptez la responsabilité de vos émotions, vous admettez qu'elles sont à *vous*. Le meilleur moyen de le faire, c'est de parler à la première personne plutôt qu'à la deuxième, de dire *je, moi*. Ainsi, vous devriez plutôt dire:

- «Je suis choqué quand tu rentres tard sans me téléphoner.»
- «J'ai l'impression d'être un imbécile quand tu me critiques devant mes amis.»
- «Je me sens vraiment stupide quand tu emploies des termes médicaux que je ne comprends pas.»
- «Quand tu m'ignores en public, j'ai l'impression d'être un étranger.»

Ainsi formulées, et prononcées sur un ton neutre, ces phrases n'ont rien d'agressif; elles décrivent tout simplement ce que la personne ressent à l'égard de ces comportements. Elles risquent moins de mettre l'autre sur la défensive. Elles l'invitent plutôt à reconnaître sa manière d'agir et l'incitent à la modifier.

Il convient aussi de parler à la première personne pour expliquer ce que vous attendez de l'autre: «Je ne me sens pas très gai en ce moment; donne-moi un peu de temps; je te rappellerai dans quelques jours». Ou, plus directement: «Je préfère rester seul pour le moment.»

POUR S'AMÉLIORER

Pour communiquer efficacement vos émotions, il vous faut: 1) décrire vos émotions; 2) trouver les raisons qui les sous-tendent; 3) ancrer vos émotions dans le présent; et 4) en accepter la responsabilité.

Exercice 7.4   Communiquer ses émotions efficacement

Les 10 énoncés qui suivent correspondent tous à des expressions inefficaces d'émotions. 1) Dites pourquoi chaque énoncé est inefficace (p. ex., quel problème ou distorsion crée-t-il?) et 2) reformulez-le pour le rendre plus efficace. Autrement dit:

- décrivez vos sentiments et leur intensité avec le plus de justesse possible,
- précisez les raisons pour lesquelles vous vous sentez ainsi,
- ancrez vos sentiments dans le présent,
- parlez «à la première personne», afin de reconnaître que les sentiments exprimés sont les vôtres, et
- décrivez (s'il y a lieu) ce que vous attendez de l'autre.

1. Ton manque de considération m'irrite tellement que je ne peux plus le supporter.
2. Quand tu m'ignores, tu m'insultes. Ne recommence plus jamais.
3. Je ne pardonnerai jamais à ce salaud. Je lui en voudrai toute ma vie.
4. Je te déteste. Je te détesterai toujours. Je ne veux plus jamais te voir. Jamais!
5. Écoute: tu n'arrêtes pas de me parler de tes hésitations – de te demander avec qui tu vas sortir demain et après-demain et le jour suivant. Je n'en peux plus. Laisse-moi tranquille. C'est ennuyeux. En-nu-yeux.
6. Tu as fait ça juste pour me contredire. Tu aimes ça me contredire, hein?
7. Ne me parle pas sur ce ton. Comment oses-tu m'insulter ainsi?
8. Tu me fais passer pour un idiot juste pour faire le ti-Jo Connaissant. Tu te crois toujours supérieur, celui qui sait tout.
9. Je n'arrive pas à mettre de l'ordre dans mes idées. Cet examen me fait mourir de peur. Je sais que je vais échouer.
10. En sortant de l'entrevue, j'ai laissé la porte claquer derrière moi. J'avais l'air complètement hystérique. Je n'obtiendrai jamais cet emploi. Pourquoi est-ce que je n'agis jamais comme il faudrait? Pourquoi faut-il toujours que je me ridiculise?

D'après vous, lequel des cinq éléments propices à l'efficacité (c'est-à-dire des cinq éléments suggérés pour reformuler les phrases) négligez-vous le plus souvent? Lequel vous pose le plus de difficulté? Décrivez en une phrase la différence entre l'inefficacité et l'efficacité dans la communication des émotions.

1. Laquelle des affirmations suivantes au sujet
de l'ouverture de soi est fausse ?

a) Pour qu'il y ait ouverture de soi, l'information révélée
doit être nouvelle, inconnue de l'autre ou des autres.

b) Pour qu'il y ait ouverture, quelqu'un d'autre doit avoir
reçu et compris l'information que nous avons transmise.

c) Pour qu'il y ait ouverture, l'information révélée
doit obligatoirement faire partie de celles que nous
gardons normalement secrètes.

d) Aucune de ces réponses.

2. Laquelle des affirmations suivantes concernant les
différences sexuelles dans l'ouverture de soi est vraie ?

a) Les hommes parlent davantage que les femmes de ce
qui leur déplaît chez leur conjointe ou leur partenaire.

b) Les hommes parlent davantage que les femmes
de leurs relations amoureuses passées.

c) Les femmes se livrent davantage que les hommes
en début de relation.

d) Les hommes ont plus que les femmes des sujets
tabous qu'ils n'abordent pas avec leurs amis.

3. Que signifie l'effet dyadique dans l'ouverture de soi ?

a) Nous nous confions plus facilement aux personnes qui
se confient aussi à nous.

b) Nous nous confions plus facilement à de petits
groupes qu'à de grands groupes et, mieux encore,
à une seule personne à la fois.

c) Nous nous confions plus facilement à des interlocuteurs de même sexe que nous.

d) Nous préférons révéler ce qui nous montre sous
un jour favorable plutôt que ce qui nous dévalorise.

4. L'ouverture de soi présente plusieurs avantages. Parmi
les choix suivants, lequel n'est pas un de ces avantages ?

a) Mieux se connaître.

b) Améliorer sa communication avec les autres.

c) Améliorer sa santé physique.

d) Aucune de ces réponses.

5. Une émotion comporte trois aspects. Laquelle des affirmations suivantes correspond à la composante cognitive
de l'expérience émotionnelle ?

a) Elle correspond à l'ensemble des malaises internes
(les palpitations, le trac, la boule dans la gorge)
qui nous révèlent la présence d'une émotion.

b) Elle correspond à la façon dont nous interprétons
les comportements d'autrui d'après nos propres
comportements.

c) Elle correspond au cadre culturel dont nous nous
servons pour interpréter les émotions d'autrui.

d) Aucune de ces réponses.

6. Lequel des termes suivants n'évoque pas l'une des
huit émotions primaires selon le modèle de Plutchik ?

a) La joie.

b) La colère.

c) La tristesse.

d) L'amour.

7. François est tombé amoureux de Mélanie. Chaque fois
qu'il la voit, il sent son cœur palpiter. Selon la théorie
de James-Lange, quel est l'ordre des événements
qui permet d'expliquer la naissance de l'émotion
que François ressent à l'endroit de Mélanie ?

a) Il voit Mélanie ; son cœur palpite ;
il sait qu'il est amoureux.

b) Il sait qu'il est amoureux ; il voit Mélanie ;
son cœur palpite.

c) Il voit Mélanie ; il sait qu'il est amoureux ;
son cœur palpite.

d) Son cœur palpite ; il sait qu'il est amoureux ;
il voit Mélanie.

8. Lequel des facteurs suivants ne constitue
pas un obstacle à l'expression des émotions ?

a) Des croyances destructrices.

b) Les règles et les coutumes sociales.

c) La peur.

d) La méconnaissance des moyens d'expression
des émotions.

9. Comment nomme-t-on la tendance qu'ont certaines
personnes à ne jamais exprimer la moindre émotion ?

a) Le déni émotionnel.

b) Le syndrome du cow-boy.

c) La peur émotive.

d) La neutralité émotive.

10. Parmi les conseils ci-dessous, l'un ne favorise
pas l'expression efficace des émotions. Lequel ?

a) Il est important de bien comprendre les émotions
ressenties.

b) Il est nécessaire de toujours exprimer ses émotions.

c) Avant de révéler ses émotions, il est important
de choisir le moment et l'endroit opportuns.

d) Il est important de reconnaître les raisons
qui sous-tendent ses émotions.

▶ Plusieurs facteurs influent sur l'ouverture de soi et sur le choix des personnes à qui nous nous confions. Nommez deux de ces facteurs et expliquez en quoi ils modifient l'ouverture de soi.

▶ Avant de s'ouvrir à l'autre, il convient de se poser quelques questions importantes. Quelles sont ces questions ?

▶ Comment les réactions physiologiques que nous observons chez l'autre nous renseignent-elles sur l'émotion qu'il ressent ? Est-ce que la conclusion que nous pouvons en tirer est nécessairement vraie ? Pourquoi ?

▶ Expliquez la théorie de l'identification cognitive de Schachter. En quoi celle-ci est-elle différente des autres théories qui expliquent le déclenchement des émotions ?

▶ On dit que l'expression des émotions obéit à des règles culturelles d'émission des émotions. Qu'est-ce que cela signifie ? Donnez un exemple concret.

MonLab 🗁
La communication
au travail

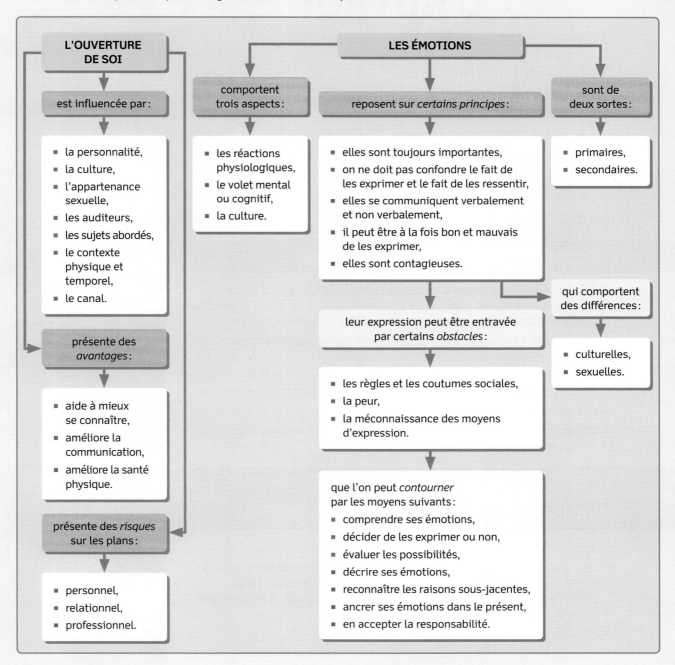

LA PERCEPTION D'AUTRUI

CONTENU DU CHAPITRE

▶ Les étapes de la perception d'autrui
▶ Les principaux facteurs de la perception d'autrui
▶ Parvenir à une plus juste perception d'autrui

PRINCIPALES CONNAISSANCES À ACQUÉRIR

→ Pouvoir expliquer comment le processus de la perception d'autrui s'appuie sur trois mécanismes de traitement de l'information : la sélection, l'organisation et l'interprétation-évaluation des éléments d'information.

→ Reconnaître l'importance des premières impressions dans la perception d'autrui.

→ Expliquer comment les prédictions à l'égard d'autrui, les théories implicites de la personnalité et les stéréotypes influent sur la perception des autres.

→ Comprendre le mécanisme d'attribution.

→ D'une façon générale, comprendre l'importance de la perception d'autrui sur la communication interpersonnelle.

PRINCIPALES HABILETÉS À DÉVELOPPER

→ Apprendre à être critique à l'égard de la perception d'autrui.

→ Remettre en question ses perceptions issues d'impressions premières, celles que ses prédictions sur autrui pourraient provoquer, celles provenant de l'application de ses théories implicites de la personnalité et de ses stéréotypes.

→ Prendre l'habitude de vérifier ses perceptions.

→ Développer une certaine tolérance à l'incertitude que représente autrui.

Le hasard a fait en sorte que Sophie et Martin se retrouvent dans la même classe pour le cours de philosophie. Lorsque Sophie arrive, Martin lui a déjà réservé une place :

— Salut Martin, dit Sophie, comment ça va ? Je suppose que le joueur de hockey que tu es va beaucoup s'amuser dans ce cours de philo ?

— Bien sûr, j'ai beaucoup de plaisir dans les cours de philo ! Les cours de philo sont même ceux que j'aime le plus au collège ; d'ailleurs, c'est dans ces cours que j'obtiens les meilleures notes.

— Pas vrai !?

Sophie paraît très sceptique. Martin, lui, se montre assez offusqué :

— Je réussis très bien les cours de philo. On peut comparer nos notes si tu veux. Je n'ai pas de complexe de ce côté.

Le scepticisme de Sophie se transforme en étonnement.

— Non, ça je sais, tu n'as pas beaucoup de complexes, mais qu'est-ce que tu aimes dans la philosophie ?

— Presque tout ! répond Martin. Particulièrement les questions qui tournent autour du problème de la place qu'on occupe dans l'univers. En ce moment, je me promène avec un livre fantastique qui parle de ça. Est-ce que tu connais Arthur Koestler ?

— Euh, non.

— Extraordinaire. C'est un écrivain-philosophe. Il a écrit des romans très intéressants, comme *Le zéro et l'infini*, en as-tu entendu parler ? Il a écrit surtout des essais. Celui que je lis actuellement, *Les Somnambules*, raconte l'histoire des scientifiques qui ont fait progresser nos idées sur le monde, de la Terre plate jusqu'à notre conception actuelle de l'Univers. On voit comment, progressivement, les idées, très subjectives au départ, sont devenues de plus en plus objectives. C'est très facile à lire.

— Je savais que tu lisais pas mal, mais je ne pensais pas que tu lisais des livres aussi sérieux.

— Voyons, tu le sais bien, répond Martin avec un large sourire, je suis toujours très sérieux.

Sophie se dit en elle-même qu'il existe bien des Martin, et qu'elle ne les connaît pas tous encore.

— Le prof est en retard, dit-elle. Est-ce que tu connais ce prof-là ?

— Il paraît que c'est le plus vieux du département de philo. Un prêtre défroqué.

— Ah ! un autre vieux prof au bord de la retraite. J'en ai eu un l'année dernière ; il a manqué presque toute la moitié de la session. Ils sont fatigués d'enseigner, les vieux ; c'est peut-être pour ça que le prof est en retard. J'espère qu'il ne nous enseignera pas des vieilleries.

À cet instant précis, un homme entre dans la classe. Il est effectivement assez âgé. Sophie note la fatigue sur son visage. Il ne sourit pas. Ses prévisions semblent se confirmer.

— Je vous souhaite la bienvenue au cours de philosophie. Je m'excuse d'être en retard. C'est que, voyez-vous, je reviens du cimetière où nous venons d'enterrer mon vieux père, mon très vieux père.

La classe entière reste figée. Le vieux prof esquisse un léger sourire.

— C'est pour ces moments-là, voyez-vous, que la philosophie existe. Sans la mort, nous ne nous poserions pas tant de questions, nous ne nous demanderions pas pourquoi nous vivons. Jamais autant que maintenant je ne me suis posé cette question. Qu'est-ce que la vie ? Quel est le sens de l'existence ? C'est pour débattre avec vous de cette question que je suis venu vous donner un cours aujourd'hui.

Après avoir marqué volontairement une pause, il regarde les étudiants en plissant un peu les yeux :

— Ce n'est pas parce qu'on est vieux qu'on ne s'intéresse plus à rien. Moi, qui viens de quitter la mort, je m'intéresse toujours aux choses passionnantes de la vie. C'est un peu de cela dont nous allons parler durant ce cours. Je n'ai pas l'intention d'être déprimé, ni d'être déprimant…

Sophie regarde Martin, qui semble captivé. Comment avait-elle pu se tromper à ce point ? Le visage fatigué du vieux prof blasé s'était soudain transformé en celui d'un philosophe passionné qui venait de pleurer. En suivant pour la première fois un cours avec Martin, elle venait aussi de découvrir une nouvelle facette de sa personnalité. « Il faut vraiment se méfier des premières impressions, se dit-elle, bonnes ou mauvaises. »

La première impression que produit sur nous une autre personne peut se révéler trompeuse. Les idées que Sophie se faisait de Martin et de ce vieux professeur de philosophie s'appuyaient sur les renseignements qu'elle avait reçus jusque-là, sur l'expérience qu'elle avait vécue. C'est tout à l'honneur de Sophie que de se rendre compte de l'inexactitude de ses jugements. Il nous faut savoir remettre en question nos idées premières sur les autres, sinon nous risquons de perdre contact avec la réalité.

Ce chapitre porte justement sur la perception d'autrui, ses étapes et ses principes, ainsi que sur les techniques qui permettent de corriger les erreurs et les illusions auxquelles elle peut mener.

LES ÉTAPES DE LA PERCEPTION D'AUTRUI

La **perception** est le processus par lequel nous recevons, organisons et interprétons les nombreux stimuli qui atteignent nos sens. La **perception d'autrui** (ou perception sociale) est le processus par lequel nous recevons, organisons et interprétons l'information sur les autres ainsi que leurs messages.

La perception est un phénomène complexe. Il n'existe pas de correspondance parfaite entre les messages émis par les autres et ceux qui atteignent notre cerveau. La perception se déroule en trois étapes qui se succèdent tout en se chevauchant : la sélection des éléments d'information, l'organisation et l'interprétation-évaluation (voir la figure 8.1).

PERCEPTION
Processus par lequel nous recevons, organisons et interprétons les nombreux stimuli qui atteignent nos sens.

PERCEPTION D'AUTRUI
Processus par lequel nous recevons, organisons et interprétons l'information sur les autres ainsi que leurs messages.

Figure 8.1 Le processus de perception

Ce diagramme illustre les trois étapes du processus de perception, qui va du général au particulier, et montre que ces étapes se chevauchent.

La sélection des éléments d'information

Au cours de la première étape du processus de perception, nous recevons le stimulus : un de nos cinq sens au moins y réagit. Nous *entendons* une nouvelle chanson de Richard Desjardins. Nous *voyons* un ancien camarade du secondaire. Nous *sentons* le parfum de notre voisin dans l'autobus. Nous *goûtons* la glace au chocolat. Nous *touchons* les paumes moites d'un collègue de travail en lui serrant la main. En d'autres mots, nous recevons l'information par nos sens.

Il est évident que nous ne percevons pas en totalité ce qui se passe autour de nous : nous en avons une **perception sélective**. Mais quels facteurs orientent notre attention ? Tout d'abord, des facteurs internes – expériences passées, croyances, motivations et émotions – joueront évidemment un rôle primordial. Pourquoi notre attention se dirige-t-elle ici et là, si ce n'est pour effectuer un choix en s'accrochant aux parties de la réalité les plus significatives pour nous ? De la même façon, nous sommes plus attentifs aux stimuli qui nous concernent directement. Par exemple, si vous rêvassez en classe, vous n'entendez pas le professeur parler, à moins qu'il ne s'adresse directement à vous. C'est à ce moment-là seulement que vous revenez à la réalité. Vous savez que le professeur a prononcé votre nom, mais vous ne savez pas pourquoi. Voilà qui illustre bien le principe selon lequel nous ne percevons que ce qui est significatif pour nous. Parmi tous les stimuli qui bombardent nos sens, nous ne choisissons et ne retenons que ceux qui répondent à nos besoins immédiats.

PERCEPTION SÉLECTIVE
Focalisation de l'attention sur certains aspects de l'information et blocage des autres éléments d'information.

Mais ce ne sont pas seulement des facteurs internes qui vont faire glisser notre attention sélective sur un aspect ou l'autre de la réalité. Tous les publicitaires le savent bien : un certain nombre de facteurs externes viennent également guider les déplacements de l'attention. L'*intensité* : plus un son est intense, plus il aura de chances d'attirer l'attention. Ce n'est pas sans raison que les messages publicitaires à la radio et à la télévision sont diffusés au maximum de l'intensité sonore permise par la loi. La *taille* : plus le stimulus est grand, plus il attire l'attention (p. ex., une publicité qui couvre une page entière dans un journal). Le *contraste* : tout changement marqué dans notre environnement attire l'attention. Dans un journal, une toute petite publicité se trouvant au centre d'une page blanche attire l'attention parce que c'est inusité.

Le mot «contraste» que vous venez de lire en italique attire donc plus facilement l'attention. La *répétition*: un stimulus répété souvent s'impose à l'attention; c'est pourquoi la publicité nous harcèle en répétant plusieurs fois le même message. Le *mouvement*: une réaction involontaire nous pousse à suivre des yeux les objets qui se meuvent dans notre champ visuel; c'est pourquoi les publicitaires utilisent le mouvement dans certains panneaux-réclames pour attirer l'attention.

Ainsi donc, nous ne percevons qu'une infime partie de ce que nous pourrions percevoir. Tout comme il existe des limites à la distance à l'intérieur de laquelle nous pouvons voir, il existe également des limites au nombre de stimuli que nous sommes capables d'enregistrer à un moment donné.

L'organisation

Au cours de la deuxième étape du processus de perception, nous organisons les stimuli selon certains principes. L'un des principes d'organisation les plus fréquents est celui de la *proximité*. Nous percevons les choses qui sont physiquement proches les unes des autres comme un tout. Par exemple, nous percevons comme un tout les personnes qui sont souvent ensemble ou les messages émis l'un après l'autre. Nous supposons aussi qu'il y a un lien entre les signaux verbaux et non verbaux émis à peu près au même moment et que ceux-ci forment un tout (c'est ce qu'on appelle le principe de *temporalité*).

La *similarité* est un autre principe d'organisation. Nous considérons que les choses qui se ressemblent – par leur couleur, leurs dimensions ou leur forme, par exemple – «vont ensemble». Ce principe de similarité nous amène à considérer que les gens qui s'habillent à peu près de la même manière vont ensemble, que ceux qui occupent les mêmes emplois, qui fréquentent les mêmes endroits ou qui vivent dans le même immeuble font en quelque sorte partie de la même catégorie.

Nous appliquons le principe du *contraste* quand il nous semble que certains éléments (personnes ou messages) ne vont pas ensemble – qu'ils sont trop différents l'un de l'autre pour faire partie du même ensemble perceptuel. Ainsi, en écoutant une conversation ou un discours, nous tournerons notre attention sur les changements d'intensité ou de débit des voix, puisque ceux-ci contrastent avec le reste du message.

Enfin, nous appliquons le principe de *clôture* (ou *fermeture*): nous percevons un message incomplet comme une structure achevée. Par exemple, si nous voyons quelqu'un gesticuler rageusement et que nous n'entendons pas distinctement ce qu'il dit, nous en déduisons que ses mots aussi expriment de la colère; nous pouvons même lui prêter des propos – «remplir les blancs» – en fonction des quelques mots que nous avons entendus.

Il faut toutefois savoir que, organisés selon ces principes, les éléments d'information perçus ne sont pas nécessairement vrais. Nous devrions donc les considérer comme des hypothèses ou des possibilités à explorer, et non comme des conclusions.

POUR S'AMÉLIORER

Il importe de prendre conscience que notre état physiologique et psychologique influe sur ce que nos sens saisissent et sur la signification que nous attribuons à nos perceptions. Une assiette d'huîtres crues peut nous écœurer si nous avons mal à l'estomac, mais nous mettre l'eau à la bouche si nous avons faim. Il en va de même sur le plan psychologique. Nos préjugés et stéréotypes influent sur notre perception des autres; ainsi, il nous arrive de voir seulement le côté positif des gens que nous aimons et seulement le côté négatif de ceux que nous n'aimons pas.

Encadré 8.1 Organiser pour lire

«Sleon une édtue de l'Uvinertisé de Cmabrigde, l'odrre des ltteers dans un mto n'a pas d'ipmrotncae, la suele coshe ipmrotnate est que la pmeirère et la drenèire soit à la bnnoe pclae. Le rsete peut êrte dans un dsérorde ttoal et vuos puoevz tujoruos lrie snas porlbème. C'est prace que le creaveu hmauin ne lit pas chuaqe ltetre elle-mmêe, mias le mot cmome un tuot».

Dans ce texte, les lettres à l'intérieur des mots sont en désordre sauf la première et la dernière. Il est surprenant de constater avec quelle aisance nous réussissons tout de même à le lire, ce qui indique que nous ne prêtons pas véritablement attention à chacune des lettres, mais que nous utilisons seulement quelques indices (ou lettres) pour tirer rapidement des conclusions plausibles dans le contexte.

L'interprétation-évaluation

La troisième étape du processus de perception est celle de l'interprétation-évaluation, termes que nous relions ici par un trait d'union pour souligner qu'ils sont reliés entre eux. Cette étape est hautement subjective.

La perception d'autrui implique nécessairement une activité d'interprétation et d'évaluation des comportements d'autrui. La perception n'est pas purement descriptive, nous ne sommes pas de simples collectionneurs de faits. Comme nous l'avons vu au premier chapitre, le mécanisme de décodage des éléments d'information transmis par autrui est influencé par nos idées, nos motivations, nos sentiments, nos expériences passées et le contexte culturel dans lequel s'effectue l'observation.

Songeons seulement à ce que serait une perception purement descriptive. Imaginez la situation suivante : vous êtes dans le métro, vous remarquez deux personnes assises en face de vous, en train de s'embrasser. Si la perception ne devait se limiter qu'aux comportements observables, vous pourriez faire le compte rendu du baiser de la manière suivante : « La personne A avance et appuie sa lèvre supérieure sur la lèvre inférieure de la personne B, relève la tête pour que ses deux lèvres puissent toucher les deux lèvres de la personne B. Au bout d'une seconde, la personne A pivote la tête vers la gauche pour que ses lèvres soient perpendiculaires à celles de B, etc. »

La perception d'autrui est un processus qui nous mène à comprendre ce qui se passe et, pour ce faire, à interpréter ce que nous voyons. C'est ce que nous faisons si nous pensons alors que ces deux personnes « s'aiment tendrement ». Un autre passager, regardant aussi le couple qui s'embrasse, pourrait de son côté conclure que ces deux jeunes connaissent en plus des difficultés familiales. Pourquoi ? « Quand j'étais jeune, dirait-il, je n'étais jamais tranquille chez moi. Il n'était pas question d'amener mon amie à la maison. Nous nous embrassions n'importe où ailleurs. » Plus loin, un autre témoin pourrait noter qu'il doit s'agir de jeunes qui sont pauvres ! Ici, la déduction va ainsi : « Ils s'embrassent en public, ils sont mal élevés, les pauvres sont mal élevés, donc ils doivent être pauvres ! » Il faut se méfier des déductions qui s'effectuent sur des prémisses personnelles et incertaines.

Quels signaux recherchez-vous pour juger les gens après une première rencontre ?

S'embrasser en public, est-ce mal élevé ? Il s'agit d'une opinion. Les riches et les gens de classe moyenne sont-ils tous bien élevés ? Dans certains cas, les prémisses qui conduisent aux déductions sont de véritables préjugés.

La perception d'autrui est très différente d'une personne à l'autre. Même si nous recevons tous le même stimulus, chacun de nous l'interprète à sa manière. Il existe un nombre considérable d'exemples de désaccords possibles basés sur la simple perception. En écoutant la musique d'un groupe rock populaire, Richard, qui joue du violon, trouvera peut-être qu'il s'agit là d'un terrible vacarme, tandis qu'Alex considérera que c'est de la très bonne musique. Une personne qui a les mains moites sera perçue par l'un comme étant nerveuse, par l'autre comme étant enthousiaste.

MINITEST 8.1

Avez-vous une juste perception d'autrui ?

Répondez par vrai ou faux, selon que l'énoncé décrit ou ne décrit pas votre comportement habituel. N'essayez pas de donner la réponse que vous croyez être la bonne. Contentez-vous d'être honnête !

1 Je me fais généralement une idée des gens quelques minutes après avoir fait leur connaissance. _____

2 Je complète moi-même l'information sur les gens d'après ce que je sais d'eux. _____

3 Je fais, sur le comportement des gens, des prédictions qui s'avèrent généralement justes. _____

4 J'ai des idées bien précises sur les gens de différentes nationalités, races ou religions. _____

5 J'attribue généralement les attitudes et comportements d'une personne à sa caractéristique physique ou psychologique la plus évidente. _____

6 J'évite de supposer ce qui se passe dans la tête de quelqu'un d'autre d'après son comportement. _____

7 Je prête une attention particulière aux comportements des gens qui peuvent contredire les premières impressions que j'ai sur eux. _____

8 Après avoir observé les gens, je formule des hypothèses (que je suis prêt à réviser) plutôt que des conclusions bien arrêtées. _____

9 Je réserve mon jugement sur les gens jusqu'à ce que je les connaisse mieux et les voie dans différentes situations. _____

10 Après avoir formulé une première impression, je la vérifie en posant des questions à la personne, par exemple, ou en recueillant plus de renseignements sur elle. _____

Ce test avait pour objectif de vous amener à vous interroger sur vos modes de perception (et non de vous juger...). En lisant ce qui suit et la fin du chapitre, demandez-vous comment les concepts et principes dont nous discutons ici s'appliquent à vos propres modes de perception et comment vous pourriez en arriver à une perception plus juste d'autrui. Les cinq premières questions portent sur la tendance à percevoir autrui en fonction 1) des premières impressions, 2) des théories implicites de la personnalité, 3) des prédictions qui se vérifient d'elles-mêmes, 4) des stéréotypes et 5) de l'attribution – phénomènes dont nous traitons dans la section sur les facteurs de la perception sociale. Idéalement, vous auriez dû répondre FAUX à ces cinq questions.

Les questions 6 à 10 comportent, en filigrane, des conseils pour améliorer la perception d'autrui : 6) éviter de lire dans les pensées des autres, 7) être attentif aux signaux contradictoires, 8) formuler des hypothèses plutôt que des conclusions, 9) attendre d'être mieux informé avant de tirer des conclusions et 10) vérifier ses propres perceptions – conseils dont nous traitons

Nous vous invitons ici, d'une part, à vous interroger sur votre perception de vous-même et sur la perception que vous pensez que les autres ont de vous et, d'autre part, à expliquer les différences entre ces deux perceptions. Dans certains cas et pour certaines personnes, elles seront identiques; mais dans la plupart des cas et pour la plupart des gens, elles différeront.

Vous trouverez ci-après neuf listes de mots appartenant aux catégories suivantes: animaux, oiseaux, couleurs, moyens de communication, chiens, boissons, musiques, moyens de transport et sports. Lisez attentivement chaque liste et essayez de dépasser les caractéristiques purement physiques des objets ou des éléments pour en saisir la « personnalité », la « signification psychologique ».

1. Dans chacune des neuf listes, choisissez l'élément qui vous représente le mieux tel que vous vous percevez vous-même – c'est-à-dire tel que vous percevez, non votre moi physique, mais votre moi psychologique et philosophique. À côté de cet élément, écrivez MM (moi pour moi).

2. Puis, dans chacune des neuf listes, choisissez l'élément qui vous représente le mieux tel que vous croyez que les autres vous perçoivent – « les autres » étant des personnes que vous connaissez et à qui vous parlez assez souvent, mais qui ne sont pas des amis intimes – vos camarades de classe, par exemple. À côté de cet élément, écrivez MA (moi pour les autres).

Animaux		Oiseaux		Couleurs	
ours	lion	poule	perroquet	noir	brun
chevreuil	singe	aigle	cygne	bleu	rouge
dinosaure	lapin	autruche	dinde	gris	blanc
renard	tortue	hibou	vautour	rose	jaune
Moyens de communication		**Chiens**		**Boissons**	
livre	radio	boxer	bâtard	bière	jus de
courrier	livraison	doberman	bull-terrier	champagne	pruneau
électronique	spéciale	lévrier	caniche	chocolat	scotch
téléphone	film	husky	saint-bernard	chaud	eau
télévision	lettre			lait	vin
Sports		**Moyens de transport**		**Musiques**	
course	échecs	bicyclette	motocyclette	country	rock
automobile	patinage	camion	Rolls-Royce	folk	rhythm
baseball	artistique	carriole	roulotte	jazz	& blues
boxe	tennis	jet	yacht	opéra	pop
tauromachie	lutte			rap	

Une fois que les deux parties de l'exercice sont terminées, analysez les différences entre vos réponses, soit seul, soit en groupe de 5 ou 6, afin de mieux comprendre comment votre perception de vous-même se compare à la perception que les autres ont de vous. Demandez-vous pourquoi vous avez choisi tel ou tel élément et, plus précisément, ce que chacun de ces éléments signifie pour vous à ce moment précis. Si vous en discutez en groupe, demandez aux autres pourquoi ils vous perçoivent de telle ou telle manière; écoutez-les bien aussi s'ils vous expliquent pourquoi ils pensent que vous avez choisi ces éléments plutôt que d'autres. Vous pouvez également aborder l'une ou l'ensemble des questions suivantes:

• Votre perception de vous-même (MM) est-elle très différente de la perception que vous pensez que les autres ont de vous (MA)? Pourquoi? Laquelle des perceptions est la plus positive? Pourquoi?

• La façon dont vous pensez que les autres vous perçoivent est-elle juste? En d'autres mots, les membres du groupe vous voient-ils comme vous pensez qu'ils vous voient? Sinon, pourquoi?

• Seriez-vous prêt à montrer vos réponses à votre meilleur ami du même sexe que vous? À votre meilleur ami du sexe opposé? À vos parents? À vos enfants?

LES PRINCIPAUX FACTEURS DE LA PERCEPTION D'AUTRUI

Cinq processus jouent un rôle dans la perception d'autrui (Cook, 1984 ; Fiske et Taylor, 1984 ; Kleinke, 1986). Ils conditionnent les jugements que nous portons sur les autres et la justesse de ces jugements. Ces cinq processus sont : les premières impressions, les théories implicites de la personnalité, les prophéties qui s'autoréalisent, les stéréotypes et l'attribution.

L'importance des premières impressions

Lorsque Martin et Sophie se rencontrent dans un corridor (voir le chapitre 2), ils se font très rapidement une opinion l'un de l'autre. Ce jugement spontané constitue un phénomène courant. Chaque fois que nous rencontrons une personne pour la première fois, il ne nous faut que très peu de temps pour nous former une opinion sur elle, que nous le voulions ou non. Ce processus est propre à la formation des premières impressions.

Dans les années 1940, Solomon E. Asch a voulu étudier le mécanisme de formation des impressions. Il a notamment établi l'importance de l'ordre des éléments d'information dans la formation des impressions. Il remettait à un groupe de sujets une liste de qualificatifs décrivant un homme fictif. La moitié du groupe recevait la liste suivante : « intelligent, consciencieux, impulsif, esprit critique, entêté et envieux ». L'autre moitié recevait la même liste, à cette différence que les traits de personnalité étaient présentés dans l'ordre inverse : « envieux, entêté, esprit critique, impulsif, consciencieux et intelligent ». Les sujets des deux groupes devaient ensuite rédiger une brève description de l'inconnu tel qu'ils se l'imaginaient. Voici deux descriptions qui illustrent bien l'influence des premiers éléments d'information reçus. Un des sujets qui a reçu la liste dont le premier mot était « intelligent » a écrit : « Cet homme est intelligent et sait utiliser son intelligence à bon escient. Peut-être est-il entêté et impulsif parce qu'il est sûr de lui et ne se laisse pas facilement gagner aux opinions qu'il ne partage pas. » Par contre, un sujet qui avait reçu la liste commençant par le mot « envieux » a écrit : « Cet homme, bien qu'il soit intelligent et consciencieux, est miné par la jalousie et l'entêtement. Dominé par ses émotions, il ne peut réussir à cause de sa faiblesse et de ses défauts qui étouffent ses qualités[1]. » Manifestement, le premier mot de la liste a déterminé l'attitude des sujets à l'égard de l'inconnu fictif. Les deuxième, troisième et quatrième mots n'ont fait que renforcer les premières impressions.

Comment décririez-vous la première impression que les gens ont de vous ? Quels signaux particuliers émettez-vous pour créer cette impression ?

> Vous n'aurez jamais une deuxième chance de faire une bonne première impression.
>
> – David Swanson

Les premières impressions sont inévitables : elles agissent comme une sorte de filtre à travers lequel passent les impressions qui leur succèdent. Par exemple, si le nouvel entraîneur de votre équipe sportive vous paraît nerveux le premier jour de son arrivée, vous garderez probablement de lui l'image d'une personne nerveuse. En même temps, vous empêcherez les données qui contredisent vos premières impressions de vous atteindre. Au bout d'une semaine, l'entraîneur sera peut-être beaucoup plus calme, mais vous ne le remarquerez sans doute pas parce

---

1. Ces descriptions sont citées dans Trotter et McConnel (1980), p. 548.

que vous aurez continué de vous fier à votre première impression, qui vous le représentait comme une personne nerveuse, mal à l'aise. C'est pourquoi il faut se méfier de nos premières impressions.

Les théories implicites de la personnalité

Chacun d'entre nous possède un ensemble implicite de règles qui le poussent à associer certaines caractéristiques. Lisez les énoncés suivants et notez laquelle des deux caractéristiques indiquées entre parenthèses semble le mieux compléter la phrase.

- Mario est énergique, passionné et (intelligent, stupide).
- Jean est brillant, dynamique et (mince, gras).
- Pierre est beau, grand et (flasque, musclé).
- Nadine est jolie, intelligente et (aimable, détestable).
- Annie est intrépide, rebelle et (extravertie, introvertie).
- Midori est enjouée, positive et (attirante, peu attirante).

Les mots que vous avez choisis importent peu. Il n'existe pas de bonnes ni de mauvaises réponses. Cependant, certains mots vous ont paru probablement corrects, d'autres pas. Pourquoi ? Sans doute à cause de votre **théorie implicite de la personnalité** – du système de règles qui prescrivent, pour vous, les caractéristiques à associer. Votre théorie vous dit peut-être qu'une personne énergique et passionnée est également intelligente plutôt que stupide. Bien sûr, aucune explication logique n'est rattachée à cela ; une personne stupide peut tout aussi bien être énergique et passionnée.

THÉORIE IMPLICITE DE LA PERSONNALITÉ
Ensemble des hypothèses que nous avons quant à la façon dont les caractéristiques des personnes se regroupent (p. ex., présumer que les personnes obèses sont joviales).

Nous pouvons faire un lien entre les théories implicites de la personnalité et les schémas cognitifs décrits au chapitre 5. Rappelons que les informations que nous avons sur nous-mêmes sont organisées à l'aide de schémas cognitifs. Il en va de même quant à l'information portant sur les autres : il s'agit alors de « schémas sur les personnes ». Selon Pelletier et Vallerand (1994), il en existe deux types. Le premier concerne des individus en particulier. Pour chaque personne que nous connaissons, nous avons un schéma qui organise ce que nous savons et ressentons à son égard. Le second type est plus général et contient les informations sur des catégories d'individus (p. ex., une personne ambitieuse, un vendeur d'automobiles usagées, un joueur de hockey, etc.). Ces schémas sont aussi appelés **prototypes**. Ceux-ci sont formés à partir de notre expérience avec les autres et ils servent à les catégoriser et à mieux retenir l'information pertinente. Combinés les uns aux autres, les schémas sur les

PROTOTYPE
Schéma des caractéristiques partagées par diverses catégories de personnes.

08:45 AM

< > EN LIGNE

Améliorer son profil avec ses amis

Le nombre d'amis, leurs caractéristiques et les commentaires qu'ils laissent sur le mur d'un utilisateur influent sur la façon dont celui-ci sera perçu (Walther et coll., 2009). Il existe un lien entre le nombre d'amis d'un membre de Facebook, son attrait et la perception de son degré de sociabilité et d'extraversion. Cette corrélation demeure positive jusqu'à 300 amis et décline ensuite, peut-être parce qu'une trop grande abondance d'amis diminue la crédibilité (Tong et coll., 2008). Une autre recherche a montré que l'attrait des personnes qui laissent des messages sur le mur d'un membre a un effet sur l'impression qu'on se fait de ce membre. Les personnes dont les murs contiennent des messages laissés par des gens attirants sont jugées plus attrayantes, toutes choses égales par ailleurs (Walther et coll., 2008). Peut-être est-ce à cause de ce phénomène que les utilisateurs de Facebook, hommes ou femmes, sont plus disposés à devenir amis avec des utilisateurs qui ont des photos attrayantes (Wang et coll., 2010) et moins portés à dissimuler leurs amis attrayants, même quand ils ont affiché des messages négatifs (Peña et Brody, 2011). Prises ensemble, ces études démontrent que les caractéristiques des amis contribuent d'une façon indirecte à la perception de son identité en ligne (Tong et coll., 2008).

Si vous avez une page Facebook, êtes-vous préoccupé par le nombre de vos amis et par leur apparence ?

POUR S'AMÉLIORER

Se méfier des auréoles

Quand nous percevons plusieurs grandes qualités chez une personne, nous avons parfois tendance à l'entourer d'une auréole, à la parer de toutes les vertus. Mais le contraire est également vrai : si nous savons qu'une personne a plusieurs défauts, nous sommes enclins à lui en attribuer d'autres, à la noircir davantage. Ces deux phénomènes, par lesquels nous prêtons aux gens des qualités ou des défauts qu'ils ne possèdent pas, faussent notre perception. Méfiez-vous de votre tendance à auréoler ou à noircir les autres.

Les théories implicites de la personnalité se manifestent dès les premiers moments d'une rencontre. Dans ce cas précis, nous faisons usage de nos schémas cognitifs ou de nos prototypes pour essayer de comprendre les autres. Il ne peut en être autrement. Il est impossible de traiter chaque nouvelle personne rencontrée comme si elle était unique. À ce moment-là, nos prototypes de la personnalité nous servent, et ce, de façon provisoire, en attendant que d'autres renseignements et expériences viennent possiblement modifier l'image préjugée. L'erreur que nous pouvons commettre consiste à croire que l'application de ces théories implicites est infaillible et, en conséquence, à ne plus s'ouvrir à de nouvelles informations.

Les théories implicites de la personnalité varient d'une culture à une autre, d'un groupe à un autre et même d'un individu à un autre. Par exemple, le mot chinois *shi gu* désigne une personne attachée aux biens de ce monde, qui a l'esprit de famille, qui se sent à l'aise en société et qui est d'une nature plutôt réservée (Aronson, Wilson et Akert, 1994, p. 190). Or, il n'existe pas de mot équivalent en français, pas plus qu'il n'existe, en chinois, de mot équivalent pour décrire quelqu'un qui a un *tempérament d'artiste*. Ainsi, même si les personnes de langue française et de langue chinoise peuvent facilement utiliser des concepts précis – le mot *sociable* dans le premier cas et le mot *créatif* dans le second –, chaque langue crée ses propres catégories générales. Un Chinois associe plus facilement qu'un Québécois francophone les qualités qui composent le *shi gu* ; car ces qualités font partie d'une théorie implicite de la personnalité pour un plus grand nombre de Chinois que de Québécois.

La perception de l'auteur d'un message

Une étude (Lewandowski et Harrington, 2006) a examiné l'effet de l'usage du langage texto (qui contient des abréviations phonétiques et des acronymes) sur la perception des auteurs de ces messages. Les sujets étaient des collégiens qui devaient jouer le rôle d'un professeur. On leur demandait de lire le courriel d'un étudiant et d'évaluer ensuite la dissertation de philosophie de ce dernier, en l'aidant sur certains aspects de l'essai et, enfin, de donner leurs impressions sur l'étudiant. La nature du courrier électronique de l'étudiant a été manipulée de manière à ce que, dans l'une des conditions expérimentales, le courriel soit rédigé avec des abréviations phonétiques et des acronymes (p. ex., jSpR ktu va bi1) alors que, dans la seconde condition, le courriel était rédigé en respectant une grammaire correcte (p. ex., J'espère que tu vas bien ?). Les résultats montrent que les sujets ayant utilisé le langage texto étaient perçus moins favorablement sur plusieurs aspects de leur personnalité. Ils étaient perçus comme ayant fait moins d'efforts dans leur travail, plus dépendants, moins intelligents, moins motivés, moins responsables et moins studieux que ceux qui avaient rédigé le courriel avec une grammaire correcte. Une autre recherche plus récente (McLean et coll., 2012) confirme ces résultats. Les auteurs de messages utilisant le langage texto sont perçus comme moins compétents et moins intelligents, comme ayant un niveau plus bas d'éducation, ils apparaissent moins polis et sérieux, moins fiables, superficiels et immatures. Ces résultats suggèrent que des styles de communication différents appliqués à un courriel peuvent créer des biais perceptuels qui influent sur les perceptions qu'on se fait de l'auteur.

Utilisez-vous en toute circonstance le langage texto ? Dans quels cas, pensez-vous, vaudrait-il mieux ne pas l'utiliser ?

Certaines personnes sont convaincues que leurs perceptions d'autrui sont toujours très bonnes ; certaines vont même plus loin et se prétendent pourvues d'un «don» pour la connaissance d'autrui. Comprenons bien ceci : personne n'a de don particulier à cet égard. La connaissance des autres ne résulte pas d'une activité magique ou mystique. Au stade de la perception, l'utilisation de notre théorie implicite de la personnalité (grâce à laquelle nous associons spontanément certaines caractéristiques, rappelons-le) peut nous conduire à des conclusions assez inexactes. Une personne énergique et passionnée peut être également stupide, tout comme une personne intrépide et rebelle peut être timide. Une personne dite «bonne vivante» (parce qu'elle est bien en chair ?) n'a pas toujours le sourire aux lèvres, il lui arrive d'être triste, malheureuse et d'avoir le cafard. Les personnes calmes et froides perdent parfois la tête. Il faut absolument prendre conscience de la relativité des choses pour arriver à connaître enfin chaque personne telle qu'elle est, et non telle que notre théorie nous dit qu'elle devrait être.

Les prophéties qui s'autoréalisent

Nous entendons constamment des prédictions, des «prophéties», sur ce que l'avenir nous réserve : le cours des actions va monter, celui des obligations va baisser; le nombre d'emplois dans les domaines de la technologie et des communications va augmenter; l'équité salariale entre les emplois occupés majoritairement par les hommes ou les femmes ne va plus tarder! Parmi tous ces événements, certains d'entre eux se produisent parce que nous les avons prédits et parce que nous avons agi comme s'ils allaient se produire. On parle alors de **prophéties qui s'autoréalisent**, c'est-à-dire qui s'avèrent exactes parce que nous avons influé, d'une manière ou d'une autre, sur leur réalisation (Rosenthal et Rubin, 1978 ; Dusek, Hall et Neger, 1984). Par exemple, nous donnons à d'autres, subtilement, des indications sur le comportement que nous attendons d'eux, et ils se mettent à adopter ce comportement. Voici comment fonctionne ce phénomène qui a des répercussions sur notre perception d'autrui.

> **PROPHÉTIE QUI S'AUTORÉALISE**
> Tendance, propre aux attentes personnelles, à susciter le comportement confirmant ces attentes.

1. Nous faisons une prédiction ou formulons une croyance à propos d'une personne ou d'une situation (p. ex., nous croyons que François est très belliqueux et nous nous attendons à une réaction agressive de sa part).

2. Nous agissons envers cette personne comme si notre prédiction était fondée (notre attitude pourrait alors être offensive et nous pourrions prendre les devants dans un éventuel combat).

3. Nous tenons pour acquis que notre prédiction est vraie, aussi le devient-elle (parce que nous agissons envers lui de façon agressive, François devient tendu et est lui aussi agressif).

4. Nous observons les effets de notre comportement sur l'autre personne ou sur la situation et ce que nous voyons confirme notre croyance (nous remarquons l'agressivité de François, ce qui confirme notre croyance qu'il est belliqueux).

Quand nous nous attendons à ce que telle personne agisse de telle manière, souvent notre prédiction se confirme, en raison du phénomène d'autoréalisation des prophéties. Par exemple, que se passera-t-il si vous avez rendez-vous avec une inconnue et que vous prévoyez que cette personne sera ennuyeuse? Eh bien, si vous vous ennuyez toute la soirée, ce sera peut-être de votre faute! En effet, vous avez décidé que l'inconnue n'avait rien d'intéressant à dire et vous l'avez peut-être empêchée de parler en parlant constamment vous-même, et vous en avez déduit qu'elle était vraiment ennuyeuse parce qu'elle ne parlait pas. Ainsi, votre comportement a poussé cette personne à agir comme vous l'aviez prédit.

Les prédictions sont inévitables. Le problème risque de survenir quand nous prenons nos prédictions pour des réalités et que, par notre comportement, nous en faisons des réalités. Par exemple, que se passera-t-il si vous prédisez que tel professeur est un très mauvais pédagogue? Vous ne ferez aucun effort de compréhension durant ses cours et vous consacrerez plus d'énergie à évaluer constamment ce qu'il dit. Vous ne prêterez pas entièrement attention à ses propos et ne lui poserez pas de questions

---

Encadré 8.2 **L'effet Pygmalion**

L'effet Pygmalion est une version bien connue de la prédiction qui s'autoréalise. Des chercheurs ont signalé à des enseignants que certains de leurs élèves – dont les noms avaient, en fait, été choisis au hasard – réussiraient exceptionnellement bien. À la fin de la session, ces élèves ont effectivement obtenu de meilleures notes que les autres (Rosenthal et Jacobson, 1968 ; Insel et Jacobson, 1975). Il est probable qu'à cause de leurs attentes, les enseignants ont accordé plus d'attention à ces élèves, ce qui a contribué à améliorer leurs résultats. À la suite d'une recension des écrits sur le sujet, Rosenthal et Rubin (1978) rapportent que l'existence de différentes formes d'attentes chez des enseignants avait provoqué des prophéties qui se sont autoréalisées dans plus de 60 % des études recensées. Une autre recherche a obtenu des résultats similaires dans des contextes différents : des soldats en entraînement et des employés ont obtenu de meilleures évaluations après qu'on eut fourni à leurs superviseurs des informations positives à leur sujet (McNatt, 2001).

parce que, de toute façon, vous êtes convaincu à l'avance de ne rien comprendre à ses explications. Par conséquent, il peut fort bien arriver que vous ne compreniez effectivement rien de la matière qu'il vous enseignera. Et, entre-temps, il aura, lui aussi, fait des prédictions sur vous...

Il est important que nous prenions conscience de nos prédictions et que nous remarquions combien, par notre comportement, nous contribuons à faire en sorte qu'elles se réalisent.

Les stéréotypes

STÉRÉOTYPE
En communication, idée que nous nous faisons d'un groupe et qui influe sur la manière dont nous en percevons un membre particulier.

Nous empruntons fréquemment, dans la perception d'autrui, le raccourci des **stéréotypes**. Nous venons de voir que nos théories implicites de la personnalité s'appuient sur une catégorisation plus ou moins complexe des gens. Ces catégories, ou prototypes, nous servent à interpréter les éléments d'information ambigus que nous recevons d'autrui. Par exemple, le prototype d'une «personne travaillante» peut contenir l'idée qu'elle ne rechigne pas à faire des heures supplémentaires. Mais les «personnes travaillantes» ne forment pas un groupe bien précis dans la société. La notion de «stéréotype» s'appliquera plutôt lorsqu'un schéma sera utilisé pour décrire une catégorie d'individus nettement identifiable dans la société, pour décrire des groupes bien définis de personnes, par exemple les «pompiers», les «femmes» ou les «professeurs de cégep».

À l'origine, le mot «stéréotype» était un terme d'imprimerie qui désignait la planche servant à imprimer plusieurs fois une image. Un stéréotype sociologique ou psychologique, par conséquent, est une image fixe d'un groupe de personnes, une opinion toute faite. Par exemple, «Les femmes sont émotives» ou «Les hommes homosexuels sont efféminés» sont des stéréotypes. Nous pouvons ainsi entretenir des stéréotypes fondés sur la race, la nationalité, la religion, l'orientation sexuelle, la classe socioéconomique, l'âge ou la profession. Le stéréotype est en quelque sorte une croyance à propos d'un groupe de personnes, croyance qui, sans être absolument fausse, a été généralisée démesurément pour s'appliquer de façon simpliste, mais systématique, à tous les membres de ce groupe. Ainsi, les stéréotypes nous amènent à percevoir les autres, non comme des individus uniques, mais comme des individus possédant les caractéristiques du groupe social auquel nous les associons. Si nous voyons un sans-abri, par exemple, nous sommes portés à lui attribuer les caractéristiques figées que nous croyons être celles de tous les sans-abri (p. ex., illettré, sale, sans famille ou rejeté par celle-ci). À défaut d'autre information, nous supposons que tous les sans-abri partagent ces caractéristiques et nous percevons celles-ci chez tous les sans-abri, qu'ils les possèdent ou non. Cela nous empêche de voir la singularité de chacun d'entre eux, ses traits particuliers (p. ex., son militantisme politique ou ses convictions religieuses profondes) si ceux-ci contredisent le stéréotype que nous avons des sans-abri.

Bien sûr, vous faites aussi des prédictions sur vous-même. Comme vous prédisez que vous n'aurez pas de bonnes notes à un examen, vous ne lisez pas les questions attentivement et vous ne faites pas un gros effort pour structurer vos idées ou défendre votre point de vue. Ou bien, comme vous prédisez que les gens ne vous aimeront pas, vous vous méfiez d'eux. Mais vous pouvez aussi faire des prédictions positives sur vous-même, des prédictions qui influeront sur votre comportement. Par exemple, vous pouvez supposer que les autres vous apprécieront, et alors, vous les aborderez avec une attitude positive. De façon générale, comment vos prédictions déterminent-elles la réalisation de vos objectifs personnels et professionnels ?

Nous avons tous recours à des stéréotypes. Ces stéréotypes sont efficaces parce qu'ils nous permettent d'avoir une compréhension première (même illusoire) de la personnalité des autres et parce qu'ils nous aident ainsi à réagir rapidement en leur présence. Le stéréotype du prêtre, par exemple, peut nous en apprendre beaucoup sur les caractéristiques probables d'un prêtre en particulier. Lorsque nous entendons parler d'un prêtre que nous ne connaissons pas encore, nous lui attribuons toutes sortes de traits particuliers. Cette connaissance hypothétique dirigera par la suite nos réactions envers cette personne.

Les stéréotypes sont pour la plupart inoffensifs, mais nous devons nous en servir de façon provisoire et les abandonner au fur et à mesure que se multiplient et s'élargissent nos expériences. Ils ne sont malheureusement pas tous inoffensifs. Certains ont des effets désastreux sur les relations humaines. Ils entraînent évidemment de fausses déductions sur les caractéristiques d'une personne, déductions qui modèlent complètement et de façon biaisée la nature de l'interaction que nous aurons avec elle.

Une étude de Rosenhan (1973) offre un exemple fascinant de méprise sur le comportement d'un individu à cause des stéréotypes. Dans le cadre de cette étude, Rosenhan et sept de ses collègues se sont fait interner en tant que patients dans différents hôpitaux psychiatriques en prétendant entendre des voix. Par contre, une fois qu'ils étaient admis, leur rôle était de se comporter continuellement de façon normale. Rosenhan se demandait combien de temps les membres du personnel mettraient à se rendre compte que toutes ces personnes étaient normales. Après avoir passé entre 7 et 52 jours en hospitalisation psychiatrique, il apparaît que les membres du personnel n'ont jamais cessé de croire que les faux patients en étaient de véritables et qu'ils avaient vraiment besoin de soins. Ils sont ressortis avec un diagnostic de « schizophrénie en rémission » laissant présager que leur maladie pouvait réapparaître !

Même si un certain nombre de chercheurs pensent que cette étude jette des doutes sur les établissements psychiatriques et sur la valeur des diagnostics cliniques, Lindsay et Norman (1980) y voient plutôt l'illustration de la toute-puissance des stéréotypes. Les stéréotypes sont parfois si subtils qu'il nous arrive de ne pas être conscients de leur existence.

Quel stéréotype, s'il en est, votre famille ou vos amis entretiennent-ils sur les personnes qui figurent sur cette photographie ? Quel stéréotype, s'il en est, entretenez-vous ?

Comme les théories implicites de la personnalité dont ils font partie, les stéréotypes nous simplifient la vie. Ils nous rassurent en nous donnant l'illusion de connaître les gens. En matière de connaissance d'autrui, l'utilisation des stéréotypes est synonyme de la loi du moindre effort. Nous devrions pouvoir aller plus loin et remettre en question ces stéréotypes. Certains d'entre nous s'y opposent souvent fortement. Que faisons-nous, par exemple, lorsque nous rencontrons une personne qui ne correspond pas du tout à l'image et aux caractéristiques de notre stéréotype ? Nous devrions alors modifier nos idées, mais, la plupart du temps, nous ne le faisons pas. Différents mécanismes de défense entrent en action pour protéger notre stéréotype. Un premier procédé consistera à écarter les éléments d'information reçus ou à les déformer. Supposons, par exemple, que vous vouliez acheter des billets pour assister à un concert de musique classique et que vous soyez dans la file d'attente. L'homme qui est juste derrière vous arbore une casquette et un blouson en cuir, il porte des jeans délavés et des bottes. Sur son blouson, vous lisez l'emblème de son club de motards. Si vous croyez que les motards sont des délinquants plus ou moins dangereux, vous ne serez certainement pas rassuré. Supposons maintenant qu'il vous adresse la parole, qu'il veuille engager la conversation. Vous cachez alors votre malaise tout en demeurant aux aguets : votre esprit fait une opération de sélection. Vous allez percevoir ses comportements en étant très sensible aux expressions, paroles et gestes qui vont confirmer votre opinion ; en même temps, vous allez négliger tous les autres signes qui contredisent cette opinion. À la rigueur, ces éléments d'information positifs vous apparaîtront probablement comme des manifestations d'hypocrisie et votre idée première sur cette personne restera de toute évidence intacte.

Il existe donc des mécanismes plus ou moins conscients de résistance aux stéréotypes. Supposons maintenant qu'une personne ne puisse vraiment pas être assimilée au stéréotype. Nous pouvons alors utiliser la technique de «l'exception qui confirme la règle». Par exemple, si nous estimons que les Français sont des gens prétentieux, invivables ou pédants (le stéréotype du «maudit Français» pour les Québécois), nous aurons tendance à penser, si nous en rencontrons un qui ne correspond vraiment pas à cette description, qu'il est simplement une «exception». En isolant ainsi le cas, nous pouvons conserver notre stéréotype intact. L'«exception» est souvent surestimée par rapport aux autres personnes du groupe auquel elle devait être associée : par contraste, elle pourra alors apparaître comme «géniale». Par exemple, si une personne raciste (p. ex., une personne qui estime que les Noirs sont dans l'ensemble moins intelligents que les Blancs) rencontre un Noir qui détient un diplôme universitaire (disons un médecin spécialiste), elle croira alors se trouver en présence d'un génie (un Blanc possédant le même diplôme ne serait pas considéré comme tel).

Il faut combattre cette paresse mentale qui nous empêche de remettre en question nos idées stéréotypées. C'est une question d'attitude aussi : il faut savoir douter, apprendre à être sceptiques et vigilants à l'égard de nos jugements. Ne laissons pas

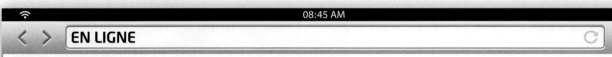

EN LIGNE

Le partage des photos

Sur Facebook, il est possible d'afficher des photos de soi, de ses amis, d'événements, de la famille, d'objets intéressants ou d'animaux, de voyages, de repas pris en bonne compagnie, de concerts, de promenades, etc. Beaucoup de ces photographies sont des autoportraits. Une étude récente (Houghton et coll., 2013) démontre que, à l'exception d'amis proches et de membres de la famille, les autres utilisateurs semblent moins intéressés par ceux qui publient régulièrement des photos d'eux-mêmes sur Facebook. L'effet varie en fonction du type de photos et des différents groupes de personnes qui vont les regarder. Un utilisateur publiant des photos des membres de sa famille peut être perçu positivement par son conjoint ou son amoureux, mais une publication de photos d'événements ou d'amis pourra être perçue négativement.

Dans la vie réelle, nous ne pouvons rencontrer en même temps les différentes catégories de personnes avec lesquelles nous échangeons plus ou moins (conjoint, amis, famille, collègues, connaissances, etc.). Nous adaptons notre façon de nous présenter à nos interlocuteurs selon la situation dans laquelle nous sommes et les personnes en présence (voir le chapitre 6). Sur les sites de réseaux sociaux comme Facebook, qui sont des sites d'échanges

privés et *publics*, l'information soi-disant partagée avec les «amis» pourra être consultée par diverses catégories d'individus. La perception de chacun de ces groupes (famille, collègues, etc.) peut être très différente : positive pour certains, mais négative pour d'autres.

Faites-vous preuve de prudence lorsque vous publiez des photos de vous ou de vos proches sur les sites de réseaux sociaux ? Lorsque vous le faites, avez-vous réfléchi à la façon dont ces photos pourraient être perçues par les autres ?

les stéréotypes brouiller notre perception, nous empêcher de voir en chacun ce qu'il a d'unique. Si nous classons mentalement une personne dans un groupe stéréotypé, nous cessons de la voir comme une personne originale, unique ; nous la voyons plutôt comme l'une « d'elles », et là s'enracine notre erreur. Après tout, si nous nous considérons comme différents des gens de notre race, de notre nationalité, de ceux qui partagent nos croyances religieuses, nous devrions aussi accorder à ces personnes le droit à la différence.

L'attribution

L'**attribution** est le processus par lequel nous cherchons à expliquer les motifs des comportements, autant nos propres comportements que ceux d'autrui. La grande question lorsque nous jugeons des comportements d'une personne est de savoir si celle-ci est responsable ou non de ses actes. Si elle l'est, nous estimons avoir raison de la féliciter de ses bonnes actions et de la blâmer de ses mauvaises. Nous émettons des jugements de ce genre dans bien des situations. Demandez-vous comment vous réagiriez aux déboires de l'un de vos proches, par exemple en apprenant que Dominique a échoué à son examen d'histoire ou que Rosalie s'est fait saisir sa voiture parce qu'elle ne pouvait plus continuer à la payer ?

Vous serez très probablement sympathique à leur cause si vous considérez qu'ils ne sont pas responsables de ce qui leur arrive : si, par exemple, vous estimez que Dominique a raté son examen parce qu'il était vraiment trop difficile ou que Rosalie a perdu son emploi pour des motifs discriminatoires. Par contre, vous ne serez pas sympathique à leur cause et les blâmerez de leurs malheurs si vous considérez qu'ils ont fait exprès de se mettre dans le pétrin : si Dominique s'est amusé au lieu d'étudier, ou si Rosalie a perdu sa paye au jeu.

Les recherches démontrent qu'en général nous en venons à mépriser les gens qui agissent volontairement pour se mettre dans une situation fâcheuse ; par contre, si nous croyons que ces comportements négatifs ne sont pas volontaires, nous les plaignons alors au lieu de les blâmer.

La principale difficulté de l'attribution vient du fait que nous ne pouvons qu'émettre des hypothèses, faire des suppositions au sujet des comportements d'autrui. Peut-on vraiment savoir si Dominique méritait de réussir ou d'échouer à son examen ? Peut-on vraiment savoir si Rosalie méritait de voir son automobile saisie ? L'ignorer ne nous empêche toutefois pas de porter des jugements et d'exprimer une opinion souvent intransigeante. Pour éviter les erreurs d'attribution, il nous faudrait tout d'abord reconnaître cette ignorance, nous rendre compte que nos jugements sont hypothétiques et rechercher plus de renseignements.

> **ATTRIBUTION**
> Processus par lequel nous cherchons à expliquer les motifs d'un comportement donné (celui d'une autre personne ou le nôtre).

> Se voir comme les autres nous voient est un don fort salutaire. Voir les autres comme ils se voient est tout aussi précieux.
>
> – Aldous Huxley

Trois types d'erreurs liées aux attributions

Nous devons éviter trois types d'erreurs que nous commettons souvent lors d'une attribution. La première erreur se manifeste lorsque l'attribution nous concerne ; elle prend appui sur la tendance « naturelle » que nous avons à nous favoriser. Le **biais de complaisance** est la tendance qui consiste à nous attribuer le mérite de nos bonnes actions tout en rejetant la responsabilité des mauvaises (voir la page 129). Ainsi, nous sommes plus portés à attribuer nos échecs ou nos mauvaises actions à des facteurs externes, indépendants de notre volonté, et nos réussites ou nos bonnes actions à des facteurs internes, dispositionnels – notre force, notre intelligence, notre personnalité. Par exemple, si vous obtenez un D à un examen, vous aurez tendance à attribuer cette faible note à la difficulté du texte ou à l'injustice du professeur, mais si vous obtenez un A, vous serez plus porté à attribuer cette bonne note à votre talent ou à

> **BIAIS DE COMPLAISANCE**
> Tendance à se percevoir comme la cause de ses succès, mais à attribuer la cause de ses échecs à des sources externes.

votre travail (Bernstein, Stephan et Davis, 1979). Pour contourner ce préjugé favorable, qui risque de fausser les attributions, interrogez-vous sur l'influence qu'exercent parfois des facteurs tant internes qu'externes sur des comportements positifs et négatifs. Demandez-vous dans quelle mesure vos mauvaises actions ou vos échecs peuvent s'expliquer par des facteurs internes, dispositionnels (et qui dépendent de vous) et dans quelle mesure vos bonnes actions ou vos réussites peuvent s'expliquer par des facteurs externes, situationnels (et indépendants de votre volonté). Se poser la question suffit parfois pour éviter le piège de la complaisance.

ATTRIBUTION EXCESSIVE
Tendance à ne retenir qu'une ou deux caractéristiques d'une personne et à attribuer tous ses actes à ces caractéristiques.

L'**attribution excessive** est la tendance à ne retenir qu'une ou deux caractéristiques d'une personne et à attribuer tous ses actes à ces caractéristiques. Prenons les trois cas de figure suivants : une première personne a eu des parents alcooliques, la deuxième est dépressive et la troisième est issue d'une famille aisée. Nous avons souvent tendance à attribuer tout ce qu'elles font à cette seule caractéristique. Nous dirons alors que Nicole noue difficilement des relations avec quelqu'un parce qu'elle a grandi auprès de parents alcooliques, qu'Alexandre mange trop parce qu'il est dépressif ou que Nadia est irresponsable parce qu'elle n'a jamais eu besoin de travailler pour vivre. Pour empêcher l'attribution excessive, rappelez-vous que la plupart des comportements ou des traits de personnalité tiennent à plusieurs facteurs, et qu'il est généralement erroné de prétendre tout expliquer par un seul. Quand vous jugez un comportement, demandez-vous si d'autres facteurs ont pu avoir une incidence. Existe-t-il d'autres raisons qui expliqueraient les problèmes relationnels de Nicole, la gloutonnerie d'Alexandre ou l'irresponsabilité de Nadia ?

ERREUR FONDAMENTALE D'ATTRIBUTION
Tendance, en observant le comportement d'autrui, à sous-estimer les influences de la situation et à surestimer les influences des dispositions internes.

L'**erreur fondamentale d'attribution** est la tendance à conclure que les gens agissent comme ils le font à cause de leur nature, et non à cause de la situation dans laquelle ils se trouvent. Nous jugerons impolie, irresponsable ou écervelée une personne en retard à un rendez-vous, mais nous n'attribuerons pas son retard à une panne d'autobus ni à un accident de la circulation. Quand nous tombons dans le piège de l'erreur fondamentale d'attribution, nous surévaluons l'influence des facteurs internes et sous-évaluons celle des facteurs externes. Pour éviter cette erreur, demandez-vous si vous n'accordez pas trop d'importance aux facteurs internes. Y a-t-il des facteurs externes qui pourraient expliquer le comportement de l'autre ?

Exercice 8.2 **Changer de point de vue**

Pour parvenir à une bonne compréhension mutuelle, il est essentiel de voir le monde à travers les yeux de l'autre. Pour chacun des quatre comportements suivants, décrivez des circonstances qui mèneraient à une perception positive et des circonstances qui mèneraient à une perception négative. Le premier comportement vous est donné à titre d'exemple.

1. Donner à un mendiant un billet de vingt dollars.
   Perception positive : Élisabeth comprend ce qu'est mendier, car elle a déjà dû le faire pour se nourrir. Maintenant, elle partage ce qu'elle possède avec ceux qui se trouvent dans cette situation.
   Perception négative : Élisabeth est une snob de première classe. Elle a voulu impressionner ses amis, leur montrer qu'elle était tellement riche qu'elle pouvait se permettre de donner vingt dollars à un parfait étranger.

2. Ignorer un sans-abri qui demande de l'argent.

3. Un homme d'âge mûr marche dans la rue avec une adolescente et l'entoure de son bras.

4. Une mère refuse de laisser entrer son fils adolescent dans la maison.

Cet exercice vous a sûrement fait comprendre que, souvent, notre opinion d'autrui est fondée sur les apparences. Le même comportement nous paraît bon ou mauvais selon la situation que nous présumons être celle de la personne que nous jugeons. De toute évidence, pour comprendre le point de vue de l'autre, il nous faut comprendre les raisons qui le poussent à agir de telle ou telle manière et résister à la tentation de les définir nous-mêmes.

Si nous privilégions les attributions internes, c'est davantage pour expliquer le comportement d'autrui que pour expliquer le nôtre. Une étude a démontré que, dans l'évaluation du rendement, les gestionnaires faisaient davantage d'attributions internes en évaluant le rendement de leurs subalternes qu'en évaluant le leur (Martin et Klimoski, 1990). Si nous accordons plus d'importance aux facteurs externes pour expliquer notre comportement que pour expliquer celui d'autrui, c'est notamment parce que nous sommes au fait de la situation dans laquelle nous nous trouvons. Nous savons, par exemple, ce qui se passe dans notre vie amoureuse, nous connaissons l'état de notre situation financière, et nous comprenons donc tout naturellement l'influence de ces facteurs. Mais nous en savons rarement autant sur les autres, et c'est pour cette raison que nous sommes portés à accorder moins d'importance aux facteurs externes en ce qui les concerne.

PARVENIR À UNE PLUS JUSTE PERCEPTION D'AUTRUI

La communication interpersonnelle dépend dans une large mesure de la justesse de notre perception d'autrui. Précisons d'abord qu'à la perception que nous avons des comportements (verbaux et non verbaux) d'une autre personne s'ajoute la perception de ce que nous pensons que cette autre personne ressent ou pense (Laing, Phillipson et Lee, 1966; Littlejohn, 1996). Si nous reprenons l'exemple des deux personnes qui s'embrassent dans le métro, nous constatons qu'il s'agit là d'une perception simple et immédiate d'un comportement. Mais nous pouvons également sentir (ou percevoir) – d'après ce baiser – que ces deux personnes s'aiment tendrement. Notez la différence : nous avons observé le baiser, mais pas l'amour.

L'important, c'est de nous rendre compte que, quand notre perception est fondée sur quelque chose d'observable (ici, le baiser), nous avons de meilleures chances de décrire avec exactitude cette chose observable, et même de l'interpréter ou de l'évaluer. Mais, au fur et à mesure que nous nous éloignons de la simple observation, nos chances d'être exacts s'amenuisent – quand, par exemple, nous essayons de décrire ou d'évaluer l'amour. En général, quand nous tirons des conclusions en fonction de ce que nous pensons que quelqu'un d'autre pense, nous risquons davantage de nous tromper que si nous nous en tenons aux conclusions résultant de notre propre observation.

Nous avons déjà traité des obstacles qui peuvent nuire à chacun des processus perceptuels, notamment le biais de complaisance, l'attribution excessive et l'erreur fondamentale d'attribution. Ajoutons quelques autres conseils.

Être critique à l'égard de ses perceptions

Quand nous prenons conscience de nos perceptions, nous pouvons les soumettre à l'analyse logique et à la réflexion critique. Voici quelques moyens pour y parvenir:

- *Évitez de tirer des conclusions hâtives.* Formulez plutôt des hypothèses, que vous essaierez par la suite de confirmer en recueillant d'autres éléments d'information. Ne tirez pas vos conclusions avant d'avoir eu la possibilité de traiter divers signaux.

- *Évitez de tirer des conclusions en fonction d'un seul indice.* Essayez de trouver plusieurs indices qui vous conduisent à la même conclusion. Plus vous en aurez, plus vous aurez de chances d'en arriver à une conclusion juste. Soyez particulièrement attentif aux signaux ou indices contradictoires, à ceux qui réfutent votre hypothèse initiale. Il est facile de percevoir les signaux qui confirment nos hypothèses, mais il est plus difficile de reconnaître ceux qui les infirment. En même temps, essayez de faire valider vos hypothèses par d'autres personnes. Voient-elles les choses de la même façon que vous? Si tel n'est pas le cas, gardez à l'esprit que votre perception est peut-être déformée.

- *Évitez de lire dans les pensées d'autrui.* N'essayez pas de conclure ce que l'autre pense et ressent de la seule observation de son comportement. Quels que soient le nombre de comportements observés et l'attention avec laquelle vous les observez, vous ne pouvez que deviner ce qui se passe dans la tête de l'autre. Or, les motifs de cette personne demeurent secrets; vous ne pouvez qu'élaborer des hypothèses.

- *Méfiez-vous de vos propres préjugés.* Sachez les reconnaître quand ils exercent une influence indue sur vos évaluations perceptuelles: par exemple, si vous ne percevez que les qualités des gens que vous aimez et que les défauts des gens que vous n'aimez pas.

- *Demandez-vous dans quelle mesure vos besoins et vos désirs influent sur ce que vous voyez ou ne voyez pas.* Voilà un principe qui semble échapper aux protagonistes de la bande dessinée à la page précédente.

Vérifier ses perceptions

Vérifier ses perceptions est un autre moyen de les rendre plus justes et de réduire l'incertitude à l'égard d'autrui. Fondamentalement, la vérification des perceptions s'effectue en quatre étapes: 1) il faut commencer par décrire le plus précisément possible ce que nous percevons dans la situation; 2) nous devons décrire les événements qui ont suscité l'impression que nous avons, en reconnaissant que même la façon dont nous les décrivons n'est pas vraiment objective, et qu'elle est lourdement influencée par ce que nous sommes, par notre état émotionnel, et ainsi de suite; 3) nous pouvons proposer quelques interprétations de ce qui s'est produit, le plus objectivement possible, sans évaluer (nous devrions tenter de trouver plusieurs interprétations possibles et les énoncer sous forme d'hypothèses); 4) nous devrions enfin demander à l'autre de confirmer ces hypothèses. Ne le lui demandons pas sur un ton qui lui donnerait l'impression que nous connaissons déjà sa réponse. Évitons les questions défensives (p. ex., «Tu ne veux vraiment pas sortir, hein? Je l'ai bien compris quand je t'ai vu allumer cette stupide télé!»). Demandons-lui une confirmation de la façon la plus positive possible («Préfères-tu regarder la télé?»).

> Le moineau qui vole derrière le faucon pense que le faucon le fuit.
>
> – Proverbe japonais

Comme l'illustrent les exemples du tableau 8.1, la vérification n'a pas pour objectif de confirmer la perception initiale, mais d'aider à en savoir davantage sur ce que l'autre pense et ressent. Cette technique fort simple réduit les risques d'erreurs d'interprétation.

Réduire l'incertitude

Toutes les interactions interpersonnelles comprennent une part d'incertitude et d'ambiguïté. Par exemple, lorsque nous nous trouvons dans des contextes nouveaux

Tableau 8.1 — Deux exemples de vérification des perceptions

Étapes de la vérification	Premier exemple : dans un couple	Deuxième exemple : au travail
1 Énoncé de la perception	On dirait que tu ne m'aimes plus.	Je sens que vous n'avez plus confiance en moi.
2 Description détaillée des comportements	Je t'ai appelé trois fois au cours de la dernière semaine et tu ne m'as jamais rappelée.	Vous déclarez que je fais du bon travail, mais vous m'avez confié deux fois moins de dossiers qu'aux autres adjoints à l'édition.
3a Interprétation plausible de la situation (1)	Je sais que c'est la semaine des examens, peut-être as-tu beaucoup de travail ?	Peut-être que vous trouvez que je ne travaille pas assez vite ?
3b Interprétation plausible de la situation (2)	Est-ce que Denis t'a bien transmis les messages que je t'ai laissés ?	Peut-être que vous pensez que je suis présentement trop débordé pour travailler sur de nouveaux dossiers ?
3c Autres		
4 Demande d'éclaircissements	Est-ce que tu veux qu'on continue à sortir ensemble ?	Êtes-vous satisfait de mon travail ? Y a-t-il quelque chose que je puisse faire pour améliorer mon rendement ?

ou avec des gens provenant d'autres cultures, la part d'incertitude est plus grande que dans les situations courantes où nous interagissons avec des gens qui nous sont familiers (Berger et Bradac, 1982 ; Gudykunst, 1995).

Les façons de ressentir l'incertitude varient énormément d'une culture à l'autre. Dans certaines cultures, les gens font peu d'efforts pour échapper à l'incertitude et réagissent envers elle de façon plutôt insouciante. Pour eux, l'incertitude est un phénomène normal, qui fait partie de leur vie. Ils ne se sentent pas menacés par l'inconnu. Dans d'autres cultures, toutefois, les gens essaient de tout prévoir et deviennent anxieux s'ils ne savent pas ce qui leur arrivera plus tard ; pour eux, l'incertitude est une menace qu'il faut neutraliser (Hofstede, 1997 ; Lustig et Koester, 1999).

Diverses stratégies peuvent nous aider à réduire l'incertitude. Observer le comportement de quelqu'un et, surtout, sa façon d'interagir avec les autres dans la vie courante peut être fort révélateur ; en effet, dans la vie courante, nous sommes généralement moins portés à surveiller nos propres comportements et plus enclins à révéler notre véritable personnalité.

Par ailleurs, certaines situations artificielles permettent aussi d'observer les autres dans des contextes particuliers. Par exemple, des entrevues pour un emploi ou des auditions pour un rôle au théâtre permettent de manipuler la situation de façon à observer comment la personne agit et réagit, ce qui réduit l'incertitude éprouvée à son sujet.

POUR S'AMÉLIORER

Rechercher les signaux contradictoires
En cherchant des signaux (des indices ou des renseignements) qui vous aideront à rendre un jugement ou à tirer une conclusion, prêtez une attention particulière aux signaux contradictoires – à ceux qui réfutent votre hypothèse initiale. Il est facile de percevoir les signaux qui confirment nos hypothèses, mais plus difficile de percevoir ceux qui les contredisent.

Nous pouvons également réduire l'incertitude que nous éprouvons à l'égard de quelqu'un en nous renseignant sur lui auprès des autres (vous pouvez, par exemple, demander à un collègue si telle personne vous trouve intéressant et accepterait de dîner avec vous). Bien sûr, nous pouvons aussi nous adresser directement à la personne. Lui demander, par exemple, si elle aime les sports, ce qu'elle pense du cours d'informatique, comment elle réagirait si elle était congédiée. Nous en apprenons aussi sur les autres en leur révélant des renseignements sur nous-mêmes, car, par nos confidences, nous créons une ambiance propice aux confidences d'autrui.

Vous utilisez sans doute constamment ces stratégies pour obtenir des renseignements sur les autres. Malheureusement, beaucoup de gens croient bien connaître quelqu'un simplement après l'avoir observé à distance ou en se fiant aux rumeurs. Agencer les éléments d'information – et surtout ceux que vous tirez de vos propres conversations avec l'autre – est le meilleur moyen de réduire l'incertitude.

Exercice 8.3 — Les obstacles à la juste perception d'autrui

Cet exercice vise à vous donner une meilleure compréhension des processus de perception sociale. Lisez le dialogue suivant et déterminez les processus de perception qui sont à l'œuvre.

Patrick : En deux secondes, j'ai su que c'était un idiot. Je lui ai dit que j'étais allé au Biodôme et il m'a demandé ce que c'était. Tu te rends compte ? Le Biodôme ! Plus je le connais, plus je vois à quel point il est idiot. Un vrai niaiseux.

Christian : Oui, je vois ce que tu veux dire. Tu sais, c'est un sportif.

Patrick : Un sportif ? Ce sont les pires ! Et je te parie que je peux deviner avec qui il sort. Je parie que c'est avec Lucy.

Christian : Pourquoi dis-tu ça ?

Patrick : Parce que je suppose que les deux personnes au monde que je déteste s'entendent bien ensemble. Et je suppose que tu les détestes, toi aussi.

Christian : Évidemment !

Patrick : À propos, as-tu rencontré Marie ? Elle étudie en informatique, alors, tu sais, elle est brillante. Et jolie, très jolie.

Christian : Oui, j'ai tout fait pour la rencontrer, parce qu'elle me semblait très sympathique.

Patrick : C'est vrai. Je l'ai trouvée très sympathique dès que je l'ai vue.

Christian : Nous avons parlé ensemble à la réunion d'hier. Cette fille est très complexe, tu sais. Vraiment très complexe.

Patrick : Quand je pense à elle, je pense au jour où elle est venue en aide à un sans-abri. Il y avait cet homme, vraiment sale, il est tombé en traversant la rue. Eh bien, Marie s'est précipitée pour l'aider à se relever et elle l'a fermement soutenu pour le conduire jusqu'au trottoir d'en face.

Christian : Et tu sais à quoi je pense quand je pense à Lucy ? À la fois où elle a refusé d'aller voir sa grand-mère à l'hôpital. Tu te souviens ? Elle a dit qu'elle était trop occupée.

Patrick : Je m'en souviens – une vraie égocentrique obsédée !

Reconnaître les processus de perception et, en particulier, les phénomènes qui déforment notre perception et celle de nos proches n'est pas chose facile. Dans les prochains jours, prenez note de toutes les situations qui, dans votre vie personnelle, illustrent les cinq obstacles à la perception. Quels sont les obstacles les plus fréquents ? Quels problèmes causent-ils ? Quel avantage y a-t-il à ne pas se fier aux premières impressions ? À ne pas recourir à une théorie implicite de la personnalité ? À éviter les stéréotypes ? Quels en sont les désavantages ?

Être sensible aux différences culturelles

Nous pouvons parvenir à une plus juste perception d'autrui en reconnaissant les différences culturelles, en particulier celles qui ont trait aux valeurs, aux attitudes et aux croyances. Il est facile de voir et d'accepter les différences dans les coiffures, les vêtements et les habitudes alimentaires. Mais au chapitre des croyances et des valeurs fondamentales, nous supposons parfois que « tout le monde est pareil ». Or, c'est faux. Si nous ne tenons pas compte des différences et des singularités, nous risquons de mal percevoir une situation. Prenons un exemple simple. Un professeur d'université québécois francophone invite un collègue philippin à souper. Le Philippin refuse poliment. Le professeur est offusqué et interprète ce refus comme une marque de froideur. Le Philippin est également vexé et conclut que l'invitation n'était pas sincère. Tous les deux pensaient que les coutumes concernant les invitations à souper étaient les mêmes dans leurs pays respectifs alors qu'en fait elles sont différentes. Un Philippin s'attend à être invité plusieurs fois avant d'accepter. S'il n'est invité qu'une fois, il estime que l'invitation n'est pas sincère.

À l'intérieur de chaque groupe culturel existent d'importantes différences. Les Québécois ne sont pas tous pareils, les Indonésiens, les Grecs, les Mexicains non plus. Si vous supposez que toutes les personnes d'une même culture sont identiques, vous pensez par stéréotypes. Reconnaître les différences entre les autres cultures et la vôtre ainsi que les différences entre les membres d'une même culture contribue à une perception plus juste de chaque situation.

Êtes-vous conscient de l'impact que produit l'origine ethnique d'une personne sur votre perception de celle-ci ?

1. La perception d'autrui est…
   a) une façon de percevoir la réalité selon le point de vue d'une autre personne.
   b) une façon de recevoir, d'organiser et d'interpréter les éléments d'information sur autrui.
   c) un processus externe plutôt qu'interne.
   d) Toutes ces réponses sont vraies.

2. Nos sens sont continuellement bombardés de stimulations. En conséquence,
   a) nous recherchons les similarités.
   b) nous sélectionnons les éléments les plus significatifs pour nous et leur accordons une attention particulière.
   c) nous traitons systématiquement tous les éléments d'information.
   d) nous organisons ces éléments d'information de la même manière que toutes les autres personnes qui sont dans la même situation que nous.

3. Lequel des stimuli suivants a le plus de chances d'attirer votre attention ?
   a) Quelqu'un qui prononce votre nom.
   b) Une odeur que vous connaissez bien.
   c) Un visage connu.
   d) Quelqu'un qui parle une autre langue.

4. Plusieurs principes régissent notre façon d'organiser les stimuli que nous percevons. À quoi correspond le principe de la temporalité ?
   a) Au fait de supposer qu'il y a un lien entre des signaux émis à peu près au même moment.
   b) Au fait de percevoir comme un tout les stimuli physiquement proches les uns des autres.
   c) Au fait de percevoir les changements d'intensité entre les divers stimuli.
   d) Au fait de percevoir que les stimuli qui se ressemblent vont ensemble.

5. Vous êtes dans le métro et vous observez que les deux personnes qui s'embrassent, en face de vous, s'aiment tendrement. Qu'est-ce qui caractérise cette observation du point de vue de l'observateur ?
   a) Un sentiment.
   b) Une motivation.
   c) Une déduction.
   d) Une intention.

6. Laquelle des caractéristiques suivantes ne convient pas au phénomène des premières impressions ?
   a) Elles sont inévitables.
   b) Elles agissent comme une sorte de filtre.
   c) Elles sont établies rapidement.
   d) Elles permettent de se former un jugement très précis à propos d'une personne.

7. Qu'est-ce qu'une «théorie implicite de la personnalité» ?
   a) Il s'agit d'une théorie sur la nature humaine en général, implicitement partagée par l'ensemble d'une collectivité culturelle.
   b) Il s'agit d'une théorie sous-jacente aux théories les plus courantes, qui se caractérise par son aspect traditionnel.
   c) Il s'agit d'un système de règles qui permet, à partir de quelques caractéristiques perçues chez une personne, de s'en faire une image ou une idée quelconque.
   d) Il s'agit de l'ensemble des lois qui gouvernent notre personnalité lorsque nous sommes en contact avec les autres.

8. Michel est convaincu, avant d'aller à son entrevue pour un emploi d'été, qu'il ne sera pas sélectionné par l'employeur. Effectivement, il apprend la semaine suivante qu'il n'a pas obtenu l'emploi. À quoi peut-il attribuer cette situation ?
   a) Au phénomène des prophéties qui s'autoréalisent.
   b) Au phénomène des premières impressions.
   c) Au phénomène des attributions.
   d) Au phénomène des théories implicites de la personnalité.

9. Qu'est-ce qu'une attribution ?
   a) Le fait de classer les gens en catégories qui serviront pour interpréter les éléments d'information ambigus à leur sujet.
   b) Le fait de juger une personne en fonction des premiers éléments d'information reçus.
   c) Le processus par lequel on cherche à expliquer les motifs d'un comportement donné.
   d) Aucune de ces réponses.

10. La tendance qui consiste à nous attribuer le mérite de nos bonnes actions, tout en rejetant la responsabilité des mauvaises, correspond…
    a) au biais de complaisance.
    b) au phénomène de l'attribution excessive.
    c) à l'erreur fondamentale d'attribution.
    d) à la présence de stéréotypes.

- Qu'est-ce que la perception sélective? Quels sont les facteurs internes et les facteurs externes qui influent sur ce processus?

- Qu'est-ce qu'une prophétie qui s'autoréalise? Donnez un exemple concret.

- En matière de connaissance d'autrui, l'utilisation des stéréotypes est synonyme de la loi du moindre effort. Expliquez cette affirmation.

- Qu'est-ce que l'attribution excessive? Comment peut-on en réduire les effets?

- Quelles sont les étapes suggérées dans le livre pour vérifier ses perceptions afin de les rendre plus justes?

MonLab

La communication au travail

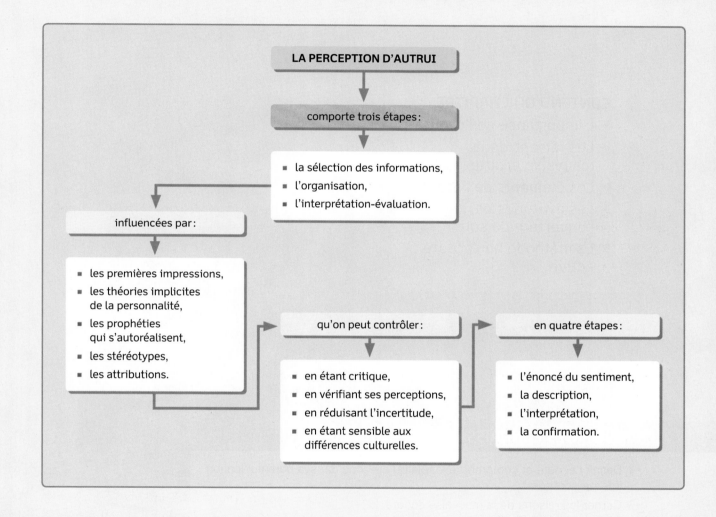

LA PERCEPTION D'AUTRUI

comporte trois étapes:

- la sélection des informations,
- l'organisation,
- l'interprétation-évaluation.

influencées par:

- les premières impressions,
- les théories implicites de la personnalité,
- les prophéties qui s'autoréalisent,
- les stéréotypes,
- les attributions.

qu'on peut contrôler:

- en étant critique,
- en vérifiant ses perceptions,
- en réduisant l'incertitude,
- en étant sensible aux différences culturelles.

en quatre étapes:

- l'énoncé du sentiment,
- la description,
- l'interprétation,
- la confirmation.

CHAPITRE 9

L'ÉCOUTE

CONTENU DU CHAPITRE
- ▶ L'importance de l'écoute
- ▶ Les raisons de la mauvaise écoute
- ▶ Les éléments de l'écoute
- ▶ Les attitudes et l'ouverture de soi
- ▶ La méthode de l'écoute active

PRINCIPALES CONNAISSANCES À ACQUÉRIR

→ Définir l'écoute et comprendre le rôle qu'elle joue dans la communication interpersonnelle.

→ Cerner les raisons de la mauvaise écoute.

→ Connaître les principaux éléments de l'écoute.

→ Connaître la méthode de l'écoute active.

PRINCIPALES HABILETÉS À DÉVELOPPER

→ Écouter davantage les autres et avec plus de perspicacité.

→ Rétroagir efficacement aux messages d'autrui.

→ Pratiquer l'écoute active et l'empathie.

C'est samedi. Martin, en visite chez son père, regarde avec lui une partie de tennis à la télé. Le père de Martin aime bien ce moment de la semaine où il peut se détendre à la maison. Il est absorbé par la partie en cours. Martin voudrait, pour sa part, profiter de l'occasion pour discuter de son avenir avec son père. Il en est à sa deuxième année au cégep et, comme beaucoup de cégépiens, il n'a pas encore choisi une carrière. Même s'il est bon au hockey, il sait qu'il ne doit pas compter là-dessus.

Le père de Martin :

— Regarde l'image.

Sur l'écran de la télévision, on voit une image « gelée » de Nadal frappant la balle. Les commentateurs discutent de la concentration du joueur à chacun de ses coups. Le père de Martin, lui, remarque autre chose.

— Tu vois Nadal, ses yeux fixent la balle au moment où il va la frapper. La balle peut arriver à plus de 100 km/h, il ne la quitte jamais des yeux. Les bons joueurs suivent toujours parfaitement des yeux l'objet qu'ils veulent frapper. (Il regarde Martin.) Au hockey, j'imagine que c'est pareil ? Qu'est-ce que tu en penses ?

— C'est vrai. D'ailleurs, je me souviens qu'un jour, un prof nous a dit ça. Ça ne sert à rien de savoir où sont les buts si on ne sait pas où est la rondelle. La rondelle est en mouvement, notre cerveau ne peut savoir où elle se trouve, il faut la suivre des yeux. Même si on bouge, notre cerveau peut savoir où se trouvent les buts, parce qu'ils sont fixes. C'est la même chose pour Nadal. Son cerveau sait très bien où se trouvent les lignes du terrain, mais la balle, elle, elle bouge : pour la frapper correctement, il faut bien qu'il la regarde.

Le père contemple son fils. Il est impressionné.

— Ce que tu dis là a bien du sens ! C'est vrai, j'imagine qu'un gars comme Nadal, qui joue au tennis depuis qu'il est tout jeune, pourrait aller toucher les lignes du terrain dans la noirceur totale…

— Hum, parlant de noirceur, si on parlait de l'orientation de mes études ?

— Ah oui… Qu'est-ce qu'il y a ?

— Je ne sais pas vers quoi me diriger.

— Tu n'avais pas dit l'autre fois que tu voulais aller en éducation physique ?

— Ah, ça fait longtemps. J'ai changé d'avis depuis. Être dans un gymnase et m'occuper des enfants toute la journée, ça ne m'intéresse pas.

— Pourtant, c'est un bon emploi. Moi, je dois porter une cravate toute la semaine, je te jure que ça n'a rien d'intéressant. Dans un gymnase, tu te gardes en forme, tu vis avec des jeunes et tu restes jeune.

— Je n'ai vraiment pas le goût…

Un long silence s'ensuit, que Martin brise sur un ton un peu plus déprimé :

— L'autre fois, j'ai envisagé toutes les possibilités avec Paul : il n'y a rien qui m'attire vraiment.

— Il doit bien y avoir quelque chose que tu aimes faire ?

— J'ai pensé à la littérature…

— La littérature ? Mais voyons, ce sont les faibles qui vont là-dedans ! Penses-y bien, parce que c'est difficile de gagner sa vie avec la littérature.

— J'ai pensé aussi à la philosophie…

Autant le père de Martin était jusque-là impressionné par son fils, autant maintenant il manifeste son désappointement.

— La phi-lo-so-phie… ! Ce n'est pas depuis que tu es avec Sophie que tu as changé d'idée ? Je trouve qu'elle t'a changé, cette fille-là.

— Sophie n'a rien à voir là-dedans !

— Tu devrais consulter un conseiller d'orientation.

— D'accord. C'est ce que je vais faire.

Martin se lève et quitte la pièce. Cette conversation ne l'a pas tellement aidé.

Plus tard, il en parle avec Sophie.

— J'ai parlé de mon avenir avec mon père cet après-midi.

— Ah oui ? Et qu'est-ce que vous avez dit ?

— Pas grand-chose. Je l'ai déçu, c'est tout. Il était certain que je m'en allais en éducation physique.

— Et toi, ça t'a déçu qu'il ait réagi de cette façon ?

— Ouais. Quand je lui ai parlé de littérature et de philosophie, il est presque tombé sur le dos.

— Et toi, tu t'attendais à plus de compréhension ?

— Évidemment. Il ne me comprend absolument pas. Il me voit toujours comme un sportif qui devrait faire sa vie dans le sport. C'est peut-être son rêve à lui.

— Il ne te voit pas comme tu es…

— C'est ça. Il ne se rend pas compte que j'ai changé… Ou il ne veut pas s'en rendre compte.

— Qu'est-ce que tu veux dire ?

— Je ne sais pas. Quand je parle de littérature ou de philosophie, il n'aime pas ça. Pour lui, c'est nul. Il réagit même d'une façon viscérale. Il m'envoie rencontrer un conseiller d'orientation dans l'espoir qu'il me fasse changer d'avis.

— Tu préférerais ne pas le décevoir ?

— D'un côté, oui… Mais je ne peux éviter ça. Nous ne sommes pas d'accord !

— On dirait bien que te voilà pris dans un cul-de-sac.

Martin regarde Sophie. Comment ne pas l'aimer ?

Martin a parlé à deux personnes ce jour-là : à son père et à Sophie. Le père de Martin a commis presque toutes les erreurs possibles de la part d'une personne qui écoute. Il a interprété à sa façon, évalué et critiqué ce que son fils lui disait. Le père n'écoute pas vraiment son fils ; il parle, mais ne laisse pas son fils s'expliquer. C'est la situation inverse qui a prévalu avec Sophie. En adoptant une attitude compréhensive, elle a permis à Martin d'exprimer clairement, même à lui-même, ce qu'il pensait.

Dans ce chapitre, nous expliquerons les différences entre l'écoute inefficace et l'écoute efficace. Plus précisément, nous examinerons le processus de l'écoute et quelques-unes des raisons pour lesquelles nous écoutons. Et, surtout, nous étudierons en détail les obstacles à l'écoute efficace, les moyens de les surmonter et les façons d'écouter plus efficacement.

L'IMPORTANCE DE L'ÉCOUTE

L'**écoute** est une activité qui présente de nombreux avantages. Elle est le point de départ de notre enrichissement personnel grâce au savoir qu'elle permet d'acquérir. Ce savoir représente un atout essentiel de réussite, tant en milieu scolaire qu'en milieu de travail. De plus – et cela nous concerne peut-être plus directement dans ce livre –, elle contribue d'une façon importante à l'amélioration des relations interpersonnelles. À l'inverse, il est facile de montrer comment une faible écoute engendre de nombreux problèmes, parfois très graves. En effet, le manque d'écoute ou la mauvaise écoute sont à la base des malentendus, avec leurs conséquences plus ou moins tragiques : occasions manquées, temps, argent et énergie gaspillés, accidents de toutes sortes. Songeons au pilote d'avion qui n'écoute pas les instructions reçues et qui se trompe de piste d'atterrissage ; au médecin qui établit un mauvais diagnostic parce qu'il néglige d'écouter ce que lui dit son patient ; songeons aussi tout simplement à votre ami qui vous attend, sous la pluie, au coin de la rue, alors que vous lui aviez bien dit que vous ne viendriez pas s'il pleuvait. Ce ne sont là que quelques cas parmi les milliers d'autres circonstances où il convient de bien écouter.

C'est peut-être pour obtenir ces bienfaits et éviter ces désagréments que nous consacrons plus de temps à l'écoute qu'à n'importe quel autre aspect de la communication. Selon les données de Barker et ses collaborateurs (1980), obtenues en interrogeant des collégiens, 16 % des moments de communication serviraient à parler, 17 % à lire et 14 % à écrire, alors que 53 % du temps serait consacré à écouter. Cette écoute s'effectuerait 32 % des fois lors d'une communication unilatérale et 21 % des fois lors d'une relation interpersonnelle. Ces résultats révèlent le temps considérable que nous passons à écouter et confirment très certainement l'importance de l'écoute, mais ils ne renseignent pas sur sa qualité.

Observons simplement ce qui se passe autour de nous : les gens parlent souvent en même temps, ils se coupent souvent la parole, certains finissent même les phrases des autres. Il n'est pas rare qu'une réunion se termine sans qu'on sache vraiment de quoi il a été discuté. Dans d'autres cas, certains s'obstinent à convaincre les autres de leur point de vue et se rendent compte, beaucoup plus tard, que tout le monde pensait la même chose ! Ce sont là des signes évidents de la faiblesse de l'écoute.

Diverses raisons cognitives ou affectives (manque de temps, importance accordée à ses besoins personnels, incapacité de se concentrer longtemps, etc.) permettent de comprendre qu'il est difficile de bien écouter, c'est-à-dire de suivre totalement le discours d'autrui. À partir de ce discours, nous essayons souvent de deviner le contenu du message pour sauter rapidement aux conclusions et ensuite cesser d'écouter. Tout en faisant naturellement croire à notre interlocuteur que nous l'écoutons, nous attendons simplement l'occasion de parler à notre tour, de donner notre point de vue. Lorsque nous trouvons que notre tour de parler tarde à venir (dans certains cas, ce laps de temps peut être très court !), nous chercherons alors à interrompre notre interlocuteur ou à changer de sujet. Une tactique pourra être d'essayer de le distraire subtilement. Trop souvent, la mauvaise écoute est le fait d'une centration sur soi-même. Malheureusement, trop souvent, nous n'écoutons que ce qui peut nous être utile (écoute sélective), sans faire l'effort d'adopter le point de vue de l'autre.

ÉCOUTE
Processus par lequel un auditeur reçoit, comprend, mémorise et interprète un message pour ensuite y réagir.

Comment écoutez-vous ?

Notez vos réponses aux énoncés suivants sur une échelle de 1 à 5 :

1	2	3	4	5
Toujours	Souvent	Parfois	Rarement	Jamais

1   Je participe activement à la conversation ; je fais tout le temps des commentaires. _____

2   Je prête attention à ce que l'autre dit et ressent ; j'essaie de ressentir ce qu'il ressent. _____

3   J'écoute sans juger l'autre. _____

4   Je m'en tiens strictement aux paroles dites, sans y chercher un sens caché. _____

5   J'écoute en participant le moins possible à la conversation ; je garde généralement le silence et j'accepte ce qu'on me dit. _____

6   J'écoute objectivement ; je me concentre sur la logique des idées plutôt que sur la signification émotionnelle du message. _____

7   J'écoute de manière critique, en évaluant l'autre ainsi que ses propos. _____

8   Je cherche le sens caché des paroles, celui que révèlent les subtils signaux verbaux et non verbaux. _____

Ces énoncés décrivent les diverses manières d'écouter dont nous discutons dans ce chapitre. Toutes ces formes d'écoute se révèlent appropriées dans certains cas et inappropriées dans d'autres. Les seules mauvaises réponses sont donc « Toujours » et « Jamais ». Pour être efficace, l'écoute doit convenir à la situation particulière de communication. Revenez sur chaque énoncé et essayez d'y rattacher des situations dans lesquelles il serait approprié, et des situations dans lesquelles il serait inadéquat.

L'art d'écouter est d'une importance primordiale dans la communication. Notre façon d'écouter contribuant beaucoup à la compréhension des messages, il importe de développer une bonne capacité d'écoute. Nous allons étudier quelques suggestions pour améliorer notre écoute, mais, auparavant, nous devons prendre conscience des raisons qui nous empêchent d'écouter.

LES RAISONS DE LA MAUVAISE ÉCOUTE

Il existe plusieurs raisons qui expliquent, sans la justifier toutefois, la mauvaise écoute. Certaines de ces raisons sont externes (p. ex., le bruit) ; d'autres sont internes, c'est-à-dire qu'elles sont reliées aux idées, aux sentiments et aux désirs des auditeurs.

Le bruit. ▶ Nous évoquons le plus souvent des raisons externes pour justifier notre mauvaise écoute, par exemple « Il y a du bruit dans la pièce », « Il fait chaud ». Nous succombons dans ce cas à un biais de complaisance en essayant de nous justifier de ne pas savoir écouter (voir le chapitre 8). Cela nous incite à surestimer nos dispositions personnelles lorsque nous réussissons à bien comprendre le message (« C'est parce que je suis compétent et très attentif ») et à surestimer les contraintes du contexte lorsque nous avons mal compris le message (« C'est à cause des gens qui parlaient autour de nous », « C'est à cause de la chaleur », etc.). Il est évident que les facteurs externes sont très importants. Il est difficile d'écouter quelqu'un que nous ne pouvons objectivement entendre. Ces facteurs ont un effet indéniable sur la communication, mais, dans la plupart des cas, ils ne suffisent pas à eux seuls à expliquer le manque d'écoute. La preuve, c'est qu'il nous arrive d'écouter une personne qui nous intéresse, et qui raconte des choses qui nous intéressent, dans des conditions très difficiles (parmi la foule, dans un restaurant bruyant ou dans une discothèque).

L'absence de contrôle extérieur. ▶ Le locuteur ne peut discerner si nous l'écoutons vraiment que dans la mesure où nous lui donnons quelques signes d'écoute. L'écoute est une activité interne impossible à observer directement. Pour savoir si un auditeur nous écoute, il faut pratiquement lui faire passer un test, c'est-à-dire lui poser des questions sur ce qu'il a retenu et compris de notre discours. Or, la plupart du temps, peut-être parce qu'il est trop absorbé dans la formulation de son message, le locuteur se préoccupe très peu de savoir s'il est bien compris ou non : il ne contrôle pas la qualité de l'écoute de son ou ses interlocuteurs. Il est alors possible pour l'auditeur de penser à autre chose.

La vitesse de la pensée. ▶ La tendance à penser à autre chose qu'à ce qui devrait être écouté et compris est facilitée par l'écart entre la quantité d'information que nous pouvons recevoir et la quantité d'information que nous pouvons traiter

> Parler est un besoin, écouter est un art.
>
> – Goethe

mentalement. Nous pensons quatre fois plus vite que la personne qui parle ; nous pourrions utiliser cet avantage pour mieux comprendre le message, mais, le plus souvent, nous pensons à autre chose.

L'évaluation *a priori* du message. ▶ Il s'avère difficile de connaître à l'avance la nature du message que nous allons écouter. Comment évaluer, dans ce cas, le bienfait d'une écoute attentive ? À certains moments, quelques indices nous donneront l'impression que nous savons d'avance ce que l'autre tente de nous communiquer (« Je sais déjà ce qu'elle veut me dire »). Il nous arrive parfois de penser que le message est simpliste et qu'il ne mérite pas toute notre attention (« Il n'y a rien d'intéressant dans ce qu'elle dit »). D'autres fois, nous jugerons qu'un message est incompréhensible ou complètement hors de propos (« Il est dans les patates »). Toutes ces critiques émises *a priori* sur le message à venir conditionnent évidemment la qualité de l'écoute que nous allons lui accorder ; elles dépendent de nos préoccupations immédiates et des besoins particuliers que nous avons lors de l'écoute.

L'offre supérieure à la demande. ▶ Écouter attentivement est une tâche qui requiert beaucoup d'énergie. Nous avons vu que nous consacrons environ cinq heures par jour à recevoir et à décoder toutes sortes de messages. Si nous devions tout ce temps concentrer notre esprit sur les messages, nous deviendrions peut-être complètement fous. Écouter est une activité difficile, qui exige que nous dirigions notre attention – et que nous la soutenions – sur des messages parfois fort complexes. L'écoute exige parfois beaucoup d'efforts. Pensez à cet étudiant qui en est à son troisième cours magistral depuis le début de la journée. Pour préserver notre santé physique et mentale, il est parfois nécessaire de nous déconnecter de la source externe des messages pour retrouver nos propres idées, sentiments et désirs. Cette tendance sera d'autant plus grande si nous avons des préoccupations personnelles importantes à régler.

Les préoccupations personnelles de l'auditeur. ▶ Écouter autrui suppose une disponibilité que nous n'avons pas toujours. Nous sommes tous absorbés dans notre vie par des préoccupations de toutes sortes qui nous semblent plus importantes que celles des autres. Nous avons nos propres problèmes à résoudre. Certains sont très graves pour nous et peuvent se répercuter sur d'autres personnes, par exemple si nous occupons un poste qui comporte des responsabilités. Le professeur qui s'apprête à donner son cours sera moins disposé à écouter l'étudiant qui vient lui demander conseil pour régler un de ses problèmes. D'un autre côté, un étudiant préoccupé par un examen important aura du mal à rester attentif dans un autre cours jugé moins important pour lui à ce moment. Comme dans toute relation interpersonnelle, le temps que nous consacrerons à écouter quelqu'un dépendra du rapport existant entre le coût de l'écoute et les bénéfices que nous pourrons en tirer. Lorsque nos préoccupations sont très grandes, l'effort que nous devons fournir pour écouter augmente.

Le besoin de parler. ▶ Certaines personnes donnent parfois l'impression de nous envahir. Il suffit de leur demander « Comment ça va ? » pour les voir sauter sur l'occasion de parler et de nous confier tous leurs problèmes. Ces personnes veulent absolument partager leurs idées, leurs sentiments ou leurs désirs. Parler et s'exprimer, cela fait partie du besoin plus général d'affirmation de soi. Ce besoin varie évidemment d'une personne à l'autre. Certaines personnes – il s'agit de cas extrêmes, qualifiés de pathologiques – sont tout à fait incapables de suivre le discours d'autrui: elles sont emprisonnées dans leurs pensées qu'elles ne cessent d'essayer de révéler.

La tendance au divertissement. ▶ Les adeptes des émissions télévisées sont habitués à ce qu'on leur transmette les messages d'une façon divertissante. Les efforts apportés à la présentation des nouvelles et à l'information en général ont créé chez les téléspectateurs des attentes qui portent à croire que la responsabilité de la communication incombe uniquement à l'émetteur du message. Il est vrai que celui-ci devrait s'efforcer de faire passer son message de la façon la plus agréable possible, mais ce n'est justement pas toujours le cas. Certains auditeurs sont très exigeants sur ce point: ils demandent d'être toujours divertis, avant même le début du message. Or, les messages les plus intéressants et les plus utiles ne sont pas toujours les plus amusants. Il faut être capable de tolérance et de patience envers l'émetteur.

Les idées préconçues. ▶ Nous avons nécessairement sur les choses et les gens des idées préconçues. Ces idées, parfois fort complexes et organisées, peuvent nuire à l'écoute véritable. Rappelons que, dans le meilleur des cas, l'écoute consiste à reconstruire en fin de compte une signification qui existe au départ dans la tête d'une autre personne. Nos propres idées et préjugés sont des entraves au processus de traitement de l'information.

Quelle est votre option politique en ce qui a trait au Québec? Êtes-vous indépendantiste, souverainiste, fédéraliste ou encore autonomiste? Le choix politique que nous faisons, comme n'importe quelle prise de position, influe grandement sur la qualité de notre écoute. Supposons que nous assistions à un débat télévisé entre des indépendantistes et des fédéralistes qui défendent chacun leur point de vue. Les indépendantistes vont accorder beaucoup d'attention (et d'écoute) aux arguments en faveur de l'indépendance du Québec et ils négligeront de prêter l'oreille aux arguments des fédéralistes. Réciproquement, les fédéralistes vont procéder de la même façon au sujet des thèses souverainistes. Nous devons nous méfier des effets que nos idées et nos prises de position produisent sur la qualité de réception des messages émis par les autres.

Les blocages émotifs. ▶ Les réactions émotives représentent une des raisons les plus importantes de la mauvaise écoute. Quelques mots dans le message du locuteur ou un simple regard, une intonation de la voix, et nous voilà blessés, choqués, en colère, nous devenons anxieux ou nous avons carrément peur. Ces réactions émotives nous placent sur la défensive et nous empêchent de comprendre objectivement le message. Dans ce cas, nous ne sommes plus capables d'écouter correctement et nous passons tout notre temps à défendre notre point de vue. À l'extrême, nous n'entendons même plus l'autre. Plus sournoisement, les émotions pourront agir sélectivement, ce qui se traduit par le blocage des messages qui suscitent des émotions négatives et l'accès ouvert à ceux qui déclenchent des émotions positives. Autrement dit, nous écouterons avec beaucoup d'attention les messages qui nous gratifient et ferons la sourde oreille aux critiques et aux idées qui contredisent les nôtres. Paradoxalement, les personnes qui ont une tendance dépressive vivent sans doute exactement l'inverse! Certaines personnes anxieuses accordent quant à elles leur attention maximale à tout ce qui pourrait annoncer un danger et les manières dont on pourrait le prévenir. Dans ces cas aussi, les réactions émotives sont à l'origine d'une mauvaise écoute.

> La nature nous a donné une langue et deux oreilles afin que nous écoutions le double de ce que nous disons.
>
> – Zénon d'Élée

La crainte de ne pas comprendre. ▶ Parmi les réactions émotives que nous pouvons avoir, il y a la peur de ne pas comprendre le message. Tous les messages ne sont pas compréhensibles à la première écoute; certains nous apparaissent même tout à fait obscurs. L'incompréhension d'un message dans une situation d'écoute obligée (p. ex., un cours) est souvent ressentie comme un échec de la part du récepteur

< > **EN LIGNE**

Le niveau d'écoute dans les médias numériques

Dans un article sur l'écoute dans les médias sociaux, Kate Crawford (2009) propose de considérer l'écoute en un sens plus large et métaphorique. Rappelons que l'écoute désigne les activités de réception, de compréhension, d'enregistrement et d'interprétation d'un message avant d'y réagir. L'écoute n'est pas seulement auditive; elle peut être visuelle, comme lorsqu'une personne observe les messages non verbaux d'un interlocuteur, qu'elle les comprend et les interprète. Les canaux de communication, tels que nous les avons classés dans le tableau 1.1 (voir à la page 6), varient en richesse, c'est-à-dire selon la quantité et la qualité de l'information qu'un canal peut transmettre dans un laps de temps donné. Le niveau d'écoute varie dans le même sens. La situation où l'écoute est la plus favorisée est celle mettant en présence deux personnes qui profitent des nombreux signaux qu'elles échangent. En utilisant les canaux numériques, force est de constater que, sur le plan interpersonnel, la quantité et la qualité des informations véhiculées diminuent.

Les médias numériques sont également moins «riches» en raison du fait que les possibilités de rétroactions spontanées sont limitées, ce qui peut contribuer à la formation de malentendus ou provoquer des désaccords non souhaités

(voir la rubrique «Les rétroactions dans la communication numérique», plus loin dans ce chapitre). Il faut prendre garde toutefois de faire un lien simpliste entre la richesse des médias et la qualité de l'écoute. Même en tête-à-tête, l'écoute peut s'avérer très faible et être à l'origine d'un véritable dialogue de sourds. À l'inverse, malgré la pauvreté de certains médias asynchrones, l'écoute peut être bien présente. L'élément clé d'une bonne écoute est la volonté d'une personne de porter une attention de qualité au message reçu. En ce sens, suivre les messages d'une personne sur Twitter ou sur Facebook peut représenter une forme d'écoute véritable, d'autant meilleure qu'elle est assidue et complétée par des rétroactions. De fait, de plus en plus de psychologues utilisent maintenant les nouvelles technologies pour «rencontrer» leur client (voir plus loin la rubrique «La psychothérapie»). Le niveau d'écoute ne résulte donc pas seulement de la richesse du média utilisé. Avez-vous l'impression d'être capable de faire preuve de la même qualité d'écoute lorsque vous utilisez les médias sociaux que vous le faites en tête-à-tête? Avez-vous le souvenir d'un malentendu lié à une mauvaise écoute, de votre part ou de celle de votre interlocuteur?

(Floyd, 1988). Afin d'éviter ce sentiment négatif, nous mettons en pratique différentes techniques de non-écoute. Leur but non avoué est la préservation des idées que nous avons de nous-mêmes et le maintien de notre estime de soi. Notre ignorance ou notre intelligence n'est pas en jeu puisque la non-écoute fournit une raison à l'incompréhension: «Je suis capable; si je n'ai pas compris, c'est que je n'ai pas écouté.»

> **POUR S'AMÉLIORER**
>
> Soyez attentif à toutes les raisons de la mauvaise écoute que nous venons d'exposer afin d'améliorer la qualité de votre écoute.

LES ÉLÉMENTS DE L'ÉCOUTE

Le processus de l'écoute comprend quatre étapes, ou cinq, selon le type de communication dans laquelle nous sommes engagés. Ce sont: la réception, la compréhension, la mémorisation, l'évaluation et la rétroaction (voir la figure 9.1). Dans une communication unilatérale, la dernière étape est absente ou – disons plutôt – n'a pas d'effet. Vous pouvez toujours crier devant un écran de télévision, cette réponse ne touchera aucunement l'émetteur du message. Dans une communication interpersonnelle, les réactions de l'auditeur agissent plus ou moins immédiatement sur l'émetteur du message. Dans ce cas, et en incluant la source du message, les éléments de l'écoute forment un processus circulaire. Les points de jonction reliant une personne à une autre sont la réception du message et la rétroaction qui en résulte. Rappelons que, dans ce cas, le processus est plus que circulaire, il est transactionnel: les rétroactions de la personne A servent de stimulus à la personne B, dont les rétroactions servent de stimulus à la personne A, et ainsi de suite (voir le chapitre 2).

Décrivons ainsi les principaux éléments de l'écoute, en prenant soin de nous arrêter, d'une part, aux erreurs que nous pouvons commettre dans chacun des cas et, d'autre part, aux moyens de devenir plus efficaces.

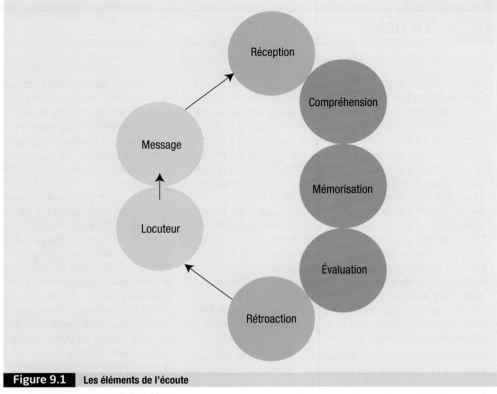

Figure 9.1   **Les éléments de l'écoute**

Ce modèle illustre les divers éléments de l'écoute. Tout comme les suggestions pour améliorer l'écoute présentées dans ce chapitre, il se fonde sur plusieurs théories et modèles élaborés par les chercheurs (p. ex., Nichols et Stevens, 1957 ; Nichols, 1961 ; Steil, Barker et Watson, 1983 ; Brownell, 1987 ; Alessandra, 1986 ; Barker, 1990 ; Nichols, 1995). Notez que la réception du message, c'est-à-dire son audition, n'est qu'une des cinq étapes du processus.

La réception du message

Pour écouter, il ne suffit pas d'entendre. Entendre n'est que la première étape de l'écoute – celle de la réception. L'écoute commence (mais ne s'arrête pas) à la réception des messages, verbaux et non verbaux, du locuteur : ces messages comportent des mots, mais aussi des gestes, des expressions faciales, etc. À cette étape, nous remarquons non seulement ce qui est dit (verbalement et non verbalement), mais aussi ce qui n'est pas dit. Par exemple, si un ami nous demande de lui prêter de l'argent sans nous préciser s'il a l'intention de nous rembourser dans un délai raisonnable, nous remarquerons ce qu'il dit, mais aussi ce dont il évite de parler. Les suggestions suivantes peuvent se révéler utiles pour que la réception du message soit plus efficace.

> ### POUR S'AMÉLIORER
>
> Dans la réception des messages, prêtez attention non seulement au contenu verbal, mais aussi aux indices non verbaux, car ces derniers transmettent également des éléments essentiels à la compréhension du message.

Se préparer à écouter

Comme l'athlète qui se réchauffe, l'auditeur doit se préparer à recevoir un message. Un orateur qui se présente devant un auditoire a généralement bien préparé son discours. Certains mettent de nombreuses heures à réfléchir à ce qu'ils vont dire et à la manière dont ils le diront. De la même façon, les bons auditeurs se préparent à recevoir les messages qu'ils vont entendre. Écouter n'est pas un processus passif qui consiste seulement à absorber de l'information. Une séance d'écoute requiert beaucoup de travail, ce qui suppose d'être en forme et d'être disponible mentalement. Il faut la préparer pour qu'elle soit efficace.

Dans cette optique, la première tâche consiste à se motiver à écouter. Les questions que nous pouvons nous poser sont les suivantes : « Suis-je prêt à écouter ? », « Quel intérêt ai-je à écouter ? » ou « Pourquoi écouterais-je ? ». Dans une situation d'écoute obligée (p. ex., un cours), nous devons parfois chercher un intérêt quelconque qui susciterait notre motivation. Cet intérêt n'est pas toujours évident ; il faut parfois le trouver, ce qui implique de notre part un effort de volonté. Pour y parvenir, il faut avoir l'esprit ouvert, c'est-à-dire être capable d'affronter de nouvelles réalités.

Une fois que nous sommes prêts à écouter, nous devons nous disposer à écouter convenablement. L'écoute exige du temps alors : « Ai-je le temps d'écouter ? » L'écoute exige des efforts : « Suis-je prêt à fournir ces efforts ? » Plus particulièrement, l'écoute exige une attention soutenue : « Suis-je disposé à fournir cette attention ? » Voilà les questions qu'il convient de se poser pour se préparer à l'écoute.

De plus, il est important d'adopter une attitude réceptive, ce qui signifie être disponible aux messages extérieurs. Nous avons vu précédemment que, parfois, les gens n'écoutent pas parce qu'ils sont trop centrés sur leurs propres idées, sentiments et besoins. Il faut absolument écarter cette envie pressante qui nous pousse à exprimer notre propre point de vue. Dans le cadre d'une communication unilatérale, ce besoin se manifeste sous la forme de pensées que nous avons et qui nuisent à la réception du message. Ainsi, il faut résister à la tentation d'analyser intérieurement le message reçu. De même, il faut éviter de prendre une attitude évaluatrice dès le départ, c'est-à-dire de nous laisser aller à émettre des jugements hâtifs sur le message d'autrui.

Dans le cadre d'une communication interpersonnelle, cette attitude nous amène à éviter de voler la vedette au locuteur par nos réponses. L'attitude réceptive implique, d'une part, que nous nous concentrions sur le locuteur et non sur ce que nous pourrions dire ensuite et, d'autre part, que nous n'interrompions pas constamment le locuteur.

> Qui fait, en se hâtant, deux choses à la fois ne fait bien ni l'une ni l'autre.
>
> – Publius Syrius

Éviter d'être distrait

Le nombre de distractions qui peuvent détourner d'une écoute attentive est considérable. Intérieurement, les besoins personnels, l'imagination, la tendance à la rêvasserie sont des sources très présentes et constantes de distraction. À l'extérieur, toutes sortes de stimuli peuvent détourner l'attention. Il est évident qu'on ne peut se concentrer convenablement sur un livre difficile tout en écoutant la télévision. De même, à l'ère du numérique, la multitude des canaux de communication auxquels nous avons constamment accès constitue une source supplémentaire de distraction. Dans certains contextes, comme celui de la conduite automobile, par exemple, le fait d'utiliser un cellulaire peut même s'avérer extrêmement dangereux, particulièrement lorsqu'il s'agit de recevoir et d'envoyer des textos. C'est pourquoi toutes les provinces canadiennes ont maintenant légiféré pour interdire l'utilisation du téléphone cellulaire au volant.

Être attentif aux messages verbaux et non verbaux

Nous avons étudié au chapitre 4 l'importance des messages non verbaux et la façon dont ils se lient aux messages verbaux. Au moment de la réception des messages, il est important d'être attentif aux deux types de communication afin de détecter ce qui est dit et ce qui ne l'est pas et de reconnaître les contradictions entre les deux ensembles de signes.

L'attention portée aux signes non verbaux devrait nous rendre sensibles aux émotions de l'émetteur, ce qui peut s'avérer très important pour comprendre ensuite le sens

Puis-je avoir votre attention s'il vous plaît?

Les nombreux canaux d'information et de communication font en sorte que nous sommes bombardés en permanence d'informations et de messages auxquels il faut réagir. Pour gérer tout cela, on a cru voir émerger une nouvelle aptitude chez les plus jeunes, nés à l'ère numérique: le «multitâche», cette capacité de pouvoir interagir avec plusieurs canaux d'information et de communication en même temps. Ce phénomène s'observe parfois en classe. Certains étudiants s'y présentent équipés d'un ordinateur portable et d'un téléphone intelligent, tous deux allumés en permanence. Ils écoutent le cours, mais ils textent, regardent un film sur YouTube, recherchent une information sur Google, consultent Facebook et leurs courriels. Ils sont complètement branchés. «*Nous sommes parfaitement capables de faire plusieurs choses à la fois*», disent-ils, ce que n'observent pas leurs professeurs, qui constatent au contraire une détérioration de leur performance. De nombreuses recherches ont démontré que cette supposée compétence est en réalité un mythe (Medina, 2008; Small, 2008; Crenshaw, 2008; Gallagher, 2009; Carr, 2011; Turckle, 2011).

Pour ce qui est des tâches qui exigent de la concentration, notre cerveau est incapable de porter son attention sur deux choses à la fois (Small, 2008; Ophir, Nass et Wagner, 2009). En réalité, l'attention se déplace d'une tâche à une autre (Rubinstein et coll., 2001). Ces déplacements ont un coût cognitif. Chaque déplacement de l'attention requiert de se décentrer d'un problème pour se recentrer sur un autre, ce qui demande du temps, un temps d'autant plus long que les tâches sont complexes et nouvelles. Ces déplacements de l'attention obligent aussi à se remémorer ce que l'on faisait, des oublis se manifestent et alors se dégradent la compréhension et l'apprentissage. Comme nous l'avons montré dans la rubrique sur l'infobésité (voir à la page 45), le fait de se dépêcher nous astreint à ne traiter que le plus simple. Au total, les adeptes du multitâche montrent beaucoup de difficulté à rester concentrés sur un problème complexe. Les résultats de recherche à ce sujet sont probants. Les personnes qui s'adonnent le plus au multitâche ne le font pas parce qu'elles ont une plus grande habileté (ce qu'elles croient le plus souvent), mais parce qu'elles sont incapables de combattre les distractions, de rester concentrées sur la même tâche longtemps, particulièrement quand cette tâche est difficile. La facilité de passer à autre chose crée son habitude. Les nouvelles technologies ouvrent ainsi toutes grandes les portes à la distraction instantanée. Une petite fatigue, un petit ennui

et clic, nous passons à autre chose, une nouvelle fenêtre, qui va peut-être nous surprendre, nous étonner, nous apporter du plaisir. Avec le temps, et à force de disperser son attention, les performances se détériorent. Une étude récente démontre par ailleurs que les personnes les moins aptes au multitâche sont celles qui le pratiquent le plus (Sanbonmatsu et coll., 2013). Cette recherche en rejoint une autre qui rapporte que, chaque année sur les routes américaines, le «textage au volant» fait plus de 300 000 blessés chez les jeunes et en tue 3 000 autres, comparativement aux 2 700 décès causés par l'alcool (Bailin, Sunday et Adesman, 2013).

Manipuler plusieurs canaux numériques en même temps est contreproductif sur le plan du traitement de l'information, mais qu'en est-il sur le plan de la communication? Par exemple, si vous rencontrez une personne et que vous engagez une conversation avec elle, et qu'en même temps vous sortez votre appareil numérique et que vous vous mettez à le tripoter et à le regarder, non seulement vous êtes distrait, mais vous envoyez à l'autre personne le message qu'elle n'est pas importante pour vous, qu'elle ne mérite pas toute votre attention. Vous pouvez essayer de garder le plus possible vos yeux sur votre interlocuteur, mais l'autre n'est pas dupe, il détectera vos rapides mouvements oculaires vers votre appareil. Si vous augmentez le multitâche en présence d'autrui, et que votre interlocuteur, par surcroît, pratique aussi le multitâche, la conséquence sera la même que celle éprouvée dans le traitement de l'information en général, à savoir une simplification des messages. La relation est alors réduite à des échanges superficiels, au badinage.

Si vous avez lu ce texte jusqu'à la fin, je vous remercie de votre attention, elle est appréciée...

véritable de son message. L'ami qui demande, par exemple, si nous aimons sa nouvelle coupe de cheveux veut, bien sûr, avoir notre avis, mais il nous demande surtout de lui renvoyer une image positive de lui-même; il s'attend à un mot d'encouragement.

Il faut donc être attentif à ces divers niveaux de signification. En ne prêtant attention qu'au message superficiel (au sens littéral du message), nous ratons l'occasion de connaître les sentiments et les véritables besoins de l'autre. Il importe aussi de s'intéresser autant à la composante relationnelle du message (voir le chapitre 2) qu'à son contenu. L'étudiant qui conteste tout le temps son professeur exprime son désaccord sur le contenu; il discute les questions abordées dans le cours. Mais, sur le plan relationnel, il cherche peut-être à s'opposer à l'autorité ou au despotisme du professeur. Pour bien lui répondre, le professeur doit tenir compte de ces deux types de messages.

La compréhension du message

Si nous avons été entièrement ouverts à tous les aspects du message de l'autre, nous pouvons alors essayer d'en saisir le sens véritable. Comprendre le message, cela signifie non seulement saisir les idées émises, mais aussi les émotions dont elles sont teintées: l'urgence, la joie, la tristesse, etc. Voici quelques suggestions qui devraient vous permettre de mieux comprendre les messages.

Dégager les idées principales, les arguments et les preuves

Après quelque temps d'écoute, il convient de récapituler ce que l'on vient d'entendre. C'est pourquoi il importe de ne pas évaluer le message trop rapidement. Dans ce sens, les bons auditeurs réservent le plus longtemps possible leur jugement, tant qu'ils n'ont pas eu la possibilité d'analyser et de comprendre parfaitement le message dans son ensemble. L'erreur commise ensuite est celle qui consiste à accorder trop d'attention aux détails du message. Les bons auditeurs savent prendre un certain recul et dégager ce qui est essentiel de ce qui ne l'est pas. Certes, les faits sont importants, mais nous devons aussi nous efforcer de garder à l'esprit le propos central du locuteur. Pour cela, nous devons nous arrêter et nous poser les questions suivantes: «Où veut-il en venir?», «Quel est le problème?», «Que cherche-t-il à expliquer?».

Être empathique

Pour comprendre réellement le message d'une autre personne, il faut savoir mettre de côté un moment ce que nous sommes pour prendre le point de vue de l'autre. Être empathique, cela signifie adopter le cadre de référence d'une autre personne, se placer «dans ses souliers», afin d'adopter, pour un temps, son point de vue.

EMPATHIE
Capacité de se mettre à la place de l'autre personne pour connaître ses pensées et ses sentiments.

SYMPATHIE
Compassion envers la situation de l'autre personne.

L'**empathie** n'est pas la **sympathie**. La personne sympathique ne vit pas forcément les mêmes sentiments que l'autre, elle vit par contre des sentiments *à l'égard de* l'autre. Le mot empathie signifie «ressentir avec», alors que le mot sympathie veut plutôt dire «ressentir pour». Par exemple, nous sommes sympathiques lorsque nous sommes désolés pour quelqu'un. Nous serons empathiques si nous pouvons nous mettre à sa place et comprendre les choses comme si nous les vivions. Nous pouvons être empathiques sans être sympathiques, et l'inverse. Par exemple, lorsque vous offrez vos condoléances aux proches d'un défunt, vous exprimez alors votre sympathie, ce qui n'implique nullement que vous ressentiez la même peine que ces personnes vivant le deuil. Ce qui vous attriste, c'est de voir que ces personnes souffrent, ce n'est pas forcément la perte du défunt. Vous êtes sympathique à leur deuil. Si vous vouliez être empathique en cette occasion, il vous faudrait faire un effort pour adopter le point de vue des personnes en deuil. Que représentait pour elles la personne disparue? Quelle place celle-ci occupait-elle dans leur vie, dans leur passé? De quelle façon la perte de l'autre viendra-t-elle bouleverser leur vie? Tenter de répondre à ces questions représente une manifestation d'empathie.

Trouveriez-vous plus difficile d'être empathique envers quelqu'un qui est transporté de joie à l'idée d'avoir gagné 7 millions de dollars à la loterie, ou envers quelqu'un qui est écrasé de douleur par la mort d'un proche? Dans quelles situations trouvez-vous qu'il est facile d'être empathique? Qu'il est difficile d'être empathique?

Être empathique nous amène à comprendre, émotionnellement et intellectuellement, ce qu'une autre personne vit, mais cela ne nous oblige pas à éprouver les mêmes émotions. L'empathie est davantage intellectuelle, elle n'implique pas que nous participions aux sentiments de l'autre. La personne empathique est capable de décrire parfaitement la situation et le problème de l'autre sans vivre ni ressentir les émotions de l'autre. Par exemple, en présence d'une personne claustrophobe, une personne empathique pourra très bien «comprendre» ce qui se passe chez l'autre et très bien le décrire («Le simple fait de vous approcher d'un ascenseur déclenche votre anxiété» ou «La simple idée d'être dans un ascenseur vous effraie», ou encore «Lorsque vous êtes dans un ascenseur, vous avez le sentiment d'étouffer, de perdre le souffle», etc.), sans pour autant ressentir cette peur elle-même.

De même, un étudiant dont les camarades se disputent la compagnie pourra comprendre pourquoi un étudiant tenu à l'écart se sent déprimé: il essaiera de «se mettre à sa place», en s'imaginant dans ce rôle, en commençant à ressentir ce que l'autre ressent et en essayant de penser comme lui. C'est une entreprise difficile qui exige beaucoup d'efforts. C'est pourquoi on considère que l'empathie est une aptitude de communication très difficile à acquérir. Il n'existe pas de méthode facile pour y parvenir. Voici quelques conseils qui vous aideront à être plus empathique dans votre compréhension des messages d'autrui.

Premièrement, pour parvenir à une compréhension empathique, il est préférable *d'être calme, d'adopter un point de vue neutre en se libérant de ses propres tendances et émotions* (Goleman, 1995). Par exemple, si vous êtes de mauvaise humeur et en colère, vous serez tellement empêtré dans vos propres sentiments qu'il vous sera impossible de comprendre les sentiments d'une autre personne. De même, il faut prendre garde que notre indulgence ou notre hostilité envers l'autre ne nous amène à déformer son message. Par exemple, si nous prenons la personne qui nous parle pour une imbécile, il nous faudra redoubler d'efforts pour l'écouter objectivement.

Deuxièmement, il est nécessaire d'*éviter d'évaluer les comportements de l'autre*. Par définition, une compréhension empathique est sans jugement. Si vous évaluez les comportements d'une autre personne comme étant acceptables ou non, bons ou mauvais, vous analyserez alors ces comportements à travers ces étiquettes, de l'extérieur. Or, l'empathie suppose que nous voyions les choses comme si nous étions à l'intérieur de l'autre (la première syllabe du mot empathie vient de «en», qui signifie «dedans»). Pour être empathique, il faut résister à la tentation de juger, d'évaluer, d'interpréter et de critiquer. Il faut, de préférence, focaliser son attention sur la compréhension.

Troisièmement, il faut *prendre conscience de ce que nous pouvons enlever ou ajouter au message* de l'autre. Comme dans la perception d'autrui (voir le chapitre 8), ce que nous pouvons comprendre à partir de l'écoute d'un message recèle aussi une part de nous-mêmes. Nous entendons plus facilement ce que nous voulons entendre, ce que nous sommes disposés à entendre; le reste, nous avons tendance à l'ignorer. Nous interprétons ce que nous entendons du message en fonction de nos préjugés, de nos besoins, de notre expérience. Si le récepteur a un préjugé négatif envers l'émetteur, il aura tendance à rejeter son message. Si, au contraire, il a un préjugé favorable à son égard, il aura alors tendance à accepter le message reçu sans le critiquer.

Le filtrage de l'information peut s'effectuer différemment. Par exemple, il faut accorder autant d'importance aux émotions du locuteur qu'aux idées qu'il exprime et ne pas cesser de l'écouter avant d'avoir bien compris à la fois ce qu'il ressent et ce qu'il pense. Il faut aussi éviter de filtrer le message en ne retenant que les bribes d'information qui nous intéressent parce qu'elles se rapportent à nous ou parce qu'elles confirment nos hypothèses.

Nous ne nous limitons pas à sélectionner l'information reçue; nous en ajoutons aussi lorsque nous interprétons. Les inférences que nous faisons à partir du message représentent une signification ajoutée qui peut être vraie ou fausse. Par exemple, si une personne nous raconte qu'elle est souvent malade, nous pouvons penser qu'elle a des tendances hypocondriaques. Cette interprétation peut se révéler vraie ou fausse.

Nous devons être conscients qu'il s'agit d'une signification inférée à partir du message du locuteur, que ce n'est pas ce qu'il ou elle a dit. L'aptitude à distinguer le message original et les inférences faites à partir de celui-ci permet d'éviter certains malentendus.

Quatrièmement, pour parvenir à saisir le point de vue d'une autre personne, il est évident qu'il faut *se renseigner* sur elle. Mieux nous connaissons une personne, plus nous sommes capables de déceler ce qu'elle voit et ressent. Pour essayer de la connaître parfaitement, il faut bien sûr poser des questions, faire parler la personne en face de nous et, plus précisément, la faire parler d'elle-même. Nous aborderons plus loin les diverses interventions favorisant l'ouverture de soi qui permettent à l'écoute de ne pas être purement passive, mais au contraire très active.

Enfin, cinquièmement, il faut essayer de *ressentir ce que l'autre personne ressent* en adoptant son point de vue. Pour ce faire, il faut imaginer que nous sommes à sa place, nous mettre dans sa peau en jouant mentalement son rôle.

La réception et la compréhension du message représentent deux éléments importants de l'écoute. Il faut en ajouter un autre, qui concerne la façon de retenir les messages. L'écoute est influencée par la manière dont nous enregistrons les messages.

La mémorisation du message

La mémoire joue un rôle dans l'écoute. Les messages reçus et compris doivent être retenus pendant un certain temps. Dans bien des situations à caractère public (p. ex., en classe ou lors d'une conférence), nous pouvons accroître notre mémoire en prenant des notes ou en enregistrant les messages. Mais dans la plupart des communications interpersonnelles, il serait malvenu de procéder de cette manière; il nous arrive cependant de noter un numéro de téléphone, la date et l'heure d'un rendez-vous ou les directives pour nous rendre à un endroit précis.

Il est important de comprendre que nous nous rappelons *non pas* ce qui a réellement été dit, mais ce que nous pensons qui a été dit. La mémoire n'est pas reproductive, elle est *reconstructive*. Notre mémoire ne nous restitue pas intégralement les paroles du locuteur; elle reconstruit son message en un système qui a un sens pour nous. Pour comprendre l'importance de cette idée, essayez de mémoriser les 12 mots présentés ci-après (Glucksberg et Danks, 1975). Ne vous souciez pas de l'ordre; seul compte le nombre de mots mémorisés. Prenez une vingtaine de secondes pour mémoriser le plus grand nombre de mots possible. Ne poursuivez pas votre lecture avant d'avoir essayé de mémoriser la liste.

Liste de mots

lit	éveil	rêve	nuit
confort	assoupissement	repos	fatigue
veille	manger	bruit	ronflement

Maintenant, fermez votre manuel et écrivez les mots dont vous vous souvenez. Ne reprenez pas votre lecture avant de les avoir écrits.

Peut-être avez-vous, comme beaucoup de personnes, non seulement mémorisé la plupart des mots de la liste, mais ajouté le mot «sommeil». Vous avez eu, en effet, l'impression de lire le mot dans cette liste, mais vous pouvez constater qu'en fait, il n'y figure pas. La plupart des gens ne se contentent pas de reproduire la liste, ils la reconstruisent: ils lui donnent un sens en ajoutant le mot «sommeil». Or, nous agissons de la sorte avec tous les types de messages: nous les reconstruisons en un tout significatif et, ce faisant, nous ajoutons des éléments d'information au message de départ.

Lorsque nous écoutons, nous devons nous méfier de ce que nous allons retenir du message. Pour que notre mémoire soit plus fidèle, nous devons donc bien comprendre le message, mais, en plus, nous pouvons effectuer les opérations suivantes: 1) résumer le message sous une forme facile à retenir, sans écarter toutefois les détails essentiels et les nuances; 2) nous répéter mentalement ou, si possible, à haute voix les mots et les concepts clés; 3) s'il s'agit d'un exposé, d'une conférence ou d'un discours structuré, en reconnaître les articulations et nous les représenter mentalement pour organiser les propos du locuteur.

Dans le cadre d'une communication interpersonnelle, il faut prendre garde d'oublier certains éléments d'information qui tiennent à cœur à notre interlocuteur, par exemple le nom des personnes qu'il a mentionnées, les événements qu'il a racontés, etc. Les oublier pourrait révéler que nous ne l'avons pas bien écouté (ce qui peut être faux). La plupart du temps, une écoute attentive facilite la mémorisation, mais, dans certains cas et pour certains éléments d'information, il faut faire davantage d'efforts. Si nous ne pouvons prendre des notes, nous pouvons répéter mentalement les données importantes.

L'évaluation du message

L'empathie est considérée comme le meilleur moyen de connaître autrui; cependant, dans certaines circonstances, il faut aussi mesurer les paroles et les sentiments en fonction d'une réalité objective. Il est important d'écouter un ami nous dire que tout le monde le déteste et de comprendre comment il se sent et pourquoi il se sent ainsi. Mais il faut ensuite regarder la situation de manière un peu plus objective et faire la part de la paranoïa ou de l'autodépréciation. Il faut parfois mettre l'empathie de côté pour évaluer de façon plus objective la valeur du message; nous ne sommes pas toujours en relation d'aide avec les autres! Certes, nous devons tenter de les comprendre le mieux possible, mais cela n'est pas toujours le seul et unique but des interactions.

Il est parfois important de nous demander ce qu'un message peut nous apporter et, comme le suggèrent Stewart et Logan (1993), de poser explicitement la question. Bien écouter ne signifie nullement gober intégralement le message d'une autre personne sans que cela ait d'effet sur nous. Certes, s'il faut dans un premier temps bien saisir ce que l'autre raconte, il importe ensuite d'être en mesure d'évaluer l'effet que ce message peut avoir sur nous ou sur les autres. Évidemment, dans un cours très abstrait de mathématiques, ce genre de question ne se pose pas vraiment, mais lorsque le sujet concerne des personnes, il convient de définir sa position. Par exemple, vous écoutez un politicien défendre une loi visant l'augmentation des taxes sur le tabac. Il énumère les arguments et les faits qui appuient sa prise de position (p. ex., empêcher les jeunes de fumer, chercher des fonds pour atténuer les charges sociales, etc.). Pendant que vous écoutez, vous n'émettez pas d'opinion; cependant, à la fin de l'exposé du politicien, vous vous demanderez sans doute quel effet le message a eu sur vos idées: «Le message a-t-il changé quelque chose à ma position?», «Où est-ce que je me situe par rapport à ce que je viens d'entendre?», «Suis-je d'accord ou non?».

Il ne s'agit surtout pas de perdre notre objectivité, il s'agit seulement d'être assez lucide, pour ne pas croire que nous sommes complètement «neutres». Au contraire, si nous prenons conscience de notre point de vue et, plus profondément, des intérêts et des besoins sous-jacents liés à nos prises de position, nous deviendrons plus objectifs. Supposons que vous soyez fumeur. Lorsqu'il est question de la taxation des cigarettes, vous êtes, mieux que quiconque, à même d'établir votre position (fumeur) par rapport à celle d'un autre (non-fumeur) et, par conséquent, de comprendre davantage l'opposition qui sépare les fumeurs des non-fumeurs. Vous disposez donc d'une compréhension beaucoup plus éclairée du problème.

Dans certains cas, par exemple lors des réunions de travail, l'évaluation relève davantage de l'*analyse critique* : nous évaluons des propositions tout en les écoutant. Les mesures proposées sont-elles réalistes ? Augmenteront-elles la productivité ? En a-t-on la preuve ? Existe-t-il des solutions plus simples ?

Notons encore une fois qu'avant de critiquer, il faut d'abord chercher à bien comprendre et, pour ce faire, écouter en adoptant une position neutre. Par la suite, c'est-à-dire une fois que le message a été compris, nous serons en mesure de l'évaluer ou de le juger. Malheureusement, les gens passent trop souvent et trop rapidement à l'étape du jugement critique. L'ouverture nécessaire pour bien comprendre est très exigeante. Il n'est pas facile, par exemple, d'écouter les autres condamner nos convictions les plus profondes ou nos valeurs les plus importantes et, souvent, nous cessons d'écouter dès la première remarque hostile. De toute évidence, il est difficile, dans ces moments, de rester impartial, et c'est précisément dans ces moments-là qu'il est nécessaire de le rester.

Cependant, l'ouverture d'esprit n'empêche pas l'attitude critique. La première aide à comprendre les messages ; la seconde, à les analyser et à les évaluer. Cela s'avère particulièrement utile au collège : il est plus facile d'écouter le professeur pour seulement prendre note de ce qu'il dit ; mais il est plus exigeant d'évaluer et d'analyser ses propos. Les professeurs ont, eux aussi, leurs préjugés ; consciemment ou inconsciemment, ils les laissent parfois se glisser dans une présentation théorique. Sachez les reconnaître et en parler avec eux. La majorité des professeurs aiment que les étudiants remettent en question certaines de leurs idées : ces critiques démontrent que les étudiants les écoutent et incitent les professeurs à approfondir leurs idées.

Voici quelques conseils pour améliorer notre sens critique : 1) gardons l'esprit ouvert, évitons de juger d'avance ; attendons d'avoir bien compris l'intention et le contenu du message reçu avant de l'évaluer ; 2) ne refusons pas les messages difficiles, évitons de les déformer par une *simplification excessive*, une *banalisation*, c'est-à-dire par l'élimination de détails importants – simplement pour qu'ils soient plus faciles à retenir ; 3) ne refusons pas les messages désagréables ou indésirables – ceux qui vont à

En classe, vous arrive-t-il de fermer votre esprit aux messages désagréables ou difficiles ? Quels effets cette attitude entraîne-t-elle ? Lequel des conseils relatifs au dosage de l'empathie et de l'attitude critique dans l'écoute suivez-vous régulièrement ? Lequel suivez-vous le moins souvent ?

Le poète Walt Whitman a dit un jour que, pour qu'il y ait de grands poètes, il faut aussi qu'il y ait d'excellents auditoires.

Cette règle s'applique également aux communications interpersonnelles. Pour qu'une interaction soit fructueuse, il faut aussi bien des gens qui sachent écouter que des gens qui sachent parler: des gens qui sachent à la fois écouter et parler. Voici, esquissés, quelques «portraits» d'auditeurs qui rendent la conversation ardue. Il est facile de reconnaître les autres en eux. Il est plus difficile – mais plus important – de nous y reconnaître.

- L'auditeur impassible ne répond pas, ne bouge presque pas, reste inexpressif. Vous vous demandez pourquoi il ne réagit pas. – Il ne m'entend pas, ou quoi?

- L'auditeur monotone réagit, mais toujours de la même manière, quoi que vous disiez. – Est-ce que je dis des choses sensées? Pourquoi sourit-il? Je suis pourtant tout à fait sérieux.

- L'auditeur trop démonstratif réagit à tout… intensément. – Pourquoi s'emballe-t-il comme ça? Je n'ai rien dit d'extravagant. Il va faire une crise cardiaque avant la fin de mon histoire!

- L'auditeur occupé lit ou écrit pendant que vous parlez et ne relève la tête que de temps à autre. – Suis-je si assommant? Le journal étudiant de la semaine dernière est-il vraiment plus intéressant que moi?

- L'auditeur au regard fuyant observe tout et tout le monde, sauf vous. – Pourquoi est-ce qu'il ne me regarde pas? Est-ce que quelque chose lui déplaît dans mon visage?

- L'auditeur distrait écoute autre chose, et la plupart du temps la musique qui sort de ses écouteurs est si forte que vous ne vous entendez même plus penser. – Mais quand va-t-il donc éteindre cette musique? Ce que je dis est-il si ennuyeux qu'il a besoin à tout prix d'une musique de fond?

- L'auditeur impatient guette le moindre signal pour prendre la parole. – Est-ce qu'il m'écoute, ou répète-t-il mentalement sa prochaine interruption?

- L'auditeur trop secourable écoute le début de votre phrase et… la finit lui-même. – Suis-je si prévisible? Pourquoi est-ce que je me donne la peine de lui expliquer des choses s'il les sait déjà?

Existe-t-il des façons d'amener l'autre à écouter lorsque nous parlons? Comment pouvons-nous empêcher que ceux qui nous écoutent réagissent toujours de la même manière? Comment faire pour qu'ils nous regardent? Quand nous écoutons, pouvons-nous nous-mêmes éviter ces pièges?

---

l'encontre de nos convictions profondes, par exemple –, car nous risquons ainsi de passer à côté des renseignements dont nous avons besoin pour revoir nos hypothèses ou changer de comportement; 4) reconnaissons nos préjugés et nos partis pris (tout le monde en a!), puisque ceux-ci risquent de déformer le message. Méfions-nous notamment de l'*assimilation* – la tendance à interpréter ou à reconstruire le message en fonction de nos propres préjugés, partis pris ou attentes (p. ex., nos préjugés ethniques, nationaux ou religieux nous empêchent-ils de saisir le point de vue de la personne qui parle?) – et de la *mise en évidence* – la tendance à accorder une importance indue à un élément particulier d'information, parce qu'il confirme nos préjugés ou stéréotypes.

La rétroaction

Comme nous l'avons vu au chapitre 2, les réactions que nous manifestons lors d'une communication unilatérale n'ajoutent strictement rien à la communication: l'émetteur ne les reçoit pas. Les applaudissements ou les huées des téléspectateurs, par exemple, n'ont pas d'effet sur le discours du politicien à la télé ni sur les propos du commentateur: ces derniers ne les entendent tout simplement pas. Ce n'est pas ce qui se passe dans une communication interpersonnelle: les réponses émises par les interlocuteurs influent considérablement sur la communication.

RÉTROACTION
Information retransmise à l'émetteur afin qu'il puisse vérifier si le message qu'il a émis a bien été compris.

Ces réponses constituent des **rétroactions** (voir le chapitre 2): elles renseignent sur la qualité des messages que les interlocuteurs s'adressent. Elles renferment de l'information sur le message, ce qui a pour effet de le modifier et de le moduler. Les rétroactions agissent aussi sur la motivation du locuteur. Par exemple, si vous parlez à une personne et que, tout à coup, elle se met à bâiller, vous en déduirez qu'elle ne manifeste pas un grand intérêt pour ce que vous dites. Le bâillement est une rétroaction, un message à propos de votre message. Il existe toutes sortes de façons de réagir et de renseigner l'émetteur sur la qualité de son message et l'effet qu'il produit.

Dans certaines cultures – le Québec en fait partie –, les gens réagissent très franchement et très honnêtement aux propos qu'on leur tient; ils s'attendent à ce que leurs interlocuteurs fassent de même. Dans d'autres cultures – comme le Japon ou la Corée –, les gens estiment plus important d'être positifs qu'honnêtes et peuvent, par exemple, louanger la proposition d'un collègue même s'ils n'y sont pas favorables. Il importe donc de suivre attentivement ces réactions, comme d'ailleurs tous les messages, en demeurant pleinement conscients des différences culturelles.

Les rétroactions peuvent être verbales ou non verbales, directes ou indirectes, positives ou négatives, axées sur la personne ou sur le message, spontanées ou calculées. Ces caractéristiques représentent cinq dimensions des rétroactions.

Les rétroactions verbales et non verbales

Les rétroactions présentent une double nature : verbale et non verbale. Nous avons vu jusqu'ici l'importance relative de ces deux types de messages dans la communication interpersonnelle. Les réactions non verbales communiquent mieux les émotions et les sentiments, elles agissent plus directement sur les émotions et les désirs de l'interlocuteur. Les exemples donnés précédemment portaient sur des rétroactions non verbales (bâiller, froncer les sourcils, hocher la tête). L'auditeur exprime son attention par différents signes non verbaux : il regarde la personne qui parle, se concentre sur ses propos plutôt que sur ceux des autres personnes présentes, dévoile ses émotions par des mimiques. Il peut aussi manifester son attention par des paroles en posant des questions pertinentes, en disant qu'il comprend (« Oui », « Je vois »), en signifiant son accord ou son désaccord.

Les signes non verbaux renseignent d'une façon très grossière sur la qualité de la réception du message. Ils disent au locuteur des choses comme « Ça va » ou « Ça ne va pas », « Continuez » ou « Arrêtez », « J'aime ce que vous dites » ou « Je n'aime pas ce que vous dites ». Dans ces cas, ces signes non verbaux représentent des **signaux phatiques**, puisqu'ils servent seulement à établir la communication en témoignant ou non de l'attention de l'interlocuteur. Ces signes sont très importants, car, sans eux, l'autre cesse de communiquer (personne n'aime parler seul).

Les rétroactions non verbales véhiculent de l'information plutôt sur les émotions et les désirs du récepteur par rapport au message du locuteur. Les signes verbaux seront utilisés pour communiquer de l'information sur le contenu du message. En ce sens, ils sont plus précis. Un froncement de sourcils peut signifier « Je ne comprends pas », mais il ne pourra pas signifier « Je ne comprends pas pourquoi vous tenez tant à faire ceci, car ce n'est pas dans votre intérêt ». Il vaut mieux utiliser les mots pour exprimer des idées (voir le chapitre 4).

Les rétroactions directes et différées

Deux personnes qui échangent par des canaux de communication asynchrones (voir le tableau 1.1) peuvent se répondre, mais leurs réponses sont des **rétroactions différées** : l'émetteur les reçoit bien après qu'il ait terminé d'émettre son message. Les **rétroactions directes** lui parviennent pendant qu'il émet son message, elles ont un effet direct sur la formulation de ce message, elles le modulent en quelque sorte.

Un professeur peut, durant son cours, tirer profit tant des rétroactions directes que des rétroactions différées de ses élèves. Il peut guetter leurs réactions non verbales, détecter leurs froncements de sourcils et leurs regards interrogateurs. Ces réactions auront sur lui un effet immédiat. Les hochements de tête positifs de ses élèves l'encouragent à poursuivre son cours, leurs froncements de sourcils et leurs soupirs, par

Les rétroactions dans la communication numérique

Avec les canaux asynchrones, les messages émis ne peuvent pas être modulés par les rétroactions directes de nos interlocuteurs. S'il est possible de prendre son temps et de réfléchir à l'écriture d'un message sur Internet (ce que nous ne faisons pas toujours), l'absence de rétroactions directes ne donne aucune chance à l'émetteur de changer son message de façon à tenir compte des personnes qui vont le lire (ou l'entendre s'il s'agit d'un message enregistré sur un répondeur). Rappelons-le, la communication interpersonnelle est *irréversible* (voir le chapitre 2). Une fois que le message est émis, il est impossible de le rattraper pour le modifier. C'est pourquoi il est toujours important de réfléchir avant d'activer la touche « Envoyer le message ». Non seulement le message demeurera intact, mais il sera enregistré et pourra être lu et relu autant de fois que désiré.

Par exemple, Martin répond à un courriel de Sophie qui lui décrit l'immense plaisir qu'elle a eu avec sa mère qu'elle considère comme une vraie amie. Il lui écrit alors qu'il trouve ces rapports « amie – amie » assez saugrenus et ajoute : « Cela ne rajeunit pas ta mère ». Martin n'a pas tellement réfléchi aux conséquences possibles de son message, qu'il a d'ailleurs écrit assez rapidement parce qu'il était pressé. En lisant la réponse très sèche de Sophie, il se rend compte qu'elle est offensée. Il se rend aussi compte que son message, « complètement stupide » pense-t-il à ce moment, est enregistré et que non seulement Sophie, mais d'autres personnes pourraient le lire. Il ne peut plus nier l'avoir écrit. Si Martin avait émis son idée en présence de Sophie, il aurait détecté rapidement, par les rétroactions directes de Sophie, son complet désaccord et il aurait ajusté son message, il l'aurait atténué immédiatement. Il aurait utilisé des euphémismes, il aurait évité certains mots. Martin se dit qu'il tentera, plus tard, de modifier le sens de ses propos, mais il sait bien, comme la trace d'un crayon sur lequel on a pesé trop fort, qu'il ne pourra pas tout effacer.

Lorsque la relation est importante avec une ou plusieurs personnes, il vaut mieux privilégier les canaux synchrones de façon à pouvoir évaluer immédiatement, par les réactions directes de l'interlocuteur, l'effet de son message et le modifier, s'il y a lieu. Le but est de préserver la relation. C'est pourquoi, parmi tous les médias numériques, la plupart des gens préfèrent le téléphone ou la visioconférence pour communiquer avec les proches (Broadbent, 2011).

Pouvez-vous vous souvenir d'une situation dans laquelle, comme Martin, vous avez transmis un message sans trop réfléchir à l'impact que son contenu pouvait avoir sur votre interlocuteur ? Quelle conséquence cela a-t-il eue sur votre relation avec l'autre personne ?

contre, lui communiquent qu'ils ne comprennent pas bien ses propos ou qu'ils sont en désaccord avec lui. Il pourra, dans ce cas, reprendre son explication ou en simplifier le sens. Cet exemple montre comment les rétroactions directes modulent l'émission d'un message. Ce professeur pourra aussi faire circuler un questionnaire pour interroger ses élèves sur la valeur de son cours. Enfin, il pourra leur faire passer un examen sur la matière qu'il leur enseigne. Les réponses à toutes ces questions représentent des rétroactions différées, qui, si elles n'ont pas eu d'effet sur les cours qui ont été donnés jusque-là, en auront probablement sur les suivants.

Les rétroactions positives et négatives

RÉTROACTION POSITIVE
Rétroaction indiquant à l'émetteur que son message est bien reçu et qu'il peut continuer d'agir comme il le fait.

RÉTROACTION NÉGATIVE
Rétroaction indiquant à l'émetteur que son message n'a pas été reçu comme il le désirait et qu'il doit s'ajuster.

Qu'elles soient verbales ou non, directes ou indirectes, les rétroactions peuvent être positives ou négatives. Les **rétroactions positives** (applaudissements, sourires, hochements de tête) expriment l'accord avec le locuteur, lui disent que son message est bien reçu et qu'il peut continuer sur le même mode. À l'inverse, les **rétroactions négatives** (froncements de sourcils, regards perplexes, gestes désapprobateurs) lui disent que quelque chose ne va pas, que nous ne sommes pas d'accord ou que nous ne comprenons pas : elles préviennent le locuteur qu'il doit s'ajuster. L'utilisation des rétroactions positives et négatives doit être la plus honnête possible. Certains donnent l'impression de comprendre pour dissimuler le fait qu'ils ne comprennent pas : cette rétroaction n'avantage nullement la communication. D'autres vont utiliser les rétroactions négatives dans l'intention plus ou moins consciente d'abaisser l'autre. L'art de la rétroaction consiste à manifester des rétroactions positives sans arrière-pensée et à fournir des rétroactions négatives en ayant à l'esprit non pas de diminuer l'autre, mais d'améliorer les choses.

Les rétroactions axées sur la personne et sur le message

Les rétroactions peuvent porter sur la personne (« Tu es gentil », « Tu as un sourire extraordinaire ») ou sur le message (« Pouvez-vous répéter la question ? », « Ton argument est bon »). Cette distinction est primordiale. Pour améliorer une communication, il est nécessaire d'améliorer la compréhension du message. Dans ce sens, il est évident que les rétroactions doivent porter sur le message lui-même et non sur la personne qui l'a émis. Ce principe est particulièrement vrai lorsqu'il s'agit d'une rétroaction évaluatrice ou d'une critique. Par exemple, lorsque nous évaluons un travail fait par autrui, il est important que nos commentaires portent sur le travail lui-même et non sur celui qui l'a produit.

Les rétroactions spontanées et calculées

Les réponses que nous faisons au locuteur peuvent être des **rétroactions spontanées** et franches ou elles peuvent être plus calculées pour servir un but précis. Dans la plupart des conversations, nous réagissons spontanément, sans calcul, d'une façon authentique. Mais, parfois, la réponse exige de la prudence et de la réflexion – quand notre patron nous demande si nous aimons notre travail, par exemple, ou que notre grand-père veut savoir ce que nous pensons de sa nouvelle tenue de cycliste. Les **rétroactions calculées** sont stratégiques, elles répondent à une intention généreuse ou égoïste. Elles sont souvent le fait de personnes qui modulent leur présentation de soi (voir le chapitre 5). Pour améliorer l'écoute, il faut savoir éviter les rétroactions spontanées qui pourraient avoir des effets négatifs sur la personne qui parle (p. ex., rire de l'autre). Il faut aussi savoir mettre de côté ses objectifs personnels. La stratégie est ici de permettre à l'autre d'émettre le mieux possible son message. Si l'autre parle de lui-même, il s'agit alors de lui permettre de se confier le mieux possible. La section qui suit présente justement diverses sortes de rétroactions et d'attitudes qui facilitent plus ou moins l'ouverture de soi chez le locuteur.

Vous rappelez-vous une occasion où vous avez émis une rétroaction calculée ? Par exemple, vous est-il arrivé de rire alors que ce n'était pas vraiment drôle ? D'acquiescer, alors que vous n'étiez pas vraiment d'accord ? Pour quelles raisons faites-vous le plus souvent des rétroactions calculées ? Est-ce dans le but d'obtenir quelque chose pour vous-même ou par bienveillance et générosité envers les autres ?

RÉTROACTION SPONTANÉE
Rétroaction qui manifeste des pensées ou des sentiments authentiques, sans arrière-pensée.

RÉTROACTION CALCULÉE
Rétroaction produite avec une intention ; elle est stratégique.

Exercice 6.4 **Réduire les obstacles à l'écoute**

Supposons que vous discutiez de chacun des sujets ci-dessous avec les personnes respectivement intéressées. Quels obstacles risquent d'interférer avec l'écoute (à n'importe laquelle des étapes : réception, compréhension, mémorisation, évaluation, réponse) ? Quelle attitude adopteriez-vous pour que ces obstacles n'entravent pas votre capacité d'écoute ?

1. Un ami vous annonce qu'il est séropositif.
2. Un professeur affirme que le mouvement féministe est mort.
3. Une mère lesbienne soutient que les lois actuelles sur l'adoption sont discriminatoires.
4. Une coalition de sans-abri revendique le droit d'occuper les espaces publics.
5. Un homme politique prétend que les relations interethniques ne s'amélioreront jamais.

6. Un prêtre catholique affirme qu'il faut rester vierge jusqu'au mariage.
7. Votre grand-oncle de 80 ans soutient que l'avortement est un meurtre, quelles que soient les circonstances.
8. Un représentant de la compagnie de téléphone vous offre un nouveau programme d'interurbains.

En réfléchissant à ces situations, demandez-vous, par exemple, comment vos attentes initiales influeraient sur votre manière d'écouter ; comment vous évalueriez la crédibilité de votre interlocuteur (avant même de commencer à lui parler) ; quelle influence cette évaluation aurait sur votre manière d'écouter ; enfin, demandez-vous si vous commenceriez à écouter avec une attitude positive, négative ou neutre ; et quelle influence cette attitude aurait sur votre capacité d'écoute.

LES ATTITUDES ET L'OUVERTURE DE SOI

Les rétroactions se distinguent non seulement par les cinq dimensions que nous venons d'expliquer, mais aussi par leur capacité ou leur incapacité à susciter la confidence chez l'autre. Dans le contexte d'une relation qui vise l'ouverture de soi de l'un des interlocuteurs, il est essentiel d'obtenir de sa part des renseignements personnels qui nous permettront de mieux le comprendre. Dans cette perspective, les rétroactions sont déterminantes. Ce sont elles qui vont créer les conditions pour que l'autre accepte de s'ouvrir à nous, de nous révéler des renseignements intimes qui nous sont indispensables pour le comprendre.

Mucchielli (1999) distingue différentes rétroactions qui correspondent aux six attitudes que nous sommes susceptibles d'adopter lorsque nous écoutons une personne exprimer ses idées et ses sentiments. On considère que cinq de ces attitudes sont des obstacles à la communication. Il s'agit des attitudes d'évaluation, d'interprétation, de soutien, d'investigation et de solution immédiate. Les rétroactions associées à ces attitudes peuvent faire naître des réactions négatives chez l'interlocuteur. Elles le frustrent dans ses efforts pour se confier, ce qui mène souvent la conversation à un cul-de-sac. L'attitude qui favorise la confidence est dite « compréhensive » ; elle est la seule, selon Mucchielli, à vraiment permettre l'ouverture de soi.

Avant de passer à l'étude des rétroactions favorables à une écoute compréhensive et efficace, nous examinerons d'abord les cinq types de réponses qui ne facilitent généralement pas l'ouverture de soi.

L'attitude d'évaluation

Les évaluations tendent à comparer les comportements de la personne à des normes ou à des valeurs. Elles prennent la forme de conseils, de jugements moraux approbateurs ou désapprobateurs. Les répliques de nature évaluatrice sont très nombreuses et nous y avons souvent recours, par exemple, lorsque nous blâmons l'autre (« C'est de ta faute »), lorsque nous lui faisons la morale (« C'est mal ce que tu as fait »), lorsque nous l'injurions (« Tu es un idiot » ou « Tu n'es pas brillante »), lorsque nous le sermonnons (« Les bons étudiants ont toujours un plan de carrière »), lorsque nous le ridiculisons ou l'humilions (« Un singe serait capable de faire ça ») et, enfin, lorsque nous manifestons notre approbation moralisante (« Enfin, tu te décides à te renseigner », « Tu es quelqu'un de rapide, d'habitude ! »).

L'attitude d'évaluation ou de jugement moral place l'interlocuteur dans une situation d'infériorité. Les répliques évaluatrices inhibent sa tendance à la communication, elles le culpabilisent et déclenchent chez lui des sentiments négatifs qu'il peut vouloir dissimuler en faisant preuve d'indifférence ou évacuer en se révoltant. Ces deux réactions ne favorisent pas la communication.

L'attitude d'interprétation

Il nous arrive, à l'occasion, de jouer à l'expert. Nous essayons d'analyser les paroles de notre interlocuteur pour parvenir ainsi à établir un diagnostic. L'attitude d'interprétation est elle aussi dominatrice dans une certaine mesure (« Je sais qu'il a agi comme cela avec toi parce que tu es trop envahissante » ou « Tu n'y arrives pas parce que tu manques de volonté »). Lorsque nous interprétons rapidement, nous imposons alors notre propre point de vue, nous projetons notre propre manière de comprendre les choses. Ces explications faciles tendent à déformer la pensée de l'interlocuteur.

Les interprétations rapides entraînent généralement des rectifications de la part de l'interlocuteur. Si nous nous obstinons, la conversation se transforme alors en affrontement. Dans ce cas, le désintérêt survient. L'interlocuteur cherche à changer de sujet ou à mettre fin à la conversation, s'il le peut. Sinon, il pourra s'enfermer dans un mutisme manifestant sa résistance (« Tu peux bien penser ce que tu veux »).

L'attitude de soutien

L'attitude de soutien se veut la plupart du temps généreuse. Les consolations et les encouragements ne font pas de tort, mais, exprimés sur le ton de la bienveillance, ils n'aident pas vraiment l'autre personne. Les attitudes de soutien dénotent une position maternelle ou paternaliste («Ne t'inquiète pas, les choses vont s'arranger» ou «Je te comprends, ce n'est vraiment pas drôle comme situation»). Ce genre de compassion déclenche chez l'interlocuteur des réactions diverses. Il peut refuser d'être pris en pitié et manifester de l'hostilité ou, au contraire, désirer entretenir cette bienveillance. Il s'ensuit alors une attitude de dépendance et de soumission envers l'autre. La personne qui fait l'objet du soutien paternaliste devient passive, elle se laisse dominer dans la solution de son problème, elle attend qu'on lui donne des idées, qu'on lui fasse des suggestions, qu'on la guide.

L'attitude d'investigation

La personne qui interroge l'autre dans le but d'obtenir des renseignements qui confirmeraient ses croyances adopte une attitude d'investigation. Le problème ici réside dans le fait que la personne qui pose les questions les choisit selon son propre intérêt, sans tenir compte de celui de la personne qu'elle questionne. Encore une fois, l'attitude peut être condescendante: «Que faisais-tu pendant ce temps-là?», «Pourquoi as-tu fait cela?», «Qu'est-ce que tu as fait pour l'aider?». Par ses questions, l'interrogateur mène le jeu et il peut laisser paraître que c'est sa manière à lui de voir les choses qui importe.

Les réactions à une attitude d'investigation sont variées. La personne interrogée peut soit se concentrer sur ce que l'autre veut savoir en n'exprimant pas son point de vue propre, soit répondre aux questions en cherchant à préserver son image, c'est-à-dire en essayant de donner la meilleure image possible de soi. Enfin, elle peut réagir avec hostilité si elle croit que l'autre manifeste une curiosité inquisitrice, qui vise à la piéger. Dans ce cas, elle peut se renfermer, voire, à l'extrême, se taire.

L'attitude de solution immédiate

Les rétroactions peuvent proposer une «solution immédiate». Le plus souvent, elles expriment le désir de régler rapidement le problème. On cherche à conseiller l'autre, on lui suggère une solution rapide. On adopte en quelque sorte une attitude autoritaire: «Tu devrais aller rencontrer un orienteur», «La solution est simple, tu acceptes son offre», «Tu devrais essayer de lui parler franchement» ou «À ta place, je choisirais ce modèle, car il te va beaucoup mieux». Ces réponses expriment la volonté de ne pas connaître davantage le problème de l'interlocuteur. Il n'y a pas vraiment d'écoute. On choisit pour l'autre la solution à son problème.

Dans ce cas, l'autre sent que l'on ne s'intéresse pas vraiment à lui. Il peut aussi penser qu'on a tout simplement plaqué une solution «standard» à son cas et qu'ainsi, on ne tient pas compte de sa singularité. Insatisfait devant une solution qu'il juge inefficace, il se sent incompris, ce qui peut le fâcher. Il peut aussi en déduire que l'autre ne veut pas vraiment l'écouter, et il changera alors de sujet.

L'attitude compréhensive

Les attitudes que nous venons de voir engendrent généralement une certaine résistance de la part de l'interlocuteur. Elles nuisent à l'approfondissement de son problème et conduisent à la rupture du dialogue. Dans tous les cas que nous avons précédemment étudiés, la personne qui écoute prend les commandes et impose à l'autre sa façon de voir les choses. Il s'installe alors très implicitement un rapport dominant/dominé entre les interlocuteurs, une ambiance de confrontation subtile. L'attitude compréhensive représente, au contraire, une attitude *égalitaire* s'appuyant sur le partage honnête et authentique des idées et de l'information. La personne qui veut aider ne se croit pas supérieure à l'autre. Elle ne lui proposera pas de régler son problème immédiatement. Elle tentera plutôt de trouver une solution avec l'autre et pour l'autre. Elle n'essaiera pas d'imposer à l'autre ses propres interprétations. Elle s'abstiendra aussi de juger et d'évaluer les propos de l'autre. Elle évitera de présenter une attitude de soutien paternaliste. Enfin, elle posera des questions, mais dans l'intention de mieux comprendre le point de vue de l'autre.

Les psychologues Carl Rogers (Rogers et Farson, 1981) et Thomas Gordon (1975) – le premier dans le cadre d'une théorie de la relation d'aide, et le second dans le cadre de son programme de formation à l'efficacité parentale – ont mis au point une méthode d'écoute orientée vers l'ouverture de soi. La pratique de cette méthode permet de donner aux répliques ou aux rétroactions la forme de la paraphrase ou de la reformulation afin que nous puissions vérifier si nous avons bien compris notre partenaire. Le but premier est d'inciter l'autre à s'exprimer davantage en faisant en sorte qu'il se sente en confiance, respecté, écouté sans préjugé et, finalement, mieux compris. Les répliques l'aident à organiser lui-même son propre message, elles lui permettent de réfléchir à ce qu'il ressent. L'écoute active favorise à la fois la confiance et la confidence.

LA MÉTHODE DE L'ÉCOUTE ACTIVE

ÉCOUTE ACTIVE
Processus par lequel un auditeur organise en un tout significatif ce qu'il comprend de l'ensemble du message d'un locuteur – c'est-à-dire ses signaux (verbaux et non verbaux), ses pensées et ses émotions – et le transmet au locuteur.

L'**écoute active** est l'une des plus importantes habiletés communicationnelles que nous puissions acquérir (Gordon, 1975). Arrêtons-nous d'abord à la remarque suivante et à quelques répliques possibles.

Nathalie : Ce salaud m'a collé un C pour mon travail de session. J'ai vraiment travaillé très fort à ce projet, et tout ce que j'obtiens, c'est un misérable C.

Charles : Ce n'est pas si mal. La plupart des élèves ont eu cette note-là. Moi aussi, j'ai eu un C.

Cynthia : Et alors ? C'est ton dernier semestre. Et puis, on s'en fiche, des notes !

Étienne : Tu devrais être contente d'avoir eu un C. Jean et Judith ont eu un D ; Julien, Nicolas et Michel ont eu un E.

Diane : Tu as eu un C pour le travail de session sur lequel tu travaillais depuis trois semaines ? Tu as vraiment l'air furieuse et offensée.

Les quatre amis de Nathalie veulent probablement tous la réconforter, mais ils s'y prennent de différentes manières, ce qui, nous pouvons en être sûrs, aura des conséquences différentes. Les trois premiers répondent de manière assez prévisible : Charles et Cynthia essaient de minimiser l'importance de la note obtenue. Cette réaction, fréquente devant un ami insatisfait ou déçu, est cependant inadéquate dans la plupart des cas. En effet, malgré leurs bonnes intentions, Charles et Cynthia ne favorisent pas ainsi la compréhension et la bonne communication. Étienne, pour sa part, essaie de trouver un sens positif à la note de Nathalie. Mais tous trois en disent beaucoup plus encore : ils disent que Nathalie ne devrait pas être malheureuse, que ses sentiments ne sont pas légitimes. Ils nient le bien-fondé de ses sentiments et la placent dans une situation telle qu'elle devra se défendre. Malgré leurs intentions généreuses, la communication est certainement manquée.

Diane réagit de façon radicalement opposée. Elle recourt à l'écoute active : elle dit à Nathalie ce qu'elle comprend du message, verbal et émotif, que celle-ci a émis. L'écoute active n'est pas une simple répétition des mots du locuteur. Elle consiste à mettre dans une forme cohérente ce qu'on comprend de l'ensemble de son message – les aspects verbaux et non verbaux, les contenus rationnel et émotionnel.

> Aujourd'hui on ne sait plus parler, parce qu'on ne sait plus écouter.
>
> – Jules Renard

Les fonctions de l'écoute active

L'écoute active remplit d'importantes fonctions. Premièrement, elle *montre au locuteur que nous l'écoutons* et, souvent, la seule chose qui compte pour lui, c'est de savoir que quelqu'un s'intéresse assez à lui pour l'écouter. Cela peut sembler banal, mais pour certaines personnes dans certains contextes, l'écoute représente un cadeau exceptionnel et très précieux.

Deuxièmement, l'écoute active *permet de vérifier si nous avons bien compris ce que l'autre nous dit*. En nous faisant le miroir de ses idées et de ses sentiments, nous lui donnons la possibilité de confirmer, de clarifier, d'approfondir ou de corriger la façon dont nous avons compris ses idées et ses sentiments. Vraisemblablement, la conversation qui suivra sera plus significative et plus utile.

Troisièmement, l'écoute active nous *permet d'exprimer notre acceptation des sentiments de l'autre*. Remarquez que, dans l'exemple précédent, les trois premiers auditeurs contestent la légitimité des sentiments exprimés par Nathalie. Diane, elle, les accepte et s'en fait l'écho avec sympathie et empathie. Remarquez aussi que les trois premiers nient les sentiments de Nathalie sans jamais les nommer. Diane, de son côté, non seulement les accepte-t-elle, mais elle les définit clairement, invitant ainsi Nathalie à la corriger s'il y a lieu.

POUR S'AMÉLIORER

Exercez-vous à être un bon confident... Lorsqu'une personne de votre entourage vit des difficultés particulières et vient se confier à vous, appliquez la technique de l'écoute active afin de l'aider à trouver des solutions à ses problèmes.

Quatrièmement, l'écoute active *incite l'autre à approfondir ses pensées et ses sentiments*. Elle l'invite à les explorer sans avoir à s'en défendre. L'écoute active crée un climat propice au dialogue – un dialogue qui favorise la compréhension mutuelle. L'écoute active donne la possibilité à l'autre de s'exprimer et d'expliquer son problème, l'aidant ainsi à le régler.

Les techniques de l'écoute active

Trois techniques aident à maîtriser l'écoute active. Au début, elles nous paraissent bizarres et peu naturelles. Mais, avec de la pratique, nous finissons par y recourir spontanément et les intégrer dans un dialogue efficace et significatif. C'est quand cette habileté est bien développée que nous pouvons vraiment voir les effets parfois spectaculaires de l'écoute.

Reformuler les pensées de l'autre

La communication interpersonnelle est une transaction, rappelons-le. La réussite de cette communication est le résultat d'une entente entre deux interlocuteurs. Dans ce contexte, il est très important, si la situation le permet, de vérifier sa compréhension, c'est-à-dire de comparer et d'ajuster s'il y a lieu les significations des interlocuteurs. Une des façons d'y parvenir consiste à reformuler le message reçu dans ses propres mots. La technique ne se limite pas simplement à reformuler mentalement le message (comme il est conseillé de le faire lors d'une communication unilatérale), mais elle exige que nous le fassions à voix haute, devant l'interlocuteur, de façon à ce qu'il réagisse à son tour à notre propre compréhension. La reformulation est une forme d'interrogation qui nous amène à renvoyer à l'autre, dans nos propres mots, le message qu'il vient de nous transmettre, de façon à obtenir son accord. Elle peut

La psychothérapie

La situation où l'écoute est davantage favorisée est celle où deux personnes placées face à face profitent des nombreux signaux émis par l'autre. Comme la psychothérapie s'appuie sur une activité de communication et d'écoute, il est facile de comprendre que les psychothérapeutes, jusqu'à tout récemment, privilégiaient les rencontres en tête-à-tête avec leurs clients. La crainte était qu'un média moins riche réduise la qualité de la relation entre le thérapeute et le patient. L'expérience récente de psychothérapeutes qui ont proposé des consultations par l'intermédiaire de différents médias numériques (visioconférence, téléphone, courriel, clavardage, texto, etc.) a permis de rassurer les inquiétudes premières. En 2012, Slone et ses collègues ont analysé de nombreuses recherches sur l'efficacité de la psychothérapie en ligne auprès d'une clientèle d'enfants et d'adolescents. Ils ont conclu qu'elle est bénéfique pour résoudre plusieurs types de troubles psychologiques (intoxication, anxiété, trouble alimentaire, dépression, tendance suicidaire, trouble obsessif-compulsif).

En fait, il est surprenant de constater que l'utilisation de différents canaux numériques puisse être aussi efficace que les rencontres en tête-à-tête. De plus, une étude récente (Wagner, Andrea et Maercker, 2013) montre que, dans certains cas, la psychothérapie en ligne pourrait être plus efficace que la thérapie classique, en face à face. Dans cette étude, 6 thérapeutes traitaient 62 patients souffrant de dépression modérée, pour la plupart. Les patients ont été divisés en deux groupes égaux et assignés au hasard à l'une ou l'autre des formes thérapeutiques. Le traitement se composait de huit sessions qui faisaient appel à différentes techniques établies découlant de la thérapie cognitivo-comportementale et pouvant être exécutées à la fois oralement et par écrit. Pour chacune des interventions, qu'elles soient en tête-à-tête ou en ligne, les patients devaient faire des exercices écrits. Les résultats montrent que, dans les deux groupes, les valeurs de dépression

ont significativement diminué. Trois mois après la fin du traitement, la dépression des patients traités en ligne avait continué de diminuer bien plus que celle des clients soumis au traitement classique.

Ces nouvelles données risquent de révolutionner le travail des psychothérapeutes. Plusieurs mythes à propos de la qualité de la relation thérapeute-client doivent être remis en question. Fenichel et ses collaborateurs (2009) ont décrit une dizaine de mythes sur la psychothérapie en ligne. À titre d'exemple, il est faux de penser que les canaux asynchrones utilisant l'écrit sont incapables de véhiculer la profondeur de l'expérience humaine. Pourquoi les gens continuent-ils de croire que les mots seuls ne peuvent communiquer adéquatement les émotions? Dans le contexte où une personne fait une confidence à une autre, la meilleure attitude de cette dernière est d'écouter attentivement l'autre. N'est-ce pas ce qui se produit lorsque nous lisons un message écrit? Une confidence écrite peut être aussi authentique et la personne qui la lit peut être tout aussi empathique. Dans le cadre d'une communication asynchrone, certaines personnes vont s'avérer plus honnêtes, moins inhibées et plus expressives qu'en situation face à face. Si le thérapeute veut améliorer sa compréhension du message, il pourra toujours donner au client une rétroaction, par téléphone, par texto ou par courriel. En fait, nous commençons à comprendre que tous les canaux de communication peuvent servir dans une relation d'aide. Reste à déterminer – et c'est ce que l'expérience des psychothérapeutes et les recherches scientifiques sur le sujet pourront préciser – dans quelles circonstances un canal sera plus approprié qu'un autre? C'est une question que nous avons posée beaucoup plus tôt dans ce livre (voir au chapitre 2, la rubrique «Le choix du canal») et à laquelle il n'est pas facile de trouver une réponse. Personnellement, pensez-vous que vous vous sentiriez plus à l'aise ou moins à l'aise de discuter de problèmes personnels en utilisant les médias numériques?

se présenter ainsi : « Si j'ai bien compris ce que vous venez de dire, la reformulation serait une façon de comparer et de fusionner nos compréhensions ? » Exactement mais, pour y arriver, il ne faut pas se contenter de répéter le message. Il faut l'exprimer en utilisant d'autres termes. En reformulant, dans nos propres mots, ce que nous croyons avoir compris des propos de l'autre, nous l'invitons à nous corriger, s'il y a lieu. De plus, nous nous montrons intéressés par ce qu'il dit – ce qui a de quoi le réconforter, surtout s'il est déprimé ou en colère.

Quand nous reformulons les pensées de l'autre, nous lui donnons en quelque sorte le feu vert, nous le laissons s'étendre sur le sujet et pousser plus loin son analyse. En reformulant, par exemple, ce que Nathalie a déclaré à propos de la note qu'elle avait obtenue, nous lui donnerions l'occasion d'expliquer pourquoi cette note est si importante pour elle. Les reformulations doivent cependant être objectives. Elles ne doivent pas chercher à influencer le locuteur, ni l'amener dans la direction que nous croyons préférable pour lui. Elles ne visent pas à exagérer ni à minimiser les émotions exprimées, mais doivent être aussi près que possible de ce que le locuteur ressent et perçoit.

La reformulation est une technique très importante de l'écoute efficace. Cette forme de rétroaction ne peut néanmoins être utilisée dans toutes les circonstances. Elle convient surtout aux conversations en petit groupe, notamment aux discussions à deux (dyades). On y a recours en particulier dans le cadre d'une relation d'aide psychologique, relation dans laquelle une personne tente de comprendre le point de vue d'une autre pour l'aider à résoudre avec elle son problème. Mais plus généralement, cette technique pourra être utilisée chaque fois qu'on veut s'assurer de bien comprendre ce que vit une autre personne.

Exercice 9.2 **Reformuler pour mieux comprendre**

La reformulation est l'une des techniques les plus importantes pour s'assurer qu'on a bien compris. Reformulez chacun des messages suivants en utilisant les mots qui vous paraissent appropriés. Puis, demandez à une autre personne si elle accepterait vos paraphrases comme des énoncés objectifs des idées et des sentiments exprimés. Retravaillez-les jusqu'à ce que l'autre les considère comme fidèles (voir le premier exemple).

1. Je n'en peux plus de voir mes parents se disputer constamment. Ça fait 10 ans que ça dure, je ne peux plus le supporter.

   Reformulation : Tu trouves difficile que tes parents se disputent. Tu sembles bouleversé par leur dernière querelle.

2. Savais-tu que j'allais me marier avec Jerry ? Nos différences raciales et religieuses nous causeront certainement des problèmes à tous les deux. Mais nous nous aimons et nous parviendrons à les régler.

3. J'ai eu un C pour mon travail. Je n'ai jamais eu une aussi mauvaise note. Je n'en reviens pas. Et dans ma spécialité, en plus ! Qu'est-ce que je vais faire ?

4. Je ne comprends pas pourquoi je n'ai pas obtenu cette promotion. Je suis ici depuis plus longtemps que Tremblay et je fais du meilleur travail que lui. Mes deux patrons m'ont même dit que j'étais le prochain sur la liste des personnes devant en obtenir une. Et maintenant, il semble qu'il n'y aura pas d'autre promotion avant au moins un an.

5. Ce salaud s'est levé et il est parti. Il ne m'a même pas dit au revoir. Nous sortons ensemble depuis six mois et, après une seule petite chicane, il me quitte sans dire un mot. Il a même emporté mon beau peignoir, celui qu'il m'avait donné comme cadeau d'anniversaire.

6. Je ne sais pas quoi faire. Je suis vraiment amoureux de Christine. C'est la fille la plus gentille que je connais. Je veux dire – elle ferait n'importe quoi pour moi. Mais elle veut se marier. Moi aussi, je le veux mais, en même temps, je ne suis pas prêt. Je veux dire – c'est un engagement à long terme. Et puis, j'ai un peu honte de l'admettre, mais je ne veux pas avoir la responsabilité d'une femme, d'une famille, d'une maison. Ce serait trop pour moi, en ce moment.

Comment la reformulation peut-elle être utile en cas de dispute ? Dans la communication interculturelle ? Y a-t-il des circonstances où la reformulation ne conviendrait pas ?

Dire à l'autre que nous comprenons ses sentiments

Nous ne nous limitons pas à reformuler le contenu du message de notre interlocuteur : nous nous faisons également l'écho de ses sentiments – avoués ou non. Par cette technique, nous nous assurons que nous le comprenons bien, tout en lui donnant l'occasion d'exprimer ce qu'il ressent de manière plus objective (« J'imagine à quel point tu t'es senti mal, ce devait être terrible »).

Cette objectivité est particulièrement judicieuse si l'autre est en colère, blessé ou déprimé. Elle ramène les problèmes à leurs justes proportions et permet ainsi de les résoudre. En montrant que nous comprenons ce que l'autre éprouve, nous l'invitons à s'expliquer davantage.

Nous sommes, pour la plupart, incapables d'exprimer nos sentiments, à moins d'être certains que les autres les accepteront. Nous avons besoin qu'on nous dise « Je comprends », « Je sais ce que tu ressens ». Alors seulement, nous nous sentons libres de nous expliquer. L'écoute active offre cette possibilité.

Poser des questions

Les questions nous permettent de confirmer nos perceptions et d'obtenir des renseignements supplémentaires sur le locuteur. Mais il faut les lui poser de manière à ce qu'elles n'expriment que les idées et sentiments qu'il veut exposer ; il faut éviter les questions indiscrètes, celles qui mettraient en doute sa bonne foi ou encore celles qui l'amèneraient à dévier de sa préoccupation principale.

Lisez le dialogue suivant et relevez les techniques d'écoute active qui y sont utilisées.

> Martin et Sophie ont rendez-vous pour prendre un café. C'est le milieu de la session. Sophie a eu une journée particulièrement remplie, avec deux examens difficiles qui, selon elle, se sont mal passés. L'idée de rencontrer Martin lui fait l'effet d'un rayon de soleil dans une journée sombre. Lorsque Martin ouvre la porte du restaurant, ce n'est malheureusement pas le soleil qui entre ; il est manifestement très fâché.
>
> — Ce salaud d'entraîneur veut me changer de trio parce que, dit-il, je n'ai pas marqué de but depuis quelques matchs… J'ai envie de tout abandonner…
> — Tu trouves qu'il te traite injustement, dit-elle.
> — Absolument ! Ça arrive à tout le monde, une petite léthargie. Avant, j'étais le deuxième meilleur marqueur du club. Parce que j'ai un peu plus de difficulté à marquer des buts maintenant, au lieu de m'aider à m'en sortir, Môsieur veut me mettre sur le troisième trio. Je vais être obligé de jouer plus défensivement.
> — Tu ne veux pas voir ton rôle changer dans l'équipe.
> — J'ai toujours été un joueur à caractère offensif. En plus, cela va réduire ma présence sur la glace.
> — Ouais, je te sens vraiment frustré.
> — Pour ça oui, je suis écœuré. Il me semble qu'il nous traite comme des jetons. On n'est rien pour lui, juste des numéros sur la glace.
> — Est-ce que tous les entraîneurs agissent comme ça ?
> — Non, justement, l'ancien entraîneur était plus humain et il n'avait pas peur de nous parler ; lui, il ne nous dit jamais rien.
> — Que vas-tu faire maintenant ?

— Je n'ai pas vraiment le choix ; au fond, c'est lui le patron. Peut-être que si je redoublais d'efforts durant les entraînements, il le remarquerait.

— Je sens que tu es prêt à te battre pour garder ton poste.

— Ah oui, ça ne se passera pas comme ça. Je ne vais pas me laisser faire. Il va voir de quel bois je me chauffe. J'ai déjà hâte d'être à la prochaine pratique… En passant, comment ont été tes examens ?

Dans cette brève conversation, Martin est passé de la colère stérile contre son entraîneur, accompagnée du sentiment d'échec, à la détermination de corriger une situation pénible. Remarquez aussi que Sophie n'a pas proposé de solution ; elle a « simplement » eu recours à l'écoute active. Cet exemple illustre qu'après avoir reçu une bonne qualité d'écoute, le locuteur se sent apaisé, ce qui l'incite à s'intéresser à l'autre. C'est une réciprocité qui s'installe naturellement quand une des deux personnes a la générosité d'offrir d'abord son écoute sans avoir de garantie de l'être en retour.

Remarquez-vous des différences dans la manière dont les hommes et les femmes écoutent ? Pouvez-vous donner des exemples précis ?

Exercice 9.3   Pratiquer l'écoute active

Voici quelques situations dans lesquelles l'écoute active semble appropriée. Comment répondriez-vous à ces personnes ?

1. Votre amie Karla est mariée depuis trois ans et a deux enfants – un de deux ans et un de six mois. Karla a eu une aventure avec un collègue de bureau. Son mari l'a appris et demande actuellement le divorce. Elle se confie à vous : « Je ne sais vraiment pas ce qui va m'arriver. Je vais peut-être perdre la garde des enfants. Je ne pourrai jamais subvenir à mes besoins et garder le même train de vie. Tu sais à quel point j'adore la BMW. Je voudrais effacer ce qui s'est passé depuis deux mois ; je voudrais ne jamais avoir commencé cette histoire avec Sébastien. »

2. Votre patronne est particulièrement sévère. À plusieurs reprises, elle a fait, sur vous et d'autres collègues de votre service, des rapports d'évaluation négatifs, ce qui vous a empêché au moins trois fois d'obtenir une augmentation de salaire au mérite. Elle est perfectionniste et ne comprend pas que l'on puisse faire des erreurs. Pendant le dîner, elle vient vous voir à votre table et vous annonce qu'elle a été congédiée et qu'elle doit laisser son bureau libre avant 15 h. Elle vous dit : « Je n'en reviens pas qu'ils m'aient fait ça, à moi ! J'étais leur meilleure superviseure. C'est dans mon service que la productivité était la plus élevée. Ce sont des idiots. Je ne sais pas ce que je vais faire maintenant. Où est-ce que je trouverai un autre emploi ? »

3. Votre mère traverse une période difficile au boulot. Récemment, elle s'est vu refuser une promotion et elle a obtenu une des primes de rendement au mérite les moins élevées de la compagnie. Elle vous dit : « Je ne sais pas ce que j'ai fait de mal. Je fais mon travail, je m'occupe de mes affaires, je ne prends pas de jours de congé de maladie comme tous les autres employés. Comment ont-ils pu accorder la promotion à Raphaëlle, qui n'est là que depuis deux ans, alors que, moi, j'y suis depuis sept ans ? Je devrais peut-être démissionner et trouver autre chose ailleurs. »

1. Trouvez l'énoncé qui est faux.
   a) L'écoute est une activité interne très facile à détecter.
   b) Nous pensons quatre fois plus vite que nous parlons.
   c) Les jugements *a priori* sur le message à venir conditionnent la qualité de l'écoute.
   d) Écouter attentivement est une tâche qui requiert beaucoup d'énergie.

2. Afin d'améliorer la réception des messages, il importe de bien se préparer à écouter. Lequel des choix suivants ne constitue pas un moyen efficace d'y parvenir ?
   a) Il faut se motiver à écouter.
   b) Il faut adopter une attitude réceptive.
   c) Il faut débattre intérieurement du message reçu.
   d) Il faut prendre les moyens d'écouter convenablement.

3. Parmi les comportements suivants, lequel n'est pas celui d'un bon « écouteur » ?
   a) Il sait prendre un certain recul et dégager ce qui est essentiel de ce qui ne l'est pas.
   b) Il essaie d'être calme et d'adopter un point de vue neutre en se libérant de ses propres tendances et émotions.
   c) Il prend conscience de ce qu'il peut enlever ou ajouter au message de l'autre.
   d) Il évalue constamment les comportements de la personne qui émet le message.

4. Lorsque nous écoutons, nous entendons plus facilement ce que nous avons besoin d'entendre, ce que nous sommes disposés à entendre ; le reste, nous avons tendance à l'ignorer. Il s'effectue dans l'écoute un processus de traitement de l'information comparable à celui qui s'effectue…
   a) dans la motivation sociale.
   b) dans la perception d'autrui.
   c) dans la formulation d'un message.
   d) dans l'information sociale.

5. Laquelle des remarques suivantes est une manifestation d'empathie ?
   a) Il est temps pour toi d'oublier tout ceci.
   b) Ne t'en fais pas, cela va bientôt cesser.
   c) Reprends-toi en main.
   d) Je sens que tu es vraiment triste.

6. Communiquer de manière empathique signifie…
   a) défendre ses propres idées.
   b) adopter le cadre de référence de son interlocuteur.
   c) être d'accord avec l'émetteur du message.
   d) faire ce que son interlocuteur demande.

7. Parmi les rétroactions suivantes, laquelle ne facilite pas l'ouverture de soi ?
   a) Tenter de trouver une solution avec l'autre plutôt que de lui en proposer une toute faite.
   b) S'abstenir de juger et d'évaluer les propos de l'autre.
   c) Présenter une attitude de soutien paternaliste afin de rassurer l'émetteur du message.
   d) Démontrer une attitude égalitaire s'appuyant sur le partage honnête et authentique des idées et de l'information.

8. « Ne t'en fais pas, je te comprends ; je sais que tu agis comme ça parce que tu as eu une enfance malheureuse. Au fond, ta réaction est tout à fait normale. » De quel type d'attitude rétroactive s'agit-il ?
   a) Attitude d'évaluation.
   b) Attitude d'interprétation.
   c) Attitude compréhensive.
   d) Attitude de solution immédiate.

9. Laquelle des fonctions suivantes n'est pas caractéristique de l'écoute active ?
   a) Elle permet de rassurer l'émetteur en lui démontrant que ses sentiments négatifs ne sont pas légitimes.
   b) Elle incite l'autre à approfondir ses pensées et ses sentiments.
   c) Elle nous permet d'exprimer notre acceptation des sentiments de l'autre.
   d) Elle nous permet de vérifier si nous avons bien compris ce que l'autre a dit.

10. Lequel des énoncés ci-dessous est une reformulation de la phrase suivante : « J'ai échoué à mon examen. Je ferais mieux de laisser tomber mes études… » ?
    a) Ne te sens pas si mal ; tu feras mieux la prochaine fois.
    b) Si tu avais étudié plutôt que d'aller au cinéma hier soir, tu aurais mieux réussi.
    c) J'ai déjà échoué à des examens, je sais ce que tu peux ressentir.
    d) Parce que tu as raté ton examen, tu penses que tu ne réussiras pas à obtenir ton diplôme.

▶ Nommez deux habitudes qui font de nous de mauvais « écouteurs ».

▶ Bien qu'elle joue un rôle important dans l'écoute, la mémoire peut nuire, dans la mesure où elle n'est pas reproductive, mais bien reconstructive. Expliquez ce que cet énoncé signifie.

▶ Mucchielli (1999) distingue six types d'attitudes rétroactives que peuvent prendre les gens à l'écoute d'une personne exprimant ses idées et ses sentiments. Indiquez trois types d'attitude qui ne facilitent pas la communication et montrez, par un exemple précis, comment ces attitudes peuvent faire naître des réactions négatives chez l'interlocuteur.

▶ Nommez et expliquez les trois techniques de l'écoute active.

MonLab 🗁
La communication
au travail

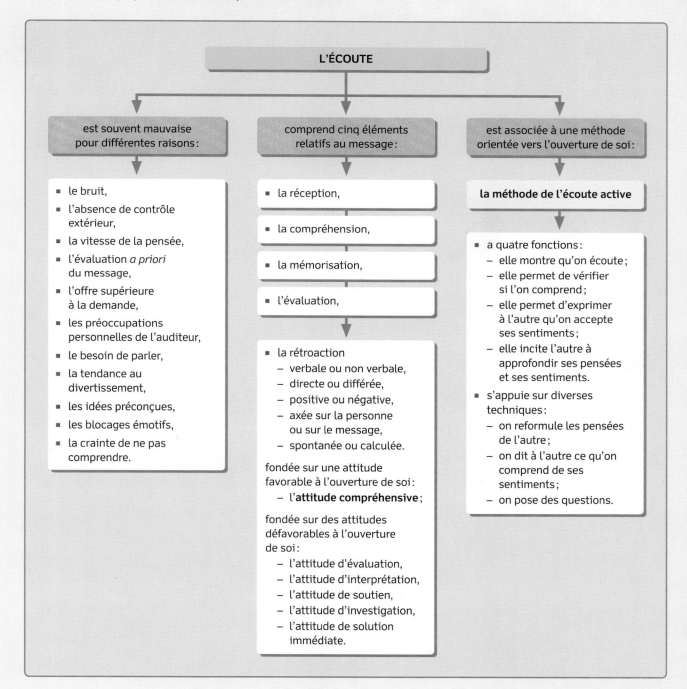

L'ÉCOUTE

est souvent mauvaise
pour différentes raisons :

- le bruit,
- l'absence de contrôle extérieur,
- la vitesse de la pensée,
- l'évaluation *a priori* du message,
- l'offre supérieure à la demande,
- les préoccupations personnelles de l'auditeur,
- le besoin de parler,
- la tendance au divertissement,
- les idées préconçues,
- les blocages émotifs,
- la crainte de ne pas comprendre.

comprend cinq éléments
relatifs au message :

- la réception,
- la compréhension,
- la mémorisation,
- l'évaluation,
- la rétroaction
  - verbale ou non verbale,
  - directe ou différée,
  - positive ou négative,
  - axée sur la personne ou sur le message,
  - spontanée ou calculée.

fondée sur une attitude favorable à l'ouverture de soi :
  - l'**attitude compréhensive** ;

fondée sur des attitudes défavorables à l'ouverture de soi :
  - l'attitude d'évaluation,
  - l'attitude d'interprétation,
  - l'attitude de soutien,
  - l'attitude d'investigation,
  - l'attitude de solution immédiate.

est associée à une méthode
orientée vers l'ouverture de soi :

la méthode de l'écoute active

- a quatre fonctions :
  - elle montre qu'on écoute ;
  - elle permet de vérifier si l'on comprend ;
  - elle permet d'exprimer à l'autre qu'on accepte ses sentiments ;
  - elle incite l'autre à approfondir ses pensées et ses sentiments.
- s'appuie sur diverses techniques :
  - on reformule les pensées de l'autre ;
  - on dit à l'autre ce qu'on comprend de ses sentiments ;
  - on pose des questions.

TROISIÈME PARTIE

LA COMMUNICATION INTERPERSONNELLE DANS DIFFÉRENTS CONTEXTES

LA RÉSOLUTION DES CONFLITS

CONTENU DU CHAPITRE

▶ La nature des conflits interpersonnels

▶ Les façons de gérer les conflits

▶ Quoi faire pour bien résoudre les conflits

▶ La dégradation d'une relation interpersonnelle

PRINCIPALES CONNAISSANCES À ACQUÉRIR

→ Prendre conscience des principaux mythes à propos des conflits.

→ Savoir reconnaître les principaux éléments des conflits.

→ Connaître les diverses façons de gérer les conflits.

→ Connaître les étapes d'une résolution constructive d'un conflit.

→ Connaître les conséquences négatives des conflits mal résolus.

PRINCIPALES HABILETÉS À DÉVELOPPER

→ Résoudre les conflits d'une façon constructive.

→ Savoir quand, où et comment déclencher un conflit interpersonnel.

→ Savoir définir correctement un conflit.

→ Favoriser les solutions gagnant-gagnant.

→ Se maîtriser en situation de conflit, éviter les comportements qui suscitent des réactions défensives.

Sophie et Martin en sont à leur dernière année de cégep. Ils doivent envoyer leurs formulaires de demande d'admission aux universités dans lesquelles ils souhaitent poursuivre leurs études. Après avoir examiné les dépliants de divers établissements du Québec, Sophie estime que c'est à l'Université de Sherbrooke qu'elle devrait s'inscrire; Martin, lui, a fixé son choix sur l'Université Laval, à Québec. Évidemment, la situation est problématique : leurs intérêts sont divergents.

— Si tu vas étudier à Sherbrooke et moi à Québec, dit Martin, nous ne nous verrons pas souvent. Autant dire que c'est fini entre nous !

— Pourquoi ne fais-tu pas une demande d'inscription à l'Université de Sherbrooke ? Nous pourrions être ensemble. C'est une très bonne université, et Sherbrooke est une ville très calme. On serait bien là, tu ne crois pas ?

— Pourquoi ce ne serait pas toi qui viendrais à Québec ? C'est calme aussi Québec et, en plus, c'est une très belle ville.

— Tu le sais, Sherbrooke offre les cours que j'aimerais suivre en administration. Pour moi, ce qui compte, c'est le programme d'études et la réputation de l'université. En plus, mes parents préfèrent que j'aille à l'Université de Sherbrooke. Je ne suis pas aussi libre que toi. Ce sont eux qui vont payer mes études, il ne faut pas l'oublier. Et, de toute façon, c'est aussi mon choix ; c'est à Sherbrooke que je veux aller.

— Sur le plan financier, je ne suis pas plus libre que toi. Je travaille tout l'été et les fins de semaine pour payer mes études et je ne m'inscrirai certainement pas dans une université qui ne me convient pas. Sherbrooke, pour moi, ce n'est pas une très bonne université. Laval me convient beaucoup mieux. Tu sais bien que la psychanalyse m'intéresse, et l'Université Laval offre une bonne formation dans cette discipline. Évidemment, on pourrait tous les deux aller à Montréal…

Martin cesse de parler. Il est manifestement déçu. Sophie, de son côté, partage son sentiment. Ils savent très bien que l'avenir de leur relation sera compromis si chacun se limite à satisfaire ses intérêts. En fait, ils se rendent compte qu'ils en sont arrivés à remettre en cause leur relation.

Le ton de Martin est empreint à la fois de tristesse et de déception.

— C'est évident, dit-il, que nous allons nous perdre de vue si toi, tu vas faire ton bac à Sherbrooke, et moi, à Québec. Personnellement, ça me dérange. Et toi ?

— Beaucoup. Même que ça me fait un peu peur. Je suis très bien avec toi. Mais si nous allons à Montréal, j'ai l'impression que nous y perdrons réciproquement tous les deux. Par contre, si nous allons chacun de notre côté, nous nous perdrons. Dans tous les cas, nous perdons.

— Moi, je ne voudrais pas te perdre. Je vais me renseigner davantage sur les programmes offerts par les universités. Peut-être que d'autres choix sont possibles. De ton côté, pourrais-tu en faire autant ?

Deux jours plus tard, Martin et Sophie se présentent tous les deux avec le sourire au rendez-vous qu'ils se sont fixé.

— J'ai rencontré l'orienteur aujourd'hui, dit Martin. J'ai trouvé un programme qui pourrait me convenir à l'Université de Montréal ; il conduit à un bac spécialisé en lettres et sciences humaines qui comprend toutes les matières qui m'intéressent : des cours d'histoire, d'anthropologie, d'histoire de l'art, et même de psychanalyse. Si je m'inscris à Montréal, nous pourrons nous voir plus facilement. Tu ne penses pas ?

— Ah oui ! Eh bien, Martin, j'ai aussi une très bonne nouvelle à t'annoncer. J'ai discuté avec mes parents et je leur ai fait comprendre mon problème, enfin notre problème. Tu sais, mes parents se sont connus lorsqu'ils étaient au cégep, eux aussi. Ils sont d'accord pour nous aider. Attention, écoute bien, tu es prêt ? Ils vont m'acheter une auto !

— Ils vont te payer une auto ?

— Enfin, ils m'ont dit qu'ils contribueraient à l'achat d'une auto, d'occasion évidemment. C'est moi qui la paierais en grande partie avec mes économies. Au début, je n'étais pas tellement d'accord avec cette idée parce que Québec, c'est quand même assez loin de Sherbrooke, mais la distance de Montréal à Sherbrooke, c'est tout à fait acceptable. Alors, si tu es à Montréal, je vais avoir une auto.

Sourires, joie, sourires…

— Quel modèle penses-tu acheter?

Les conflits font partie de la vie. Ils sont aussi naturels et inévitables que les journées de pluie (Johnson et Johnson, 1994). Il y a des journées où tombe une pluie fine ; d'autres sont marquées de roulements de tonnerre et de déferlements d'éclairs ; d'autres encore, la pluie se transforme en de véritables ouragans.

Il en va de même pour les conflits. Ils varient en intensité. Certains sont anodins, d'autres bouleversent parfois complètement la vie.

Ce chapitre porte sur les conflits interpersonnels. Qu'est-ce qui les caractérise ? Sont-ils toujours néfastes ? Comment les résoudre ? Comment éviter qu'ils ne détériorent les relations interpersonnelles ? Comment, au contraire, faire en sorte qu'ils les améliorent ?

LA NATURE DES CONFLITS INTERPERSONNELS

Quelles sont vos croyances à propos des conflits ? Demandez-vous, par exemple, si les énoncés suivants sont vrais ou faux.

- Les conflits minent une relation interpersonnelle ; il faut les éviter à tout prix.
- Lorsque deux personnes s'engagent dans une relation conflictuelle, cela signifie qu'elles sont incapables de communiquer efficacement.
- Apprendre à communiquer efficacement permettra de résoudre la quasi-totalité des conflits.

Comme la plupart des gens perçoivent les conflits de façon négative, ils ont tendance à penser que ces énoncés sont vrais. En réalité, ils sont faux. Il existe au sujet des conflits des opinions qu'il faut, avant d'aller plus loin, remettre en question.

Les principaux mythes à propos des conflits

De nombreuses idées préconçues entourent les conflits ; elles sont erronées. À l'instar de Beebe et Masterton (1990) ou de Galanes et Brilhart (1991), nous les regroupons sous la forme de trois mythes.

Les conflits sont néfastes et doivent être évités à tout prix

Un sentiment général répandu dans notre société laisse supposer que les conflits sont nécessairement mauvais et qu'ils devraient être évités. Les relations qu'entretiennent les personnes sont souvent perçues comme étant (ou devant être) un havre de paix, une oasis de tranquillité et d'amitié permanentes (Fagès, 1990). La vie, le bonheur se conçoivent comme les fruits de relations harmonieuses et sereines. Dans ce tableau idyllique (et utopique), les conflits font figure de véritables trouble-fête. Il n'est donc pas surprenant que les mots destruction, colère, désaccord, hostilité, guerre, anxiété, tension, aliénation, violence, compétition, menace, chagrin, douleur, désespoir soient ceux qui viennent spontanément à l'esprit des personnes auxquelles on demande d'évoquer un conflit (Hocker et Wilmot, 1985). Malheureusement, nous ne gardons en mémoire que les conflits aux conséquences néfastes : les séparations, les guerres et les blessures qu'ils ont entraînées.

Nous devons reconnaître qu'il est tout à fait normal et inévitable de devoir faire face à des conflits ; ils font partie de la vie, de notre quotidien même. Le nombre, l'intensité et la nature des conflits peuvent bien sûr varier d'une relation à l'autre, mais des conflits éclateront toujours, même au sein des relations les plus satisfaisantes (Canary, 2003). Chaque personne a des objectifs, des besoins, des intérêts particuliers qui peuvent être différents de ceux des personnes avec lesquelles elle interagit, ce qui crée inévitablement des conflits. Lorsque ceux-ci sont exprimés et gérés adéquatement, ils peuvent certainement être bénéfiques en permettant de consolider une relation – et même de la faire évoluer.

Sur le plan personnel, les conflits offrent parfois l'occasion de mieux se connaître et d'améliorer la communication avec les autres. Ils contribuent au rapprochement avec ses semblables. Dans une relation intime, les stratégies qui conduisent à la résolution de conflits auront l'avantage de rendre la relation plus forte, plus saine et plus satisfaisante qu'auparavant. Chacun sort d'un conflit renforcé et plus confiant (Bedford, 1996).

Au sein d'un groupe, les conflits produisent souvent des effets bénéfiques. Schultz (1996) rapporte que, dans une certaine mesure, ils peuvent servir d'antidote à l'apathie du groupe. Songeons à ces vieux couples ou à ces familles qui mènent une vie de routine où chacun se préoccupe de ses petites affaires, répète les mêmes gestes chaque jour et entretient ainsi un climat d'ennui. Quand l'atmosphère se dégrade, les conflits se révèlent alors une véritable soupape de sécurité. En effet, à trop vouloir éviter les affrontements, certains membres d'un groupe accumulent de l'agressivité, d'où la disproportion des explosions de colère qui éclatent à la suite de l'incident le plus mineur. Les conflits placent les groupes devant leurs tracas non résolus et les forcent à prendre des décisions. Les conflits exprimés forcent aussi les groupes à se rallier à des décisions par consensus, ce qui a pour effet d'augmenter le sens de l'engagement des membres et d'accroître la cohésion d'ensemble.

Les conflits ont pour origine la mauvaise communication

Beaucoup de gens sont convaincus qu'un problème de communication est la principale cause des conflits. Cette idée rejoint celle que nous avons émise au premier chapitre, quand nous affirmions que la communication ne peut résoudre tous les problèmes. Il est vrai que, dans certains cas, les conflits proviennent d'un malentendu ou d'une mauvaise communication. Il vous est certainement arrivé d'entrer en conflit avec quelqu'un et de vous rendre compte, un peu plus tard, après une longue discussion, que vous étiez en fait tous les deux du même avis. Le problème résidait dans la façon de dire les choses. Dans ce cas, le conflit, ou le pseudo-conflit (car en réalité il n'y a pas vraiment eu de conflit), provenait effectivement d'un problème de communication. Mais tous les conflits n'ont pas pour origine la qualité de la communication. Comprenons bien ceci: les gens sont différents et, pour cette raison, ils ne peuvent s'exprimer sans que quelques désaccords n'apparaissent. Ces désaccords ne relèvent pas de la communication, ils sont relationnels; ils recouvrent les besoins des gens, leurs actions, leurs valeurs, leurs croyances, etc. La communication n'y est pour rien. Au mieux, elle pourra contribuer à résoudre certains conflits, mais ce n'est pas sûr. Un différend entre deux personnes peut toujours exister bien que ces personnes en soient venues à une parfaite compréhension mutuelle. Par exemple, un certain samedi soir, Louis est fatigué et il préférerait rester à la maison; Julie, pour sa part, s'ennuie et elle voudrait sortir: la communication n'est pas la cause de leur conflit, c'est évident.

> Winston Churchill et Lady Astor, qui étaient réputés pour être des rivaux acharnés, ne manquaient pas une occasion de croiser le fer. À l'une de ces occasions, on entendit Lady Astor dire: «Sir, si j'étais votre épouse, je mettrais certainement du poison dans votre café.» Churchill la regarda droit dans les yeux et répondit: «Madame, si j'étais votre époux, je le boirais!»

Les conflits peuvent tous être résolus par la communication

La communication n'est pas une panacée. Dans l'exemple mentionné plus haut, la communication aurait peut-être distrait Julie, mais elle n'aurait certainement pas supprimé la fatigue de Louis. Imaginons maintenant la situation suivante: un aveugle vit avec son chien dans le même immeuble qu'une personne allergique aux poils de chien: la communication ne résoudra certainement pas l'incompatibilité de leur situation.

Croire que tous les conflits peuvent être résolus serait faire preuve de naïveté. Encore faut-il se garder de l'excès contraire – et donc ne pas désespérer ni abandonner trop rapidement. Nous trouver en opposition sur un point précis ne signifie pas forcément que nous sommes en désaccord sur tous les autres. Essayons alors de centrer notre attention – et ce, mieux que ne le font les personnages de la bande dessinée de la page suivante – sur ce que nous avons en commun avec les autres.

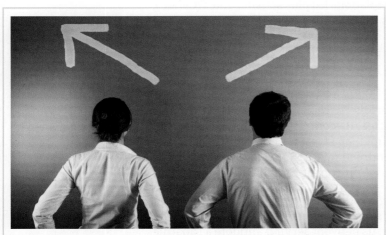

Vous souvenez-vous d'un conflit que vous avez eu avec une autre personne à cause d'objectifs incompatibles? Comment cela s'est-il terminé?

AUJOURD'HUI, VOYONS SI NOUS POUVONS PARLER DES CHOSES QUE VOUS AVEZ EN COMMUN...

CONSEILLER MATRIMONIAL

PLUTÔT QUE DE S'ÉTENDRE SUR VOS DIFFÉRENDS IRRÉCONCILIABLES

SI CE N'ÉTAIT DE NOS DIFFÉRENDS IRRÉCONCILIABLES, NOUS N'AURIONS ABSOLUMENT RIEN EN COMMUN!

© Newspaper Enterprise Association, Inc.

Les principaux éléments des conflits

Lorsqu'il s'agit de déterminer les principaux éléments d'un **conflit interpersonnel**, les spécialistes adhèrent à la définition de Hocker et Wilmot (2007), qui le représentent comme «un *différend exprimé* entre au moins deux parties *interdépendantes* qui perçoivent l'*incompatibilité de leurs objectifs*, les *limites d'une ressource* et, surtout, leur *interférence* dans l'atteinte de leurs buts» (Cahn et Abigail, 2007; Folger, Poole et Stutman, 2013). Examinons chacun de ces éléments plus en détail.

> **CONFLIT INTERPERSONNEL**
> Différend exprimé entre au moins deux parties interdépendantes qui perçoivent l'incompatibilité de leurs objectifs, les limites d'une ressource et, surtout, leur interférence dans l'atteinte de leurs buts.

L'expression d'un différend

Si vous n'êtes pas d'accord avec une personne, que vous ne le lui dites pas et que votre désaccord n'est pas perçu par elle, vous éprouverez peut-être à son égard un certain malaise, mais il n'y aura pas de conflit. Pour que le conflit éclate, il faut que les personnes impliquées soient conscientes de leur désaccord. Par exemple, vous aimez que l'appartement que vous partagez soit toujours bien en ordre, mais votre colocataire, lui, laisse traîner ses vêtements un peu partout. Si vous ne le lui dites pas, si vous ne lui communiquez pas votre désapprobation d'une manière ou d'une autre, il ne peut y avoir de conflit.

> **POUR S'AMÉLIORER**
>
> En lisant la section sur les éléments des conflits, réfléchissez à un conflit que vous vivez présentement ou que vous avez déjà eu dans le passé. Essayez d'en analyser chacune des caractéristiques afin d'en comprendre mieux les raisons.

Nous verrons un peu plus loin que la manière implicite ou explicite d'exprimer son désaccord revêt une grande importance: c'est la première étape de la résolution d'un conflit. En effet, un conflit pourra seulement naître à partir du moment où, devant l'évier rempli de vaisselle sale, vous lâcherez un soupir de découragement ou de désapprobation. Vous pourrez aussi vous mettre en colère ou attendre un autre moment pour exprimer votre mécontentement d'une façon neutre. Chacune de ces manières d'amorcer le conflit participe à sa résolution. Elle contribuera aussi bien à le résorber qu'à le rendre insoluble. C'est par la communication que les conflits sont reconnus, exprimés, vécus et plus ou moins résolus.

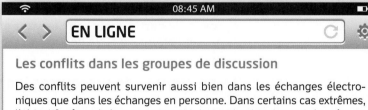

08:45 AM

EN LIGNE

Les conflits dans les groupes de discussion

Des conflits peuvent survenir aussi bien dans les échanges électroniques que dans les échanges en personne. Dans certains cas extrêmes, l'objectif même de la personne qui intervient est justement de créer un conflit entre les participants. Le phénomène du *flaming* en est un exemple. Selon le dictionnaire informatique, le *flaming* peut se définir comme une campagne de propagande injurieuse. Cette pratique consiste à mettre en ligne des messages délibérément hostiles et insultants, et ce, dans le seul objectif de créer un conflit. Les *flameurs* interviennent principalement dans les forums, les commentaires des journaux et les groupes de discussion, malgré la présence de modérateurs ou de certaines structures de contrôle comme l'obligation de s'identifier, très souvent facile à contourner (Barrette, 2013). Les personnes qui s'adonnent à ce type de pratiques tentent de s'imposer par la force et l'intimidation plutôt que par la discussion. En général, ces batailles sont néfastes, car elles empêchent le groupe d'atteindre ses objectifs. Avez-vous déjà été témoin de ce genre de pratique dans l'un ou l'autre des groupes que vous fréquentez?

L'interdépendance des personnes en conflit

Un élément clé de tous les conflits consiste à reconnaître que les parties sont interdépendantes. À un certain degré, les personnes en conflit ont des intérêts réciproques. Une personne qui ne prête aucune attention à ce que l'autre personne fait ou pense ne peut entrer en conflit avec cette personne. Si, au cours de la soirée du Nouvel An, votre oncle Romuald vous déclare que sa religion lui interdit de regarder la télévision et donc de posséder un téléviseur, cette réflexion peut vous laisser complètement indifférent; en effet, vous ne voyez votre oncle qu'une seule fois par an. Mais si votre douce moitié adhérait à cette religion, alors le fait de vivre avec elle aurait des répercussions directes sur vous. Dans une relation marquée par l'interdépendance, les décisions d'un des membres auront une influence sur les autres membres. L'interdépendance concerne autant le côté affectif que les besoins de la tâche à accomplir (p. ex., dans une relation avec des collègues de travail). Il est bien évident que l'interdépendance dans une relation intime est très grande. Dans ce cas, la composante affective est considérable; les personnes représentent beaucoup les unes pour les autres, et elles ont davantage besoin de l'autre ou des autres (besoin d'inclusion, d'affection), tous ces facteurs entraînant moins d'opposition entre les personnes et plus d'influences interpersonnelles. Comme nous l'étudierons un peu plus loin, la perception que nous avons de notre interdépendance influe énormément sur notre manière de résoudre le conflit.

La perception d'objectifs incompatibles

Habituellement, un objectif est défini comme un but à atteindre. On peut se fixer toutes sortes d'objectifs dans la vie: garder sa maison propre, avoir des enfants, exercer un métier, pratiquer des activités de loisir, se divertir, réussir ses études ou obtenir de bonnes notes.

Il y a conflit lorsque deux personnes interdépendantes perçoivent une incompatibilité dans leurs objectifs personnels. L'exemple de Sophie et de Martin en début de chapitre représente une situation dans laquelle les objectifs sont incompatibles. Sophie désire aller étudier à Sherbrooke; Martin, à Québec. Des conflits d'objectifs, nous en vivons régulièrement dans notre entourage. L'un rêve de passer ses vacances au bord de la mer, l'autre désire faire le tour du lac Saint-Jean à vélo. L'un souhaite se reposer, l'autre veut se dépenser. Que faire?

Parfois, les objectifs ne sont pas réellement incompatibles, mais il peut exister un différend sur la façon de les atteindre. Par exemple, vous aimeriez que votre équipe remporte la partie, mais vous ne vous entendez pas sur la stratégie à utiliser. Faut-il favoriser l'offensive ou la défensive?

La perception de ressources limitées

Au sens large, on entend par «ressources» tout ce qui peut avoir un effet bénéfique (physique, psychologique, économique et social) sur une personne. Des ressources, voilà ce que nous cherchons à mobiliser. La plupart du temps, l'idée de ressources recouvre des biens matériels: de l'argent, une automobile, une maison, un bateau. Cependant, elle peut s'appliquer à d'autres aspects: un emploi, l'affection, la reconnaissance, le respect, l'estime de soi, le pouvoir, le temps passé ensemble, etc.

Les limites d'une ressource peuvent être réelles ou perçues comme telles. En fait, c'est la perception des limites des ressources qui importe et qui détermine l'importance du conflit. Si votre meilleur ami se prend d'affection pour une autre personne, peut-être croirez-vous que son affection à votre égard a diminué (Hocker et Wilmot, 1995). À tort ou à raison, l'affection ou l'amitié est ici considérée comme une ressource limitée, et cette opinion pourra être à la source d'un conflit.

Dans un conflit interpersonnel, les ressources que nous nous disputons le plus souvent se rapportent à l'estime de soi et au pouvoir. Tout ce qui contribue à préserver ou à rehausser l'estime de soi est considéré comme une ressource importante (voir le chapitre 5). De même, nous n'aimons pas que les autres portent atteinte à notre estime de soi ni qu'ils nous dominent. Les personnes impliquées dans un conflit ont souvent l'impression que leur estime de soi est diminuée ; en ce qui concerne le pouvoir, elles sont convaincues que l'autre partie en possède trop (Hocker et Wilmot, 1995).

La perception d'une interférence

La composante la plus importante des conflits est sans doute la perception d'une interférence. Il y a interférence lorsque nous prenons conscience que les actions d'une ou de plusieurs autres personnes peuvent ou pourraient nous empêcher d'obtenir une ressource ou d'atteindre un objectif. Si nous ne percevons pas d'interférence, il n'y aura pas de conflit, et ce, même si toutes les autres composantes du conflit sont présentes. Imaginez, par exemple, que vous ayez à travailler en équipe dans le cadre d'un cours. Si l'un de vos coéquipiers arrive toujours en retard aux réunions ou s'il n'y assiste pas, son comportement nuit alors au bon déroulement et à la réussite du travail. Si vous croyez que la présence de ce coéquipier, qui vous a été imposé, ne pourrait que vous être néfaste, alors son absence n'interfère pas avec votre travail ; il n'y a pas vraiment de conflit, du moins pas dans ce cas précis. L'interférence est en quelque sorte fonction du degré d'interdépendance des personnes.

Ce qui rend difficile la perception d'une interférence, c'est que nous lui accolons des effets néfastes. Pour comprendre pourquoi une personne ou un groupe fait obstacle à nos projets, nous avons malheureusement tendance à attribuer son action à des causes internes (ceci correspond à l'erreur fondamentale d'attribution, voir le chapitre 8), c'est-à-dire à invoquer son intention d'agir ainsi contre nous et à lui prêter des sentiments négatifs à notre égard. Lorsque cela se produit, le conflit devient plus difficile à résoudre.

Les différentes sortes de conflits

La définition que nous venons de voir nous permet de comprendre que deux personnes en désaccord sur un sujet ne vivront pas nécessairement un conflit interpersonnel si elles ne sont pas interdépendantes et si elles n'interfèrent pas dans la poursuite de leur objectif respectif. Lorsque nos idées ou nos opinions sont différentes de celles des membres de notre entourage, mais que cette divergence n'affecte nullement la relation que nous entretenons avec eux, il n'y a pas vraiment de conflit. C'est pourquoi il est important de connaître (comme nous l'avons fait au chapitre 2 pour les messages en général) les deux aspects du conflit : son **contenu manifeste** et sa **composante relationnelle**. Selon l'importance de la dimension relationnelle, il est possible de déterminer deux types de conflits : les conflits simples et les conflits de personnalités (Miller et Steinberg, 1975 ; Beebe et Masterson, 1997).

Les conflits simples et les conflits de personnalités

Les **conflits** sont dits **simples** lorsque leur composante relationnelle est peu importante. Les conflits simples impliquent une personne qui dit « Je veux faire X » et une autre qui dit « Je veux faire Y » quand X et Y sont incompatibles. Ou bien, lorsque deux personnes désirent en même temps X, il y a opposition. Dans ces deux cas, le conflit est dit « simple » : l'issue du conflit est claire et chaque partie comprend le problème. Prenons un exemple plus concret : vous venez de gagner 15 000 $ à la loterie. Vous désirez acheter une voiture neuve avec cet argent, mais votre conjoint, lui, préférerait le placer. Le conflit est simple ! Dire qu'un conflit est simple ne signifie cependant

CONTENU MANIFESTE
Composante objective d'un message : A demande à B de venir le voir dans son bureau. Cette information représente le contenu manifeste du message.

COMPOSANTE RELATIONNELLE
Composante subjective qui s'applique à la relation unissant deux personnes : A demande à B de venir le voir sur un ton autoritaire, en montrant à B qu'il est inférieur. Le ton autoritaire forme la composante relationnelle du message.

CONFLIT SIMPLE
Conflit interpersonnel dont la composante relationnelle est peu importante (la nature du lien affectif ne compte pas : A veut la même chose que B).

pas qu'il se résoudra facilement. Le conflit entre Sophie et Martin en début de chapitre peut être considéré comme simple – il n'oppose pas les personnalités de Sophie et de Martin –, mais il est cependant difficile à régler.

CONFLIT DE PERSONNALITÉS
Conflit interpersonnel dont la composante relationnelle est très importante : il met en opposition des personnalités (p. ex., A n'aime pas certains aspects de la personnalité de B ; A ne peut supporter la présence de B, etc.).

Si les négociations sont mal dirigées, un conflit simple peut dégénérer en **conflit de personnalités**. Celui-ci surgit lorsqu'une personne s'en prend plus directement à une autre personne, qu'elle l'attaque personnellement en déclenchant chez elle des réactions défensives. Rappelons-nous, le conflit qui opposait Sophie et Martin aurait pu dégénérer en conflit de personnalités. Reprenons un extrait de leur conversation :

> **Sophie** : Pourquoi ne fais-tu pas une demande d'inscription à l'Université de Sherbrooke ? Nous pourrions être ensemble. C'est une très bonne université, et Sherbrooke est une ville très calme. On serait bien là, tu ne crois pas ?
>
> **Martin** : Pourquoi ce ne serait pas toi qui viendrais à Québec ? C'est calme aussi Québec et, en plus, c'est une très belle ville.
>
> **Sophie** : Tu le sais, Sherbrooke offre les cours que j'aimerais suivre en administration. Pour moi, ce qui compte, c'est le programme d'études et la réputation de l'université. En plus, mes parents préfèrent que j'aille à l'Université de Sherbrooke. Je ne suis pas aussi libre que toi. Ce sont eux qui vont payer mes études, il ne faut pas l'oublier. Et, de toute façon, c'est aussi mon choix ; c'est à Sherbrooke que je veux aller.

Supposons qu'à ce moment-là, frustré, Martin s'en prenne à Sophie et lui dise :

> C'est ton choix aussi, hein ? C'est vraiment à Sherbrooke que tu veux aller ? Ce n'est pas plutôt le choix de tes parents, ça ? Disons plutôt que tu es incapable de te débrouiller sans eux. Si tu n'étais pas aussi dépendante d'eux, ça irait bien mieux.

Cette réponse aurait certainement entraîné une réaction défensive de la part de Sophie. Insultée, elle aurait peut-être répondu quelque chose comme :

> Je pourrais facilement me détacher de mes parents, mais pourquoi le ferais-je ? Ils sont différents des tiens, qui sont séparés et qui se détestent. Si tu vis séparé d'eux, ce n'est pas par plaisir, mais parce que tu ne peux plus les supporter...

La suite risquerait d'être moins heureuse. Les attaques personnelles sont le propre des conflits de personnalités. Heureusement, Sophie et Martin ont su éviter cette sorte de surenchère négative.

Nous avons vu qu'un des mythes concernant les conflits est qu'ils aboutissent toujours à des résultats négatifs. Aviez-vous cette impression avant de lire ce chapitre ? Pouvez-vous penser à un conflit que vous avez vécu et qui s'est terminé de façon positive pour les deux parties ?

Même si ce n'est pas toujours facile, il est important de savoir distinguer un conflit simple d'un conflit de personnalités. Dans la réalité, tous les conflits peuvent être définis sous l'angle du contenu (les divergences objectives) et l'angle relationnel (les divergences subjectives entre les personnes). Nous verrons plus loin que, pour résoudre adéquatement un conflit interpersonnel, il faut tenir compte de la dimension relationnelle.

Les conflits destructeurs et les conflits constructifs

Le premier mythe concernant les conflits suppose qu'ils aboutissent à des résultats toujours négatifs. En réalité, les conflits sont souvent autant constructifs que destructeurs. L'issue positive ou négative des conflits dépend surtout de la manière de les résoudre.

Les **conflits** sont **destructeurs** lorsque les participants sont insatisfaits de l'issue et qu'ils pensent qu'ils y ont perdu quelque chose (Hocker et Wilmot, 1995). Dans un conflit destructeur, une partie (ou les deux) essaie unilatéralement de changer la structure de la relation, de limiter les choix de l'autre partie et de prendre avantage sur elle. Cette façon de vouloir résoudre le conflit est typique de la stratégie militaire, qui suppose que l'une des parties doit gagner la bataille. Les possibilités de résolution se réduisent alors à attaquer et à se défendre, et le but des participants est inévitablement d'éliminer l'adversaire ou de s'approprier ce qu'il veut obtenir. En cas de victoire, il s'ensuit chez l'adversaire un désir de revanche et la répétition d'une autre bataille. À forces égales, les deux parties se combattent jusqu'à s'éliminer ou à ruiner le bien qu'elles convoitaient.

CONFLIT DESTRUCTEUR
Conflit qui aboutit à un résultat insatisfaisant ou à une perte pour chacune des parties. Le résultat négatif dégrade la relation.

POUR S'AMÉLIORER

N'oubliez pas de tenir compte de la dimension relationnelle lorsque vous vivez un conflit. Il faut éviter de s'en prendre à la personne en faisant des attaques personnelles.

Les **conflits** sont **constructifs** lorsque les parties en cause ont l'impression d'avoir gagné quelque chose à la suite de leur différend et qu'elles sont satisfaites de l'issue. Un tel dénouement renforce généralement les relations et rend les personnes plus aptes à interagir ou à travailler ensemble, puisqu'elles s'aiment davantage ou se font davantage confiance, ou encore puisqu'elles ont amélioré leur habileté à résoudre les conflits ensemble. S'il est possible de savoir en quoi un conflit nous a été bénéfique, il est plus difficile de nous arrêter à penser à ce que nous avons fait pour qu'il le soit.

CONFLIT CONSTRUCTIF
Conflit qui se termine par un gain quelconque pour les parties. Le résultat positif renforce la relation.

Le tableau 10.1 compare différents comportements ou attitudes qui, selon Hocker et Wilmot (1995), caractérisent les conflits constructifs et destructeurs.

Tableau 10.1 | **Comportements et attitudes caractéristiques des conflits destructeurs et constructifs**

Conflits destructeurs	Conflits constructifs
1. Un premier type de comportement déclenche une **escalade d'agressivité** qui détériore le conflit en le situant sur le plan des émotions. Si Sophie et Martin s'étaient adressé des reproches personnels comme nous venons de le montrer, cela aurait pu être le départ d'une telle escalade. C'est malheureux, mais beaucoup trop de séparations ont pour point de départ des escalades d'agressivité. Il est surprenant de constater combien certains conflits peuvent avoir une origine anodine.	1. D'une façon générale, si les adversaires sont incapables de changer, le conflit ne pourra jamais se résoudre efficacement. L'**aptitude à changer** d'idée ou de comportement, à s'adapter, est essentielle. Lorsqu'on se rend compte que cela ne «fonctionne» pas, il faut trouver autre chose. L'aptitude à changer de comportement permet d'échapper à une escalade.
2. Un autre type de comportement amène une **escalade de désinvestissement**. Au lieu de s'attaquer, les parties en opposition cherchent à réduire leur dépendance l'une envers l'autre, ce qui a pour conséquence qu'elles ne ressentent plus le conflit. Cette solution d'évitement est désastreuse, car les partenaires s'investissent de moins en moins dans la relation, laquelle n'a plus de sens.	2. Les gens qui vivent des conflits constructifs ont une **attitude positive** envers ceux-ci. Pour arriver à résoudre efficacement un conflit, il est important de le considérer comme une occasion de s'améliorer et d'apprendre, et non comme une situation qui agresse. Les personnes susceptibles, qui se placent rapidement sur la défensive, ont moins de chances de résoudre de façon satisfaisante le problème occasionné par le conflit.
3. Les conflits destructeurs se caractérisent souvent par un autre type de comportement : les **représailles**. Lorsque les parties en présence accumulent les griefs, qu'elles gardent rancune et attendent l'occasion de se venger, il y a fort à parier que l'issue du conflit sera négative.	3. Les conflits constructifs ne restent **pas longtemps sans solution**. Il est inutile de poser cent fois le problème, il faut s'y attaquer et changer quelque chose. Vous pouvez dire une fois à votre colocataire que vous détestez qu'il laisse traîner la vaisselle, mais si vous devez le lui répéter pendant un mois, le conflit risque de prendre de l'ampleur. Les personnes qui règlent efficacement les conflits les empêchent de s'amplifier.
4. Les conflits destructeurs résultent aussi d'une **attitude d'inflexibilité ou de rigidité**. Lorsque les parties en présence sont incapables de changer leurs points de vue, leurs opinions ou leurs comportements, il est évident que le conflit ne pourra pas se résorber d'une façon satisfaisante pour les deux parties.	4. L'**estime de soi est épargnée** dans les conflits constructifs. Lorsqu'on croit que son estime de soi est attaquée par l'autre, il est difficile de ne pas réagir émotionnellement. Dans un conflit constructif, les adversaires ménagent habituellement leur estime de soi.
5. Dans les conflits destructeurs, il arrive souvent que les adversaires se dénigrent. Les guerriers engagés dans des combats sanglants en viennent souvent à considérer leurs ennemis comme des sous-humains ou des animaux. La **tendance à diminuer l'autre** est une caractéristique importante des conflits destructeurs.	5. Les personnes impliquées dans un conflit interpersonnel sont davantage **centrées sur la relation** que sur elles-mêmes. Le sentiment du «nous» l'emporte. Les changements privilégiés sont ceux qui vont améliorer la relation plutôt que la position de l'une des parties. Il est plus facile de se centrer sur la relation par la pratique de l'empathie (voir le chapitre 9). À partir du moment où on peut adopter le point de vue de l'autre, il est plus facile de trouver une solution qui conviendrait aux deux parties.
6. Les conflits destructeurs se présentent souvent dans des contextes sociaux où des individus en position de pouvoir cherchent à **maintenir leur autorité**. Parce qu'ils pourraient remettre en question le système de pouvoir, les conflits sont éliminés ou amoindris, ce qui ne les résout pas.	6. Finalement, dans un conflit constructif, les adversaires adoptent un mode de résolution **franchement coopératif.**

Les courriels exacerbent les différends

À la suite d'une étude des propriétés des différents médias, Friedman et Currall (2003) ont suggéré que l'utilisation des courriels favorise le développement d'une escalade verbale lorsqu'un conflit s'amorce. Ce mode de communication, de par sa nature, exacerberait les différends entre les personnes. Friedman et Currall distinguent quatre aspects des courriers électroniques qui contribuent à hausser la probabilité d'une escalade lors d'un conflit.

1. *La pauvreté des rétroactions.* Avec les courriels, les rétroactions au cours de la communication sont limitées (moins de possibilités de correction par l'autre partie). En face à face, la communication est enrichie de plusieurs façons (Clark et Brennan, 1991): les personnes sont en contact dans le même environnement physique; elles peuvent se voir et s'entendre; elles reçoivent le message de l'autre tel qu'il est produit; elles peuvent émettre des messages en même temps qu'elles en reçoivent et, finalement, elles suivent la règle de l'alternance de la parole. Dans une visioconférence, toutes ces dimensions sont présentes, sauf le partage du même environnement. Au téléphone, un autre canal synchrone, les personnes se parlent en direct, mais sans se voir. Dans la communication par courriels, aucune de ces dimensions n'est présente: les personnes ne sont pas physiquement en présence, elles ne peuvent voir leur visage ou entendre leur voix, ce qui a pour conséquence qu'elles ne peuvent pas donner ou obtenir des rétroactions immédiates. L'absence de ces diverses sources de signaux complique la compréhension des messages.

2. *Des indices sociaux minimaux.* Le manque d'indices visuels et sonores diminue non seulement le nombre d'informations véhiculées entre les personnes, mais aussi la composante relationnelle des échanges. Communiquer par courriel est une activité qui s'effectue le plus souvent en situation d'isolement, à regarder et à interagir avec un écran pour toutes sortes d'autres activités, peut-être depuis des heures. La présence sociale réduite à ce moment conduit davantage à se préoccuper du seul contenu des messages et à délaisser la composante relationnelle (voir le chapitre 2). Les courriels permettent des rapports socialement moins riches, moins empathiques et plus purement cognitifs que lors des communications utilisant des canaux synchrones. Le contexte d'isolement contribue à diminuer la sensibilité envers autrui et la tendance à être poli. Inversement, elle accroît la tendance à manifester plus facilement son agressivité, ce qui favorise l'escalade en cas de conflit.

3. *Une attention excessive.* Les courriels présentent toutefois deux dimensions qu'on ne retrouve pas dans les conversations en face à face: le pouvoir de relire à volonté le message reçu et celui de pouvoir corriger et travailler un message avant de le transmettre. Ces caractéristiques des courriels devraient ralentir les interactions et permettre des réponses plus réfléchies, ce qui semble positif, mais ce type de réponses lentes peut aussi présenter des inconvénients. Quand une personne reçoit un courriel, elle n'est pas obligée de répondre immédiatement. Elle peut lire et relire le message, l'analyser, avant de travailler et retravailler à lui donner une réponse. Ce canal offre des possibilités de rumination qui ne sont pas disponibles lorsqu'une interaction se déroule rapidement. La rumination a souvent comme conséquence de faire apparaître un problème plus gros qu'il ne l'est en réalité (Lyubormirsky et coll., 1999). De plus, selon Rusting et Nolen-Hoeksema (1998), elle suscite la mauvaise humeur, ce qui contribue à la rédaction de messages négatifs. Le fait de pouvoir réfléchir, de remanier et d'affiner une argumentation amène une personne à s'investir davantage psychologiquement, à croire qu'elle a raison, à s'engager davantage à défendre son point de vue et, finalement, à refuser d'autant tout compromis.

4. *La longueur des messages.* Les canaux numériques asynchrones, comme le courriel, offrent la possibilité d'écrire de courts, mais aussi de très longs messages, bien documentés. Le fait d'écrire un long message brise la règle d'alternance qui partage le temps de parole lors d'une conversation en personne. Le fait qu'un interlocuteur prenne autant de temps pour intervenir donne l'impression qu'il prend toute la place, ce qui est perçu négativement. Si la personne à qui s'adresse le message ne donne qu'une courte réponse globale, cela pourra créer de la frustration. Si le message comporte plusieurs points, il est probable que l'interlocuteur y répondra en relevant le point avec lequel il est le plus en désaccord, laissant de côté les autres points avec lesquels il est d'accord, ce qui favorise une escalade.

Rappelez-vous l'embarras de Martin après qu'il eut rédigé un courriel contenant des propos que Sophie n'a pas digérés (voir la rubrique «Les rétroactions dans la communication numérique» à la page 238). Elle lui a répondu à son tour d'une façon assez sèche et même agressive. S'il ne tenait pas tant à sa relation avec Sophie, Martin pourrait répliquer et tenir sa position, mais il craint, avec raison, que ce soit le début d'une escalade. Martin regrette d'avoir utilisé un courriel dans ce cas; en personne, il aurait pu ajuster son message immédiatement. Il a bien raison de se dire qu'il devrait l'appeler le plus rapidement possible. En fait, ce serait encore mieux d'aller la voir.

Il est arrivé à tout le monde de vivre une telle situation. Comment avez-vous réagi pour résoudre un conflit qui avait pour origine un échange de courriels maladroits? Êtes-vous maintenant conscient des risques plus élevés de conflits lorsque vous envoyez des courriels ou des textos?

LES FAÇONS DE GÉRER LES CONFLITS

En situation de conflit, il existe cinq façons plus ou moins efficaces de réagir (Folger et Poole, 1984). Le choix du mode de résolution du conflit n'est généralement pas conscient, mais il s'effectue pourtant suivant deux types d'intérêts importants : l'intérêt pour ses propres objectifs et l'intérêt pour la relation avec l'autre ou pour l'autre. La figure 10.1 montre comment ces intérêts déterminent le style de gestion des conflits qui sera utilisé.

MINITEST 10.1

Quel est votre style de gestion des conflits?

Voici une liste de 20 énoncés ou proverbes qui reflètent la sagesse populaire à l'égard de la résolution des conflits. Lisez-les attentivement. À l'aide de l'échelle suivante, indiquez dans quelle mesure chaque énoncé ou chaque proverbe est représentatif de votre comportement dans un conflit.

1	2	3	4	5
Pas du tout	Peu	Moyennement	Assez	Très

1 Les mots doux trouvent la voie du cœur dur. _4_

2 De la discussion jaillit la lumière. _5_

3 La raison du plus fort est toujours la meilleure. _2_

4 Un service en attire un autre. _3_

5 La meilleure façon de résoudre les conflits est de les éviter. _3_

6 Si on te lance une pierre, renvoie une fleur. _3_

7 Connaissance, non chance, fait bonne décision. _4_

8 Si tu ne peux pas amener quelqu'un à penser comme toi, fais-le agir comme tu penses. _1_

9 Un « tiens » vaut mieux que deux « tu l'auras ». _4_

10 Tu perds ton temps avec qui te cherche querelle. _5_

11 Les paroles aimables attirent la sympathie. _3_

12 La vérité se cache au fond du puits. _4_

13 Qui se bat et s'enfuit reste en vie. _2_

14 Les bons comptes font les bons amis. _3_

15 Aucune cause ne mérite que tu te battes pour elle. _2_

16 Tue ton ennemi avec des roses. _4_

17 Si tu cherches, tu trouveras, et ton effort sera récompensé. _4_

18 La force prime le droit. _1_

19 À bon chat, bon rat. _4_

20 Évite les querelleurs. Avec eux, pas de bonheur. _3_

Pour analyser vos résultats et découvrir votre style personnel de gestion des conflits, corrigez le questionnaire de la façon suivante : reportez dans les espaces appropriés les chiffres que vous avez indiqués à côté de chaque énoncé. Puis faites le total de chaque colonne.

Évitement	Compétition	Accommodation	Compromis	Collaboration
5 3	3 2	1 4	4 3	2 5
10 5	8	6 3	9 4	7 4
15 2	13 2	11 3	14 3	12 4
20 3	18 1	16 4	19 4	17 4
Total: 13	Total: 6	Total: 14	Total: 14	Total: 17

Le style pour lequel vous avez obtenu le plus de points représente votre façon habituelle de faire face aux conflits. Celui qui arrive en deuxième représente votre style de secours, c'est-à-dire le style auquel vous recourez lorsque le premier échoue.

Source : Johnson, David W. (1988). *Les relations humaines dans le monde du travail*. Saint-Laurent, Québec : ERPI, p. 198.

Lorsque l'attrait pour nos propres objectifs et pour ceux des autres est nul, le conflit ne présente aucun intérêt, et nous n'intervenons pas. En revanche, quand nous percevons que notre partenaire manifeste un vif intérêt pour obtenir ce qu'il désire et qu'à nos yeux, l'enjeu n'est pas important, nous adoptons une attitude de conciliation, et peut-être en tirons-nous quelque bénéfice en estimant que nous sommes généreux. Si, au contraire, l'autre nous est indifférent, voire hostile – nous ne souhaitons donc entretenir aucune relation avec lui –, et que nous voulons à tout prix atteindre nos objectifs, nous tenterons alors de gagner sans craindre qu'il ne perde. Cette situation s'applique à la majorité des compétitions, par exemple les sports. Dans le cas où l'autre ne nous est pas indifférent et que nous souhaitons continuer d'entretenir de bonnes relations avec lui, nous devrons limiter nos objectifs. Le conflit nous obligera donc à chercher une solution avantageuse pour les deux parties, et nous tenterons alors de collaborer. Si ces motivations ne sont pas aussi importantes, la négociation constituera une solution intermédiaire; elle mènera à un compromis où les gains, mais aussi les pertes, seront partagés (à la limite, il peut n'y avoir que des pertes).

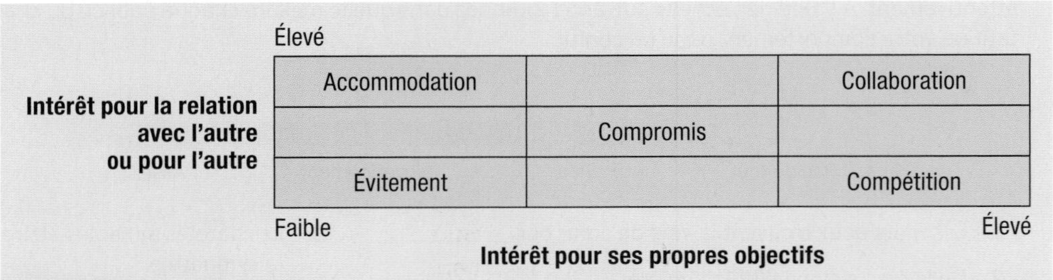

Figure 10.1 Les modes de gestion des conflits

Les cinq modes de gestion des conflits

L'évitement

Il y a évitement lorsqu'une personne choisit de ne pas exprimer son désaccord, lorsqu'elle se retire ou refuse d'affronter une ou plusieurs autres personnes ou de confronter son point de vue aux leurs. L'évitement se justifie quand, d'une part, une personne a peu ou rien à gagner à déclencher le conflit (les bénéfices ne valent pas les coûts) et quand, d'autre part, elle veut épargner l'autre partie ou la relation qu'elle entretient avec elle. Par exemple, une inconnue vous propose au coin d'une rue de vous convertir à sa religion: vous allez probablement éviter l'affrontement. Vous réagiriez différemment si c'était un proche qui vous faisait cette proposition.

L'évitement n'est pas toujours le comportement le plus adéquat. Des situations vaudraient la peine d'être affrontées ouvertement. Certains évitent les conflits pour se protéger. Le plus souvent, leur tactique consiste à nier l'existence du conflit ou à refuser d'y prendre part. Le fait d'éviter le conflit révèle alors à l'autre que vous ne le considérez pas suffisamment pour l'affronter. L'évitement des conflits affaiblit les liens interpersonnels.

La stratégie de l'évitement ne représente généralement pas une bonne façon de résoudre les conflits; elle peut cependant être utile dans certaines situations où il est nécessaire de «laisser retomber la poussière». Cela peut donner le temps aux «opposants» de réfléchir et d'essayer de trouver une solution au problème. Retenons que certains conflits sont à éviter et que d'autres sont à affronter. Par exemple, si vous estimez que vous méritiez une meilleure note à un examen, mais que vous n'en avez pas parlé à votre professeur par crainte d'un conflit, vous commettez une erreur. Vous sortirez perdant de cette situation, de même que votre professeur qui n'aura pas été mis au courant de son erreur (s'il y en a une).

L'accommodation

Il y a accommodation lorsqu'une partie met de côté ses demandes pour satisfaire celles de l'autre partie. C'est le mode de résolution d'un conflit le plus souvent utilisé lorsque l'intérêt porté à la relation est plus grand que celui de l'obtention d'un bien ou de l'atteinte d'un objectif personnel.

Savoir donner et savoir recevoir représentent deux activités fondamentales des échanges humains. On ne peut nier l'importance de la générosité. Laisser gagner l'autre résout le conflit. Cet acte peut être considéré alors comme authentiquement généreux et satisfaisant. Dans d'autres cas, certains laissent l'autre gagner, non pas par pure générosité, mais pour éviter la confrontation et les conséquences désastreuses qu'elle peut entraîner sur la relation. Ces personnes agissent par manque d'assurance, elles éprouvent des difficultés à s'affirmer elles-mêmes. Elles cèdent par amour pour l'autre, mais l'amour invoqué ici dissimule peut-être la crainte du conflit et de ses conséquences. Le degré de frustration éprouvé est fonction de la flexibilité véritable de la personne. Les personnes vraiment accommodantes sont généralement peu rigides, elles ne craignent pas les changements. Elles diront quelque chose comme «Tu veux aller dans un camping? D'accord, allons dans un camping!».

J'ai raison et tu as tort!

L'accommodation n'est pas de mise lorsque le fait de donner est vécu comme une perte; le «don» est alors source de frustration. Le donneur s'attend à un retour de l'ascenseur, ce qui ne se produit pas toujours. À moins d'être une personne véritablement accommodante, pour qui donner n'est pas une perte, mais au contraire une façon de se valoriser, il vaut mieux utiliser un autre mode de résolution de conflits impliquant la confrontation.

La compétition

Le mode compétitif de résolution de conflits est celui dans lequel on associe le plus la confrontation à une joute, à un débat, à une bataille. Le style de résolution compétitif des conflits est souvent appelé mode «gagnant-perdant», car il implique qu'une partie travaille très fort pour gagner sans se préoccuper de l'autre, c'est-à-dire sans se soucier que l'autre retire quoi que ce soit de l'échange. Ce mode de résolution de conflits est celui qui est adopté le plus facilement par les opposants. Dans la nature, les conflits se règlent suivant le mode gagnant-perdant, c'est la loi du plus fort. L'attaque, la parade, la fuite, un dominant, un dominé sont le lot du règne animal dont nous faisons partie. Les personnes qui tendent à s'affirmer privilégient naturellement le mode compétitif de résolution de conflits.

Dans ces conditions, si une partie tente d'imposer son point de vue ou sa solution à l'autre, cette dernière réagira probablement par une contre-attaque. La stratégie compétitive se transforme la plupart du temps en une escalade d'agressivité néfaste, particulièrement lorsque les parties cessent de s'écouter et perdent toute sensibilité l'une envers l'autre. Ce mode de résolution de conflits est utile quand il est régi par des règles, comme dans les sports ou les conflits juridiques. Dans ces cas, l'attitude compétitive est de mise; le recours à d'autres styles de gestion des conflits, comme la collaboration ou l'accommodation, serait d'ailleurs totalement inadéquat.

Dans le milieu des affaires, on peut émettre l'hypothèse que, si tous les agents économiques décidaient de collaborer, cela mènerait à l'apathie générale. La concurrence stimule. À l'échelle interpersonnelle, il en va de même. La concurrence peut être favorable lorsqu'elle pousse les personnes à s'améliorer dans le respect de l'autre. Ce n'est plus du tout le cas quand le respect de l'autre cède la place au désir de l'éliminer.

Lorsque les tactiques utilisées s'orientent plus explicitement vers l'élimination de l'autre partie, le mode de résolution compétitif s'engage alors dans une voie dangereuse pouvant, avec l'escalade d'agressivité, mener à la guerre et à un résultat perdant-perdant. La figure 10.2 illustre comment ces diverses stratégies peuvent être situées sur un continuum allant de l'accommodation extrême à la compétition extrême.

Toujours sur le plan interpersonnel, plus nous sommes attachés à une autre personne, moins nous devrions utiliser le mode de résolution compétitif. Les personnes qui s'aiment et qui tiennent à préserver la relation qui les unit devraient résoudre leurs conflits en collaborant.

> La dispute alimente la dispute et engloutit ceux qui s'y plongent.
>
> – Sénèque

Accommodation extrême	Collaboration	Compétition extrême
Renoncement de soi	Respect de soi et de l'autre	Élimination de l'autre

Figure 10.2   **Les tactiques pour résoudre un conflit**

Les tactiques autres que l'évitement et le compromis peuvent être situées sur un continuum allant de l'accommodation extrême (zone jaune) jusqu'à la compétition extrême (zone rouge), en passant par la collaboration, au centre (zone bleue). Il existe très certainement une zone de «saine» concurrence entre le rouge et le bleu (Doolittle, 1982) et une zone où pourrait se situer la générosité (zone verte). Les extrêmes sont néfastes pour les personnes. D'un côté, l'accommodation extrême implique une relation dans laquelle une personne s'efface totalement au profit d'une autre; il n'y a plus d'affirmation de soi. De l'autre, avec la compétition extrême, c'est la guerre, animée par le désir d'éliminer l'autre.

La collaboration

Le mode coopératif (ou de collaboration) de résolution des conflits est souvent appelé «gagnant-gagnant» parce que les parties impliquées recherchent un gain mutuel. Les personnes tiennent à leur objectif ou à leur point de vue, mais elles tiennent aussi à conserver de bons rapports avec l'autre. Elles veulent éviter le mode compétitif de résolution de conflits, qui serait défavorable à la relation. Les «collaborateurs» prennent donc garde de ne pas se faire de reproches personnels ni de dire ou faire quoi que ce soit qui détériorerait la relation. Ils investissent au contraire beaucoup d'énergie à chercher une solution équitable, et rentable, pour les deux parties.

La collaboration n'engendre pas de frustration: elle représente le meilleur mode de résolution des conflits interpersonnels. Cependant, elle exige beaucoup de temps et d'efforts, ce dont nous ne disposons pas toujours. De plus, la collaboration requiert plus d'intelligence de la part des parties. Pour collaborer, les parties doivent faire

l'effort de se comprendre mutuellement, de s'entendre sur une définition commune du conflit qu'elles considéreront comme un problème à résoudre, de rechercher ensemble une solution gagnant-gagnant. Or, ce genre de solution ne s'impose pas d'emblée. Nous étudierons dans la section suivante les principales étapes d'une résolution de conflit de cette nature.

Le compromis

Le compromis peut être considéré comme un mode de résolution de conflits d'où l'on sort partiellement gagnant et partiellement perdant. Comme son nom l'indique, ce mode de résolution de conflits représente un mode intermédiaire. S'il est situé au centre de la figure 10.1, c'est parce que le souci des personnes en cause est partagé entre le désir d'obtenir ce qu'elles veulent et le désir de maintenir de bonnes relations.

Pour beaucoup, la solution du compromis est considérée comme la meilleure parce qu'elle représente justement une solution intermédiaire entre tous les styles de gestion de conflits. Elle consiste à partager les coûts et les bénéfices d'une façon équitable. Par exemple, supposons qu'il ne reste qu'un seul morceau de gâteau au dessert, pour deux personnes. Le compromis sera de couper le morceau en deux parts égales. Les deux personnes seront partiellement gagnantes, mais la solution sera équitable. Dans la réalité cependant, les problèmes ne sont pas toujours aussi simples. Reprenons l'exemple du gâteau : supposons que l'un ne mange que le glaçage et néglige le reste du gâteau, et que l'autre mange le gâteau sans le glaçage. Il aurait alors été plus intéressant pour les deux parties de tenir compte de leur préférence dans le partage. Les besoins des gens sont rarement identiques. Si les deux personnes s'étaient parlé et avaient exprimé leur désir, elles auraient certainement trouvé une meilleure solution.

> **POUR S'AMÉLIORER**
>
> Après avoir étudié les différents styles de gestion des conflits, réfléchissez à vos façons de résoudre vos conflits. Agissez-vous toujours de la même manière ? Sinon, qu'est-ce qui détermine votre façon de procéder ? La lecture de la section suivante vous permettra d'apprendre quelques moyens qui vous aideront à régler vos conflits de façon constructive.

Exercice 10.1 **Comment répondre à la provocation**

Cet exercice, qui fait entrevoir quelques-unes des questions étudiées dans le reste du chapitre, vise à vous amener à analyser vos réactions lorsque quelqu'un vous cherche querelle. Vous trouverez plus loin une foule d'exemples relatifs aux stratégies productives et non productives de résolution de conflits, mais, pour l'instant, tenez-vous-en à votre expérience personnelle. Pour chacune des remarques suivantes, susceptibles de déclencher « la chicane » : 1) donnez une réponse non productive, c'est-à-dire une réponse qui aggravera la situation, et expliquez pourquoi elle risque d'intensifier le conflit ; et 2) donnez une réponse productive, c'est-à-dire une réponse qui est susceptible d'améliorer la situation, et expliquez pourquoi elle aidera à résoudre le conflit.

1. Tu es encore en retard. Tu es toujours en retard. Cela t'est égal de me faire perdre mon temps.
2. L'idée de passer une autre fin de semaine à la maison à regarder du football toute la journée m'est insupportable. Il n'est pas question que je me contente de ça.
3. Qui a oublié de téléphoner pour réserver les places ?
4. Encore une fois, tu as oublié notre anniversaire !
5. Tu trouves que je grossis, hein ?
6. Laisse-moi tranquille !
7. As-tu dit que ma mère ne savait pas s'habiller ?
8. Nous aurions dû être là quand il avait besoin de nous. Mais moi, je travaillais tout le temps.
9. Où est le poivre ? On ne trouve jamais de poivre dans cette maison !
10. Les Cloutier pensent que nous devrions commencer à dépenser notre argent et à profiter ainsi de la vie.

Refaites l'exercice quand vous aurez fini la lecture de ce chapitre. Demandez-vous alors si votre attitude à l'égard des conflits a changé. Aborderez-vous les conflits différemment ? Utiliserez-vous d'autres stratégies pour résoudre les conflits ?

Pourquoi ne pas chercher des solutions gagnant-gagnant ? Les compromis présentent un avantage : ils sont faciles à trouver (mais pas toujours faciles à accepter) et ils offrent une solution juste aux parties impliquées. Encore faut-il que les personnes n'éprouvent pas le sentiment contraire, c'est-à-dire qu'elles ne se sentent pas lésées dans le règlement du conflit. Le compromis procure parfois une solution temporaire à un conflit. Supposons que chacune des personnes n'ait pas jeté la partie du gâteau qu'elle n'aimait pas ?

QUOI FAIRE POUR BIEN RÉSOUDRE LES CONFLITS

Nous pouvons, en adoptant certains comportements et attitudes, faire en sorte que les conflits soient constructifs et qu'ils améliorent notre relation avec l'autre. Voici quelques suggestions pour améliorer la résolution de vos conflits interpersonnels.

Bien se préparer avant le conflit

Comme nous l'avons vu auparavant, il ne peut y avoir de résolution de conflit si, au départ, celui-ci n'est pas exprimé. La manière d'introduire le conflit a des répercussions sur la façon de le résoudre. Certains sont très malhabiles quand vient le moment d'exprimer leur désaccord : ils déclenchent chez l'autre partie des réactions négatives. Ces réactions négatives entraînent une escalade d'agressivité stérile qui transforme rapidement le conflit en chicane et en bataille émotive. Au moment d'exprimer le conflit, il est nécessaire de respecter certaines règles si on ne veut pas qu'il se dégrade.

Évaluer la nécessité de déclencher le conflit

Devant un conflit, certaines personnes réagissent très mal. Il faut dans un tel cas faire preuve de sensibilité et avoir confiance en la capacité de l'autre de le résoudre. D'autres adoptent parfois un comportement très rigide à l'égard de certains sujets, et toute perspective de changement déclenche chez eux une anxiété telle qu'ils sont incapables de discuter sereinement du différend. Comme nous l'avons vu auparavant, il est vain d'entreprendre un processus de résolution de conflit si la situation n'est pas grave et que les bienfaits que nous pourrions retirer du conflit sont minimes. Il faut toutefois se méfier de sous-estimer l'ampleur de certaines difficultés. En fin de compte, il semble que l'engagement dans un processus de résolution de conflit mène à des résultats plus satisfaisants que l'évitement, particulièrement chez les couples (Knudson, Sommers et Golding, 1980). Lorsque nous sommes suffisamment persuadés de la nécessité d'amorcer un conflit, nous devons alors nous assurer de l'engager correctement. Avec une personne susceptible, qui complique les rapports, il faut aborder le problème de façon douce et progressive, en étant délicat, respectueux de sa sensibilité et donc en évitant de la blesser. Si nous entretenons avec une personne des rapports francs et solides, nous pourrons alors exposer le conflit de façon plus directe.

Choisir le moment opportun

Dès que nous avons décidé d'amorcer un conflit, il est important de choisir le meilleur moment pour le faire. Résoudre un conflit exige la disponibilité des deux parties. Certains moments sont tout à fait défavorables à la résolution de conflits ; d'autres, plus propices. Vous devez vous assurer que vous et votre partenaire êtes tous deux prêts à affronter le conflit, et que vous avez l'esprit libre. Il est souvent nécessaire de vérifier directement auprès de l'autre s'il est ou non disponible pour la discussion. Ne choisissez pas d'amorcer un conflit le soir, par exemple, juste avant d'aller vous coucher, ni au retour d'une dure journée de travail. Ce ne sont pas de très bons moments. Cela risque d'aggraver la situation. Il faut donc faire preuve d'un peu de jugement et de retenue dans le choix du moment pour aborder un conflit.

Choisir le bon endroit

Il est de loin préférable de *régler les conflits en privé*. Exprimer nos doléances devant des tiers engendre la plupart du temps d'autres problèmes. Car, avouons-le, nous ne sommes pas toujours très honnêtes en présence de tiers : pour sauver la face, nous cherchons bien souvent à gagner à tout prix – c'est-à-dire non pas à régler le différend, mais à avoir le dernier mot. Nous risquons en agissant de la sorte d'importuner l'autre et de créer chez lui du ressentiment et de l'hostilité.

Se préparer à collaborer plutôt qu'à se battre

Avoir l'esprit de collaboration – et le promouvoir – est primordial avant d'amorcer un conflit. Johnson et Johnson (1994) rapportent dans de nombreuses études que le fait d'exprimer honnêtement et explicitement son intention de coopérer permet de résoudre beaucoup plus rapidement un conflit. Cette attitude réduit les défenses des « opposants », leur incompréhension mutuelle, leur rigidité, leur résistance au changement, ainsi que leur sentiment d'être les seuls à détenir la vérité. Elle favorise une meilleure compréhension et un plus grand effort pour se souvenir des arguments et de la position des intentions de l'autre. Par contre – et nous ne le répéterons jamais assez –, les menaces et les attaques personnelles aggravent le conflit et le font durer.

Il est donc très important, dès le départ, de communiquer son intention de collaborer et de s'assurer aussi que l'autre est prêt à le faire. La tâche n'est pas toujours facile. Si on laisse tomber ses propres défenses, il est possible que l'autre en fasse autant, mais ce n'est pas toujours le cas. Sans donner des signes de faiblesse, il faut tout de même accepter d'être vulnérable, du moins pour un certain temps. Pour faire naître chez l'autre le désir de coopérer, il ne faut pas qu'il se sente attaqué. On ne collabore pas avec l'ennemi. Mais s'il n'y a pas d'ennemi, il y a alors moyen de le faire.

Se préparer à contrôler ses émotions

Dans un conflit, le danger d'escalade est toujours présent. Lorsque les émotions interfèrent, le processus de résolution de conflits peut prendre des allures de combat. Il faut se méfier des émotions négatives et se préparer à les détecter autant chez l'autre que chez soi. L'émotion est le moteur des conflits, mais lorsque celui-ci s'emballe, les risques d'accident augmentent. Veillons à ce que les émotions ne prennent pas le dessus et n'entravent pas la discussion. À cette fin, nous consacrons la dernière section du chapitre aux principales interventions qui provoquent l'escalade des sentiments négatifs.

Comment se comporter pendant le conflit

S'attaquer au problème, non aux personnes

« Tu es idiot ! » dit l'un, « Non, c'est toi qui es idiot ! » dit l'autre. Ce genre d'attaque personnelle ne mène à rien. Pour définir adéquatement l'origine du conflit, il faut mettre de côté les attaques orientées vers les personnes et favoriser les interventions qui pourraient servir à le cerner objectivement. Un problème existe en dehors des personnes : quel est-il ?

Une façon d'y parvenir consiste à centrer son attention sur les comportements des personnes plutôt que sur leurs humeurs ou leurs caractéristiques psychologiques. Les conflits résultent de l'incompatibilité des objectifs ou des actions des personnes. Il importe donc de découvrir les objectifs ou les actions qui sont à l'origine des conflits.

Quand nous cherchons les causes d'un conflit, nous avons tendance à faire des attributions. Nous avons étudié au chapitre 8 combien il est difficile de ne pas conjecturer sur les raisons qui poussent les autres à agir comme ils le font. L'erreur fondamentale d'attribution consiste, nous nous en souvenons, à croire que le comportement des autres découle de leurs motivations intrinsèques, alors que celui que nous avons adopté relève de causes externes ou situationnelles. Il faut se méfier de cette tendance à l'attribution. En expliquant l'attitude de l'autre par une attribution interne, lors d'un conflit, nous risquons de le condamner. Par exemple : dire que l'autre agit de telle manière parce qu'il est « irresponsable », « égocentrique », qu'il « manque de motivation » ou qu'il « cherche à bien paraître ». Lorsque deux personnes en conflit s'attribuent de tels qualificatifs, le conflit se déplace alors sur les personnes et l'escalade d'agressivité est proche.

Définir le conflit comme un problème mutuel

S'attaquer au problème plutôt qu'aux personnes implique que les parties s'engagent à le résoudre ensemble, côte à côte, et non en s'affrontant, face à face. Le conflit doit être défini comme un problème mutuel. Sinon (s'il est défini comme une situation mettant nécessairement en cause un gagnant et un perdant), les parties adoptent des stratégies compétitives visant à assurer la domination de l'une. Comme nous l'avons vu auparavant, les stratégies gagnant-perdant visent généralement à imposer la solution du gagnant aux dépens de l'autre, le perdant. Ce dernier n'apprécie pas de perdre, il est frustré et l'hostilité augmente. À long terme, la relation est entachée et le problème persiste. Les stratégies gagnant-perdant minent la confiance des partenaires, elles inhibent la tendance au dialogue et à la communication, et généralement, elles diminuent les chances véritables de résoudre le conflit, du moins d'une façon constructive (Johnson et Johnson, 1994). Frustrés, les perdants mettent difficilement en action ce qui a été décidé. Il est donc important d'adopter une attitude de collaboration pour en arriver à une définition commune du différend.

Définir le conflit d'une façon explicite

Le conflit doit en outre être cerné explicitement. Plus le conflit est défini de façon brève et précise, plus il sera facile à résoudre (Deutsch, Canavan et Rubin, 1971). Supposons que Jean-François reproche à Marie d'être « froide et insensible » ; s'il s'en tient à ces qualificatifs vagues, il ne parviendra pas à établir un dialogue avec elle. Par contre, en étant plus précis, en lui déclarant par exemple qu'il aimerait qu'elle l'embrasse plus souvent, même en présence des autres, qu'elle le tienne par la main, il permettra à Marie de saisir plus facilement la situation.

Plus les termes utilisés sont abstraits ou ambigus, moins la communication est bonne (voir le chapitre 3). Nous devons essayer de rendre le problème plus concret et de le ramener ainsi à des réalités observables sur lesquelles nous pouvons exercer un contrôle.

Régler les problèmes qui peuvent être réglés

Dans l'expression d'un conflit, il faut éviter d'aborder des problèmes que nous ne pouvons résoudre. Nous disputer à propos d'événements du passé, de relations difficiles avec certains membres de notre famille ou de situations que nous ne pouvons changer ne règle rien, cela suscite plutôt d'autres complications. Toute tentative de solution est vouée à l'échec. En réalité, de tels conflits constituent souvent des moyens détournés d'exprimer frustrations ou insatisfactions. Il faut essayer de régler les problèmes qui peuvent être réglés.

Décrire ses sentiments

L'effort d'objectivité à fournir dans la définition d'un conflit n'implique pas que nous devions éviter d'exprimer nos sentiments. Au contraire, les sentiments font partie intégrante des conflits, et les négliger serait une erreur. Encore faut-il bien les exprimer. S'attendre à ce que l'autre lise dans nos pensées et dans notre cœur relève de l'utopie. Comment une autre personne pourrait-elle vous comprendre si vous ne lui dites pas ce que vous ressentez?

Gottman et ses collègues (1976) ont proposé une formule efficace pour exprimer ses sentiments lors d'un conflit. Ils l'ont appelée la *formule X-Y-Z*. Il s'agit simplement de dire à l'autre: «Lorsque tu fais X, dans la situation Y, je ressens Z.» Par exemple, Jean-François, dans l'exemple donné précédemment, aurait pu dire: «Lorsque tu ne me prends pas la main en présence d'autres personnes, j'ai l'impression que tu es gênée de leur montrer que tu m'aimes.» Voici un autre exemple: «Lorsque tu arrives en retard à nos rendez-vous, j'ai l'impression que je ne compte pas beaucoup pour toi.» La formule X-Y-Z est particulièrement utile au cours d'une dispute, au moment de réagir aux propos désobligeants de l'autre.

Prendre conscience des intérêts réels de chacun

Les conflits interpersonnels sont des conflits d'intérêts au départ. Pour qu'un conflit puisse être réglé, il faut que les intérêts de chacun soient clairement définis. Chacun doit prendre conscience de ses intérêts et connaître ceux de l'autre partie. De la comparaison entre les deux pourra naître une solution satisfaisante. Pour y parvenir, il faut savoir distinguer les prises de position des intérêts sous-jacents. Les discussions doivent porter sur les enjeux qui séparent les parties plutôt que sur les prises de position. Tant que ces enjeux ne sont pas reconnus, le conflit n'est pas vraiment défini. Prenons l'exemple suivant: un couple, Mélanie et Rémi, entame une discussion. Ils doivent tous deux décider s'ils passeront leurs vacances avec les Tremblay ou avec les Lemay.

> **Mélanie**: Les Tremblay nous ont demandé si nous voulions passer avec eux deux semaines au bord de la mer. Ils proposent que nous louions ensemble un chalet et que nous en partagions les frais.

> **Rémi**: Je préférerais passer mes vacances avec les Lemay. Ils sont bien plus drôles. Ils veulent faire du camping...

La discussion peut porter longtemps sur les mérites des uns et des autres, mais tant que les véritables causes ne sont pas dévoilées, l'opération sera stérile. Voici ce que l'un et l'autre pensent en réalité:

> **Mélanie**: Les Tremblay ne jouent pas au golf. J'aime la plage. Je déteste jouer au golf et faire du camping.

> **Rémi**: Les Lemay sont des joueurs de golf, je pourrai donc jouer au golf avec eux. Louer un chalet, c'est une grosse dépense à faire pour simplement s'étendre sur une plage...

Définir adéquatement un conflit suppose ainsi que l'on révèle ses désirs véritables. Dans certains cas, c'est fort délicat. Dans l'exemple de Mélanie et Rémi, peut-être d'autres intérêts sont-ils en jeu:

> **Mélanie**: J'aime la compagnie des Tremblay, particulièrement de Maxime, il est toujours galant avec moi. Il me complimente souvent et il me fait rire. En fait, il est très séduisant.

> **Rémi**: Je n'aime pas la façon dont Maxime se comporte avec Mélanie. Il faut toujours qu'il joue au séducteur. Bref, je suis jaloux...

Dans un cas semblable, il faut faire preuve d'honnêteté et révéler ses véritables sentiments en les assumant, ce qui n'est pas toujours évident.

Vous rappelez-vous un cas où vous avez essayé de régler un conflit mal défini? Cela a-t-il éparpillé votre attention et vous a-t-il empêché de voir les véritables problèmes qui étaient à la source du conflit? Que s'est-il passé au juste?

Savoir argumenter

Contrairement à ce que bien des gens croient, l'argumentation n'est pas un défaut mais un talent à cultiver. Lorsque nous argumentons, nous cherchons à persuader l'autre du bien-fondé de notre point de vue, ou à lui donner notre avis sur des questions importantes. C'est le moyen idéal auquel il convient de recourir pour régler un différend, de loin beaucoup plus louable que l'agressivité verbale. L'argumentation peut toutefois nuire à la communication pour les uns comme pour les autres. Ainsi, il arrive que de bons argumentateurs argumentent trop souvent, avec trop de vigueur,

MINITEST 10.2

Aimez-vous argumenter?

Ce questionnaire contient des énoncés sur les façons d'envisager la controverse. Indiquez à quelle fréquence vous adoptez les comportements décrits.

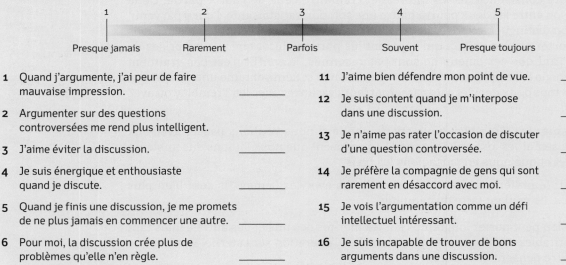

```
1                2               3               4               5
Presque jamais   Rarement        Parfois         Souvent        Presque toujours
```

1 Quand j'argumente, j'ai peur de faire mauvaise impression. _____

2 Argumenter sur des questions controversées me rend plus intelligent. _____

3 J'aime éviter la discussion. _____

4 Je suis énergique et enthousiaste quand je discute. _____

5 Quand je finis une discussion, je me promets de ne plus jamais en commencer une autre. _____

6 Pour moi, la discussion crée plus de problèmes qu'elle n'en règle. _____

7 Je me sens bien quand un de mes arguments l'emporte. _____

8 Quand j'ai fini de discuter avec quelqu'un, je me sens nerveux et mal à l'aise. _____

9 J'aime bien argumenter sur une question controversée. _____

10 Je suis mal à l'aise quand je sens que je vais me lancer dans une discussion. _____

11 J'aime bien défendre mon point de vue. _____

12 Je suis content quand je m'interpose dans une discussion. _____

13 Je n'aime pas rater l'occasion de discuter d'une question controversée. _____

14 Je préfère la compagnie de gens qui sont rarement en désaccord avec moi. _____

15 Je vois l'argumentation comme un défi intellectuel intéressant. _____

16 Je suis incapable de trouver de bons arguments dans une discussion. _____

17 Je suis ragaillardi et satisfait après avoir discuté d'une question controversée. _____

18 Je me défends bien dans une discussion. _____

19 J'essaie d'éviter les discussions. _____

20 Je suis tout excité quand je sens qu'il va y avoir une discussion. _____

Calculez votre score comme suit:

1. Additionnez vos points pour les énoncés 2, 4, 7, 9, 11, 13, 15, 17, 18 et 20.
2. Ajoutez 60 au total de l'étape 1.
3. Additionnez vos points pour les énoncés 1, 3, 5, 6, 8, 10, 12, 14, 16 et 19.
4. Soustrayez le total de l'étape 3 du total de l'étape 2.

Si votre score se situe entre 73 et 100, vous avez une forte propension à argumenter; entre 56 et 72, une propension moyenne à argumenter; entre 20 et 55, une faible propension à argumenter.

Le score que vous avez obtenu reflète-t-il l'image que vous avez de vous-même en ce qui a trait à votre capacité de défendre votre point de vue? Connaissez-vous des gens qui règlent habituellement leurs conflits par l'argumentation? Quel est le principal avantage de l'argumentation? L'argumentation comporte-t-elle des désavantages?

Source: Infante, D., et Rancer, A. (1982). A conceptualization and measure of argumentativeness. *Journal of Personality Assessment, 46*: 72-80.

ou sur des questions futiles. Et que ceux qui n'aiment pas argumenter évitent de prendre position même quand c'est nécessaire. Les personnes qui se situent entre les deux sont probablement plus douées pour les relations interpersonnelles et elles s'adaptent plus facilement si elles savent argumenter, quand c'est vraiment nécessaire, et éviter les discussions inutiles et répétitives.

Savoir écouter l'autre

Pendant toute la résolution d'un conflit, il faut savoir écouter l'autre avec attention en essayant de comprendre son point de vue, c'est-à-dire ses pensées, ses sentiments et ses désirs. À cette fin, il est nécessaire d'utiliser de bonnes techniques d'écoute (nous avons abordé au chapitre 9 le rôle important de l'écoute dans la communication). Les personnes qui se sentent écoutées restreignent leur agressivité et elles sont davantage disposées à s'ouvrir au dialogue avec confiance. L'écoute mutuelle est une condition fondamentale de la résolution d'un conflit. À partir du moment où les deux parties parviennent à comprendre le point de vue de chacune d'entre elles, elles sont également aptes à définir le problème de façon à tenir compte des deux points de vue. Dans l'exemple cité auparavant, après avoir bien saisi les goûts et les aversions de chacun, Mélanie comprendra le malaise de Rémi et lui, de son côté, admettra que Mélanie n'aime pas jouer au golf. Une écoute efficace mène à la reconnaissance des désirs véritables de l'autre. Quand chacun reconnaît que les désirs de l'autre sont légitimes, une recherche de solution gagnant-gagnant est possible.

Comment résoudre adéquatement le conflit

Au moment de la recherche d'une solution, quelques règles peuvent être appliquées en vue d'une entente sur une issue possible du conflit.

Faire des propositions favorisant des gains mutuels

Dans le climat positif où nous nous sommes engagés jusqu'ici, il est important de chercher des solutions qui vont satisfaire les deux parties, c'est-à-dire qui permettront à chacune d'entre elles d'obtenir, du moins partiellement, ce qu'elle désire. Comme nous l'avons vu, dans les solutions gagnant-perdant, une seule des parties gagne, ce qui cause de la frustration et du ressentiment chez l'autre. Dans les solutions perdant-perdant, tout le monde perd et est frustré. Les couples, par exemple, qui accumulent les solutions perdant-perdant accumulent en même temps du ressentiment. C'est afin d'éviter les effets négatifs, à court et à long terme, des solutions gagnant-perdant et perdant-perdant qu'il est préférable de chercher une solution gagnant-gagnant.

Dans certains cas, il faudra peut-être renoncer à une partie de ce qu'on désire pour en arriver à une répartition équitable des avantages. La solution de Sophie et Martin en début de chapitre est un bon exemple de ce que nous venons de dire. Le désir de l'un et de l'autre est de rester ensemble, mais leurs intérêts personnels s'y opposent. Ils ont retenu une solution proche du compromis, et encore mieux, une solution gagnante pour les deux parties. Pour savoir si la solution est du type gagnant-gagnant, il s'agit simplement de faire un calcul des coûts par rapport aux bénéfices. Il y a des coûts : Martin doit s'inscrire dans une autre université et Sophie doit s'acheter une auto pour pouvoir continuer à voir Martin. Mais il y a des bénéfices : ni l'un ni l'autre n'a eu à modifier son choix d'études, et ils pourront se voir presque chaque semaine.

Le gain est important pour eux, car ils s'aiment. Il ne faut pas perdre de vue que la recherche d'une solution gagnant-gagnant dans un climat de partage et de collaboration n'a de sens que si les partenaires tiennent à sauvegarder leur relation. Dans ce contexte, tout ce qui maintient ou améliore la relation interpersonnelle représente un bénéfice appréciable.

Examinons un autre exemple, celui de Paul et Julie. Paul ne veut pas fréquenter les amis de Julie. Julie tient beaucoup à ses amis, mais Paul les déteste. Julie les trouve passionnants ; Paul les juge désagréables et ennuyeux. Julie déclare qu'elle se sent importante et intelligente devant ses amis : ils font souvent appel à elle quand ils ont besoin de conseils. Paul pourrait accepter de rencontrer les amis de Julie de temps à autre et Julie pourrait, elle, renoncer de temps à autre à voir ses amis pour rester seule avec Paul (Folger, Poole et Stutman, 1997).

Après avoir analysé les diverses solutions possibles, nous devons bien peser le pour et le contre de chacune. La plupart des solutions entraînent des coûts pour au moins un des deux partenaires (après tout, il faut bien que quelqu'un vide la litière du chat !). Il faut faire en sorte que les coûts tout autant que les bénéfices soient répartis le plus équitablement possible. Une fois que toutes les solutions ont été examinées, nous en choisissons une et la mettons à l'essai.

Voici quelques-unes des solutions qu'ont trouvées Paul et Julie :

1. Julie ne devrait plus jamais voir ses amis.

2. Paul devrait voir les amis de Julie.

3. Julie devrait voir ses amis seule.

De toute évidence, les solutions 1 et 2 sont des solutions gagnant-perdant. Dans la première, Paul gagne et Julie perd. Dans la deuxième, Julie gagne et Paul perd. La solution 3 semble prometteuse. Tous deux pourraient peut-être gagner sans qu'aucun ne perde.

Exercice 10.2 Trouver des solutions gagnant-gagnant

Dans tout conflit interpersonnel, nous avons un choix. Nous pouvons chercher des solutions dans lesquelles une personne gagne (habituellement, nous) et une personne perd (habituellement, notre adversaire) : ce sont des solutions gagnant-perdant. Ou bien, nous pouvons chercher des solutions dans lesquelles les deux parties gagnent : des solutions gagnant-gagnant. Évidemment, les solutions gagnant-gagnant sont préférables, dans les relations interpersonnelles du moins. Cependant, bien des gens ne soupçonnent même pas l'existence de telles solutions. Pour prendre l'habitude d'en chercher, analysez les situations conflictuelles suivantes, seul ou en groupe de cinq ou six. Pour chaque situation, trouvez le plus grand nombre de solutions que les deux parties jugeraient acceptables. Accordez-vous deux minutes pour chaque situation. Écrivez toutes les solutions gagnant-gagnant qui vous viennent à l'esprit, sans vous censurer.

1. Patrick et Christine projettent de prendre deux semaines de vacances en août. Patrick voudrait aller au bord de la mer et profiter de la plage. Christine, elle, voudrait aller camper et faire de la randonnée en montagne.

2. Patrick vient de toucher une prime tout à fait inattendue de 3 000 $. Il voudrait acheter un nouvel ordinateur ultra-performant pour le bureau. Christine voudrait prendre des vacances bien méritées.

3. Patrick se promène dans la maison en petite tenue. Christine déteste ça, et ils se disputent tous les deux à ce sujet presque tous les jours.

4. Philippe a récemment annoncé à ses parents qu'il était homosexuel. Il veut que ses parents acceptent son orientation sexuelle et qu'ils acceptent également qu'il vive en couple avec un autre homme. Ses parents rejettent totalement cette situation ; ils entretiennent l'espoir que leur fils puisse changer et souhaitent qu'il consulte un psychologue.

5. Les travailleurs de l'usine locale d'embouteillage demandent une augmentation salariale de 20 % pour obtenir la parité avec les travailleurs d'autres usines du même secteur d'activité. La direction refuse.

Discutez de vos solutions avec vos camarades de classe. Cette expérience devrait vous avoir appris qu'il existe des solutions gagnant-gagnant pour la plupart des situations conflictuelles, mais pas nécessairement pour toutes, et, bien sûr, que certains conflits sont plus faciles à régler que d'autres. Les conflits ne sont pas tous équivalents. Comment pourriez-vous adopter des stratégies gagnant-gagnant pour régler vos propres conflits ?

Chercher des solutions nouvelles

Dans certains cas, il semble à première vue qu'il n'y ait pas de solution gagnant-gagnant. Il faut alors faire preuve d'ingéniosité pour trouver des solutions nouvelles. Ici encore, c'est une question de motivation. Prenons l'exemple de Sophie et Martin. Sophie était désemparée de devoir quitter si longtemps Martin (motivation); elle en a parlé à son entourage, à sa famille, et ses parents ont alors décidé de contribuer à l'achat d'une auto (solution nouvelle). Lorsque les deux parties en arrivent à débattre de leurs solutions réciproques, il semble que seules les tactiques de persuasion puissent faire effet. C'est à qui convaincra l'autre. La persuasion est une technique à utiliser dans la mesure où elle ne devient pas un moyen de pression qui relève davantage du mode compétitif de résolution de conflits. En cas d'impasse, il est possible que l'un dise à l'autre: «Tu ne comprends rien!» C'est pourquoi l'introduction d'une idée nouvelle constitue une bonne issue à la persuasion. Il existe souvent une troisième solution au problème, une troisième voie qui permet aux deux parties de sortir gagnantes du débat. Il faut simplement vouloir la trouver.

Analyser les solutions possibles

Il ne suffit pas d'échanger des propositions pour résoudre un conflit; il faut toutes les analyser en vue d'adopter la meilleure. À cette fin, les propositions doivent être clarifiées et évaluées en fonction des avantages et des désavantages qu'elles présentent pour les deux parties. Faisons un exercice mental et imaginons ce qu'il adviendrait si une solution était adoptée. Cette solution nous semble-t-elle acceptable à l'heure actuelle? Le sera-t-elle plus tard? Est-ce que cette solution nous satisfait? Dans l'exemple de Paul et Julie, supposons que nous discutions de la solution à laquelle ils avaient pensé: Paul sera-t-il heureux que Julie voie ses amis sans lui? N'oubliez pas que certains amis de Julie sont de séduisants célibataires: est-ce que cela lui importe? Julie se sentira-t-elle à l'aise de voir ses amis sans Paul? Que penseront les gens et que diront-ils? Se mettront-ils à colporter des ragots? Julie se sentira-t-elle coupable? S'amusera-t-elle autant sans Paul?

Les parties engagées dans l'analyse des propositions doivent le faire l'esprit ouvert: ouverture à l'autre, ouverture aux changements et ouverture de soi.

L'ouverture à l'autre se réalise par la qualité de l'écoute que nous lui accordons. L'empathie est ici de mise. *L'ouverture aux changements* est tout aussi importante. Avec l'écoute, la flexibilité représente une condition fondamentale à la résolution d'un conflit. L'adoption d'une solution au conflit suppose des changements de la part des parties en cause. Certains conflits stagnent parce que les parties font toujours les mêmes choix. Pour résoudre un conflit, il faut être prêt à changer ses idées, ses comportements et même ses sentiments. La rigidité empêche de résoudre un conflit. Les gens qui abordent un conflit en se fixant comme objectif de changer les idées de l'autre engagent mal le débat. Aborder un conflit exige d'accepter de changer et d'être convaincu, au départ, qu'on en tirera des bienfaits. Sans changements, la démarche de résolution de conflits ne peut être constructive. Enfin, *l'ouverture de soi* est une étape importante. Il est nécessaire que chacun exprime honnêtement ce qu'il pense et ce qu'il ressent pendant tout le processus de résolution de conflits. En nous ouvrant, nous permettons à l'autre de mieux comprendre notre point de vue.

Choisir la solution la plus juste et l'essayer

Revenons à l'exemple de Julie et Paul: après s'être convaincus l'un l'autre, ils ont décidé que la meilleure solution serait que Julie sorte avec ses amis sans Paul. Il leur faut maintenant essayer cette solution. Voyons objectivement ce qui se passe en pratique. Julie pourrait sortir sans Paul juste une fois, pour voir leur façon de réagir à tous deux: comment la soirée s'est-elle déroulée pour Julie? Ses amis ont-ils pensé que sa relation avec Paul n'était pas très satisfaisante? S'est-elle sentie coupable?

S'est-elle amusée ? Comment Paul s'est-il senti ? Était-il jaloux ? S'est-il senti lésé ou abandonné ? Cette solution les a-t-elle aidés à résoudre leur conflit ? Leur relation est-elle meilleure maintenant ? Chacun des deux partenaires doit formuler ce qu'il ressent et ce qu'il pense de la solution appliquée (se reporter à ce sujet à la section sur l'expression des émotions, au chapitre 7). Paul et Julie doivent donner leur avis sur la solution qu'ils ont retenue. Aimeraient-ils l'appliquer une fois par mois ? Les bénéfices valent-ils les coûts que chacun subira ? Les bénéfices et les coûts sont-ils répartis le plus équitablement possible ? Existe-t-il des solutions plus efficaces ?

Supposons que Paul soit assez satisfait de la solution parce qu'il a profité de l'absence de Julie pour rendre visite à son frère. La prochaine fois que Julie sortira avec ses amis, il ira par exemple au cinéma. Julie est, elle aussi, assez contente d'avoir vu ses amis sans Paul. Elle leur a expliqué qu'elle avait décidé, d'un commun accord avec Paul, qu'elle verrait ses amis seule et que cette solution leur convenait parfaitement à tous les deux. Dans cette situation, la solution trouvée permet réellement de satisfaire pleinement les deux personnes.

Après le conflit

La résolution d'un conflit est un moyen d'acquérir une certaine expérience dans la mesure où nous *savons en tirer les leçons*. Il est donc utile de nous demander, par exemple : Quelles tactiques ont aggravé la situation ? Ai-je besoin de temps pour laisser passer ma colère ? Suis-je apte à prévoir le moment où un problème anodin peut dégénérer en discussion pénible ? Quels sont les sujets ou les attitudes qui risquent le plus de soulever des conflits ? Est-ce que je peux les éviter ?

Il faut aussi *ramener les conflits à leurs justes proportions*. Dans les couples, par exemple, les conflits n'occupent généralement qu'une infime partie du temps que les deux personnes passent ensemble, et pourtant, dans son souvenir, chacune est bien souvent portée à en exagérer la durée. Il ne faut pas croire que nous ne valons rien, ou que notre partenaire ne vaut rien, ou que notre relation est un échec pour la simple raison que nous avons des conflits.

Il faut *éviter* aussi *d'entretenir ces sentiments négatifs* qui, bien souvent, tiennent aux tactiques déloyales – telles que le blâme ou l'agressivité verbale – employées pour ébranler la confiance en soi ; il faut prendre la résolution de ne plus recourir à de telles tactiques, mais, en même temps, se défaire de tout sentiment de culpabilité et de rancœur.

On ne peut pas serrer la main quand on serre les poings.

– Indira Gandhi

Une fois que la paix est revenue, les « bénéfices » de la relation réapparaissent. Les comportements affectueux deviennent plus fréquents et nous permettent *d'exprimer nos sentiments positifs* ainsi que de montrer que le conflit est bien terminé et que la survie de la relation nous tient à cœur.

LA DÉGRADATION D'UNE RELATION INTERPERSONNELLE

Le dialogue suivant, qui illustre un conflit stérile, vise à vous faire prendre conscience des interventions néfastes qui enveniment un conflit. Après avoir terminé la lecture de cette section, vous devriez être capable de repérer les principales erreurs commises par ce couple.

Michel: C'est moi. Je viens simplement chercher mes papiers pour la réunion de demain.

Anne: Ne me dis pas que tu as encore du travail ce soir!

Michel: Je t'ai dit le mois dernier que je devais faire un exposé aux nouveaux directeurs, sur l'application de certaines nouvelles méthodes de recherche. À quoi penses-tu que je travaille depuis deux semaines? Si tu t'intéressais à ce que je fais, tu saurais que je prépare cet exposé et qu'il est très important pour moi que tout se passe bien.

Anne: Et les courses dans les magasins? On va toujours faire les courses le vendredi soir.

Michel: Les courses attendront. Cet exposé-là est plus important.

Anne: Les courses aussi sont importantes, et les enfants aussi, et mon travail aussi, et la fuite d'eau au sous-sol, qui m'exaspère et que je te demande de réparer depuis une semaine.

Michel: Bon, arrête. On peut faire les courses n'importe quel autre jour. Ton travail, ça va bien, les enfants vont bien, et j'appellerai le plombier dès que les Francœur m'auront donné son numéro de téléphone.

Anne: C'est toujours la même chose. Tu ne penses qu'à toi. Il y a seulement toi qui comptes. Même quand on était étudiants, tes cours, tes travaux et tes examens étaient toujours plus importants que les miens. Te souviens-tu, la veille de mon examen final de chimie, quand il fallait que tu fasses taper ta dissertation d'histoire? On a passé la nuit à taper ta dissertation. J'ai échoué à mon examen de chimie, tu te souviens? Ce n'est pas très bon pour quelqu'un qui veut entrer en médecine. Je suppose que je dois te remercier de ne pas être médecin aujourd'hui? Mais toi, tu as eu ton A en histoire. C'est toujours comme ça. Tu t'en fous de ce qui est important pour moi.

Michel: Je n'ai vraiment pas envie de parler de ça. Je vais m'énerver et rater mon exposé demain. Laisse tomber. Je ne veux plus en entendre parler. Si tu dis un mot de plus, je vais faire quelque chose que je devrais faire plus souvent.

Anne: Si tu me bats, j'appelle la police. Je ne me promènerai plus jamais avec un œil au beurre noir ou la lèvre enflée. Jamais.

Michel: Alors, ta gueule! Je ne veux plus en parler. Il faut que je prépare mon exposé, un point c'est tout.

Anne: Les enfants avaient hâte d'aller dans les magasins. Dominique voudrait un nouveau CD et Amélie a besoin d'un livre pour l'école. Tu leur as promis.

Michel: Moi, je n'ai rien promis à personne. C'est toi qui leur as promis et, maintenant, tu voudrais m'en rendre responsable. Tu promets trop de choses. Tu ne devrais jamais faire de promesse que tu ne peux pas tenir – être fidèle, par exemple. Tu te souviens que tu

Certaines études démontrent que l'agressivité verbale peut mener à la violence physique (Infante, Samourin, Rudd et Shannon, 1990). Avez-vous constaté ce fait auprès de certaines de vos connaissances?

as promis d'être fidèle ? Ou bien l'as-tu oublié ? Pourquoi est-ce que tu ne racontes pas ton aventure aux enfants ? À moins qu'ils ne le sachent déjà ? Est-ce qu'ils étaient là quand tu as eu ta misérable petite liaison ? Est-ce qu'ils ont vu un de leurs chers parents amoureux de quelqu'un d'autre ?

Anne : Je pensais que nous étions d'accord pour ne plus en parler. Tu sais à quel point je regrette ce qui s'est passé. Et puis, c'était il y a six mois, non ? Qu'est-ce que ça a à voir avec ce soir ?

Michel : C'est toi qui as parlé de promesses, pas moi. C'est toi qui reviens toujours sur le passé. Tu vis dans le passé.

Anne : Eh bien, au moins, les enfants m'auront vue m'amuser. Une expérience agréable en huit ans, ce n'est pas trop, non ?

Michel : Je m'en vais. N'attends pas que je sois de retour pour aller te coucher.

Ça va mal ! Comment expliquer un tel débordement d'émotions négatives ? Comment Michel et Anne en sont-ils arrivés à une si grande violence verbale ? Manifestement, ce qui caractérise leur relation tient au climat peu propice dans lequel elle se déroule. Nous allons, dans cette section, essayer de décrire les comportements défavorables au maintien et à l'amélioration d'une relation.

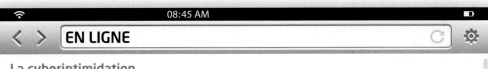

CYBERINTIMIDATION
Utilisation délibérée et répétée de la communication numérique par un individu ou un groupe pour menacer ou blesser autrui.

La cyberintimidation

Les messages et les publications intimidantes et violentes sur Internet peuvent aller beaucoup plus loin que les situations de rejet apparent. On parle de **cyberintimidation** lorsque des actes délibérés et répétés d'agression psychologique sont commis par un individu, ou par un groupe d'individus, sur une ou des victimes par l'intermédiaire du réseau Internet, du courriel, de la messagerie instantanée ou textuelle.

La cyberintimidation diffère de l'intimidation en personne sur cinq points (Roberto et Eden, 2010). Premièrement, alors que l'intimidation en personne se produit en des lieux et à des moments précis, la cyberintimidation peut se produire n'importe où et à n'importe quel moment. Deuxièmement, alors qu'en personne, l'intimidateur est visible et connu de la victime, le cyberintimidateur est souvent anonyme. Troisièmement, dans un contexte où l'intimidateur est physiquement présent, un nombre restreint de témoins assistent à l'intimidation, alors que la cyberintimidation peut être partagée par un nombre considérable de témoins. Quatrièmement, dans une situation d'intimidation « en personne », l'agresseur est typiquement plus fort, physiquement ou psychologiquement (p. ex., plus populaire), que sa victime, tandis que le cyberintimidateur n'acquiert sa dominance ou son pouvoir que par les actes agressifs qu'il commet. Enfin, les preuves de l'intimidation sont plus difficiles à établir que celles de la cyberintimidation, qui laissent nécessairement des traces sur le Net.

La cyberintimidation peut avoir des effets psychologiques dévastateurs sur les personnes qui en sont victimes : piètre estime de soi, anxiété, dépression… allant même jusqu'à engendrer une tendance suicidaire. Plusieurs cas de suicide ont tristement fait la manchette des journaux.

La cyberintimidation touche surtout les plus jeunes, parce qu'ils sont plus vulnérables et qu'ils sont de plus grands utilisateurs des appareils numériques. Les adultes sont aussi touchés dans leur vie privée ou au travail. Au Canada, au moins un adolescent sur trois raconte avoir déjà été victime d'intimidation (Molcho et coll., 2009), occasionnellement ou fréquemment. Ces statistiques et les nombreux cas de suicide qui leur sont associés ont incité les différents niveaux d'autorité (gouvernemental, scolaire, parental) à intervenir. Par exemple, le Québec s'est doté en 2012 d'une loi (loi 56) visant à responsabiliser davantage les différents milieux à l'égard de l'intimidation et de la violence à l'école.

Avez-vous été personnellement témoin d'épisodes de cyberintimidation ? Croyez-vous possible d'enrayer ce type d'activités ? Quelles sont les responsabilités de chacun (gouvernement, direction d'établissement, parents, élèves, etc.) dans la mise en place de solutions ?

Le recours à la force

En cas de conflit, bien des gens ne dialogueront pas, mais ils essaieront plutôt d'imposer leurs idées par la force. On a affaire ici à une forme de violence qui peut être psychologique ou physique. Dans ces conditions, le plus fort l'emporte, mais le véritable problème demeure. L'absence de dialogue conduit les pays à la guerre, et les enfants, parfois même des adultes intelligents et normalement constitués, à se battre.

En 2000, une enquête du ministère de la Sécurité publique du Québec révélait que près de 16 000 cas de crimes contre la personne étaient liés à la violence entre conjoints, et que 85 % des victimes étaient des femmes. C'est dans le groupe des 15 à 24 ans qu'on retrouvait le deuxième plus haut taux de violence conjugale, près de 25 % de l'ensemble des victimes de violence conjugale se retrouvant dans ce groupe d'âge. Bien sûr, tant les filles que les garçons peuvent manifester de la violence. Cependant, dans le groupe des 12 à 17 ans, il y a trois fois plus de garçons que de filles qui manifestent des comportements violents, alors que dans le groupe des 18 à 24 ans, cette proportion est de cinq garçons pour une fille (Motard, 2003).

Dans tous les conflits qui nous opposent aux autres, nous devons contrôler nos émotions. Nous ne devons pas recourir à la violence pour résoudre nos conflits interpersonnels ; il faut plutôt lui préférer le dialogue. La sincérité, l'empathie et l'esprit positif sont, à cet égard, de bons points de départ.

Tableau 10.2	Différentes formes de cyberintimidation	
Nom	Définition	Exemples
Flaming (ou *propos inflammatoires*)	Échange vif et bref de messages incendiaires, inconvenants, vulgaires ou menaçants, souvent dans un cadre public.	La « guerre des miaou-miaou » (*Meow Wars*) est reconnue comme la première guerre de *flaming* (Wikipédia). Elle a débuté en 1996, lorsque des étudiants de l'Université Harvard ont envahi le groupe de discussion d'autres étudiants en répondant à chaque intervention par « *Meow meow bang bang* ». Cette guerre fit rage pendant plus d'un an.
Harcèlement	Envoi répété de messages offensants. Le harcèlement se déroule plus sur le long terme et est plus unilatéral que le *flaming*.	En octobre 2011, une jeune fille de Vancouver, Amanda Todd, s'est suicidée après avoir demandé de l'aide dans une vidéo, postée sur YouTube, dans laquelle elle se disait victime de harcèlement à l'école et sur Internet. Son cas a provoqué un débat à la grandeur du pays.
Dénigrement	Envoi dans un espace public ou publication d'affirmations fausses ou malveillantes au sujet d'une personne.	Après avoir entendu Casey dire qu'elle pourrait passer une autre étudiante à tabac, un groupe d'étudiants au secondaire a décidé de se venger en lançant la rumeur que Casey était lesbienne et en publiant une photo d'elle prise à la blague en train d'embrasser une autre fille. Casey a par la suite opté pour l'enseignement à domicile (Brady & Conn, 2006).
Usurpation d'identité	Fait de prétendre être une autre personne et d'envoyer ou de publier de l'information défavorable ou potentiellement dangereuse pour cette personne.	Très actif sur les médias sociaux, l'animateur Guy A. Lepage a été victime d'usurpation d'identité lorsqu'une personne s'est fait passer pour lui sur Twitter. Il a maintenant son propre compte Twitter @GuyALepage (Blanc, 2010).
Déplacardage (*outing* en anglais) et tromperie	Fait de révéler des renseignements embarrassants, personnels ou sensibles à des personnes auxquelles ils n'étaient jamais destinés ; ou utilisation de la tromperie pour obtenir ces renseignements et les rendre publics.	Après qu'un garçon de 17 ans eut révélé des secrets au sujet de son ami, celui-ci s'est vengé en créant un profil bidon dans un réseau social et en amenant le fautif à révéler à son insu des détails personnels sur lui-même. Après avoir propagé ces détails à l'école, l'ami a levé le voile sur la supercherie et a dit au garçon que tous les étudiants et les enseignants se moquaient de lui. Perturbé, celui-ci a plus tard tenté de se suicider (Rhys, 2008).
Exclusion, ostracisme	Exclusion intentionnelle d'une personne d'un groupe en ligne. (Nous pourrions ajouter le fait d'utiliser les technologies de communication pour exclure une personne d'un groupe au sens classique.)	En Corée du Sud, une femme qui n'avait pas ramassé les besoins de son chien dans le métro a été prise en photo par des citoyens en colère. Ceux-ci ont publié les photos sur Internet avec la mention « La femme au caca de chien ». Ses renseignements personnels ont peu après été publiés sur Internet et les gens se sont mis à l'appeler réellement par ce surnom (Krim, 2005).

Source : Liste et définitions adaptées de Roberto, A.J., et Eden, J. (2010). Cyberbullying : Aggressive communication in the digital age. Dans T.A. Avtgis et A.S. Rancer (dir.). *Arguments, Aggression, and Conflict : New Directions in Theory and Research* (p. 198-216). New York : Routledge. Reproduction autorisée par l'entremise de Copyright Clearance Center.

L'agressivité verbale

L'agressivité verbale est une tactique utilisée pour avoir le dernier mot dans une discussion en faisant de la peine à l'autre ou en ternissant l'image qu'il a de lui-même. C'est une forme de négation (plutôt que de reconnaissance) d'autrui (distinction déjà faite au chapitre 3), une façon de dénigrer, de discréditer l'autre à ses propres yeux.

Les attaques personnelles, peut-être parce qu'elles sont d'une grande efficacité, représentent la forme d'agressivité verbale la plus courante. Elles consistent à dénigrer ou à diminuer un aspect de la personnalité de l'autre, ses habiletés, son passé, son apparence physique. Tout comme les coups portés au corps de l'autre peuvent laisser des traces, les attaques verbales peuvent marquer quelqu'un pour la vie.

Il existe un lien entre les deux types de violence. Certaines études ont révélé par ailleurs que les femmes qui font preuve de violence verbale – particulièrement celles qui insultent leur mari et qui portent atteinte à sa réputation et à ses aptitudes – connaissent aussi plus de violence dans leurs relations conjugales (Infante, Sabourin, Rudd et Shannon, 1990). La violence verbale des maris est associée à la brutalité conjugale et à la névrose post-traumatique que vivent de nombreuses femmes battues (Rodenburg et Fantuzzo, 1993 ; Kemp, Green, Hovanitz et Rawlings, 1995). De la même façon – et cela ne surprendra personne –, l'agressivité verbale chez les collégiens est liée à la violence dans leur vie amoureuse : plus la violence verbale est forte, plus fréquente est la violence physique (Ryan, 1995).

L'humiliation

En cas de conflit, certaines personnes sont tentées d'humilier l'adversaire. Elles le traitent comme s'il était incompétent ou indigne de confiance, bon à rien ou méchant (Donohue et Kolt, 1992). De telles humiliations peuvent simplement embarrasser l'autre, mais elles peuvent aussi aller jusqu'à lui enlever toute confiance en lui ou briser sa réputation. Poussées à l'extrême, elles sont une forme de dénigrement – une tactique sur laquelle nous reviendrons plus loin.

> Lors d'une dispute conjugale, la seule personne qui écoute attentivement la version de chaque époux, c'est le locataire de l'appartement contigu.
>
> – Anonyme

Il existe pourtant des moyens d'aider l'autre à garder bonne contenance, à montrer qu'il est compétent et digne de confiance, et tout à fait honorable. Nous savons tous que, même quand nous réussissons à obtenir ce que nous voulons (p. ex., lors d'une négociation), il est sage d'aider notre adversaire à sauver les apparences. Cette attitude permet d'éviter des conflits futurs (Donohue et Kolt, 1992). Les gens sont, en effet, plus portés à épargner leur adversaire quand celui-ci leur paraît sympathique.

Au lieu de chercher à humilier l'autre, traitons-le plutôt avec ménagement ; acceptons-le comme il est, évitons l'attaque et le blâme et sachons présenter, quand il se doit, des excuses.

Le blâme

Les conflits sont parfois provoqués par les gestes malheureux d'un des deux partenaires, ou par des événements extérieurs bien précis. Mais la plupart du temps, ils sont attribuables à un ensemble de facteurs, difficiles à discerner.

Bien des gens ont alors tendance à rejeter le blâme sur quelqu'un d'autre. Prenons l'exemple des parents qui se disputent parce que leur enfant a eu des démêlés avec la police. Au lieu de faire face à la situation – et d'aider leur enfant –, ils s'en rendent mutuellement responsables. Cela ne règle évidemment rien.

La meilleure solution de rechange au blâme est probablement de faire preuve d'empathie : bien comprendre les sentiments que l'autre éprouve, et le lui dire. Par exemple, si l'autre est blessé ou en colère et que vous estimez que ses sentiments sont légitimes

Quel est votre quotient d'agressivité verbale?

Indiquez à quelle fréquence vous adoptez les comportements suivants quand vous essayez d'influencer les autres.

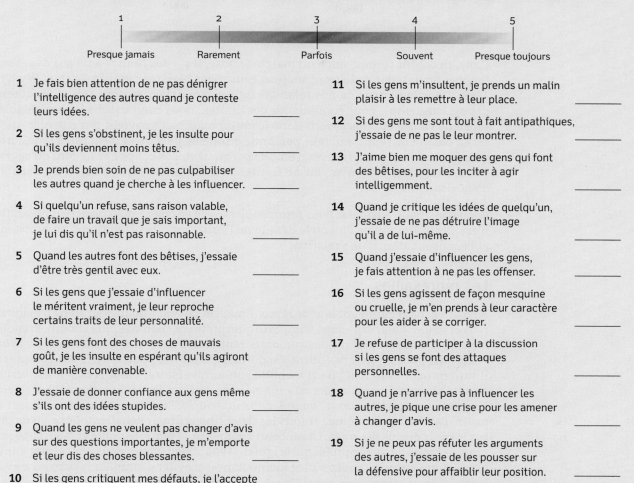

1	2	3	4	5
Presque jamais	Rarement	Parfois	Souvent	Presque toujours

1 Je fais bien attention de ne pas dénigrer l'intelligence des autres quand je conteste leurs idées. _____

2 Si les gens s'obstinent, je les insulte pour qu'ils deviennent moins têtus. _____

3 Je prends bien soin de ne pas culpabiliser les autres quand je cherche à les influencer. _____

4 Si quelqu'un refuse, sans raison valable, de faire un travail que je sais important, je lui dis qu'il n'est pas raisonnable. _____

5 Quand les autres font des bêtises, j'essaie d'être très gentil avec eux. _____

6 Si les gens que j'essaie d'influencer le méritent vraiment, je leur reproche certains traits de leur personnalité. _____

7 Si les gens font des choses de mauvais goût, je les insulte en espérant qu'ils agiront de manière convenable. _____

8 J'essaie de donner confiance aux gens même s'ils ont des idées stupides. _____

9 Quand les gens ne veulent pas changer d'avis sur des questions importantes, je m'emporte et leur dis des choses blessantes. _____

10 Si les gens critiquent mes défauts, je l'accepte avec humour, sans essayer de leur rendre la pareille. _____

11 Si les gens m'insultent, je prends un malin plaisir à les remettre à leur place. _____

12 Si des gens me sont tout à fait antipathiques, j'essaie de ne pas le leur montrer. _____

13 J'aime bien me moquer des gens qui font des bêtises, pour les inciter à agir intelligemment. _____

14 Quand je critique les idées de quelqu'un, j'essaie de ne pas détruire l'image qu'il a de lui-même. _____

15 Quand j'essaie d'influencer les gens, je fais attention à ne pas les offenser. _____

16 Si les gens agissent de façon mesquine ou cruelle, je m'en prends à leur caractère pour les aider à se corriger. _____

17 Je refuse de participer à la discussion si les gens se font des attaques personnelles. _____

18 Quand je n'arrive pas à influencer les autres, je pique une crise pour les amener à changer d'avis. _____

19 Si je ne peux pas réfuter les arguments des autres, j'essaie de les pousser sur la défensive pour affaiblir leur position. _____

20 Quand la discussion dégénère en attaques personnelles, j'essaie de changer de sujet. _____

Calculez votre score de la manière suivante:

1. Additionnez vos points pour les énoncés 2, 4, 6, 7, 9, 11, 13, 16, 18 et 19.

2. Additionnez vos points pour les énoncés 1, 3, 5, 8, 10, 12, 14, 15, 17 et 20.

3. Posez 60 et soustrayez-en le total obtenu à l'étape 2.

4. Additionnez le total de l'étape 1 au résultat de l'étape 3.

Un score se situant entre 59 et 100 dénote une très grande agressivité verbale; un score entre 39 et 58, une agressivité verbale moyenne; un score entre 20 et 39, peu d'agressivité verbale.

En analysant vos réponses, remarquez les comportements qui dénotent une grande agressivité verbale (énoncés 2, 4, 6, 7, 9, 11, 13, 16, 18 et 19) et surtout ceux que vous êtes fortement enclin à adopter (ceux pour lesquels vous vous êtes accordé 4 ou 5 points). Remarquez aussi les comportements qui dénotent une faible agressivité verbale (énoncés 1, 3, 5, 8, 10, 12, 14, 15, 17 et 20), surtout si vous vous êtes accordé seulement 1 ou 2 points. Vous pourrez ainsi comprendre comment se manifeste votre agressivité verbale.

Avez-vous récemment été agressif dans vos paroles? Quel effet cette agressivité a-t-elle eu sur vos relations interpersonnelles? Quels autres moyens auriez-vous pu employer pour faire comprendre votre point de vue? Ces autres moyens auraient-ils été plus efficaces?

Source: Infante, D., et Wigley, C.J. (1986). «The Verbal Aggressiveness Scale». Verbal aggressiveness: An interpersonal model and mesure. *Communication Monographs, 53*: 61-69. Reproduit avec l'autorisation de Taylor & Francis par l'entremise de Copyright Clearance Center.

et justifiés (de son point de vue à lui), il ne faut pas hésiter à le lui dire : « Tu as le droit d'être en colère ; je n'aurais pas dû dire que ta mère ne sait pas tenir sa langue. Je te présente mes excuses. Mais je n'ai pas l'intention quand même de partir en vacances avec elle. » Reconnaître le bien-fondé des sentiments de l'autre ne signifie pas nécessairement être d'accord avec lui ; c'est simplement lui dire que ses sentiments sont légitimes et que vous en convenez.

Les coups bas

Dans un conflit comme dans un match de boxe, il y a des limites à ne pas dépasser. Frapper en dessous de la ceinture peut causer des blessures graves (Bach et Wyden, 1968). Dans la plupart de nos relations interpersonnelles, surtout celles qui durent depuis longtemps, nous connaissons ces limites ; nous connaissons le seuil de tolérance de l'autre et nous savons donc jusqu'où aller. Nous savons, par exemple, qu'il serait odieux de rappeler à telle personne qu'elle ne peut avoir d'enfant, à telle autre qu'elle ne réussit pas à trouver d'emploi permanent. Les coups bas ne font qu'aggraver la situation. Il faut savoir se limiter aux arguments que l'autre est capable d'encaisser.

Rappelons-nous, surtout si nous sommes blessés ou en colère, que l'objectif d'un conflit n'est pas la victoire de l'un ou la défaite de l'autre, mais la résolution d'un problème et la consolidation d'une relation.

Les représailles

Bien des gens accumulent tant de ressentiment et de griefs qu'un jour ils n'en peuvent plus et « vident leur sac » sous n'importe quel prétexte, même le plus anodin. Prenons l'exemple d'un couple : un des conjoints rentre tard un soir à la maison sans avoir téléphoné pour en avertir l'autre. Ce dernier en profite pour « régler ses comptes ». Il lui reproche : « la fois où » il a oublié son anniversaire, « la fois où » il est arrivé en retard pour dîner, « la fois où » il a négligé de faire les réservations d'hôtel, etc. L'expérience nous l'a appris, quand, dans un couple, l'un se met ainsi à ressasser le passé, l'autre fait de même ; et tous les deux finissent par déballer tout ce qu'ils ont sur le cœur depuis des mois. La rancœur augmente, la tension monte et, bien souvent, nous perdons de vue le problème original. Il vaut donc mieux nous concentrer sur le présent, sur ce qui se passe « ici et maintenant », et éviter d'attaquer la personne avec laquelle nous sommes en conflit ou de s'en prendre à ses proches.

Les comportements qui suscitent des réactions défensives

Gibb (1961) a défini deux types de comportements. Les uns suscitent un climat dominé par des relations de compétition, les autres favorisent, au contraire, une atmosphère de collaboration. Les premiers soulèvent des réactions défensives, stériles et néfastes. Les seconds conduisent habituellement à la résolution des différends. Gibb distingue six catégories de comportements destructeurs auxquels correspondent six catégories de comportements conciliants (voir le tableau 10.3).

Tableau 10.3 Les catégories de Gibb	
Comportements destructeurs	**Comportements conciliants**
Juger l'autre	Décrire les comportements
Imposer une solution	Résoudre ensemble le problème
Manipuler l'autre	Réagir spontanément et honnêtement
Faire preuve d'indifférence	Être empathique
Se montrer supérieur	Se montrer égal
Être dogmatique, rigide	Faire preuve de souplesse d'esprit

Juger l'autre

En portant un jugement sur l'autre ou sur ses actes, nous risquons de le froisser et de le pousser à adopter une attitude défensive ou à passer lui-même à l'attaque et à nous juger à notre tour. Par contre, si nous lui faisons part de nos désirs ou décrivons simplement ce qui s'est passé, nous ne susciterons pas de réaction de défense. Dans les messages du tableau 10.4., constatez vous-même la différence – qui se manifeste, entre autres, par l'emploi du «Je» et du «Tu» – entre porter un jugement, c'est-à-dire réprouver, et décrire une situation. Imaginez que c'est à vous que ces messages s'adressent. Ceux qui comportent un jugement («Tu...») suscitent probablement chez vous de l'animosité ou une réaction de défense. Les autres, qui comportent une description («Je...»), témoignent d'une attitude conciliante.

Imposer une solution

Nous risquons également de pousser l'autre à se tenir sur la défensive si nous essayons de lui dicter un comportement, lui ordonnons de faire ceci ou cela, ou prenons des décisions sans son accord. Ce genre d'attitude nie la légitimité de l'opinion de l'autre et, de fait, son importance. Elle lui dit: «Tu ne comptes pas; ton opinion n'a aucune valeur.» Par contre, en nous concentrant sur les moyens de régler le problème au lieu d'imposer notre volonté, nous invitons l'autre à s'impliquer et reconnaissons l'importance de sa contribution.

Manipuler l'autre

Si nous essayons de manipuler l'autre ou de profiter de la situation – surtout en cachant nos véritables intentions –, l'autre sera vraisemblablement froissé et réagira de manière défensive. La spontanéité et la franchise sont les meilleurs moyens pour créer un climat d'égalité et d'honnêteté.

Faire preuve d'indifférence

La froideur ou l'indifférence à l'égard de l'autre risque aussi de susciter chez lui une réaction de défense. Elle témoigne d'un manque d'intérêt pour ses idées et ses sentiments, et elle est particulièrement dangereuse dans les relations intimes. Elle dit à l'autre: «Tu n'es pas important, tu ne mérites pas que je m'occupe de toi.» Si, par contre, nous manifestons de l'empathie, nous ne provoquerons vraisemblablement pas de réaction de défense. Il faut essayer de montrer que nous sommes aptes à éprouver ce que l'autre éprouve et prêts à accepter ses sentiments, même dans les situations conflictuelles.

> N'allez jamais vous coucher en colère. Restez debout et battez-vous.
>
> – Phyllis Diller

Se montrer supérieur

En adoptant une attitude hautaine, nous plaçons l'autre dans une situation d'infériorité, ce qui risque fort de le froisser. Par notre arrogance, nous disons en fait à l'autre qu'il n'est pas «à notre hauteur». L'autre risque alors de nous reprocher notre sentiment de supériorité, et le conflit peut facilement dégénérer en bataille de pouvoir et en attaques personnelles.

Tableau 10.4 Les messages réprobateurs et les messages descriptifs	
Messages réprobateurs	**Messages descriptifs**
Tu ne révèles jamais tes sentiments.	J'aimerais bien savoir ce que tu ressens à ce sujet.
Tu ne prévois jamais rien.	J'ai besoin de connaître tes projets pour les jours à venir.
Tu ne m'appelles jamais.	J'aimerais que tu me donnes de tes nouvelles plus souvent.

Être dogmatique

Les gens qui donnent l'impression de toujours tout savoir ou encore qui montrent une attitude de fermeture à toute idée qui va à l'encontre de leur vision des choses exaspèrent les autres et risquent aussi de les mettre sur la défensive. Après tout, à quoi bon négocier ou chercher ensemble une solution au problème si l'un des deux l'a déjà trouvée ? Il vaut mieux adopter une attitude plus conciliante et proposer d'explorer conjointement la question.

Le refus de négocier

Il est évident que le dialogue est préférable à la force pour régler un conflit, mais tout le monde n'y recourt pas d'emblée. Par exemple, il semble exister beaucoup de conflits latents entre Anne et Michel, peut-être simplement parce qu'ils ont évité de les régler en niant leur existence.

L'évitement d'un conflit peut prendre toutes sortes de formes. Il consiste parfois à prendre la fuite : à quitter brusquement la pièce ou la maison, à se réfugier dans le sommeil ou à augmenter le volume de la musique pour ne plus entendre l'autre parler. Mais le conflit peut aussi être d'ordre émotif ou intellectuel. Nous faisons alors comme s'il n'existait pas ; nous ne voulons pas faire face au problème. Le *refus de négocier* est une forme particulière d'évitement : nous refusons de discuter du problème ou même d'entendre les arguments de l'autre.

Au lieu d'éviter le conflit, il vaut mieux participer activement à sa résolution : nous engager dans la discussion, à la fois comme émetteur et comme récepteur ; être prêts à exprimer nos sentiments, mais aussi à écouter attentivement ceux de notre opposant. Cela ne signifie pas que les moratoires ne sont pas utiles ; de temps à autre, ils le sont. Mais il faut être prêts à un véritable échange – à dire ce que nous avons sur le cœur et à écouter ce que l'autre a à dire.

Discuter suppose aussi assumer la responsabilité de nos idées et de nos émotions. Si nous ne sommes pas d'accord avec notre partenaire ou si nous avons des reproches à lui faire, il faut en assumer la responsabilité. Dire, par exemple, «Je ne suis pas d'accord avec… » ou «Je n'aime pas que tu… », et éviter les formulations qui déchargent de toute responsabilité (« Tout le monde pense que tu as tort de… », «Même ta mère pense que tu ne devrais pas… »).

Le refus de négocier revêt parfois également une forme subtile lorsque nous empêchons l'autre partie de s'exprimer. Il y a bien des façons de bâillonner l'autre, de le contraindre au silence. La crise de larmes est la plus courante. Quand on ne sait pas comment faire face au conflit ou qu'on a peur de perdre, on se met à pleurer. Voilà un bon moyen d'obliger l'autre à se taire.

La crise de rage et la crise de nerfs produisent le même effet: on se met à crier, à hurler, ou bien on s'affole, on feint de ne plus savoir ce que l'on fait. À ces manifestations d'extrême émotivité, d'autres personnes préfèrent la réaction physique: elles se découvrent tout à coup un mal quelconque, dont la migraine et le souffle court sont les symptômes les plus courants.

Le plus grave avec ces crises de toutes sortes, c'est que nous ne savons jamais s'il s'agit de stratégies pour nous empêcher de parler ou de véritables réactions physiologiques qui méritent d'être prises au sérieux. Mais une chose est certaine, aucun de ces comportements ne règle le conflit.

Il est donc, de loin, préférable de laisser l'autre s'exprimer librement et franchement, de le laisser être lui-même, d'éviter les manœuvres d'intimidation qui restreignent la liberté d'expression et qui empêchent la résolution du conflit.

1. Laquelle des affirmations suivantes concernant les conflits est vraie?

a) Dans une relation intime, il est préférable d'éviter les conflits afin de ne pas nuire à la qualité de la relation.

b) Lorsque l'atmosphère se dégrade dans le groupe, chacun doit veiller à ne pas créer de conflit afin de ne pas envenimer la situation.

c) Lorsqu'on analyse bien la situation, on se rend compte que tous les conflits ont pour origine un problème de communication.

d) Dans toutes les relations, même les plus satisfaisantes, les conflits sont inévitables.

2. Laquelle des affirmations suivantes concernant les conflits est fausse?

a) Pour que le conflit éclate, il faut que les personnes impliquées soient conscientes de leur désaccord.

b) Dans tout conflit, il est fondamental que les parties soient indépendantes.

c) Dans un conflit, il y a interférence lorsque nous prenons conscience que les actions des uns ou des autres peuvent ou pourraient nous empêcher d'obtenir une ressource ou d'atteindre un objectif.

d) Dans un conflit interpersonnel, les ressources que l'on se dispute le plus souvent sont l'estime de soi et le pouvoir.

3. Qu'est-ce qui distingue les conflits «simples» des conflits de personnalités?

a) Les attaques personnelles.

b) La perception de ressources limitées.

c) La perception d'une interférence.

d) L'expression d'un différend.

4. Parmi les attitudes suivantes, laquelle est susceptible de conduire à la résolution constructive d'un conflit?

a) Une escalade de désinvestissement.

b) Une tendance à diminuer l'autre.

c) Une attitude positive envers les conflits.

d) Aucune de ces réponses.

5. Entre l'accommodation extrême (et le renoncement de soi qu'elle suppose) et la compétition extrême (et le désir d'éliminer l'autre qui l'accompagne), il existe une solution basée sur le respect de soi et de l'autre. Quelle est-elle?

a) La collaboration.

b) Le compromis.

c) La rupture.

d) L'autonomie.

6. Qu'est-ce qu'il ne faut pas faire au moment de définir le conflit?

a) S'attaquer au problème, non aux personnes.

b) Définir le conflit comme un problème mutuel.

c) Régler les problèmes qui peuvent être réglés.

d) Éviter de décrire ses sentiments.

7. Qu'est-ce qu'il faut faire au moment de rechercher une solution gagnant-gagnant?

a) Veiller à ce que les coûts de la solution ne dépassent pas les bénéfices pour au moins l'une des parties.

b) Chercher une solution nouvelle en cas d'impasse.

c) Tenter de persuader l'autre partie avec des arguments convaincants.

d) Choisir la solution la plus simple.

8. Qu'est-ce qu'il ne convient pas de faire après un conflit?

a) Ne pas en tirer de leçons.

b) Éviter d'entretenir des sentiments négatifs.

c) Exprimer ses sentiments positifs.

d) Ramener les conflits à leurs justes proportions.

9. Lequel des comportements suivants est moins susceptible, selon Gibb (1961), de susciter des réactions défensives?

a) Juger l'autre.

b) Résoudre ensemble le problème.

c) Faire preuve d'indifférence.

d) Être dogmatique.

10. Comment évite-t-on les messages réprobateurs?

a) En utilisant des messages descriptifs.

b) En étant spontané.

c) En se taisant.

d) En étant dogmatique.

► Expliquez pourquoi le mythe selon lequel les conflits sont néfastes et doivent être évités à tout prix est faux.

► Hocker et Wilmot (1995) définissent le conflit comme «un différend exprimé entre au moins deux parties interdépendantes qui perçoivent l'incompatibilité de leurs objectifs, les limites d'une ressource et, surtout, leur interférence dans l'atteinte de leurs buts». Expliquez cette définition.

► Qu'est-ce qui distingue les conflits destructeurs des conflits constructifs?

► Quand la stratégie de l'évitement est-elle utile?

► Au moment d'exprimer le conflit, il est nécessaire de respecter certaines règles si on ne veut pas qu'il se dégrade. Quelles sont-elles?

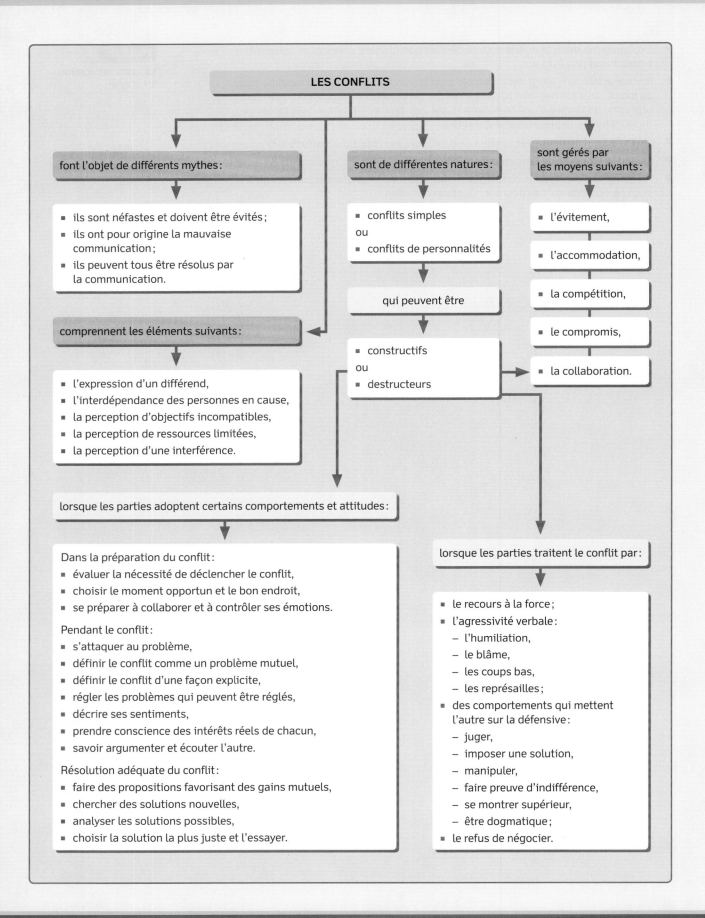

LES CONFLITS

font l'objet de différents mythes:

- ils sont néfastes et doivent être évités;
- ils ont pour origine la mauvaise communication;
- ils peuvent tous être résolus par la communication.

comprennent les éléments suivants:

- l'expression d'un différend,
- l'interdépendance des personnes en cause,
- la perception d'objectifs incompatibles,
- la perception de ressources limitées,
- la perception d'une interférence.

lorsque les parties adoptent certains comportements et attitudes:

Dans la préparation du conflit:
- évaluer la nécessité de déclencher le conflit,
- choisir le moment opportun et le bon endroit,
- se préparer à collaborer et à contrôler ses émotions.

Pendant le conflit:
- s'attaquer au problème,
- définir le conflit comme un problème mutuel,
- définir le conflit d'une façon explicite,
- régler les problèmes qui peuvent être réglés,
- décrire ses sentiments,
- prendre conscience des intérêts réels de chacun,
- savoir argumenter et écouter l'autre.

Résolution adéquate du conflit:
- faire des propositions favorisant des gains mutuels,
- chercher des solutions nouvelles,
- analyser les solutions possibles,
- choisir la solution la plus juste et l'essayer.

sont de différentes natures:

- conflits simples

ou

- conflits de personnalités

qui peuvent être

- constructifs

ou

- destructeurs

sont gérés par les moyens suivants:

- l'évitement,
- l'accommodation,
- la compétition,
- le compromis,
- la collaboration.

lorsque les parties traitent le conflit par:

- le recours à la force;
- l'agressivité verbale:
  - l'humiliation,
  - le blâme,
  - les coups bas,
  - les représailles;
- des comportements qui mettent l'autre sur la défensive:
  - juger,
  - imposer une solution,
  - manipuler,
  - faire preuve d'indifférence,
  - se montrer supérieur,
  - être dogmatique;
- le refus de négocier.

CHAPITRE 11

LA COMMUNICATION DANS LES GROUPES

CONTENU DU CHAPITRE

▶ Qu'est-ce qu'un groupe ?
▶ Les différentes sortes de groupes
▶ La communication dans les petits groupes
▶ La résolution de problèmes en groupe

PRINCIPALES CONNAISSANCES À ACQUÉRIR

→ Savoir distinguer un groupe des autres unités sociales, particulièrement des organisations.

→ Savoir définir la notion de groupe à partir de ses principales caractéristiques.

→ Connaître différentes sortes de groupes.

→ Savoir analyser de différents points de vue la communication entre les membres d'un groupe (le rôle des membres, le genre d'intervention et le degré de participation).

→ Connaître les modes de décision en groupe et les étapes du processus de décision logique.

PRINCIPALES HABILETÉS À DÉVELOPPER

→ Pouvoir reconnaître les groupes auxquels nous participons et déterminer de quel type de groupe il s'agit.

→ Savoir comment nous comporter dans ces différents groupes ; savoir reconnaître les différents rôles que nous pouvons y jouer.

→ Pouvoir reconnaître les diverses interventions faites par les membres d'un groupe et constater les résultats qu'elles ont sur le fonctionnement du groupe.

→ Savoir quoi faire pour augmenter notre participation dans un groupe tout en évitant la pensée de groupe.

→ Développer notre aptitude à prendre une décision en groupe.

Martin accompagne Sophie à une fête de famille. Le père de Sophie reçoit ses frères pour célébrer le troisième anniversaire de leur entreprise de vente de logiciels par téléphone et Internet. Parce qu'ils s'appellent Pierre, Jean et Jacques, ils ont décidé d'incorporer leur entreprise sous le nom de Pierre, Jean, Jacques inc.

Tout le monde est là et l'atmosphère est à la fête. Martin est impressionné par cette famille chaleureuse.

— Tu es bien chanceuse d'avoir une telle famille, dit-il à Sophie. Moi, depuis que mes parents sont séparés, j'ai l'impression de ne plus avoir de famille. En fait, j'en ai deux, mais ce n'est pas la même chose. Il n'y a pas cette ambiance.

À ce moment, le père de Sophie, Pierre, est devant le barbecue. La mère de Sophie lui apporte de la viande à griller. Il en profite pour lui voler un baiser.

— Mes parents s'aiment beaucoup, c'est vrai. En plus, à cause de leur travail, nous voyons souvent les familles de mes oncles. Ça nous fait une grande famille. Ce qui est spécial, c'est qu'en plus, c'est une entreprise.

— Vous fêtez son troisième anniversaire ; c'est donc une entreprise plutôt jeune, non ?

— L'entreprise n'a que trois ans, c'est vrai, mais ça fait au moins cinq ans que mon père s'intéresse à ce projet-là. Lui et mon oncle Jean travaillaient dans le domaine de l'informatique, mais pour des employeurs différents. Avec mon oncle Jacques, ils se rencontraient quand même assez souvent pour s'amuser, jouer au golf. On ne sait pas trop qui a eu l'idée le premier, mais ils ont commencé à discuter de cette entreprise de plus en plus sérieusement. Pendant pas mal de temps, ils se sont contentés de prendre des renseignements. Puis, un jour, ils se sont lancés. Comme ils étaient dans le domaine de l'informatique, mon père et Jean ont décidé de construire eux-mêmes le site Internet. Pendant ce temps-là, mon oncle Jacques prenait contact avec les compagnies de logiciels. Plus tard, il s'est spécialisé dans les relations avec la clientèle, c'est-à-dire informer les gens et prendre leurs commandes. C'est Jean qui traite les commandes et qui assure la comptabilité. Mon père s'occupe de l'expédition des colis.

Depuis trois ans, ça n'arrête pas de grandir. En fait, ils ont été débordés dès les premiers mois, ils travaillaient jour et nuit. Ils ont dû engager des employés pour se faire aider dans chacune de leurs fonctions respectives. C'est toute une équipe de vendeurs qui s'affairent maintenant auprès de la clientèle. Les services ont d'ailleurs été scindés : l'un donne de l'information, l'autre prend les commandes des clients. La gestion des stocks et la comptabilité sont assurées par le service comptable, qui vient d'ailleurs d'embaucher un spécialiste en informatique. De façon à être très rapides tout en minimisant les coûts, ils effectuent l'expédition à partir de différents entrepôts au Canada. La petite entreprise de départ comprend plus d'une centaine d'employés maintenant.

— Si je comprends bien, tu es riche ?

— Ça, je ne l'ai pas senti. Mon père nous dit que ce qu'il aimerait le plus, c'est avoir le temps, comme avant, d'aller jouer au golf avec ses frères et ses amis. Ils travaillent tellement pour cette entreprise qu'ils n'ont plus le temps de s'amuser. Être riche, ça veut dire quoi ?

— En tout cas, à mes yeux, tu es riche, parce que tu as une famille extraordinaire.

Les nombreux liens qui nous unissent aux autres sont de diverses natures. Dès la naissance, la plupart des individus se retrouvent membres d'un groupe, la famille. Plus tard, il y a les groupes d'amis, les groupes à l'école, les groupes d'apprentissage, les groupes de travail. Nous avons vu au chapitre 5 que nous pouvions nous définir par rapport à un groupe auquel nous déclarons appartenir. Lorsqu'il passe une entrevue, Martin se présente comme un étudiant de deuxième année de cégep (référence à une catégorie sociale [ou cohorte] ; voir le tableau 11.1), il dit qu'il travaille déjà chez McDonald's (référence à une organisation ; voir le tableau 11.1). En indiquant qu'il s'appelle « Tremblay », il s'identifie à un groupe plus restreint, sa famille. Que nous le voulions ou non, c'est-à-dire que nous recherchions ou non la compagnie de nos semblables, nous sommes imbriqués dans le tissu social dans la mesure où nous appartenons à un ou plusieurs groupes d'individus.

QU'EST-CE QU'UN GROUPE?

Les psychologues confèrent à la notion de **groupe** un sens assez restreint. Un groupe est formé de 2 à 20 personnes (30, au plus) qui entretiennent entre elles des relations interpersonnelles en vue d'atteindre un objectif commun. Ces personnes sont interdépendantes et se sentent unies; elles se perçoivent comme une entité sociale distincte (Anzieu et Martin, 1971). Dans un sens beaucoup plus large, le mot groupe peut désigner à peu près tous les types de regroupements humains. Le tableau 11.1 donne quelques exemples d'unités sociales dont nous pouvons faire partie (catégorie sociale, foule, équipe, etc.). Par exemple, des personnes rassemblées en un lieu donné ne forment pas un groupe, mais un agrégat ou une agglomération d'individus qui vivent seulement, et peut-être par hasard, «les uns à côté des autres». De même, les hommes chauves ne forment pas un groupe: ils représentent une cohorte ou une catégorie d'individus, des individus qui ne se côtoient pas particulièrement. Dans une foule, les individus sont ensemble et peuvent même poursuivre un objectif commun; cependant, ils ne forment pas non plus un groupe au sens strict du terme. En fait, dans l'agrégat, la foule ou la catégorie sociale, il n'y a pas d'interaction entre les individus. Les deux unités sociales qui impliquent des interactions sont le groupe et l'organisation. Il est important de bien les distinguer l'une de l'autre.

GROUPE
Regroupement de personnes (de 2 à 20 personnes) qui entretiennent entre elles des relations interpersonnelles en vue d'atteindre un objectif commun. Les membres d'un groupe sont interdépendants et se sentent unis. Ils se perçoivent comme une entité sociale distincte.

POUR S'AMÉLIORER

Distinguez les groupes des autres formes d'unités sociales qui sont présentées dans le manuel (les cohortes ou les catégories sociales, les foules ou les assistances, les groupements ou les associations, les organisations ou les entreprises). Pouvez-vous reconnaître les unités sociales dont vous faites partie?

Tableau 11.1	Quelques exemples d'unités sociales
Agrégat (synonyme: agglomération)	Des personnes qui vivent les unes à côté des autres, mais qui n'interagissent pas et ne poursuivent pas le même objectif.
Catégorie sociale (synonyme: cohorte)	Regroupement abstrait de plusieurs personnes en fonction d'une caractéristique commune (les adolescents, les étudiants de première année de cégep, les hommes chauves).
Foule (synonyme: assistance)	Plusieurs personnes, jusqu'à des milliers, qui ont un objectif commun, mais qui n'interagissent pas pour l'atteindre (vacanciers sur une plage, clients dans un centre commercial, spectateurs d'un événement sportif). La foule peut aussi être réunie par des contraintes externes (réfugiés) ou être plus ou moins manipulée (spectateurs d'un divertissement artistique, participants à une manifestation).
Groupement (synonyme: association)	Plusieurs personnes (de quelques dizaines à quelques centaines) qui se réunissent régulièrement autour d'un objectif commun. Les actions entreprises pour parvenir à ce but et la responsabilité sont laissées à un groupe de personnes (associations professionnelles, partis politiques, cercles littéraires ou scientifiques).
Organisation (synonyme: entreprise)	Regroupement plus ou moins large de personnes qui interagissent en fonction de leur intérêt particulier. Les moyennes et grandes entreprises forment des organisations. Les petites entreprises se rapprochent le plus souvent de l'idée de groupe.
Groupe (synonyme: équipe)	Regroupement de personnes (de 2 à 20 personnes) qui entretiennent entre elles des relations interpersonnelles en vue d'atteindre un objectif commun. Les membres d'un groupe sont interdépendants et se sentent unis. Ils se perçoivent comme une entité sociale distincte.

Les groupes et les organisations

La distinction entre le groupe et l'organisation correspond à celle que, déjà en 1909, S. Cooley faisait entre «groupe primaire» et «groupe secondaire». Le groupe primaire est celui avec lequel nous sommes directement en contact. Il est formé d'un nombre limité de personnes, avec lesquelles il est possible d'entretenir des relations. Pour Anzieu et Martin (1971), les limites du groupe sont atteintes dès qu'il devient impossible «pour un membre d'avoir une perception individualisée de chacun des autres et d'être perçu réciproquement par lui». Autrement dit, dans un groupe, chacun connaît tous les autres et peut établir une relation interpersonnelle. À partir du moment où un regroupement devient trop important pour que ces relations se produisent, il évolue vers une forme plus complexe d'unité sociale que nous appelons une «organisation».

Tout groupe humain prend sa richesse dans la communication, l'entraide et la solidarité visant un but commun: l'épanouissement de chacun dans le respect des différences.

– Françoise Dolto

C'est ce qui est arrivé à l'entreprise de Pierre, Jean et Jacques lorsqu'ils ont dû engager des employés supplémentaires. Un jour, envoyant un message à l'un de ses entrepôts, Jacques s'est rendu compte qu'il ne connaissait pas la personne à qui il s'adressait : l'entreprise qu'il avait créée avec ses frères avait atteint une telle envergure que, pour lui, elle était devenue une organisation quasiment anonyme. Mais les groupes ne se définissent pas à travers le regard d'une seule personne. L'employé d'entrepôt, à Québec, ne connaît, lui, que ses compagnons de travail. Pour lui, le « groupe » se limite à ces personnes qu'il côtoie tous les jours.

Le tableau 11.2 résume les principales différences entre un groupe et une organisation. Avec l'augmentation du nombre de membres, deux phénomènes se produisent naturellement et transforment le groupe en organisation : la formation de sous-groupes et l'établissement d'une structure formelle et hiérarchique. Lorsque le groupe grandit, il devient nécessaire d'expliciter les rôles de chacun. Dans ce contexte, l'arrivée de nouveaux membres pose un problème, car ils ne savent pas à qui s'adresser pour être pris en charge. Aussi, lorsque le groupe grandit, les prises de décisions se compliquent : il faut nécessairement désigner des personnes en poste d'autorité qui vont prendre les décisions. Lorsqu'une personne est reconnue « chef » ou « responsable » par les autres membres, elle devient alors une autorité officielle. Cette reconnaissance des autres membres est confirmée par un accord explicite sur les quelques avantages dont pourra bénéficier le chef en retour de ses services. Une structure formelle de pouvoir s'installe et grandit avec le groupe. Avec l'augmentation de l'effectif, des sous-groupes se forment autour de certains objectifs. Ceux-ci communiquent entre eux en passant par un intermédiaire : leur représentant. Le groupe n'est plus ; il a perdu son caractère monolithique, son unicité : il est une organisation, une organisation qui pourra toutefois se fonder sur plusieurs groupes en collaboration.

Les caractéristiques des petits groupes

On peut circonscrire la notion de groupe à l'aide de différentes caractéristiques : l'existence d'interactions entre les membres et le partage d'un intérêt commun,

Tableau 11.2 — Différences entre un groupe et une organisation	
Groupe	**Organisation**
Les échanges personnels chaleureux et intimes sont possibles : tout le monde connaît tout le monde.	Les relations sont impersonnelles ou purement fonctionnelles entre des postes, des rôles, des statuts.
Les relations sont directes ; la communication se fait de personne à personne.	Les relations sont souvent indirectes ; la communication passe par des intermédiaires.
La structure du groupe est plutôt informelle. Le rôle de chacun est défini de façon implicite.	La structure de l'organisation est formelle. Elle est définie par un organigramme dans lequel les rôles de chacun font l'objet d'une définition de tâche précise.
Le remplacement d'un membre modifie la dynamique du groupe, car les rôles n'étant pas définis explicitement, il est difficile de trouver des remplaçants (p. ex., le boute-en-train du groupe).	Une personne occupant un poste dans l'organisation peut plus facilement être remplacée, car son rôle est explicite dans une définition de tâche (p. ex., le préposé au vestiaire).
La taille d'un groupe varie de deux personnes à une vingtaine de personnes.	La taille des organisations varie de quelques dizaines de personnes à des milliers.
La durée du groupe ne dépasse jamais la vie des individus qui le forment. Sa durée moyenne est de 3 à 10 ans (Anzieu et Martin, 1971).	Certaines organisations existent depuis des siècles (mouvements religieux).
Dans les petits groupes, le réseau de communication dépend des rapports d'attraction et d'autorité. Dans les groupes démocratiques, le réseau est un cercle où chaque membre peut communiquer avec chacun des autres membres.	Le nombre de personnes engagées et la spécialisation entraînent la formation d'un réseau de communication qui suit la structure hiérarchique de l'organisation.
On privilégie la communication orale.	On privilégie la communication écrite (notes de service, rapports).

l'existence de normes et de rôles gouvernant les interactions et, enfin, l'existence d'une certaine cohésion entre les membres qui leur confère un sentiment d'appartenance au groupe.

Les interactions et le partage d'un intérêt commun

Pour qu'il y ait un groupe – et c'est la première condition –, il faut qu'il y ait des **échanges entre les personnes**, c'est-à-dire que les personnes communiquent entre elles. La formation d'un groupe ne peut se concrétiser si les personnes ne se sont pas présentées les unes aux autres. Au sein d'un groupe, les échanges sont des relations interpersonnelles plus ou moins profondes, selon l'axe impersonnel – personnel (voir le chapitre 2). Une équipe de travail, un comité, un atelier sont des exemples de groupes dans lesquels les relations impersonnelles domineront au début. Avec le temps, mais surtout en fonction de l'intérêt porté à autrui par certains et du désir d'ouverture de soi, les relations deviendront personnelles entre les membres du groupe. La famille et le groupe d'amis sont des exemples typiques de groupes dans lesquels les rapports sont personnels et intimes.

Cependant, l'existence d'échanges entre des personnes ne suffit pas à la formation d'un groupe. Nous avons régulièrement des rapports fonctionnels avec certaines personnes, rapports qui peuvent même – à l'occasion – être personnels, mais nous n'avons pas le sentiment de faire équipe avec ces personnes, de former un groupe avec elles. Il existe donc une deuxième condition à la formation d'un groupe : c'est le sens donné aux relations interpersonnelles, à l'objectif plus ou moins conscient poursuivi par les personnes, objectif qui constitue pour elles un **intérêt commun**. La définition de cet intérêt commun peut être implicite ou explicite. Il peut s'agir d'une production quelconque, par exemple une maison, une pièce de musique, un travail de session, etc. ; ce peut être aussi la recherche de renseignements (un comité scientifique), la recherche du profit (un groupe d'investissement). L'objectif peut être lié à la quête du pouvoir (un parti politique), à la volonté de rendre service (une unité médicale, un organisme de charité) ou, simplement, à la recherche d'affection et de plaisirs partagés (le couple, le groupe d'amis, la famille, le groupe de rencontre).

Toutefois, à lui seul, l'intérêt commun ne peut suffire à former un groupe. Les spectateurs d'un événement sportif sont des individus qui ont un intérêt commun : la victoire de leur équipe favorite. De même, les vacanciers qui se prélassent sur une plage sont là pour la même raison : l'amour du soleil et de la baignade. L'objectif est commun, mais son atteinte n'exige pas l'établissement de relations entre les personnes. Dans le cas de l'événement sportif, l'atteinte de l'objectif ne dépend pas de la volonté des spectateurs ; elle dépend de la performance des équipes. Sur la plage, l'objectif visé peut être atteint individuellement. En définitive, un groupe peut naître seulement lorsque des échanges s'établissent entre des personnes en fonction d'un intérêt commun.

Quels sont les objectifs des groupes dont vous êtes membre ? Pouvez-vous différencier ces groupes en comparant les normes et les rôles qui leur sont propres ? Avez-vous de la difficulté à accepter ces normes ?

L'existence de normes et de rôles

NORMES DU GROUPE
Règles implicites ou explicites partagées par les membres d'un groupe. Ces règles prescrivent les comportements à éviter et les comportements à favoriser.

Il est inévitable que les relations interpersonnelles soient régies par des normes. Les **normes du groupe** sont des règles qui favorisent certaines conduites et qui en interdisent d'autres. Depuis notre enfance, nous avons intériorisé une quantité considérable de ces règles de conduite. Manger avec une fourchette, dire « merci » et « s'il vous plaît » lorsque nous recevons ou demandons quelque chose, saluer lorsque nous rencontrons quelqu'un, etc. Notre vie sociale est régie par des normes, comme l'est d'ailleurs la vie de la société tout entière.

Ces normes peuvent faire l'objet d'un accord plus ou moins explicite. Les contrats, les chartes, les codes d'éthique sont des documents qui garantissent la permanence de normes que nous avons voulu rendre officielles. En plus de ces lois inscrites, nous respectons bon nombre de règles non inscrites, officieuses, qui font l'objet d'un accord implicite entre les gens. Ces normes n'ont pas été édictées ouvertement, mais elles influent autant sur nos conduites que les règles officielles.

Toutes les unités sociales, du couple jusqu'au groupe culturel, possèdent des normes qui les définissent et qui les particularisent. L'existence de normes ne constitue donc pas en soi une caractéristique fondamentale des groupes. Un groupe sera caractérisé non pas par l'existence de normes comme telles, mais par l'émergence de normes propres à ce groupe donné. Chez les Tremblay, la norme est de se lever tôt ; chez les Lavigueur, elle est de faire sa toilette avant de se présenter au petit-déjeuner. Chez les Morin, la norme est plus générale, elle concerne une attitude plutôt qu'un comportement particulier : on aime les animaux ; on suscite et renforce les comportements qui vont dans le sens de cette attitude, et l'absence de ceux-ci est critiquée. Revenons à Pierre, Jean et Jacques : le groupe de travail qu'ils forment est régi aussi par des normes, l'une d'elles étant de ne jamais ménager ses efforts. Entre Pierre, Jean et Jacques, tous trois désireux de réussir, une règle implicite s'est établie : travailler fort et ne jamais se plaindre du travail à faire ; autrement dit, ne pas compter son temps. Une autre norme stipule qu'il faut consulter les autres avant de prendre une décision qui les concerne. Tous les membres de l'équipe adhèrent à ces normes. Mais toutes les normes ne sont pas générales. Par exemple, certaines devront être respectées plus particulièrement par un seul membre, relativement à la tâche qu'il doit accomplir.

RÔLE
Comportements particuliers attendus d'une personne qui remplit une fonction déterminée dans un groupe.

En raison du partage des tâches selon les compétences, des **rôles** particuliers vont émerger dans un groupe. Nous l'avons vu au début du chapitre, les trois frères ne pouvaient pas s'occuper efficacement de tout en même temps. Jacques, le plus sociable du groupe, a été nommé responsable du service à la clientèle : recevoir les messages des clients potentiels, informer et vendre. Jean, le plus ordonné et le plus méticuleux, s'est vu confier la gestion des stocks et la comptabilité. Pierre a accepté de prendre en charge l'expédition des colis. Chacun joue un rôle dans l'entreprise. Ce rôle est

---

Encadré 11.1 **Culture et normes des groupes**

Les normes dans les groupes diffèrent d'une culture à l'autre (Axtell, 1990, 1993). En Amérique du Nord, par exemple, on s'attend à ce qu'il y ait interaction entre les hommes et les femmes, tant pour les décisions professionnelles que dans les réunions sociales. Dans les sociétés islamiques et bouddhistes, cependant, il existe des restrictions religieuses en ce qui a trait aux échanges entre les personnes des deux sexes.

En Amérique, au Bangladesh, en Australie, en Allemagne, en Finlande et à Hong Kong, la ponctualité aux réunions d'affaires revêt la plus haute importance. Mais dans des pays comme le Maroc, l'Italie, le Brésil, la Zambie, l'Irlande et le Panama, le temps n'est pas aussi précieux : on ne s'offense pas d'un retard – on s'y attend, même !

Dans la plupart des pays d'Asie et d'Europe de même qu'en Amérique du Nord, les réunions rassemblent des personnes concernées par une même affaire, alors que, dans bien des pays du golfe Persique, un commerçant ou un dirigeant d'entreprise peut convoquer à une même réunion des gens avec qui il traite d'affaires tout à fait différentes. Un Québécois invité à une telle réunion doit donc accepter de partager son temps avec les autres participants.

En Amérique du Nord, on se touche peu durant les réunions d'affaires ; dans les pays arabes, par contre, se toucher (p. ex., se tenir la main) est chose courante ; on y voit une manifestation d'amitié.

---

défini par des comportements particuliers, lesquels sont régis par des normes propres à ce rôle. Un rôle est donc défini aussi par des normes, celles qui sont associées à une position donnée dans le groupe. Ainsi, on attend d'un leader qu'il représente son groupe et veille à son maintien (voir le chapitre 12). Ces attentes constituent des prescriptions de comportement, prescriptions qui définiront un rôle donné. On s'attend à ce que Jacques, au service à la clientèle, réponde au téléphone, qu'il soit poli, aimable, patient et joyeux, enfin plus joyeux que Jean ou Pierre, qui n'ont pas à communiquer directement avec le public. On s'attend à beaucoup de précision de la part de Jean à la comptabilité. On s'attend à de l'action et à de la rapidité de la part de Pierre à l'expédition (qu'il soit « expéditif » !). Ces attentes sont des règles de conduite, des normes. Tous les rôles sont ainsi définis par des normes spécifiques.

POUR S'AMÉLIORER

Dans le texte, on fait la distinction entre une norme explicite et une norme implicite. Donnez des exemples personnels de chacun des deux types de normes et réfléchissez à la manière dont les normes améliorent le fonctionnement des groupes dont vous faites partie.

Les rôles forment la structure d'un groupe. Dans l'entreprise Pierre, Jean, Jacques, la structure est assez horizontale, puisque les trois frères se situent au même niveau d'autorité et de pouvoir. Lorsque les rôles impliqueront des rapports d'autorité ou d'influence, on parlera alors de structure verticale ou hiérarchique, qui est celle que l'on rencontre le plus souvent dans les organisations.

Demandez-vous dans quelles circonstances vous êtes le plus porté à accepter les normes du groupe, et dans lesquelles vous êtes le plus porté à vous y soustraire. D'après les recherches sur le sujet (Napier et Gershenfeld, 1992), nous sommes mieux disposés à accepter les normes imposées par la culture du groupe :

- si nous voulons continuer à faire partie de ce groupe ;
- si nous estimons qu'il est important que nous appartenions à ce groupe ;
- si le groupe est cohésif, c'est-à-dire si nous sommes étroitement liés aux autres membres ou attirés par eux, ou si nous comptons sur eux pour répondre à certains besoins ;
- si nous risquons d'être punis ou rejetés par le groupe en cas d'infraction aux normes.

La cohésion

Les groupes se caractérisent également par leur degré de **cohésion**. Le mot est emprunté ici au domaine de la physique, où la cohésion représente l'« ensemble des forces qui maintiennent associés les éléments d'un même corps ». Pour un groupe, il s'agira alors de l'ensemble des forces qui incitent une personne à demeurer avec les autres, à être un membre d'un groupe (Festinger, 1950). Plus la cohésion est grande, plus les membres éprouvent un sentiment d'appartenance au groupe, plus ils s'identifient à lui et plus ils en sont dépendants. D'une certaine façon, le degré de cohésion peut agir comme une mesure du groupe.

COHÉSION

Ensemble des facteurs d'attraction qui lient entre eux les membres d'un groupe, qui créent la solidarité. Caractère d'un groupe dont les membres travaillent bien ensemble.

Bormann (1975) et Taylor et ses collègues (1994) énoncent quelques facteurs qui renforcent la cohésion. Le premier de ces facteurs est le *degré d'attraction interpersonnelle*. On ne peut former un groupe avec des personnes qui se détestent et qui se méfient les unes des autres. Des personnes qui se détestent ne prendront pas l'initiative de constituer un groupe. Il faut à tout le moins pour cela que les individus se respectent.

Les autres facteurs de cohésion tiennent en partie aux caractéristiques des groupes exposées précédemment. Celles-ci contribuent à l'augmentation de la cohésion dans le groupe. Par exemple, à partir du moment où des personnes manifestent leur intérêt à avoir des échanges entre elles, le fait de **prendre conscience d'un objectif commun** renforce la cohésion. Notre adhésion à un groupe sera d'autant plus forte que son objectif sera similaire au nôtre. Mais il y a plus. Les **progrès accomplis** représentent aussi un autre facteur augmentant la cohésion dans le groupe. Une autre caractéristique principale des groupes est l'**adhésion à des normes et à des valeurs communes**, également facteur de cohésion. Il est évident que, si les membres ne s'entendent pas sur les règles à respecter, il y aura un affaiblissement de la cohésion du groupe. On relève une autre force cohésive : l'**interdépendance des rôles joués par les membres du groupe**. Les gens se réunissent par nécessité, pour profiter de l'expérience et de la compétence des autres. L'interdépendance des membres influe donc considérablement sur la cohésion dans les groupes.

Baron et Byrne (1991) énoncent trois autres facteurs influant sur la cohésion. Premièrement, **la difficulté à être admis dans un groupe augmente la valeur associée au fait d'être membre de ce groupe** (l'affiliation). Deuxièmement, **les pressions externes** (la concurrence) **augmentent la cohésion**. On met de côté les conflits internes lorsqu'une menace extérieure apparaît. On observe ce phénomène dans toutes les unités sociales, du couple jusqu'à la nation. Enfin, **un groupe qui jouit d'une réputation «glorieuse», d'une histoire positive, est des plus attirants** et suscite le désir d'y adhérer. De plus, les **bonnes performances** favorisent aussi la cohésion, comme l'a montré une expérience de Snyder et ses collaborateurs (1986) qui ont formé différents groupes ayant diverses tâches à accomplir. Les expérimentateurs s'arrangeaient pour que certains groupes réussissent toujours ce qu'ils entreprenaient, alors que d'autres échouaient constamment. Les membres des groupes qui réussissaient étaient fiers de s'identifier à leur groupe. En revanche, les membres des groupes «inefficaces» faisaient tout pour se distancer du groupe dans lequel on les avait insérés ; par exemple, ils ne portaient pas le macaron qui les identifiait à leur groupe, ils n'en parlaient pas, etc.

Tous ces facteurs ne doivent cependant pas donner l'impression que plus la cohésion du groupe sera grande, meilleure sera sa performance. La cohésion a certainement une incidence sur la durée d'un groupe, mais elle n'est pas le seul critère de la qualité des actions du groupe. Poussée à l'extrême, la cohésion peut avoir des effets néfastes sur le groupe. Revenons en arrière, et plus précisément au point de départ d'une relation interpersonnelle. Nous avons montré qu'une relation interpersonnelle débute lorsque deux personnes s'identifient ou se présentent l'une à l'autre d'une quelconque façon, par exemple en indiquant leur groupe d'appartenance, en nommant des unités sociales dans lesquelles elles sont incluses, etc. En face d'une autre personne, certaines de ces catégories sont évidentes : vous n'avez pas besoin, par exemple, de préciser votre sexe ou votre âge. La présentation de soi commence par des références à des unités sociales diverses : à des cohortes («Je suis en première année de cégep»), à des organisations («Je travaille chez McDonald's»), à des groupes plus restreints, comme la famille («Je m'appelle Landreville») ou une équipe sportive («Je fais partie de l'équipe de volley-ball du cégep»). L'identification de soi s'effectue par des références à des unités sociales de toutes sortes (des petits groupes jusqu'à la nation). En général, notre recherche d'identité nous relie à différentes unités sociales. Pourtant, certains ne trouvent qu'un seul groupe auquel s'identifier. Le besoin de ce groupe devient pour eux très important. La solidarité peut alors être poussée jusqu'à une identification complète avec le groupe. Cette identification excessive des membres s'accompagne d'une perte de leur individualité, d'une diminution de leurs facultés

L'appartenance à un groupe est-elle plus importante pour les hommes que pour les femmes ?

critiques et de leur responsabilité personnelle. L'évolution du groupe est alors laissée à ses leaders ou à son leader, car souvent ces groupes sont dominés par une seule personne (le gourou). Du point de vue des observateurs des groupes, la cohésion est ainsi une arme à deux tranchants.

Revenons à Pierre, Jean et Jacques. Dans leur cas, la cohésion ne s'est pas développée au point d'une fusion de leurs personnalités, loin de là. Pierre, Jean et Jacques ont chacun leur personnalité, ils échangent leurs points de vue, et les réunions sont parfois mouvementées. Les désaccords font l'objet de discussions ; ils cherchent en groupe à régler les conflits, sans perdre de vue la poursuite de l'objectif commun. Dans leur cas, la tendance à l'intégration au groupe est en équilibre avec la tendance à l'affirmation de soi de chacun. Pierre, Jean et Jacques présentent tous les signes d'un groupe en pleine maturité.

08:45 AM

EN LIGNE

Les « petites boîtes »

Barry Wellman (2002) décrit la société d'avant Internet comme une société de « petites boîtes* » en utilisant la métaphore de Malvina Reynolds, une chanteuse folk des années 1960. Dans la chanson, les petites boîtes référaient à ces nombreuses maisons économiques, toutes similaires, construites en masse dans les banlieues californiennes. En même temps, la chanson décrit la société bien rangée de l'époque où tout le monde habite dans des univers fermés, des groupes de toutes sortes séparés les uns des autres. Ne sommes-nous pas insérés dans la société en étant reliés de façon étroite avec plusieurs groupes : nous faisons partie d'une équipe au travail (ou d'un ou plusieurs groupes à l'école) ; nous vivons en famille dans une maison, dans un quartier avec un voisinage que nous connaissons bien ; nous participons sur une base volontaire dans d'autres groupes (religieux, sportifs, de loisirs, etc.). Ces groupes présentent une organisation qui leur est propre, structurée, hiérarchisée : superviseurs et employés, parents et enfants, pasteurs et fidèles, cadres et membres. Dans une telle société, chaque interaction est à sa place : un groupe à la fois.

La métaphore des « petites boîtes » porte en elle l'idée d'un espace délimité et repérable, une idée indissociable de la communication pré-Internet. Avec les téléphones fixes, on appelait nécessairement d'un endroit à un autre. Avec les téléphones mobiles, les textos et même les courriels, la communication s'effectue de personne à personne, sans savoir où est l'autre. Les repères mentaux sur le contexte physique de l'autre sont perdus (d'où la question maintes fois posée au téléphone : « T'es où, là ? »). L'espace associé aux petites boîtes était aussi un facteur limitatif de la communication, car les canaux de communication disponibles ne permettaient pas les échanges éloignés. Il y a encore quelques dizaines d'années, faire un interurbain outremer était une aventure dispendieuse. Aujourd'hui, par les progrès des moyens de transport et de communication,

l'espace n'est plus un obstacle. Vous serez prévenu à tout moment de l'endroit où se trouve la tablette que vous avez achetée en Chine et elle sera livrée à votre porte quelques jours seulement après votre commande. Ce groupe auquel vous avez adhéré sur Internet pour apprendre l'espagnol est composé de personnes de tous les coins du monde, que vous pouvez rencontrer virtuellement et avec lesquelles vous pouvez converser par l'intermédiaire de Skype.

Pour Wellman, la facilité et l'ubiquité des moyens de communication numérique, le fait que ces communications s'échangent de personne à personne, tout cela entraîne logiquement la transition d'une société constituée de « petites boîtes » locales vers une société plus globale, plus large où les individus communiquent entre eux d'une façon plus individualiste, dégagés de leur lien d'appartenance à un groupe, des relations d'individu à individu. Cette tendance menace le modèle des « petites boîtes », de la vie en groupe finalement. Mais ce n'est pas ce qui se produit, parce que le fait d'avoir des centaines ou des milliers de contacts sur Facebook ou Twitter n'assouvit pas les besoins fondamentaux de proximité, d'appartenance ou d'affiliation. C'est la raison pour laquelle les petites boîtes ne seront pas remplacées par les larges réseaux sociaux. Les faits abondent d'ailleurs en ce sens : lorsqu'on tient compte non seulement du nombre, mais aussi de la fréquence et de l'intensité des liens, on constate que les liens forts avec les proches ne sont pas remplacés par les nouveaux liens avec des personnes moins connues et plus éloignées (Boase et Wellman, 2005).

Les relations établies par ordinateurs interposés s'ajoutent, sinon s'intègrent à celles des petites boîtes, qui, par le fait même, sont moins étanches qu'avant. Tout en bénéficiant du soutien des proches, les internautes peuvent rechercher des affinités à distance pour aller puiser des ressources (information, aide, relations) à l'extérieur des « petites boîtes ». Le cercle de connaissances de chacun n'est plus concentré au niveau local ; il peut désormais atteindre des personnes géographiquement ou socialement éloignées et devenir un réseau *glocal*, terme inventé par Wellman (2002) pour décrire cette union des termes « global » et « local ».

---

* La chanson « *Little Boxes* » a été interprété par des dizaines d'interprètes ; elle a été adaptée en français par Graeme Allwright et elle a été chantée récemment par le groupe canadien en ligne Walk off the Earth. On peut trouver toute l'histoire de cette chanson sur Wikipedia en cherchant « *Little Boxes* ».

LES DIFFÉRENTES SORTES DE GROUPES

GROUPE DE CROISSANCE PERSONNELLE
Groupe dont les membres ont pour objectif de s'entraider pour arriver à une meilleure connaissance de soi.

GROUPE DE FORMATION OU D'APPRENTISSAGE
Groupe dont les membres ont pour objectif d'augmenter leurs connaissances sur un sujet donné.

GROUPE DE TRAVAIL
Groupe formé dans le but de produire quelque chose ou d'offrir un service. Les groupes de travail sont aussi appelés groupes de tâches (*task group*), équipes, ateliers.

Les groupes varient selon les activités des membres et les objectifs poursuivis. On peut ainsi distinguer trois sortes de groupes. Lorsque les gens se réunissent d'une façon explicite et formelle dans le but de mieux se connaître ou se comprendre, et même de résoudre des problèmes personnels, on parle alors de **groupes de croissance personnelle**. Lorsque d'autres personnes se rassemblent dans le but d'acquérir de nouvelles connaissances, ils constituent dans ce cas des **groupes de formation ou d'apprentissage**. Des groupes se forment aussi dans le but d'offrir un service (équipe de médecins, d'ambulanciers, de serveurs dans un restaurant) ou de produire des biens (boutique, atelier de menuiserie, manufacture) : il s'agit alors de **groupes de travail** (ou groupes de tâches).

Les groupes de croissance personnelle

Certains groupes de croissance personnelle, parfois appelés groupes d'entraide ou de soutien, visent à aider leurs membres à surmonter certaines difficultés : toxicomanie, réinsertion sociale après un séjour en prison, rapports avec un parent alcoolique, un enfant hyperactif, un conjoint infidèle, etc. Les Alcooliques anonymes (AA) forment un prototype bien connu des groupes d'entraide. Les gens qui se ressemblent partageront plus facilement leurs difficultés et puiseront dans l'association la force de les affronter. D'autres sont nettement thérapeutiques et visent à modifier des aspects importants de la personnalité ou du comportement des participants.

Quelques groupes de croissance personnelle

Les groupes d'entraide ou de croissance personnelle prennent diverses formes. Les *groupes de rencontre*, par exemple, cherchent à favoriser l'épanouissement personnel ainsi que de meilleurs rapports avec autrui (Rogers, 1970). En théorie, leurs membres seront plus efficaces sur les plans psychologique et social s'ils apprennent à se connaître eux-mêmes et à s'apprécier. Par conséquent, il règne dans les groupes de rencontre une atmosphère d'acceptation et d'encouragement. Les membres sont invités à exprimer leurs pensées intimes, leurs peurs et leurs doutes.

Les *groupes d'affirmation de soi* ont pour objectif d'amener leurs membres à défendre leurs droits et à s'affirmer dans une foule de situations (Adler, 1977).

Les *groupes de soutien* cherchent à aider les gens à surmonter les obstacles que leur pose la société. Ils rassemblent des personnes qui ont en commun une caractéristique (p. ex., celle d'être des femmes, des mères célibataires, des pères homosexuels ou des cadres d'entreprise récemment mis au chômage). C'est parce qu'ils sont tous dans la même situation que les membres se regroupent et s'entraident. On suppose que les gens qui se ressemblent sont les plus aptes à s'entraider. Sur le plan structurel, ces groupes n'ont pas de chef. Tous les membres jouissent d'une égale autorité au sein du groupe et possèdent une égale connaissance du problème.

Les groupes de croissance personnelle ne fonctionnent pas tous exactement de la même manière. Voici néanmoins, à titre d'exemple, quelques règles et façons de procéder qu'ils peuvent adopter. Celles-ci sont généralement beaucoup plus souples que dans un groupe de résolution de problèmes.

« Quelqu'un dans le groupe a-t-il envie d'exprimer ses sentiments sur ce que Richard vient de partager avec nous ? »

Quelques règles et façons de procéder

Pour illustrer le mode de fonctionnement des groupes de croissance personnelle, prenons un cas assez typique. Le groupe commence par choisir le sujet du jour, habituellement par vote majoritaire. Ce sujet peut être inscrit sur une liste préparée d'avance ou être suggéré par un des membres. Mais, quel qu'il soit, on en discute toujours sous l'angle plus vaste du problème – le harcèlement sexuel, par exemple – qui a motivé la création du groupe. Que la discussion porte sur les hommes, l'emploi ou la famille, elle s'inscrit alors dans le cadre plus général du harcèlement sexuel.

Une fois que le sujet a été choisi, une personne, habituellement désignée au hasard, commence à parler. Pendant une dizaine de minutes, cette personne fait part de ses émotions, de ses expériences, de ses réflexions; elle parle toujours de sa situation personnelle. Aucune interruption n'est permise. Quand elle a fini de parler, un autre membre du groupe peut poser des questions ou demander des éclaircissements. Les autres personnes présentes doivent toujours réagir de manière encourageante.

Puis, vient le tour d'une autre personne, et d'une autre encore, jusqu'à ce que tous les membres se soient exprimés. Quand la dernière personne a fini de parler, la discussion commence. Les membres du groupe peuvent faire le lien entre leur expérience et celles de leurs collègues ou, encore, dire au groupe ce qu'ils ressentent à propos de certaines questions soulevées par les autres.

Ce processus favorise la *sensibilisation* ou la *prise de conscience*, parce qu'il permet à chacun de verbaliser ce qu'il pense sur un sujet particulier, de savoir ce que les autres éprouvent et pensent à propos du même sujet, et d'obtenir des éclaircissements.

Les groupes d'apprentissage

Dans les groupes d'apprentissage, les membres mettent leurs connaissances en commun, au profit de tous, selon des approches, des modes de traitement ou des angles variés. Par exemple, s'ils discutent d'histoire, ils peuvent procéder chronologiquement – aller du passé le plus lointain vers le présent et, peut-être, oser des

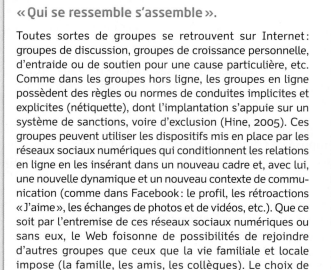

08:45 AM

EN LIGNE

« Qui se ressemble s'assemble ».

Toutes sortes de groupes se retrouvent sur Internet : groupes de discussion, groupes de croissance personnelle, d'entraide ou de soutien pour une cause particulière, etc. Comme dans les groupes hors ligne, les groupes en ligne possèdent des règles ou normes de conduites implicites et explicites (nétiquette), dont l'implantation s'appuie sur un système de sanctions, voire d'exclusion (Hine, 2005). Ces groupes peuvent utiliser les dispositifs mis en place par les réseaux sociaux numériques qui conditionnent les relations en ligne en les insérant dans un nouveau cadre et, avec lui, une nouvelle dynamique et un nouveau contexte de communication (comme dans Facebook : le profil, les rétroactions « J'aime », les échanges de photos et de vidéos, etc.). Que ce soit par l'entremise de ces réseaux sociaux numériques ou sans eux, le Web foisonne de possibilités de rejoindre d'autres groupes que ceux que la vie familiale et locale impose (la famille, les amis, les collègues). Le choix de ces groupes est énorme. Les internautes se retrouvent face à une diversité considérable d'affiliations possibles.

Beaucoup ont cru que cette diversité aurait comme conséquence la confrontation des points de vue différents, augmentant par le fait même l'ouverture d'esprit et la tolérance. Mais ce n'est pas ce qui se produit, malheureusement. En ligne, les gens se connectent à des gens qui leur ressemblent. Cela peut sembler paradoxal, mais ce que l'on constate, c'est qu'une plus grande diversité humaine conduit à moins de diversité personnelle. En fait, la diversité des choix accroît les chances de trouver des personnes semblables à nous. Dans un monde idéal, la possibilité de rencontrer beaucoup de personnes différentes devrait nous conduire à une plus grande diversité d'amis. Mais c'est le contraire qui se produit (Bahn, Pickett et Crandall, 2011). Selon danah boyd (2009), la technologie ne bouleverse pas les clivages sociaux; au contraire, elle les renforce.

Si vous faites l'analyse des groupes auxquels vous appartenez dans les réseaux sociaux, arrivez-vous à la même conclusion que dana boyd ? Comment expliquer que, dans l'univers numérique, quantité n'égale pas diversité ?

Le fait de travailler en équipe facilite-t-il votre apprentissage ? Faites-vous partie d'un ou de plusieurs groupes d'apprentissage ? Qu'est-ce qui rend la formation en groupe efficace ou inefficace pour vous ? Comment l'apprentissage dans un groupe de pairs se compare-t-il à l'apprentissage dans un cours ou une conférence ?

prédictions sur l'avenir. Ils peuvent également discuter de manière chronologique de psychologie du développement, de l'évolution du langage ou de la maturation physiologique de l'enfant. Certains sujets se prêtent mieux à un traitement qu'à un autre : l'occupation du territoire au Canada, par exemple, peut être envisagée d'un point de vue géographique (p. ex., d'est en ouest) ou chronologique (p. ex., de 1534 jusqu'à aujourd'hui). Selon le sujet choisi et les besoins des participants, d'autres angles de traitement peuvent être adoptés : causes et effets, problèmes et solutions, structures et fonctions, etc.

Le traitement par thèmes est probablement le plus courant. Un groupe peut traiter de la difficulté d'élever un enfant hyperactif en détaillant les principaux problèmes que cette tâche soulève, ou discuter de la structure d'une entreprise en analysant ses principaux services. Chacun de ces thèmes peut, à son tour, être subdivisé. Ainsi, on abordera les principaux problèmes de l'hyperactivité selon leur ordre d'importance ou leur complexité ; les services d'une entreprise, en fonction du pouvoir de décision dont disposent leurs membres, etc.

Les schémas d'interaction dans les groupes d'apprentissage

L'interaction dans un groupe se fait selon divers schémas. Dans les groupes relativement bien structurés, les schémas d'interaction les plus courants sont la table ronde, le panel, le symposium et le symposium-forum (voir la figure 11.1).

TABLE RONDE
Mode de structuration des groupes d'apprentissage où les participants discutent ensemble et s'expriment sans respecter un ordre préétabli.

PANEL
Table ronde formée d'experts qui discutent d'un sujet en présence d'un auditoire.

SYMPOSIUM
Mode de structuration des petits groupes d'apprentissage où chaque membre présente un exposé relativement bien préparé sur un aspect quelconque du sujet à l'étude.

SYMPOSIUM-FORUM
Mode de structuration des groupes d'apprentissage où les orateurs sont invités, dans un premier temps, à présenter leur communication et, dans un second temps, à répondre aux questions qui leur sont posées.

Les participants à une **table ronde** échangent des renseignements ou discutent d'un problème, assis en cercle ou en demi-cercle. Aucun ordre de préséance n'est établi pour les interventions. Chacun parle quand il estime le moment opportun. Parfois, un animateur ou modérateur est présent pour rappeler les participants à l'ordre ou encourager les timides à s'exprimer.

Le **panel** est constitué de spécialistes qui discutent assez librement, sans ordre de préséance. Contrairement à la table ronde, le panel se réunit en présence d'un auditoire qui peut intervenir ou poser des questions.

Il existe aussi un schéma à deux panels, l'un formé de spécialistes d'un domaine, l'autre de non-initiés. Ce dernier, composé de personnes issues du grand public, discute du sujet et s'adresse au panel des spécialistes lorsqu'il a besoin de renseignements techniques, de données supplémentaires ou d'avis.

Dans un **symposium**, chaque orateur est invité à préparer une communication sur un aspect particulier du sujet traité. L'animateur présente les orateurs, fait les transitions et, parfois, résume leurs communications.

Le **symposium-forum** comprend deux parties : un symposium, pendant lequel les orateurs invités présentent leur communication, et un forum, c'est-à-dire une période de questions et d'échanges entre les orateurs et l'auditoire. L'animateur présente les orateurs et agit comme modérateur pendant la période de questions.

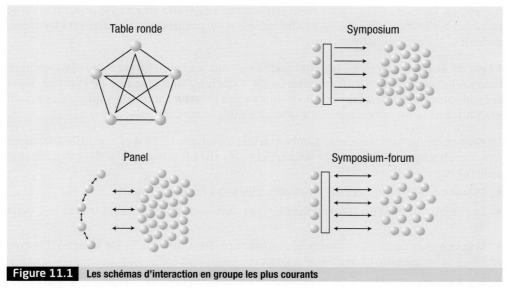

| Figure 11.1 | Les schémas d'interaction en groupe les plus courants |

Les quatre schémas peuvent s'appliquer à une foule de groupes. Pour chacun, il existe naturellement des variations considérables. Par exemple, dans le symposium-forum, aucune règle ne prescrit la répartition du temps entre la partie symposium et la partie forum. De plus, certains schémas peuvent être combinés : par exemple, chaque membre du groupe peut être invité à présenter une communication (suivant la formule du symposium) et à participer ensuite à une table ronde.

Les groupes de travail

Les groupes de travail peuvent être amenés à accomplir deux types de tâches : la recherche d'idées, c'est-à-dire trouver du nouveau ou inventer, et la résolution de problèmes, c'est-à-dire trouver une solution à des problèmes plus ou moins ponctuels.

Les groupes de recherche d'idées

Bien des groupes existent à seule fin de trouver des idées. Pour ce faire, ils recourent souvent à la méthode du **remue-méninges** (Osborn, 1957 ; DeVito, 1996 ; Beebe et Masterson, 1997). Cette méthode consiste à lancer, à propos d'un problème donné, le plus grand nombre d'idées et de propositions possibles. La première étape comprend le remue-méninges proprement dit ; la seconde, l'évaluation des idées émises.

La marche à suivre est fort simple. On choisit un problème pour lequel plusieurs solutions sont envisageables. On l'expose aux membres du groupe avant le début de la séance de remue-méninges, afin qu'ils puissent y réfléchir. Quand le groupe se réunit, chaque personne émet toutes les idées qui lui viennent à l'esprit. Ces idées sont enregistrées sur cassette ou par écrit. Il y a quatre règles à respecter pendant une séance de remue-méninges.

Règle n° 1 : ne pas critiquer. Toutes les idées sont consignées, mais aucune n'est évaluée ni même discutée. Tout commentaire négatif – verbal ou non verbal – doit être banni. C'est d'ailleurs là une excellente règle à suivre dans toute réflexion créatrice : laisser à l'idée le temps de se développer avant de lui trouver des failles. Comme les critiques, les éloges sont également interdits. Aucune idée n'est évaluée pendant le remue-méninges proprement dit ; l'évaluation aura lieu après.

Règle n° 2 : rechercher la quantité. La deuxième règle du remue-méninges s'inspire de cette phrase de Linus Pauling, titulaire du Nobel de chimie en 1954 et du Nobel de la paix en 1962 : « La meilleure façon d'avoir une bonne idée est d'en avoir beaucoup. » En d'autres mots, plus on a d'idées, plus on a de chances d'en avoir une bonne.

Règle n° 3 : faire des associations d'idées, pousser plus loin l'exploration. Bien qu'il soit interdit de critiquer une idée, il est possible de la pousser plus loin ou de l'associer

REMUE-MÉNINGES
Méthode pour trouver des idées en groupe, par laquelle les membres expriment le plus librement possible des idées et sans tenir compte, à ce stade, de la faisabilité.

à d'autres. La valeur d'une idée tient parfois au fait qu'elle en suscite une autre ou se combine à d'autres. Même si les modifications vous paraissent mineures ou évidentes, dites-les. Ne vous censurez pas.

Règle n° 4: oser. Les idées les plus farfelues sont les meilleures. Il faut laisser libre cours à l'imagination, car il est plus facile d'atténuer une idée que de l'étoffer. Il est relativement aisé de ramener à de justes proportions une idée folle, alors qu'il est plutôt ardu de faire s'épanouir une idée simple ou frileuse.

La séance de remue-méninges tombe parfois à plat, faute d'idées nouvelles. Dans ce cas, l'animateur peut «secouer» les participants en leur faisant l'une des propositions suivantes:

- Essayons de trouver encore quelques idées avant de terminer.

- Est-ce que quelqu'un peut étoffer un peu, ou «accrocher» une autre idée à celle de...?

- Voici ce que nous avons jusqu'à maintenant. Pendant que je lis la liste, d'autres idées vous viendront peut-être à l'esprit.

- Il y a un aspect auquel nous ne nous sommes pas arrêtés... Est-ce que vous avez des idées là-dessus?

Le remue-méninges proprement dit devrait durer au plus 15 ou 20 minutes. Une fois que toutes les idées ont été lancées, les participants procèdent à leur évaluation, en appliquant les habiletés de réflexion critique dont nous avons traité dans ce manuel. Ils rejettent les suggestions irréalisables, et retiennent et analysent les idées prometteuses. À cette étape, la critique est donc permise.

Bien que le remue-méninges ait été conçu comme une méthode de travail en groupe, certaines études portent à croire qu'il est peut-être plus utile encore quand on travaille seul (Peters, 1987). Dans ce cas, suivez les mêmes règles qu'en groupe: enregistrez sur cassette ou notez sur papier toutes les idées qui vous viennent à l'esprit, sans exercer aucune censure. Rappelez-vous que les idées ne sont pas nécessairement des solutions; n'ayez pas peur de noter même les plus absurdes.

> Comité: un groupe de personnes incapables de faire quoi que ce soit par elles-mêmes et qui décident collectivement que rien ne peut être fait!
>
> – Winston Churchill

Encadré 11.2   L'évolution d'un groupe de travail

Comme tous les organismes vivants, les équipes évoluent, mûrissent. Nicole Côté, psychologue et présidente de Psychologic, à Québec, distingue quatre étapes dans cette maturation.

La formation de l'équipe. Les gens se présentent et apprennent à se connaître. Ils définissent leurs objectifs de travail, les valeurs qui guideront leurs comportements et le rôle de chacun au sein de l'équipe. Bref, l'équipe se définit. C'est l'étape de la politesse entre les équipiers.

L'apprentissage du travail en équipe. Il faut apprendre à vivre ensemble, à gérer les différences et à résoudre les conflits, qui sont des choses inhérentes à la vie. On commence à contredire le chef devant les autres, à être plus critique. Il y a plus d'interaction et plus d'agressivité. C'est normal et très sain. Mais si le premier qui lève la tête se la fait couper, le groupe régressera au stade premier, celui

de la politesse. Ce stade est la période la plus longue et la plus ardue.

Le stade performant. Les équipiers ont appris à se dire l'heure juste et à régler leurs différends. Leurs consensus en sont de vrais. Il y a plus de cohésion et d'intimité. L'équipe est mûre. Les membres des équipes qui atteignent ce niveau s'en souviennent toute leur vie. C'est une expérience très forte et extrêmement enrichissante.

Le stade du rayonnement. L'équipe devient consciente de sa place dans la communauté et de sa contribution. Elle s'ouvre à la société et elle devient généreuse. Son objectif final n'est plus son nombril. Ces équipes ont un puissant effet d'entraînement.

Source: Quinty, M. (1998). Les secrets du travail en équipe: un pour tous, tous pour un! *Affaires Plus, 21*(8): 34. Cet extrait a été reproduit aux termes d'une licence accordée par Copibec.

L'appréhension dans les petits groupes : avez-vous peur de parler dans un groupe ?

Tout comme il nous arrive de craindre de nous exprimer dans une conversation privée, il nous arrive d'avoir peur de parler dans un groupe. Notre degré d'appréhension varie évidemment selon le genre de groupe. Nous avons plus peur de parler à un groupe de collègues de bureau qu'à un groupe d'amis ; plus peur de parler à nos supérieurs ou patrons qu'à nos pairs ou à nos subalternes. La familiarité avec les autres membres du groupe et le sentiment d'appartenance que nous éprouvons à l'égard de ce groupe ont également une influence sur notre degré d'appréhension.

Le minitest que nous vous proposons ici vous permet de mesurer votre degré d'appréhension dans les discussions et les réunions de groupe.

Voici 12 énoncés sur les émotions que vous êtes susceptible de ressentir en situation de communication dans un groupe. Indiquez, selon l'échelle suivante, dans quelle mesure chacun s'applique à vous. Notez qu'il n'y a ni bonnes ni mauvaises réponses. Certains énoncés se ressemblent ; ne vous en souciez pas. Répondez rapidement ; donnez votre première impression.

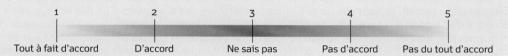

1	2	3	4	5
Tout à fait d'accord	D'accord	Ne sais pas	Pas d'accord	Pas du tout d'accord

1   Je déteste participer à des discussions en groupe. _____

2   Habituellement, je suis à l'aise quand je participe à une discussion en groupe. _____

3   Je suis tendu et nerveux quand je participe à une discussion en groupe. _____

4   J'aime participer à des discussions en groupe. _____

5   Engager la discussion avec des gens que je connais à peine me rend tendu et nerveux. _____

6   Je suis calme et détendu quand je participe à une discussion en groupe. _____

7   Habituellement, je suis nerveux quand je dois participer à une réunion. _____

8   Habituellement, je suis calme et détendu quand je participe à des réunions. _____

9   Je suis très calme et détendu quand on m'invite à donner mon avis dans une réunion. _____

10   J'ai peur de m'exprimer dans une réunion. _____

11   Communiquer dans une réunion me rend habituellement mal à l'aise. _____

12   Je suis très détendu quand je réponds à des questions dans une réunion. _____

Ce test vous donne deux scores, l'un pour les discussions en groupe, l'autre pour les réunions. Calculez vos scores comme suit :

Pour les discussions en groupe :
- D'abord, accordez-vous 18 points (ce chiffre sert uniquement de base pour éviter les scores négatifs).
- Ajoutez vos points des énoncés 2, 4 et 6.
- Du total de la deuxième étape, soustrayez vos points des énoncés 1, 3 et 5.

Pour les réunions :
- Accordez-vous 18 points.
- Ajoutez vos points des énoncés 8, 9 et 12.
- Du total de la deuxième étape, soustrayez vos points des énoncés 7, 10 et 11.

Un score supérieur à 18 révèle une certaine appréhension. Pouvez-vous déterminer les facteurs particuliers qui, dans les petits groupes, augmentent ou diminuent votre appréhension ? Que pouvez-vous faire pour réduire les facteurs qui augmentent votre appréhension ou pour accentuer ceux qui la diminuent ?

Source : McCroskey, J.C. (1997). *An Introduction to Rhetorical Communication* (7ᵉ éd.). Upper Saddle River, NJ : Allyn & Bacon.

Les groupes de résolution de problèmes

Un groupe de résolution de problèmes rassemble des personnes chargées de résoudre un problème ou de prendre une décision. En un sens, c'est le genre de groupe le plus exigeant qui soit, car ses membres doivent non seulement maîtriser les techniques de communication en groupe, mais aussi bien connaître le problème à régler. Ils doivent en outre se conformer à un ensemble de règles assez strictes. Parce qu'il s'agit d'une activité très importante des groupes, nous étudierons plus en détail, à la dernière section du chapitre, une méthode classique de résolution de problèmes en groupe.

Encadré 11.3 Les groupes les plus importants : la famille et les amis

Le premier groupe dans lequel nous avons été placés dès la naissance est notre famille. De composition diverse, la famille représente une association naturelle de personnes qui peut permettre d'atteindre, au mieux, tous les objectifs des groupes que nous venons de présenter. La famille a de multiples fonctions : on peut s'y former, y trouver du réconfort ou de l'entraide, et y travailler.

La façon courante de définir la famille est de l'assimiler à une unité sociale formée d'une mère, d'un père et de un ou plusieurs enfants. Plus généralement, on peut aussi l'associer à un groupe plus large de personnes unies par des liens de consanguinité : les grands-parents, les oncles et tantes, etc. Mais, on le sait très bien aujourd'hui, il existe d'autres types de familles : la famille monoparentale (un parent assumant seul la responsabilité des enfants), la famille reconstituée (deux parents de deux couples antérieurs qui décident de vivre ensemble avec leurs enfants respectifs) et la famille formée d'un couple d'adultes de même sexe vivant avec des enfants issus d'une relation hétérosexuelle antérieure ou adoptés.

Ce qui compte, ce n'est pas tant les personnes qui composent la famille que ce qu'elles font. Les principes communicationnels qui définissent la famille traditionnelle s'appliquent à tous les types de familles. Nous retrouvons toujours plus ou moins, dans l'idée de famille, les caractéristiques suivantes : des rôles définis, des obligations et des responsabilités, des règles établies, un passé et un futur communs, et la cohabitation.

Comme dans tous les groupes, dans une famille, les membres se partagent les tâches de différentes manières. Même si, aujourd'hui, le rôle du père ou celui de la mère peuvent être définis par le couple lui-même, il n'en demeure pas moins qu'il y a toujours une distribution des rôles et des responsabilités au sein des familles. Chacun a une perception plus ou moins claire du rôle qu'il doit jouer par rapport aux autres. De plus, chacun est conscient des obligations et des responsabilités qui lui incombent envers la famille. Des colocataires, par exemple, qui partagent le même espace de vie, n'ont pas les obligations caractéristiques de la famille. Généralement, la famille est astreinte à diverses obligations : l'entraide financière, le soutien affectif, le réconfort, la compréhension lorsqu'un membre est dans la détresse ou qu'il souffre et le partage des émotions, les peines tout autant que les joies.

Non seulement la famille possède toutes les caractéristiques des groupes en général, mais elle représente aussi tous les types de groupes possibles. Lorsque ses membres se réunissent pour s'amuser et passer un bon moment ensemble, la famille est alors un groupe d'amis. Lorsqu'ils discutent des problèmes d'un des leurs, qu'ils essaient de l'aider, la famille ressemble alors à un groupe de croissance. Par l'éducation que les parents donnent aux enfants, mais aussi lorsque des membres se réunissent pour acquérir des connaissances ou des habiletés, la famille joue le rôle d'un groupe d'apprentissage. Enfin, la famille est un véritable groupe de travail lorsque ses membres sont engagés dans une production commune.

Alors que la famille est généralement imposée à ses membres dès la naissance, le groupe d'amis, lui, résulte de la motivation et de l'attraction des personnes qui le composent. Le plaisir d'être ensemble l'emporte sur le besoin d'accomplir une tâche. Les groupes d'amis débutent de façon sérieuse à l'adolescence. C'est à ce moment que l'attachement à un groupe peut être le plus fort. Les besoins à combler ici sont ceux de l'affiliation et de la recherche d'une identité. Le groupe d'amis à l'adolescence fournit un moyen d'acquérir une identité autre que celle que l'enfant avait avec sa famille d'origine. Dans ce sens, le groupe d'amis remplit le rôle de groupe de croissance. Chez les adultes, les groupes d'amis sont surtout orientés vers la satisfaction du besoin d'affiliation et d'affirmation de soi, le développement de la personnalité. On rencontre les autres pour s'amuser, se détendre, partager des plaisirs et des joies, mais aussi pour s'affirmer et en tirer quelques satisfactions. Les groupes d'amis qui se réunissent pour pratiquer un sport n'ont d'autre objectif que l'accomplissement de soi de leurs membres.

La famille a de multiples fonctions : on peut s'y former, y trouver du réconfort ou de l'entraide, y travailler, etc. Quelles fonctions votre propre famille remplit-elle ?

Comment vous protéger contre les critiques ou répondre à ceux qui, lorsque vous émettez une idée, vous lancent des «phrases assassines» destinées à vous empêcher d'aller au bout de votre idée, à la tuer dans l'œuf? Pour chacune des phrases suivantes, trouvez une réplique. Demandez-vous aussi comment réagir quand vous vous censurez vous-même par ce genre de phrases assassines.

- Nous l'avons déjà essayé et ça n'a pas marché.
- Ça ne marchera jamais.
- Personne ne sera d'accord.
- C'est trop complexe.

- C'est trop simple.
- Ce que nous avons suffit.
- Ça ne changera rien.
- Ce n'est pas notre genre.
- C'est impossible.

- Ça prendrait trop de temps.
- Ça coûtera trop cher.
- Ce n'est pas logique.
- Nous ne sommes pas équipés pour ça.
- C'est une perte de temps et d'argent.

EN LIGNE

08:45 AM

Veux-tu être mon ami?

Paul, le grand ami de Martin, a 123 «amis» sur Facebook. Mais sont-ils tous de véritables amis? Pour répondre à cette question, il faut définir ce qu'est un groupe et ce qu'est l'amitié. Nous expliquons dans ce chapitre que la notion de groupe, dans le contexte des relations interpersonnelles, réfère à un petit groupe formé de personnes qui entretiennent entre elles des relations interpersonnelles plus ou moins intimes. L'amitié réfère à un lien d'intimité entre deux personnes: elle est désintéressée, elle est réciproque et basée sur la sincérité des sentiments. L'amitié est du domaine de la sphère privée. Selon ces brèves définitions, on ne peut avoir 123 véritables amis, même en ligne.

Cameron Marlow a publié en 2009 les résultats d'une étude sur la nature des interactions entretenues sur le réseau Facebook. Il s'avère que les usagers entrent en relation avec quatre types d'interlocuteurs: 1) les membres de leur réseau complet, qui se compose des personnes ayant demandé ou accepté le lien de réciprocité existant sur Facebook (lien existant sous une forme moins «poussée» sur les autres réseaux, à l'exemple du «je te suis, tu me suis» de Twitter) et apparaissant publiquement; 2) ceux avec qui l'échange est unidirectionnel: seul l'un des deux – et toujours le même – commente, discute et souhaite partager; 3) ceux avec qui l'échange est bidirectionnel; 4) et enfin, ceux avec qui l'échange est bidirectionnel et soutenu.

Paul, qui est un utilisateur moyen de Facebook, compte tout de même 123 relations, mais il n'entretient d'échanges bidirectionnels soutenus qu'avec 5 à 7 personnes seulement. Ces personnes avec qui il entretient des rapports assidus forment son groupe d'amis en ligne, à n'en pas douter. Pour beaucoup de gens, ces amis sont les mêmes qu'ils ont hors ligne. D'autres ont un groupe d'amis hors ligne et un autre en ligne. Cela se produit lorsque nos amis hors ligne ne sont pas des adeptes des réseaux sociaux, par exemple, ou lorsqu'ils ne partagent pas nos centres d'intérêt en ligne. Peu importe s'il s'agit ou non du même groupe de personnes, la taille de ces groupes demeure réduite.

Mais qui sont ces quelque 115 autres «amis» de Paul sur Facebook? Celui-ci se souvient d'avoir demandé et accepté l'offre d'amitié des uns et des autres, mais il savait bien qu'en réalité, en acceptant, il ne faisait que donner l'autorisation à une autre personne (et, à quelques occasions, à une personne qu'il n'avait même jamais rencontrée physiquement) d'accéder aux contenus qu'il veut bien rendre publics. Casilli (2010) utilise le terme «*friending*» pour désigner le type de lien que l'on établit sur Facebook en répondant à la demande «Veux-tu devenir mon ami?». Il s'agit selon lui d'une relation spécifique au monde des sites de réseaux sociaux qui diffère sur quatre points de la véritable amitié:

1. Le penchant déclaratif de la relation, qui est nécessairement publique: tout le monde est au courant (ou peut l'être) des relations que nous tissons en ligne. L'amitié, relevant habituellement de la sphère privée, devient le *friending* qui s'affiche publiquement.

2. L'intérêt et l'utilité sont à la base du *friending*: on donne une sorte de droit d'accès à son profil, à ses informations, à ses relations, à ses connaissances, à son réseau. L'amitié, quant à elle, se veut désintéressée.

3. La non-réciprocité possible de la relation: l'amitié hors ligne est généralement réciproque, bidirectionnelle, à l'inverse du *friending*, qui ne l'est pas forcément.

4. Le *friending* établit une relation superficielle qui nous aide à nous construire socialement, par soutien mutuel (échange de liens, d'informations, de commentaires, etc.), le plus souvent dans la convivialité, mais sans profondeur, alors que l'amitié est basée sur des sentiments profonds et sincères.

Pouvez-vous facilement distinguer vos vrais «amis» sur Facebook? Est-ce que le nombre d'amis qui se sont rattachés à votre profil vous importe?

LA COMMUNICATION DANS LES PETITS GROUPES

D'une façon générale, nous pouvons analyser de différents points de vue la communication entre les membres d'un groupe : les rôles que remplissent les membres, le genre d'interventions qu'ils font et les principes favorisant la participation.

Les rôles des membres

Les rôles des membres dans un groupe se répartissent en trois grandes catégories : les rôles relatifs à la tâche, les rôles relatifs à la formation et au maintien du groupe ainsi que les rôles individualistes. Cette classification, proposée dès 1948 par Benne et Sheats, est encore largement utilisée de nos jours (Lumsden et Lumsden, 1996 ; Beebe et Masterson, 1997).

Les rôles relatifs à la tâche

Les rôles relatifs à la tâche sont ceux qui aident le groupe à se concentrer sur l'atteinte de ses objectifs. Ils sont dictés par les besoins et les visées du groupe. Dans un rôle de ce type, chaque membre agit non pas en tant qu'individu isolé, mais en tant que partie d'un ensemble plus vaste. Pour être efficace, le membre doit remplir plusieurs fonctions.

Certaines personnes se cantonnent toutefois dans quelques rôles. Par exemple, un membre s'enquiert presque toujours de l'opinion des autres ; un deuxième s'occupe de préciser les détails ; un troisième, d'évaluer les suggestions. En général, cette spécialisation des tâches nuit au groupe. Il est préférable de répartir les rôles plus également, de manière à ce que chaque membre remplisse plusieurs fonctions. Voici les 12 rôles ou fonctions ayant trait à la tâche :

- L'**innovateur** lance de nouvelles idées ou suggère de nouveaux points de vue, de nouveaux objectifs, de nouvelles manières de procéder, de nouvelles stratégies.

- Le **chercheur** enquête pour obtenir des renseignements factuels et solliciter des avis ou des éclaircissements sur les questions étudiées.

- Le **sondeur** interroge les autres pour connaître leur opinion et découvrir les valeurs intrinsèques de la tâche.

- L'**agent d'information** transmet les renseignements factuels et les avis aux autres membres du groupe.

- Le **théoricien** éclaire en exposant des valeurs et des opinions, et en précisant celles que le groupe devrait épouser.

- Le **concepteur** imagine les solutions possibles à partir des suggestions émises par d'autres et les illustre par des exemples.

- Le **coordonnateur** coordonne tout autant les idées et les suggestions que les activités des membres du groupe.

- Le **guide** oriente en résumant ce qui a été dit et en s'interrogeant sur la direction à prendre.

- Le **critique** soupèse les décisions du groupe, s'interroge sur la logique ou l'applicabilité des suggestions et en fait la critique (positive et négative).

- L'**instigateur** motive, c'est-à-dire qu'il incite le groupe à l'action.

- Le **logisticien** organise, c'est-à-dire qu'il s'occupe de la logistique (p. ex., il distribue les documents, réserve les salles).
- Le **secrétaire** note les activités, les suggestions et les décisions du groupe; il en est la «mémoire».

Les rôles relatifs à la formation et au maintien du groupe

La plupart des groupes se préoccupent non seulement de la tâche à accomplir, mais aussi des relations entre leurs membres. Le bon fonctionnement d'un groupe ainsi que la satisfaction et la productivité de ses membres dépendent, en effet, des relations interpersonnelles. Si rien ne nourrit ces relations, les membres deviennent vite irritables, se disputent ou se désintéressent de la tâche. Un groupe et ses membres ont besoin du même genre d'encouragement qu'un individu. Sept rôles contribuent à la formation et au maintien du groupe:

- Le **stimulateur** encourage les autres en les approuvant ou en vantant les mérites de leurs idées.
- L'**arbitre** concilie, c'est-à-dire qu'il amène les personnes qui divergent d'avis à s'entendre.
- Le **négociateur** parlemente pour résoudre les conflits d'idées et proposer des compromis.
- L'**animateur** facilite la communication en permettant à tous de s'exprimer.
- Le **codificateur** fixe des normes pour le bon fonctionnement du groupe et le choix des solutions.
- Le **témoin** observe et commente ce qui se passe, et se sert de ses observations pour que le groupe fasse sa propre évaluation.
- Le **béni-oui-oui** adhère volontairement ou passivement aux décisions du groupe, il écoute les idées des autres.

Les rôles individualistes

Les rôles relatifs à la tâche ainsi qu'à la formation et au maintien du groupe sont productifs: ils aident le groupe à réaliser ses objectifs. Les rôles individualistes, en revanche, entravent le bon fonctionnement du groupe. Souvent qualifiés de dysfonctionnels, ils nuisent à la fois à la productivité et à la satisfaction des membres, en grande partie parce qu'ils ne répondent qu'à des besoins individuels. On en compte huit:

- Le **querelleur** attaque en émettant des commentaires négatifs sur les gestes ou les sentiments des autres, en s'en prenant au groupe ou en niant obstinément l'existence d'un problème.
- L'**empêcheur de tourner en rond** gêne le groupe en critiquant, en étant désagréable et en s'opposant aux autres ou à leurs suggestions, quelles qu'elles soient.
- Le **prétentieux** se vante pour attirer l'attention sur lui au lieu de s'occuper de la tâche à accomplir.
- L'**égocentrique** s'épanche, c'est-à-dire parle de lui, de ses sentiments et de ses problèmes personnels au lieu de se soucier du mandat du groupe.
- Le **cabotin** blague, quelle que soit l'importance ou la nature du travail à accomplir.
- Le **manipulateur** recrute par la flatterie, la manigance ou l'autorité excessive.

- Le **quémandeur** s'accroche aux autres en se montrant inquiet ou perplexe, ou en se dépréciant, pour s'attirer la sympathie et obtenir de l'aide.
- Le **calculateur** prône d'autres intérêts que ceux du groupe.

L'analyse des interventions

On peut également étudier la participation des membres dans un groupe au moyen de l'analyse des interactions, mise au point par Robert Bales (1950). Cette méthode consiste à classer d'abord les interventions des membres en deux catégories: les interventions de nature socioaffective, orientées vers les personnes, et les interventions axées sur la tâche ou le contenu manifeste du problème traité par les personnes. Ces deux catégories peuvent elles-mêmes être subdivisées en deux, selon que les interventions sont positives ou négatives, c'est-à-dire chaque intervention et son contraire (questionner est le contraire de répondre, offrir est le contraire de demander, etc.). Dans l'ensemble, il y a donc quatre grandes catégories d'interventions: 1) les interventions socioaffectives positives, 2) les interventions socioaffectives négatives, 3) les tentatives de réponse et 4) les questions. Chacune de ces catégories comprend 3 sous-catégories, de sorte qu'il y a au total 12 sous-catégories. Le tableau 11.3 permet de visualiser la classification de Bales. Lorsqu'on examine ce tableau, il faut se garder toutefois de penser que les signes «positif» et «négatif» représentent des interventions souhaitables et non souhaitables; ils veulent simplement dire qu'une intervention a son contraire. Les sous-catégories des interventions socioaffectives positives sont les contraires de celles des interventions socioaffectives négatives, et celles des tentatives de réponse sont les contraires de celles des questions. Dans la mesure où elles sont pertinentes, certaines des interventions dites négatives peuvent être aussi bénéfiques au fonctionnement du groupe que les interventions dites positives, particulièrement celles qui sont orientées vers la tâche.

La classification des trois types de rôles ainsi que l'analyse des interventions sont des outils fort utiles pour comprendre la participation des membres dans un groupe. Elles permettent de voir, par exemple, si un des membres se cantonne dans un seul rôle ou si le groupe s'égare parce que trop de personnes poursuivent des objectifs individuels ou parce que les commentaires socioaffectifs négatifs prédominent. Ces outils vous aideront à mieux comprendre le fonctionnement du groupe et l'apport de chaque membre à l'ensemble.

Tableau 11.3	La classification des interventions de Bales		
Interventions		**+** Interventions socioaffectives positives	**−** Interventions socioaffectives négatives
Socioaffectives	Solidarité/Hostilité	Manifeste de la solidarité Aide, encourage, remercie (3,4)	Manifeste de l'hostilité Ironise, s'oppose, s'obstine (0,7)
	Détente/Tension	Détend l'atmosphère Réduit les tensions, plaisante (6,0)	Manifeste de la tension Accroît la tension (2,7)
	Accord/Désaccord	Exprime son accord Acquiesce, approuve (16,5)	Exprime son désaccord S'abstient, refuse, s'obstine (7,8)
		Tentatives de réponse	**Questions**
Orientées vers la tâche	Suggestion	Fait des suggestions Persuade, incite, convainc (8,0)	Demande des idées Requiert des suggestions (1,1)
	Opinion	Donne son avis, son opinion Exprime ses désirs, ses besoins (30,1)	Demande un avis, une opinion Fait exprimer des désirs, des besoins (2,5)
	Information	Donne une orientation Répète, renseigne, clarifie (17,9)	Demande de l'aide Fait répéter et clarifier (3,5)

Voici, présentées en miroir, les catégories d'interventions (positives et négatives) axées sur la tâche ou de nature socioaffective, selon Bales (1958). Le nombre décimal placé entre parenthèses indique la fréquence en pourcentage d'interventions de chaque catégorie recueillies lors d'une série d'observations (Bales, 1955) ayant porté sur 24 groupes qui se sont réunis 4 fois, pour un total de 96 séances (71 838 interventions notées!).

Pour utiliser la grille de Bales, écoutez un groupe discuter et notez les interventions dans le tableau suivant. Inscrivez d'abord, en haut à droite, les noms des participants. Puis, cochez dans la case appropriée chaque fois qu'un participant fait une intervention. Vous pouvez aussi vous exercer en regardant un film ou un téléroman à la télévision.

Au bout de 10 à 20 minutes, vous aurez probablement compris les différents types d'interventions des participants à la discussion ainsi que les problèmes que ces interventions suscitent, et vous serez plus en mesure de suggérer des améliorations à chacun.

Interventions socioaffectives positives	Se montre solidaire									
	Se détend ou détend l'atmosphère									
	Se montre d'accord									
Interventions socioaffectives négatives	Se montre hostile									
	Paraît tendu									
	Exprime son désaccord									
Tentatives de réponse	Fait des suggestions									
	Donne son avis									
	Donne des renseignements									
Questions	Demande des suggestions									
	Demande des avis									
	Demande des renseignements									

La participation des membres

Les recommandations suivantes visant une participation efficace à la communication dans un groupe donnent un autre point de vue sur la question.

Avoir l'esprit d'équipe

Chaque membre d'un groupe fait partie d'une équipe, d'un ensemble plus vaste. Sa contribution est précieuse, dans la mesure où elle favorise l'atteinte des objectifs du groupe et la satisfaction des autres membres. Tous doivent mettre en commun leurs talents, leurs connaissances et leurs idées pour que le groupe arrive à une solution meilleure que celle qu'une seule personne aurait pu trouver. Ici, l'individualisme entrave le bon fonctionnement du groupe.

Avoir l'esprit d'équipe ne signifie cependant pas renoncer à son individualité, à ses valeurs ou à ses convictions personnelles ni se soumettre en tout aux décisions collectives. Avoir l'esprit d'équipe n'empêche pas de rester soi-même.

Discuter des questions à l'étude

Les conflits sont inévitables, et nous avons déjà exposé au chapitre 10 des règles générales pour les résoudre. Les conflits font tout aussi naturellement partie des échanges en groupe que des échanges interpersonnels. Il est particulièrement important, dans un groupe, de faire porter les conflits sur des idées, des questions ou des problèmes plutôt que sur les personnes. Le cas échéant, un membre doit faire savoir qu'il n'est pas d'accord avec les idées ou les solutions proposées, et non avec la personne qui les a proposées. De même, la personne qui a proposé l'idée ou la solution ne doit pas considérer la critique comme une attaque personnelle, mais elle doit plutôt saisir l'occasion de discuter de la question d'un autre point de vue.

Faire preuve d'ouverture d'esprit

Souvent, les membres d'un groupe se présentent à une réunion avec des idées bien arrêtées. La discussion dégénère alors rapidement en débat stérile où chacun défend sa position, sans envie aucune d'en changer. Il est de loin préférable d'arriver à la réunion bien informé, en possession de renseignements pertinents pour la discussion, mais sans avoir décidé d'avance de la solution ou de la conclusion que l'on est prêt à accepter. Toutes les solutions ou conclusions doivent être proposées à titre provisoire, plutôt qu'affirmées avec certitude. Les membres doivent être prêts à les modifier à la lumière de la discussion.

L'ouverture d'esprit n'empêche cependant pas l'attitude critique, et il faut doser judicieusement les deux : bien évaluer une suggestion avant de l'accepter ou de la rejeter ; avoir l'esprit ouvert, mais aussi critiquer intelligemment ses propres suggestions tout autant que celles des autres.

Se faire comprendre

Ce qui mérite d'être dit mérite de l'être clairement. Chacun doit s'assurer que tous ont bien compris les idées ou l'information qu'il a transmises et, en cas de doute, demander : « Est-ce que c'est clair ? », « Est-ce que je me suis bien expliqué ? ».

Chacun doit aussi s'assurer qu'il a bien compris les interventions des autres, surtout avant de se prononcer sur une question. Il est sage d'annoncer son désaccord par une reformulation (voir le chapitre 9) : « Si je vous comprends bien, vous voulez [exclure les étudiants de première année de l'équipe de football de l'université]. Est-ce juste ? Je ne suis pas d'accord avec cette proposition et j'aimerais expliquer pourquoi. » Ensuite, on peut exposer ses objections et donner ainsi à l'autre la chance de s'expliquer ou encore de corriger ou de modifier sa position.

Éviter la pensée de groupe

PENSÉE DE GROUPE
Mode de pensée des groupes très cohésifs ; il en résulte une valorisation de l'accord pour préserver le groupe aux dépens d'une évaluation réaliste des solutions.

La **pensée de groupe** est une manière de penser à laquelle les membres recourent lorsque leur accord devient tellement important pour le groupe qu'il l'emporte sur l'analyse réaliste et logique que pourraient faire individuellement les membres. Janis (1983) définit la pensée de groupe comme une détérioration de l'efficacité mentale, du sens des réalités et du jugement moral par suite des pressions du groupe. Tant les membres que les leaders doivent être à l'affût de ses symptômes et combattre ses effets négatifs.

Bien des comportements peuvent mener à la pensée de groupe. Les plus importants se manifestent quand le groupe limite la discussion à un petit nombre de solutions possibles, en négligeant les autres ; quand il ne réexamine pas ses décisions même après avoir appris qu'elles présentent certains dangers ; ou, encore, quand il ne prend pas le temps de bien expliquer pourquoi il a rejeté certaines solutions. Par exemple, si le groupe rejette d'emblée telle solution parce qu'elle est trop coûteuse, les membres ne consacreront plus beaucoup de temps, si tant est qu'ils en consacrent, à étudier les moyens d'en réduire les coûts.

Quand s'exerce la pensée de groupe, les membres se montrent extrêmement sélectifs dans les renseignements à prendre en considération. Ils ignorent généralement les faits et les opinions contraires à la position du groupe, mais ils acceptent facilement et sans critique ceux qui y sont favorables.

La liste suivante de symptômes devrait vous aider à vous prémunir contre la pensée de groupe dans les groupes dont vous faites partie ou à la détecter dans ceux que vous observez (Janis, 1983):

- Croire que le groupe et ses membres ne courent aucun danger et sont invulnérables.
- Échafauder des justifications pour ne pas prendre au sérieux les avertissements et les menaces.
- Croire à la moralité du groupe.
- Juger les opposants en recourant à des stéréotypes.
- Faire pression sur tout membre qui exprime des doutes ou qui met en question les arguments ou les propositions du groupe.
- S'autocensurer.
- Présumer que tous les autres membres du groupe sont d'accord, qu'ils l'aient dit ou non.
- Empêcher que l'information ne parvienne aux autres membres du groupe, en particulier lorsqu'elle peut créer des divergences d'opinions.

POUR S'AMÉLIORER

Tentez de mettre en pratique les conseils qui viennent d'être présentés lors de vos travaux d'équipe: ayez l'esprit d'équipe, tournez votre attention sur la tâche, faites preuve d'ouverture d'esprit, tâchez de bien vous faire comprendre et soyez vigilant quant aux effets de la pensée de groupe.

« C'est juste que nous n'avons pas essayé avec suffisamment d'ardeur. »

Encadré 11.4 **Le déroulement d'une rencontre en groupe**

Le déroulement d'une rencontre en groupe ressemble beaucoup à celui d'une conversation. Il comprend cinq étapes: ouverture, messages préparatoires, vif du sujet, messages rétroactifs et clôture.

L'étape de l'ouverture met l'accent sur les rapports sociaux: les membres se présentent les uns aux autres, établissent la communication, font connaissance. Puis, il y a une certaine forme de messages préparatoires: on détermine ce qu'il y a à faire, qui le fera, et ainsi de suite. Dans les groupes formels, on lit l'ordre du jour (qui est un parfait exemple d'entrée en matière) et l'on procède à la répartition des tâches. Dans les groupes peu structurés ou informels, on amène un sujet de conversation ou on propose une activité. On passe ensuite au vif du sujet: au problème à régler, à l'échange de renseignements, ou à toute autre tâche ou activité que le groupe s'est donnée. Puis, viennent les messages rétroactifs: les membres commentent ce qui a été fait ou discutent de ce qui reste à faire. Certains groupes font même l'évaluation du rendement. Enfin, à la clôture, chacun revient à des échanges plus personnels et aux salutations d'usage.

La figure ci-contre illustre ce modèle. Les stades sont rarement tout à fait distincts les uns des autres; ils se chevauchent, comme les couleurs de l'arc-en-ciel. L'ouverture n'est pas complètement terminée quand commence l'entrée en matière, et ainsi de suite.

Bien sûr, ce schéma varie selon le type de groupe. Un groupe de résolution de problèmes consacrera vraisemblablement plus d'énergie à l'accomplissement de la tâche, alors qu'un groupe d'amis se réunissant pour dîner s'intéressera davantage aux rapports sociaux, aux préoccupations personnelles. De même, la répartition du temps entre les étapes varie selon le type de groupe et les objectifs que celui-ci s'est donnés.

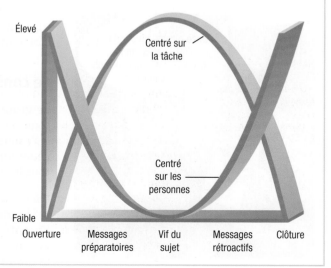

LA RÉSOLUTION DE PROBLÈMES EN GROUPE

Lorsqu'ils font face à un problème, les groupes doivent trouver une solution pour le résoudre, ce qui suppose une prise de décision et le respect de certaines étapes.

> Il y a une différence capitale entre « être » et « en être ». Appartenir à l'un ou l'autre groupe n'a aucune importance pourvu qu'on s'amuse.
>
> – Woody Allen

Les modes de décision

Pour résoudre des problèmes, les membres d'un groupe doivent s'entendre sur un certain nombre de points, par exemple les critères à utiliser ou les solutions à appliquer. Ils recourent pour ce faire à différents modes de décision, les plus fréquents reposant sur l'autorité du chef de groupe, sur l'opinion de la majorité ou sur l'accord de tous.

L'autorité

Lorsque la décision est prise par une autorité, les membres du groupe donnent leur avis et leurs impressions, mais c'est en définitive le patron, le chef, le PDG qui tranche. Il s'agit sûrement d'une méthode efficace pour agir rapidement, sans se perdre en vaines discussions. Elle offre un avantage certain, car ce sont habituellement les membres les plus expérimentés et les mieux informés (au service de l'entreprise depuis longtemps) qui ont de l'influence sur le décisionnaire.

Ce mode de décision comporte toutefois deux désavantages. D'abord, les gens ne ressentent peut-être pas le besoin de donner leur avis et s'éloignent progressivement des lieux de pouvoir. Ensuite, ils peuvent être tentés de dire au décisionnaire ce que celui-ci, selon eux, veut entendre, ce qui mène rapidement au conformisme et à la pensée de groupe.

La majorité

Le groupe accepte de se plier à la volonté de la majorité et peut faire passer au vote diverses propositions au fur et à mesure qu'il avance dans la résolution du problème. La règle de la majorité est efficace, puisqu'on peut habituellement procéder à un vote quand la majorité est d'accord. Elle est utile pour régler des questions assez peu importantes (À quelle compagnie doit-on confier le remplissage du distributeur d'eau froide ?) ou quand les décisions n'exigent pas l'adhésion ni la satisfaction des membres du groupe.

Il arrive toutefois que cette formule sème la discorde, quand les minorités se liguent contre la majorité ou que la discussion est close une fois que la majorité s'est prononcée par vote.

Le consensus

Le groupe qui agit par consensus ne prend de décision que si tous ses membres sont d'accord, comme le font les jurys dans les causes criminelles. Il est particulièrement important de procéder ainsi quand on recherche la satisfaction et l'adhésion de tous les membres (DeStephen et Hirokawa, 1988 ; Rothwell, 1992).

Parvenir à un consensus prend évidemment du temps, surtout si les membres du groupe se perdent en discussions inutiles. En outre, quiconque est honnêtement en désaccord avec le groupe peut être mal à l'aise de le dire, de crainte d'empêcher le groupe de prendre une décision.

Les étapes de la résolution de problèmes

La méthode la plus courante – et la plus efficace – de résolution de problèmes est probablement celle qu'a mise au point le philosophe John Dewey. Elle comprend six étapes (voir la figure 11.2).

La définition et l'analyse du problème

Dans bien des cas, la nature du problème apparaît clairement : un groupe de designers, par exemple, est appelé à choisir l'emballage d'un nouveau savon. Dans d'autres cas, le problème est plus vague, et il incombe au groupe de le définir concrètement. La « mauvaise communication sur le campus », par exemple, est un sujet beaucoup trop vaste pour être réglé en une seule séance ; il faut donc le préciser.

Il importe de **découper le problème** afin de le ramener à des proportions raisonnables. « Comment pouvons-nous améliorer le collège ? » est une question beaucoup trop vaste et générale. Il est plus efficace de s'en tenir à une subdivision du collège : par exemple, son site Web, le journal étudiant, les relations entre étudiants et professeurs, les inscriptions, l'horaire des examens, les services aux étudiants.

En général, il vaut mieux **définir le problème par une question ouverte** (« Comment pouvons-nous améliorer le journal étudiant du collège ? ») plutôt que par une affirmation (« Le journal du collège a besoin d'être amélioré. ») ou une question fermée, à laquelle on ne peut répondre que par oui ou non (« Le journal du collège a-t-il besoin d'être amélioré ? »). La question ouverte laisse une plus grande liberté dans l'exploration du sujet et permet au groupe d'aborder le problème sous différents angles.

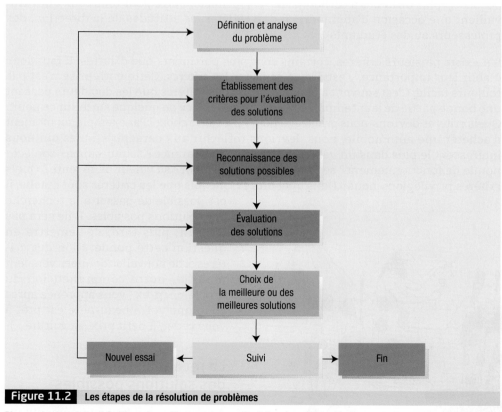

Figure 11.2 Les étapes de la résolution de problèmes

Bien que la plupart des théoriciens des petits groupes conseillent de suivre cette méthode, certains la modifient quelque peu. Ils suggèrent, par exemple, d'intervertir la deuxième et la troisième étape, c'est-à-dire de trouver des solutions avant d'établir des critères pour les évaluer (Brilhart et Galanes, 1986). Cette deuxième méthode est intéressante dans la mesure où elle permet de trouver des solutions plus originales, puisqu'on n'est pas limité par les critères d'évaluation. Malheureusement, et c'est son désavantage, le groupe perd parfois beaucoup de temps à décrire des solutions irréalistes, qui ne répondront pas, par la suite, aux critères d'évaluation.

Pour définir un problème, le groupe doit en **reconnaître les dimensions**. Voici quelques questions utiles à cet égard. 1) Durée : Depuis quand ce problème se pose-t-il ? Est-il temporaire ou permanent ? Risque-t-il de s'aggraver ou pourrait-il s'atténuer ? 2) Causes : Quelles sont les principales causes du problème ? Sommes-nous certains que ce sont les véritables causes ? 3) Effets : Quels effets ce problème a-t-il ? Ces effets sont-ils graves ? Qui ce problème touche-t-il exactement ? Dans quelle mesure ces gens sont-ils touchés par le problème ? Est-ce que le problème engendre d'autres problèmes ? Ceux-ci sont-ils graves ? Appliquées à l'exemple du journal étudiant, ces questions pourraient se poser comme suit :

- Durée : Depuis quand avons-nous de la difficulté à vendre de l'espace publicitaire ? Prévoyons-nous avoir plus ou moins de difficulté à l'avenir ?

- Causes : Quelle est la cause du problème ? Une politique particulière du journal, en matière éditoriale, publicitaire ou graphique, par exemple, pourrait-elle être à l'origine du problème ?

- Effets : Quels sont les effets engendrés par le problème ? Ces conséquences sont-elles graves ? Pour qui ? Les étudiants ? Les anciens élèves ? Les professeurs ? Les gens qui habitent dans les environs du collège ?

L'établissement des critères de décision et leur pondération

Avant de proposer des solutions, il faut savoir comment on en évaluera les mérites. À cette étape, le groupe doit **établir les critères** à appliquer dans l'évaluation des solutions ou le choix de la meilleure solution. En général, il faut considérer deux types de critères : 1) les critères d'ordre pratique (p. ex., la solution ne doit pas coûter plus cher que le *statu quo*, doit permettre d'augmenter le nombre d'annonceurs, doit permettre d'augmenter le lectorat d'environ 10 %) ; 2) les critères relatifs aux valeurs, beaucoup plus difficiles à cerner (p. ex., le journal doit être pour tous ceux qui y travaillent une occasion d'apprendre, il doit refléter les attitudes de la direction, des professeurs ou des étudiants).

S'il existe plusieurs critères, certains sont plus pertinents que d'autres. Il faut donc établir leur importance, c'est-à-dire **pondérer les critères**. Cette entreprise n'est pas toujours facile. C'est souvent à la pondération des critères que les décideurs passent une bonne partie de leur temps. Le problème se déplace en quelque sorte sur ce point. Quels critères devrons-nous privilégier pour faire notre choix ? Par exemple, au moment d'acheter une automobile, nous devrions réfléchir aux caractéristiques qui nous intéressent le plus dans un véhicule. Est-ce son apparence ? sa puissance ? son économie de fonctionnement ? ses espaces de rangement ? sa valeur de revente ? Quels critères privilégions-nous ? Dans quel ordre ? Une fois que les critères sont établis, il est possible de passer à la recherche des solutions possibles. Il ne sera pas interdit, plus tard, de remettre en question cette pondération des critères si de nouvelles données venaient modifier notre compréhension du problème (p. ex., vous apprenez après coup que votre beau-père est prêt à vous céder, à petit prix, sa voiture…).

La reconnaissance des solutions possibles

À cette étape, il faut énumérer autant de solutions que possible, se concentrer sur la quantité plutôt que sur la qualité. Le remue-méninges peut être particulièrement utile (voir la section

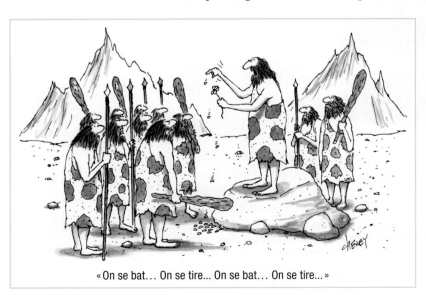

« On se bat… On se tire… On se bat… On se tire… »

sur les groupes de recherche d'idées). Les solutions au problème du journal étudiant pourraient être, par exemple, d'y faire paraître des critiques des publications des professeurs, des évaluations de cours auxquelles se sont livrés les étudiants, une chronique gastronomique sur les restaurants de la région, des aperçus des nouveaux cours ou des renseignements sur les emplois disponibles dans la région.

L'évaluation des solutions

Une fois que toutes les solutions ont été proposées, il faut évaluer chacune d'elles en fonction des critères préétablis. Par exemple, la publication d'une chronique gastronomique coûterait-elle trop cher ? Rapporterait-elle de nouveaux revenus publicitaires ?

Edward de Bono (1987), un des pionniers de la recherche sur la pensée critique, propose à cet égard *Six chapeaux pour penser*. Cette technique des six chapeaux dont on se coiffe tour à tour pour penser est fort utile lorsqu'on désire évaluer les solutions ou analyser un problème sous différents angles.

- Le *chapeau des faits* permet de concentrer l'attention sur les données, les faits et les chiffres qui ont une incidence sur le problème. Par exemple, quelles données avons-nous sur le journal ? Comment pouvons-nous obtenir plus de renseignements sur l'histoire du journal ? Combien l'impression coûte-t-elle ? Combien d'argent pouvons-nous tirer de la vente d'espaces publicitaires ?
- Le *chapeau des émotions* dirige l'attention sur les sentiments, les émotions et les intuitions. Est-ce que les gens de l'équipe sont attachés à ce journal ? L'idée d'y apporter des changements les intéresse-t-elle ?
- Le *chapeau de la critique* nous invite à nous faire l'avocat du diable. Pourquoi telle proposition échouerait-elle ? Quels problèmes la publication d'évaluations de cours soulèverait-elle ? Quel est le pire scénario possible ?
- Le *chapeau des avantages* nous fait voir les bons côtés de la situation. Quelles possibilités la nouvelle formule offrira-t-elle ? Quels avantages les évaluations de cours auront-elles pour les étudiants ? Quel est le meilleur scénario possible ?
- Le *chapeau de l'imagination* amène à considérer de nouvelles façons de voir le problème ; il s'apparente aux techniques de remue-méninges dont nous avons traité précédemment. Sous quels autres angles pouvons-nous envisager le problème ? Quelles autres fonctions le journal étudiant pourrait-il remplir ? Pourrait-il s'adresser aussi à des gens de l'extérieur du collège ?
- Le *chapeau de la gestion du processus de réflexion* nous aide à analyser ce que nous avons fait et sommes en train de faire. Il nous invite à réfléchir à notre propre processus de réflexion et à faire la synthèse des résultats de cette réflexion. Avons-nous bien défini le problème ? Accordons-nous trop d'importance à des détails insignifiants ? Avons-nous bien soupesé les risques ?

Le choix de la meilleure ou des meilleures solutions

À cette étape, le groupe choisit et applique la solution ou l'ensemble de solutions qui répond le mieux aux critères d'évaluation (p. ex., faire paraître dans le journal des critiques des publications des professeurs ou des aperçus des nouveaux cours).

Le suivi

Une fois que la solution a été mise en application, le groupe doit en vérifier l'efficacité. À cette fin, il peut se renseigner sur le nombre d'exemplaires vendus, réunir un groupe d'étudiants pour discuter du nouveau journal, analyser les chiffres des revenus publicitaires ou, encore, vérifier si le lectorat a bien augmenté de 10 %. Si la solution est inefficace, le groupe devra reprendre le processus au début et analyser de nouveau le problème, trouver d'autres solutions ou redéfinir les critères d'évaluation.

1. Trouvez l'énoncé qui est faux.

a) Des personnes qui sont les unes à côté des autres, qui n'interagissent pas et qui ne partagent pas le même objectif forment un agrégat.

b) Plusieurs personnes, jusqu'à des milliers, qui partagent un objectif commun sans toutefois interagir forment une catégorie sociale.

c) Plusieurs personnes qui se réunissent régulièrement autour d'un objectif commun forment une association.

d) Des personnes interdépendantes qui ont entre elles des relations interpersonnelles plus profondes et qui partagent un sentiment d'union forment un groupe.

2. Parmi les propositions suivantes, laquelle ne représente pas une condition essentielle à la formation d'un groupe?

a) L'existence d'un objectif commun.

b) L'existence de normes et de rôles.

c) L'existence d'une certaine cohésion.

d) L'existence d'une structure hiérarchique.

3. Dire «s'il vous plaît» lorsqu'on demande quelque chose est typique :

a) d'un rôle.

b) d'une norme.

c) d'une interaction sociale.

d) d'une cohésion sociale.

4. Parmi les suites proposées à l'énoncé suivant, trouvez celle qui est fausse. D'après certaines recherches (Napier et Gershenfeld, 1992), nous sommes mieux disposés à accepter les normes imposées par la culture du groupe, lorsque…

a) nous voulons continuer de faire partie de ce groupe.

b) nous estimons qu'il est important que nous appartenions à ce groupe.

c) le groupe manque de cohésion.

d) nous risquons d'être punis ou rejetés par le groupe en cas d'infraction aux normes.

5. Parmi les exemples suivants, lequel convient le mieux à l'idée de «groupe de croissance personnelle»?

a) Un atelier de menuiserie.

b) Une classe d'étudiants de psychologie.

c) Une équipe de psychologues.

d) Les Alcooliques anonymes.

6. Quel type de groupe une famille ne peut-elle être?

a) Un groupe de croissance.

b) Un groupe de travail.

c) Un groupe d'amis.

d) Aucune de ces réponses.

7. Parmi les règles suivantes, l'une ne convient pas pour une séance de remue-méninges. Laquelle?

a) Ne pas critiquer les idées émises par les participants.

b) Rechercher la qualité plutôt que la quantité.

c) Faire des associations d'idées, pousser plus loin l'exploration.

d) Oser et laisser libre cours à l'imagination.

8. Parmi les rôles joués par les membres d'un groupe, certains sont productifs et aident le groupe à atteindre ses objectifs, alors que d'autres sont dysfonctionnels et entravent le bon fonctionnement du groupe. Lequel des rôles suivants ne constitue pas un rôle productif?

a) Le calculateur.

b) Le théoricien.

c) Le critique.

d) Le stimulateur.

9. Lequel des énoncés suivants concernant l'étape de la définition et de l'analyse du problème est faux?

a) Il importe de découper le problème afin de le ramener à des proportions raisonnables.

b) Pour définir un problème, il importe d'en reconnaître les dimensions.

c) En général, il vaut mieux définir le problème par une question fermée que par une question ouverte.

d) Aucune de ces réponses.

10. Que convient-il de faire lorsque les solutions peuvent être évaluées suivant plusieurs critères?

a) Évaluer les solutions sans ces critères.

b) Réduire le nombre de critères à un seul.

c) Choisir un seul critère et s'y tenir.

d) Pondérer les critères de décision.

La communication
au travail

▶ Définissez norme explicite et norme implicite. Donnez des exemples concrets de l'une et de l'autre.

▶ Quels sont les objectifs des groupes de croissance? Nommez quelques-unes des formes qu'ils peuvent prendre. Décrivez le mode de fonctionnement habituel de leurs rencontres.

▶ Expliquez comment les rôles forment la structure d'un groupe.

▶ Expliquez la classification proposée par Bales pour l'analyse des interactions dans un groupe.

▶ Qu'est-ce que la pensée de groupe? Quelles en sont les conséquences sur le fonctionnement du groupe?

▶ Quels sont les trois modes de décision pour la résolution de problèmes en groupe? Expliquez brièvement les avantages et les inconvénients de chacun.

▶ Quelles sont les règles à respecter pendant une séance de remue-méninges?

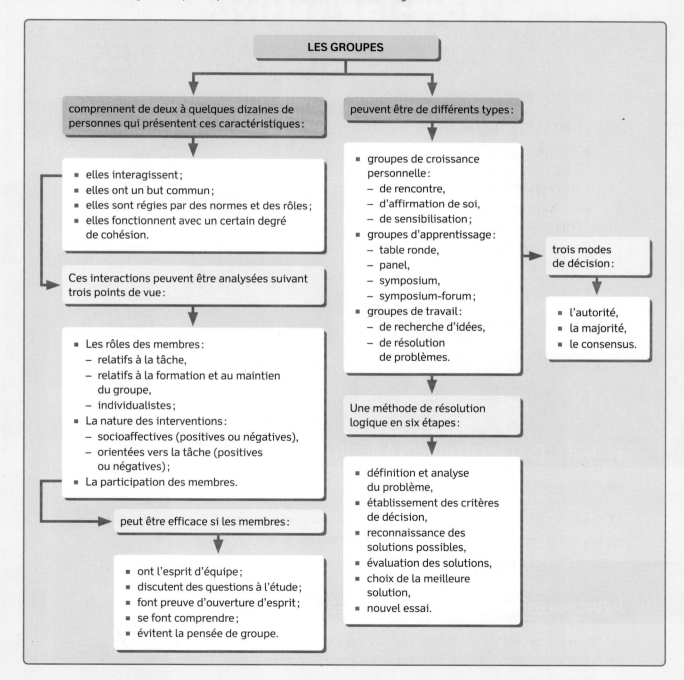

LE POUVOIR DANS LES RELATIONS INTERPERSONNELLES

CONTENU DU CHAPITRE

▶ Le pouvoir dans les relations interpersonnelles

▶ Les principales approches du leadership

▶ Les caractéristiques du leader

▶ Les fonctions du leader

PRINCIPALES CONNAISSANCES À ACQUÉRIR

→ Définir autorité, leadership, influence et pouvoir ; différencier cinq sortes de pouvoir.

→ Connaître les différentes façons d'exercer l'autorité et le leadership.

→ Connaître les caractéristiques et les fonctions des leaders.

PRINCIPALES HABILETÉS À DÉVELOPPER

→ Savoir utiliser le style de direction qui convient le mieux à la situation.

→ Savoir reconnaître les caractéristiques des leaders chez les autres.

→ Développer les qualités d'un bon leader.

— Je propose Sophie, lance un membre. Qui m'appuie?

— Je t'appuie, dit un autre.

— Est-ce qu'il y a d'autres propositions?

Silence général. Tout le monde semble être d'accord pour que la présidence de l'Association des étudiants du cégep revienne à Sophie. Elle est un peu surprise, car elle sait bien (et ils le savent aussi) qu'il ne lui reste que deux mois à passer au cégep. Enfin, elle est flattée; elle prend sa nomination comme une reconnaissance.

Le conseil d'administration de l'Association est responsable de diverses activités étudiantes au collège: une radio, un journal, une agence de voyages, une ligue d'improvisation, un service de photocopies, un café étudiant, sans compter les divers groupes d'entraide. En plus de superviser toutes ces activités, le conseil a la charge de représenter les étudiants auprès de l'administration du collège. Cette tâche incombe le plus souvent au président.

Le président précédent ne s'est pas montré à la hauteur dans cette tâche. On lui a reproché son manque de vigueur à défendre les intérêts de l'Association auprès de l'administration du collège. On lui a reproché également ses absences et son style «laisser-faire». Pour lui, l'Association ne représentait qu'une espèce de club social où il fait bon venir rencontrer les amis et s'amuser. Avec lui, les autres membres du conseil se sont sentis sans direction. Le mécontentement s'est accru, et on lui a fait comprendre qu'il serait bon qu'il laisse sa place. Dans sa lettre de démission, sans dire qu'il avait manqué à sa tâche, il a reconnu qu'il n'avait plus la motivation ni le temps nécessaire pour se consacrer à l'Association. Sous sa présidence, c'est Sophie qui a manifesté le plus de leadership. Par deux fois, d'ailleurs, c'est elle qui a représenté l'Association auprès de l'administration en prenant la place du président absent. Au cours de ces rencontres, elle a su défendre les points de vue de l'Association et convaincre quelques membres de l'administration de la nécessité, entre autres, de mettre de nouveaux locaux à la disposition de l'Association étudiante.

Le proposeur s'adresse directement à Sophie, cette fois:

— Tu nous ferais plaisir en acceptant la présidence, Sophie. C'est au fond une charge que tu accomplis déjà sans en avoir le titre. Tu nous as par deux fois très bien représentés auprès de l'administration du collège et tu connais mieux que personne les activités de l'Association. De plus, c'est toujours un plaisir quand tu es là, c'est tellement agréable de travailler avec toi. En fait, beaucoup le reconnaissent maintenant, nous aurions dû t'élire bien plus tôt. Acceptes-tu la présidence?

— J'accepte, dit Sophie. Mais vous savez que je ne pourrai pas vous représenter plus de deux mois. Je m'en vais à l'université l'année prochaine. Pour moi, le cégep, c'est presque fini.

— Tu sais, dit un membre, que tu es la première «présidente» de l'Association?

— C'est vrai? Jamais de fille présidente? Eh bien, il est plus que temps que ça change, et j'espère que je ne serai pas la dernière non plus.

— C'est peut-être que nous, les gars, on aime plus le pouvoir que vous autres, les filles?

— Traditionnellement peut-être, mais regarde autour de toi... Les choses changent.

Un peu plus tard, Marie s'approche de Sophie et lui dit:

— À propos du pouvoir des gars... Et Martin, que penses-tu qu'il va dire de ton élection?

Sophie esquisse un mince sourire.

— Martin? Mais qui t'a dit que nous sortions encore ensemble?!!

Sophie blague-t-elle ou est-elle sérieuse ? D'après ce que vous avez lu sur la qualité de la relation entre Sophie et Martin, croyez-vous qu'ils sont encore ensemble ? Réfléchissez bien à ces questions puis, pour en avoir le cœur net, reportez-vous à la page 343.

Ce chapitre porte sur les rapports de pouvoir et d'influence tels qu'ils peuvent être observés dans les relations interpersonnelles. Le pouvoir de l'autorité et celui du leader sont différents : il s'agit en premier lieu de bien les distinguer l'un de l'autre. Ensuite, nous nous poserons différentes questions : existe-t-il plusieurs façons d'exercer le pouvoir ? Existe-t-il un style de direction supérieur aux autres ? Quelles caractéristiques définissent le plus souvent les leaders ? À quoi servent les leaders pour les autres ?

LE POUVOIR DANS LES RELATIONS INTERPERSONNELLES

L'idée qu'il puisse y avoir des « meneurs », des chefs, des patrons, bref des individus qui ont plus de pouvoir et d'influence que d'autres, l'idée aussi que ces autres existent, des subalternes ou des subordonnés qui acceptent de se soumettre à l'autorité des premiers, tout cela déplaît profondément à ceux qui croient en l'égalité des citoyens dans une société démocratique. Cependant, toute institution ou organisation – voire tout petit groupe – finit toujours, d'une façon ou d'une autre, par avoir une structure interne qui confère, implicitement ou explicitement, plus de pouvoir à certaines personnes. Le fait est inéluctable. Dès qu'il y a communication, aussi bien entre deux individus que dans un groupe, il se déroule en même temps un processus d'influence, unilatéral ou mutuel, qui modifie plus ou moins les comportements des personnes engagées.

Quelques définitions préliminaires

Nous sommes susceptibles d'être soumis à deux types d'influence. D'un côté, nous acceptons d'obéir à une personne parce qu'elle occupe une position de pouvoir qui lui est assignée formellement par le groupe ou l'organisation sociale dans laquelle nous sommes : dans ce cas, nous conférons à cette personne un rôle d'**autorité**. D'un autre côté, nos conduites peuvent être influencées par une personne qui n'a pas reçu formellement un statut d'autorité ; nous acceptons alors la domination de cette personne parce que nous la considérons comme compétente et apte à mener le groupe dont nous faisons partie : nous lui conférons alors un rôle de leader, nous reconnaissons son **leadership**.

> **AUTORITÉ**
> Attribut des personnes à qui sont conférés formellement des pouvoirs.
>
> **LEADERSHIP**
> Attribut des personnes qui influencent les autres, mais sans détenir de statut officiel d'autorité.

Pour faire la différence entre autorité et leadership, il faut se reporter aux notions connexes de pouvoir et d'influence. Nous constaterons alors que la distinction réside dans le type de pouvoir en cause. Définissons d'abord le concept de pouvoir. Pour Collerette (1994, p. 67), le **pouvoir** est cette « capacité qu'a un individu (ou un groupe) d'obtenir que quelqu'un (ou un groupe) agisse ou pense autrement qu'il ne l'aurait fait sans son intervention ». Par exemple, lorsqu'il vous enjoint de stopper votre véhicule sur le bord de la route, le policier exerce le pouvoir que lui confère la société, le pouvoir qu'il sait avoir et que vous savez aussi qu'il a, et qui est celui de vous ordonner d'arrêter votre véhicule, de vous donner une contravention et même, dans certains cas, de vous emmener au poste de police pour y subir un alcootest. D'une façon comparable, les parents, les professeurs, les professionnels, les patrons, les magistrats, les différents experts représentent autant d'exemples de personnes auxquelles on reconnaît des pouvoirs particuliers. La définition présente le pouvoir comme une « capacité » ; il s'agit donc d'un état de fait potentiel qui existe avant même qu'on l'exerce, avant l'action qui l'exprime. Le policier a le pouvoir de vous remettre une contravention, mais il peut, à votre grand soulagement, ne pas l'exercer.

> **POUVOIR**
> Capacité d'obtenir d'un individu (ou d'un groupe) qu'il agisse ou pense autrement.

En ce sens, la notion de pouvoir est différente de celle d'influence. L'**influence** est plutôt « le processus par lequel un individu produit un effet, suscite une réaction chez les autres » (Collerette, 1994, p. 75). L'idée de processus renvoie à des actions concrètes, qui entraînent des modifications dans les comportements ou les pensées des autres. Comme le pouvoir est la capacité d'influencer autrui, il apparaît logique de penser que toute influence résulte d'un certain pouvoir. Il est pourtant facile de trouver des cas qui semblent montrer que l'on peut avoir de l'influence sans être investi de quelque pouvoir. Parlons de ce propriétaire qui, après avoir planté des fleurs autour de sa maison, est imité par ses voisins. Ce propriétaire n'est investi, apparemment, d'aucun pouvoir particulier par rapport à ses voisins, il n'avait d'ailleurs aucune intention de les influencer. Songeons aussi à cet employé qui n'a pas le pouvoir de décider d'un changement, mais qui le fait en influençant son patron.

> **INFLUENCE**
> Processus par lequel un individu produit un effet, suscite une réaction chez les autres.

Le minitest 12.1 vous aidera à reconnaître cinq types de pouvoir, et peut-être à découvrir lequel vous exercez sur les autres. Nous reviendrons ensuite sur la question de l'influence sans pouvoir apparent.

MINITEST 12.1

Quelle influence avez-vous?

Indiquez, sur une échelle de 1 à 5, dans quelle mesure chacun des énoncés suivants s'applique à vous.

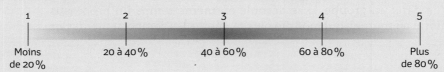

1	2	3	4	5
Moins de 20%	20 à 40%	40 à 60%	60 à 80%	Plus de 80%

1 Ma position est telle que j'ai souvent à dire aux autres quoi faire. (Par exemple, une mère à ses enfants, un patron à ses employés, etc.) _____

2 Les gens s'identifient à moi ou aimeraient me ressembler. (Par exemple, les joueurs d'une équipe de hockey d'une école secondaire admirent leur entraîneur, qui est un ancien joueur de hockey professionnel, et ils aimeraient lui ressembler.) _____

3 Les gens estiment que je suis capable de leur accorder ce qu'ils veulent. (Par exemple, les employeurs sont capables d'accorder à leurs employés un salaire plus élevé, des vacances plus longues et de meilleures conditions de travail.) _____

4 Les gens considèrent que je suis en mesure de les punir ou de leur refuser ce qu'ils demandent. (Par exemple, les employeurs sont en mesure de limiter les heures de travail supplémentaires, de réduire la durée des vacances ou de ne pas améliorer les conditions de travail.) _____

5 D'autres personnes se rendent compte que je possède des connaissances et des compétences particulières dans un domaine. (Par exemple, un médecin connaît la médecine, et les autres s'adressent à lui pour savoir quoi faire. Il en va de même d'un spécialiste en informatique.) _____

Chacun de ces énoncés décrit une forme particulière de pouvoir. Si votre score est faible (1 ou 2), c'est que vous croyez posséder peu du type de pouvoir décrit; si votre score est élevé (4 ou 5), c'est que vous croyez posséder beaucoup du type de pouvoir décrit. Êtes-vous satisfait du pouvoir que vous avez? Sinon, que pouvez-vous faire à ce sujet?

Cinq sortes de pouvoir

Les sortes de pouvoir révélés par le minitest correspondent à une taxinomie mise au point par French et Raven (1959), qui différencie cinq types de pouvoir: le pouvoir légitime, le pouvoir d'exemple, le pouvoir de récompense, le pouvoir de coercition et le pouvoir de l'expert.

POUVOIR LÉGITIME
Pouvoir des personnes qui occupent un poste d'autorité reconnue.

Nous exerçons un **pouvoir légitime** (énoncé 1 du minitest) sur une personne si celle-ci nous reconnaît le droit – en raison de la position ou du poste que nous occupons (p. ex., chef du groupe) – d'influencer ou de régir son comportement. Le pouvoir légitime tient donc à l'idée que certaines personnes, en raison de leur position sociale, ont le droit d'en influencer d'autres. C'est généralement la position occupée qui confère ce type de pouvoir. Par exemple, on admet généralement que les parents ont un pouvoir légitime sur leurs enfants. On reconnaît également aux professeurs, aux prêtres, aux employeurs, aux juges, aux patrons, aux médecins et aux agents de police un pouvoir légitime. Toutes ces personnes ont ceci en commun qu'elles occupent, dans certaines circonstances, des positions d'autorité.

Nous avons un **pouvoir d'exemple** (énoncé 2) sur une personne si celle-ci s'identifie à nous ou souhaite nous ressembler. L'aîné qui est pris pour modèle par son petit frère exerce sur ce dernier un pouvoir d'exemple : le plus jeune espère « devenir comme » son frère en adoptant ses comportements et ses idées. L'affection, le respect, le charme et le prestige, l'identification sexuelle et l'affinité d'attitudes et d'expériences augmentent le pouvoir d'exemple. Les gens que nous admirons et prenons pour modèle possèdent, du fait même de notre admiration, un grand pouvoir d'exemple ; ils exercent ainsi une forte influence sur nous.

POUVOIR D'EXEMPLE
Pouvoir des personnes qui sont des modèles pour les autres.

Nous avons un **pouvoir de récompense** (énoncé 3) sur quelqu'un si nous sommes en mesure de lui accorder certains avantages matériels (argent, promotion, bijoux) ou sociaux (amour, amitié, respect). Inversement, nous avons sur lui un **pouvoir de coercition** (énoncé 4) si nous pouvons lui retirer ces gratifications ou récompenses, ou le punir. Le pouvoir de coercition ou de contrainte est la contrepartie du pouvoir de récompense : habituellement, si nous avons le premier, nous avons aussi le second. Prenons comme exemple les parents, qui peuvent tout aussi bien récompenser que punir leurs enfants.

POUVOIR DE RÉCOMPENSE
Pouvoir des personnes qui peuvent procurer aux autres certains avantages (argent, promotion, amour, etc.).

POUVOIR DE COERCITION
Pouvoir des personnes qui peuvent punir les autres.

Le **pouvoir de l'expert** (énoncé 5) est celui que les membres d'un groupe ou d'une société reconnaissent aux spécialistes d'un domaine ou aux personnes considérées comme compétentes dans un domaine (que cette compétence soit réelle ou non). C'est souvent la profession qui confère ce pouvoir : la compétence de l'avocat en matière juridique lui confère un certain pouvoir, tout comme celle du médecin en matière médicale. Le spécialiste a plus de pouvoir – ou, dirait-on, d'autorité intellectuelle – si les gens le considèrent comme impartial et estiment qu'il ne retire aucun avantage personnel de son influence. Il perd de son pouvoir si on voit qu'il espère gagner quelque chose de la soumission d'autrui.

POUVOIR DE L'EXPERT
Pouvoir des personnes qui sont reconnues comme savantes ou compétentes dans un domaine.

Un individu peut posséder plusieurs types de pouvoir à la fois : pensons aux professeurs qui, en plus de détenir le pouvoir légitime que leur confère leur poste, peuvent exercer les pouvoirs de récompenser ou de punir qui lui sont associés. De même, on pourra leur reconnaître les pouvoirs d'exemple et d'expert.

Autorité et leadership

Comment les différents types de pouvoir peuvent-ils nous aider à distinguer l'autorité du leadership ? Certains auteurs séparent les cinq sortes de pouvoir en deux catégories : les pouvoirs personnels, qui proviennent de la personnalité, et les pouvoirs organisationnels, qui sont accordés plutôt par l'organisation dont nous faisons partie (Bass, 1981). Le pouvoir légitime, le pouvoir de récompense et le pouvoir de coercition sont le plus souvent accordés à une personne par l'organisation, plus

POUR S'AMÉLIORER

Après avoir pris connaissance des cinq types de pouvoir de French et Raven (1959), pouvez-vous trouver des personnes qui exercent un de ces types de pouvoir sur vous ? Et vous-même, y a-t-il des personnes sur qui vous avez un type de pouvoir particulier ? Soyez attentif aux situations dans lesquelles s'exerce le pouvoir, afin d'apprendre à bien distinguer les cinq sortes de pouvoir.

particulièrement par les échelons supérieurs de celle-ci. Quant aux pouvoirs de l'expert et d'exemple, ils découlent davantage des qualités personnelles des individus (leur compétence, leur façon de parler, de persuader les autres, etc.). C'est à partir de cette distinction qu'il est possible de comprendre les cas apparents d'influence sans pouvoir. L'employé qui influence son patron n'a effectivement pas de pouvoir organisationnel, mais il lui reste ses pouvoirs personnels, ceux qui relèvent de sa compétence et de son don de persuasion. Le propriétaire qui influence ses voisins le fait parce que ces derniers lui reconnaissent un pouvoir de modèle. La distinction entre pouvoir organisationnel et pouvoir personnel permet ainsi de résoudre le problème de l'influence sans pouvoir apparent : elle permet aussi de différencier l'autorité et le leadership.

Reprenons l'exemple du policier qui nous remet une contravention : nous lui reconnaissons volontiers pouvoir et autorité à ce moment, mais il ne nous viendrait pas à l'esprit de le considérer comme un leader. L'attribution tient à la reconnaissance du type de pouvoir qu'il exerce. Si la notion de leadership ne s'applique pas dans ce cas, c'est que le pouvoir que nous lui accordons ne découle pas essentiellement de ses caractéristiques personnelles. La personne qui nous donne une contravention est un policier et, à ce titre, elle possède les mêmes pouvoirs que tous ceux qui font ce travail ; il s'agit de pouvoirs qui ne sont pas personnels, c'est-à-dire qui ne sont pas attribuables à des comportements particuliers de ce policier. Sa position d'autorité et le pouvoir qu'il possède tiennent au poste qu'il occupe. À partir du moment où il est nommé et engagé, son pouvoir lui est conféré formellement et instantanément. L'autorité tient à la nomination à un poste formellement reconnu, ce qui n'est pas le cas du leadership.

> Aujourd'hui la clé du pouvoir des dirigeants réside dans l'influence et non plus dans l'autorité.
>
> – Kenneth Blanchard

Pour qu'une personne à un poste de commandement soit en même temps un leader, il lui faut plus qu'une position de prestige. Afin de comprendre les différences entre autorité et leadership, examinons l'anecdote suivante rapportée par Kolb et ses collègues (1976, p. 257) :

> Un nouveau directeur de production décide qu'il est important qu'il s'impose immédiatement comme « patron ». En arrivant à l'usine, il se dirige vers l'atelier et appelle le délégué syndical. En des termes non équivoques, il dit au délégué (qui est aussi son assistant) que, étant le directeur, il entend conduire le département comme bon lui semble. Le délégué écoute attentivement, se retourne vers les ouvriers dans l'atelier et leur fait un signe de la main. Le travail s'arrête et le silence se fait dans l'atelier. Se retournant vers le directeur en souriant, il lui dit alors : « D'accord patron, c'est à vous. Voyons ce que vous pouvez en faire. »

Figure 12.1 **Les rapports entre les notions d'autorité, de leadership, de pouvoir et d'influence**

L'autorité est conférée formellement par l'organisation dans laquelle nous sommes, alors que le leadership relève davantage des qualités personnelles de meneur. Les pouvoirs associés le plus souvent aux autorités sont le pouvoir légitime, de récompense et de coercition, tandis que les leaders détiennent le plus souvent des pouvoirs de l'expert et d'exemple. Dans tous les cas, il y a influence, c'est-à-dire un effet sur une autre personne.

Ce directeur de production fort naïf n'a pas compris que le leadership ne s'impose pas de l'extérieur à un groupe. À la différence de la personne nommée à un poste de commandement par la haute direction, le leader est choisi ou élu par les membres du groupe, qui voient en lui la personne représentant le mieux leurs besoins et leurs aspirations. La légitimité du rôle change de nature. Dans le cas de l'autorité, elle s'appuie sur l'acceptation d'une structure sociale formelle; dans le cas du leadership, elle s'appuie sur la reconnaissance de la compétence de la personne à subvenir aux besoins et aux aspirations des membres du groupe. Alors que l'autorité tire son influence du pouvoir d'un individu de sanctionner les conduites des autres, le leadership puise la sienne dans la reconnaissance des autres à l'égard de la compétence et de la valeur de modèle de l'individu (pouvoir de l'expert et pouvoir d'exemple de French et Raven).

Comme le directeur de production de l'exemple précédent, la personne qui commande reçoit son pouvoir de façon instantanée au moment de son embauche par des personnes extérieures au groupe des subordonnés. Un leader n'obtient justement pas son pouvoir d'une façon instantanée de l'extérieur: il l'obtient grâce à l'influence qu'il a sur les autres à l'intérieur même de la vie du groupe, plus particulièrement grâce aux interventions favorables qu'il fait au sein du groupe, interventions qui influent positivement sur le groupe. Collerette (1994) définit le leadership comme «la capacité qu'a un individu d'influencer les autres dans le sens qu'il désire, sans avoir à recourir explicitement ou implicitement à des sanctions formelles, c'est-à-dire à des punitions et à des récompenses institutionnelles» (p. 86). Autrement dit, toutes les formes d'influence autres que celles qui s'appuient sur la sanction formelle peuvent être considérées comme une forme de leadership. La définition de Collerette ne renseigne pas sur le type de pouvoir et d'influence utilisé par le leader. Sans pouvoir de sanction, l'individu n'est pas dénué d'influence: il lui reste le pouvoir que lui confère la compétence qu'on lui reconnaît à un moment donné. Or, dans ce sens, il y a toutes sortes de compétences reconnues, ce qui donne lieu à toutes sortes de possibilités d'exercer un certain leadership.

Les notions d'autorité et de leadership se distinguent également par la nature formelle ou informelle du réseau des rapports d'influence. L'autorité s'inscrit dans un réseau d'influence qui est formellement établi et qui peut être représenté sous une forme schématique appelée organigramme (voir la figure 12.2a). Dans une organisation, les pouvoirs sont répartis différemment selon les postes ou les niveaux dans l'organigramme. À chacun des niveaux correspondent une tâche et des pouvoirs assignés. Les tâches et les pouvoirs qui leur sont associés sont décrits explicitement par écrit sous la forme d'une définition de tâche. En ce qui concerne le leadership, il s'inscrit à l'intérieur d'un réseau implicite d'influence, un réseau informel s'appuyant sur l'influence réelle que les personnes ont entre elles en dehors du pouvoir conféré par le statut des uns et des autres.

La structure informelle peut être révélée par une technique appelée sociogramme (voir la figure 12.2b), qui consiste à demander à chacun: quelles personnes ont de l'influence dans le groupe? Qui n'en a pas? Pour qui il voterait s'il devait élire un chef? Etc. Le sociogramme révèle l'existence d'un leader lorsqu'une personne est plus souvent «choisie» que les autres.

«J'étais sur le point de dire "Eh bien, je ne fais pas les règlements". Mais, bien sûr, je les fais.»

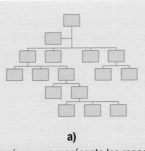

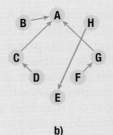

a)

Un organigramme représente les rapports d'autorité qui sont formellement établis dans une organisation : par exemple, en tête, le président, puis le vice-président, suivis des directeurs adjoints responsables des différentes divisions de l'entreprise, qui ont sous leurs ordres toutes sortes de subalternes.

b)

Un sociogramme représente les rapports d'influence informelle qui s'établissent entre les membres d'un groupe : par exemple, ici, la personne A est la plus souvent choisie comme chef du groupe ; on lui reconnaît plus d'influence, plus de leadership.

Figure 12.2 Les structures formelle et informelle des réseaux de pouvoir ou d'influence

> Le grade confère autorité et non supériorité.
>
> – Jean-Paul Sartre

Contrairement au réseau formel d'autorité, le réseau informel d'influence peut changer facilement et rapidement. Le pouvoir d'un leader, par exemple, est assez volatil, car il est lié essentiellement à la qualité des interventions qu'il a dans le groupe. Il peut lui être retiré sans préavis. Dans un groupe, le rôle de leader peut ainsi changer très rapidement de titulaire. À la rigueur, le groupe peut même se passer de leader, ce qui ne signifie pas qu'il n'y a plus de leadership ; cette situation équivaut seulement à un leadership partagé. Le sociogramme révèle alors un réseau d'influence équilibré entre les membres.

Comme l'exemple du nouveau directeur de production l'illustre, il peut y avoir un conflit entre la structure formelle et la structure informelle des rapports d'influence. Très souvent, hélas, la personne aux commandes n'est pas l'homme ou la femme de la situation. Dans ce cas, le jeu des influences dans le groupe continue ; un leadership dit « naturel » se manifeste, qui pourra s'opposer à l'autorité en place ou collaborer avec elle.

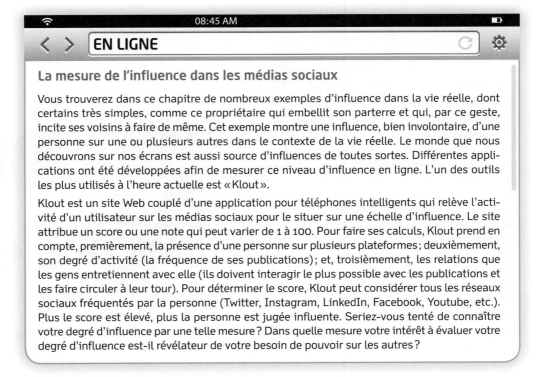

EN LIGNE

La mesure de l'influence dans les médias sociaux

Vous trouverez dans ce chapitre de nombreux exemples d'influence dans la vie réelle, dont certains très simples, comme ce propriétaire qui embellit son parterre et qui, par ce geste, incite ses voisins à faire de même. Cet exemple montre une influence, bien involontaire, d'une personne sur une ou plusieurs autres dans le contexte de la vie réelle. Le monde que nous découvrons sur nos écrans est aussi source d'influences de toutes sortes. Différentes applications ont été développées afin de mesurer ce niveau d'influence en ligne. L'un des outils les plus utilisés à l'heure actuelle est « Klout ».

Klout est un site Web couplé d'une application pour téléphones intelligents qui relève l'activité d'un utilisateur sur les médias sociaux pour le situer sur une échelle d'influence. Le site attribue un score ou une note qui peut varier de 1 à 100. Pour faire ses calculs, Klout prend en compte, premièrement, la présence d'une personne sur plusieurs plateformes ; deuxièmement, son degré d'activité (la fréquence de ses publications) ; et, troisièmement, les relations que les gens entretiennent avec elle (ils doivent interagir le plus possible avec les publications et les faire circuler à leur tour). Pour déterminer le score, Klout peut considérer tous les réseaux sociaux fréquentés par la personne (Twitter, Instagram, LinkedIn, Facebook, Youtube, etc.). Plus le score est élevé, plus la personne est jugée influente. Seriez-vous tenté de connaître votre degré d'influence par une telle mesure ? Dans quelle mesure votre intérêt à évaluer votre degré d'influence est-il révélateur de votre besoin de pouvoir sur les autres ?

LES PRINCIPALES APPROCHES DU LEADERSHIP

Parmi toutes les recherches qui ont été menées sur les différentes façons de diriger les autres, il est possible de dégager deux perspectives principales adoptées par les chercheurs. La première s'appuie sur la distinction tâche-personne, établie à partir de plusieurs recherches visant à décrire les comportements des différents meneurs. Deux catégories de conduites permettent de distinguer les meneurs : des comportements axés sur la tâche et d'autres axés sur les personnes ou sur les relations qui les unissent. La seconde perspective s'appuie sur la distinction directif-participatif, établie à partir de la description des attitudes et des motivations des meneurs et de la place qu'ils accordent à la participation des membres ou des subalternes.

L'intérêt pour la tâche ou pour les personnes

Des études très poussées de l'Université de l'Ohio sur le leadership, menées vers les années 1950, ont permis de déterminer deux dimensions dans les conduites des chefs : des comportements de considération orientés vers les personnes, leurs besoins et leurs émotions, et des comportements de structure, plutôt orientés vers la production et les besoins de l'organisation. Les comportements de considération s'observent lorsque la personne en position d'autorité est amicale et accessible, qu'elle cherche à agrémenter la vie du groupe, qu'elle adopte les suggestions faites par les autres en modifiant à l'occasion ses décisions, qu'elle prévient les membres des changements qui s'annoncent, et qu'elle parle peu d'elle-même, se préoccupant davantage des besoins et du bien-être des autres. Les comportements de structure s'observent chez un chef lorsqu'il fait savoir aux membres du groupe ce qu'il attend d'eux, lorsqu'il favorise l'utilisation de procédures uniformes, qu'il décide des tâches à accomplir et de la méthode à utiliser, qu'il distribue les tâches, qu'il s'assure que son propre rôle est bien perçu par les autres, qu'il établit des plans de travail précis, qu'il impose des normes strictes de rendement et, enfin, qu'il exige que tous respectent les règles et les procédures établies.

En définissant la considération et la structure comme deux dimensions qui varient selon deux axes (vertical et horizontal), il était possible déjà de différencier quatre façons de diriger : selon que les comportements du responsable sont orientés vers la tâche ou les personnes, vers aucune de ces dimensions ou vers les deux à la fois.

Les études faites par l'Université de l'Ohio ne sont pas les seules à avoir abouti à ce genre de distinction dans les comportements des leaders. Il est plus courant aujourd'hui de parler des comportements de structure comme étant des *comportements orientés vers la tâche ou la production*; nous remplaçons également l'expression «comportements de considération» par *comportements orientés vers les personnes ou les relations*.

Les comportements axés sur les relations concernent les sentiments, les satisfactions, les attitudes des membres du groupe; par là, ils correspondent aux interventions socioaffectives de la grille de Bales faite en 1958 (voir le tableau 11.3, page 310); les comportements axés sur la tâche se retrouvent également dans cette grille. Il est possible d'identifier le style d'autorité selon le type d'interventions de l'individu.

L'intérêt pour la tâche ou pour les relations a grandement été divulgué par l'utilisation dans les organisations d'une autre grille d'analyse, la grille de gestion (dite aussi grille «managériale») de Robert Blake et Jane Mouton (1964, 1978, 1980). S'inspirant du modèle à deux dimensions élaboré par les chercheurs de l'Université de l'Ohio, Blake et Mouton ont construit une grille plus précise, dans laquelle il est possible de situer cinq façons de diriger en fonction des axes «intérêt pour les personnes» et «intérêt pour la tâche ou la production» (voir la figure 12.3). Chacun des axes est divisé en neuf degrés où «1» équivaut à un intérêt faible et «9» à un intérêt très élevé. Il y a ainsi 81 emplacements possibles sur la grille. Les extrêmes correspondent à un style de direction particulier.

La cote (1,1) est obtenue par les personnes apathiques, indifférentes et anémiques. Dans ce cas, leur influence sur les autres est minimale puisqu'elles ne s'intéressent

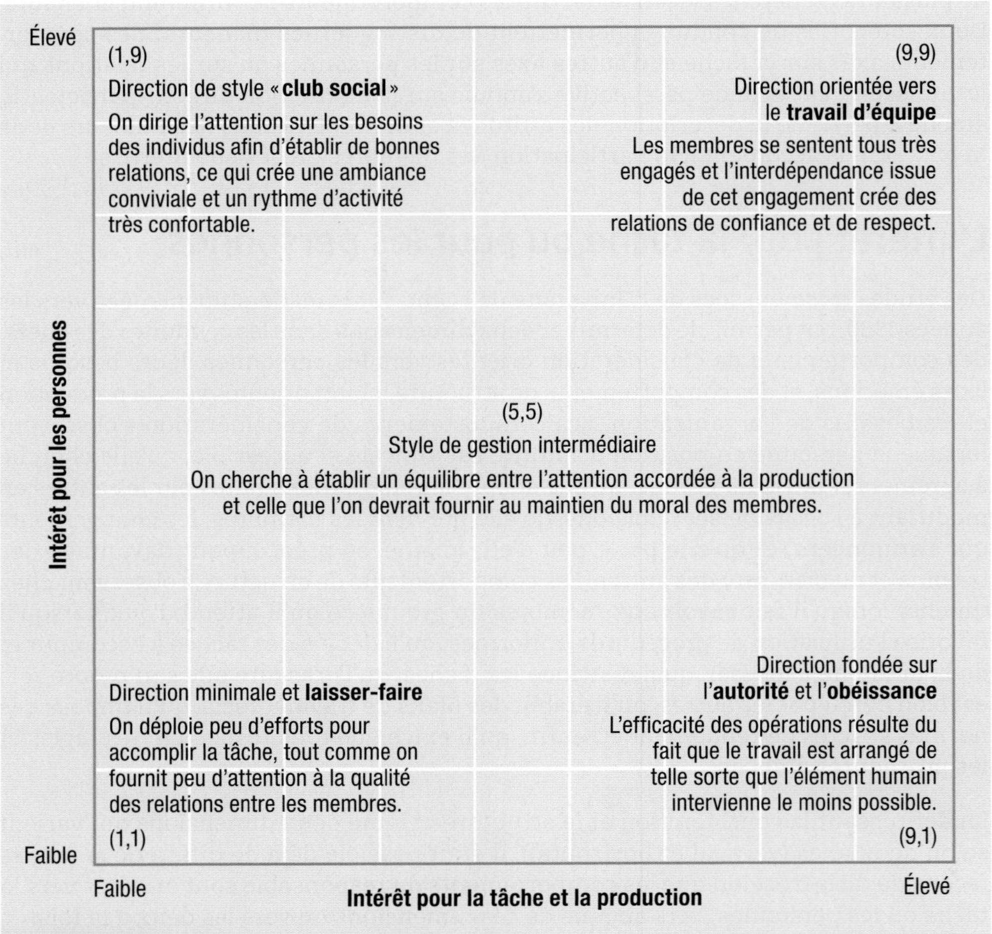

Figure 12.3 La grille de gestion de Blake et Mouton (1964)

ni aux sentiments des autres membres ni à l'atteinte de certains résultats. La cote (9,1) (intérêt élevé pour la production, mais très faible pour les personnes) est obtenue par les personnes qui fondent leur leadership sur l'autorité et l'obéissance. L'intérêt pour les autres n'existe que dans la mesure où ils servent à accomplir la tâche. La cote (1,9), au contraire, est obtenue par les responsables de groupe qui ne visent pas l'accomplissement d'une tâche. Dans ces groupes du genre «club social», l'accent est plutôt mis sur le plaisir des membres à converser, à être ensemble tout simplement. La cote intermédiaire (5,5) correspond aux performances moyennes des personnes qui cherchent à équilibrer les besoins des membres du groupe et les besoins de la tâche, en leur accordant un intérêt partagé. Enfin, la cote (9,9) est celle des leaders qui préconisent le travail en équipe. Ils s'arrangent pour partager avec les membres la responsabilité de la tâche tout en obtenant d'eux une participation et un engagement élevés.

> Un vrai leader n'a pas besoin de conduire. Il suffit qu'il montre le chemin.
>
> – Henry Miller

La grille de gestion de Blake et Mouton est dite normative, car elle laisse entendre qu'il existe un style supérieur de direction. Blake et Mouton (1964) notaient que les gestionnaires qui adoptent le style (9,9) sont de loin plus efficaces que les autres qui utilisent d'autres styles de direction, et ce, quelle que soit la situation. Cette opinion sera contestée par d'autres chercheurs qui avanceront que le meilleur style de gestion est celui qui convient à la situation.

Les styles directif et non directif

Les études de l'Université de l'Ohio, la grille de Bales et la grille de gestion de Blake et Mouton s'appuient toutes sur la distinction entre, d'une part, des comportements axés sur les personnes et la qualité des interactions qu'elles présentent et, d'autre part, des comportements axés sur la tâche ou la production du groupe. D'autres chercheurs ont abordé les différentes façons de diriger selon un autre angle, en considérant la place faite à la participation des subalternes, plus particulièrement lors des décisions. Ils se sont posé la question suivante: «Dans quelle mesure les meneurs partagent-ils les responsabilités et permettent-ils aux membres de participer aux prises de décision?»

Selon ce point de vue, il est possible de déterminer deux autres dimensions: d'un côté, la personne qui exerce le pouvoir peut le faire de façon *autoritaire* et être directive, en prenant en charge toutes les responsabilités et les décisions; de l'autre, elle peut être non directive et démontrer un esprit *démocratique*, voire, à l'extrême, faire preuve de laisser-faire, en laissant aux membres toutes les responsabilités, dont celle de prendre eux-mêmes les décisions.

Suivant cette perspective, Lewin et ses collaborateurs (1939) ont réussi à différencier trois façons de diriger les autres en fonction de la place faite à la participation des membres. L'étude qu'ils ont menée consistait à noter minutieusement les réactions de plusieurs groupes d'enfants de 10 à 12 ans en réponse à des moniteurs qui devaient les diriger dans la pratique d'une activité après l'école. Il s'est dégagé de ces recherches trois façons distinctes de mener les groupes: le style «laisser-faire», le style démocratique et le style autocratique (ou autoritaire) (voir le tableau 12.1).

Quel style de leadership vous convient le mieux à titre de responsable de groupe? À titre de membre d'un groupe?

Tableau 12.1   Les caractéristiques des styles de direction

Caractéristique	Autoritaire	Démocratique	Laisser-faire
Détermination des politiques (prise de décision)	Toutes les politiques sont déterminées par les responsables.	Toutes les politiques donnent lieu à des discussions et à des décisions de groupe. La personne responsable encourage la discussion et aide le groupe.	Une liberté complète est laissée à toute décision de groupe ou individuelle, sans que la personne responsable n'intervienne.
Choix des techniques et élaboration des étapes	Les techniques et les étapes sont dictées une à une par l'autorité. Le groupe ne sait pas à l'avance ce qu'il fera.	Le déroulement des étapes est le fruit de la discussion en groupe. Si c'est l'autorité qui propose les techniques, elle suggère toujours plusieurs possibilités et laisse le choix au groupe.	L'autorité procure certains instruments au groupe et signifie qu'elle fournira des renseignements sur demande. Elle ne prend pas l'initiative de participer aux discussions.
Répartition des tâches et des compagnons de travail	Le responsable impose à chacun sa tâche et son compagnon de travail.	Les membres peuvent travailler avec qui ils veulent. La répartition des tâches est discutée en groupe.	L'autorité s'abstient de participer à la répartition des tâches et des compagnons de travail.
Attitudes par rapport à la critique et à l'éloge	La personne responsable « personnalise » éloges et critiques.	La personne responsable est objective et fonctionnelle. Elle s'efforce d'être un membre égal aux autres en évitant de prendre une trop grande place dans le groupe.	L'autorité fait rarement des commentaires spontanés sur l'activité des membres. Elle n'intervient que si on la sollicite. Elle n'essaie pas d'évaluer ni de régulariser le cours des événements.
Participation aux activités	Aucune.	La personne responsable s'implique et prend part aux activités.	Aucune.

DIRECTION « LAISSER-FAIRE »
Style d'un meneur qui ne dicte pas d'actions au groupe ni ne l'incite à agir ; celui-ci est laissé à lui-même.

DIRECTION DÉMOCRATIQUE
Style d'un meneur qui partage ses responsabilités avec les autres membres du groupe et qui suscite la participation de tous.

Le style « laisser-faire »

Le meneur qui adopte le style de direction « **laisser-faire** » ne propose pas d'orientation au groupe, non plus que de manière d'agir. Il le laisse plutôt se développer, progresser à son rythme et même faire des erreurs. Il nie toute autorité réelle, ou y renonce. Il répond aux questions ou fournit les renseignements pertinents, mais seulement quand on lui demande de le faire. Il n'encourage à peu près jamais les membres du groupe, mais il ne les punit pas non plus. C'est pourquoi il n'est pas menaçant. En général, en présence de ce genre de meneur, le groupe est satisfait mais inefficace.

Le style démocratique

Le meneur **démocratique** propose une orientation au groupe, mais il le laisse se développer et progresser comme il l'entend. Il encourage les membres à déterminer leurs propres objectifs et façons de procéder. Il favorise l'autonomie et l'épanouissement des membres. En partageant ses responsabilités avec le groupe, il crée par le fait même une atmosphère d'égalité entre les membres. Contrairement au partisan du laisser-faire, le démocrate encourage les membres du groupe et leur suggère des pistes de solution. Il s'assure que toutes les activités ont été décidées et acceptées par les membres du groupe. En général, en présence d'un tel meneur, le groupe est à la fois satisfait et efficace.

« Excuse-nous Vincent, mais nous avons besoin d'un leader qui a les deux pieds sur terre. »

Le style autoritaire

Le meneur **autoritaire** est à l'opposé du meneur qui privilégie le laisser-faire. Il fixe la ligne de conduite ou prend les décisions sans consulter les membres ni obtenir leur accord. Il ne discute pas non plus des objectifs du groupe avec celui-ci, il impose son autorité. Il est froid. Il favorise la communication dans la mesure où elle se fait entre lui et chacun des membres, mais il essaie de réduire au minimum les interactions à l'intérieur du groupe. C'est ainsi qu'il affirme son importance et accroît son pouvoir.

DIRECTION AUTORITAIRE Style d'un meneur qui se sert des pouvoirs légitime et coercitif et d'un pouvoir de récompense pour dicter aux autres leurs actions, et qui prend des décisions sans trop les consulter.

EN LIGNE

La communication numérique et les hiérarchies organisationnelles

L'utilisation des canaux asynchrones textuels, comme dans les groupes de discussion ou les blogues, prive les participants des informations non verbales révélant des renseignements sur le statut social des interlocuteurs (la taille, la beauté, l'âge, le sexe, la race, la profession, etc.). Dans ces échanges textuels en ligne, tous ces indices sont absents, ce qui neutralise les statuts. Le respect des autres est obtenu non pas par l'image que l'on projette, mais par la qualité du discours et des idées émises, par l'étalage de son savoir-faire technique. La pratique de ces sites d'échanges en ligne peut donner l'illusion d'un monde sans rapport de pouvoir, sans hiérarchie. À cela s'ajoute la pratique des sites de réseaux sociaux où tout le monde se présente en tant qu'« amis », sur le même pied. À partir de ces expériences, plusieurs ont cru (ou espéré) que ces modes de communication égalitaires pourraient s'appliquer à nos organisations sociales en aplatissant leurs structures hiérarchiques pour les rendre plus démocratiques. Mais en réalité, ce que les modes de communication en réseau ont entraîné, c'est une augmentation des communications entre les différents groupes de travail sans avoir à passer toujours par la structure hiérarchique.

Illustrons cette idée par un exemple à une très petite échelle, puisqu'il n'implique que quatre personnes. Supposons que l'auteur d'un livre soit invité par son éditeur à donner son avis sur une illustration. L'auteur fera une suggestion à la personne chargée de superviser l'édition, qui s'empressera de transférer cette suggestion à la directrice de la production, qui la transférera ensuite au graphiste responsable du dessin pour qu'il effectue la modification. Celui-ci, réalisant qu'il ne peut faire les changements proposés, le dira à son supérieur, qui transmettra sa réaction au superviseur de l'édition, qui le dira à l'auteur. Mais supposons que l'auteur ait été mal compris : il devra le dire au superviseur de l'édition, qui s'empressera de transmettre de nouveau l'information, etc. Le va-et-vient de l'information est ici fastidieux ; il pourrait évidemment être éliminé si l'auteur pouvait communiquer directement avec le graphiste. Les superviseurs se rendent compte ici qu'ils ne sont là qu'en tant que courroie de transmission de l'information. Ils proposeront donc à l'auteur et au graphiste de se contacter directement pour s'expliquer. Ils pourraient se voir en personne, ce qui suppose des déplacements ou communiquer par d'autres moyens s'ils sont éloignés.

À l'époque des « petites boîtes » (voir la rubrique du même nom au chapitre précédent), les groupes de travail étaient regroupés le plus souvent au même endroit, pour améliorer le transport et la communication. Grâce aux moyens de communication modernes, les organisations actuelles ont des employés qui travaillent partout. Pour certaines d'entre elles, le mot partout signifie vraiment « partout dans le monde », et pour certains employés, ce peut vouloir dire à domicile. La communication numérique est ici essentielle : rencontres en visioconférence, courriels, fichiers joints, photographies, etc. Ce qu'on a découvert, c'est que non seulement les canaux de communication numérique permettent de résoudre les problèmes de distance des interlocuteurs, mais ils permettent aussi de faire en sorte que l'information soit véhiculée aux personnes *les plus compétentes* pour résoudre un problème, court-circuitant ainsi la structure hiérarchique. L'information peut prendre des raccourcis ; elle devient alors davantage transversale ou horizontale.

Pour les superviseurs de type autoritaire, un tel passage de l'information à leur insu pourrait être ressenti comme une menace ou une atteinte à leur autorité. Dans ce contexte où l'information circule plus facilement, les nouveaux patrons doivent s'adapter en modifiant leur style d'autorité en faveur d'un style moins autocratique, un leadership plus démocratique qui suscite *la participation, l'engagement et la loyauté* des employés. Du côté des subalternes, une adaptation est également nécessaire. Dans notre exemple, comment l'auteur et le graphiste devraient-ils se considérer ? Avec ou sans rapport de pouvoir entre eux ? Dans la situation où l'un et l'autre reconnaissent leur compétence, c'est sur cette compétence qu'ils établiront leur respect mutuel.

En conclusion, dans les organisations en réseau, moins structurées hiérarchiquement, les frontières sont davantage perméables, les interactions sont plus grandes entre des personnes diverses, il y a plus de liens entre les groupes et les hiérarchies organisationnelles sont moins verticales, mais elles ne disparaissent pas ; elles sont structurées de façon différente, plus complexe peut-être.

Quel genre de leader êtes-vous?

Les énoncés suivants décrivent des aspects du comportement dans un groupe. Demandez-vous comment vous seriez susceptible d'agir dans un groupe de résolution de problèmes et indiquez, à l'aide du code suivant, la fréquence à laquelle vous adopteriez chacun des comportements décrits : T = toujours, S = souvent, P = parfois, R = rarement, J = jamais.

1 Je serais probablement porte-parole du groupe. _____

2 J'encouragerais le groupe à faire des heures supplémentaires. _____

3 J'accorderais aux autres toute la liberté voulue dans leur travail. _____

4 J'inciterais tout le monde à procéder de la même façon. _____

5 J'accepterais que les autres se servent de leur jugement pour régler des problèmes. _____

6 J'insisterais pour que nous dépassions nos concurrents. _____

7 Je parlerais à titre de représentant du groupe. _____

8 J'inciterais les membres à travailler davantage. _____

9 Je proposerais mes idées au groupe pour sonder le terrain. _____

10 Je laisserais les autres faire leur travail comme ils l'entendent. _____

11 Je travaillerais beaucoup pour être reconnu. _____

12 Je pourrais tolérer la temporisation et l'incertitude. _____

13 Je parlerais au nom du groupe en présence des visiteurs. _____

14 Je ferais en sorte que les travaux avancent rapidement. _____

15 Je participerais à la définition des tâches, mais je laisserais les autres les accomplir. _____

16 Je réglerais les conflits dès qu'ils surviennent dans le groupe. _____

17 Je m'embourberais probablement dans les détails. _____

18 Je représenterais le groupe aux réunions à l'extérieur. _____

19 J'hésiterais à laisser les autres libres d'agir. _____

20 Je déciderais de ce qu'il faut faire et de la manière de le faire. _____

21 J'insisterais pour obtenir de meilleurs résultats. _____

22 Je laisserais aux autres une certaine autorité. _____

23 Les choses se passeraient généralement comme je l'aurais prévu. _____

24 Je laisserais aux autres beaucoup d'initiative. _____

25 J'essaierais de confier à chacun des tâches précises. _____

26 J'accepterais de bon gré de faire des changements. _____

27 Je demanderais aux autres de travailler plus fort. _____

28 Je ferais confiance au jugement des autres. _____

29 J'essaierais d'établir le programme de travail. _____

30 Je refuserais de m'expliquer si on m'interrogeait. _____

31 Je convaincrais les autres qu'ils ont avantage à accepter mes idées. _____

32 J'accepterais que le groupe travaille à son rythme. _____

33 J'inciterais le groupe à battre son propre record. _____

34 J'agirais sans consulter le groupe. _____

35 Je demanderais aux autres de respecter les règles fixées. _____

Calculez votre score comme suit :

1. Encerclez vos réponses aux énoncés 1, 4, 7, 13, 16, 17, 18, 19, 20, 23, 29, 30, 31, 34 et 35.

2. Faites un crochet au début de la ligne si votre réponse pour ces énoncés est R (rarement) ou J (jamais).

3. Faites un crochet au début de tous les autres énoncés pour lesquels votre réponse est T (toujours) ou S (souvent).

4. Encerclez vos crochets au début des lignes suivantes : 3, 5, 8, 10, 12, 15, 17, 19, 22, 24, 26, 28, 30, 32 et 34.

5. Comptez les crochets encerclés pour obtenir votre score relativement à l'intérêt que vous portez aux personnes.

6. Comptez les crochets non encerclés pour obtenir votre score relativement à l'intérêt que vous portez à la tâche.

Reportez vos scores dans le tableau ci-après. Trouvez d'abord sur l'axe vertical le point correspondant à votre score marquant votre intérêt pour les personnes, puis décalez vers la droite sur l'axe horizontal jusqu'au point correspondant à votre score marquant votre intérêt pour la tâche. Inscrivez X dans la cellule correspondante; celle-ci décrit votre style de leadership.

L'axe vertical représente l'intérêt pour les personnes: plus votre score est élevé (plus vous vous situez en haut du tableau), plus vous vous souciez de la satisfaction sociale et émotionnelle des membres du groupe. L'axe horizontal représente l'intérêt pour la tâche: plus votre score est élevé (plus vous vous situez à droite dans le tableau), plus vous vous souciez de la tâche à accomplir.

Les leaders qui se situent dans le coin inférieur droit du tableau ont peu d'intérêt pour les gens et beaucoup d'intérêt pour la tâche. Ceux qui se situent dans le coin inférieur gauche ont peu d'intérêt à la fois pour les personnes et pour la tâche. Ceux qui se situent dans le coin supérieur droit se soucient autant de la tâche que des personnes. Ceux qui se situent dans le coin supérieur gauche ont peu d'intérêt pour la tâche, mais ils se préoccupent des personnes. Enfin, ceux qui se situent au milieu portent un intérêt moyen à la tâche et aux personnes.

Est-ce que votre score correspond à l'image que vous vous faites de vous comme leader? Connaissez-vous des gens qui correspondent à chacun des cinq types de leaders décrits dans ce tableau?

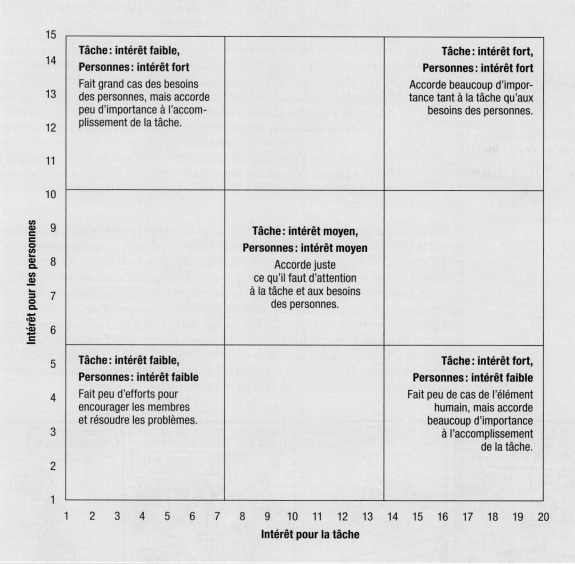

Sources: Adapté de Patton, B.R., Giffin, K., et Patton, E.N. (1989). What kind of leader are you? *Decision-Making : Group Interaction* (3ᵉ éd.). Iowa City : Iowa University Associates Press, p. 179-181; et Pfeiffer, J.W., et Jones, J.E. (1969). *Structured Experiences for Human Relations Training*, New York : Harper-Collins, p. 9-10.

Le meneur autoritaire revendique pour lui-même les progrès du groupe et accepte mal l'intervention des membres. Il ne veut pas que le groupe prenne ses propres décisions ; il veut qu'il accepte les siennes. Il peut satisfaire les besoins psychologiques du groupe – récompenser ou punir comme le ferait un parent. Si cette personne est compétente, les membres du groupe peuvent être très efficaces, mais ils retirent rarement une satisfaction personnelle de leur participation au groupe.

Le style idéal de direction

Comme avec la grille de Blake et Mouton, la conclusion faite à partir des études de Lewin et ses collègues (1939) semblait démontrer qu'il existe un style idéal de direction d'un groupe, en l'occurrence le style démocratique. En effet, il présente des avantages sur les deux autres styles : la production est meilleure, la satisfaction des membres est plus grande de même que leur participation (en milieu de travail, l'absentéisme est aussi moins grand), et les membres sont plus autonomes et débrouillards (ils peuvent se passer plus facilement de leur chef). Le seul désavantage du style démocratique est celui du temps : l'accomplissement d'une tâche exige plus de temps à cause des nombreux échanges entre les membres.

En réalité, chacun des styles de direction que nous venons d'examiner a sa place. Ce sont les objectifs du groupe et les circonstances qui déterminent le choix du style. Un groupe d'amis qui se rencontrent pour une soirée mondaine tolérerait difficilement autre chose qu'un leadership « laisser-faire ». Cependant, quand la rapidité et l'efficacité sont essentielles, le style de direction autoritaire convient généralement davantage. Si tous les membres du groupe ont une connaissance à peu près égale du sujet ou sont très individualistes, le style de direction démocratique semble plus approprié. Mais un meneur démocrate peut également être amené à adopter une attitude autoritaire quand, malgré tous ses efforts, il ne réussit pas à motiver les membres du groupe.

> Le leadership, c'est l'art de faire faire à quelqu'un quelque chose que vous voulez voir fait, parce qu'il a envie de le faire.
>
> – Dwight Eisenhower

Il semble donc que le style de direction le plus adéquat soit celui qui convienne le plus à la situation dans laquelle il s'exerce. Cette condition exige du meneur qu'il soit suffisamment flexible pour changer de style de direction selon les circonstances. Cette souplesse est souvent entravée par les idées que le meneur a lui-même sur le style de direction idéal. Par exemple, certains sont convaincus que le style autoritaire est en toute occasion le meilleur style à adopter, alors que d'autres penseront qu'il faut plutôt être démocratique. Qu'est-ce qui est à l'origine des croyances que nous pouvons avoir en faveur d'un style de direction plutôt que d'un autre ? À la base de l'adoption d'un style, il y a notamment les croyances et les attitudes que le meneur entretient envers les autres, en particulier lorsque les personnes sont appelées à effectuer une production ou un travail quelconque.

Les croyances et les attitudes de la personne qui exerce le pouvoir

La conception que nous avons de la nature humaine – plus particulièrement l'idée que nous nous faisons de la propension des autres à travailler et à assumer des responsabilités – a une influence énorme sur les comportements que nous aurons tendance à adopter lorsque nous aurons à diriger un groupe. Douglas McGregor (1960, 1969) a déterminé deux façons opposées de concevoir l'être humain qui seraient à la base du choix d'un style de direction. Ces deux conceptions prennent la forme de théories que McGregor a baptisées simplement « théorie X » et « théorie Y » de la nature humaine.

La théorie X prétend que les gens sont paresseux de nature, et donc qu'ils ne travaillent pas et n'accomplissent rien à moins d'y être incités par des sanctions (récompenses ou punitions). Elle postule également que les gens se reposent entièrement sur les directives de leur supérieur et ne désirent pas avoir à penser. De ce fait, ils ont besoin d'un supérieur qui les surveille de près, qui leur offre des félicitations ou qui leur fait des critiques. Les personnes qui adhèrent à cette conception de la nature humaine ont tendance à mener les autres d'une façon autoritaire en les surveillant de près, en les contrôlant, en utilisant un pouvoir de coercition.

La théorie Y définit autrement l'être humain en le présentant comme naturellement actif et prenant plaisir à établir et à atteindre des objectifs. Elle postule que les gens ont besoin de sentir qu'ils sont considérés comme capables d'assumer leurs responsabilités et de se diriger eux-mêmes. Puisqu'ils sont capables de prendre eux-mêmes les décisions qui s'imposent, les gens ont besoin de liberté, d'encouragement et d'assistance. Les personnes ayant cette conception ne croient pas qu'il soit nécessaire de contrôler étroitement les autres. Le style de direction adopté en ce cas pourra être plus démocratique.

LES CARACTÉRISTIQUES DU LEADER

Si nous formons un groupe de travail, nous constaterons qu'il s'établira naturellement un partage des tâches en fonction des compétences de chacun. Tout le monde ne peut s'occuper de tout en même temps. Des rôles particuliers seront assignés à chacun. Ces rôles correspondent à des comportements particuliers régis par des normes, lesquelles serviront justement à définir les rôles. Au rôle de « secrétaire », nous associons des activités comme noter ce que les autres disent, rappeler au groupe ce qui a été dit et rédiger les procès-verbaux. Généralement, les rôles sont assignés en fonction de la compétence des individus. Nous pouvons nous demander : quelles sont les compétences des personnes que nous désignons comme leaders ? Quelle personnalité ont ces leaders ? Que font-ils ? Dans un groupe récemment formé, quelles caractéristiques présentent les personnes qui sont reconnues comme des leaders ?

Beaucoup de recherches ont tenté de cerner ce qui caractérise les personnes que l'on considère comme des leaders. Pour répondre à cette question, certains ont cru trouver des traits physiques et de personnalité particuliers. Or, il semble qu'il n'y ait pas de facteurs personnels absolus à la base du leadership. La reconnaissance d'un leader est le résultat de plusieurs causes conjuguées, dont les principales sont certainement à situer sur le plan des besoins des membres du groupe. Ainsi, qu'une personne soit grande ou petite, forte ou faible, belle ou laide, ces facteurs n'auront d'importance que dans le contexte où ces caractéristiques sont très valorisées par les autres, en fonction de leurs besoins. Cela dit, il n'est pas interdit de se demander s'il n'existe pas, toutes choses égales d'ailleurs, quelques traits physiques ou psychologiques qui faciliteraient l'accession au rôle de leader.

Nous avons décrit au chapitre 4, consacré à la communication non verbale, comment le corps, la posture, l'apparence personnelle, les gestes et même le contact visuel peuvent servir à manifester aux autres une attitude dominatrice. Mais en ce qui regarde le choix d'un leader, est-ce que la taille, l'apparence physique et la beauté, le poids, la morphologie représentent des facteurs importants ? En théorie, il semble que oui : lorsqu'on demande à des gens de définir un chef idéal, il sera décrit comme un peu plus grand, un peu plus vieux, un peu plus beau que la moyenne. Pour le poids, l'estimation est curvilinéaire, c'est-à-dire que la personne doit être ni trop maigre, ni trop grasse. Dans la réalité, néanmoins, ces traits physiques influent très peu sur le choix des leaders. Attila, Gandhi, Hitler, Napoléon et, plus près de nous, René Lévesque étaient tous des hommes de petite taille, qui ne brillaient pas particulièrement par leur beauté. Ils ont été néanmoins des chefs très respectés ou craints. Il faut reconnaître que, dans le choix d'un leader, d'autres facteurs sont beaucoup plus importants.

L'intelligence

On s'attendrait à ce que les personnes les plus intelligentes jouent le rôle de leader. Ce n'est pas le cas. En effet, des études ont montré qu'en réalité, les leaders sont juste un petit peu plus intelligents que les autres membres du groupe (Simonton, 1985). Un écart trop grand entre le leader et les autres membres entraîne des problèmes sur le plan de l'appartenance, des intérêts et de la communication. Comme le souligne Gibb (1969), nous préférons être moins bien dirigés par quelqu'un que nous comprenons plutôt que mieux dirigés par quelqu'un que nous ne comprenons pas.

POUR S'AMÉLIORER

Une étude intéressante a été menée par Driskell et ses collaborateurs (1993). On différencie deux types de signaux : ceux dits de compétence (regarder les autres, s'asseoir au bout de la table, parler vite et avec aisance, faire les gestes appropriés) et ceux de dominance (parler fort, pointer du doigt, maintenir une posture rigide, gesticuler avec véhémence et froncer les sourcils). D'après les résultats, la plupart des gens sont davantage influencés par celui qui utilise des signaux de compétence et ils le jugent plus qualifié et plus aimable. Les leaders qui utilisent des signaux de dominance, par contre, paraissent moins compétents, moins influents, moins aimables et plus égocentriques. Si l'on en croit cette étude, il vaut mieux, pour gagner de l'influence sur un groupe (et être aimé), utiliser des signaux de compétence…

La compétence à l'égard de la tâche

Il paraît normal d'élire au poste de leader la personne que l'on croit la plus apte à effectuer la tâche. La capacité de réussir, c'est-à-dire les connaissances relatives à la tâche à accomplir, constitue le critère de sélection des chefs le plus souvent mentionné (Hirokawa, 1988 ; Stogdill, 1974). Évidemment, la compétence à l'égard de la tâche ne pourra pas être reconnue si l'individu ne la manifeste pas par des interventions nombreuses et pertinentes.

Le taux de participation

Il a été démontré que la personne qui parle le plus dans un groupe (en prenant souvent l'initiative de parler en premier) a de meilleures chances que les autres d'être le leader du groupe (Muller, Salas et Driskell, 1989 ; Shaw et Gouran, 1990), quelle que soit la qualité de ses interventions (Sorrentino et Boutillier, 1975). Le taux de participation est représentatif du niveau d'intérêt et d'engagement d'une personne dans le groupe. C'est pour sa participation que celle-ci sera élue leader du groupe. Il y a cependant des limites évidentes à l'absence de qualité des interventions : une personne qui intervient tout le temps pour dire n'importe quoi ne sera pas reconnue comme leader. Les interventions doivent être d'une certaine qualité, mais l'engagement du membre dans le groupe compte également. La qualité des interventions sera un critère de sélection du leader seulement si celui-ci démontre sa volonté de partager ses ressources et sa compétence avec les autres en vue de leur permettre d'atteindre leurs objectifs (Sorrentino et Boutillier, 1975).

Le talent de communicateur

Pour être efficace, le leader doit être un bon communicateur, qui peut à la fois bien s'exprimer et bien écouter. Il doit évidemment être attentif, flexible et sensible aux différences culturelles. De plus, il doit être capable d'appliquer les principes d'une communication honnête dont il a été question dans tout le manuel, comme la sincérité, l'empathie, l'esprit positif, la disponibilité, la capacité de respecter les règles, l'expressivité et la considération envers l'autre.

Le taux de participation n'a de signification que dans la mesure où il est perçu comme traduisant une forte implication dans l'avenir du groupe. De même, la compétence à l'égard de la tâche n'a de signification que si elle est reconnue par les autres membres. Il est évident qu'on ne peut établir les caractéristiques fondamentales du leadership seulement en prêtant son attention à la personne ou à la personnalité du leader. Il faut tenir compte de la réalité du groupe dans lequel le leadership émerge et se manifeste. Le leadership a son utilité ; il est même une nécessité pour tous les groupes constitués. Les individus qui seront désignés comme leaders sont ceux qui assumeront le mieux les fonctions du leadership.

LES FONCTIONS DU LEADER

Les fonctions du leader varient énormément selon la personnalité des membres du groupe et celle du leader lui-même, les besoins que satisfont le groupe et son histoire, la nature de la tâche à accomplir et de nombreux autres facteurs. L'énumération qui suit n'a d'autre but que d'indiquer les rôles les plus souvent joués par les leaders. Il faut comprendre qu'un leader ne sera pas appelé à jouer tous ces rôles à la fois, ce qu'il ne pourrait faire de toute façon.

En s'inspirant de Bennis et Nanus (1985), Collerette (1994) propose cinq fonctions fondamentales du leadership dans les groupes : donner une direction, dicter un sens aux conduites et aux événements, instaurer un climat et des modes de fonctionnement satisfaisants, faciliter les relations avec l'environnement, utiliser et développer de façon optimale les ressources de chacun.

Donner une direction au groupe

Pour fonctionner efficacement, les groupes ont besoin de situer leurs actions en fonction d'une orientation, ils ont besoin d'avoir des objectifs à atteindre. Littéralement, le mot « leader » vient du verbe « to lead » qui signifie « mener, diriger, conduire vers ». Lorsqu'une personne dicte au groupe une direction à suivre, elle agit alors comme un leader.

Fournir un sens aux conduites et aux événements

Les gens ont besoin de saisir la signification de leurs conduites ; ils ont aussi besoin de situer ces actions grâce à une interprétation des événements qui se produisent autour d'eux. Justement, il n'est pas toujours facile de connaître et de comprendre le sens des choses : on a donc tendance à se conformer aux idées des personnes les plus crédibles. Ces personnes procurent des explications sur leurs conduites et sur les événements auxquels elles font face. Elles exercent ainsi un certain leadership. Un leader aidera les autres à se faire une opinion sur le sens de leurs actions en fonction des événements.

Instaurer un climat et des modes de fonctionnement satisfaisants

Le rendement d'un groupe dépend de la qualité des échanges interpersonnels entre les membres. Le leader doit veiller à l'amélioration de ces échanges et à la création d'un climat favorable. Les personnes qui interviennent auprès des autres pour les aider à résoudre des conflits et pour améliorer la qualité des communications sont très appréciées et elles se voient, pour cette raison, attribuer le leadership. Généralement, le leader est en contact avec de nombreux membres du groupe et, mieux que tout autre, il peut exercer une influence, gérer les relations qui existent entre les membres, réduire ou favoriser l'esprit d'équipe et jouer les rôles d'arbitre, de médiateur et de conciliateur.

Des conflits d'ordre personnel risquent souvent de survenir quand on s'en prend aux individus plutôt qu'à leurs idées. Le leader doit donc s'assurer que les critiques et les désaccords portent sur les idées, et non sur les gens. Si deux personnes s'affrontent, il doit intervenir pour ramener la discussion sur les idées.

Faciliter les relations avec l'environnement

Tous les groupes vivent dans un environnement social avec lequel ils doivent entretenir des relations. Il est dans leur intérêt d'engager et d'entretenir des relations adaptées et profitables avec le monde extérieur. Les leaders savent mieux lire et expliquer aux autres les exigences extérieures : ils leur font profiter des occasions qui s'offrent à eux ou les font réagir adéquatement afin d'atténuer les effets négatifs des contraintes. Par ailleurs, les leaders sont généralement les meilleurs représentants du groupe. Le leader est la personne la mieux placée pour remplir ce rôle, puisque c'est lui qui comprend le mieux les problèmes auxquels fait face le groupe, et lui également qui communique le plus avec les membres. Le leader est en général le dépositaire de la « pensée du groupe ». Mieux que tout autre, il comprend les besoins, les sentiments, les idées du groupe, et il peut les diffuser dans son environnement.

Utiliser et développer de façon optimale les ressources de chacun

Le leader doit également savoir reconnaître, utiliser et mettre en valeur les ressources particulières des membres du groupe. Chacun d'entre nous possède des ressources plus ou moins particulières et nous apprécions qu'elles soient utilisées au mieux. La réussite et le sentiment d'être utile aux autres sont des sources de satisfaction. Comme le précise Collerette (1994), le leader ne se contente pas d'affecter les meilleures ressources aux différents postes : il s'efforce plutôt de favoriser le développement de ces ressources par des contacts interpersonnels constants. Le leader est celui qui sait faire prendre conscience aux autres de leurs talents, qui les incite à perfectionner ceux-ci et qui encourage leurs efforts.

VÉRIFIEZ VOS CONNAISSANCES

MonLab ✏
Vérifiez vos connaissances

1. Trouvez l'énoncé qui est vrai.

   a) Les leaders n'influencent pas les autres directement, mais indirectement.

   b) Les leaders peuvent agir à distance, sans s'impliquer dans la vie du groupe.

   c) Les leaders tiennent leur influence de la reconnaissance des autres à l'égard de leur compétence et de leur valeur de modèle.

   d) Les leaders influencent les autres essentiellement grâce à leur pouvoir de coercition.

2. Puisque M. Tremblay est le patron de l'entreprise, ses employés lui obéissent. Quel est le type de pouvoir illustré dans cet exemple?

   a) Le pouvoir légitime.

   b) Le pouvoir d'exemple.

   c) Le pouvoir de coercition.

   d) Le pouvoir de l'expert.

3. Parmi les types de pouvoir suivants, lequel est un pouvoir «personnel»?

   a) Le pouvoir de coercition.

   b) Le pouvoir de récompense.

   c) Le pouvoir légitime.

   d) Le pouvoir d'exemple.

4. À quels types de pouvoir peut-on associer le leadership?

   a) Le pouvoir légitime et le pouvoir d'exemple.

   b) Le pouvoir coercitif et le pouvoir de récompense.

   c) Le pouvoir de l'expert et le pouvoir d'exemple.

   d) Le pouvoir légitime et le pouvoir de l'expert.

5. Trouvez l'énoncé qui est faux.

   a) Lorsque le style de direction exercé est autoritaire, la personne responsable prend toutes les décisions.

   b) Lorsque le style de direction est de type «laisser-faire», la personne responsable fait rarement des commentaires et n'essaie pas d'évaluer les autres.

   c) Lorsque le style de direction est démocrate, la personne responsable laisse les autres décider sans intervenir.

   d) Lorsque le style de direction est démocrate, la personne responsable s'efforce d'être un membre égal aux autres.

6. À quel type de groupe peut-on associer un intérêt élevé pour les personnes et un intérêt faible pour la tâche?

   a) Un club social.

   b) Une troupe de théâtre.

   c) Un groupe de discussion.

   d) Une équipe sportive.

7. Trouvez l'énoncé qui est faux.

   a) Le meneur autoritaire impose à chacun sa tâche et son compagnon de travail.

   b) Le meneur démocrate permet que l'on discute ses décisions avant de les appliquer.

   c) Le meneur autocratique ne prend aucune part aux activités du groupe.

   d) Dans les groupes démocratiques, il y a une forte compétition entre les membres, ce qui rend le groupe très productif.

8. Quel est le style de direction idéal?

   a) Le style démocratique.

   b) Une combinaison des styles démocratique et autoritaire.

   c) Le style qui convient le mieux à la situation.

   d) Le style «laisser-faire».

9. Les théories X et Y de la nature humaine représentent deux conceptions opposées. Quel style de direction les tenants de la théorie X adoptent-ils en général?

   a) Démocratique.

   b) Autoritaire.

   c) Laisser-faire.

   d) Centré sur le groupe.

10. Trouvez l'énoncé qui est faux.

    a) Ce sont surtout les personnes les plus intelligentes qui deviennent des leaders.

    b) Les leaders sont souvent les personnes les plus aptes à effectuer la tâche.

    c) La personne qui parle le plus dans un groupe (en prenant souvent l'initiative de parler en premier) a de meilleures chances que les autres d'être le leader du groupe.

    d) Nous préférons être moins bien dirigés par quelqu'un que nous comprenons que mieux dirigés par quelqu'un que nous ne comprenons pas.

▶ À quoi servent les leaders ? Ils accomplissent des fonctions essentielles dans le groupe. Nommez et expliquez deux de ces fonctions.

▶ Distinguez les différents types de pouvoir, 1) en apportant des exemples différents pour chacun d'eux, et 2) en montrant comment ils peuvent tous se retrouver dans le rôle de parent.

▶ Que font respectivement les leaders orientés vers la tâche et les leaders orientés vers les personnes ? Quels liens faites-vous avec les styles de direction directif et non directif ?

▶ Quels sont les traits de personnalité les plus courants chez les leaders ?

▶ Qu'elles soient individualistes, collectivistes, inégalitaires ou égalitaires, les sociétés ne conçoivent ni n'exercent le pouvoir de la même façon. Quelles sont les différences ?

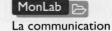

MonLab

La communication au travail

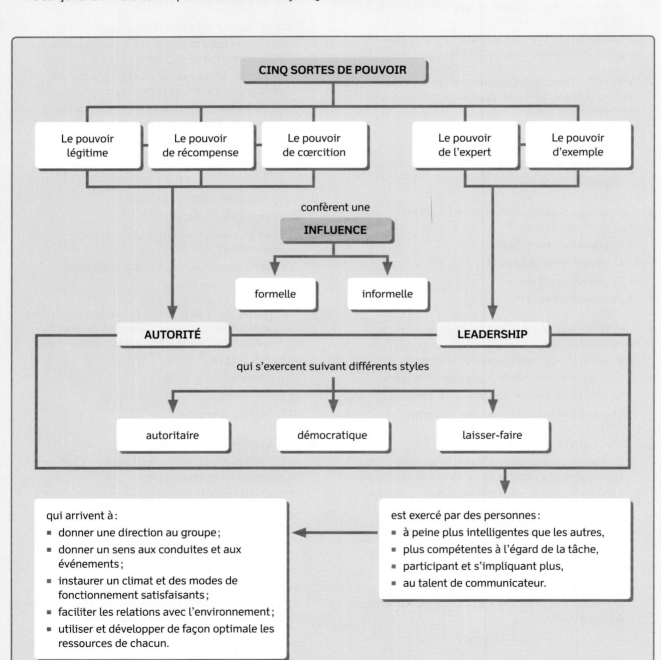

Sophie rencontre Martin en début de soirée. Il s'adresse à elle avec enthousiasme.

— Félicitations! Toutes mes félicitations, Madame la Présidente!

Sophie est toute surprise.

— Merci, mais comment sais-tu que j'ai été élue? Cela fait à peine une heure que nous sommes sortis de la réunion.

— C'est Marie qui m'a appelé pour m'apprendre la nouvelle.

Martin hésite un peu.

— Elle voulait savoir autre chose aussi. Elle se demandait si nous étions encore ensemble. Bizarre, n'est-ce pas? Tu lui aurais dis que non...

Sophie semble mal à l'aise.

— Non, je n'ai pas dit ça. J'ai seulement demandé comment elle savait si nous étions encore ensemble.

Martin la questionne du regard. Elle poursuit en baissant la tête:

— En fait, je ne sais pas ce qui m'a pris de répondre ça. Je me posais justement la question plus tôt. Je n'ai nullement envie de rompre avec toi, au contraire. Je ne sais pas pourquoi j'ai dit ça.

Martin réfléchit.

— Peut-être les responsabilités.

— Les responsabilités?

— Oui, les responsabilités ou une surcharge de responsabilités. Peut-être aussi la crainte de vieillir.

— Quel est le rapport?

— Vieillir, pour nous, c'est accepter des responsabilités, non? Enfin, c'est associé. Moi, en tout cas, plus j'en accepte, plus je me sens vieillir. Je ne parle pas de vieillissement physique, mais de vieillissement psychologique. On n'y peut rien, mais on devient de plus en plus des adultes. Parfois, il faut bien le reconnaître.

— Oui, mais pourquoi ai-je laissé entendre que je ne sortais peut-être plus avec toi?

— Bien, mon idée, c'est que ça te libérait des responsabilités; une sorte de réaction au vieillissement. C'est peut-être le goût de rester jeune, et libre aussi, qui t'a fait réagir ainsi!

Sophie est encore plus surprise.

— Touché! C'est vrai que je me sentais un peu oppressée. Tout d'un coup, je me suis sentie plus vieille, trop vieille. Présidente, engagée sérieusement avec toi, tout ça... c'est beaucoup.

Il la regarde droit dans les yeux:

— C'est bien de penser que notre relation implique des responsabilités. Les relations avec les autres en impliquent toujours, d'ailleurs. «L'enfer, c'est les autres», disait Jean-Paul Sartre. Mais moi je pense que, s'il avait été avec toi, il aurait certainement changé son enfer pour le paradis!

— Eh! En forme aujourd'hui, le philosophe! Mais tu aurais peut-être dû penser à la psychologie?

— J'y ai pensé, oui, et j'y pense encore. C'est toujours possible.

GLOSSAIRE

Accentuation Mise en évidence d'une partie du message verbal, soit par l'intonation de la voix, la prononciation, l'expression du visage, le geste, etc.

Affirmation de soi L'affirmation de soi représente cette habileté à nous présenter d'une façon honnête, à défendre nos droits et à faire valoir nos besoins dans le respect d'autrui, particulièrement dans des situations où il nous apparaît difficile de le faire.

Attitude globalisante Point de vue qui suppose que nous connaissons – ou que nous pouvons apprendre – tout ce qu'il y a à connaître à propos d'une personne ou d'une question à partir d'un point de vue très partiel.

Attribution Processus par lequel nous cherchons à expliquer les motifs d'un comportement donné (celui d'une autre personne ou le nôtre).

Attribution excessive Tendance à ne retenir qu'une ou deux caractéristiques d'une personne et à attribuer tous ses actes à ces caractéristiques.

Autorité Attribut des personnes à qui sont conférés formellement des pouvoirs.

Biais de complaisance Tendance à se percevoir comme la cause de ses succès, mais à attribuer la cause de ses échecs à des sources externes.

Bruit Au sens strict, il s'agit des facteurs associés au canal choisi pour transmettre le message et, au sens large, des facteurs physiologiques, psychologiques et sémantiques qui entravent la réception des messages.

Canal Voie par laquelle passent les signes du message de l'émetteur vers le récepteur.

Cohésion Ensemble des facteurs d'attraction qui lient entre eux les membres d'un groupe, qui créent la solidarité. Caractère d'un groupe dont les membres travaillent bien ensemble.

Communication Fait de communiquer; ensemble des processus permettant de transmettre une signification au moyen d'un message.

Communication asynchrone Type de communication dans laquelle la transmission du message implique un certain délai.

Communication bilatérale Communication à double sens lorsqu'il y a interaction entre au moins deux personnes qui échangent des messages et qui se donnent des rétroactions.

Communication synchrone Type de communication dans laquelle la transmission du message est immédiate.

Communication unilatérale Communication dans laquelle aucune interaction ne se produit entre l'émetteur et le récepteur.

Compétence interpersonnelle Aptitude à comprendre la communication interpersonnelle et à utiliser cette connaissance pour mieux communiquer.

Composante relationnelle Composante subjective qui s'applique à la relation unissant deux personnes: A demande à B de venir le voir sur un ton autoritaire, en montrant à B qu'il est inférieur. Le ton autoritaire forme la composante relationnelle du message.

Conflit constructif Conflit qui se termine par un gain quelconque pour les parties. Le résultat positif renforce la relation.

Conflit de personnalités Conflit interpersonnel dont la composante relationnelle est très importante: il met en opposition des personnalités (p. ex., A n'aime pas certains aspects de la personnalité de B; A ne peut supporter la présence de B, etc.).

Conflit destructeur Conflit qui aboutit à un résultat insatisfaisant ou à une perte pour chacune des parties. Le résultat négatif dégrade la relation.

Conflit interpersonnel Différend exprimé entre au moins deux parties interdépendantes qui perçoivent l'incompatibilité de leurs objectifs, les limites d'une ressource et, surtout, leur interférence dans l'atteinte de leurs buts.

Conflit simple Conflit interpersonnel dont la composante relationnelle est peu importante (la nature du lien affectif ne compte pas: A veut la même chose que B).

Connaissance de soi Ensemble des idées et des perceptions que chaque personne a d'elle-même.

Contenu manifeste Composante objective d'un message: A demande à B de venir le voir dans son bureau. Cette information représente le contenu manifeste du message.

Contexte Ensemble des conditions physiques, psychologiques, culturelles et temporelles dans lesquelles la communication a lieu.

Contexte physique Environnement tangible ou concret dans lequel la communication se déroule.

Contexte socioculturel Idées que les personnes en relation se font les unes par rapport aux autres.

Contexte temporel Moment où se déroule une communication interpersonnelle et durée de celle-ci.

Croyances autodestructrices Ensemble des croyances, portant sur soi ou sur le monde extérieur, qui renvoient une image négative de soi-même et qui empêchent de bâtir des relations significatives et productives.

Croyances constructives Ensemble des croyances, portant sur soi ou sur le monde extérieur, qui renvoient une image positive de soi-même et qui renforcent ainsi l'estime de soi.

Culture Mode de vie particulier d'un groupe, qui se transmet de génération en génération et qui englobe les valeurs et les croyances de ses membres, les objets qu'ils utilisent ainsi que leur façon d'agir et de communiquer.

Cyberintimidation Utilisation délibérée et répétée de la communication numérique par un individu ou un groupe pour menacer ou blesser autrui.

Décodage Action de dégager une signification des signes transmis par le message.

Désensibilisation systématique Technique visant à faire disparaître progressivement la réaction de peur associée à un objet ou à une situation.

Direction autoritaire Style d'un meneur qui se sert des pouvoirs légitime et coercitif et d'un pouvoir de récompense pour dicter aux autres leurs actions, et qui prend des décisions sans trop les consulter.

Direction démocratique Style d'un meneur qui partage ses responsabilités avec les autres membres du groupe et qui suscite la participation de tous.

Direction «laisser-faire» Style d'un meneur qui ne dicte pas d'actions au groupe ni ne l'incite à agir; celui-ci est laissé à lui-même.

Discernement Capacité de porter des jugements justes et nuancés sur des situations, des choses et des personnes.

Écoute Processus par lequel un auditeur reçoit, comprend, mémorise et interprète un message pour ensuite y réagir.

Écoute active Processus par lequel un auditeur organise en un tout significatif ce qu'il comprend de l'ensemble du message d'un locuteur – c'est-à-dire ses signaux (verbaux et non verbaux), ses pensées et ses émotions – et le transmet au locuteur.

Effet dyadique Tendance du comportement d'un individu faisant partie d'une dyade à générer un comportement semblable chez son interlocuteur. On utilise souvent ce terme pour mettre en évidence le caractère réciproque de l'ouverture de soi.

Émetteur Personne à l'origine du processus de la communication; celle qui émet un message.

Émotions primaires Huit émotions fondamentales identifiées par Plutchik (1980): joie, acceptation, peur, surprise, tristesse, dégoût, colère et anticipation.

Émotions secondaires Selon le modèle de Plutchik, émotions qui résultent des différentes combinaisons entre les huit émotions primaires.

Empathie Capacité de se mettre à la place de l'autre personne pour connaître ses pensées et ses sentiments.

Encodage Action de transposer une signification sous forme de signes pouvant être reconnus et interprétés adéquatement.

Erreur fondamentale d'attribution Tendance, en observant le comportement d'autrui, à sous-estimer les influences de la situation et à surestimer les influences des dispositions internes.

Estime de soi Composante affective du soi qui renvoie à l'évaluation subjective des aspects positifs et négatifs de soi-même.

Euphémisme Façon de présenter une réalité brutale ou blessante en atténuant son expression pour éviter de choquer.

Exagération Mot ou expression qui amplifie le sens d'une phrase de façon à lui donner un effet plus grand.

Geste adaptatif Geste qui permet de satisfaire un besoin personnel (p. ex., réduire son niveau d'anxiété).

Geste emblématique Geste qui a une signification propre aux membres d'une communauté (p. ex., le V formé par l'index et le majeur qui signifie «Victoire» chez les Nord-Américains).

Geste illustratif Geste qui renforce les messages verbaux qu'il accompagne (p. ex., tourner la tête de droite à gauche tout en exprimant verbalement son désaccord).

Geste régulateur Geste qui règle, qui contrôle ou qui coordonne les échanges verbaux (p. ex., lever l'index pour signifier à son interlocuteur son désir de prendre la parole).

Grammaire Ensemble des règles propres à une langue donnée qui servent à organiser les mots d'une façon significative.

Groupe Regroupement de personnes (de 2 à 20 personnes) qui entretiennent entre elles des relations interpersonnelles en vue d'atteindre un objectif commun. Les membres d'un groupe sont interdépendants et se sentent unis. Ils se perçoivent comme une entité sociale distincte.

Groupe d'appartenance Groupe de personnes avec qui nous partageons des convictions (religieuses, politiques, sportives, etc.).

Groupe de croissance personnelle Groupe dont les membres ont pour objectif de s'entraider pour arriver à une meilleure connaissance de soi.

Groupe de formation ou d'apprentissage Groupe dont les membres ont pour objectif d'augmenter leurs connaissances sur un sujet donné.

Groupe de travail Groupe formé dans le but de produire quelque chose ou d'offrir un service. Les groupes de travail sont aussi appelés groupes de tâches (*task group*), équipes, ateliers.

Identité adaptée Image qu'une personne choisit de présenter aux autres à un certain moment donné.

Influence Processus par lequel un individu produit un effet, suscite une réaction chez les autres.

Interaction Échange bilatéral entre deux ou plusieurs personnes qui agissent les unes avec les autres.

Introspection Observation interne de soi.

Jargon Vocabulaire souvent particulier à un groupe ou à une profession et qui est incompréhensible pour les non-initiés.

Jugement réfléchi Faculté d'une personne qui, pour élaborer sa connaissance de soi, utilise des éléments d'information correspondant à la façon dont elle croit être perçue par les autres.

Langage Système de communication normalisé propre à une communauté linguistique.

Leadership Attribut des personnes qui influencent les autres, mais sans détenir de statut officiel d'autorité.

Média Ensemble des moyens véhiculant des éléments d'information dans l'espace et le temps.

Mensonge Assertion contraire à la réalité faite dans le but de tromper.

Message Ensemble des signes servant à transmettre une signification.

Message indirect Message dans lequel le locuteur utilise un moyen détourné pour transmettre son message.

Mimique Expression du visage, consciente ou inconsciente, qui contribue à communiquer la nature des émotions ressenties.

Monitorage de soi Capacité de la personne à observer ainsi qu'à exercer un contrôle sur sa présentation verbale et non verbale en fonction des caractéristiques de la situation.

Monochronisme Caractère des cultures où les individus souhaitent ne faire qu'une seule chose à la fois et où la planification du temps est relativement compartimentée.

Motivation extrinsèque Tendance à pratiquer une activité dans le but d'obtenir un résultat extérieur à l'activité même : par exemple, recevoir une récompense ou éviter une punition.

Motivation intrinsèque Tendance à pratiquer une activité pour le plaisir et la satisfaction qu'elle procure au moment même où elle est pratiquée.

Négation d'autrui Processus interactif consistant à nier l'autre, dans une relation donnée.

Normes du groupe Règles implicites ou explicites partagées par les membres d'un groupe. Ces règles prescrivent les comportements à éviter et les comportements à favoriser.

Ouverture de soi Forme de communication par laquelle un individu révèle une chose importante sur lui-même que son ou ses auditeurs ignoraient jusque-là.

Panel Table ronde formée d'experts qui discutent d'un sujet en présence d'un auditoire.

Paralangage Aspect vocal (mais non verbal) de la parole ; inclut l'ensemble des indices sonores en dehors des paroles elles-mêmes.

Pensée de groupe Mode de pensée des groupes très cohésifs ; il en résulte une valorisation de l'accord pour préserver le groupe aux dépens d'une évaluation réaliste des solutions.

Perception Processus par lequel nous recevons, organisons et interprétons les nombreux stimuli qui atteignent nos sens.

Perception d'autrui Processus par lequel nous recevons, organisons et interprétons l'information sur les autres ainsi que leurs messages.

Perception de soi Processus par lequel nous essayons de comprendre nos sentiments et états intérieurs en étudiant notre comportement observable.

Perception sélective Focalisation de l'attention sur certains aspects de l'information et blocage des autres éléments d'information.

Polarisation Raisonnement fallacieux qui consiste à n'envisager que les deux positions extrêmes à propos d'une question particulière.

Polychronisme Caractère des cultures où les individus font plusieurs choses simultanément et où la planification du temps est relativement souple.

Posture En communication, position ou attitude du corps qui transmet un message quelconque (p. ex., se pencher vers quelqu'un pour signifier son intérêt).

Pouvoir Capacité d'obtenir d'un individu (ou d'un groupe) qu'il agisse ou pense autrement.

Pouvoir d'exemple Pouvoir des personnes qui sont des modèles pour les autres.

Pouvoir de coercition Pouvoir des personnes qui peuvent punir les autres.

Pouvoir de l'expert Pouvoir des personnes qui sont reconnues comme savantes ou compétentes dans un domaine.

Pouvoir de récompense Pouvoir des personnes qui peuvent procurer aux autres certains avantages (argent, promotion, amour, etc.).

Pouvoir légitime Pouvoir des personnes qui occupent un poste d'autorité reconnue.

Présentation de soi Processus d'émission de signes sur soi servant à communiquer aux autres une image particulière de soi. Cette image peut correspondre à notre perception réelle de nous-mêmes (présentation de soi authentique) ou à une impression bien précise que nous souhaitons créer chez l'autre (présentation de soi stratégique).

Présentation de soi authentique Comportements nous présentant aux autres sous notre vrai jour, sans maquillage ni jeu théâtral, afin qu'ils puissent mieux nous connaître.

Présentation de soi stratégique Comportements visant à contrôler les perceptions des autres et à influer sur leurs impressions de nous-mêmes.

Prophétie qui s'autoréalise Tendance, propre aux attentes personnelles, à susciter le comportement confirmant ces attentes.

Prototype Schéma des caractéristiques partagées par diverses catégories de personnes.

Racisme Attitude préjudiciable à l'égard des représentants d'une race ou d'un groupe social.

Récepteur Dans le processus de communication, personne à qui est destiné le message.

Reconnaissance d'autrui Comportement verbal ou non verbal par lequel nous manifestons que nous avons non seulement remarqué une personne, mais également que nous l'acceptons telle qu'elle se définit et selon la relation qu'elle veut établir avec nous.

Référent Objet réel ou imaginaire que désigne un signe linguistique.

Règles culturelles d'émission Règles qui dictent à quel moment et dans quelles circonstances, dans un contexte culturel particulier, certaines émotions peuvent être extériorisées.

Remue-méninges Méthode pour trouver des idées en groupe, par laquelle les membres expriment le plus librement possible des idées et sans tenir compte, à ce stade, de la faisabilité.

Restructuration cognitive Approche visant à modifier les pensées irréalistes par d'autres, plus rationnelles.

Rétroaction Information retransmise à l'émetteur afin qu'il puisse vérifier si le message qu'il a émis a bien été compris.

Rétroaction calculée Rétroaction produite avec une intention ; elle est stratégique.

Rétroaction différée Rétroaction faite à l'émetteur, avec un délai plus ou moins long, après qu'il a terminé d'émettre son message.

Rétroaction directe Rétroaction produite pendant que le locuteur émet son message ; elle a un effet direct sur la formulation du message.

Rétroaction négative Rétroaction indiquant à l'émetteur que son message n'a pas été reçu comme il le désirait et qu'il doit s'ajuster.

Rétroaction positive Rétroaction indiquant à l'émetteur que son message est bien reçu et qu'il peut continuer d'agir comme il le fait.

Rétroaction spontanée Rétroaction qui manifeste des pensées ou des sentiments authentiques, sans arrière-pensée.

Rôle Comportements particuliers attendus d'une personne qui remplit une fonction déterminée dans un groupe.

Schémas de soi Ensembles organisés de connaissances à propos de soi qui guident le traitement de l'information reliée au soi.

Sens connotatif Signification émotionnelle ou idéologique qui s'ajoute à la signification de base d'un terme.

Sens dénotatif Signification objective ou descriptive d'un terme.

Sexisme Attitude préjudiciable et comportement discriminatoire d'un individu à l'égard des représentants d'un sexe.

Signal phatique Signal utilisé uniquement pour établir une communication, sans apport d'information (comme «hum», «euh», un signe de tête, un regard, etc.).

Signes Stimuli auxquels nous associons un sens particulier.

Signification Dans la communication, sens d'un signe sur les plans cognitif et affectif.

Sociabilité Tendance et aptitude à rechercher et à maintenir des rapports harmonieux avec les autres.

Soi Ensemble des idées, croyances ou sentiments que chacun a de lui-même.

Soi idéal Vision de nous-mêmes qui englobe les traits que nous souhaitons idéalement posséder.

Soi obligé Vision de nous-mêmes qui englobe les traits que nous croyons devoir posséder.

Soi privé Aspects de soi invisibles aux autres, telles les croyances ou les valeurs personnelles.

Soi public Aspects de soi visibles aux autres, tels l'apparence physique ou le comportement.

Statut Position qu'occupe une personne dans la hiérarchie sociale telle qu'elle est fixée dans un cadre culturel donné.

Stéréotype En communication, idée que nous nous faisons d'un groupe et qui influe sur la manière dont nous en percevons un membre particulier.

Sympathie Compassion envers la situation de l'autre personne.

Symposium Mode de structuration des petits groupes d'apprentissage où chaque membre présente un exposé relativement bien préparé sur un aspect quelconque du sujet à l'étude.

Symposium-forum Mode de structuration des groupes d'apprentissage où les orateurs sont invités, dans un premier temps, à présenter leur communication et, dans un second temps, à répondre aux questions qui leur sont posées.

Table ronde Mode de structuration des groupes d'apprentissage où les participants discutent ensemble et s'expriment sans respecter un ordre préétabli.

Territorialité Attitude possessive ou réaction de possession démontrée à l'égard d'un espace particulier.

Théorie implicite de la personnalité Ensemble des hypothèses que nous avons quant à la façon dont les caractéristiques des personnes se regroupent (p. ex., présumer que les personnes obèses sont joviales).

Visualisation positive Technique amenant une personne à se représenter mentalement une situation qui habituellement lui pose problème et dans laquelle elle s'imagine se comporter adéquatement, c'est-à-dire comme elle souhaiterait le faire en réalité.

Acquisti, A., et Gross, R. (2006). Imagined communities : Awareness, information sharing and privacy on the Facebook. Dans *Proceedings of Privacy Enhancing Technologies Workshop*, p. 36-58. Cambridge, England : Springer.

Adler, R.B. (1977). *Confidence in Communication : A Guide to Assertive and Social Skills*. New York, NY : Holt, Rinehart and Winston.

Affaires universitaires (2013, 13 mars). *Intégrer les médias sociaux aux activités de relations avec les anciens*. www.affairesuniversitaires.ca/integrer-les-medias-sociaux-aux-activites-de-relations-avec-les-anciens.aspx.

Albas, D.C., McCluskey, K.W., et Albas, C.A. (1976). Perception of the emotional content of speech : A comparison of two Canadian groups. *Journal of Cross Cultural Psychology, 7* (12) : 481-490.

Alberti, R. (1977). *Assertiveness : Innovations, Applications, Issues*. San Luis Obispo, CA : Impact.

Alberti, R., et Emmons, M. (2001). *Your Perfect Right : Assertiveness and Equality in your Life and Relationships* (8e éd.). Atascadero, CA : Impact.

Alberts, J.K., Nakayama, T.K., et Martin, J.N. (2012). *Human Communication in Society* (3e éd.). Upper Saddle River, NJ : Pearson.

Alessandra, T. (1986). How to listen effectively. *Speaking of Success* [Videotape Series]. San Diego, CA : Levitz Sommer Productions.

Alexander, C.N., et Knight, G. (1971). Situated identities and social psychological experimentation. *Sociometry, 34* : 65-82.

Allen, M., Bourhis, J., Emmers-Sommer, T., et Sahlstein, E. (1998). Reducing dating anxiety : A metaanalysis. *Communication Reports, 11* : 49-55.

Alonzo, M., et Aiken, M. (2004). Flaming in electronic communication. *Decision support systems, 36* : 205-213.

Ancelin-Schutzenberger, A. (1981). *Le jeu de rôle*. Collection Formation permanente en sciences humaines. Paris : Les Éditions ESF, Entreprise moderne d'Édition, Librairies techniques.

Andersen, P.A., et Leibowitz, K. (1978). The development and nature of the construct touch avoidance. *Environmental Psychology and Nonverbal Behavior, 3* (2) : 89-106.

Andersen, P.A. (1992). Nonverbal communication in the small group. Dans R.S. Cathcart et L.A. Samovar (dir.), *Small Group Communication* (6e éd.). Dubuque, IA : Win. C. Brown Publishers.

Anderson, S.M., et Ross, L. (1984). Self-knowledge and social inference : I. The impact of cognitive/affective and behavioral data. *Journal of Personality and Social Psychology, 46* : 280-293.

Anzieu, D., et Martin, J.-Y. (1971). *La dynamique des groupes restreints*. Paris : Presses Universitaires de France.

Argyle, M. (1986). Rules for social relationships in four cultures. *Australian Journal of Psychology, 38* : 309-318.

Argyle, M. (1988). *Bodily Communication* (2e éd.). London & New York : Methuen & Co. Ltd.

Argyle, M. (1991). Verbal and non-verbal communication. Dans J. Corner et J. Hawthorn, *Communication Studies, an Introductory Reader* (4e éd.). London : Edward Arnold : A division of Hodder & Stoughton.

Argyle, M., et Henderson, M. (1985). *The Anatomy of Relationships : And the Rules and Skills Needed to Manage Them Successfully*. London : Heinemann.

Aronson, E., Wilson, T.D., et Akert, R.M. (1994). *Social Psychology : The Heart and the Mind*. New York, NY : Harper Collins.

Asch, S. (1951). Effects of group pressure upon the modification and distortion of judgments. Dans H. Guetzkow (dir.), *Groups, Leadership and Men, Research in Human Relationships*, p. 177-190. Pittsburgh, PA : Carnegie Press.

Aune, K.-S., Buller, D.B., et Aune, R.K. (1996). Display rule development in romantic relationships : Emotion management and perceived appropriateness of emotions across relationship stages. *Human Communication Research, 23* (9) : 115-145.

Axtell, R.E. (1990). *Do's and Taboos Around the World* (1re éd.). New York, NY : Wiley.

Axtell, R.E. (1991). *Do's and Taboos Around the World* (2e éd.). New York, NY : Wiley.

Axtell, R.E. (1993). *Do's and Taboos Around the World* (3e éd.). New York, NY : Wiley.

Axtell, R.E. (1990). *Do's and Taboos of Hosting International Visitors*. New York, NY : Wiley.

Axtell, R.E. (2007). *Essential Do's and Taboos : The Complete Guide to International Business and Leisure Travel*. Hoboken, NJ : Wiley.

Ayres, J., et Hopf, T. (1993). *Coping with Speech Anxiety*. Norwood, NJ : Ablex Publishing Corporation.

Ayres, J., Ayres, D.M., Grudzinskas, G., Hopf, T., Kelly, E., et Wilcox, K. (1995). A component analysis of performance visualization. *Communication Reports, 8* : 185-191.

Ayres, J., Hopf, T., et Ayres, D.M. (1994). An examination of whether imaging ability enhances the effectiveness of an intervention designed to reduce speech anxiety. *Communication Education, 43* : 252-258.

Bach, G.R., et Wyden, P. (1968). *The Intimacy Enemy*. New York, NY : Avon.

Back, M.D., Stopfer, J.M., Vazire, S., Gaddis, S., Schmukle, S.C., Egloff , B., et Gosling, S.D. (2010). Facebook profiles reflect actual personality, not self-idealization. *Psychological Science, 21* (3) : 372-374.

Bahn, A.J., Pickett, K.M., et Crandall, C.S. (2011). Social ecology of similarity : Big schools, small schools and social relationships. *Group Processes & Intergroup Relations, 15* (janvier) : 119-131.

Bailin, A., Sunday, S., et Adesman, A. (2013). *Texting While Driving among High School Students : Analysis of 2011 Data from the National Youth Risk Behavior Surveillance System (YRBSS)*. Présenté au Pediatric Academic Societies : Annual Meeting, le 4 mai.

Baker, L., et Oswald, D. (2010). Shyness and online social networking services. *Journal of Social and Personal Relationships, 27* (7) : 873-889.

Bales, R. (1950). *Interaction Process Analysis*. Reading, MA : Addison-Wesley.

Bales, R.F. (1955). How people interact in conferences. *Scientific American, 192* : 31-35.

Bales, R.F. (1958). Task roles and social roles in problem solving groups. Dans E.E. McCoby, T.M. Newcom et E.L. Hartler, *Reading in Social Psychology*. New York, NY : Holt, Rinehart & Winston.

Balswick, J.O., et Peck. C. (1971). The inexpressive male : A tragedy of american society ? *The Family Coordinator, 20* : 363-368.

Bandura, A. (1997). *Self-efficacy : The Exercise of Control*. New York, NY : Freeman.

Barbato, C.A., et Perse, E.M. (1992). Interpersonal communication motives and the life position of elders. *Communication Research, 19* (8) : 516-531.

Barker, L., Edwards, R., Gaines, C., Gladney, K., et Holley, F. (1980). An investigation of proportional time spent in various communication activities by college students. *Journal of Applied Communication Research, 8* : 101-109.

Barker, L.L. (1990). *Communication* (5ᵉ éd.). Englewood Cliffs, NJ : Prentice-Hall.

Barnlund, D.C. (1989). *Communicative Styles of Japanese and Americans*. Belmont, CA : Wadsworth.

Baron, R.A. (1990). Countering the effects of destructive criticism : The relative efficacy of four interventions. *Journal of Applied Psychology, 75* (3) : 235-245.

Baron, R.A., et Byrne, D. (1991). *Social Psychology : Understanding Human Interaction*. MA : Allyn and Beacon.

Barrette, Y. (2013). *Le flaming, ou l'art du dérapage verbal*. Sur le site du Huffington Post : http://quebec. huffingtonpost.ca/yanick-barrette/flaming-commentaires-medias-sociaux_b_2993971.html.

Bass, B.M. (1981). *Stogdill's Handbook of Leadership : A Survey of Theory and Research*. New York, NY : Free Press.

Battle, J. (1993). *Misconceptions Regarding Self-Esteem*. Edmonton : James Battles and Associates Ltd.

Baumeister, R.F. (1994). *S'aimer sans se fuir*. Montréal : Le Jour.

Baumeister, R.F. (dir.) (1999). *The Self in Social Psychology*. Philadelphia, PA : Psychology Press (Taylor & Francis).

Baumeister, R.F., Bushman, B.J., et Campbell, W.K. (2000). Self-esteem, narcissism and aggression : Does violence result from low self-esteem or from threatened egotism ? *Current Directions in Psychological Science, 9* (février) : 26-29.

Baumeister, R.F. (2001). Violent pride. *Scientific American, 284* (4) : 96-101.

Baumeister, R.F., Campbell, J.D., Kruger, J.I., et Vohs, K.D. (2003). Does high self-esteem cause better performance, interpersonal success, happiness or healthier lifestyles ? *Psychological Science in the Public Interest, 4* : 1-44.

Beaman, A.L., Klentz, B., Diener, E., et Svanum, S. (1979). Self awareness and transgression in children : Two field studies. *Journal of Personality and Social Psychology, 37* : 1846-1855.

Beatty, M.J. (1988). Situational and predispositional correlates of public speaking anxiety. *Communication Education, 37* : 28-39.

Beck, A.T. (1975). *Cognitive Therapy and the Emotional Disorders*. Madison, CT : International Universities Press.

Beck, A.T. (1988). *Love is Never Enough*. New York, NY : Harper and Row.

Bedford, V.H. (1996). Relationships between adult siblings. Dans A.E. Auhagen et M. von Salisch (dir.), *The Diversity of Human Relationships,* p. 120-140. New York, NY : Cambridge University Press.

Beebe, S.A., et Masterson, J.T. (1990). *Communicating in Small Groups. Principles and Practice* (3ᵉ éd.). Glenview, IL : Scott, Foresman and Company.

Beebe, S.A., et Masterson, J.T. (1997). *Communicating in Small Groups : Principles and Practices* (5ᵉ éd.). New York, NY : Longman.

Bem, D.J. (1972). Self-perception theory. Dans L. Berkowitz (dir.), *Advances in Experimental Social Psychology, vol. 6,* p. 1-62. New York, NY : Academic Press.

Benne, K., et Sheats, P. (1948). Functional roles of group members. *Journal of Sociological Issues*, 4 (2) : 41-50.

Bennett, D.W., et Jandt, F.E. (1988). *The Effect of Communication Apprehension on Service Worker Job Success and What Management Can Do to Help*. Texte présenté à la réunion annuelle de la Speek Communication Association. New Orleans : novembre.

Bennhold, K. (2011). *Generation FB*. Sur le site *The New York Times* (23 juin) : www.nytimes.com/2011/06/24/opinion/global/24iht-June24-ihtmag-bennhold-22.html?pagewanted=all&_r=0.

Bennis, W., et Nanus, B. (1985). *Leaders*. New York, NY : Harper and Row.

Berg, J.H., et Archer, R.L. (1983). The disclosure liking relationship. *Human Communication Research*, 10 : 269-281.

Berger, C.R., et Bradac, J.J. (1982). *Language and Social Knowledge : Uncertainty in Interpersonal Relations*. London : Edward Arnold.

Berns, G., Chappelow, J., Zinc, C., Pagnoni, G., Martin-Skurski, M., et Richards, J. (2005). Neurobiological correlates of social conformity and independence during mental rotation. *Biological Psychiatry*, 58 : 245-253.

Bernstein, W.M., Stephan, W.G., et Davis, M.H. (1979). Explaining attributions for achievement : A path analytic approach. *Journal of Personality and Social Psychology*, 37 : 1810-1821.

Bippus, A.M., et Daly, J.A. (1999). What do people think causes stage fright ? Naïve attributions about the reasons for public speaking anxiety. *Communication Education*, 48 : 63-72.

Blackburn, R.T., Pellino, G.R., Boberg, A., et O'Connell, C. (1980). Are instructional improvement programs off target ? *Current Issues in Higher Education*, 1 : 32-38.

Blake, R., et Mouton, J. (1964). *Les deux dimensions du management*. Paris : Les Éditions d'Organisation.

Blake, R., et Mouton, J. (1978). *The New Managerial Grid*. Houston, TX : Gulf Pub. Co.

Blake, R., et Mouton, J. (1980). *The Versatile Manager : A Grid Profile*. Homewood, IL : Dow Jones-Irwin.

Blood, R. (2002). *The Weblog Handbook : Practical Advice on Creating and Maintaining Your Blog*. Cambridge, MA : Perseus.

Boase, J., et Wellman, B. (2005). Personal relationships : On and off the Internet. Dans D. Perlman et A.L. Vangelisti (dir.), *Handbook of Personal Relations*, p. 709-723. Oxford : Blackwell.

Bochner, S., et Hesketh, B. (1994). Power distance, individualism/collectivism, and job-related attitudes in a culturally diverse work group. *Journal of Cross Cultural Pychology*, 25 (6) : 233-257.

Bok, S. (1978). *Lying : Moral Choice in Public and Private Life*. New York, NY : Pantheon.

Boneva, B., Kraut, R., et Frocchlich, D. (2001). Using e-mail for personal relationships : The difference gender makes. *American Behavioral Scientist*, 45 : 530-549.

Bonvoisin D., et de Theux, P. (2012). *La « présentation de soi » dans les réseaux sociaux*. Sur le site Media-animation : www.media-animation.be/La-presentation-de-soi-dans-les.html.

Borden, G.A. (1991). *Cultural Orientation : An Approach to Understanding Intercultural Communication*. Englewood Cliffs, NJ : Prentice-Hall.

Bormann, E.G. (1975). *Discussion and Group Methods : Theory and Practice* (2e éd.). New York, NY : Harper and Row.

Bortree, D.S. (2005). Presentation of self on the Web : An ethnographic study of teenage girls' weblogs. *Education, Communication & Information*, 5 : 25-39.

Bower, B. (2001). Self-illusions come back to bite students. *Science News*, 150 : 148.

Bower, S.A., et Bower, G.H. (2005). *Asserting Yourself : A Practical Guide for Positive Change*. Cambridge, MA : DaCapo Press.

boyd, d. (2008). Facebook's privacy trainwreck : Exposure, invasion, and social convergence. *International Journal of Research Into New Media Technologies*, 14 : 13-20.

boyd, d. (2009). *Streams of Content, Limited Attention : The Flow of Information Through Social Media*. Web2.0 Expo, New York, NY. À l'adresse suivante : www.danah.org/papers/talks/Web2Expo.html.

boyd, d. (2010). *Ce qu'implique de vivre dans un monde de flux*. Sur le site internetactu.net : www.internetactu.net/2010/01/06/danah-boyd-ce-quimplique-de-vivre-dans-un-monde-de-flux/.

Brandt, A. (2004). Privacy watch : Does your online profile say something you wouln't ?, *PC World* (23 juin). Sur le site PCWorld : http://www.pcworld.com/article/116447/article.html.

Brehm, S.S., et Kassin, S.M. (1990). *Social Psychology*. Boston, MA : Houghton Mifflin Company.

Briggs, S.R., et Cheek, J.M. (1998). On the nature of self-monitoring : Problems with assessment, problems with validity. *Journal of Personality and Social Psychology*, 54 : 663-678.

Brigham, J.C. (1991). *Social Psychology* (2e éd.). New York, NY : Harper Collins Publishers.

Brilhart, J.K., et Galanes, G.J. (1986). *Communicating in Groups: Applications and Skills*. Madison, WI: WCB Brown and Benchmark.

Briton, N.J., et Hall, J.A. (1995). Beliefs about female and male nonverbal communication. *Sex Roles: A Journal of Research, 32* (1): 79-90.

Broadbent, S., et Bauwens, V. (2008). Understanding convergence. *Interactions – Toward a Model of Innovation, 15*: 23-27.

Broadbent, S. (2009). *How the Internet Enables Intimacy* (*Comment l'internet permet l'intimité*). Conférence TED, disponible sur le site TED: www.ted.com/talks/stefana_broadbent_how_the_internet_enables_intimacy.html.

Broadbent, S. (2011). *L'intimité au travail*. Paris: Fyp Éditions.

Brody, J.E. (1991). How to foster self-esteem. *New York Times Magazine* (28 avril): 26-27.

Brody, J.E. (1994). Notions of beauty transcend culture, new study suggests. *New York Times*, 21 mars: A14.

Brody, L.R. (1985). Gender differences in emotional development: A review of theories and research. *Journal of Personality, 53* (6): 102-149.

Brown, P. (1980). How and why are women more polite: Some evidence from a Mayan community. Dans S. McConnell-Ginet, R. Borker et M. Furman (dir.), *Women and Language in Literature and Society*, p. 111-136. New York, NY: Praeger.

Brown, P., et Levinson, S.C. (1987). *Politeness: Some Universals of Language Usage*. Cambridge, MA: Cambridge University Press.

Brownell, J. (1987). Listening: The toughest management skill. *Cornell Hotel and Restaurant Administration Quarterly, 27*: 64-71.

Bruneau, T. (2009/2010). Chronemics: Time-binding and the construction of personal time. *General Semantics Bulletin, 76*: 82-94.

Buffardi, L.E., et Campbell, W.K. (2008). Narcissism and social networking Web sites. *Personality and Social Psychology Bulletin, 34*: 1303-1314.

Burgoon, J.K., Manusov, V., Mineo, P., et Hale, J.L. (1985). Effects of gaze on hiring, credibility, attraction, and relational message interpretation. *Journal of Nonverbal Behavior, 9*: 133-147.

Burgoon, J.K., Buller, D.B., et Woodall, W.G. (1989). *Nonverbal Communication: The Unspoken Dialogue* (1re éd.). New York, NY: McGraw-Hill.

Burgoon, J.K., Buller, D.B., et Woodall, W.G. (1996). *Nonverbal Communication: The Unspoken Dialogue* (2e éd.). New York, NY: McGraw-Hill.

Burgoon, J.K., Guerrero, L.K., et Floyd, K. (2010). *Nonverbal Communication*. Boston, MA: Allyn & Bacon.

Burgoon, M., Hunsaker, F.G., et Dawson, E.J. (1994). *Human Communication* (3e éd). Thousand Oaks, CA: Sage.

Burke, M., Kraut, R., et Marlow, C. (2011). *Social Capital on Facebook: Differentiating Uses and Users*. ACM CHI 2011: Conference on Human Factors in Computing Systems. Sur le site *thoughtcrumbs.com*: www.thoughtcrumbs.com/publications/burke_chi2011_socialcapitalonfacebook.pdf

Bushman, B.J., et Baumeister, R.F. (1998). Threatened egotism, narcissism, self-esteem and direct and displaced aggression: Does self-love or self-hate lead to violence? *Journal of Personality and Social Psychology, 75*: 219-229.

Cahn, D.D., et Abigail, R.A. (2007). *Managing Conflict Through Communication* (3e éd.). Boston: Allyn & Bacon.

Canary, D.J. (2003). Managing interpersonal conflict: A model of events related to strategic choice. Dans J.O. Greene et B.R. Burleson (dir.), *Handbook of Communication and Social Interactions Skills*, p. 515-550. Mahwah, NJ: Erlbaum.

Carpenter, C.J. (2012). Narcissism on Facebook: Self-promotional and anti-social behavior. *Personality and Individual Differences, 52* (4): 482-486.

Carr, Nicholas (2011). *Internet rend-il bête?* Paris: Robert Laffont.

Casilli, A.A. (2010). *Les liaisons numériques: vers une nouvelle sociabilité?* Paris: Éditions du Seuil.

Castro, B.O., Brengden, M., van Broxel, H.M., Vitaro, F., et Schaepers, L. (2007). « Accept me, or else… » Disputed overestimation of social competence predicts an increase in proactive aggression. *Journal of Abnormal Child Psychology, 35* (2): 165-178.

CEFRIO (2013). Internet comme source d'information et mode de communication, *NETendances 2012, 3* (5). Sur le site CEFRIO: www.cefrio.qc.ca/media/uploader/NETendances5finalwebLR.pdf.

Chen, G.M. (1992). *Differences in Self-Disclosure Patterns Among Americans Versus Chinese: A Comparative Study*. Texte présenté à la réunion annuelle de l'Eastern Communication Association, Portland, ME.

Cherulnik, P.D. (1979). Sex differences in the expression of emotion in a structured social encounter. *Sex Roles, 5* (8): 413-424.

Christofides, E., Muise, A., et Desmarais, S. (2009). Information disclosure and control on Facebook: Are they two sides of the same coin or two different processes? *Cyberpsychology & Behavior, 12*: 341-345.

Clark, H.H., et Brennan, S.E. (1991). Grounding in communication. Dans L.B. Resnick, J. Levine et S.D. Teasley (dir.), *Perspectives on Socially Shared Cognition*, p. 127-149. Washington, DC: American Psychological Association.

Cloutier, J. (1973). *La communication audio-scripto-visuelle à l'heure des self-média ou l'ère d'Emerec*. Montréal: Les Presses de l'Université de Montréal.

Coats, E.J., et Feldman, R.S. (1996). Gender differences in nonverbal correlates of social status. *Personality and Social Psychology Bulletin, 22* (10): 1014-1022.

College Times (2010, 30 mars). *50 Social Networking Rules for College Students*. http://www.collegetimes.tv/50-social-networking-rules-for-college-students.

Collerette, P. (1994). *Pouvoir, leadership et autorité dans les organisations*. Sillery, Qc: Presses de l'Université du Québec.

Collins, N.L., et Miller, L. (1994). Self-disclosure and liking: A meta-analytic review. *Psychological Bulletin, 116* (11): 457-475.

Colvin, C.R., Block, J., et Funder, D.C. (1995). Overly positive self-evaluations and personality: Negative implications for mental health. *Journal of Personality and Social Psychology, 68* (6): 1152-1162.

Constine, J. (2012). *How Big Is Facebook's Data? 2.5 Billion Pieces of Content and 500+ Terabytes Ingested Every Day*. Sur le site TechCrunch: http://techcrunch.com/2012/08/22/how-big-is-facebooks-data-2-5-billion-pieces-of-content-and-500-terabytes-ingested-every-day/.

Cook, M. (dir.) (1984). *Issues in Person Perception*. New York, NY: Methuen.

Cooley, C.H. (1909). *Human Nature and the Social Order*. New York, NY: John Wiley et Sons.

Cooley, C.H. (1922). *Human Nature and the Social Order*. New York, NY: Scribner's.

Coover, G.E., et Murphy, S.T. (2000). The communicated self: Exploring the interaction between self and social context. *Human Communication Research, 26*: 125-147.

Côté, N. (2012). *Textos: aucun impact sur la qualité du français*. Sur le site du Huffington Post: http://quebec.huffingtonpost.ca/2012/05/09/textos-qualite-du-francais_n_1502314.html.

Council for Research Excellence (2009, 26 mars). *The Video Consumer Mapping Study*. www.researchexcellence.com/vcm_overview.pdf.

Crawford, K. (2009). Following you: Disciplines of listening in social media. *Journal of Media & Cultural Studies, 23* (4): 525-535.

Crenshaw, D. (2008). *The Myth of Multitasking: How «Doing It All» Gets Nothing Done*. San Francisco, CA: Jossey-Bass Publishing.

Csikszentmihalyi, M., et Figurski, T.J. (1982). Self-awareness and aversive experience in everyday life. *Journal of Personality, 50*: 15-28.

Cvetkovich et coll. (1985). *Initiation à la psychologie sociale*. Montréal: HRW.

Cyr, M.F. (2003). *La vérité sur le mensonge*. Montréal: Éditions de l'Homme.

Daft, R.L., et Lengel, R.H. (1984). Information richness: A new approach to managerial behavior and organizational design. *Research in organizational behavior, vol. 6*, p. 191-233. Homewood, IL: JAI Press.

Daft, R.L., et Lengel, R.H. (1986). Organizational information requirements, media richness and structural design. *Management Science, 32* (5): 554-571.

Debatin, B., Lovejoy, J.P., Horn, A., et Hughes, B.N. (2009). Facebook and online privacy: Attitudes, behaviors, and unintended consequences. *Journal of Computer-Mediated Communication, 15*: 83-108.

DeBono, E. (1987). *The Six Thinking Hats*. New York, NY: Penguin.

DeBono, K.G., et Packer, M. (1991). The effects of advertising appeal on perception of product quality. *Personality and Social Psychological Bulletin, 17*: 194-200.

Deci, E.L., et Ryan, R.M. (2000). Self-determination theory and the facilitation of intrinsic motivation, social development, and well-being. *American Psychologist, 55*: 68-78.

De La Porte, X. (2013). *Les relations humaines sont fragiles et nécessitent des efforts pour être préservées*. Sur le site *internetActu.net*: www.internetactu.net/2013/04/08/les-relations-humaines-sont-fragiles-et-necessitent-des-efforts-pour-etre-preservees/.

DePaulo, B.M. (1992). Nonverbal behavior and self-presentation. *Psychological Bulletin, 111*: 203-212.

Derks, D., Bos, A.E.R., et von Grumbkow, J. (2007). Emoticons and social interaction on the Internet: The importance of social contex. *Computers in Human Behavior, 23*: 842-849.

Derlega, V.J., Winstead, B.A., Wong, P.T.P., et Hunter, S. (1985). Gender effects in an initial encounter: A case where men exceed women in disclosure. *Journal of Social and Personal Relationships, 2*: 25-44.

Derlega, V.J., Winstead, B.A., Wong, P.T., et Greenspan, M. (1987). Self-disclosure and relationship development: An attributional analysis. Dans M.E. Roloff et G.R. Miller (dir.), *Interpersonal Processes: New Directions in Communication Research*. Newbury Park, CA: Sage.

DeStephen, R., et Hirokawa, R. (1988). Small group consensus : Stability of group support of the decision, task process and group relationships. *Small Group Behavior, 19* : 227-239.

DeTurck, M.A., et Miller, G.R. (1985). Deception and arousal : Isolating the behavioral correlates of deception. *Human Communication Research, 12* (hiver) : 181-201.

Deutsch, M., Canavan, D., et Rubin, J. (1971). The effects of size of conflict and sex of experimenter upon interpersonal bargaining. *Journal of Experimental Social Psychology, 7* : 258-267.

DeVito, J.A. (1996). *Brainstorms : How to Think More Creatively about Communication (or About Anything Else)*. New York, NY : Longman.

Dewing, M. (2010). *Les médias sociaux – Introduction*. Ottawa : Bibliothèque du Parlement. Publication n° 2010-03-F. Disponible à l'adresse suivante : www.parl.gc.ca/Content/LOP/ResearchPublications/2010-03-f.pdf.

Dindia, K., et Canary, D.J. (dir.) (2006). *Sex Differences and Similarities in Communication* (2e éd.). Mahwah, NJ : Lawrence Erlbaum.

Donahue, E.M., Robins, R.W., Roberts, B.W., et Jones, O.P. (1993). The divided self : Concurrent and longitudinal effects of psychological adjustment and social roles on self-concept differentiation. *Journal of Personality and Social Psychology, 64* (5) : 834-846.

Donohue, W.A., et Kolt, R. (1992). *Managing Interpersonal Conflict*. Thousand Oaks, CA : Sage.

Doolittle, R.J. (1982). Communication and conflict. Dans R.L. Appelbaum et R.P. Hart (dir.), *Modcom : Modules in Speech Communication*. Chicago, IL : Science Research Associates.

Dresser, N. (1996). *Multicultural Manners : New Rules of Etiquette for a Changing Society*. New York, NY : Wile.

Driskell, J., Olmstead, B., et Salas, E. (1993). Task cues, dominance cues, and influence in task group. *Journal of Applied Psychology, 78* (2) : 51-60.

DuBois, D.L., et Silverthorn, N. (2003). Bias in self-perceptions and internalizing problems in adjustment during early adolescence : A prospective investigation. *Journal of Clinical Child and Adolescent Psychology, 33* : 373-381.

Dusek, J.B., Hall, V.C., et Neger, W.J. (1984). *Teacher Expectancies*. Hillsdale, NJ : Erlbaum.

Dutton, D., et Aron, A. (1974). Some evidence for heightened sexual attraction under conditions of high anxiety. *Journal of Personality and Social Psychology, 30* : 510-517.

Duval, S., Duval, V.H., et Neely, R. (1979). Self-focus, felt responsibility, and helping behavior. *Journal of Personality & Social Psychology, 37* : 1769-1778.

Duval, S., et Wicklund, R.A. (1972). *A Theory of Objective Self Awareness*. New York, NY : Academic Press.

Edstrom, A. (2004). Expression of disagreement by Venezuelans : Reconsidering the influence of culture. *Journal of Pragmatics, 36* : 1499-1508.

Ehrenhaus, P. (1988). Silence and symbolic expression. *Communication Monographs, 55* (3) : 41-57.

Ekman, P. (1967). Head and body cues in the judgment of emotion : A reformulation. *Perceptual and Motor Skills, 24* : 711-724.

Ekman, P. (1982). *Emotion in the Human Face*. Cambridge, MA : Cambridge University Press.

Ekman, P. (1985a). *Telling Lies : Clues to Deceit in the Marketplace, Politics, and Marriage*. New York, NY : W.W. Norton.

Ekman, P. (1985b). Communication through nonverbal behavior : A source of information about an interpersonal relationship. Dans S.S. Tomkins et C.E. Izard (dir.), *Affect, Cognition and Personality*. New York, NY : Springer.

Ekman, P. (1986). *Menteurs et mensonges : comment les détecter*. Paris : Belfond.

Ekman, P., et Friesen, W.V. (1969). The repertoire of nonverbal behavior : Categories, origins, usage and coding. *Semiotica, 1* : 49-98.

Ekman, P., Friesen, W.V., et Ellsworth, P. (1972). *Emotion in the Human Face : Guidelines for Research and an Integration of Findings*. New York, NY : Pergamon Press.

Elfenbein, H.A., et Ambady, N. (2002). On the universality and cultural specificity of emotion recognition : A meta-analysis. *Psychological Bulletin, 128* : 203-235.

Ellis, A. (1988). *How to Stubbornly Refuse to Make Yourself Miserable about Anything, Yes : Anything*. Secaucus, NJ : Lyle Stuart.

Ellis, A. (1998). *The Albert Ellis Reader : A Guide to Well-Being Using Rational Emotive Behavior Therapy*. Secaucus, NJ : Carol Publishing Group.

Ellis, A., et Harper, R.A. (1975). *A New Guide to Rational Living*. Hollywood, CA : Wilshire Books.

Emler, N. (2001). *Self-esteem : The Costs and Causes of Low Self-Worth*. York, Royaume-Uni : Joseph Rowntree Foundation.

Epstein, R. (2005). The loose screw awards : Psychology's top 10 misguided ideas. *Psychology Today* (février) : 55-62.

Exline, R.V., Ellyson, S.L., et Long, B. (1975). Visual behavior as an aspect of power role relationships. Dans P. Pliner, L. Krames et T. Allowaqy (dir.), *Nonverbal Communication of Aggression*. New York, NY: Plenum.

Fagès, J.B. (1990). *Communiquer entre personnes en groupe*. Toulouse, France: Éditions Privat.

Fantz, R.L. (1961). The origin of form perception. *Science*, 204: 66-72.

Feeley, T.H., et deTurck, M.A. (1995). Global cue usage in behavioral lie detection. *Communication Quarterly*, 43 (automne): 420-430.

Fenichel, M., Suler, J., Barak, A., Zelvin, E., Gill Jones, M.A., Munro, K., Meunier, V., et Walker-Schmucker, W. (2009). *Myths and Realities of Online Clinical Work: Observations on the Phenomena of Online Behavior, Experience and Therapeutic Relationships*. A 3rd-year report from ISMHO's Clinical Case Study Group. Copyright © 2002-2009. Sur le site Fenichel.com: www.fenichel.com/myths/.

Fenigstein, A., Scheier, M.F., et Buss, A.H. (1975). Public and private self-consciousness: Assessment and theory. *Journal of Consulting and Clinical Psychology*, 43: 522-527.

Festinger, L. (1950). Informal social communication. *Psychological Review*, 57: 271-282.

Festinger, L. (1954). A theory of social comparison process. *Human Relations*, 7: 117-140.

Fischer, A.H. (1993). Sex differences in emotionality: Fact or stereotype? *Feminism – Psychology*, 3: 303-318.

Fischhoff, B., Slovic, P., et Lichtenstein, S. (1977). Knowing with certainty: The appropriateness of extreme confidence. *Journal of Experimental Psychology: Human Perception and Performance*, 3: 552-564.

Fiske, S.T., et Taylor, S.E. (1984). *Social Cognition*. Reading, MA: Addison-Wesley.

Floyd, J.J. (1988). *Vers une meilleure écoute*. Sainte-Foy: Les Éditions Saint-Yves.

Fodor, I.G., et Collier, J.C. (2001). Assertiveness and conflict resolution: An integrated Gestalt/cognitive behavioral model for working with urban adolescents. Dans M. McConville et G. Wheeler (dir.), *The Heart of Development (Vol. II): Adolescence: Gestalt Approaches to Working With Children, Adolescents and Their Worlds*. Cambridge, MA: Analytic press.

Folger, J.P., et Poole, M.S. (1984). *Working Through Conflict: A Communication Perspective*. Glenview, IL: Scott Foresman.

Folger, J.P., Poole, M.S., et Stutman, R.K. (1997). *Working Through Conflict: A Communication Perspective* (3e éd.). New York, NY: Longman.

Folger, J.P., Poole, M.S., et Stutman, R.K. (2013). *Working Through Conflict: A Communication Perspective* (7e éd.). New York, NY: Longman.

Forsyth, D.R., et Kerr, N.A. (1999). *Are Adaptive Illusions Adaptive?* Communication présentée au congrès annuel de l'American Psychological Association, Boston.

French, J.R.P. (1968). The conceptualization and measurement of mental health in terms of self-identity theory. Dans S.B. Sells (dir.), *The Definition and Measurement of Mental Health*. Washington, DC: Department of Health, Education, and Welfare.

French, J.R.P., et Raven, B. (1959). The bases of social power. Dans D. Cartwright (dir.), *Studies in Social Power*, p. 150-167. Ann Arbor: University of Michigan Press.

Friedman, R.A., et Currall, S.C. (2003). Conflict escalation: Dispute exacerbating elements of e-mail communication. *Human Relations*, 56 (novembre): 1325-1347.

Galanes, G.J., et Brilhart, J.K. (1991). *Communicating in Groups: Applications and Skills* (2e éd.). Madison, WI: Brown and Benchmark Publishers.

Gallagher, W. (2009). *Rapt: Attention and the Focused Life*. New York, NY: Penguin Press.

Garland, H., et Beard, J.F. (1978). *The Relationship Between Self-Monitoring and Leader Emergence Across Two Task Situations*. Document inédit. Université du Texas.

Gergen, K.J. (1965). The effects of interaction goals and personalistic feedback on presentation of self. *Journal of Personality and Social Psychology*, 1: 413-425.

Gergen, K.J. (1972). The healthy, happy human wears many masks. *Psychology Today*: 31-35; 64-66.

Gergen, K.J., Gergen, M.M., et Jutras, S. (1992). *Psychologie sociale* (2e éd). Montréal: Éditions Études vivantes.

Gibb, C.A. (1969). Leadership. Dans G. Lindsay et E. Aronson (dir.), *The Handbook of Social Psychology*, vol. 4 (2e éd.), p. 205-282. Readings, MA: AddisonWesley.

Gibb, J. (1961). Defensive communication. *Journal of Communication*, 11: 141-148.

Glaser, R. (dir.) (1987). *Advances in Instructional Psychology*, 3. Mahwah, NJ: Erlbaum.

Glucksberg, S., et Danks, J.H. (1975). *Experimental Psycholinguistics: An Introduction*. Hillsdale, NJ: Lawrence Erlbaum.

Goethals, G.R., et Darley, J. (1977). Social comparison theory: An attributional approach. Dans J. Suls et R.L. Miller (dir.), *Social Comparison Processes: Theorical and Empirical Perspectives*, p. 259-278. Washington, DC: Hemisphere.

Goffman, E. (1959). *The Presentation of Self in Everyday Life*. Garden City, NY : Doubleday Anchor.

Goffman, E. (1961). *Encounters*. Indianapolis : Bobbs-Merrill.

Goleman, D. (1995). *Emotional Intelligence*. New York, NY : Bantam.

Gonzales, A.L., et Hancock, J.T. (2011). Mirror, mirror on my Facebook wall : Effects of exposure to Facebook on self-esteem. *Cyberpsychology, Behavior, and Social Networking, 14* (1 et 2) : 79-83.

Gonzalez, A., et Zimbardo, P.G. (1985). Time in perspective : What time do you have ? *Psychology Today*, mars.

Goodwin, R., et Lee, I. (1994). Taboo topics among Chinese and English friends : A cross-cultural comparison. *Journal of Cross-Cultural Psychology, 25* (9) : 325-338.

Gordon, T. (1975). *P.E.T. : Parent Effectiveness Training*. New York, NY : New American Library.

Goren, C., Sarty, M., et Wu, P. (1975). Vision following and pattern-discrimination of face-like stimuli by newborn infants. *Pediatrics, 56* : 544-549.

Gosselin, P. (2005). Le décodage de l'expression faciale des émotions au cours de l'enfance. *Canadian Psychology*, août.

Gottman, J.M., Notarius, C., Gonso, J., et Markman, H. (1976). *A Couple's Guide to Communication*. Champaign, IL : Research Press.

Greenwald, A.G. (1980). The totalitarian ego : Fabrication and revision of personal history. *American Psychologist, 35* : 603-618.

Gresham, F.M., Lane, K.L., MacMillan, D.L., Bocian, K.M., et Ward, S.L. (2000). Positive and negative illusory biases : Comparisons across social and academic self-concept domains. *Journal of School Psychology, 38* : 151-175.

Gudykunst, W.B. (dir.) (1983). *Intercultural Communication Theory : Current Perspectives*. Thousand Oaks, CA : Sage.

Gudykunst, W.B., et Nishida, T. (1984). Individual and cultural influences on uncertainty reduction. *Communication Monographs, 51* : 23-36.

Gudykunst, W.B., Yang, S.M., et Nishida, T. (1985). A cross-cultural test of uncertainty reduction theory : Comparison of acquaintances, friends, and dating relationships in Japan, Korea, and the United States. *Human Communication Research, 11* : 407-454.

Gudykunst, W.B., et Kim, Y.Y. (1992). *Communicating with Strangers* (2e éd.). New York, NY : McGraw-Hill.

Gudykunst, W.B., Ting-Toomey, S., Sudweeks, S., et Stewart, L.P. (1995). *Building Bridges : Interpersonal Skills for a Changing World*. Boston, MA : Houghton Mifflin.

Guerin, B. (2003). Combating prejudice and racism : New interventions from a fictional racist language. *Journal of Applied Social Psychology, 13* : 29-45.

Guerrero, L.K., et Hecht, M.L. (2008). *The Nonverbal Communication Reader : Class and Contemporary Readings* (3e éd). Prospect Heights, IL : Waverland Press.

Hall, E.T. (1959). *The Silent Language*. Garden City, NY : Doubleday.

Gulea, M. (2000). *Les fondements de la communication face-à-face*. Bucuresti : Editura ASE.

Hall, E.T. (1971). *La dimension cachée*. Paris : Seuil.

Hall, E.T. (1976). *Beyond Culture*. Garden City, NY : Anchor Pr.

Hall, E.T., et Hall, M.R. (1987). *Hidden Differences : Doing Business with the Japanese*. New York, NY : Doubleday (Anchor Books).

Hall, J.A. (1984). *Nonverbal Sex Differences*. Baltimore : Johns Hopkins University Press.

Hall, J.A. (1996). Touch, status, and gender at professional meetings. *Journal of Nonverbal Behavior, 20* (printemps) : 23-44.

Hampton, K.N., Goulet, L.S., Rainie, L., et Purcell, K. (2011). *Social Networking Sites and our Lives*. Sur le site *Pew Internet & American Life Project* (Research Center) : http://pewinternet.org/Reports/2011/Technology-and-social-networks.aspx.

Haney, W. (1973). *Communication and Organizational Behavior : Text and Cases* (3e éd.). Homewood, IL : Irwin.

Havlena, W.J., Holbrook, M.B., et Lehmann, D.R. (1989). Assessing the validity of emotional typologies. *Psychology and Marketing, 6* (été) : 97-112.

Heine, S.J., et Lehman, D.R. (1995). Cultural variation in unrealistic optimism : Does the West feel more vulnerable than the East ? *Journal of Personality and Social Psychology, 72* : 1268-1283.

Heine, S.J., et Lehman, D.R. (1997). The cultural construction of self-enhancement : An examination of group-serving biases. *Journal of Personality and Social Psychology, 72* (juin) : 1268-1283.

Herrera, P., Bourgeois, P., Cheung, N., et Hess, U. (1998). *La communication émotionnelle entre individus de cultures différentes*. Affiche présentée au XXIe congrès de la Société québécoise pour la recherche en psychologie, 30-31 octobre, Montréal (Québec).

Herring, S.C., Scheidt, L.A., Wright, E., et Bonus, S. (2005). Weblogs as a bridging genre. *Information Technology & People, 18* : 142–171.

Hewitt, J.P. (1998). *The Myth of Self-Esteem : Finding Happiness and Solving Problems in America*. New York, NY : St. Martin's Press.

Higgins, E.T. (1989). Self-discrepency theory: What patterns of self-beliefs cause people to suffer? *Advances in Experimental Social Psychology, 22*: 93-136.

Hine, C.H. (2005). *Virtual Methods: Issues in Social Research on the Internet.* Oxford: Berg.

Hirokawa, R.Y. (1988). Group communication and decision-making performance: A test of functional perspective. *Human Communication Research, 12*: 203-224.

Hofstede, G. (1997). *Cultures and Organizations: Software of the Mind.* New York, NY: McGraw-Hill.

Hollenbaugh, E.E., et Everett, M.K. (2013). The effects of anonymity on self-disclosure in blogs: An application of the online disinhibition effect. *Journal of Computer-Mediated Communication, 18*: 283-302.

Holmes, J. (1986). Compliments and compliments responses in New Zealand English. *Anthropological Linguistics, 28*: 485-508.

Holmes, J. (1995). *Women, Men and Politeness.* New York, NY: Longman.

Houghton, D., Joinson, A., Caldwell, N., et Marder, B. (2013). Tagger's delight? Disclosure and liking in Facebook: The effects of sharing photographs amongst multiple known social circles. *Discussion Paper.* University of Birmingham, Birmingham.

Ickes, W., et Barnes, R.D. (1977). The role of sex and self-monitoring in unstructured dyadic interactions. *Journal of Personality and Social Psychology, 35*: 315-330.

Ickes, W., Reidhead, S., et Patterson, M. (1986). Machiavellianism and self-monitoring: As different as «me» and «you». *Social Cognition, 4* (1): 58-74.

lndianchild.com (2000). *Cell Phone Etiquette.* www.indianchild.com/cell-phone_etiquette.html.

Infante, D., et Rancer, A. (1982). A conceptualization and measure of argumentativeness. *Journal of Personality Assessment, 46*: 72-80.

Infante, D., et Wigley, C.J. (1986). Verbal aggressiveness. *Communication Monographs, 53*: 61-69.

Infante, D.A., Sabourin, T.C., Rudd, J.E., et Shannon, E.A. (1990). Verbal aggression in violent and non-violent marital disputes. *Communication Quarterly, 38* (automne): 361-371.

Insel, P.M., et Jacobson, L.F. (dir.) (1975). *What Do You Expect? An Inquiry into Self-Fulfilling Prophecies.* Menlo Park, CA: Cummings.

Ipsos (2011). Canada love affair with online social networking continues (communiqué). *News and Polls,* 14 juillet.

Jackson, L.A., et Ervin, K.S. (1992). Height stereotypes of women and men: The liabilities of shortness for both sexes. *Journal of Social Psychology, 132* (8): 433-445.

Jaksa, J.A., et Pritchard, M.S. (1994). *Communication Ethics: Methods of Analysis* (2e éd.). Belmont, CA: Wadsworth.

James, W. (1890). *Principles of Psychology.* New York, NY: Holt, Rinehart and Winston.

Janda, L. (1996). *Votre autoévaluation psychologique,* p. 85-90. Saint-Laurent, Québec: Fides.

Janda, L. (2000). *Votre évaluation psychologique.* Paris: Fides.

Jandt, F.E. (1995). *Intercultural Communication.* Thousand Oaks, CA: Sage.

Janis, I.L. (1983). *Victims of Group Thinking: A Psychological Study of Foreign Policy Decisions and Fiascoes* (2e éd.). Boston, MA: Houghton Mifflin.

Jauréguiberry, F. (2000). Le moi, le soi et Internet. *Sociologie et sociétés, 32*: 135-151.

Jaworski, A. (1993). *The Power of Silence: Social and Pragmatic Perspectives.* Thousand Oaks, CA: Sage.

Johannesen, R.L. (1974). The functions of silence: A plea for communication research. *Western Speech, 38* (hiver): 25-35.

Johnson, D.W. (1988). *Les relations humaines dans le monde du travail,* p. 198. Saint-Laurent, Québec: ERPI.

Johnson, D.W., et Johnson, F.P. (1994). *Joining Together: Group Theory and Group Skills* (6e éd.). Boston, MA: Allyn and Bacon.

Joiner, T.E., Jr. (1994). Contagious depression: Existence, specificity to depressed symptoms, and the role of reassurance seeking. *Journal of Personality and Social Psychology, 67* (8): 287-296.

Joinson, A.N. (2001). Self-disclosure in computer-mediated communication: The role of self-awareness and visual anonymity. *European Journal of Social Psychology, 31*: 177-192.

Joinson, A.N. (2004). Self-esteem, interpersonal risk, and preference for e-mail to face-to-face communication. *Cyber-Psychology and Behavior, 15*: 194-210.

Jones, C., Berry, L., et Stevens, C. (2007). Synthesized speech intelligibility and persuasion: Speech rate and non-native listener. *Computer speech and language, 21*: 641-651.

Jones, E.E., et Baumeister, R. (1976). The self-monitor looks at the ingratiator. *Journal of Personality, 44*: 654-674.

Jones, E.E., et Pittman, T.S. (1982). Toward a general theory of strategic self-presentation. Dans J. Suls (dir.),

Psychological Perspectives on the Self, vol. 1. Hillsdale, NJ: Erlbaum.

Jones, Q., Ravid, G., et Rafaeli, S. (2004). Information overload and the message dynamics of online interaction spaces: A theoretical model and empirical exploration. *Information Systems Research, 15* (juin): 194-210.

Jones, S.E., et Yarbrough, A.E. (1985). A naturalistic study of the meanings of touch. *Communicating Monographs, 52*: 19-52.

Jordan, A. (2011). Misery has more company than people think: Underestimating the prevalence of others' negative emotions. *Personality and Social Psychology Bulletin, 37* (1): 120-135.

Jourard, S.M. (1968). *Disclosing Man to Himself*. New York, NY: Van Nostrand Reinhold.

Jourard, S.M. (1970). Human revolution: Confronting the realities of «them» and «us». Dans M. Scobey et G. Graham (dir.), *To Nurture Humaneness: Commitment for the 70's*, p. 52-62. Washington, DC: Association for Supervision and Curriculum Development, NEA.

Jourard, S.M. (1971a). *Self-disclosure*. New York, NY: Wiley.

Jourard, S.M. (1971b). *The Transparent Self* (éd. rev.). New York, NY: Van Nostrand Reinhold.

Judge, T.A., et Cable, D.M. (2004). The effect of physical height on workplace success and income. *Journal of Applied Psychology, 89*: 428-441.

Kanagawa, C., Cross, S.E., et Markus, H.R. (2001). «Who am I?» The cultural psychology of the conceptual self. *Personality & Social Psychology Bulletin, 27* (1): 90-103.

Kapoor, S., Hughes, P.C., Baldwin, J.R., et Blue, J. (2003). The relationship of individualism-collectivism and self-construals to communication styles in India and the United States. *International Journal of Intercultural Relations, 27* (6): 683-700.

Karsenti, T., et Collin, S. (2011). Le mal d'écrire: la faute aux textos? *Québec Français, 163*: 83.

Kemp, A., Green, B.L., Hovanitz, C., et Rawlings, E.I. (1995). Incidence and correlates of posttraumatic stress disorder in battered women: Shelter and community samples. *Journal of Interpersonal Violence, 10* (3): 43-55.

Kim, Y.S., et Leventhal, B. (2008). Bullying and suicide. A review. *International Journal of Adolescent Medicine and Health, 20* (2): 133-154.

King, R.G. (1991). *Fundamentals of Human Communication*. New York, NY: MacMillan.

Kleinke, C.L. (1986). Gaze and eye contact: A research review. *Psychological Bulletin, 100*: 78-100.

Kleinke, C.L. (1986). *Meeting and Understanding People*. New York, NY: W.H. Freeman.

Knapp, M.L. (1978). *Nonverbal Communication in Human Interaction*. New York, NY: Holt, Rinehart and Winston.

Knapp, M.L., et Hall, J. (1992). *Nonverbal Behavior in Human Interaction* (3e éd.). New York, NY: Holt, Rinehart and Winston.

Knapp, M.L., et Hall, J. (1996). *Nonverbal Behavior in Human Interaction* (4e éd.). New York, NY: Harcourt, Brace, Jovanovich.

Knudson, R.M., Sommers, A.A., et Golding, S.L. (1980). Interpersonal perception and mode of resolution in marital conflict. *Journal or Personality and Social Psychology, 38*: 751-763.

Kocker J.L., et Wilmot, W.W. (2007). *Interpersonal Conflict* (2e éd.). Dubuque, IA: William C. Brown.

Kolb, D.A., Rubin, I.M., et McIntyre, J.M. (1976). *Comportement organisationnel: une démarche expérientielle*. Montréal: Guérin.

Kollock, P., et Smith, M. (1996). Managing the virtual commons: Cooperation and conflict in computer communities. Dans S. Herring (dir.), *Computer-Mediated Communication: Linguistic, Social, and Cross-Cultural Perspectives*, p. 109-128. Amsterdam: John Benjamins.

Komarovsky, M. (1964). *Blue Collar Marriage*. New York, NY: Random House.

Krauss, R.M., Geller, V., et Olson, C. (1976). *Modalities and Cues in the Detection of Deception*. Rapport présenté à la réunion annuelle de l'American Psychological Association, Washington, DC.

Kraut, R., Patterson, M., Lundmark, V., Kiesler, S., Mukophadhyay, T., et Scherlis, W. (1998). Internet paradox: A social technology that reduces social involvement and psychological well-being? *American Psychologist, 53*: 1017-1031.

Kraut, R., Kiesler, S., Boneva, B., Cummings, J., Helgeson, V., et Crawford, A. (2002). Internet paradox revisited. *Journal of Social Issues, 58*: 49-74.

Labott, S.M., Martin, R.B., Eason, P.S., et Berkey, E.Y. (1991). Social reactions to the expression of emotion. *Cognition and Emotion, 5* (9-10): 397-417.

Lafrance, A.A., et Lambotte, F. (2008). *Arrêtez de communiquer: vous en faites trop!* Montréal: Éditions nouvelles.

Laing, R.D., Phillipson, H., et Lee, A.R. (1966). *Interpersonal Perception*. New York, NY: Springer.

Langer, E., Blank, A., et Chanowitz, B. (1978). The mindlessness of ostensibly thoughtful action. *Journal of Personality and Social Psychology, 36*: 633-642.

Larose, S., et Roy, R. (1994). *Le réseau social : un soutien potentiel à la transition secondaire-collégial*. Sainte-Foy, Qc : Cégep de Sainte-Foy.

Le Breton, D. (2002). *Signes d'identité : tatouages, piercings et autres marques corporelles*. Paris : Métailié.

Le Cours, R. (2006). Les dicos de la rentrée. *La Presse*, Arts et spectacles, 13 août : 2.

Leary, M.R., et Kowalski, R.M. (1990). Impression management : A literature review and two-componant model. *Psychological Bulletin, 107* : 34-47.

Lee, F. (1993). Being polite and keeping mum : How bad news is communicated in organizational hierarchies. *Journal of Applied Social Psychology, 23* (7) : 1124-1149.

Lee, Y., et Seligman, M.E.P. (1997). Are Americans more optimistic than the Chinese ? *Personality and Social Psychology Bulletin, 23* : 32-40.

Léger marketing (2002). *Les Canadiens, le tatouage et le body piercing*. www.legermarketing.com/documents/SPCLM/021230FR.pdf.

Lennox, R.D. (1988). The problem with self-monitoring : A two-sided scale and a one-sided theory. *Journal of Personality Assessment, 52* : 58-73.

Levant, R. (1992). Toward the reconstruction of masculinity. *Journal of Family Psychology, 5* (3/4) : 379-402.

Levine, D. (2000). Virtual attraction : What rocks your boat. *Cyberpsychology & Behavior, 3* : 565-573.

Lewandowski, G.W.J., et Harrington, S. (2006). The influence of phonetic abbreviations on the evaluation of student performance. *Current Research in Social Psychology, 11* (15) : 215-226.

Lewin, K., Lippitt, R., et White, R.K. (1939). Patterns of agression behavior in experimentally created social climates. *Journal of Social Psychology, 10* : 271-299.

Lewin, T. (1998). 1 in 8 boys of high-school age has been abused, survey shows. *New York Times*, 26 juin.

Lin, Y., et Rancer, A.S. (2003a). Ethnocentrism, intercultural communication apprehension, intercultural willingness-to-communicate, and intentions to participate in an intercultural dialogue program : Testing a proposed model. *Communication Research Reports, 20* : 62-72.

Lin, Y., et Rancer, A.S. (2003b). Sex differences in intercultural communication apprehension, ethnocentrism, and intercultural willingness to communicate. *Psychological Reports, 92* : 195-200.

Lindsay, P.H., et Norman, D.A. (1980). *Traitement de l'information et comportement humain : une introduction à la psychologie*. Montréal : Éditions Études Vivantes.

Littlejohn, S.W. (1996). *Theories of Human Communication* (5e éd.). Belmont, CA : Wadsworth.

Livingston, S. et Brake, D.R. (2010). On the rapid rise of social networking sites : New findings and policy implications. *Children and Society, 24* : 75-83.

Lloyd, S.R. (2001). *Developing Positive Assertiveness* (3e éd.). Menlo Park, CA : Crisp Publications.

Luery, S. (2013). « It's complicated » : Actual, ideal, ought and socially desirable self-presentation on Facebook. California State University, Northridge. Thèse non publiée, disponible sur le site suivant : http://scholarworks.csun.edu/handle/10211.2/3248.

Lumsden, G., et Lumsden, D. (1996). *Communicating in Groups and Teams* (2e éd.). Belmont, CA : Wadsworth.

Lustig, M.W., et Koester, J. (1999). *Intercultural Competence : Interpersonal Communication Across Cultures* (3e éd.). New York, NY : Harper Collins.

Lyubomirsky, S., Tucker, K.L., Caldwell, N.D., et Berg, K. (1999). Why ruminators are poor problem solvers : Clues from the phenomenology of dysphoric rumination. *Journal of Personality and Social Psychology, 77* (5) : 1041-1060.

Ma, K. (1996). *The Modern Madame Butterfly : Fantasy and Reality in Japanese Cross-Cultural Relationships*. Rutland, VT : Charles E. Tuttle.

Ma, R. (1992). The role of unofficial intermediates in interpersonal conflicts in the Chinese culture. *Communication Quarterly, 40* (été) : 269-278.

MacLachlan, J. (1979). What people really think of fast talkers. *Psychology Today, 13* : 113-117.

Malandro, L.A., Barker, L., et Barker, D.A. (1989). *Nonverbal Communication* (2e éd.). New York, NY : Random House.

Mallen, M.J., Day, S.X., et Green, M.A. (2003). Online versus face-to-face conversation : An examination of relational and discourse variables. *Psychotherapy : Theory, Research, Practice, Training, 40* (1-2) : 155-163.

Manes, J., et Wolfson, N. (1981). The compliment formula. Dans Florian Coulmas (dir.), *Conversational Routine*, p. 115-132. The Hague : Mouton.

Mao, L.R. (1994). Beyond politeness theory : « Face » revisited and renewed. *Journal of Pragmatics, 21* (5) : 451-486.

Marcoccia, M., et Gauducheau, N. (2007). L'analyse du rôle des smileys en production et en réception : un retour sur la question de l'oralité des écrits numériques. *Glottopol, 10* : 39-55.

Markus, H.R. (1977). Self-schemata and processing information about the self. *Journal of Personality and Social Psychology, 35* : 63-78.

Markus, H.R., et Kitayama, S. (1991). Culture and the self: Implications for cognition, emotion, and motivation. *Psychological Review, 98*: 224-253.

Markus, H., Hamill, R., et Sentis, K.P. (1987). Thinking fat: Self-schemas for body weight and the processing of weight-relevant information. *Journal of Applied Social Psychology, 17*: 50-71.

Markway, B.G., Carmin, C.N., Pollard C.A., et Flynn T. (1992). *Dying of Embarrassment: Help for Social Anxiety & Phobia*. Oakland, CA: New Harbinger Publications.

Marlow, C. (2009). *Maintained Relationships on Facebook*. Sur le site overstated.net: http://overstated.net/2009/03/09/maintained-relationships-on-facebook.

Martin, S.L., et Klimoski, R.J. (1990). Use of verbal protocols to trace cognitions associated with self- and supervisor evaluations of performance. *Organizational Behavior and Human Decision Processes, 46*: 135-154.

Martinet, F. (2012). *Influence, Klout et API*. Sur le site Actulligence.com: www.actulligence.com/2012/04/03/influence-klout-et-api/.

Martinot, D. (1995). *Le Soi: les approches psychosociales*. Grenoble: Presses Universitaires de Grenoble.

Matsumoto, D., et Kudoh, T. (1993). American-Japanese cultural differences in attributions of personality based on smiles. *Journal of Nonverbal Behavior, 17*: 231-243.

McClelland, D.C. (1958). Risk taking in children with high and low need for achievement. Dans J.W. Atkinson (dir.), *Motives in Fantasy, Action and Society*. Princeton, NJ: Van Nostrand.

McClelland, D.C. (1988). *Human Motivation*. Cambridge, MA: Cambridge University Press.

McClelland, D.C., et Atkinson, J.W. (1961). *The Achieving Society*. Princeton, NJ: Van Nostrand.

McClelland, D.C., Atkinson, J.W., Clark, R.A., et Lowell, E.L. (1953). *The Achievement Motive*. Princeton, NJ: Van Nostrand.

McCroskey, J.C. (1992). Reliability and validity of the willingness to communicate scale. *Communication Quarterly, 40*: 16-25.

McCroskey, J.C. (1997). *Introduction to Rhetorical Communication* (7e éd.). Englewood Cliffs, NJ: Prentice-Hall.

McCroskey, J.C. (2001). *Introduction to Rhetorical Communication* (8e éd.). Boston: Allyn & Bacon.

McCroskey, J.C., Booth-Butterfield, S., et Payne, S.K. (1989). The impact of communication apprehension on college student retention and success. *Communication Quarterly, 37*: 100-107.

McCroskey, J.C., et Daly, J.A. (1987). *Personality and Interpersonal Communication*. London: Sage Publications.

McCroskey, J.C., Larson, C., et Knapp, M. (1971). *Introduction to Interpersonal Communication*. Englewood Cliffs, NJ: Prentice-Hall.

McCroskey, J.C., et Richmond, V.P. (1987). Willingness to communicate. Dans J.C. McCroskey et J.A. Daly (dir.), *Personality and Interpersonal Communication*, p. 119-131. Newbury Park, CA: Sage.

McCroskey, J.C., et Wheeless, L.R. (1976). *An Introduction to Human Communication*. Boston: Allyn and Bacon.

McGhee, P.E., et Teevan, R.C. (1967). Conformity behavior and need for affiliation. *Journal of Social Psychology, 72*: 117-121.

McGill, M.E. (1985). *The McGill Report on Male Intimacy*. New York, NY: Harper and Row.

McGregor, D. (1960). *The Human Side of Enterprise*. New York, NY: McGraw-Hill.

McGregor, D. (1969). *La dimension humaine de l'entreprise*. Paris: Gauthier-Villars.

McGuire, W.J., et McGuire, C.V. (1988). Content and process in the experience of self. Dans L. Berkowitz (dir.), *Advances in Experimental Social Psychology, vol. 21*, p. 97-144. New York, NY: Academic Press.

McGuire, W.J., McGuire, C.V., et Winton, W. (1979). Effects of household sex composition on the salience of one's gender in the spontaneous self-concept. *Journal of Experimental Social Psychology, 15*: 77-90.

McLean, M.C., Boyland, E., Pierson, P., et Falk, A.M. (2012). Impressions of intelligence and personality traits due to internet slang in male and female facebook profiles. *Connecticut College Psychology Journal, 24*.

McNatt, D.B. (2001). Ancient Pygmalion joins contemporary management: A meta-analysis of the results. *Journal of Applied Psychology, 85*: 314-322.

McNeill, D. (1992). *Hand and mind: What gestures reveal about thought*. Chicago, IL: The University of Chicago Press.

McWhorter, J. (2013). *Does Texting Mean the Death of Good Writing Skills?* Sur le site TED: www.ted.com/talks/john_mcwhorter_txtng_is_killing_language_jk.htm.

Medina, J. (2008). *Brain Rules: 12 Principles for Surviving and Thriving at Work, Home, and School*. Seattle, WA: Pear Press.

Mehdizadeh, S. (2010). Self-presentation 2.0: Narcissism and self-esteem on Facebook. *Cyberpsychology, Behavior, and Social Networking, 13* (4): 357-364.

Mehrabian, A. (1978). *How We Communicate Feelings Nonverbally*. Enregistrement sur cassette, *Psychology Today*. New York, NY : Liff-Davis.

Meltzoff, A.N., et Moore, M.K. (1977). Imitation of facial and manual gestures by human neonates. *Science*, 198 : 75-78.

Milgram, S. (1963). Behavioral study of obedience. *Journal of Abnormal and Social Psychology*, 67 : 371-378.

Milgram, S., et Sabini, J. (1978). On maintaining social norms : A field experiment in the subway. Dans A. Baum, J.E. Singer et S. Valins (dir.), *Advances in Environmental Psychology, vol. 1*, p. 31-40. Hillsdale, NJ : Lawrence Erlbaum Associates.

Miller, G.R., et Burgoon, J.K. (1982). Factors influencing judgments of witness credibility and truthfulness. Dans N.L. Kerr et R.M. Bray (dir.), *The Psychology of the Courtroom*, p. 169-194. New York : Academic Press. Reproduit dans DeVito, J.A. et Hecht, M.L. (dir.), *The Nonverbal Communication Reader*. Prospect Heights, IL : Waveland.

Miller, G.R., et Steinberg, M. (1975). *Between People*. Chicago : Science Research Associates.

Miller, M.L., et Thayer, J.F. (1989). On the existence of discrete classes in personality : Is self-monitoring the correct joint to carve ? *Journal of Personality and Social Psychology*, 57 (1) : 143-155.

Ministère de la Sécurité publique (2000). *La violence conjugale : statistiques 2000*. Québec : Gouvernement du Québec.

Moghaddam, F.M., Taylor, D.M., et Wright, S.C. (1993). *Social Psychology in Cross-Cultural Perspective*. New York, NY : W.H. Freeman.

Molcho, M., Craig, W., Due, P., Pickett, W., Harel-fisch, Y., Overpeck, M., et HBSC Bullying Writing Group (2009). Cross-national time trends in bullying behaviour 1994-2006 : Findings from Europe and North America. *International Journal of Public Health*, 54 (S2) : 225-234.

Molloy, J. (1977). *Molloy's Live for Success*. New York, NY : Bantam.

Monk, A., Fellas, E., et Ley, E. (2004). Hearing only one side of normal and mobile phone conversations. *Behaviour & Information Technology*, 23 (sept.-oct.) : 301-306.

Montague, A. (1971). *Touching : The Human Significance of the Skin*. New York, NY : Harper and Row.

Morahan-Martin, J., et Schumacher, P. (2003). Loneliness and social uses of the Internet. *Computers in Human Behavior*, 19 (novembre) : 659-671.

Morris, D. (1977). *Manwatching : A Field Guide to Human Behavior*. New York, NY : Abrams.

Morse, S.J., et Gergen, K.J. (1970). Social comparison, self-consistency and the concept of self. *Journal of Personality and Social Psychology*, 16 : 149-156.

Motard, L. (2003). *Violence conjugale – Statistiques 2001*. Québec : Gouvernement du Québec.

Mucchielli, R. (1999). *La dynamique des groupes*. ESF Éditeur pour la 15e édition. Copyright : 1967, Paris : Les éditions ESF, Entreprise Moderne d'Édition et Librairies Techniques.

Muller, B., Salas, E., et Driskell, J. (1989). Salience, motivation, and artifact as contributions to the relation between participation rate and leadership. *Journal of Experimental Social Psychology*, 25 (11) : 545-559.

Murphy, L. (1997). Efficacy of reality therapy in the schools : A review of the research from 1980-1995. *Journal of Reality Therapy*, 16 (printemps) : 12-20.

Myers, D.G. (1987). *Social Psychology*. New York, NY : McGraw-Hill.

Myers, D.G., et Lamarche, L. (1992). *Psychologie sociale*. Montréal : McGraw-Hill.

Myers, D.G., et Spencer, S.J. (2004). *Social Psychology* (2e éd.). New York, NY : McGraw-Hill.

Naifeh, S., et Smith, G.W. (1984). *Why Can't Men Open Up ? Overcoming Men's Fear of Intimacy*. New York, NY : Clarkson N. Potter.

Napier, R.W., et Gershenfeld, M.K. (1992). *Groups : Theory and Experience* (5e éd.). Boston, MA : Houghton Mifflin.

Nguyen, M., Bin, Y., Campbell, A. (2012). Comparing online and offline self-disclosure : A systematic review. *CyberPsychology and Behavior*, 15 (2) : 103-111.

Nichols, M.P. (1995). *The Lost Art of Listening*. New York, NY : Guilford Press.

Nichols, R. (1961). Do we know how to listen ? Practical helps in a modern age. *Communication Education*, 10 : 118-124.

Nichols, R., et Stevens, L. (1957). *Are You Listening ?* New York, NY : McGraw-Hill.

Nielsen (2010). *U.S. Teen Mobile Report Calling Yesterday, Texting Today, Using Apps Tomorrow*. Sur le site nielson. com : www.nielsen.com/us/en/newswire/2010/u-s-teen-mobile-report-calling-yesterday-texting-today-using-apps-tomorrow.html.

Norton, R., et Warnick, B. (1976). Assertiveness as a communication construct. *Human Communication Research*, 3 : 62-66.

Nowak, K.L. (2003). Sex categorization in computer mediated communication : Exploring the utopian promise. *Media psychology*, 5 : 83-103.

Nosko, A., Wood, E., et Molema, S. (2010). All about me : Disclosure in online social networking profiles : The case of Facebook. *Computers in Human Behavior, 26* : 406-418.

Oatley, K., et Duncan, E. (1994). The experience of emotions in everyday life. *Cognition and Emotion, 8* : 369-381.

O'Hair, D., Cody, M.J., Goss, B., et Krayer, K.J. (1988). The effect of gender, deceit orientation, and communicator style on macro-assessments of honesty. *Communication Quarterly, 36* : 77-93.

Oltmanns, F.T., Emery, E.R., Taylor, S. (2006). *Abnormal Psychology*. Toronto : Pearson Education Canada.

Ong, E.Y.L., Ang, R.P., Ho, J.C.M., Lim, J.C.Y., Goh, D.H., Lee, C.S., et coll. (2011). Narcissism, extraversion, and adolescents' self-presentation on Facebook. *Personality and Individual Differences, 50* : 180-185.

Ophir, E., Nass, C., et Wagner, A.D. (2009). Cognitive control in media multitaskers. *Proceedings of the National Academy of Sciences, 106* (33).

Organisation mondiale de la Santé (2001). *Rapport sur la santé dans le monde 2001 : La santé mentale : Nouvelle conception, nouveaux espoirs*. Sur le site who.int : www.who.int/whr/2001/fr/index.html.

Osborn, A. (1957). *Applied Imagination*. New York, NY : Scribner's.

Ouellette (2013). *Conversation visuelle*. Vidéo disponible à l'adresse suivante : http://vimeo.com/64910063.

Owens, T.J., Stryker, S., et Goodman, N. (dir.) (2001). *Extending Self-Esteem Theory and Research : Sociological and Psychological Currents*. New York, NY : Cambridge University Press.

Parker, R.G., et Parrott, R. (1995). Patterns of self-disclosure across social support networks : Elderly, middle-aged, and young adults. *International Journal of Aging and Human Development, 41* : 281-297.

Patton, B.R., Giffin, K., et Patton, E.N. (1989). What kind of leader are you ? *Decision-Making : Group Interaction* (3ᵉ éd.), p. 179-181. Iowa City : Iowa University Associates Press.

Paulhus, D.L., et John, O.P. (1998). Egoistic and moralistic bias in self-perception : The interplay of self-deceptive styles with basic traits and motives. *Journal of Personality, 66* : 1025-1060.

Pelletier, L.G., et Vallerand, R.J. (1990). L'échelle révisée de conscience de soi : une traduction et une validation canadienne-française du Revised Self-Consciousness Scale. *Revue canadienne des Sciences du comportement, 22* (2) : 191-206.

Pelletier, L.G., et Vallerand, R.J. (1994). Les perceptions et les cognitions sociales : percevoir les gens qui nous entourent et penser à eux. *Les fondements de la psychologie sociale*, p. 193-258. Montréal : Gaëtan Morin Éd.

Peña, J., et Brody, N. (2011). *To Unfriend or to Block ? Avoiding and Terminating Facebook Connections Based on Perceptions of Social and Physical Attractiveness, Message Face-Threatening Qualities, and Linguistic Style*. Rapport présenté dans le cadre de la 61ᵉ Conférence annuelle de l'International Communication Association, Boston, MA.

Pennebaker, J.W. (1991). *Opening Up : The Healing Power of Confiding in Others*. New York, NY : Avon.

Peters, R. (1987). *Practical Intelligence : Working Smarter in Business and the Professions*. New York, NY : Harper Collins.

Pettigrew, J. (2010). Text messaging and connectedness within close interpersonal relationships. *Marriage & Family Review, 45* : 697-716.

Pfeiffer, J.W., et Jones, J.E. (1969). *Structured Experiences for Human Relations Training*, p. 9-10. New York : Harper-Collins.

Pilkonis, P.A. (1977). Shyness, public and private, and its relationship to other measures of social behavior. *Journal of Personality, 45* : 585-595.

Piot, C.D. (1993). Secrecy, ambiguity, and the everyday in Kabre culture. *American Anthropologist, 95* (6) : 353-370.

Plutchik, R. (1980). *Emotion : A Psycho-Evolutionary Synthesis*. New York, NY : Harper and Row.

Plutchik, R. (1994). *The Psychology and Biology of Emotion*. New York, NY : Harper Collins.

Psychomédia (2006, 19 mars). *Internet : un bon moyen de rencontrer*. www.psychomedia.qc.ca/internet/2006-03-19/internet-un-bon-moyen-de-rencontrer.

Psychomédia (2012, 16 février). *Internet serait devenu la façon la plus courante de rencontrer*. www.psychomedia.qc.ca/couples/2010-02-16/internet-serait-devenu-la-facon-la-plus-courante-de-rencontrer.

Proctor, R.F. (1991). *An Exploratory Analysis of Responses to Owned Messages in Interpersonal Communication*. Ph.D. Dissertation, Bowling Green University.

Qian, H., et Scott, C.R. (2007). Anonymity and self-disclosure on weblogs. *Journal of Computer-Mediated Communication, 12* (4) : article 14.

Rankin, P. (1929). *Listening Ability Proceedings of the Ohio State Educational Conference's Ninth Annual Session*.

Rathus, S.A. (1973). A 30-item schedule for assessing assertive behavior. *Behavior Therapy, 4* : 398-406.

Rich, A.L. (1974). *Interracial Communication*. New York, NY : Harper Row.

Richmond, V.P., et McCroskey, J.C. (1992). *Communication : Apprehension, Avoidance, and Effectiveness* (3e éd.). Scottsdale, AZ : Gorsuch Scarisbrick.

Richmond, V.P., McCroskey, J.C., et Hickson, M. (2012). *Nonverbal Behavior in Interpersonal Relations* (7e éd.). Boston, MA : Allyn & Bacon.

Ritoux, N. (2005). « What the f… », *La Presse,* Actuel, 3 décembre : 8.

Roberto, A.J., et Eden, J. (2010). Cyberbullying: Aggressive communication in the digital age. Dans T.A. Avtgis et A.S. Rancer (dir.), *Arguments, Aggression, and Conflict : New Directions in Theory and Research,* p. 198-216. New York, NY : Routledge. (En cours de traduction.)

Robins, R.W., et Beer, J. (2001). Positive illusions about the self: Their correlates and consequences. *Journal of Personality and Social Psychology, 80* : 340-352.

Rodenburg, F.A., et Fantuzzo, J.W. (1993). The measure of wife abuse: Steps toward the development of a comprehensive assessment technique. *Journal of Family Violence, 8* (9) : 203-228.

Rogers, C. (1970). *Carl Rogers on Encounter Groups.* New York, NY : Harrow Books.

Rogers, C., et Farson, R. (1981). Active listening. Dans J.A. DeVito (dir.), *Communication : Concepts and Processes* (3e éd.), p. 137-147. Englewood Cliffs, NJ : Prentice-Hall.

Rosenfeld, L. (1979). Self-disclosure avoidance: Why I am afraid to tell you who I am. *Communication Monographs,* 46 : 63-74.

Rosenfeld, M.J., et Reuben, J.T. (2012). Searching for a mate: The rise of the Internet as a social intermediary. *American Sociological Review, 77* (4) : 523-547.

Rosenhan, D.L. (1973). On being sane in insane places. *Science, 179* : 250-258.

Rosenthal, R., et Jacobson, L. (1968). *Pygmalion in the Classroom.* New York, NY : Holt, Rinehart and Winston.

Rosenthal, R., et Rubin, D.B. (1978). Interpersonal expectancy effects: The first 345 studies. *Behavioral and Brain Sciences, 3* : 377-415.

Ross, L., Greene, D., et House, P. (1977). The « false consensus effect »: An egocentric bias in social perception and attribution processes. *Journal of Experimental and Social Psychology, 13* : 279-301.

Ross, M., McFarland, C., et Fletcher, G.J.O. (1981). The effect of attitude on the recall of personal histories. *Journal of Personality and Social Psychology, 40* : 627-634.

Rothwell, R. (1992). Successful industrial innovation : Critical factors for the 1990s. *R&D Management, 22* (3) : 221-239.

Rundquist, S. (1992). Indirectness : A gender study of Fluting Grice's maxims. *Journal of Pragmatics, 18* (11) : 431-449.

Rusting, C.L., et Nolen-Hoeksema, S. (1998). Regulating responses to anger: Effects of rumination and distraction on angry mood. *Journal of Personality and Social Psychology, 74* (3) : 790- 803.

Ryan, K.M. (1995). Do courtship-violent men have characteristics associated with a « battering personality » ? *Journal of Family Violence, 10* (3) : 99-120.

Ryden, M.B. (1978). An adult version of the Coopersmith Self-Esteem Inventory : Test-retest reliability and social desirability. *Psychological Reports, 43* : 1189-1190.

Samovar, L.A., et Porter, R.E. (dir.) (1991). *Communication Between Cultures.* Belmont, CA : Wadsworth.

Sanbonmatsu, D.M., Strayer, D.L., Medeiros-Ward, N., et Watson, J.M. (2013). Who multi-tasks and why ? Multitasking ability, perceived multi-tasking ability, impulsivity, and sensation seeking. *PLoS ONE, 8* (1) : e54402. doi :10.1371/journal.pone.0054402

Schachter, S. (1959). *The Psychology of Affiliation.* Palo Alto, CA : Stanford University Press.

Schachter, S. (1964). The interaction of cognitive and physiological determinants of emotional state. Dans L. Berkowitz, *Advances in Experimental Social Psychology, vol. 1.* New York, NY : Academic Press.

Scheier, M.F., et Carver, C.S. (1985). The Self-Consciousness Scale : A revised version for use with general populations. *Journal of Applied Social Psychology, 15* (8) : 687-699.

Scheirer, M.A., et Kraut, R.E. (1979). Increasing educational achievement via self-concept change. *Review of Educational Research, 49* : 131-150.

Scherer, K.R. (1986). Vocal affect expression. *Psychological Bulletin, 99* : 143-165.

Schmidt, T.O., et Cornelius, R.R. (1987). Self-disclosure in everyday life. *Journal of Social and Personal Relationships,* 4 : 365-373.

Schramm, W. (1970). *The Process and Effects of Mass Communication.* Urbana, IL : University of Illinois Press.

Schultz, B.G. (1996). *Communicating in the Small Group.* New York, NY : Harper Collins College Publisher.

Sénécal, S., Hess, U., et Kirouac, G. (1996). *Elles sont tristes et ils se fâchent: hommes et femmes sont-ils perçus comme émotionnellement différents ?* Affiche présentée au

XIXᵉ congrès annuel de la Société québécoise de recherche en psychologie, Trois-Rivières, Québec, Canada.

Shaffer, D.R., Pegalis, L.J., et Bazzini, D.G. (1996). When boy meets girl (revisited) : Gender, gender role orientation, and prospect of future interaction as determinants of self-disclosure among same- and opposite-sex acquaintances. *Personality and Social Psychology Bulletin, 22*: 495-506.

Shannon, C.E., et Weaver, W. (1963). *The Mathematical Theory of Communication* (2ᵉ éd.). Urbana, IL: University of Illinois Press.

Shaw, M.E., et Gouran, D.S. (1990). Group dynamics and communication. Dans G.L. Dahnke et G.W. Clatterbuck (dir.), *Human Communication : Theory and Research.* Belmont, Ca: Wadsworth.

Sherman, D.K., et Cohen, G.I. (2002). Accepting threatening information : Self-affirmation and the reduction of defensive biases. *Current Directions in Psychological Science, 11*: 119-123.

Short, J.A., Williams, E., et Christie, B. (1976). *The Social Psychology of Telecommunications.* London: Wiley.

Shuter, R. (1990). The centrality of culture. *Southern Communication Journal, 55* (printemps): 237-249.

Simonton, D.K. (1985). Intelligence and personal influence in groups : Four nonlinear models. *Psychological Review, 92*: 532-547.

Slone, N.C., Reese, R.J., et McClellan, M.J. (2012). Telepsychology outcome research with children and adolescents : A review of the literature. *Psychological Services, 9* (3): 272-292.

Slovic, P., et Fischhoff, B. (1977). On the psychology of experimental surprises. *Journal of Experimental Psychology : Human Perception and Performance, 3*: 455-551.

Small, G. (2008). *iBrain : Surviving the Technological Alteration of the Modern Mind.* New York, NY: Collins.

Smith, A., et Willians, K.D. (2004). R U there ? Ostracism by cell phone text message. *Group Dynamics : Theory, Research, and Practice, 8* (4): 291-301. Disponible sur le site suivant: http://general.utpb.edu/FAC/hughes_j/Smith_Williams_ostracism_cellphone.pdf.

Smith, G.G., Ferguson, D., et Caris M. (2001). Teaching college courses online versus face-to-face. *Technological Horizons in Education, 29* (9): 18-26.

Snyder, C.R., Lassegard. M.A., et Ford, C.E. (1986). Distancing after group success and failure : Basking in reflected glory and cutting off reflected failure. *Journal of Personality and Social Psychology, 18*: 382-388.

Snyder, M., (1974). The self-monitoring of expressive behavior. *Journal of Personality and Social Psychology, 30*: 526-537.

Snyder, M., Berscheid, E., et Glick, P. (1985). Focusing on the exterior and the interior : Two investigations of the initiation of personal relationship. *Journal of Personality and Social Psychology, 48*: 1427-1439.

Snyder, M., et Gangestad, S. (1986). On the nature of self-monitoring : Matters of assessment, matters of validity. *Journal of Personality and Social Psychology, 51*: 125-139.

Snyder, M., Gangestad, S., et Simpson, J.A. (1983). Choosing friends as activity partners : The role of self-monitoring. *Journal of Personality and Social Psychology, 45*: 1061-1072.

Snyder, M., Grether, J., et Keller, C. (1974). Staring and compliance : Field experiment on hitchhiking. *Journal of Applied Social Psychology, 4*: 165-170.

Snyder, M., et Monson, T. (1975). Persons, situations and the control of social behavior. *Journal of Personality and Social Psychology, 32*: 637-644.

Snyder, M., et Simpson, J.A. (1984). Self-monitoring and dating relationships. *Journal of Personality and Social Psychology, 47*: 1281-1291.

Sobel, D. (1981). For some people, studies find « one true self » isn't enough. *New York Times,* 24 novembre.

Song, I., LaRose, R., Eastin, M.S., et Lin, C.A. (2004). Internet gratification, Internet addiction : On the use and abuses of new media. *Cyberpsychology and Behavior, 7*: 384-394.

Sorrentino, R.M., et Boutillier, R.G. (1975). The effect of quantity of verbal interaction on rating of leadership ability. *Journal of Experimental Social Psychology, 11*: 403-411.

Spitz, R.A. (1946). Anaclitic depression : An inquiry into the genesis of psychiatric conditions in early childhood. *Psychoanalytic Study of the Child, 2*: 313-342.

Spitzberg, B.H., et Cupach, W.R. (1989). *Handbook of Interpersonal Competence Research.* New York, NY: Springer-Verlag.

Sprecher, S. (1987). The effects of self-disclosure given and received on affection for an intimate partner and stability of the relationship. *Journal of Social and Personal Relationships, 4*: 115-127.

Squicciarini, A., et Griffin, C. (2012). An informed model of personal information release in social networking sites. SOCIALCOM-PASSAT '12 *Proceedings of the 2012 ASE/IEEE International Conference on Social Computing and 2012 ASE/IEEE International Conference on Privacy, Security, Risk and Trust,* p. 636-645.

Statistique Canada (2004). Trouble d'anxiété sociale – plus que de la timidité. *Le Quotidien*, 26 octobre. Sur le site de Statistique Canada : www.statcan.gc.ca/pub/82-003-s/2004000/4148954-fra.htm.

Steil, L.K., Barker, L.L., et Watson, K.W. (1983). *Effective Listening : Key to Your Success*. Reading, MA : Addison-Wesley.

Stephan, W.G., et Stephan, C.W. (1985). Intergroup anxiety. *Journal of Social Issues, 41* : 157-176.

Stewart, J., et Logan, C. (1993). *Together : Communicating Interpersonally* (4ᵉ éd.). New York : McGraw-Hill.

Stogdill, R.M. (1974). *Handbook of Leadership*. New York, NY : The Free Press.

Strack, F., Martin, L.L., et Stepper, S. (1988). Inhibiting and facilitating conditions of the human smile : A non-obstrusive test of the facial feedback hypothesis. *Journal of Personality and Social Psychology, 54* : 768-777.

Strecker, I. (1993). Cultural variations in the concept of « face ». *Multilingua, 12* : 119-141.

Stritzke, W.G., Nguyen, A., et Durkin, K.A. (2004). Shyness and computer-mediated communication : A self-presentational theory perspective. *Media Psychology, 6* : 1-22.

Stromer-Galley, J. (2003). Diversity of political conversation on the Internet : Users' perspectives. *Journal of Computer Mediated Communication, 8* (3). Disponible sur le site : http://onlinelibrary.wiley.com/doi/10.1111/j.1083-6101.2003.tb00215.x/full.

Stutzman, F., et Kramer-Duffield, J. (2010). Friends only : Examining a privacy-enhancing behavior in Facebook. *CHI 2010 Proceedings :1553-1562*. New York, NY : ACM.

Suler, J. (2004). The online disinhibition effect. *Cyberpsychology & Behavior, 7* (3) : 321-326.

Suler, J. (2012). Effet de désinhibition. *Le Journal des psychologues, 8* (301) : 34-36.

Suls, J., Wan, C.K., et Sanders, G.S. (1988). False consensus and false uniqueness in estimating the prevalence of health-protective behaviors. *Journal of Applied Social Psychology, 18* : 66-79.

Swanbrow, D. (2011). *Persuasive Speech : The Way We, Um, Talk Sways our Listeners*. Ann Arbor, MI : University of Michigan, Institute for Social Research. Sur le site de l'University of Michigan : http://ns.umich.edu/new/releases/8404.

Swann, W.B., et Read, S.J. (1981). Self-verification processes : How we sustain our self-conceptions. *Journal of Experimental Social Psychology, 17* : 351-372.

Swann, W.B., Jr. (1983). Self-verification : Bringing social reality into harmony with the self. Dans J. Suls et A. Greenwald (dir.), *Psychological Perspectives on the Self, vol. 2*. Hillsdale, NJ : Lawrence Erlbaum.

Szapocznik, J. (1995). Research on disclosure of HIV status : Cultural evolution finds an ally in science. *Health Psychology, 14* (1) : 4-5.

Tannen, D. (1990). *You Just Don't Understand : Women and Men in Conversation*. New York, NY : Morrow.

Tannen, D. (1994a). *Gender and Discourse*. New York, NY : Oxford University Press.

Tannen, D. (1994b). *Talking from 9 to 5*. New York, NY : Morrow.

Taraszow, T., Arsoy, A., Shitta, G., et Laoris, Y. (2008). How much personal and sensitive information do Cypriot teenagers reveal in Facebook ? *Proceedings from 7th European Conference on E-Learning*, p. 871-876. Reading, England : ACI.

Taylor, S.E., Peplau, A.L., et Sears, D.O. (1994). *Social Psychology*. Englewood Cliffs, NS : Prentice Hall.

Taylor, S.E., et Brown, J. (1988). Illusion and well-being : A social psychological perspective on mental health. *Psychological Bulletin, 103* : 193-210.

Tesser, A., et Campbell, J. (1983). Self-definition and self-evaluation maintenance. Dans J. Suls et A.G. Greenwald (dir.), *Psychological Perspectives on the Self, vol. 2*. Hilsdale, NJ : Erlbaum.

Thayer, S. (1969). The effect of interpersonal looking duration on dominance judgments. *Journal of Social Psychology, 79* : 285-286.

TheFeature.com (s.d.). *Top 10 List of SMS Etiquette*. Disponible sur le site : www.wirelessdevnet.com/newswire-less/thefeature04.html.

Thompson, C.A., et Klopf, D.W. (1991). An analysis of social style among disparate cultures. *Communication Research Reports, 8* : 65-72.

Thompson, C.A., Klopf, D.W., et Ishii, S. (1991). A comparison of social style between Japanese and Americans. *Communication Research Reports, 8* : 165-172.

Toma, C.L. (2010). Affirming the self through online profiles : Beneficial effects of social networking sites. *Proceedings of the SIGCHI Conference on Human Factors in Computing Systems*, p. 1749-1752. New York, NY.

Toma, C.L., et Hancock, J.T. (2013). Self-affirmation underlies facebook use. *Personality and Social Psychology Bulletin, 39* : 321.

Tong, S., Van Der Heide, B., Langwell, L., et Walther, J. (2008). Too much of a good thing ? The relationship between number of friends and interpersonal impressions on Facebook. *Journal of Computer-Mediated Communication, 13* : 531–549.

Trager, G.L. (1958). Paralanguage : A first approximation. *Studies in Linguistics, 13*: 1-12.

Trager, G.L. (1961). The typology of paralanguage. *Anthropological Linguistics, 3*: 17-21.

Trevarthen, C. (1975). Early attempts at speech. Dans R. Lewin (dir.), *Child Alive!*, p. 57-74. Garden City, NY : Anchor Books.

Triandis, H.C. (1989). The self and social behavior in differing cultural contexts. *Psychological Review, 96* (3) : 506-520.

Trotter, R.J., et McConnel, J.V. (1980). *Psychologie*. Montréal : HRW.

Trudel, J. (2007). La folie Facebook. *L'actualité* (1er décembre). Sur le site lactualite.com : www.lactualite.com/societe/la-folie-facebook/.

Tubbs, S.L. (1978). *A System Approach to Small Group Interaction*. Reading, MA : Addison-Wesley Publishing Company.

Turkle, S. (2011). *Alone Together : Why We Expect More from Technology and Less from Each Other*. New York, NY : Basic Books.

Turkle, S. (2012a). *Connectés, mais seuls?* Conférence TED. Sur le site TED : www.ted.com/talks/sherry_turkle_alone_together.html.

Turkle, S. (2012b). *The Flight from Conversation*. Sur le site *The New York Times* : www.nytimes.com/2012/04/22/opinion/sunday/the-flight-from-conversation.html?_r=3&adxnnl=1&ref=opinion&pagewanted=all&adxnnlx=1366731655-9pnopPT9kp5w7q WeihmyeA.

Umilta, C., Simion, F., et Valenza, E. (1996). Newborn's preference for faces. *European Psychologist, 1* : 200-205.

Vachon-L'Heureux, P. (2004). Féminisation des titres et des textes. *Correspondance, 10*.

Vaillancourt, T. (2012). Le besoin d'appartenir des adolescents : médias sociaux et cyberintimidation. *Gazette*. Sur le site de l'Université d'Ottawa. www.gazette.uottawa.ca/fr/2012/11/le-besoin-dappartenir-des-adolescents-medias-sociaux-et-cyberintimidation/.

Vallerand, R.J., et Reid, G. (1984). On the causal effects of perceived competence on intrinsic motivation : A test of cognitive evaluation theory. *Journal of Sport Psychology, 6* : 94-102.

Vallerand, R.J., et Losier, G.F. (1994). Le soi en psychologie sociale : perspectives classiques et contemporaines. Dans R.J. Vallerand (dir.), *Les fondements de la psychologie sociale*. Montréal : Gaëtan Morin.

Veenendall, T.L., et Feinstein, M.C. (1995). *Let's Talk About Relationships : Cases in Study*. Prospect Heights, IL : Waveland Press.

Velting, D.M. (1999). Personality and negative expectations : Trait structure of the Beck Hopelessness Scale. *Personality and Individuals Differences, 26* : 913-921.

Viegas, F. B. (2005). Bloggers' expectations of privacy and accountability : An initial survey. *Journal of Computer-Mediated Communication, 10* (3), article 12.

Vincent, J.D. (1986). *Biologie des passions*. Paris : Éditions Odile Jacob.

Wade, C., et Tavris, C. (1998). *Psychology* (5e éd.). New York, NY : Longman.

Waggoner, A.S., Smith, E.R., et Collins, E.C. (2009). Person perception by active versus passive perceivers. *Journal of Experimental Social Psychology, 45* : 1028-1031.

Wagner B., Andrea, B.H., et Maercker, A. (2014). Internet-based versus face-to-face cognitive-behavioral intervention for depression : A randomized controlled non-inferiority trial. *Journal of Affective Disorders, 152-154* : 113-121.

Walther, J., Van Der Heide, B., Hamel, L., et Shulman, H. (2009). Self-generated versus other-generated statements and impressions in computer-mediated ommunication : A test of warranting theory using Facebook. *Communication Research, 36* : 229-254.

Walther, J., Van Der Heide, B., Kim, S., Westerman, D., et Tong, S. (2008). The role of friends' appearance and behavior on evaluations of individuals on Facebook : Are we known by the company we keep ? *Human Communication Research, 34* : 28-49.

Wang, S., Moon, S., Kwon, K., Evans, C., et Stefanone, M. (2010). Face off : Implications of visual cues on initiating friendship on Facebook. *Computers in Human Behavior, 26* : 226-234.

Watkins, S.C., et Lee, H.E. (2010). *Got Facebook? Investigating What's Social About Social Media*. Rapport de l'Université du Texas (Austin).

Watzlawick, P., Helmick Beavin, J., et Jackson, D.D. (1967). *Pragmatics of Human Communication : A Study of Interactional Patterns, Pathologies, and Paradoxes*. New York, NY : W.W. Norton.

Watzlawick, P. (1978). *The Language of Change : Elements of Therapeutic Communication*. New York, NY : Basic Books.

Weinberg, H.L. (1959). *Levels of Knowing and Existence*. New York, NY : Harper & Row.

Weiner, B., Russell, D., et Lerman, D. (1979). Affective consequences of causal ascriptions. Dans J.H. Harvey, W.J. Ickes, et R.F. Kidd (dir.), *New Directions in Attribution Research*, vol. 2. Hillsdale, NJ : Erlbaum.

Wellman, B. (2002). Little boxes, glocalization and networked individualism. Dans M. Tanabe, P. van den Besselaar et T. Ishida (dir.), *Digital Cities II : Computational and Sociological Approaches*, p. 11-25. Berlin : Springer-Verlag.

Werrbach, G.B., Grotevant, H.D., et Cooper, C.R. (1990). Gender differences in adolescents' identity development in the domain of sex role concepts. *Sex Roles, 23* (10) : 349-362.

Westwood, R.I., Tang, F.F., et Kirkbride, P.S. (1992). Chinese conflict behavior : Cultural antecedents and behavioral consequences. *Organizational Development Journal, 10* (été) : 13-19.

Wetzel, P.J. (1988). Are « powerless » communication strategies the Japanese norm ? *Language in Society, 17* : 555-564.

Wheeless, L.R., et Grotz, J. (1977). The measurement of trust and its relationship to self-disclosure. *Human Communication Research, 3* : 250-257.

Whitley, B.E., et Frieze, I.H. (1985). Children's causal attributions for success and failure in achievement settings : A meta-analysis. *Journal of Educational Psychology, 77* : 608-616.

Wicklund R.A. (1975). Objective self-awareness. Dans L. Berkowitz (dir.), *Advances in Experimental Social Psychology, vol. 8*, p. 233-275. New York, NY : Academic Press.

Willard, N.E. (2007). *Cyberbullying and Cyberthreats : Responding to the Challenge of Online Social Aggression, Threats, and Distress*. Champaign, IL : Research Press.

Wills, T.A. (1987). Downward comparison as a coping mechanism. Dans C.R. Snyder et C.E. Ford (dir.), *Coping with Negative Life Events : Clinical and Social Psychological Perspectives*, p. 233-268. New York, NY : Plenum.

Wilmot, W.W. (1987). *Dyadic Communication* (3ᵉ éd.). New York, NY : Random House.

Wilson, S.R., et Sabee, C.M. (2003). Explicating communicative competence as a theoretical term. Dans J.O. Green et B.R. Burleson (dir.), *Handbook of Communication and Social Interaction Skills*, p. 3-50. Hillsdale, NJ : Erlbaum.

Windy, D., et Constantinou, D. (2005). *Assertiveness Step by Step*. London : Sheldon Press.

Wolfson, N. (1988). The bulge : A theory of speech behaviour and social distance. Dans J. Fine (dir.), *Second Language Discourse : A Textbook of Current Research*. Norwood, NJ : Ablex.

Wolpe, J. (1958). *Psychotherapy by Reciprocal Inhibition*. Stanford, CA : Stanford University Press.

Wood, A., et Smith, M. (2005). *Online Communication : Linking Technology, Identity, and Culture*. Mahwah, NJ : Lawrence Erlbaum Associates, Inc.

Wu, D.Y.H., et Tseng, W. (1985). *Chinese Culture and Mental Health*. Orlando, FL : Academic Press Inc.

Yaguello, M. (1981). *Alice au pays du langage : pour comprendre la linguistique*. Paris : Seuil.

Yarbus, A.L. (1967). *Eye Movement and Vision*. New York, NY : Plenum Press.

Zhao, S., Grasmuck, S., et Martin, J. (2008). Identity construction on Facebook : Digital empowerment in anchored relationships. *Computers in Human Behavior, 24* : 1816-1836.

Zimbardo, P.G. (1977). *Shyness : What Is It, What To Do About It*. Reading, MA : Addison-Wesley.

Zornoza, A., Ripoll, P., et Peiró, J.M. (2002). Conflict management in groups that work in two different communication contexts : Face-to-face and computer mediated communication. *Small Group Research, 33* : 481-508.

Zywica, J., et Danowski, J. (2008). The faces of facebookers : Investigating social enhancement and social compensation hypotheses ; predicting Facebook and offline popularity from sociability and self-esteem, and mapping the meaning of popularity with semantic networks. *Journal of Computer-Mediated Communication, 14* : 1-34.

Sur Internet

Dictionnaire informatique. À l'adresse suivante : http://dictionnaire.phpmyvisites.net/.

Intimidation et violence à l'école. Gouvernement du Québec. À l'adresse suivante : www.mels.gouv.qc.ca/violenceEcole/index.asp?page=projetLoi.

Loi 56. Publications du Québec. À l'adresse suivante : www2.publicationsduquebec.gouv.qc.ca/dynamicSearch/telecharge.php?type=5&file=2012C19F.PDF.

Vidéo sur le multitâche au MIT. À l'adresse suivante : www.pbs.org/wgbh/pages/frontline/digitalnation/view/.

Vidéo sur le textage au volant : campagne de sensibilisation. À l'adresse suivante : http://youtu.be/ATZamncU-gY.

Wikipédia sur le *flaming*. À l'adresse suivante : http://fr.wikipedia.org/wiki/Flaming_(informatique).

SOURCES DES PHOTOGRAPHIES ET DES ILLUSTRATIONS

Page couverture et Page d'ouverture des parties : Fancy Images/plainpicture.

Page d'ouverture des chapitres 1 à 4 : Yuganov Konstantin/Shutterstock et Bike Rider London/Shutterstock.

Chapitre 1

Page 4 : Karen Grigoryan/Shutterstock. **Page 7 (en bas)** : Peter Mueller/The New Yorker Collection/The Cartoon Bank. **Page 8** : Charles Barsotti/The New Yorker Collection/The Cartoon Bank. **Page 9** : Andres R./Shutterstock. **Page 11** : Andrea Ortiz G./Thinkstock. **Page 14** : Image Source/Alamy. **Page 16** : Tommaso 79/Shuttertock. **Page 17** : François Couture.

Chapitre 2

Page 25 : Michel Ar/Thinkstock. **Page 28** : François Couture. **Page 31** : Aaron Bacall/The New Yorker Collection/The Cartoon Bank. **Page 33** : Alex Gregory/The New Yorker Collection/The Cartoon Bank. **Page 35** : François Couture. **Page 36** : Andrew Lever/Thinkstock. **Page 38** : L. Jupco Smokovski/Shutterstock. **Page 45 (en haut)** : François Couture ; **(en bas)** : Sangoiri/Shutterstock. **Page 46** : William Perugini/Shutterstock.

Chapitre 3

Page 52 : François Couture. **Page 55** : François Couture. **Page 56** : www.asterix.com © 2014 Les Éditions Albert René. **Page 57** : François Couture. **Page 62** : Rich Legg/iStock. **Page 70 (à gauche)** : Hurricane Hank/Thinkstock ; **(à droite)** : Lisa F. Young/Thinkstock. **Page 71** : Charles Barsotti/The New Yorker Collection/The Cartoon Bank. **Page 73** : Dot Shock/Shutterstock. **Page 74** : François Couture.

Chapitre 4

Page 82 : Andrey Popov/Shutterstock. **Page 83** : Olly Y./Shutterstock. **Page 84 (en haut)** : Darren Baker/Shutterstock ; **(en bas)** : Bike Rider London/Shutterstock. **Page 86 (à gauche)** : Sofi photo/Shutterstock ; **(à droite)** : Apples Eyes Studio/Shutterstock. **Page 87 (en bas)** : Marko F./Shutterstock. **Page 90** : Jacob Wackerhausen/Thinkstock. **Page 91** : Image Source/Alamy. **Page 97** : IO Foto/Shutterstock. **Page 98** : François Couture. **Page 104** : Ozgur Coskun/Shutterstock.

Page d'ouverture des chapitres 5 à 9 : Light Hunter/Shutterstock.

Chapitre 5

Page 112 : Banana Stock/Thinkstock. **Page 119** : Gary Milner/iStock. **Page 121** : Claus Andersen/Thinkstock. **Page 122** : Mike Twohy/The New Yorker Collection/The Cartoon Bank. **Page 124** : Anton Seleznev/iStock. **Page 126** : Universal Press Syndicate. **Page 127** : Philiptchenko/Megapress.ca. **Page 128** : François Couture.

Chapitre 6

Page 139 : Universal Press Syndicate. **Page 140 (en haut)** : Monkey Business Images/Shutterstock ; **(en bas)** : Ward Sutton/The New Yorker Collection/The Cartoon Bank. **Page 141** : François Couture. **Page 143** : Alain Lauga/Shutterstock. **Page 144 (les deux)** : Robbie Cooper. **Page 146** : Joan Vicent Cantó Roig/iStock. **Page 151** : Peter Barritt/Alamy. **Page 152** : Andrey Popov/Shutterstock. **Page 157** : Ajkkafe/Shutterstock.

Chapitre 7

Page 173 : Wave Break Media/Shutterstock. **Page 175** : J.C. Duffy/The New Yorker Collection/The Cartoon Bank. **Page 176** : Peter Steiner/The New Yorker Collection/The Cartoon Bank. **Page 177** : © Jerry King/jkn0019/Cartoonstock.com. **Page 179** : Wave Break Media/Shutterstock. **Page 181** : Dimedrol 68/Shutterstock. **Page 187** : Universal Press Syndicate. **Page 191** : Charles Barsotti/The New Yorker Collection/The Cartoon Bank. **Page 192** : Fuse/Thinkstock.

Chapitre 8

Page 201 (au centre) : Oliver Omg/Shutterstock ; **(en bas)** : Universal Press Syndicate. **Page 204** : Stephen Coburn/Shutterstock. **Page 208** : Lars Hallstrom/Alamy. **Page 209** : Mango Stock/Shutterstock. **Page 210** : Andy Dean Photography/Shutterstock. **Page 213** : François Couture. **Page 217** : Andrey Arkusha/Shutterstock.

Chapitre 9

Pages 223 et 225 : Universal Press Syndicate. **Page 230** : Jinga/Shutterstock. **Pages 231 et 235** : Wave Break Media/Shutterstock. **Page 237** : Ingram Publishing/Thinkstock. **Page 241** : François Couture. **Page 239** : S. Derrick/iStock. **Page 247** : Anton Gvozdikov/Shutterstock.

INDEX